Heinz A. Richter
KURZE GESCHICHTE
DES MODERNEN
ZYPERN
1878-2009

PELEUS
STUDIEN ZUR ARCHÄOLOGIE UND
GESCHICHTE GRIECHENLANDS UND ZYPERNS
BAND 49

IN KOMMISSION BEI
HARRASSOWITZ VERLAG
WIESBADEN

Heinz A. Richter

KURZE GESCHICHTE DES MODERNEN ZYPERN

1878-2009

VERLAG FRANZ PHILIPP RUTZEN
MAINZ UND RUHPOLDING

PELEUS
Studien zur Archäologie und Geschichte Griechenlands und Zyperns
Herausgegeben von Reinhard Stupperich und Heinz A. Richter
Band 49

Bibliografische Information der Deutschen Nationalbibliothek
Die Deutsche Nationalbibliothek verzeichnet diese Publikation in der Deutschen
Nationalbibliografie; detaillierte bibliografische Daten sind im Internet
über http://dnb.d-nb.de abrufbar.

Bibliographic information published by the Deutsche Nationalbibliothek
The Deutsche Nationalbibliothek lists this publication in the Deutsche
Nationalbibliografie; detailed bibliographic data are available in the internet
at http://dnb.d-nb.de

Umschlagvignetten:
Umschlagbild: Staatspräsident Makarios besichtigt die Ruine des Präsidentenpalais am 11. Dezember 1974
Gegenüber Titelblatt: Innenbild einer Schale des Peithinosmalers, Berlin, Pergamonmuseum (CVA Berlin 2, Taf. 61).

Copyright: Verlag Franz Philipp Rutzen und Autor, 2010
Alle Rechte vorbehalten. Ohne ausdrückliche Genehmigung des Verlags ist es nicht gestattet, das Buch oder Teile daraus auf fotomechanischem Wege (z.B. Photokopie, Mikrokopie) oder unter Verwendung elektronischer Systeme zu bearbeiten, zu vervielfältigen oder zu verbreiten.
Printed in Germany on fade resistant and archival quality paper (PH 7 neutral).
Gesamtherstellung: Beltz Druckpartner, Carl-Benz-Str. 11, 69 502 Hemsbach

VERLAG FRANZ PHILIPP RUTZEN
D - 83324 Ruhpolding, Am Zellerberg 21
Tel. 08663/883386, Fax 08663/883389, e-mail: franz-rutzen@t-online.de
In Kommission bei Harrassowitz Verlag • Wiesbaden, www.harrassowitz-verlag.de

ISSN 1868-1476
ISBN 978-3-938646-52-6
ISBN 978-3-447-06211-4

INHALT

EINLEITUNG 7

1878-1948: BRITISCHE KOLONIE 9
   Zypern wird britisch 10
   Einige grundlegende Fakten und Daten 14
   Der sog. Zypern-Tribut 17
   Politische und soziale Reformen 23
   Das Streben nach Enosis bis Oktober 1931 28
   Wohlwollende Autokratie 36

1949-1959: DER KAMPF UM DIE UNABHÄNGIGKEIT 43
   Der Weg zum Unabhängigkeitskampf 45
   1955: Der Beginn der Rebellion 60
   1956: Gewalt und Gegengewalt 69
   1957: Die Internationalisierung des Konfliktes und innere Konfrontation .. 85
   1958: Weitere Lösungssuche und inneren Konflikte 92
   Die Verträge von Zürich und London 104

1959-1965: DIE ZERSTÖRUNG DER REPUBLIK 109
   1959-1960: Die Interimsperiode 110
   1960-1962: Die friedlichen Jahre 124
   1963-1964: Der Bürgerkrieg 141
   1964-1965: Die Nach-Bürgerkriegszeit 164

1965-1977: DIE KATASTROPHE: EOKA B, PUTSCH, INVASION UND TEILUNG . 173
   1965-1970: Jahre der Instabilität 174
   1971-1974: Auf dem Weg in die Katastrophe: die EOKA B 200
   1974: Putsch, Invasion und Teilung 212
   1974-1977: Auf dem Weg zum Stillstand 235

1977-2009: VERHANDLUNGEN OHNE ENDE 255

AUSWAHLBIBLIOGRAPHIE 267
NAMENSINDEX 269

Auch dieser Band wäre ohne Soulas unendliche Geduld und ihr
Verständnis nie zustande gekommen
und ist ihr daher in Dankbarkeit gewidmet.

EINLEITUNG

Diese "Kurze Geschichte des modernen Zypern" wendet sich an den an der Geschichte Zyperns interessierten Leser, der mehr wissen will als das, was im Reiseführer oder gar in der Zeitung steht, aber nicht die Zeit hat, sich in die Geschichte dieser Insel zu vertiefen. Sie ist die Zusammenfassung meiner vierbändigen "Geschichte der Insel Zypern", die zusammen 2.667 Seiten zählt und in rd. sieben Jahren niedergeschrieben wurde. Sie umfasst den Zeitraum zwischen 1878, als Zypern britisch wurde, und 1977, als Makarios das sog. *High Level Agreement* unterzeichnete und wenig später starb. Von der Niederschrift eines fünften Bandes, der die Entwicklung der Zypernfrage bis zur Gegenwart beschreiben würde, wurde - zumindest vorläufig - abgesehen, da es keine Entwicklung gab oder gibt. Die Zypernfrage trat gewissermaßen auf der Stelle. Zum besseren Verständnis der Entwicklung bis zur Gegenwart enthält diese "Kurze Geschichte" jedoch einen knappen Überblick über die Entwicklung nach 1977.

Meine "Geschichte der Insel Zypern" ist einerseits die Fortsetzung der klassischen Darstellung von Sir George Hill aus den 40er Jahren des letzten Jahrhunderts und andererseits in dieser Form die einzige Gesamtdarstellung der Geschichte des modernen Zyperns zumindest in deutscher Sprache. Ursprünglich sollte sie ein einbändiges Werk werden, aber dann wurde klar, dass ich bei der Darstellung völliges Neuland betrat und um dieses adäquat zu erkunden, war eine gewisse epische Breite bei der Darstellung nicht zu vermeiden. Während der Niederschrift selbst wurden immer neue Quellen, z. B. die amerikanische FRUS-Bände freigegeben, deren Auslieferung jahrelang durch die CIA verhindert worden war. Dies ermöglichte es, die Darstellung auf ein immer solideres Fundament zu stellen, was ihre Qualität und die Zahl der Seiten enorm ansteigen ließ.

Hinzu kam die Tatsache, dass ich viele Protagonisten persönlich kannte bzw. kenne, da ich mich seit 40 Jahren mit griechischer und seit fast 30 Jahren mit zypriotischer Zeitgeschichte beschäftige. Mit manchem von ihnen verbindet mich sogar ein Freundschaftsverhältnis. Daher erfuhr ich bei Gesprächen mit diesen Zeitzeugen oft erheblich mehr als in den Akten steht. Manches, was ich beschrieb, habe ich selbst erlebt. Erst vor diesem breiten Hintergrund war es möglich, die vier Bände und die nun vorliegende Kurzversion niederzuschreiben. Die ersten zwei Bände der Langversion sind inzwischen ins Griechische übersetzt worden und beim Estia-Verlag in Athen erschienen.

Die jeweiligen Teilbände der Langversion, also auch die Kurzfassung beschreiben in chronologischer Darstellung die Genese und die Entwicklung des Zypernkonfliktes. Diese Darstellung ist naturgemäß stark personenbezogen: Makarios und Grivas sowie Kliridis prägten die Geschichte der Insel mehr und länger als vergleichbare Protagonisten in den großen europäischen Staaten dies je vermocht hätten. Zugleich zeigte sich, dass die Geschichte Zyperns weit komplizierter ist, als die großer Staaten, weil in einem kleinen Staat die Einflußnahme von außen viel stärker ist. Die Darstellung muss also auch Entwicklungen in und Einflussnahmen von Athen und Ankara, London, Brüssel, New York und Washington mit einbeziehen.

Der Zypernkonflikt ist das Resultat britischer Kolonialpolitik in den 1950er Jahren, zur Abwehr des Strebens der griechischen Majorität nach Anschluss an Griechenland (Enosis). Die britische Regierung spielte die beiden Volksgruppen und die Mutterländer nach dem Prinzip von *divide and rule* gegeneinander aus, um ihre Herrschaft über ganz Zypern aufrecht zu erhalten. Als im Gefolge des Suezabenteuers 1956 die britische Nahostposition zusammenbrach, war man in London der Meinung, dass von nun an eine Militärbasis auf Zypern vollkommen genüge. Das Ergebnis war ein Staat mit eingeschränkter Souveränität, den beide Volksgruppen in dieser Form nicht wollten: die Griechen träumten weiterhin von Enosis und die Türken von

Teilung (Taksim). Makarios wollte die Unabhängigkeit, war aber nicht bereit, die türkische Minorität (18 Prozent) als gleichberechtigte Partner zu akzeptieren.

Diese Differenzen mussten zwangsläufig zu einem größeren Konflikt führen, der 1963/4 zum Ausbruch kam und in einem Quasibürgerkrieg zwischen den beiden Volksgruppen mündete. In diesen Konflikt mischten sich dann die Mutterländer ein. 1974 löste der Putsch der griechischen Militärs die türkischen Invasion aus und die Besetzung von fast 40 Prozent der Insel und einer de facto Teilung. Seither gab es immer wieder Versuche einvernehmliche Lösungen zu finden, die bislang mal an der Intransigenz der einen oder der anderen Seite scheiterten. Seit dem EU-Beitritt der Republik Zypern ist Europa nolens volens an diesem Konflikt beteiligt, obwohl es sich bislang ziemlich erfolgreich um seine Verantwortung herumdrückte. Die Kurzversion liefert die Hintergründe zum besseren Verständnis der gesamten Problematik.

Die Darstellung beruht im Wesentlichen auf Primär- und Sekundärquellen in englischer, griechischer, französischer Sprache, die aus Zypern, Griechenland, Großbritannien, den USA, Frankreich und Deutschland sowie den Vereinten Nationen stammen. Da mein erstes Forschungsgebiet die griechische Zeitgeschichte war, hatte ich einen problemlosen Zugang zur Zypernpolitik Athens. Außerdem erkannte ich sehr rasch die Unterschiede der politischen Kulturen der beiden zypriotischen Gesellschaften im Vergleich mit denen ihrer Mutterländer, die immer noch stark vom osmanischen und byzantinischen Erbe geprägt sind; die politische Kultur ist stark klientelistisch ausgerichtet. Im Gegensatz dazu sind die beide zypriotischen Gesellschaften weit stärker europäisiert.

Bei der Darstellung wurden die Fakten auf das notwendige Minimum reduziert, die Interpretationen aber weitgehend beibehalten. Natürlich mussten dabei viele Einzelheiten stark verkürzt dargestellt oder ganz weggelassen werden. Es sollte aber kein trockenes handbuchartiges Werk entstehen. Das Ziel war ein flott lesbarer, spannender Text, der dennoch alle wissenschaftliche Standards erfüllt, jedoch mit einer Ausnahme: Es wurde auf einen umfangreichen Beleg- und Nachweisapparat in Form von Fußnoten und Bibliographien verzichtet. Ein solcher hätte nur die Lesbarkeit beeinträchtigt, den Text aufgebläht und das Buch unhandlich und teuer gemacht. Wer die im Text zitierten Passagen oder Aussagen überprüfen oder Einzelheiten genauer wissen möchte, möge den jeweiligen Band der Langausgabe zur Hand nehmen. Die vier Bände entsprechen den vier Hauptkapiteln der Kurzausgabe. Da die Kapitelgliederung der Kurzausgabe jener der Langausgabe entspricht, dürfte es leicht fallen, die gesuchte Stelle dort zu finden.

Schließlich noch ein Wort zur verwendeten Terminologie. Mir wurde ich der Vergangenheit mehrfach vorgeworfen, dass ich mich nicht an die "political correctness" halte, also nicht jedesmal, wenn ich türkische oder griechische Zyprioten erwähne, auch *expressis verbis* von türkischen und griechischen Zyprioten rede und dies womöglich auch in Kombination mit der Femininumform, sondern von Türken oder Griechen oder Inseltürken oder Inselgriechen spreche. Dies sind stilistische Formen, die die Lesbarkeit des Textes erhöhen. Ähnlich verhält es sich mit Begriffen "der Norden" oder "der Süden", wenn damit die Republik oder die "TRNZ" gemeint sind. Dies sind Stilelemente und keine völkerrechtlich relevanten Aussagen durch den Autor.

Die vierbändige Ausgabe enthält nicht ganz 500 Abbildungen und 16 Karten. Auch die Kurzausgabe ist reich bebildert und enthält zwei wichtige Übersichts- sowie einige Detailkarten.

Natürlich entstand auch die Kurzversion nicht ohne die Unterstützung vieler freundlicher Menschen. Als Korrektor mit scharfen Augen erwies sich wieder Thorsten Kruse aus Münster. Meine Freunde Reinhard Stupperich und Harald Gilbert waren wie immer zu Diskussionen, dieses Mal über Kürzungsprobleme, bereit.

1878-1948

Britische Kolonie

ZYPERN WIRD BRITISCH

1878 schlossen Großbritannien und das Osmanische Reich eine Konvention, durch welche Zypern bis zu jenem fernen Tag an die Briten verpachtet wurde, an dem die Russen die Städte Batum, Ardahan und Kars in Transkaukasien räumen würden, also quasi für immer. Diese Konvention, die Zypernkonvention wie sie bald genannt wurde, war das Resultat hochkomplizierter weit entfernter Entwicklungen, die eine halbes Jahrhundert zuvor begonnen hatten. Da diese direkte Auswirkungen auf Zypern hatten sollen ihre Grundzüge skizziert werden.

Es waren zwei Hauptentwicklungen, die zu der Zypernkonvention führten: Die zunehmenden nationalen Unruhen unter den Balkanvölkern und die globale Rivalität zwischen Russland und Großbritannien, die unter der Bezeichnung *Grand Game* in die Geschichte einging. Diese Konflikte hatten das ganze 19. Jahrhundert geprägt, aber noch nie irgendwelche Auswirkungen auf Zypern gehabt. Doch 1875 löste ein Bauernaufstand in den osmanischen Provinzen Herzegowina und Bosnien einen Flächenbrand aus. In der Vergangenheit hatten die Türken solche immer wieder ausbrechenden Aufstände leicht niedergeschlagen, aber diesmal spielten drei neue Faktoren herein, die dem Aufstand eine internationale Dimension verliehen, nämlich die panserbische und die pan-slawische Bewegung sowie der österreichisch-ungarischen Expansionismus. Die Panserben in Belgrad träumten von der Errichtung eines Großserbiens, in dem alle Südslawen vereint würden. Die russischen Panslawisten wollten alle Slawen unter russischer Führung vereinen. Für die Österreicher war ein Großserbien ein Alptraum und sie strebten daher nach der Annexion von Bosnien und Herzegowina. Russen und Österreicher waren sich einig, dass das Osmanische Reich aufgelöst werden sollte, allerdings waren sie sich über die dabei anzuwendenden Methoden uneins und mehr noch über die Anteile, die jeder von ihnen im Teilungsfall erhalten sollte. Angesichts dieser Differenzen drohte ein Krieg.

Die Situation wurde durch die Tatsache noch komplizierter, dass die rivalisierenden Österreicher und Russen beide mit dem Deutschen Reich im Dreikaiserbund verbündet waren, und die Deutschen wollten dieses Bündnis bewahren. Die Briten auf der anderen Seite wollten die Russen, koste es was es wolle, vom Mittelmeer fernhalten. Zwanzig Jahre zuvor hatte diese Konstellation zum Krimkrieg geführt. Um einen erneuten Zusammenstoß zu vermeiden einigten sich Österreich und Russland mit Bismarcks Hilfe auf einen Kompromiß, das sog. Berliner Memorandum, der auch von den Franzosen und den Italienern akzeptiert wurde. Doch die Briten verweigerten die Zustimmung.

Bis 1874 hatten die Briten unter Premierminister Gladstone eine Politik verfolgt, die als "splendid isolation" bekannt war. Sein Nachfolger Disraeli war ein Imperialist, d.h. er wollte das britische Imperium ausdehnen und seine maritimen Kommunikationswege absichern. In seinen Augen war das durch die britische Politik des Gleichgewichts der Mächte kontrollierte alte Europa durch die Entstehung des Deutschen Reiches zerstört worden. Er misstraute Bismarcks Versicherungen, dass Deutschland saturiert sei und verdächtigte zurecht die Russen und die Österreicher, dass sie das Osmanische Reich aufteilen wollten. Um mit dieser bedrohlichen Situation fertig zu werden, bemühte er sich, Zwietracht zwischen den Mitgliedern des Dreikaiserbundes zu säen. Zugleich leitete er Maßnahmen ein, um die Russen vom Mittelmeer fernzuhalten und stärkte die Life Line des britischen Imperiums durch das Mittelmeer nach Indien. 1875 brachte er den Suez-Kanal unter britische Kontrolle, indem er die Suezkanalaktien des ägyptischen Vizekönig aufkaufte. Zugleich verlegte er Einheiten der königlichen Marine in die Dardanellen.

In der Zwischenzeit hatte sich die Revolte in Bosnien und Herzegowina zu einem serbisch-osmanischen Krieg entwickelt. Im Frühjahr 1876 unternahmen die Bulgaren einen Aufstand den die Türken derart brutal unterdrückten, dass der Dreikaiserbund intervenierte und die Türkei zu einem Waffenstillstand zwang. Im Dezember 1876 wurde in Konstantinopel eine internationale Konferenz einberufen, auf der die drei Großmächte beträchtlichen Druck auf die Türkei ausübten, Reformen einzuleiten. Die Briten hingegen unterstützten insgeheim die Türken und ermöglichten so eine Fortsetzung der intransigenten Politik der Türkei. Die Konferenz scheiterte.

Dies bedeutete Krieg. Um einen direkte Zusammenstoß mit den Briten zu vermeiden, unternahmen die Russen eine letzte diplomatische Anstrengung. Im März 1877 unterzeichneten Russland, Österreich, Deutschland und England ein Protokoll, in dem die Türken aufgefordert wurden, selbst jene Reformen durchzuführen, die ihnen auf der Konferenz von Konstantinopel drei Monate zuvor vorgeschlagen worden waren. Die Türken glaubten sich jedoch in einer starken Position und wiesen den russischen Vorschlag zurück. Daraufhin erklärten die Russen am 24. April 1877 dem Osmanischen Reich den Krieg.

Die Russen griffen in zwei Richtungen an: auf dem Balkan und in Transkaukasien. Rumänien erlaubte den Russen den Durchmarsch und die Russen überquerten die Donau und stießen in Richtung Sofia vor. Ein starker türkischer Gegenstoß von der Festung Plevna in Bulgarien gegen die westliche Flanke hielt den Angriff bis Dezember auf. Aber im Januar kapitulierte die Festung und die Russen stießen rasch auf die Meerengen vor. Ende Januar 1878 wurde ein Waffenstillstand geschlossen, der es den Russen erlaubte bis Ag. Stefanos (heute Yesilköy), einem Vorort von Konstantinopel, vorzurücken; am 3. März wurde der Friede von San Stefano unterzeichnet.

Für die britischen Interessen bedeutete dieser Vertrag eine Katastrophe, denn er schuf ein Großbulgarien, das sich vom Ochrid-See im Westen, von der Donau im Norden, vom Schwarzen Meer im Osten bis beinahe Adrianopel (heute Edirne) im Südosten und bis zur Ägäis erstreckte. Die pure Größe des neuen Staates war für die Nachbarn und die Großmächte eine Provokation. Außerdem war klar, dass dieser "Monsterstaat" nur als russischer Satellitenstaat überleben konnte, womit Russland indirekt ein Mittelmeeranrainerstaat geworden wäre, ein Alptraum für die Briten. Verschlimmert wurde die Lage noch dadurch, dass die Russen den Schwarzmeerhafen Batum und die strategisch bedeutsamen Städte Kars, Ardahan und Bajesid in Transkaukasien gewannen. Offensichtlich bewegte sich Russland in Richtung Mesopotamien, und ein Vorstoß in Richtung Alexandrette (heute Iskenderun) rückte in den Bereich der Möglichkeit. Außerdem waren die Meerengen des Bosporus und der Dardanellen einem russischen Zugriff ausgeliefert. In London läuteten die Alarmglocken: Dieser Friede bedrohte den Weg nach Indien, die Life Line des britischen Empires. In Disraelis Augen musste dieser Vertrag einer gründlichen Revision unterzogen werden.

Schon Ende 1876 als der russisch-türkische Krieg drohte, hatten die Briten über Möglichkeiten nachgedacht, wie man den Schaden begrenzen könne. Erinnerungen an den entsetzlichen Krimkrieg schlossen eine direkte militärische Intervention aus. Es galt eine andere Option zu finden. Nach intensiven Diskussionen unter den Militärs legte Oberst Robert Home das Ergebnis vor: Nur unter Einsatz von viel Blut und Geld könne England die Türkei retten, doch zu welchem Nutzen? Es wäre besser die Türkei fallen zu lassen und statt dessen einen nützlichen Stützpunkt wie z. B. die Dardanellen oder Zypern zu erwerben, oder alternativ Kreta, Ägypten oder Rhodos oder alle drei zusammen. Dieser Vorschlag ging Disraeli zu weit. Er, und dabei wurde er vom englischen Botschafter in Konstantinopel unterstützt, war der Meinung, dass man die Türkei unterstützen und sie durch diplomatischen Druck zu Reformen bringen müsse. Dadurch werde das Osmanische Reich in die Lage versetzt, den Seeweg nach Indien zu bewachen, indem es Konstantinopel, die Meerengen und Armenien kontrolliere. Wie dies jedoch bewerkstelligt werden sollte, war unklar.

Anfang 1877 verlangte London von den Russen Garantien für die britischen Interessen am Suezkanal, in Ägypten, Konstantinopel, an den Meerengen und am Persischen Golf, aber die Russen weigerten sich, den Status von Konstantinopel oder den der Meerengen zu garantieren. Während des russischen Vormarschs in Bulgarien befürchtete London, dass die Russen Konstantinopel besetzen könnten und spielten mit dem Gedanken, doch in den Krieg einzutreten. Aber als sich der russische Vormarsch verlangsamte, beruhigte man sich in London wieder und begann, nach Alternativen zu suchen.

Angesichts der britischen Interessen in Kleinasien und Transkaukasien und des Wunsches nach Absicherung des Seeweges nach Indien schien der Erwerb eines Flottenstützpunktes (place d'armes) im östlichen Mittelmeer die beste Lösung zu sein. Die Meerengen kamen nicht in Frage, weil es dort keine geeigneten Häfen gab. Nach intensivem Kartenstudium stellte man fest, dass auch Zypern und Rhodos aus demselben Grund ungeeignet waren, und Kreta wurde wegen des rebellischen Charakters seiner Bevölkerung verworfen. Die Diskussion zog sich hin, aber als die Russen im November 1977 Kars einnahmen, wurde man in London erneut nervös.

Die Presse verlangt die Besetzung Ägyptens und die Umwandlung Zyperns in ein Gibraltar des Ostens, von wo aus die königliche Flotte die syrische Küste, den Suezkanal und die Meerengen kontrollieren könnte. Zugleich wurde eine alte Idee wiederbelebt, die des Baus einer Eisenbahnlinie von Alexandrette über das Zweistromland nach Basra und von dort nach Indien. Der Ausgangspunkt dieser zweiten Route nach Indien könnte von Zypern aus geschützt werden. Als die Briten erfuhren, dass die Russen die Meerengen erreicht hatten, verlegten sie eine Flottenabteilung dorthin. Botschafter Layard schaffte es, den Sultan für das Eisenbahnprojekt zu interessieren und bot ihm ein dauerhaftes Bündnis mit England an. In London war der neue Außenminister Salisbury von der Idee eines Bündnisses mit dem Osmanischen Reich und der Errichtung eines Flottenstützpunkts sehr angetan. Die Frage war nur, ob dieser Stützpunkt im Persischen Golf oder im Mittelmeer liegen sollte. Nach Überprüfung aller politischen, geographischen, militärischen und kommerziellen Gesichtspunkte war Oberst Home der Meinung, dass Zypern wohl der geeignetste Platz war.

Damit kehrte England zu einer Vision zurück, die 60 Jahre zuvor formuliert worden war: *"Der Besitz von Zypern würde England eine vorherrschende Stellung im Mittelmeer geben und würde die zukünftigen Geschicke der Levante in seine Hände legen. Ägypten und Syrien würden bald von ihr abhängig werden und es würde eine beherrschende Position gegenüber Kleinasien erwerben, durch welche sie die Pforte jederzeit kontrollieren könnte und das Vorrücken Russlands in diesem Teil der Welt verlangsamt wenn nicht gar verhindert werden könne. Englands Handel werde beträchtlich wachsen; ... Man könne Zypern leicht verteidigen; und unter einer liberalen Verwaltung werde es in kurzer Zeit in der Lage sein, die für die Errichtung dieser Verwaltung notwendigen Ausgaben reichlich zurückzahlen und unsere Flotte mit den notwendigen Vorräten zu vernachlässigbaren Kosten versorgen."*

Inzwischen hatte das diplomatische Gefeilsche um die Revision des Vertrages von San Stefano begonnen. Ende Mai 1878 gaben die Russen zu verstehen, dass sie bereit wären, sich vom Balkan zurückzuziehen und eine Verkleinerung Bulgariens hinnehmen würden, aber in Transkaukasien bleiben wollten. Dies benutzten die Briten als Vorwand, um den Sultan zum Abschluss eines Bündnisvertrages zu drängen. Am 4. Juni 1878 wurde die Zypernkonvention unterzeichnet. Die zentrale Klausel des Vertrages besagte: Solange die Russen jene Städte in Transkaukasien besetzt hielten, werde England den Sultan militärisch unterstützen, falls die Russen weiter vorrücken sollten. Als Gegenleistung versprach der Sultan bestimmte Reformen zugunsten seiner griechischen Untertanen. Um den Briten die notwendigen Maßnahmen für ein militärisches Engagement zugunsten des Osmanischen Reiches zu ermöglichen, stimme der Sultan der Besetzung und Verwaltung Zyperns durch England zu.

So hatte Zypern, noch bevor auf dem Berliner Kongress die Grenzen der Balkanstaaten neu festgelegt wurden, de facto den Besitzer gewechselt, und da es wenig wahrscheinlich war, dass die Russen sich jemals aus Transkaukasien zurückziehen würden, war dies ein Besitzwechsel auf Dauer. Die Einwohner Zyperns waren an dieser Entscheidung nicht im Geringsten beteiligt; sie waren Schacherobjekte in jenem Prozess, der als Bauernrevolte begonnen und als große orientalische Krise geendet hatte, und waren am Ende des Konflikts britische Untertanen.

Auf dem Berliner Kongress vom 13. Juni bis zum 13. Juli 1878 versammelten sich alle Staatsmänner Europas. Die Großmächte hatten ihre Interessen durchgesetzt; die Freiheitsträume der Balkanvölker wurden der Staatsraison geopfert. Nicht eines der Balkanprobleme wurde gelöst, sie wurden nur oberflächlich verdeckt und kamen im September 1914 wieder explosionsartig ans Licht. Angeblich spielte Bismarck den ehrlichen Makler, tatsächlich bemühte er sich, die orientalische Wunde offen zu halten, wobei er die anderen Staatsmänner ermunterte, das Osmanische Reich aufzuteilen, wobei er alle gegeneinander ausspielte.

England gelang es, die Russen vom Mittelmeer zu vertreiben und ihren Vormarsch in Transkaukasien zu stoppen. Angesichts dieses Erfolges war genau genommen der Grund für den Erwerb Zyperns eigentlich hinfällig geworden, und da die Zypernkonvention bis dahin geheim geblieben war, hätte man sie geräuschlos beerdigen können. Aber diplomatische Prozesse kann man nicht abrupt abbrechen, ohne dass die Beteiligten politische Schäden und Prestigeverlust befürchten. Außerdem meldete das britische Finanzministerium sein Interesse an den potentiellen Einnahmen aus Zypern an. Daher gingen die Bemühungen um die Unterschrift des Sultans unter die Konvention auch während des Berliner Kongresses weiter. Am 7. Juli 1878 schließlich unterzeichnete der Sultan den Firman, der die Zypernkonvention ratifizierte. Zypern war von nun an britisch.

Die Reaktionen in England waren unterschiedlich. Disraeli war stolz, dass er im Grand Game gegen die Russen gepunktet hatte. Die Londoner *Times* bewertete den Erwerb Zyperns positiv. Die *Daily News* befürchtete endlose Kosten und viel Ärger. Der Kommentator hielt die Zypernkonvention für gefährlich, denn sie verpflichte England, ein geschwächtes Osmanisches Reich zu verteidigen. Es gab Stimmen, die Zweifel am militärischen Wert Zyperns äußerten. Sogar Botschafter Layard hätte einen Stützpunkt im Persischen Golf vorgezogen. Wie dem auch sei, für die Zyprioten endeten mit dieser Konvention 300 Jahre *Tourkokratia*, wie dies später genannt wurde.

Zypern soll die damals am besten verwaltete osmanische Provinz gewesen sein. Tatsächlich war Zypern von allen osmanischen Provinzen die am wenigsten schlecht verwaltete; Zypern war am Ende der osmanischen Herrschaft so heruntergewirtschaftet, wie selten zuvor in seiner langen Geschichte. Mit dem Wechsel zu England keimte die Hoffnung auf, dass die Insel eine helle Zukunft als britische Marinebasis haben werde, weil für deren Aufbau eine Menge Investmentkapital ins Land fließen werde. Unter der wohlwollenden Verwaltung der Briten würden die Zyprioten wohlhabende britische Untertanen werden. Wenn daraus nichts wurde, so lag dies daran, dass sich das Rad des Schicksals der internationalen Politik in die falsche Richtung drehte.

Seit dem Bau des Suezkanals war der ägyptische Khedive massiv bei den Briten und Franzosen verschuldet. Als er seine Schulden nicht länger bezahlen konnte, wurde die ägyptische Schuldenverwaltung unter die Überwachung einer anglofranzösischen Kommission gestellt. 1879 setzte die Kommission den ungehorsamen Khedive ab und ersetzte ihn durch einen folgsameren. Dies löste eine Rebellion der ägyptischen Armee unter Oberst Arabi aus, der bald große Teile des Landes kontrollierte. Als er sich jedoch weigerte, die Schulden Ägyptens zu bezahlen, wurden die Gläubiger aktiv. Da aber das französische Parlament die Zustimmung zu einer militärische Intervention verweigerte, handelten die Briten 1881 allein. Sie landeten Truppen und schlugen Oberst Arabis Armee. Von nun an waren sie die Herren Ägyptens. Der anschließende Mahdi-Aufstand im Sudan führte zu einer permanenten militärischen Besetzung Ägyptens und des Suezkanals durch die Briten.

Diese Entwicklung veränderte die Lage Zyperns radikal, denn nun kontrollierten die Briten des Suezkanal und den Hafen von Alexandria direkt und brauchten Zypern nicht länger als einen Marinestützpunkt. Hätten sie allein ihre eigenen Interessen in Betracht gezogen, wären sie sicher zu der Schlussfolgerung gekommen, dass es für sie das Beste wäre, die Zypernkonvention zu widerrufen und die Insel an die Türkei zurückzugeben. Aber ein solcher Schritt hätte natürlich einen Prestigeverlust bedeutet und beträchtliche Kosten verursacht, denn man hätte die gerade aufgebaute Verwaltung auflösen müssen. Außerdem hätte ein solches Vorgehen in England und in Europa einen Entrüstungssturm ausgelöst, denn wie hätte man eine Insel mit einer Bevölkerung, die zu mehr als drei Vierteln aus Christen bestand, wieder an die Osmanen ausliefern können. Und da gab es noch einen weiteren Aspekt, der für eine permanente Besetzung Zyperns sprach: Die ottomanische Staatsanleihe von 1855.

In jenem Jahr mitten im Krimkrieg hatte das Osmanische Reich in England und Frankreich eine Staatsanleihe plaziert, die von den Regierungen dieser Länder garantiert worden war. In den folgenden Jahren hatten die Türken weiter Geld geborgt, und 1875 hatte die osmanische Staatsschuld 200 Millionen Pfund erreicht. 12 Millionen, die Hälfte der osmanischen Staatseinnahmen wurden allein für die Zinsen der diversen Anleihen bezahlt. 1877 musste die Türkei den Staatsbankrott erklären. Der englische Finanzminister war alarmiert, denn die Staatsanleihe von 1855 war durch den britischen Staat garantiert worden, d.h. wenn das Osmanische Reich nicht zahlen konnte, war der britische Steuerzahler dran. Der Finanzminister begann nach einer Lösung zu suchen, die seine Einnahmen nicht schmälern würde.

Er wurde rasch fündig, denn genau zu diesem Zeitpunkt begann die Diskussion um den Erwerb Zyperns. Schon im Juli 1878 gab der Finanzminister zu verstehen, dass er beabsichtige, die zypriotischen Einnahmen mit der osmanischen Schuld von 1855 zu verrechnen. Später gab es sogar Stimmen, die behaupteten, dass dies der Hauptgrund für den Erwerb Zyperns gewesen sei. Diese Aussage ist zwar ein bißchen übertrieben, aber nicht zu sehr, wenn man sich die Geschichte des sog. Zypern-Tributs betrachtet. Doch bevor wir uns den wichtigsten Entwicklungen während der Kolonialzeit zuwenden, sollen zunächst einige grundlegenden Fakten und Daten beschrieben und zugleich registriert werden, wie sie sich von damals bis zur Gegenwart verändert haben.

EINIGE GRUNDLEGENDE FAKTEN UND DATEN

Zypern ist nach Sizilien und Sardinien die drittgrößte Insel des Mittelmeers; seine Fläche entspricht etwa zwei Dritteln der von Schleswig-Holstein. Seine Bevölkerung betrug 1878 etwa 186.000 Menschen, wovon entsprechend der Einteilung des Millet-Systems etwa 72 Prozent orthodoxe Christen (also Griechen) und 24 Prozent Moslems also Türken waren; hinzu kamen einige katholische Maroniten und christliche Armenier. Die Moslems waren hauptsächlich Nachkommen jener Türken die nach der Eroberung Zyperns durch die Osmanen gegen Ende des 16. und Anfang des 17. Jahrhundert auf Zypern angesiedelt worden waren. Aufgrund der religiösen Unterschiede war es jedoch zu keinem Assimilationsprozeß gekommen. Zweifellos waren unter den Moslems auch eine größere Anzahl griechischstämmiger Konvertiten, deren Vorfahren aus steuerlichen Gründen die Konfession gewechselt hatten, genau wie die sog. Lianovamvakoi, Anhänger einer religiösen Mischform aus beiden Religionen.

1878 war Zypern ländlich strukturiert mit vielen Dörfern und wenigen kleinen Städten. Um 1900 zählte nach Angaben der Landkarte von Oberhummer die Hauptstadt Nikosia 12.500 Einwohner. Famagousta (9.000), Larnaka (7.600), Limassol (7.400), Paphos (2.600), Morphou (2.500) und Kyrenia (1.300) waren Kleinstädte. Bis zum Ende der britischen Herrschaft 1960 wuchs die Gesamtbevölkerung auf 578.000 Menschen an, wovon 440.000 Griechen und 104.000 Türken waren, was einem Anteil von 81,1 und 18,9 Prozent der Bevölkerung entsprach. 206.000 Menschen lebten in den Städten und 368.000 auf dem Land. Bis 1974 stieg die Bevölkerung Zyperns auf rd. 600.000 Personen. 2006 soll die Gesamtbevölkerung Nikosias auf 219.000 angewachsen sein und die von Limassol auf 172.000, Larnaka auf 77.000 und Paphos auf 51.000. Zypern war urbanisiert worden.

Neuere Angaben von 2006 sprechen von 771.000 Einwohnern des südlichen Inselteils und nach Angaben aus dem Jahr 2001 von 211.000 des nördlichen, was auf eine massive Einwanderung aus der Türkei seit 1974 zurückzuführen ist, wobei gleichzeitig eine starke Auswanderung türkischer Zyprioten hauptsächlich nach Großbritannien zu verzeichnen ist, womit die zurückgebliebenen türkischen Zyprioten zu einer Minderheit in ihrem eigenen Land geworden sind.

Die in Zypern lebenden beiden Volksgruppen unterscheiden sich deutlich von den Bewohnern der Mutterländer. Zwar gehören sie kulturell eindeutig zur griechischen oder zur türkischen Welt, aber schon der zypriotische Dialekt beider Volksgruppen unterscheidet sich deutlich von der Sprache, die in Griechenland oder der Türkei gesprochen wird. Ein Festlandsgrieche oder -türke verstand damals (wie auch heute noch) den auf der Insel gesprochenen Dialekt nicht und dies nicht nur wegen der anderen Aussprache, sondern auch weil beide Dialekte mit Wörtern und Begriffen aus dem jeweils anderen Dialekt angereichert sind. Auch wenn Zypern 300 Jahre unter osmanischer Herrschaft gewesen war, hatten zumindest die griechischen Zyprioten im Gegensatz zu den Festlandgriechen viel engeren Kontakt mit der europäischen Welt und vieles von dort übernommen. Ein amüsantes Beispiel aus dem frühen 19. Jahrhundert mag dies verdeutlichen: Ein aus dem Orient zurückkehrender deutscher Reisender stellte, als er in Larnaka an Land ging, verblüfft fest, dass man dort Hut trug. Diese enge Anlehnung an Europa nahm natürlich in den folgenden Jahrzehnten durch die britische Präsenz zu und heute gilt: Beide zypriotischen Gesellschaften sind weit europäisierter als ihre Mutterländer.

Die unterschiedlichen Religionen verhinderten eine Assimilation der Minderheit durch die Mehrheit, wohl auch durch die Tatsache gefördert, dass die Minorität bis 1878 die herrschende Schicht stellte, und die Majorität die Beherrschten waren. So entstand eine Art ethnische Koexistenz und zwei Parallelgesellschaften, die dennoch so viel gemeinsam hatten, dass man von außen betrachtet von einer gewissen zypriotischen Identität sprechen konnte. Die trennenden Elemente im Innern waren jedoch wiederum so stark, dass es zu einer Ausbildung einer echten von beiden Seiten akzeptierten Identität nicht kam. Man ist sich in beiden Gesellschaften seiner Andersartigkeit, seiner *Cypriotness* bewusst, aber von einem gemeinsamen Zypriotentum ist man immer noch weit entfernt.

Betrachtet man die Einstellung beider Gesellschaften zur jeweiligen Religion, so werden ebenfalls deutliche Unterschiede, aber auch Gemeinsamkeiten sichtbar. Die türkischen Zyprioten sind die liberalsten Muslime der Region. Über bestimmte Regeln und Verbote des Korans setzte man sich hinweg und aß auch verbotene Dinge und wusste z. B. einen guten Zivania oder einen Brandy zu schätzen. Die türkisch-zypriotische Gesellschaft entwickelte sich zu einer emanzipierten Gesellschaft; man könnte von der Entstehung eines europäisierten Islam sprechen, dem jeglicher Fundamentalismus fremd ist, genau so wie die Unterdrückung der Frauen. Allerdings macht sich seit 1974 durch die Einwanderung von Festlandstürken und besonders in jüngster Zeit auch von Kurden mehr und mehr ein autoritärer Islam bemerkbar, der die liberale moslemische Gesellschaft der türkischen Zyprioten zu verändern beginnt.

Für die griechischen Zyprioten war der Weg zur Emanzipation von der Kirche schwieriger. Es war die Kirche, die während der osmanischen Periode half, die griechisch-zypriotische Identität zu bewahren. Der Erzbischof der autokephalen Kirche war im Millet-System zugleich Führer seiner Volksgruppe, der *Millet başı*, griechisch der Ethnarch. Diese Machtposition hatte natürlich ihren Preis, denn die Hohe Pforte erwartete von ihm, seine Volksgruppe in ihrem Sinne zu lenken und z. B. die Steuern einzutreiben. Da ihm die Osmanen immer mehr Macht übertrugen, könnte man von einem Kondominium sprechen. Zugleich gab es eine bedenkliche Korrelation zwischen dem Höhepunkt kirchlichen Reichtums und kirchlicher Macht zu Beginn des 19. Jahrhunderts und der massivsten Ausbeutung der Bevölkerung. Zwar anerkannten die Briten die Position des Ethnarchen nicht, aber da die Kirche der größte Grundbesitzer der Insel war, blieb zumindest auf dem Land eine große Abhängigkeit bestehen. Es ist daher wenig verwunderlich, dass es Erzbischof Makarios III. war, der Mitte der 50er Jahre des letzten Jahrhunderts den Befreiungskampf anführte und später lange Jahre als Staatspräsident die Geschicke der Insel lenkte. Der Emanzipationsprozess von der Bevormundung durch die Kirche setzte erst nach dem Tod des Erzbischofs 1977 richtig ein. Was die Kirche an spiritueller Macht über ihre Schäfchen eingebüßt hat, konnte sie jedoch zumindest teilweise zurückgewinnen, indem sie ein kirchliches Wirtschaftsimperium (Hotels, Bankensektor, KEO) errichtete.

Strategisch betrachtet, ist die Lage Zyperns durchaus nicht so einfach, wie dies George Hill in seinem schon klassisch geworden Zitat formuliert hat: *"Wer in Nahost eine große Macht werden und bleiben will, muss Zypern in seinen Händen halten."* Von der Antike bis zum Mittelalter war dies bedingt richtig. Jede Großmacht, die diese Region kontrollierte, nahm auch Zypern in ihren Besitz, nicht um von dort aus diese zu beherrschen, sondern um Zypern keinem Rivalen in die Hände fallen zu lassen. Das einzige Mal, dass Zypern nicht von der regionalen Hegemonialmacht beherrscht wurde, war während der Kreuzzüge und im Spätmittelalter, als die Insel Angriffs- und Rückzugsposition des Westens war. Danach war Zypern wieder ein Teil des regionalen Großreichs der Osmanen, die sich allerdings mit der Eroberung bis 1571 Zeit ließen. Wie wir gesehen haben, endete das Interesse der britischen Militärs an einem Flottenstützpunkt Zypern, als erkannt wurde, dass Zypern über keinen geeigneten Hafen für moderne Kriegsschiffe verfügte. Das einzige Mal, dass Zypern in der Moderne tatsächlich strategische Bedeutung erlangte, war während des Kalten Krieges, als die Briten dort Atombomber stationierten, die das nukleare Rückgrat des CENTO-Bündnisses bildeten. Die bis heute dort vorhandenen elektronischen Abhöranlagen, mit denen früher die Sowjetunion und heute die arabische Welt überwacht wird, sind für die strategische Bedeutung irrelevant.

Die Wirtschaft der Insel hatte in der Antike durch den Kupferabbau und den Fernhandel floriert und der Insel großen Reichtum beschert, wie noch deutlich an den antiken Städten zu erkennen ist, die von den Archäologen ausgegraben wurden. Im Mittelalter war das Produkt, das der Insel erneuten Reichtum beschere, das Zuckerrohr und in einem geringeren Maße der Baumwollanbau. Zur Kreuzfahrerzeit wurde Zypern erneut Umschlagplatz des Fernhandels wie in vorrömischer Zeit. In der osmanischen Zeit sank die Landwirtschaft auf das Niveau einer Subsistenzwirtschaft herab und auch der Seehandel litt. In britischer Zeit gewann der Kupferbergbau erneute Bedeutung, denn nun war es technisch möglich, die in der Antike nicht verhüttbaren Kupfererze aufzubereiten. Wichtiger war jedoch, dass eine neue Leichtindustrie entstand, die die örtlichen Agrarprodukte verarbeitete. Erst als in den 60er und 70er Jahren die Tourismusindustrie auf Touren kam, begann Zypern wieder ein reiches Land zu werden. In jüngster Zeit sind Dienstleistungen insbesondere auf dem Bankensektor dazu gekommen. 2004 betrug der Anteil der Landwirtschaft am BIP 4,7 Prozent, das der Industrie 24 Prozent und das der Dienstleistungen 70 Prozent. Heute ist Zypern wieder ein reiches Land: 2006 betrug das jährliche BNE (Bruttonationaleinkommen) pro Kopf der griechischen Zyprioten rd. $ 25.000 (Deutschland $ 32.689).

Bei der nun folgenden Darstellung der 81 Jahre dauernden Kolonialzeit wird auf eine durchgehende chronologische Darstellung verzichtet, statt dessen werden nur jene positiven und negativen Entwicklungen und Ereignisse der britischen Herrschaft beschrieben, die große Auswirkungen auf Zypern hatten, bzw. immer noch haben.

DER SOG. ZYPERN-TRIBUT

In Artikel 3 der Zypernkonvention hatte London versprochen, dem Sultan einen jährlichen Pachtzins für Zypern zu bezahlen in Höhe des jährlichen Überschusses aus den Einnahmen nach Abzug aller Verwaltungskosten. Über die tatsächliche Höhe des Überschusses gab es einige Diskussionen zwischen dem Foreign Office, der Pforte und der neuen zypriotischen Verwaltung. Die osmanische Seite gab sich verständlicherweise die größte Mühe, die Summe möglichst hoch zu halten. Erstaunlich war, dass die britischen Stellen die türkischen Zahlen akzeptierten, obwohl ihnen wohl bekannt war, dass sie mit Vorsicht zu genießen waren. Außerdem wußten sie, dass in den letzten Jahren vor der *Cyprus Convention* die Steuern massiv erhöht worden waren und ein Teil dieser Steuern nicht in Naturalien, sondern in Papiergeld bezahlt worden war, dessen Parität zum Pfund Sterling erheblich schlechter war. Konservative Schätzungen taxierten den tatsächlichen Überschuß auf etwa 65.000 £, etwas weniger konservative Schätzungen kamen sogar nur auf etwa 50.000 £. Dennoch einigte man sich auf unglaubliche 92.800 £.

Der Durchschnitt der staatlichen Einnahmen in den letzten fünf Jahren wurde auf 130.000 £ festgelegt, obwohl bekannt war, dass die Einnahmen vor der massiven Steuererhöhung aufgrund der Kriege bei durchschnittlich 117.000 £ gelegen hatten. Die osmanische Verwaltung soll in den fünf Jahren vor 1878 im Durchschnitt 24.000 £ gekostet haben. Dies erscheint glaubhaft, wenn man sich klar macht, dass die osmanische Seite damit nur die nackten Verwaltungskosten gedeckt hatte, wobei sie ja nicht einmal Gehälter für die Polizisten bezahlte. Eigentlich hätte es von Anfang an klar sein müssen, dass die Briten auf einer solchen Basis die Insel nicht verwalten, geschweige denn entwickeln konnten.

Damit erhebt sich die Frage nach dem Grund für dieses seltsame Verhalten der Briten. Die Antwort ist recht einfach: Sie beabsichtigten von Anfang an, den erwirtschafteten Überschuß gar nicht dem Sultan auszuhändigen, sondern ihn als Zinsen für die von der britischen Regierung garantierte osmanische Anleihe zu verwenden. Dazu definierte man den Einnahmenüberschuß in einen von den Zyprioten zu bezahlenden "Tribut" an den Sultan um, den man dann zum Ausgleich für die ausbleibenden osmanischen Zahlungen für die geplatzte Anleihe an sich nahm. Dies war genau genommen rechtlich nicht haltbar, denn zur osmanischen Zeit hatte Zypern nie einen "Tribut" bezahlt; der Sultan hatte den jährlichen Einnahmenüberschuß erhalten, dessen Höhe entsprechend den Ernteerträgen geschwankt hatte.

Allerdings gab es da noch ein kleines Problem, denn der Überschuß war mit 92.800 £ höher als die zu bezahlenden Zinsen in Höhe von rd. 82.000 £. Man bot der türkischen Regierung den Differenzbetrag an, die ihn jedoch aus verständlichen Gründen gekränkt zurückwies. Das

Schatzamt zahlte die überschüssigen 11.000 in einen Fonds zur späteren Tilgung der osmanischen Anleihe ein. Bis 1907 hatten sich auf diesem Fonds 330.000 £ angesammelt.

Sehr schnell wurde klar, dass die Differenz zwischen den tatsächlichen Einnahmen und dem "Tribut" bei weitem nicht ausreiche, um die britischen Verwaltungskosten zu decken. Nur dreimal zwischen 1879 und 1907 konnte Zypern die geforderte Summe aufbringen. Da angesichts dieser Lage eine weitere Steuererhöhung zur Deckung der britischen Verwaltungskosten ausgeschlossen war, mußte Großbritannien staatliche Zuschüsse gewähren, die im gleichen Zeitraum bei etwa 30.000 £ jährlich lagen. Bis 1907 betrugen die britischen Zuschüsse insgesamt 857.085 £, die Zyprioten hingegen zahlten 1.799.860 £ an Großbritannien; insgesamt also kein schlechtes Geschäft für die britische Staatskasse bzw. die britischen Bondholders und ihre Erben.

Schon 1880 stellte der britische Gouverneur fest, dass die Einnahmen Zyperns völlig ausreichten, um eine effiziente Verwaltung und notwendige Investitionen in die Infrastruktur zu finanzieren, wenn das Geld im Lande bleibe. Der "Tribut" an den Sultan gehe über die Kräfte der Insel hinaus und verhindere notwendige Modernisierungen. Offensichtlich wusste nicht einmal der Gouverneur, wer die tatsächlichen Empfänger des "Überschusses" waren. Sein Nachfolger beklagte 1895 das chronische Defizit Zyperns, das nur vom "Tribut" herrühre; solange dieser erhoben werde, sei kein Fortschritt zu erzielen. Auch im Unterhaus in London wurde Kritik laut, aber der Finanzminister war 1893 der Meinung, dass es die Zyprioten nichts angehe, ob die Türkei oder die Bondholders das Geld bekämen. Zwei Jahre später stellte er fest, dass er nicht bereit sei, Investitionen in Zypern mit Geld der britischen Steuerzahler zu finanzieren. Selbst als Ende der 90er Jahre das Verhältnis zwischen London und dem Osmanischen Reich abkühlte, änderte sich an der Politik bezüglich des Tributes nichts. Im August 1899 ließ Kolonialminister Joseph Chamberlain die Zyprioten wissen, dass selbst dann, wenn die britisch-osmanischen Verhandlungen über die Staatsanleihe von 1855 zu einer Umwandlung und Senkung führen sollten, davon nur der britische Steuerzahler, aber nicht die Zyprioten den Nutzen haben würden, denn dann werde man den staatlichen Zuschuß zur Verwaltung Zyperns streichen. Den Höhepunkt ministerieller Arroganz bildete das Statement von Chamberlains Nachfolger im Amt: Großbritannien sei zwar reicher als Zypern, aber das verpflichte London noch lange nicht, Zypern zu unterstützen. Großbritannien verwalte den Überschuß für die Pforte und halte Verträge für heilig.

In Zypern wurden die Proteste gegen den "Tribut" immer lauter. Die osmanische Verwaltung hatte zwar den zypriotischen Steuerzahler ebenfalls geschröpft, aber orientalische Ineffizienz hatte den Zyprioten genug zum Leben gelassen. Doch die britische Effizienz hingegen quetschte das Letzte aus den Zyprioten heraus. Nach zypriotischen Angaben von 1895 stiegen die Steuereinnahmen von jährlich 113.000 £ in der osmanischen Zeit vor der Steuererhöhung auf 188.000 £, was letztlich eine Steuererhöhung von 66 Prozent bedeutete. Doch trotz dieses enormen Zuwachses litt die Verwaltung der Insel chronisch unter Geldmangel, so standen z. B. dem Straßenbau 8.000 bis 10.000 £, dem Gesundheitswesen 4.000 £ und der Erziehung 2.260 £ zur Verfügung. 1893 bezeichnete ein griechisches Mitglied des Legislativrates den "Tribut" als "Raub", "Ausplünderung" und "Piraterie". 1904 mußte das Kolonialministerium in London zugeben, dass Zypern das Land mit den relativ höchsten Steuern der Welt war. Vor dem Ersten Weltkrieg war Zypern die einzige Kolonie, die mit Zahlungen in Höhe von 27 Prozent ihrer Bruttoeinnahmen das britische Finanzministerium unterstützte (insgesamt 2.067.654 £).

1907 kam eine Chance für Veränderungen, als der neue parlamentarische Staatssekretär im Kolonialministerium, der damals 32 jährige Winston Churchill, Zypern als erster Vertreter einer britischen Regierung überhaupt besuchte. Die Vertreter der Zyprioten beklagten sich über die "völlig herzlose Politik" des "Tributes", denn Zypern müsse eine fremde Schuld abtragen, was eigentlich Sache der britischen Regierung sei. Die enorme Steuerbelastung verhindere jeden

Fortschritt: *"Das Schulwesen erhält nicht ein Fünftel der notwendigen Mittel; die Mittel für öffentliche Bauten reichten nicht einmal für die Errichtung eines Minimums an Straßen, Brücken, Häfen, Eisenbahnen; die Landwirtschaft, die Hauptquelle des Broterwerbs der Insel bleibe primitiv, geplagt von Seuchen und Überbesteuerung, besonders durch den Zehnten; die Wiederaufforstung komme nicht voran; das Gesundheitswesen sei schlecht und die Malaria kursiere nicht nur auf dem flachen Land sondern auch in den Städten; für archäologische Ausgrabungen gebe es keine Haushaltsmittel und es gebe immer noch kein Museum; viele Dörfer hätten keine Postverbindungen; die Gehälter der örtlichen Beamten und Polizisten seien unangemessen; die örtliche Industrie erhalte keine Unterstützung und die beruflichen und praktischen Nöte der Menschen würden ignoriert."*

Churchills Antwort zeigte, dass er den Zyprioten innerlich recht gab, denn er versprach, sich in London für eine jährliche finanzielle Unterstützung Zyperns stark zu machen. Zwar war Churchill Politiker genug, um sich bei seinen öffentlichen Äußerungen zurückzuhalten, aber die vorgefundenen elenden Fakten auf Zypern hatten ihn in so helle Empörung versetzt, dass er ein langes Memorandum über die Lage Zyperns formulierte, das Roß und Reiter nannte und die Politik der vergangenen 27 Jahre wortgewaltig als falsch kritisierte: *"Es gibt wohl kein mehr zu verabscheuendes Schauspiel als das einer Großmacht, die eine kleine Gemeinschaft aus pekuniären Gründen unterdrückt; dies ist genau das, was unser Verhalten in finanzieller Hinsicht gegenüber Zypern darstellt. Dies ist Großbritanniens unwürdig und widerspricht allen Prinzipien unserer Kolonialpolitik in jedem Teil der Welt, dass man gewaltsam einen 'Tribut' aus irgendeinem Besitztum oder Territorium, das von der Krone verwaltet wird, heraushole."* Abschließend schlug Churchill also einen Kurswechsel zum bevorstehenden 30jährigen Jubiläum der britischen Herrschaft über Zypern vor.

Churchills Memorandum verärgerte seine Vorgesetzten im Ministeriums, die sich darüber freuten, als das Finanzministerium es als "geisteskrank" bezeichnete. Im April 1908 verließ Churchill das Kolonialministerium, und damit war zunächst wieder Ruhe in der Frage des "Tributes". 1910 versuchte das Finanzministerium die jährliche staatliche Hilfe für Zypern wieder zu senken, was in Zypern für beträchtliche Unruhen sorgte, hatte man aus Churchills Worten doch geschlossen, dass man mit einem jährlichen Fixbetrag rechnen könne. Sogar der Gouverneur protestierte so heftig, dass er vom Kolonialministerium gerügt wurde, sein Verhalten grenze an Illoyalität. Die zypriotischen Proteste veranlassten die britische Regierung, ab 1911 jährlich wieder 50.000 £ staatlichen Zuschuß an Zypern zu bezahlen.

Als im Oktober 1914 die Türkei auf der Seite der Mittelmächte in den Ersten Weltkrieg eintrat, kündigte Großbritannien die Zypernkonvention und annektierte die Insel. Dennoch ging die Erhebung und Bezahlung desselben Betrages weiter. Das Finanzministerium wandelte den "Tribut" in einen "Anteil Zyperns an der türkischen Staatschuld" um und ließ die Zyprioten weiterhin bezahlen. Bis zu diesem Zeitpunkt hatte Zypern 3.533.136 £ als "Tribut" bezahlt und 1.347.085 £ als staatliche Zuschüsse erhalten. Damit hatten die Zyprioten den britischen Steuerzahler um 2.186.051 £ entlastet.

1923 anerkannte die Türkei im Friedensvertrag von Lausanne die Annexion Zyperns durch Großbritannien. Großbritannien erließ der Türkei eine Anzahl Verpflichtungen, darunter auch jene aus der Anleihe von 1855. Doch Zypern mußte weiter bezahlen, denn die osmanischen Schuld von 1855 wurden in eine öffentliche Schuld dieser Kolonie umgewandelt, die weiterhin zu bedienen war. 1925 wurde Zypern Kronkolonie und im März 1926 forderten die gewählten Vertreter der Zyprioten im Legislativrat, dass der Tilgungsfonds und die Differenz zwischen "Tribut" und staatlichen Zuschüssen an Zypern seit 1914 zurückerstattet werden sollten; man schätzte, dass beide Beträge zusammen etwas höher als 900.000 £ waren. Mit diesen Geldern sollte eine Agrarbank errichtet werden und von da an sollten sowohl die Bezahlung des "Tributs" als auch die staatlichen Zuschüsse enden. Doch es dauerte noch bis November 1926, bis der Fall in London erneut diskutiert wurde.

Ausgelöst wurde diese erneute Diskussion durch die Tatsache, dass am 24. November 1926 alle gewählten zypriotischen Mitglieder, Griechen wie Türken, des Legislativrates einstimmig den Haushaltsentwurf für das Jahr 1927 ablehnten, da er immer noch die 90.000 £ des "Tributs" enthielt. Der amtierende Gouverneur (Popham-Lobb) empfahl eine Verfassungsänderung zugunsten der von der Kolonialmacht ernannten Mitglieder des Rates, denn diese würden auf jeden Fall mit der Regierung stimmen. Im Augenblick genüge aber ein Kabinettsbeschluss der Londoner Regierung, um die Hürde zu überwinden.

Im Kolonialministerium analysierte man die Lage: Bislang habe das Budget den Legislativrat immer glatt passiert, weil die Vertreter der türkischen Zyprioten mit der Regierung gestimmt habe. Die Regierung sei also von der Zustimmung der Türken abhängig, was die rassische Trennung der Zyprioten vertiefe. Wende man das Prinzip von *divide et impera* an, so sei das *"für die Würde der Regierung herabwürdigend"*. Anderseits habe Zypern seit 1878 fast 2.000.000 £ an Großbritannien gezahlt, was der Entwicklung der Insel sehr geschadet habe und die Reaktion der Zyprioten verständlich mache. Allerdings sollte man den Zyprioten nicht zu weit entgegenkommen, denn *"sie hätten eine asiatische Mentalität, und eine solche Konzession werde zweifellos als Zeichen von Schwäche verstanden werden und werde zu weiteren Schwierigkeiten führen."* Die beste Lösung wäre wohl die Aufhebung des Tributs, kombiniert mit einer Verfassungsänderung zugunsten der Kolonialregierung. Doch dazu brauchte man das Plazet des Finanzministers, und dieser hieß seit Oktober 1924 Winston Churchill.

Churchill stand vor großen Problemen: Die aus dem Ersten Weltkrieg herrührende Binnenverschuldung musste abgebaut und die Währung wieder stabilisiert werden. Churchill leitete Stabilisierungsmaßnahmen ein und steuerte einen rigiden Sparkurs. Insbesondere verweigerte er dem Kolonialminister jegliche finanzielle Unterstützung, wodurch es zwischen ihm und letzteren gelegentlich zu handfesten Krächen kam. Dennoch machte er bei Zypern eine verblüffende Ausnahme, obwohl er anfangs auch in diesem Fall einen harten Kurs steuerte.

Im November 1927 warnte das Kolonial- das Finanzministerium: Die Lage in Zypern sei sehr ernst, wenn nichts geschehe, müsse man drastische Maßnahme ergreifen. Ansonsten sei die Position des Finanzministeriums, dass Zypern ein Nachfolgestaat des Osmanischen Reiches und somit mit für die osmanische Staatsschuld haftbar sei, kaum haltbar, da Zypern ja schon vor der Annexion (1914) 36 Jahre britisch gewesen sei. Da das Finanzministerium nicht antwortete, sandte das Kolonialministerium am 14. Februar 1927 einen zweiten Brief, in dem dringend gefordert wurde, die Finanzlast Zyperns zu erleichtern. Das Schweigen habe dazu geführt, dass man mit Kabinettsordern in Zypern regieren müsse.

Am 1. März schließlich antwortete das Finanzministerium: Eine Senkung der zypriotischen Steuern könne dem britischen Steuerzahler nicht zugemutet werden. Das Kolonialministerium solle dies den Zyprioten klarmachen. Diese arrogante Antwort provozierte wütende Reaktionen bei den Beamten des Kolonialministeriums: Der Tribut sei damals viel zu hoch angesetzt worden und wenn die 92.000 £ nicht für die Bezahlung der Zinsen der geplatzten osmanischen Anleihe festgelegt worden wäre, hätte man den Betrag bestimmt schon längst gesenkt. Die Theorie, dass Zypern ein Nachfolgestaat des Osmanischen Reiches sei, sei absurd und keiner der osmanischen Nachfolgestaaten, weder Palästina, noch der Irak, Griechenland oder Syrien zahle irgend etwas; Jugoslawien habe deshalb sogar den Frieden von Lausanne nicht unterzeichnet. Die einzigen, die zahlten, seien die Zyprioten: In der Tat hatte Zypern mehr gezahlt als alle Nachfolgestaaten des Osmanischen Reiches zusammen. Sogar die britische Verwaltung der Insel sei dafür, dass die Zahlungen endeten. Dann erinnerte das Kolonialministerium Churchill daran, dass er anläßlich seines Besuchs auf der Insel 1907 für die Abschaffung des "Tributs" plädiert hatte.

Anfang April 1927 meldete sich Gouverneur Ronald Storrs zu Wort: Die Berechnung des "Tributes" sei absolut unseriös gewesen. Die Türken hätten die von ihnen genannte Summe nur aus Zypern herausholen können, indem sie dort fast nichts ausgaben und alles verkommen ließen. Es gebe in Zypern niemanden, der den "Tribut" nicht radikal ablehne. Die Verweigerungshaltung des Legislativrates sei nur auf den Tribut zurückzuführen. Die Drohung mit einer Einschränkung der Verfassungsrechte werde nichts bewirken. Der Wunsch nach Abschaffung des "Tributs" sei so stark, dass man ihn nicht unterdrücken könne. Außerdem werde es nur durch die Abschaffung des "Tributs" möglich sein, die notwendigen Investitionen in die Infrastruktur vorzunehmen, weitere Steuererhöhungen seien ausgeschlossen. Schaffe man den "Tribut" ab, würden jährlich 42.800 £ freigesetzt, nehme man diese als Sicherheit, könne man eine Anleihe von etwa 700.000 £ auflegen, mit der die Investitionen finanziert werden könnte. Storrs nannte dann konkrete Zahlen.

Wie er darstellte, hatte Zypern in den vergangenen 48 Jahren 2.642.648 £ "Tribut" bezahlt. Von den jährlichen 92.800 £ seien 81.752 £ für den Zinsendienst verwendet worden. Der Überschuß in Höhe von 11.048 sei jährlich in Staatspapieren ohne zeitliche Begrenzung angelegt worden und habe ohne Zinsen 570.900 £ erreicht; mit Zinsen seien es 1.038.150 £. Als Lösung schlage er folgenden Kompromiß vor: 1.) Die britische Regierung solle den "Tribut" abschaffen und voll die Verbindlichkeiten aus der ottomanischen Schuld übernehmen; 2.) könne sie den investierten Überschuß einbehalten, 3.) die jährlichen Regierungszuschüsse an Zypern streichen und 4.) werde sich Zypern jährlich mit 10.000 £ an den Stationierungskosten der britischen Truppen beteiligen. Dadurch würden der zypriotischen Regierung sofort rd. 32.800 £ zur freien Verfügung stehen, womit endlich die Infrastruktur entwickelt werden könne.

Anfang Juni 1927 schließlich wurde ein ausführliches Memorandum formuliert, das mit langen Zitaten von Churchills Bericht aus dem Jahr 1907 gespickt war. Das Kolonialministerium war der Meinung, dass angesichts der riesigen Zahlungen Zypern wohl das Recht habe, eine substantielle Rückzahlung zu fordern, zumindest in Höhe des aufgelaufenen Überschusses. Man strebe aber nach einem Kompromiß. Auf der entscheidenden Kabinettsitzung am 20. Juli 1927 trug Kolonialminister Amery seine Vorschläge vor und untermauerte sie, indem er lange Passagen aus Churchills Text vorlas, was allgemeine Heiterkeit hervorrief. Churchill kapitulierte.

Die Lösung sah folgendes vor: Zypern sollte von nun an keinen jährlichen "Tribut" mehr bezahlen. Die britische Regierung werde den Zinsendienst für die osmanische Anleihe von 1855 übernehmen. Dafür werde Zypern jeden Anspruch auf den inzwischen auf 600.000 £ angewachsenen Überschuß aufgeben. Zypern werde von nun an nur noch jährlich 10.000 £ zur Imperial Defence beitragen. Dies war genau der Vorschlag, den Churchill 1907 und Storrs im März 1927 gemacht hatten. Um keinen Präzedenzfall zu schaffen, lehnte Churchill formal die Abschaffung des Tributs ab, statt dessen wurden formal die Regierungszuwendungen erhöht. Mehr war angesichts der wirtschaftlichen Lage Großbritanniens zu jener Zeit wohl nicht zu erreichen.

Amery informierte Storrs über das Ergebnis und forderte ihn am 18. August 1927 auf, das Resultat den Zyprioten so schmackhaft wie möglich zu machen. Er betonte, dass die 10.000 £ Verteidigungsbeitrag verpflichtend seien; nur wenn sie bezahlt würden, werde der Regierunszuschuß erhöht. Ferner müßten die Zyprioten auf jeden Anspruch auf den Überschuß verzichten. Storrs bat das Ministerium um Genehmigung, dass er bei der Bekanntgabe der Veränderungen in Zypern verschweigen dürfe, dass das britische Angebot vom Verzicht auf den Überschuß abhängig war. Das Kolonial- und das Finanzministerium stimmten zu, dass Storrs die Kopplung mit dem Überschuß verschweigen könne. Storrs wurde darüber in Kenntnis gesetzt, dass die Regelung am 1. Januar 1928 in Kraft treten könne.

Für den 31. August berief Storrs die Mitglieder des Legislativrates und andere Notabeln zu einer Sondersitzung nach Limassol ein. Er las den Versammelten einen sorgfältig formulierten

Text vor, in dem die endgültige Abschaffung des Tributs verkündet wurde. Die Frage des Überschusses erwähnte er mit keinem Wort. Der Beitrag für die Verteidigung werde auch von anderen Kolonien geleistet. Bei seinen Ausführungen vergaß er nicht, seine eigenen Verdienste gebührend hervorzuheben; er habe nicht erwartet, dass es gelingen werde den Tribut ganz abzuschaffen. Die Anwesenden waren begeistert und brachten Ovationen aus.

Storrs Rede wurde in English, Griechisch und Türkisch gedruckt und auf der ganzen Insel verteilt. Die Zyprioten waren begeistert. Der Erzbischof, der gerade die Halbinsel Karpasia besuchte, sandte Storrs einen Brief, in dem er sich wärmstens bedankte. Ähnlich äußerte sich der Bischof von Paphos. Die Mitglieder des Legislativrates, Griechen wie Türken, verabschiedeten eine Dankesresolution, die Storrs nach seiner Rückkehr am Kai von Limassol feierlich überreicht wurde.

Als im Oktober 1927 im Zusammenhang mit der Diskussion über die Gesetzesvorlage für die Verteidigungsabgabe im Legislativrat der Überschuss erwähnt wurde, schwieg Storrs dazu und ließ die Abgeordneten über die tatsächliche Lage im Unklaren. Er wußte, wenn er die Wahrheit sagen würde, würde dies zu einem sofortigen Aufruhr aller Mitglieder des Legislativrats, Griechen wie Türken, und zur Ablehnung der Gesetzvorlage führen. Die Konsequenzen wären dann nicht kalkulierbar, sicher war jedoch, dass seine eigene Position erschüttert worden wäre. Angesichts dieser Lage zog er es vor, die Sache zu vernebeln und auf Zeit zu spielen. Als die Ratsmitglieder es ablehnten, die Verteidigungsabgabe in den Haushalt einzustellen und während der Debatte der Wahrheit gefährlich nahe kamen, mußte der Colonial Secretary an die Front: Und dieser belog die Abgeordneten, denn er behauptete, man habe neue Instruktionen des Ministers erhalten. Die Zyprioten beugten sich diesem Argument und ließen das Gesetz passieren. Zwar kehrte damit für den Augenblick wieder Ruhe ein, aber das Problem war nicht aus der Welt geschafft, und als Churchills Nachfolger als Finanzminister, der Labourpolitiker Philip Snowden, im Juli 1931 enthüllte, dass der Überschuß zur Tilgung der osmanischen Anleihe verwendet worden war, gingen die Gemüter in Zypern hoch.

Die Neuigkeit schlug in Zypern wie eine Bombe ein, was angesichts der durch die Weltwirtschaftskrise entstandenen schwierigen Lage kein Wunder war. Storrs wurde sofort der Heuchelei beschuldigt, weil er noch im März den Mitgliedern des Legislativrates versprochen hatte, sich in London für die Rückzahlung des Überschusses stark zu machen. Die Nationalisten empörten sich über "die monströse und unmoralische Verschwendung der zypriotischen Überschüsse" und meinten, dass nur noch der Anschluss and Griechenland (Enosis) das Land retten könne. Sogar der amtierende Gouverneur Zyperns (Storrs war im Urlaub) protestierte gegen das Verhalten des britischen Finanzministeriums: Es gebe keinerlei moralische Rechtfertigung, die Gelder einzubehalten und man hoffe, dass die Regierung in London in einer wirtschaftlich besseren Lage, sich die Sache nochmals überlege und das beseitige, was Churchill 1907 als "einen Schandfleck auf die imperiale Politik einer besonders entehrenden Art" bezeichnet habe. Doch im Ministerium wies man nicht zu Unrecht daraufhin, dass Storrs an dem ganzen Ärger selbst schuld sei, denn er habe diesen Punkt den Zyprioten bewußt verschwiegen: Damit sei die Angelegenheit wohl endgültig erledigt. Storrs' Mangel an Zivilcourage und die daraus herrührende Unaufrichtigkeit von 1927 rächte sich vier Jahre später und schwächte weiter seine Position in einer kritischen Entwicklungsphase.

Festgehalten werden soll an dieser Stelle, dass Großbritannien über 50 Jahre die Insel zu Zwecken ausgebeutet hatte, für die es keine rechtliche, geschweige denn moralische Grundlage gab. Dies war nur möglich, weil die Zyprioten ein sehr friedliches Volk sind und im Prinzip froh waren, unter britischer Herrschaft zu leben. Die Zahlung des Tributs verzögerte den wirtschaftlichen Wiederaufstieg Zyperns um etwa zwei Generationen.

Wenn der wirtschaftliche Erholungsprozess Zypern nicht sofort nach Beendigung der Zahlungen einsetzte, lag dies zum einen an den Auswirkungen der Weltwirtschaftskrise, die auch Zypern hart traf, und zum anderen daran, dass die innere Ausbeutung Zyperns, nämlich die der Bauern durch die wucherischen Geldverleiher noch bis Anfang der 40er Jahre andauerte. Erst als auch diese endete, konnte der wirtschaftliche Wiederaufstieg Zyperns beginnen.

POLITISCHE UND SOZIALE REFORMEN

Der Klerus und die griechische Oberschicht machten es den Briten schwer, ihre Herrschaft durchzusetzen. Beide hatten unter den Osmanen große Privilegien besessen, was sie in den Augen des ersten Gouverneurs Wolseley suspekt erscheinen ließ. In seinen Augen konnten sie diese nur erlangt haben, indem sie kollaborierten und damit Teil des osmanischen Systems von Korruption, Unterdrückung und Ausbeutung wurden, womit er nicht einmal unrecht hatte. Außerdem träumten diese Personen von der Vereinigung der Insel mit Griechenland, was ebenfalls die britischen Pläne störte. Wolseley beschloß, die Prälaten zu entmachten.

Als erste Maßnahme hob er die bisherige Befreiung der Kirche von der Steuer für Landbesitz auf. Bekanntlich war die Kirche der größte Landbesitzer der Insel und hatte bislang nur den Zehnten bezahlt. Sodann verfügte er, dass Verstöße gegen das kanonische Recht ab sofort nicht mehr durch die weltlichen Autoritäten verfolgt werden sollten, sofern sie nicht auch dem englischen Recht widersprachen. Die Bischöfe wie auch die moslemischen Mullas sollten nicht länger wie in osmanischer Zeit *ex officio* in dem Beratungsgremium der Regierung sitzen. Auch Kleriker sollten von nun an bei Vergehen vor ein ordentliches Gericht gebracht werden, wenn sie straffällig geworden waren. Schließlich verbot Wolseley den Einsatz staatlicher Macht bei der Eintreibung der Kirchensteuern, wodurch die Einnahmen der Kirche prompt um mehr als zwei Drittel sanken. Zwar gab es einigen Widerstand von Seiten des Klerus, aber bald passte sich der hohe Klerus den neuen Herren an und arbeitete im neu geschaffenen Beratungsorgan, dem Legislativrat mit.

Der Legislativrat bestand aus zwölf gewählten Mitgliedern und sechs, die kraft Amtes im Rat saßen. Die Plätze der zwölf gewählten Mitglieder sollten entsprechend dem Bevölkerungsanteil, also im Verhältnis von neun zu drei zwischen den Griechen und Türken aufgeteilt werden. Wählen durfte jeder männliche Bewohner Zyperns, der über 21 Jahre alt war und seine Steuern bezahlt hatte, d. h. die Majorität der Männer hatte das Wahlrecht. Die Legislaturperiode dauerte fünf Jahre; der Gouverneur hatte allerdings das Recht, die Versammlung früher aufzulösen. Jedes Mitglied hatte ein uneingeschränktes Fragerecht, Griechisch und Türkisch durfte benutzt werden, aber das Protokoll und die Gesetze sollten auf Englisch formuliert sein. Die Abstimmung sollte nach dem Mehrheitsprinzip erfolgen. Da die türkischen Ratsmitglieder zumeist mit der Regierung stimmen würden, waren die Mehrheitsverhältnisse klar, und im Zweifelsfall würde die Stimme des Gouverneurs entscheiden.

Das Recht der Gesetzesinitiative und der Festlegung der Höhe des "Tributs", des Gouverneursgehalts, der Gehälter der Angehörigen der Verwaltung und der Justiz sowie der Kosten der Gerichtshöfe lag ausschließlich bei der Regierung Zyperns und diese mußte zuerst die Genehmigung Londons einholen. Auch Verfassungsänderungen mußten vom britischen Souverän gebilligt werden. Der Gouverneur hatte das Recht, einer Gesetzesvorlage zuzustimmen oder sie abzulehnen. Nun hatte Zypern also ein Parlament, aber diesem Parlament fehlte vor allem das entscheidende Budgetrecht, kein Wunder, dass ein Zeitgenosse das Legislativorgan als "Spielzeugparlament" verspottete. Der Legislativrat war objektiv betrachtet ein Scheinparlament.

Die griechischen Zyprioten waren dennoch mit der Verfassung hochzufrieden, die Moslems hingegen nicht. Sie verlangten, dass sie im Legislativrat in gleicher Stärke wie ihre christlichen Landsleute vertreten sein müßten. Man habe in allen Dingen der britischen Regierung gehorcht, aber wenn die proportionale Vertretung eingeführt werde, werde dies zu einer Massenauswanderung der türkischen Zyprioten führen. Tatsächlich war das Proportionalsystem vom Prinzip her äußerst fair. Nach dem Zensus von 1881 stellten die Moslems ein Viertel der Bevölkerung. Wenn nun die Briten in Zypern das Mehrheitswahlrecht, wie in Großbritannien bei Parlamentswahlen üblich, eingeführt hätten, wäre nicht ein einziger türkischer Zypriot in den Legislativrat gewählt worden. Um dieses zu verhindern, hatte das Kolonialministerium ursprünglich ein Wahlsystem einführen wollen, bei dem Moslems und Christen gemeinsam eine proportional festgelegte Zahl von christlichen und moslemischen Kandidaten von einer Doppelliste gewählt hätten (cross voting). Ein solches System hätte die Zusammenarbeit von Griechen und Türken gefördert und ein Auseinanderdriften der beiden Gesellschaften erschwert. Der Gouverneur lehnte dieses System ab und unglücklicherweise setzte er sich durch. Die religiöse Trennung, also de facto das osmanische Millet-System wurde beibehalten, und im November 1882 das neue System eingeführt.

So wurde den Zyprioten zwar mit der Proportionalvertretung ein Vorrecht eingeräumt, von dem die Bevölkerung der Mutterländer weit entfernt war, aber gleichzeitig jene Politik eingeleitet, die der türkischen Seite stets überproportionales Gewicht beimaß und bis heute das politische Leben der Insel belastet. Politik wurde von da an stets aus der Perspektive des Nutzens für die eigene Volksgruppe betrachtet, was die Entstehung einer interkommunalen zypriotischen Identität verhinderte und dadurch einen Ansatzpunkt für die spätere Divide-and-Rule-Politik der Briten schuf.

An der bestehenden Verwaltungsstruktur änderten die Briten nur wenig. In den Städten wurden Gemeinderäte eingeführt, aber da deren gewählte Mitglieder aus der städtischen Oberschicht stammten, verhinderten sie eine Besteuerung ihrer wohlhabenden Standesgenossen und erhoben statt dessen indirekte Steuern, die, wie immer, die Allgemeinheit trafen. Das Resultat war, dass die Städte wenig Geld für öffentliche Arbeiten hatten, die Wasser- und Abwasserversorgung schlecht und die Straßen ungepflegt waren. Auf den Dörfern wurde das Dorfvorstehersystem (Muchtar) beibehalten, allerdings wurde es demokratisiert, indem man den Muchtar wählen ließ. Dies wiederum führte zur Ausbildung von Cliquen und klientelistischen Strukturen. Die Muchtare selbst waren oft auch Geldverleiher bzw. Wucherer. Es handelte sich um die bekannten Vorstufen jener Entwicklung, die im Griechenland des 19. Jahrhunderts zur Ausbildung des Klientelsystems geführt hatte.

Die Briten hatten diese Entwicklung genau beobachtet, schließlich war Griechenland seit den 60er Jahren des 19. Jahrhunderts ein britischer Klientelstaat. In Griechenland war während des Befreiungskampfes in den 20er Jahren das staatliche Gewaltmonopol der Osmanen zerbrochen und die Gewalt auf die vor und während des Kampfes entstandenen klientelistischen Netzwerke übergegangen. Als 1832 Otto von Wittelsbach König wurde, fand er als einzige Machtstruktur diese Klientelnetze vor und musste sich zwangsläufig zunächst auf sie stützen. Aber auch als die staatliche Macht wieder aufgebaut wurde, erreichte sie nie wieder eine Monopolstellung. Die Klientelnetze existierten parallel zum Staat weiter, und als Parteien entstanden, waren diese von Anfang an nichts anderes, als die Gefolgschaft des jeweiligen Chefs eines Klientelnetzwerkes. Der Zusammenhalt eines solchen Netzwerkes funktionierte auf der Basis von Rousfetia (Gefälligkeiten). Das jeweils an der Macht befindlich Netzwerk hatte Zugriff auf die staatlichen Gelder und konnte dadurch seine Klientel eng an sich binden. Mit der Zeit wurde der Staat zum Ausbeutungsobjekt dieser Netzwerke und ist es bis heute geblieben.

Was nun Zypern betraf, so waren die Briten entschlossen eine solche Entwicklung zu verhindern. Sie achteten darauf, die Kontrolle über die gesamte staatliche Verwaltung zu behalten und entzogen dem Klientelwesen langsam die Basis, indem sie gegen das Wucherersystem vorgingen und das Steuerpachtsystem abschafften, das eine weitere Quelle für die Ausbeutung der Bauern war.

Die chronische Verschuldung der Bauern war in der Tat ein weiteres Problem, das dringend der Reform bedurfte. Die ertragreichste Steuer in der osmanischen Zeit war der staatliche Zehnt (harac), der etwa ein Drittel der Einnahmen der Insel einbrachte und von Muslimen und Christen gleichermaßen bezahlt wurde. Er war vom Prinzip her eine vernünftige und gerechte Steuer für eine Agrargesellschaft, da sie eigentlich proportional zu den Erträgen und in Form von Naturalien erhoben werden sollte. Der Zehnt wurde dem Dorf als ganzem auferlegt, und der Muchtar und der Dorfältestenrat verteilten ihn auf die Familien, wobei auch hier der Willkür Tür und Tor geöffnet war. Die Bauern mußten die Steuer auf der Grundlage von Schätzungen im voraus bezahlen und da kein Bauer Rücklagen hatte, mußte er sich die notwendige Summe bei den Wucherern (meistens die Muchtare) zu 25 Prozent Zinsen borgen. Lag diese Schätzung zu hoch und war der Ertrag in dem betreffenden Jahr schlecht, war der Bauer bankrott. Nach der Ernte mußte der Bauer sein Produkt selbst vermarkten, um seine Schulden zu begleichen, wobei die Aufkäufer oft die Wucherer waren, die natürlich die Preise drückten. Mit anderen Worten: die Bauern waren in der Schuldenfalle.
Die koloniale Verwaltung erkannte zwar das Problem früh, reagierte aber nur sehr zögerlich, denn man wollte einen Streit mit der Führungsschicht der griechischen Zyprioten vermeiden. 1897 wurde ein öffentlicher Kreditfonds eingerichtet, der den Bauern billige Kredite gewährte, aber mangels ausreichender finanzieller Ausstattung nur wenig bewirkte. Es gab hin und wieder Versuche die Macht der Wucherer zu reduzieren, etwa durch die Gründung einer kooperativen Kreditgesellschaft, aber all das bewirkte sehr wenig. Erst 1917 entschied man sich, das Problem grundsätzlich anzugehen. Eine Untersuchungskommission wurde eingesetzt, die 1919 ihren Bericht vorlegte, der das bestehende System so beschrieb, dass man sich an das System der Leibeigenschaft und Schuldknechtschaft in Westeuropa in der frühen Neuzeit erinnert fühlte. In der Tat wurde die bäuerliche Bevölkerung durch Geldverleiher gnadenlos ausgebeutet. Es gab drei Grundtypen.
 Die ländlichen Gläubiger waren in erster Linie die Muchtare, die oft zugleich die Besitzer des örtlichen Ladens waren, sowie einige wenige reichere Bauern, die Geld an ihre Nachbarn gegen Zinsen verliehen. Ihre Kundschaft waren die Ärmeren des Dorfes, die bei ihnen anschreiben ließen und versprachen, nach der Ernte ihre Schulden in Form von Getreide zurückzubezahlen; ihr Land diente als Sicherheit für den Kredits. Der städtische Kaufmann-Geldverleiher begann seine Karriere als Ladenbesitzer, der mit Dingen handelte, die die Bauern nicht selbst herstellen konnten. Da die Bauern selten Bargeld hatten, bezahlten sie mit Getreide, was den Gläubiger zu einem Getreidehändler machte. Seine "Kundschaft" waren die etwas wohlhabenderen Bauern. Der dritte Typ Geldverleiher, der zugleich größerer Landbesitzer war, arbeitete auf der Basis von Landverpfändungen (Hypotheken). Der Schuldner verpfändete ein Stück Land gegen Geld und verpflichtete sich, den Kredit in Raten pünktlich abzustottern. Konnte er eine Rate nicht bezahlen, gehörte das verpfändete Land dem Gläubiger. Die Masse der ländlichen Kleinkredite, etwa drei Fünftel der Gesamtkredite, sollen sich jedoch die Dorfbewohner untereinander gewährt haben.
Geldverleihen wurde in der zypriotischen Gesellschaft mangels anderer Kreditquellen nicht als anstößig betrachtet. Fast alle Mitglieder des Legislativrates zwischen 1883 und 1930, als er abgeschafft wurde, waren Geldverleiher, aber sie waren nicht primär Politiker geworden, um

ihr Geldverleihgeschäft zu fördern. Als Volksvertreter forderten sie z.B. seit Jahren die Errichtung einer Agrarbank, obwohl ihnen klar war, dass diese das Wucherunwesen ruinieren würde.

1919 wurde auf der Grundlage des Kommissionsberichtes vier Gesetze erlassen: Das Wucherer-Gesetz legte fest, dass der maximale Zinssatz 12 Prozent nicht überschreiten durfte. Das Händler-Gesetz verlangte, dass die Kaufleute über ihre Kredite an die Bauern Buch führen mussten. Das dritte Gesetz gab einen Rahmen für die Sicherung des Existenzminimums von Schuldnern vor. Das vierte Gesetz regelte die Schuldenminderung. Die Gesetze waren gut gemeint, aber sie gingen dem Übel nicht an die Wurzel. Eine tatsächliche Lösung konnte nur durch die Gründung einer Agrarbank kommen.

1923 traf die Nachkriegsdepression die Insel und verschärfte die wirtschaftliche Krise. Die Zahl der Zwangsversteigerungen von überschuldeten Bauernanwesen stieg weiter an, was durch die große Zahl der Fälle zu einem Preisverfall führte. Betroffen waren vor allem kleinere Bauern, die nun in die Städte abwanderten, um dort nach Arbeit zu suchen. Die Folge war ein Rückgang der Löhne für ungelernte und gelernte Arbeitskräfte, und in der Öffentlichkeit begann man sich über die Verelendung großer Bevölkerungsteile zu erregen. Die Regierung tat wenig Wirksames, um die Lage der verschuldeten Bauern zu verbessern.

1924 trieb die Krise der zypriotischen Landwirtschaft einem Höhepunkt zu. Die Zwangsverkäufe erreichten erschreckende Ausmaße, und die dabei erzielten Erlöse waren so gering, dass auch die Kreditgeber geschädigt wurden. In den Städten sanken die Löhne weiter, und Ende Juni 1924 hieß es in einem Leitartikel in *Eleftheria*, dass das Leben auf der Insel *"vor der britischen Besetzung die Hölle war und die Hölle unter der britischen Verwaltung geblieben sei."*

1925 wurde schließlich die seit langem angestrebte Agrarbank mit einem Grundkapital von 50.000 £ gegründet. Auf den ersten Blick erscheint dies als ein gewaltiger Fortschritt, aber das Kapital der Bank war viel zu klein. Die vorgesehenen Zinsen waren für die darbende Landwirtschaft zu hoch und die fünfjährige Laufzeit für Hypothekendarlehen viel zu kurz. Da die Darlehen nur an Kreditgenossenschaften vergeben wurden, mußten die Bauern sich erst in solchen organisieren, womit sie sich schwer taten: Bis Ende 1926 entstanden nur 49 Kreditgenossenschaften. Zwar konnte die Agrarbank der Masse der kleinen Bauern nicht helfen, aber immerhin war ein Anfang gemacht worden.

Zwar nahm in den folgenden Jahren die Zahl der Kreditgenossenschaften und die von ihnen vermittelten Kredite zu, aber schon 1928 war das System wieder in der Krise. Als die Auswirkungen der Weltwirtschaftskrise und zusätzlich eine Dürre die Landwirtschaft Zyperns trafen, wurden wieder Zehntausende von Bauern zahlungsunfähig, was zu übelsten Enteignungserscheinungen und massiver Verelendung vieler Bauernfamilien führte.

Die Folgen der Weltwirtschaftskrise mit ihrem Zusammenbruch der Agrarpreise, trieben die Bauern in den Ruin. Aber nicht nur die Preise für landwirtschaftliche Produkte brachen zusammen, sondern auch die für das Land selbst und zwar um bis zu 50 Prozent. Um ihre fällig gewordenen Kredite zurückzuzahlen, mußten die Bauern immer mehr Land verkaufen (bis 1939 verloren sie insgesamt ein Drittel ihres Besitzes), und die Wucherer wurden langsam zu Großgrundbesitzern. Da die landlosen Bauern in den Städten keine Arbeit finden konnten, mußten sie und ihre Familien sich bei den neuen Besitzern ihres Landes als Tagelöhner verdingen, zu Löhnen, die kaum das Überleben ermöglichten. Man konnte den Eindruck gewinnen, dass Zypern auf dem besten Weg zurück in die Zeit der Luisignans, zum mittelalterlichen Feudalismus war.

Die Regierung reagierte ziemlich hilflos; 1934 erließ sie z. B. ein Moratorium für Zwangsverkäufe von bäuerlichen Land, aber sie zögerte, das Problem grundsätzlich anzugehen. Erst 1940 erließ die Regierung das *Agricultural Relief Law*, das endlich die Lösung brachte. Unter diesem Gesetz wurde in Nikosia ein Komitee eingerichtet, das nicht nur in der Hauptstadt regelmäßig Sitzungen abhielt, sondern auch in den anderen Städten und größeren Dörfern. Das Komitee hatte das Recht, Schuldenfragen der Bauern endgültig zu regeln, sei es gütlich oder unter Zwang. Es konnte die Höhe der Schuld bis zu einem Drittel absenken, die Rückzahlungszeit (bis zu 15 Jahre) und den Zins (5 bis 7 Prozent) festlegen.

Zwischen Mai 1940 und Mai 1941 konnten sich die Schuldner beim Komitee melden und ihren Fall vortragen. Angesichts der riesigen Zahl der Fälle (fast 14.000) unterließ es das Komitee, den individuellen Fall zu prüfen. Statt dessen wurden die Schulden in der Regel um ein Drittel reduziert, und die Laufzeit für die Rückzahlung wurde auf 15 Jahre gestreckt bei einem Zinssatz von 5 Prozent. Das war eine vernünftige Lösung, nur hätte sie schon viel früher, während der Weltwirtschaftskrise kommen sollen, dann hätte viel Elend vermieden werden können. Die staatliche Entschuldungsmaßnahme wurde durch den Krieg zusätzlich gefördert, denn die Agrarpreise zogen wieder an und die Einkommen der Bauern stiegen wieder, so dass sie ihre erniedrigten Schulden abzahlen und Kapital für zukünftige Investitionen zu akkumulieren konnten.

Die Entschuldung ging allein zu Lasten der wucherischen Geldverleiher, weder der Staat noch die Agrarbank beteiligten sich daran. Viele der Wucherer verloren kräftig Geld und gaben daher dieses Geschäft auf. Das wichtigste Ergebnis dieser Reform war jedoch, dass die Bauern sich aus den Klauen der Wucherer befreien konnten und die Macht dieser parasitären Gruppe gebrochen war. Damit war eine der Quellen, die in den Mutterländern für die Entstehung des üblichen politischen Klientelismus verantwortlich gewesen war, versiegt. Mit der Entschuldung der Bauern, der Beseitigung des Wuchertums und der Aufrechterhaltung des staatlichen Gewaltmonopols war die Voraussetzung geschaffen, dass sich in Zypern eine andere politische Kultur weiter entwickeln konnte, die weit europäischer als die der Mutterländer war und bis heute ist.

DAS STREBEN NACH ENOSIS BIS OKTOBER 1931

Das Streben nach Anschluss an Griechenland war bis 1878 weitgehend eine Sache der kleinen griechischen Oberschicht in den Städten gewesen; die Landbevölkerung verhielt sich, da sie über keine Informationen verfügte, indifferent. Das städtische Bürgertum hatte gesehen, dass Großbritannien 1863 Griechenland die Ionischen Inseln anläßlich des Dynastiewechsels in Griechenland übergeben hatte und hoffte, dass die Briten diese Geste wiederholen würden. Die Zyprioten hatten ferner die Aufstände der griechischen Kreter gegen die Osmanen 1841, 1858 und 1866-68 beobachtet, waren aber durch die brutalen Unterdrückungsmaßnahmen der Osmanen von eigenen Aufstandsüberlegungen abgeschreckt worden. Die frühen Anhänger der Enosis-Bewegung waren einige pro-griechische Idealisten, die zunächst nur geringen Anhang hatten.

Aber in den nächsten Jahren gingen immer mehr junge Männer zum Studium nach Athen, wo sie in den Bann der *Megali Idea,* dem Traum von der Wiedererrichtung des byzantinischen Reiches, gerieten und als glühende Anhänger der *Enosis* zurückkehrten. Dennoch wussten sie sehr genau, dass es Zypern trotz allem unter den Briten erheblich besser ging, als zuvor unter den Türken. Deshalb vermieden sie einen Bruch mit der Schutzmacht, denn die Vorstellung einer Rückkehr Zyperns unter osmanische Herrschaft war zu negativ. Statt dessen versuchten sie, sich einzumischen: Einige von ihnen ließen sich in den Legislativrat wählen und erhoben dort ihre Stimmen. Gelegentlich kam es zu Unmutsäußerungen wie z. B. 1887 als Queen Victoria ihr goldenes Regierungsjubiläum feierte und die Griechen die Feierlichkeiten boykottierten. In den folgenden Jahren schwankte die Begeisterung für die Enosis je nach politischer und ökonomischer Lage auf der Insel, wobei es auch zu ersten kleineren Konfrontationen zwischen den Volksgruppen kam.

Die Briten verstärkten ungewollt die Verbreitung des Enosis-Gedankens durch ihre Schulpolitik. 1880 wurde vorgeschlagen, Englisch als Unterrichtssprache einzuführen. Dies war ein sehr vernünftiger Vorschlag, denn er hätte die beiden Volksgruppen hinsichtlich der Bildungspolitik von den jeweiligen Mutterländern abgekoppelt, und dies hätte vielleicht dazu geführt, dass die Entwicklung einer zypriotischen Identität früher eingesetzt hätte. Zumindest wären sie so nicht in dem Maße in die Querelen der Mutterländer hineingezogen worden. Aber unglücklicherweise lehnte London den Vorschlag aus finanziellen Gründen ab und beschränkte sich auf die Errichtung einer Schulverwaltung. Auf den ersten Blick wirkt das ganze Schulsystem sehr liberal: Die Kolonialherren beschränkten sich auf die Qualitätssicherung und überließen die Inhalte des Unterrichts den Volksgruppen. Auf den zweiten Blick erkennt man natürlich, dass es um Kostenminimierung für die Kolonialherren ging. Doch das war kurzfristig gedacht und ließ die Folgen außer Acht. Da die Briten selbst keine Lehrpläne aufstellten, keine Schulbücher verfassten und keine Lehrer ausbildeten, lehnten sich die Zyprioten an die Mutterländer an: Die zypriotischen Lehrpläne waren Kopien der entsprechenden griechischen bzw. osmanischen Pläne; die Schulbücher wurden aus den Mutterländern importiert, und die Lehrer wurden an den Lehrerbildungseinrichtungen der Mutterländer ausgebildet oder gar von dort entsandt.

Das Resultat war in doppelter Hinsicht problematisch. Das Niveau der Erziehung blieb relativ niedrig und die importierten Curricula trugen dazu bei, die zypriotischen Bevölkerungsgruppen auseinanderzudividieren. War bis dahin der Hauptunterschied zwischen Inselgriechen und Inseltürken die Religion gewesen, kam nun als neues Element der Nationalismus dazu.

Auf der türkischen Seite war dieser zunächst wenig ausgeprägt, denn im Osmanischen Reich gab es keinen staatlich verordneten Nationalismus. Das Osmanische Reich war ein Vielvölkerstaat, für den die Idee des Nationalismus eine tödliche Gefahr darstellte. Statt dessen propagierte man den Islam als Bindemittel des Reiches. Der Lehrplan der türkischen Schulen in Zypern reflektierte diese Haltung.

Auf der griechischen Seite war das völlig anders. Nach der Entstehung des griechischen Nationalstaates 1830, der nur wenig mehr als die Peloponnes, Attika und Mittelgriechenland umfasste, entstand legitimerweise der Wunsch, alle Griechen in einem Staat zu vereinen. Dieses Streben, das unter der Bezeichnung *Megali Idea* in die Geschichte einging, wurde zur zentralen politischen Idee Griechenlands im 19. Jahrhundert. Aber schon bald verwandelte sich dieses verständliche Streben nach Befreiung aller Griechen vom osmanischen Joch in einen utopischen Traum von der Wiedererrichtung des byzantinischen Imperiums in seinem alten Umfang unter griechischer Hegemonie. In den Händen geschickter Demagogen wurde die *Megali Idea* zum innenpolitischen Instrument, das von überfälligen Reformen ablenkte und zugleich in Verbindung mit der Beschwörung der großen klassischen Traditionen einen grenzenlosen Chauvinismus hervorbrachte, der seine mythische Überhöhung im Begriff des "Ewigen Griechenlands" fand und bis heute noch in einigen Köpfen spukt.

Quellen und Ausgangspunkte des Nationalismus waren die Fächer Geschichte und Griechisch. Der Geschichtsunterricht vermittelte den Schülern die Zugehörigkeit zu einem Volk mit einer großartigen Vergangenheit und der Griechischunterricht an den höheren Schulen (*in Katharevousa*) verhieß ihnen eine goldene Zukunft. Das griechisch-zypriotische Äquivalent zur *Megali Idea* war die *Enosis*, das Streben nach Anschluss an Griechenland. Und die Lehrer brachten den Kindern die Liebe zum Mutterland und seiner Kultur bei. Dagegen war nichts einzuwenden, aber sie wurden zu Propagandisten der *Enosis*. Wenn der Gouverneur griechische Schulen besuchte, wurde er selbstverständlich mit "*Zito i Enosis*"[Es lebe die Enosis]-Sprechchören empfangen. Dies war zunächst noch relativ harmlos und wurde von den Briten, die mit den Griechen sympathisierten, toleriert, doch wurde damit der Boden für den späteren antikolonialen Aufstand vorbereitet.

Viel bedenklicher war jedoch, dass durch die aus Griechenland importierten Schulbücher auch Feindbilder vermittelt und in den Köpfen der Kinder verankert wurden. Die in Griechenland ausgebildeten Lehrer brachten den Kindern bei, dass die Türken die Erbfeinde der Griechen seien. Damit wurde das jahrhundertealte gute Einvernehmen zwischen den einfachen Leuten beider Volksgruppen unterminiert und Mißtrauen gesät. Die türkische Seite registrierte dieses Verhalten und lehnte sich enger an die Kolonialmacht an.

Doch trotz aller Schwächen leistete das Primarschulsystem seit 1878 Beachtliches. War 1878 der größte Teil der Bevölkerung noch Analphabeten gewesen, so war 1911 immerhin schon ein Viertel der Bevölkerung des Lesens und des Schreibens kundig; bis 1921 erhöhte sich dieser Anteil auf fast 35 Prozent.

Am 5. November 1914 erklärte Großbritannien dem Osmanischen Reich den Krieg und annektierte Zypern; aus dem britischen Protektorat wurde ein britisches Dominion. 1915 boten die Briten den Griechen Zypern an, wenn diese als Gegenleistung auf Seiten der Alliierten in den Krieg einträten, doch der germanophile König Konstantin I. lehnte dies ab. Er wollte sein Land aus dem Krieg heraushalten. Das britische Angebot erfolgte aus rein strategischen Überlegungen. Die Briten kannten die *Megali Idea*, und versuchten diese zu instrumentalisieren, indem sie Zypern als Köder benutzten. Daneben mag der Philhellenismus dabei eine gewisse Rolle gespielt haben, aber auf den oberen Rängen regierte die Staatsraison. Als die zypriotische Öffentlichkeit nach geraumer Zeit davon erfuhr, waren die griechischen Zyprioten zutiefst enttäuscht und die türkischen heilfroh, denn sie wollten unter britischer Herrschaft bleiben. Jahrzehnte später konstruierten zypriotische Enosis-Anhänger aus dem Angebot ein britisches Eingeständnis, dass die Briten damit die Berechtigung des Strebens nach Enosis anerkannt hätten, doch diese Logik erschien nur zypriotischen Nationalisten einleuchtend.

Als sich das Kriegsende näherte und es klar wurde, dass das Osmanische Reich aufgeteilt würde, meldete auch der griechische Premier Venizelos die bekannten Ansprüche Griechenlands an, aber über Zypern verlor er kein Wort. Es war offensichtlich, dass Venizelos versuchte, die griechischen Ansprüche durchzusetzen, ohne die Briten zu verärgern. In London war man fest entschlossen, Zypern zu behalten. Auch die griechischen Zyprioten hatten die Entwicklung beobachtet und beschlossen, eine Delegation nach London zu entsenden, um ihr Recht auf Selbstbestimmung, d.h. die Enosis zu fordern. Auf dem Weg nach London traf die Delegation in Paris mit Venizelos zusammen, der sich verhalten optimistisch zeigte und den Delegierten riet, nur mit den Briten zu verhandeln und nicht zu versuchen, Zypern als Thema auf die Pariser Friedenskonferenz zu bringen.

Die Delegation begab sich nach London, wo der Kolonialminister sie anhörte und ihnen wohlwollende Prüfung der Angelegenheit versprach. Wenig später erschien Venizelos in London und machte den Zyprioten nochmals ganz klar, dass ihr Anliegen kein Thema für die Friedenskonferenz sei, denn die Briten unterstützten immerhin die griechischen Ansprüche auf Thrakien und Kleinasien. Mit anderen Worten: Venizelos forderte also eine bedingungslose Unterwerfung der Zyprioten unter das "Nationale Zentrum", dessen Interessen immer Priorität haben würden. Die Zyprioten gaben nach und versicherten Venizelos, dass sie den von ihm geforderten Kurs einschlagen würden. In den folgenden Jahren hielten sich die Zyprioten an diese Vorgaben und stimmten ihre Lobbyarbeit in London mit Venizelos' Politik ab. Sie hofften und glaubten, dass Premier Lloyd George in einem günstigen Moment Zypern Griechenland überlassen werde.

Als jedoch Venizelos im November 1920 die Wahlen verlor und die Royalisten wieder an die Macht kamen, war für die Zyprioten klar, dass sie eine neue Strategie entwickeln mussten, denn die Briten lehnten den griechischen Monarchen ab. Diese wurde Ende 1920 in der Form einer Doppelstrategie entwickelt: Das Fernziel blieb die Enosis, aber das Nahziel war die Verbesserung der Lebensumstände durch Oppositionspolitik. Dazu sollte eine politische Organisation geschaffen werden, die von nun an den Kampf steuerte. Dies geschah durch die Errichtung des Koordinationskomitees für den Nationalen Kampf und den Sitzungsboykott des Legislativrates durch die gewählten griechischen Mitglieder. In einem an den Kolonialminister gerichteten Memorandum forderten sie die Realisierung des Rechts der Zyprioten auf nationale Selbstbestimmung durch die Abhaltung eines Plebiszits. Der Gouverneur empfahl die Ablehnung eines Plebiszits, denn ein solches werde nur die türkischen Zyprioten beunruhigen. Bei den nächsten Wahlen werde sich die Führung der griechischen Zyprioten spalten und mit den Gemäßigten könne man weiter zusammenarbeiten. Inzwischen setzte er in Kooperation mit den türkischen Mitgliedern des Legislativrates Gesetze durch, die die griechischen Repräsentanten abgelehnt hätten. Dies war ein typisches Beispiel der kolonialistischen Politik von divide and rule.

Anfang 1921 wurde das Fremdengesetz (*Aliens Law*) verabschiedet. Nach diesem Gesetz konnte kein Fremder Angestellter im Öffentlichen Dienst werde, womit man alle Zyprioten, die die griechische Staatsangehörigkeit erworben hatten und mit Enosis-Ideen "infiziert" waren, entfernen konnte. Zusätzlich konnten auf der Grundlage dieses Gesetzes unerwünschte Ausländer von Zypern ferngehalten und unbequeme deportiert werden. Wenig später folgte das *Sedition Law*, das ein Verbot von aufrührerischen Publikationen und die zeitweilige Suspendierung von Zeitungen vorsah; Journalisten, Redakteuren usw. konnte während der Suspendierung ihrer Zeitung ein Berufsverbot erteilt werden. Durch Gerichtsurteil konnte eine Zeitung bis zu einem Jahr lang verboten werden.

Als die griechischen Zyprioten den 100. Jahrestag der Revolution von 1821 feiern wollten, verbot der Gouverneur dies, was natürlich zu Zusammenstößen zwischen Nationalisten und der Polizei führte. Aufgrund der staatlichen Repressionsmaßnahmen kehrte vordergründig wieder Ruhe ein, doch die Nationalisten hatten nur ihre Taktik geändert: Eine "Nationale Organisation" wurde ins Leben gerufen, die in ganz Zypern präsent war. Vertreter dieser Organisation sorgten nun dafür, dass in jedem griechischen Dorf und jeder Gemeinde mehr oder weniger gleichlautende Resolutionen, in der die Enosis gefordert wurde, verabschiedet wurden. Fünfhundert Resolutionen kamen zusammen, wurden gebunden und am 16. Juni dem Gouverneur überreicht. Man könnte von einer Art inoffiziellem Plebiszit sprechen.

Der Gouverneur zeigte sich wenig beeindruckt, aber im Kolonialministerium gab man sich nachdenklich: Die Aktion zeige, dass die Mehrheit der griechischen Zyprioten für die Enosis sei. Aber wenigstens seien sie nicht zur Gewaltanwendung bereit. Da im November 1921 Wahlen zum Legislativrat anstanden, begann unter der Führung der griechischen Zyprioten eine heftige Auseinandersetzung über die Frage, ob man diese boykottieren sollte oder nicht. Um diese zu beenden, beschloss die Führung der "Nationalen Organisation" im Oktober eine panzyprische Versammlung einzuberufen. Diese beschloss mit überwältigender Mehrheit den Wahlboykott, bekräftigte den Wunsch nach Enosis und verurteilte die Kolonialherrschaft. Der zukünftige Kampf sollte durch die "Nationale Organisation" geführt werden. Damit war zwar die politische Einheit der griechischen Zyprioten bewahrt worden, aber gleichzeitig koppelten sie sich dadurch von jeglicher Einflussnahme auf die politische Entwicklung ab. Der Gouverneur war hochzufrieden, würden dadurch doch seine Kreise nicht gestört werden.

Die Anhänger der "Nationalen Organisation" beschlossen, einen "Nationalen Rat" zu wählen, der auf jeder Verwaltungsebene Zyperns Entsprechungen haben sollte. Nach Wahlen trat im März 1922 der "Nationale Rat" zu seiner ersten Sitzung zusammen. Angesichts der negativen Entwicklung des gleichzeitig tobenden griechisch-türkischen Krieges in Kleinasien verzichtete der Rat auf militante Aktionen und beschränkte sich auf das Verfassen von Memoranden ans Kolonialministerium. Im ersten hieß es, es gebe in Zypern eine entwickelte Gesellschaft und es sei eine Schande, sie in kolonialer Abhängigkeit zu halten. Die griechischen Zyprioten wollten die Enosis. Die Briten hätten Irland in die Freiheit entlassen, Ägypten die Unabhängigkeit gewährt und sogar Malta *Home Rule* zugestanden. In Zypern jedoch steuere London einen illiberalen tyrannischen Kurs. Die Antwort aus London war stereotyp in ihrer Ablehnung der Enosis.

In der Tat bewirkte der "Nationale Rat" wenig, was aber angesichts der Tatsache, dass die Mitglieder des Rates alle gesetzestreue Bürger waren, wenig verwwunderlich war; außerdem hatten sie einen geradezu kindlichen Glauben an britische Fairness und Gerechtigkeit. Hinzu kam, dass die Insel von den Auswirkungen der ökonomischen Nachkriegsdepression getroffen wurde und man die negativen Belastungen nicht noch verstärken wollte. Am stärksten dürfte jedoch die in Kleinasien sich abzeichnende Katastrophe gewesen sein, die alle starr vor Schrecken dorthin blicken ließ.

Diese Lage nützte der Gouverneur aus, indem er einerseits den "Nationalen Rat" unter Druck setzte und andererseits sich nach Kollaborateuren umsah, die man bei den nächsten Wahlen zum Legislativrat als Kandidaten aufstellen könne. Obwohl der "Nationale Rat" Kompromissbereitschaft signalisierte und zu verstehen gab, dass für ihn von nun an das Streben nach Autonomie Priorität habe, hielt er an seinem Wahlboykott fest. Die ermöglichte es dem Gouverneur, seine Kandidaten, einfache Leute ohne Durchblick wählen zu lassen. Als im Januar 1923 der neue Legislativrat seine Arbeit aufnahm, zeigte es sich, dass die neuen Mitglieder selten den Mund aufmachten und die wenigen gewählten Unabhängigen konnten nichts ausrichten. Die Regierung kümmerte sich nicht um ihre Einwände, der "Nationale Rat" war isoliert. Wieder begann eine Diskussion über den richtigen Kurs. Diesmal setzten sich die Gemäßigten durch, für die die Enosis ein Fernziel, aber die Gewinnung größerer Freiheiten das Nahziel war. Doch auch diese Kursänderung blieb ohne Wirkung, denn der Gouverneur hielt stur an seinem Kurs fest und verurteilte so den "Nationalen Rat" und die "Nationale Organisation" zur Bedeutungslosigkeit, weshalb sie Ende 1925 ihre Aktivitäten einstellten.

Im Mai 1925 erhielt Zypern eine neue Verfassung als Kronkolonie. Die neue Verfassung war nicht mehr als politische Kosmetik. Die griechischen Zyprioten erhielten zwar eine größere Zahl von Abgeordneten im Legislativrat, aber sie konnten wieder durch die vereinten britischen und türkischen Stimmen überstimmt werden. Selbst wenn die beiden Volksgruppen im Rat zusammengearbeitet hätten, hätten sie keine Veränderungen bewirken können, denn sie durften nur ihre Meinung kundtun. Die neue Verfassung zementierte die Spaltung und vertiefte sie dadurch. Es war klar, dass den griechischen Zyprioten die bevorzugte Stellung der türkischen Zyprioten immer ein Dorn im Auge sein würde, und umgekehrt die türkischen Zyprioten sich immer eng an die Briten anlehnen müßten, um ihre Privilegien zu bewahren. Damit waren Konflikte programmiert und die Entwicklung einer gesamtzypriotischen Identität fast unmöglich. Aber dies war wohl auch der leitende Gedanke der Verfassungsväter: *Divide and rule*, das alte Kolonialistenrezept als Verfassungsgrundsatz. Eine Gelegenheit, die Differenzen zwischen den Volksgruppen zu überbrücken, war vertan, eine entscheidende Weiche zu einer friedlichen Weiterentwicklung war nicht gestellt worden.

Angesichts der Nahostkrise nach dem Ende des Ersten Weltkrieges hatte die britische Regierung beschlossen, dass Zypern ein Teil des britischen Empires bleiben mußte. Um diese Politik durchzusetzen, entsandte das Londoner Ministerium Persönlichkeiten nach Zypern, die, erfüllt vom Geiste des Imperialismus, die zypriotischen Griechen als Eingeborene betrachteten und entsprechend anmaßend behandelten. Und dies gelang ihnen deshalb so verblüffend gut mit etwa einem halben Hundert Beamten und einer Kompanie Soldaten, weil die Zyprioten, ein friedlicher gesetzestreuer Menschenschlag, den Briten vertrauten und sie bewunderten.

1926 änderte sich dies als der hochgebildete Philhellene Ronald Storrs neuer Gouverneur Zyperns wurde. Er begann sofort mit großen Reformen, die u.a. auch zur Abschaffung des "Tributs" führten. In seinen Augen waren die griechischen Zyprioten Griechen. Ihr Wunsch nach Enosis war zwar illoyal, denn sie waren britische Untertanen, aber er war nicht gesetzeswidrig. Er war überzeugt, dass in einem wirklich geheimen Plebiszit die Masse der Zyprioten sich für Großbritannien entscheiden würde, allerdings war er sich bei der jüngeren Generation da nicht mehr ganz so sicher. In seinen Augen nützten die griechischen Zyprioten das liberale System nach Kräften aus. Selbst die Mitglieder des Legislativrates, die einen Loyalitätseid auf den britischen Monarchen geschworen hatten, würden diesen zugunsten der Enosis ohne zu zögern brechen; vereidigte Beamte hingegen seien loyal. Dies waren Beobachtungen, die ihn jedoch nicht hinderten, an seinem eingeschlagenen liberalen Kurs festzuhalten.

Storrs Politik wurde durch einen Machtwechsel in Athen unterstützt, als Venizelos im Juli 1928 die konservative Regierung stürzte und für August Neuwahlen ansetzte, die er haushoch gewann. Venizelos nützte seine parlamentarische Stärke, um sich mit der Türkei auszusöhnen und einen Freundschaftspakt zu schließen. Doch in Bezug auf Zypern hielt er an seinem alten Kurs fest: Zwischen Griechenland und Großbritannien gebe es keine Zypernfrage. Die Zyprioten sollten ihre Probleme mit England selbst lösen. Im Mai 1929 empfahl Venizelos den Zyprioten, nach Reformen zu streben und die Enosis vorläufig zu vergessen.

Als im Mai 1929 Labour die Parlamentswahlen gewann, entstand in Zypern neue Hoffnung und man beschloss, eine Delegation nach London zu senden. Dies geschah, und im Oktober 1929 trugen die Zyprioten dem Kolonialminister ihre Forderungen nach mehr Autonomie und Rückzahlung des Überschusses des "Tributs" vor; die Enosis wurde zwar erwähnt, aber es war klar, dass die Zyprioten diese als Fernziel betrachteten. Die Antwort des Ministers war ablehnend: Die Zeit für mehr Autonomie sei noch nicht gekommen. Die Delegation kehrte nach Zypern zurück und berichtete über ihren Mißerfolg. Die Reaktion war typisch: Man müsse die Anstrengungen intensivieren.

Anfang Januar 1930 wurde eine neue politische Organisation ins Leben gerufen, die straffer organisiert war als ihre Vorgängerin und nur ein Ziel kannte, die Enosis. Im Zusammenhang mit den Feiern zum griechischen Nationalfeiertag am 25. März wurde eine Art inoffizielles Plebiszit über den Anschluss ans Mutterland organisiert, bei dem etwa drei Viertel der griechischen Zyprioten für die Enosis stimmten. Im August 1930 wurde bekannt, dass der Staatssekretär im Kolonialministerium im Oktober nach Zypern kommen werde, was zu Spekulationen führte, ob England nicht doch bereit sei, Zypern an Griechenland abzutreten. Als Staatssekretär Drummond Shiels eintraf, enttäuschte er die Zyprioten zutiefst, als er ihnen sagte, dass keine britische Regierung im Parlament eine Mehrheit für die Abtretung Zyperns an Griechenland finden werde. Aber man sei bereit, die Kultur beider zypriotischer Volksgruppen zu unterstützen. Dann entwickelte er ein Konzept, das, wäre es realisiert worden, den Zyprioten viel Elend erspart hätte: *"Was ganz sicher unsere Sympathie und Kooperation finden würde, wäre ein zypriotischer Patriotismus [...] Wir verlangen nicht, dass die Inselgriechen ihre hellenische Kultur, ihre Traditionen, ihre Sprache und Religion aufgeben, die sie natürlich hochschätzen, sondern dass sie diese in einem Zypern weiterentwickeln, das konstituierender Teil des britischen Empires ist."* Dann warnte Shiels davor, die Opposition gegen die britische Herrschaft zu übertreiben.

Nach Shiels' Abreise setzte in Zypern eine Diskussion über den nun zu steuernden Kurs ein. In einem Teil der Führungsschicht wurde über Boykottmaßnahmen und die Gründung von

Tafel 1

Larnaka: türkisches Café am Hafen (Illustrated London News)

Hof des britischen Konsulats in Larnaka (The Graphic)

Tafel 2

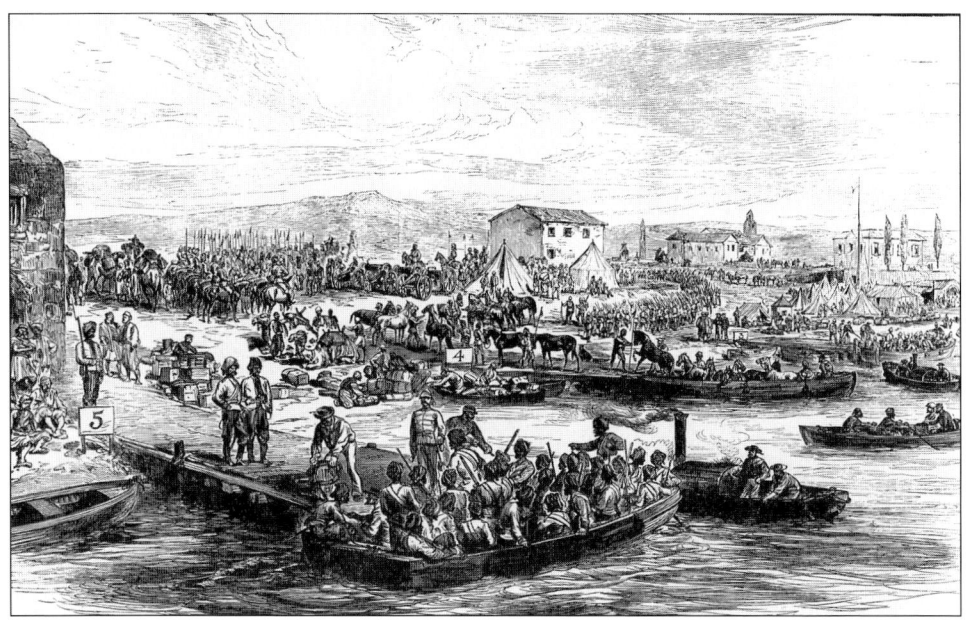

Britische Landung bei Larnaka 1878 (Illustrated London News)

Punch Karikatur: Wolseley wirbt um Zypern 1878

High Commissioner Sir Garnet Wolseley

Tafel 5

Nikosia Victoria Street (Photo Foscolo)

Tafel 6

Famagousta Ag. Nikolaos - Lala-Mustafa-Pascha-Moschee 1875

Limassol Straßenszene 1878

Tafel 7

Frauen am Webstuhl und Spinnrad

Schule im Hof der Dorfkirche von Kalopanagiotis

Tafel 8

6th Cent. Cypriot Coin

Finding of body of St. Barnabus

Founder of the Stoic School

Mediaeval Map

Early Moslem Shrine

Arms of Governor

14th Cent. Monastery Premonstratensian Order

Lusignan Gothic

Bronze Statue outside House of Lords

Briefmarkensatz zum 50. Jubiläum der britischen Herrschaft auf Zypern

Parteien nachgedacht. Der radikalere Flügel verwarf diese Idee und gründete zunächst im Geheimen die Nationale Radikale Organisation Zyperns (Ethniki Rizospastiki Enosis Kyprou). In kurzer Zeit gewann die Organisation eine größere Zahl von Mitgliedern (1.200) und durchdrang die griechisch-zypriotische Gesellschaft. Die Organisation wurde zum Sammelbecken aller radikalen Kräfte, und die Gemäßigten verloren an Boden. Die EREK wurde zu einer Art Vorläuferorganisation der späteren EOKA, die den Befreiungskampf in den 50er Jahren führte.

Das Entstehen der EREK löste auf der türkisch-zypriotischen Seite eine Gegenbewegung aus. Die Reformen Kemal Atatürks in der Türkei wurden von der jüngeren Generation der Inseltürken mit Begeisterung aufgenommen. Diese hatte von der patriarchalischen Herrschaft der älteren Generation genug, zumal diese durch ihre Kontrolle der religiösen Stiftungen (Evkaf) über eine solide Machtbasis verfügten. Die kemalistische Bewegung wurde vom türkischen Konsul in Zypern unterstützt, der mit mäßigem Erfolg versuchte, der jüngeren Generation ein türkisches Nationalbewußtsein einzupflanzen. Als die Briten erkannten, welche Rolle der Konsul spielte, sorgten sie dafür, dass er abgezogen wurde. Zwar gelang es den Briten dadurch, ihr bisheriges System der patriarchalischen Kontrolle der türkischen Zyprioten nochmals zu stabilisieren, aber in der jüngeren Generation begann sich der türkische Nationalismus auszubreiten.

Im Juli 1930 kam der neue griechische Konsul Alexis Kyrou, der zypriotischer Abstammung war, nach Zypern. Kyrou genoss die persönliche Protektion des griechischen Außenministers Andreas Michalokopoulos. Natürlich war ihm Venizelos' Haltung in der Zypernfrage bekannt, aber aufgrund seiner engen Beziehungen zu Michalokopoulos glaubte er, sich darüber hinwegsetzen zu können. Er war der Meinung, dass ein absolut intransigenter Kurs zur Enosis führen werde. Das Schicksal seines türkischen Kollegen beeindruckte ihn nicht. Als gebürtiger Athener zypriotischer Abstammung glaubte er, dass er von der zypriotischen Politik mehr verstünde als die Zyprioten, die in seinen Augen eine primitive Politik betreiben. Das Gefährliche war nicht nur seine daraus resultierende Besserwisserei, sondern dass er in Zypern als die Stimme des Nationalen Zentrums betrachtet wurde. Seine oft völlig unausgegorenen Ansichten wurden von vielen inselgriechischen Politikern als Handlungsanleitungen begriffen.

So war die Forderung nach mehr Autonomie in seinen Augen kontraproduktiv, denn sie würde den Weg zur Enosis behindern. Er empfahl den Zyprioten, Staatssekretär Shiels entsprechend hart gegenüber aufzutreten. Michalokopoulos wurde zwar über die Eskapaden seines Schützlings informiert, ermahnte ihn nur aber nur milde und ließ ihn letztlich gewähren. Auch als Kyrou sich hinter die EREK stellte und diese zu einem konfrontativen Kurs bringen wollte, reagierte Michalokopoulos nicht. Auch London nahm die Aktionen des griechischen Konsuls nicht ernst und lehnte einen Antrag Storrs auf eine Demarche in Athen ab. Erst als Storrs mit Venizelos anlässlich eines privaten Treffens sprach, versprach dieser Kyrou abzulösen. Kyrou begab sich wenig später in Urlaub, und niemand erwartete, dass er je wieder nach Zypern zurückkehren würde.

Aber auch danach endete die Spannung in Zypern nicht. In der EREK tobte ein Kampf zwischen den Gemäßigten und den Radikalen über den einzuschlagenden Kurs; doch dies war ein Kampf mit Worten. Die Auseinandersetzung in der Presse zwischen den beiden Flügeln, die Wühlarbeit der Radikalen und die schlimmen Auswirkungen der Weltwirtschaftskrise steigerten die Spannung noch weiter. In diese Situation platzte am 8. Juli eine Bombe, nämlich das Statement von Finanzminister Snowden über die Verwendung des Überschusses der Tributzahlungen. Die zypriotische Presse beschuldigte die Londoner Regierung der Arroganz, Willkür, Ungerechtigkeit und der Verachtung der Wünsche der zypriotischen Bevölkerung.

Als im August bekannt wurde, dass der britische König jenen königlichen Erlass unterzeichnet hatte, der die Vereinnahmung des Überschusses ratifizierte, waren die Mitglieder des Legislativrates zutiefst empört und verweigerten dem Haushaltsgesetz für 1932 die Zustimmung, so dass Storrs gezwungen war, es per Erlass in Kraft zu setzen, was natürlich die politische Spannung weiter steigerte. In den folgenden Wochen gab es erneut eine ziemlich hitzige Debatte über den einzuschlagenden Kurs. Die einen forderten, dass die Abgeordneten unter Protest zurücktreten sollten, was allerdings wenig bewirken würde, wie eine ähnliche Aktion 1920 gezeigt hatte. Andere forderten einen Steuerstreik und einen Boykott britischer Waren. Kyrou, der unerwarteterweise nochmals nach Zypern zurückgekehrt war, tat sein Bestes, um die politischen Leidenschaften anzustacheln.

Am 21. Oktober 1931 kam es zur Explosion, als aufgeregte Teilnehmer einer Protestkundgebung beschlossen, zum Sitz des Gouverneurs (Government House) am südlichen Stadtrand von Nikosia zu marschieren. Dort stellten sich ihnen einige wenige Polizisten in den Weg, die die Demonstranten nicht aufhalten konnten. Die Masse versammelte sich auf dem Vorplatz der Residenz und zunächst blieb alles friedlich. Verhandlungen zwischen den Anführern und Storrs begannen, die von Sprechchören begleitet waren. Es herrschte zwar ziemlicher Lärm, aber die Stimmung war eher übermütig friedlich. Doch inzwischen war die Nacht hereingebrochen und dies nützten einige Hooligans aus und warfen aus den hinteren Reihen Steine in Richtung des Government House. Die Anführer versuchten zwar, dies zu unterbinden, aber die jugendlichen Randalierer waren nicht zu stoppen. Sie warfen die vor der Residenz geparkten Autos um und setzten sie in Brand, wenig später brannte das aus Holz gebaute Government House ab.

Das Abbrennen des Government House war keine geplante Aktion gewesen. Es war das Werk von etwa 100 bis 150 Hooligans, die sich im Schutz der Nacht austobten. Es ist unwahrscheinlich, dass sie von Angehörigen der EREK angestiftet worden waren, denn niemand brüstete sich hinterher damit. Die ganze Aktion war unpolitisch, aber ohne die vorausgegangene Phase politischer Frustration und ohne die Auswirkungen der Weltwirtschaftskrise wäre es wohl nie zu diesen Ausschreitungen gekommen. Hätte der Polizeichef weniger Langmut und früher Härte gezeigt, wäre Zypern vermutlich einige wenig erfreuliche Jahre erspart geblieben. So aber verbreiteten sich die Unruhen über die ganze Insel und als die Polizei ihrer nicht Herr wurde, wurden die auf Zypern stationierten Soldaten (3 Offiziere und 123 Soldaten) eingesetzt und weitere Truppen aus Ägypten herbeigeschafft. Um die Entwicklung unter seiner Kontrolle zu behalten, vermied Storrs die Verhängung des Kriegsrechtes, aber er erklärte einen begrenzten Belagerungszustand und verhängte eine Ausgangssperre. In den folgenden Tagen gelang es der Polizei und dem Militär, in ganz Zypern die Ordnung wiederherzustellen. Am 23. Oktober wurden die "Anführer" verhaftet, und am 27. Oktober herrschte wieder Ruhe.

In Athen bemühte sich Venizelos um Schadensbegrenzung: *"Ich habe viele Male erklärt, dass es zwischen der griechischen und der britischen Regierung keine Zypernfrage gibt. Die Zypernfrage ist eine Angelegenheit zwischen der britischen Regierung und dem Volk von Zypern. Bisher haben die Zyprioten ihren Kampf durch Denkschriften, Ansprachen, Treffen und Proteste geführt, d.h. mit Mitteln, welche die liberal eingestellten Briten als absolut legal betrachten. Unglücklicherweise, haben heute kriminelle Exzesse wie die Angriffe auf Soldaten und Polizisten und dem Niederbrennen des Government House in Nikosia stattgefunden. Hier endet die britische Toleranz und die strikte Anwendung des Gesetzes beginnt. Ich kann nur mein tiefstes Bedauern über diese Exzesse ausdrücken."*

In Athen ließ das griechische Außenministerium die Briten wissen, dass Kyrou sofort abberufen werde. Doch die britische Regierung ließ die Griechen wissen, dass Kyrou *persona non grata* sei und ihm das *exequatur* entzogen sei. Venizelos war zutiefst schockiert und veranlasste seinen Außenminister, sich offiziell zu entschuldigen. Doch die Briten blieben bei ihrer harten Haltung: Kyrou nach Zypern zu senden, sei eine außerordentliche Fehlleistung der griechischen Regierung gewesen. Venizelos beendete die peinliche Situation mit folgendem Statement im griechischen Parlament: *"Egal welche tiefe Resonanz die nationalen Wünsche dieser Inseln* [Venizelos schloß die Dodekanesinseln mit ein] *in der griechischen Seele hervorruft, ist es für den griechischen Staat unmöglich, sie bei deren Realisierung zu unterstützen oder zuzulassen, dass griechisches Territorium benutzt wird, um Handlungen gegen den Frieden auf der Insel zu organisieren. Entscheidende, ja mehr als entscheidende Interessen Griechenlands erzwingen notwendigerweise eine ungestörte Freundschaft mit Großbritannien. [...] Daher haben wir das Recht, von den griechischen Einwohnern dieser Inseln zu verlangen dass sie sich weniger egoistisch verhalten."* Dies war für viele Jahre das letzte Wort in dieser Angelegenheit. Von nun an bis zum Ende des Zweiten Weltkriegs war Zypern kein Thema für die griechische Außenpolitik.

Sofort nach den Unruhen ließ Storrs sechs "Rädelsführer" verhaften. Da er den Verdacht hatte, dass bestimmte Politiker wie z. B. Bischof Makarios von Kyrenia und der Rechtsanwalt Savvas Loizidis sowie zwei führende Kommunisten darin verwickelt waren, ließ er auch diese festnehmen und verbannte sie nach London ins Exil. Am 30. Oktober wurde ein königliches Dekret (*letters patent*) in der *Cyprus Gazette* veröffentlicht, das die Verfassung, die Stadträte und den Legislativrat aufhob und die legislative Gewalt auf den Gouverneur übertrug. Aufgrund dieser neuen Vollmacht verbot Storrs das Hissen fremder (griechischer) Fahnen, reduzierte das Läuten der Kirchenglocken auf ein Minimum und ernannte von nun an alle Muchtare. Zuwiderhandelnden drohten massive Strafen. Im Dezember 1931 wurde den griechischen Zyprioten mit Ausnahme der Beamten per Gesetz eine Sondersteuer in Höhe von etwa 35.000 £ zum Wiederaufbau des Government House aufgebrummt.

Insgesamt wurden 400 Personen verhaftet; rund 3.400 wurden angeklagt, aber nur 2.600 verurteilt, wovon 2.000 Geldstrafen zwischen 2 und 10 £ bezahlen mussten. Einige bekamen Freiheitsstrafen zwischen 6 und 19 Monaten. Weitere Deportationen lehnte London aus juristischen Gründen ab. Der Erzbischof reagierte aus Protest gegen die Regulierung des Glockenläutens mit einem generellen Läutestreik, um an die osmanische Zeit zu erinnern, als ein totales Läutverbot geherrscht hatte, worauf London das Läuteverbot stillschweigend fallen ließ. Der "Läutekrieg" führte zu einer Hetzkampagne gegen Storrs in der Presse in Griechenland. Als Venizelos diese zu stoppen versuchte, wurde er zum neuen Angriffsobjekt der Rechtspresse. Die Kampagne endete erst, als die Folgen der Weltwirtschaftskrise das Land trafen und zum Staatsbankrott führten. In Zypern hingegen gab es seit Oktober 1931 eine strikte Zensur; jeder Artikel musste genehmigt werden.

Im Frühjahr 1932 bot das Kolonialministerium Storrs den Posten eines Gouverneurs von Nordrhodesien (heute Sambia) an, den er annahm. Im Juni 1932 verließ er Zypern. Er war wohl der beste Gouverneur, den Zypern je hatte. Er hatte breite Reformen durchgeführt und erreicht, dass der "Tribut" abgeschafft wurde. In der ersten Hälfte seiner Amtszeit verbesserte er erfolgreich das Leben der Zyprioten. Unter ihm wurde der Jahrzehnte alte Traum von der Brechung der Zinsknechtschaft durch die Errichtung der Agrarbank möglich. Er war der erste Gouverneur, der die Mentalität der Zyprioten verstand und sie nicht verachtungsvoll als Eingeborene betrachtete, aber er fraternisierte auch nicht mit ihnen. Der bekannte Autor und Philhellene Compton Mackenzie brachte es auf den Punkt: *"Er war ein Philhellene aufgrund seiner Bildung und nicht des Herzens."* (*"He was a philhellene by scholarship but not by love."*) Die Auswirkungen der Weltwirtschaftskrise und sein mangelnder Mut im Falle des Überschusses führten zur Explosion im Oktober 1931, die aber das Ergebnis eines langen Prozesses war. Als die Unruhen ausbrachen, hatte er keine Alternative, als seine Pflicht als Gouverneur zu tun und

Ruhe und Ordnung wiederherzustellen, aber von da an bis 1960 wurde Zypern per Dekret regiert.

WOHLWOLLENDE AUTOKRATIE

Storrs' Nachfolger Reginald Stubbs (1932-33) kam im Dezember 1932 nach Zypern. Eine seiner ersten Maßnahmen betraf die Praxis der bisherigen Pressezensur, die sich, weil jeder Artikel zensiert wurde, als äußerst ineffizient und teuer erwiesen hatte. Er führte eine neue Methode ein: Jede Zeitung benötigte von nun an eine Lizenz. Um diese zu erhalten, musste der Herausgeber bei den Behörden 500 £ Kaution hinterlegen. Im Fall der Veröffentlichung von etwas "Aufrührerischem" oder von falschen Nachrichten konnte die Lizenz entzogen werden und die Kaution war weg. Eine ähnliche Methode wurde für Druckereien entwickelt: Ihre Besitzer waren von nun an für den Inhalt der von ihnen gedruckten Publikationen verantwortlich. Die Zensur betraf sogar den Nachdruck von Artikeln der Londoner *Times* oder von Erklärungen, die im Unterhaus abgegeben worden waren. Auch Filme und die Wochenschau wurden von der Zensur überwacht, wobei die Verbotskriterien manchmal etwas seltsam waren: Ein Film über die Heirat eines Mitglieds der königlichen Familie fiel der Zensur zum Opfer, wohingegen Filme, die den italienischen Faschismus oder den deutschen Nazismus priesen, durchgingen.

Durch weitere Erlasse wurden die Pfadfinder staatlicher Kontrolle unterstellt. Politische Organisationen wurden verboten und um deren getarnte Wiederentstehen als Clubs zu verhindern wurde das Vereinsgesetz verschärft. Der Waffenimport wurde strikt geregelt und sogar Jagdwaffen mussten polizeilich gemeldet werden. Die Kommunistische Partei (KKK) wurde verboten. Der Besitz kommunistischer Literatur wurde mit zwei Jahren Gefängnis bestraft. Die Polizei konnte Personen, die kommunistischer Neigungen verdächtigt wurden, ohne Haftbefehl festnehmen, ihre Häuser durchsuchen und Drucksachen beschlagnahmen. Die Korrespondenz der Kommunisten mit dem Ausland wurde überwacht, aber diese Maßnahme war wenig wirksam, weil ein Genosse im Hauptpostamt die entsprechenden Briefe durch die Kontrolle schmuggelte.

Auch auf dem Erziehungssektor wurde die Verbreitung des Enosis-Gedankens bekämpft. Von nun an ernannte der Gouverneur die Lehrer, setzte deren Gehälter fest, entschied über Schulbücher und Lehrpläne und kontrollierte die Finanzen des Erziehungswesens. Durch Dekret wurde der Unterricht der griechischen Geschichte, das Erlernen von patriotischen Gedichten und das Singen derartiger Lieder verboten. Auch die Lehrerausbildung wurde unter Kontrolle gebracht, indem man eine Art Lehrerseminar errichtete, das dem griechischen und türkischen Gymnasium angeschlossen war.

Im November 1933 verließ Stubbs Zypern. Neuer Gouverneur wurde Herbert Richmond Palmer (1933-39), der in afrikanischen Kolonien die Methode der indirekten Regierung durch die Verwendung der örtlichen Notabeln gelernt hatte. Die letzten drei Jahre hatte er Gambia regiert, wo er sich seinen herablassenden autoritären Führungsstil gegenüber den primitiven Eingeborenen zulegte. Er, wie auch viele der britischen Beamten der Verwaltung betrachteten die Zyprioten als Eingeborene, mit denen man nicht verkehrte. Stolz versicherte die Frau eines höheren Kolonialbeamten, dass sie 14 Jahre in Zypern gewesen sei und es geschafft habe, nicht einmal einen Eingeborenen in ihrem Haus gehabt zu haben. Ein hoher Jurist fand die Idee, einem zypriotischen Kollegen die Hand zu schütteln, als höchst unangemessen, wobei diese in diesem speziellen Fall oft Anwälte waren, die in England studiert hatten und mehrere Sprachen beherrschten.

Palmers sechsjährige Herrschaft war durch Stagnation gekennzeichnet. Wenn es dennoch soziale und ökonomische Fortschritte gab, dann weil andere Faktoren hereinspielten; Palmer hatte damit nichts zu tun. Am Ende seiner Regierung stellte er in einer offiziellen Ansprache fest, dass er als Gouverneur so erfolgreich gewesen sei, weil er alle Amtsinhaber ausgewählt habe und sie nicht gewählt worden seien. Die Pressezensur sei im Interesse der Aufrechterhaltung von Gesetz und Ordnung unverzichtbar. Dies entsprach genau dem antidemokratischen Geist der Zeit, aber es war erstaunlich, dass ein Brite solche Äußerungen tat. Seine folgende Einschätzung war sexistisch und rassistisch: *"Die Zyprioten sind in ihren Ansichten und ihrer Mentalität asiatisch oder orientalisch. [...] Vor einigen tausend Jahren landete eine Dame, die Aphrodite hieß, auf der Insel und davon hat sich die Insel nie wieder ganz erholt. Die Zyprioten leisten sich den Luxus der Unzufriedenheit und tun immer so, als wenn sie etwas dagegen hätten, regiert zu werden, und doch wie die schon erwähnte Dame erwarten sie beherrscht zu werden und tatsächlich mögen sie es."* Auch seine weiteren Ausführungen zeigen, dass er von Zypern nicht die geringste Ahnung hatte. Zypern müsse regiert werden, eine Selbstregierung sei ausgeschlossen, die Insel sei nicht einmal für die Regierungsform einer normalen Kolonie reif.

Offensichtlich hatte Palmer nicht begriffen, dass er Europäer regiere. Sein Regierungsstil grenzte an Faschismus. In seinen Augen war der Wunsch nach Enosis eine chronische Obsession der städtischen Intelligenz, die 250.000 Bauern seien dagegen immun und man müsse sie davor schützen. Sogar im Kolonialministerium erkannte man, dass Palmer immer stärker Verhaltensweisen wie Mussolini an den Tag legte.

Als im Mai 1936 Chamberlain Premierminister wurde, beschloss man in der griechisch-zypriotischen Elite, eine Delegation nach London zu senden, um eine Änderung der britischen Politik zu bewirken. Die türkischen Zyprioten befanden dieses Vorhaben für gut. Wie bei den früheren Delegationen nach London verfassten die drei Delegierten ein Memorandum, in dem sie sich über die diktatorische Herrschaft Palmers beklagten und die Rückkehr zur Demokratie forderten. Im Juni 1836 übersandten sie die Denkschrift Palmer, der nicht darauf reagierte, worauf sie nach London reisten. Dort übergaben sie dem Kolonialministerium ein weiteres Memorandum, in dem sie sich über die autoritäre Regierung beschweren und die Rückkehr zu verfassungsmäßigen Zuständen forderten.

Ende Juli geruhte der Minister, einen der Delegierten zu empfangen und machte ihm klar, dass das Ministerium Palmer bedingungslos unterstütze. In einer Regierungserklärung im Parlament hieß es, dass die Regierung an ihrer Zypernpolitik festhalte. Die drei Delegierten kehrten enttäuscht nach Zypern zurück. Als die Zeitung *Eleftheria* über ihre Erlebnisse berichtete, nahm Palmer dies zum Vorwand, sie drei Monate zu verbieten. Die anderen Zeitungen schwiegen ganz. Es dauerte noch bis Juli 1939, bis die Regierung in London bekannt gab, sie denke über eine Rückkehr zur Demokratie nach, aber dies müsse langsam geschehen, und in der Tat ließ sich London Zeit. Erst im Verlauf des Krieges wurden Veränderungen vorgenommen.

An die Jahre, als Palmer Gouverneur war, erinnert man sich bis heute in Zypern als eine finstere Zeit ohne Freiheit. In der Tat war die Freiheit während der Palmerokratia, wie sie in Zypern genant wird, an einem Tiefpunkt und die Unterdrückung am stärksten.

Palmers Nachfolger William Denis Battershill (1939-41) war von 1935 bis 1937 Kolonialsekretär in Zypern gewesen. Er mochte die Zyprioten und diese registrierten dies und erwiderten seine Gesten. Im Kolonialministerium erwartete man, dass der Gouverneur den Zyprioten mehr Freiheiten einräumen, aber erneute Unruhen vermeiden sollte. Doch Hitlers Blitzkriege, in denen er einen großen Teil Europas überrannte, verhinderten größere Veränderungen. Erst als Premier Churchill und Präsident Roosevelt im August 1941 die Atlantik Charta verkündeten, kam wieder Bewegung ins Spiel, denn dort hieß es in Paragraph 3, dass alle Völker das Recht hätten, ihre eigene Regierungsform zu wählen und all jene, denen die souveränen Rechte und die Autonomie geraubt worden waren, diese zurückgegeben werden müssten. Es war offensichtlich, dass diese hochgesinnten Prinzipien auch für Zypern angewendet werden konnten.

Battershill begann mit seinen Liberalisierungsmaßnahmen auf der untersten Ebene, indem er Kommunal- und Bürgermeisterwahlen ansetzte. Um die Wiederentstehung klientelistischer Strukturen zu verhindern, erlaubte er die Gründung von Parteien. Das Versammlungsverbot von 1931 wurde aufgehoben und mit Unterstützung des Londoner Arbeitsministeriums wurde ein Gesetz erlassen, das die Gründung von Gewerkschaften nach britischem Vorbild erlaubte. Schon vorher waren einige wenige Gewerkschaften entstanden, aber nun nahmen die erfahrenen Kommunisten die Sache in die Hand und in kurzer Zeit entstanden 30 Gewerkschaften unter ihrer Kontrolle. Nach einem ersten Bauarbeiterstreik wurde der erste Branchentarifvertrag geschlossen. Im August 1939 fand der erste Gewerkschaftskongress in Famagousta statt. Doch die Arbeitsbedingungen waren immer noch schrecklich: Die Wochenarbeitszeit lag bei 52 bis 60 Stunden. Sozialversicherungen gab es noch nicht, und die Arbeiter träumten von einem 8-Stunden-Tag und einer 48-Stunden-Woche.

Als die Kommunisten versuchten, die armen Bauern zu organisieren, gründeten die reicheren Landwirte die rechtsgerichtete Panzyprische Bauernunion (PEK), die später eine der Quellen wurde, aus der die EOKA ihre Kraft schöpfte. Die linken Gewerkschaften schlossen sich zum Gewerkschaftsbund PSE (Pankypria Syntechniaki Epitriopi) zusammen. Als die Briten sahen, wie erfolgreich die Linke sich organisierte, gestatteten sie die Gründung eines konkurrierenden rechten Gewerkschaftsbundes SEK (Synomospornia Ergaton Kyprou). Im April 1941 wurde unter der Führung des Linksintellektuellen Ploutis Zervas eine neue kommunistische Partei, die AKEL gegründet, die sich zwar nach außen hin verbal revolutionär und orthodox gab, aber immer einen reformorientierten Kurs steuerte. Als Battershill im Oktober 1941 Zypern verließ, hatten die Zyprioten ihre Freiheit wiedererlangt und zusätzlich die Mitsprache auf der kommunalen Ebene und im Wirtschaftsleben erlangt. Aber auf der Regierungsebene hatten sie immer noch keine Mitsprache.

Der Zweite Weltkrieg berührte Zypern selbst fast nicht, obwohl sich die Insel seit der britischen Kriegserklärung an Deutschland am 3. September 1939 formal im Krieg befand. Die Briten stellten im Lauf des Kriegs zwei Regimenter aus Freiwilligen auf, die im wesentlichen Transportaufgaben übernahmen und an allen Fronten Dienst taten. Insgesamt dienten 25.000 Freiwillige in der britischen Armee, wovon etwa ein Fünftel türkische Zyprioten waren. Teile des ersten Regiments kamen 1941 zusammen mit anderen Commonwealth-Einheiten in Griechenland zum Einsatz; bei der Evakuierung wurden viele von ihnen auf der Peloponnes zurückgelassen, weil sie keine Kampftruppe seien. Dasselbe geschah bei der Evakuierung Kretas. Die Eroberung Kretas durch deutsche Fallschirmjäger und Gebirgstruppen versetzte Nikosia und London in Angst und Schrecken, doch Churchill wusste dank britischer Entschlüsselungskünste (ULTRA), dass die deutsche Führung keine Ambitionen im östlichen Mittelmeerraum hatte, sondern die Sowjetunion angreifen wollte.

Im Januar 1943 besuchte Premierminister Churchill Zypern. In einer Ansprache lobte er den Beitrag der Zyprioten zur Verteidigung des Commonwealth. Um falschen Hoffnungen durch diese lobenden Worte entgegenzuwirken, wurde vom Kolonialministerium in einem Statement vor dem Oberhaus vor übermäßiger Hast gewarnt. Dies wiederum veranlasste den Vertreter der Zyprioten in London, konkrete Forderungen zu erheben: Die Gesetze, die die Freiheit der Rede, der Versammlung und der Presse einschränkten, müssten aufgehoben und freie Kommunalwahlen abgehalten werde. Die Zyprioten müssten durch gewählte Repräsentanten an der Regierung ihrer Insel beteiligt werden und dann forderte er die Anwendung der Prizipien der Atlantik Charta auch im Falle Zyperns, was eine indirekte Forderung nach Enosis war.

Im Kolonialministerium meinte man jedoch, dass diese Forderung nur von einer kleinen radikalen Minderheit vertreten werde, die überwältigende Mehrheit der Zyprioten wolle, dass Zypern britisch bleibe. Als die Forderungen nach Anwendung der Atlantik Charta auch in Zypern nicht verstummten, sandte das Kolonialministerium im August 1944 einen ehemaligen leitenden Beamten des Ministeriums (Sir Cosmo Parker) auf eine Fact-Finding-Mission nach Zypern. Die lokalen Behörden taten ihr Bestes, um einen allzu engen Kontakt von Sir Cosmo mit der Bevölkerung zu verhindern. Unter dem Vorwand, in Nikosia sei es viel zu heiß, brachte man ihn im Troodosgebirge unter, weitab von den Städten. Er traf sorgfältig ausgewählte Leute, sah geeignete Dinge und er selbst weigerte sich, über die Enosis zu reden. Das klug vorbereitete Besuchsprogramm verhinderte, dass er die Protestdemonstrationen in den Städten sah. Kurzum, die Reise von Sir Cosmo diente nur zur Rechtfertigung der Aufrechterhaltung des Status quo.

In London gab es jedoch unterschiedliche Positionen. Im Foreign Office war man der Meinung, dass Griechenland so viel für Großbritannien getan habe, dass man moralisch verpflichtet sei, Zypern an Griechenland abzutreten. Aber das Kolonialministerium blieb bei seine Haltung. Anfang 1945 schließlich erklärte sich die britische Regierung: Der stellvertretende Premierminister Clement Attlee, der der Labour Party angehörte, nahm Bezug auf eine Erklärung Churchills aus dem Jahr 1941, in der dieser festgestellt hatte, dass die Atlantik Charta nur für die von den Nazis besetzten Länder, aber nicht für das Empire gelte, und stellte fest, dass kein Teil des Empires davon ausgenommen sei, womit er natürlich Zypern meinte. Offensichtlich unterschied sich die Kolonialpolitik der Labour Party kaum von jener der Konservativen.

Dies wurde im Sommer 1945 überdeutlich, als die Fabian Colonial Bureau, eine Art Denkfabrik der Partei, ein Memorandum über die Zukunft Zyperns vorlegte: In der Einleitung wiederholte der Autor und zukünftige Labour-Kolonialminister Arthur Creech Jones die Argumente Churchills und Attlees und stellte fest, dass es bestimmte Kolonien gebe, er nannte Malta, Gibraltar und Zypern, die aus strategischen Gründen wohl nie aufgegeben würden. Die Frage sei, welche Rechte man den Einwohnern solcher Kolonien einräumen werde und welche Einschränkungen ihrer Rechte sie angesichts imperialer Interessen hinnehmen müßten. Um dem Wunsch nach Enosis entgegenzuwirken, sei es notwendig Zypern wirtschaftlich zu fördern und der Insel Autonomie zu gewähren, wobei man für einige Zeit Luftwaffenbasen unterhalten müsse; Tiefwasserhäfen gebe es ja nicht. Die Idee der unverzichtbaren strategischen Kolonien bildet den Schlüssel für die britische Zypernpolitik, sowohl bei Labour als auch bei den Konservativen. Zugleich war es der Versuch, durch die strategischen Kolonien die eigene Weltgeltung aufrecht zu erhalten, obwohl man erkannte, dass sich das Empire auflösen werde.

Daher änderte sich nichts, als Labour bei den Wahlen im Juli 1945 an die Macht kam. Kolonialminister George Hall strebte nach einer eindeutigen Erklärung, dass Zypern Teil des britischen Empires bleibe. Außenminister Bevin hingegen lehnte ein solches Statement rundweg ab, weil er negative Rückwirkungen auf das seit den Dezemberereignissen von 1944 völlig instabile Griechenland, das auf den Bürgerkrieg zudriftete, befürchtete. So blieb diese Frage bis Oktober 1946 offen, als Creech Jones Kolonialminister wurde. Am 23. Oktober verkündete Creech Jones vor dem Unterhaus den neuen Kurs: Man werde nicht länger Einfluß auf die Wahl des Erzbischofs ausüben. Die Exilierten von 1931 sollten zurückkehren dürfen. Man habe einen Zehnjahresplan für die Entwicklung Zyperns ausgearbeitet, und es solle eine beratende Versammlung (*Consultative Assembly*) einberufen werden, die Vorschläge für eine Verfassungsreform erarbeiten solle, um die Zyprioten an der Regierung der Insel zu beteiligen.

Im Dezember 1946 reiste eine Delegation von griechischen Zyprioten unter der Führung von Bischof Leontios nach London. Am Tag als sie dort eintrafen gab Attlee im Unterhaus bekannt, dass Burma in die Unabhängigkeit entlassen werde, was die Delegierten mit der Hoffnung erfüllte, dass die britische Regierung auch Zypern gegenüber großzügig sein könne. Creech Jones ließ die Delegation bis zum 7. Februar warten, bis er sie zu empfangen geruhte. Die Zyprioten stellten fest, dass die überwältigende Mehrheit der Bevölkerung die Enosis wollte und nicht bereit sei, bei irgendeinem Selbstverwaltungsmodell mitzuarbeiten. Creech Jones wollte wissen, ob es möglich sei, mit der vorgesehenen Verfassungsreform fortzufahren, falls die Enosis abgelehnt werde. Die Delegierten wiesen dies zurück, daran habe man kein Interesse. Creech Jones beendete das Treffen mit der Standardformel, dass im Augenblick nicht über eine Änderung des Status von Zypern nachgedacht werde.

Während sich die zypriotische Delegation in London aufhielt und versuchte, die Enosis voranzubringen, kam es dort zu Entwicklungen von weltgeschichtlicher Bedeutung, die Zypern nicht direkt tangierten, aber doch auch dort Auswirkungen hatten. Anfang 1947 nämlich verschärfte sich die wirtschaftliche Nachkriegskrise derart, dass die britische Regierung sich gezwungen sah, bestimmte imperiale Verpflichtungen zu reduzieren: Am 14. Februar 1947 gab die britische Regierung bekannt, dass sie die Verantwortung für den immer kritischer werdenden Palästinakonflikts an die UNO übertragen wolle. Am 20. Februar erklärte London, dass Indien im Sommer in die Unabhängigkeit entlassen werde. Ähnliches zeichnete sich im Fall Ägyptens ab. Einen Tag später informierte die britische Regierung das amerikanische Außenministerium, dass sie gezwungen sei, die seit Kriegsende gewährte finanzielle Unterstützung an Griechenland und die Türkei einzustellen. Die Amerikaner reagierten prompt und übernahmen im Rahmen der Truman-Doktrin die Rolle der Briten.

Die bevorstehende Aufgabe Ägyptens erhöhte natürlich wieder die luftstrategische Bedeutung Zyperns, wie die Militärs feststellten: Von dort aus könnte man die Ägäis, den Suezkanal und das Terminal der Ölpipeline vom Irak nach Haifa kontrollieren und in der Mesaoria, der großen Ebene Zyperns östlich von Nikosia eine riesige Luftwaffenbasis errichten. Angesichts solcher Überlegungen war es nur natürlich, dass die Sicherheitsüberlegungen den Vorrang vor demokratischen Prinzipien hatten; die Gewährung der Enosis war angesichts dieser Lage keine Option der britischen Politik.

Als die Delegation nach Zypern zurückkehrte, fand sie eine veränderte Lage vor. Die Rückkehr des seit 1931 im Athener Exil lebenden Bischofs Makarios von Kyrenia löste einem schweren Konflikt aus. Makarios hasste die Kommunisten und fürchtete ihren Sieg im griechischen Bürgerkrieg. Daher lehnte er die Enosis ab, außerdem mochte er Bischof Leontios persönlich nicht. Psychologische Missgriffe des neuen Gouverneurs und die bevorstehende Wahl des neuen Erzbischofs vergifteten das politische Klima weiter. Leontios zögerte anfangs zu kandidieren, ließ sich dann aber doch überreden. Da die Konservativen einen eigenen Kandidaten aufstellten, wurde Leontios zum Kandidaten der Linken, obwohl er selbst kein Linker war. Die Wahl der Wahlmänner Anfang Mai 1947 ergab eine große Mehrheit für Leontios, der am 20. Juni zum Erzbischof gewählt wurde.

Anfang Juli forderte der Gouverneur die Zyprioten auf, Kandidaten für die *Consultative Assembly* zu nominieren. Leontios wandte sich in einer Enzyklika, die von allen Kanzeln verlesen wurde, dagegen und forderte die Enosis. Doch wenige Tage später starb der 51jährige Leontios ganz plötzlich; Verweser des erzbischöflichen Amtes wurde der 78jährige Makarios von Kyrenia. Damit verschob sich das Gewicht zur Rechten. Im August 1947 trafen sich Vertreter der Kirche, der rechten politischen Gruppierungen, der konservativen Gewerkschaften und des Bauernverbandes im sog. Ethnarchierat, einem Beratungsorgan des Erzbischofs, und beschlossen, jegliche Kooperation mit der Regierung bei der Ausarbeitung der Verfassung zu verweigern. Die Zyprioten wollten nur die Enosis.

Die Spaltung der beiden Lager wurde noch verschärft, als bei den erneuten Erzbischofwahlen Makarios nun mit dem Slogan "Enosis und nichts außer Enosis" kandidierte. Mitte Dezember 1947 wurde Makarios als Makarios II. zum Erzbischof gewählt. Damit war klar, dass die zypriotische Rechte jeden auch noch so liberalen Vorschlag der Briten boykottieren würde. Die Linke hingegen hielt jede verfassungsmäßige Ordnung für besser als die bisherige Regierung per Dekret. Trotz des Wahlboykotts durch die Rechte wurden die Wahlen zur Consultative Assembly durchgeführt. Allerdings zählte die Versammlung wegen des Boykotts anstatt 40 nur 18 Mitglieder, von denen 8 der Linken angehörten und 6 türkische Zyprioten waren. Die restlichen 4 waren unabhängige Griechen und ein Maronit. Am 1. November 1947 trat die Versammlung unter dem Vorsitz des Obersten Richters Zyperns, Edward Jackson, zu ihrer ersten Sitzung zusammen.

Am 18. November legte der Bürgermeister von Nikosia, Ioannis Kliridis, ein Memorandum mit den Vorstellungen seiner Seite vor: Das Parlament dürfe ausschließlich aus gewählten Mitgliedern bestehen, die aus allgemeinen Wahlen hervorgegangen seien. Die Minderheiten sollten entsprechend ihres prozentualen Anteils an der Bevölkerung vertreten sein. Das Parlament solle die ausschließliche gesetzgeberische Gewalt über die inneren Angelegenheiten der Insel haben. Der Gouverneur müsse die Gesetze ausfertigen, mit Ausnahme jener, von denen er glaubte, dass sie den Wählern zur Abstimmung vorgelegt werden sollten. Der Gouverneur solle dem Rat seiner Minister folgen. Zum gegenwärtigen Zeitpunkt verzichte man auf eine Mitsprache in der Außen- und Verteidigungspolitik. Die Exekutive solle aus einem Ministerrat bestehen, der das Vertrauen des Parlamentes haben müsse. Außerdem solle ein Minister für die Angelegenheiten der türkischen Zyprioten von den Abgeordneten dieser Volksgruppe gewählt werden. Dieser Vorschlag entsprach den Verfassungen von Ceylon und Malta.

Der Vorschlag wurde nach London ins Ministerium geschickt, wo er schließlich vom Kabinett abgelehnt wurde. Dennoch wurde in London ein Verfassungsentwurf erarbeitet, der im Mai 1948 in Nikosia veröffentlicht wurde. Vergleicht man diesen Verfassungsvorschlag mit der bis 1931 gültigen Verfassung, so erkennt man deutlich, dass den Zyprioten mehr Mitsprache eingeräumt werden sollte. Im Legislativrat konnte es nicht länger eine Mehrheit aus Briten und türkischen Zyprioten geben, die jeden Fortschritt blockieren konnte. Der Gouverneur sollte nicht länger den Vorsitz und die entscheidende Stimme haben. An der Seite des Gouverneurs sollte ein Beratungsorgan, der Exekutivrat, stehen. Zwar war der Gouverneur nicht an dessen Beschlüsse gebunden, aber den Einheimischen wurde durch die Einrichtung von Quasi-Ministerämtern doch eine beträchtliche Mitsprache zugestanden. Hier wurde den Zyprioten eine etwas eingeschränkte Version von *Home Rule* angeboten, ein repräsentatives System, bei dem allerdings die Regierungsverantwortlichkeit fehlte, um es als voll demokratisch bezeichnen zu können. Aber es war ein System, das durchaus ausbaufähig erschien.

Einen Tag später reagierte die Heilige Synode: Die Vorschläge wurden als "völlig inakzeptabel" verdammt und die Bevölkerung aufgerufen, dem Prinzip "Enosis und nur Enosis" treu zu bleiben und eventuell angeordnete allgemeine Wahlen zu boykottieren. Die Briten wurden außerdem beschuldigt, mit ihrem Umgang mit den linksorientierten Griechen in der Assembly den Kommunismus zu fördern. Der Sprecher der türkischen Zyprioten, Rauf Denktaş, hingegen, war mit den Beschränkungen des Mitspracherechts voll einverstanden, denn so würden die Rechte der Minderheit sichergestellt. Die vorgeschlagene Verfassung sei, verglichen mit dem gegenwärtigen Zustand, ideal, die Griechen sollten sie akzeptieren. Dann wies er sie süffisant auf den durch den Bürgerkrieg hervorgerufenen elenden Zustand Griechenlands hin und meinte, die türkischen Zyprioten seien dankbar für die britische Herrschaft in Zypern.

Am 21. Mai fand die entscheidende Sitzung statt. Die türkischen Zyprioten stimmten für die Annahme des Verfassungsentwurfes; ihnen schlossen sich die beiden konservativen griechischen Delegierten an. Die Vertreter der Linken stimmten gegen die Vorschläge, forderten erneut Selbstregierung mit einer verantwortlichen Regierung und verließen die Versammlung. Jackson vertagte die Versammlung *sine die*. Im August 1948 löste der Gouverneur die sinnlos gewordene Versammlung auf.

Die griechische Rechte jubelte: Die Gefahr einer illegitimen Lösung der Zypernfrage sei abgewendet. Das Volk habe einen doppelten Sieg errungen: Man habe das britische Verfassungsangebot entschieden zurückgewiesen und über die Kommunisten gesiegt, indem deren Forderung nach Selbstregierung endgültig und für immer verdammt worden sei. Das ZK der AKEL hingegen verkündete, man werde den Kampf um die Selbstbestimmung verstärkt fortsetzen. Der Slogan "Enosis und nichts als Enosis" könne den Verrat an den wahren Interessen des Volkes nicht verstecken.

Die Hauptverantwortung für das Scheitern der *Consultative Assembly* liegt bei der Kirchenführung, die einen intransigenten Kurs steuerte und stur an ihrer Position der Fundamentalopposition festhielt. Die zypriotische Rechte folgte dem Kurs der Kirche, und bei beiden Gruppierungen spielen außerdem ganz offensichtlich antikommunistische Motive eine wichtige Rolle. Dass die zypriotische Linke, also die AKEL, letztendlich den britischen Verfassungsentwurf ablehnte, weil er den Zyprioten nicht genügend Mitbestimmung gab, war eine krasse Fehlentscheidung. Die zypriotische Linke war offensichtlich noch zu unerfahren und nicht geschlossen genug, eine Diskussion über die einzuschlagende Linie zwischen ihren Mitgliedern zu beginnen. Das Scheitern der *Consultative Assembly* hatte als Folge, dass Zypern bis 1960 per Dekret regiert wurde. Durch das Scheitern der *Consultative Assembly* war wieder eine jener Gelegenheiten verpaßt worden, die Zypern eine friedliche demokratische Zukunft hätten geben können.

Da die griechischen Zyprioten den britischen Vorschlag der Schaffung eines sich selbst verwaltenden Dominions abgelehnt hatten, war der Konflikt programmiert. Die Frage war nur, wann und in welcher Form er ausbrechen würde.

1949-1959

Der Kampf um die Unabhängigkeit

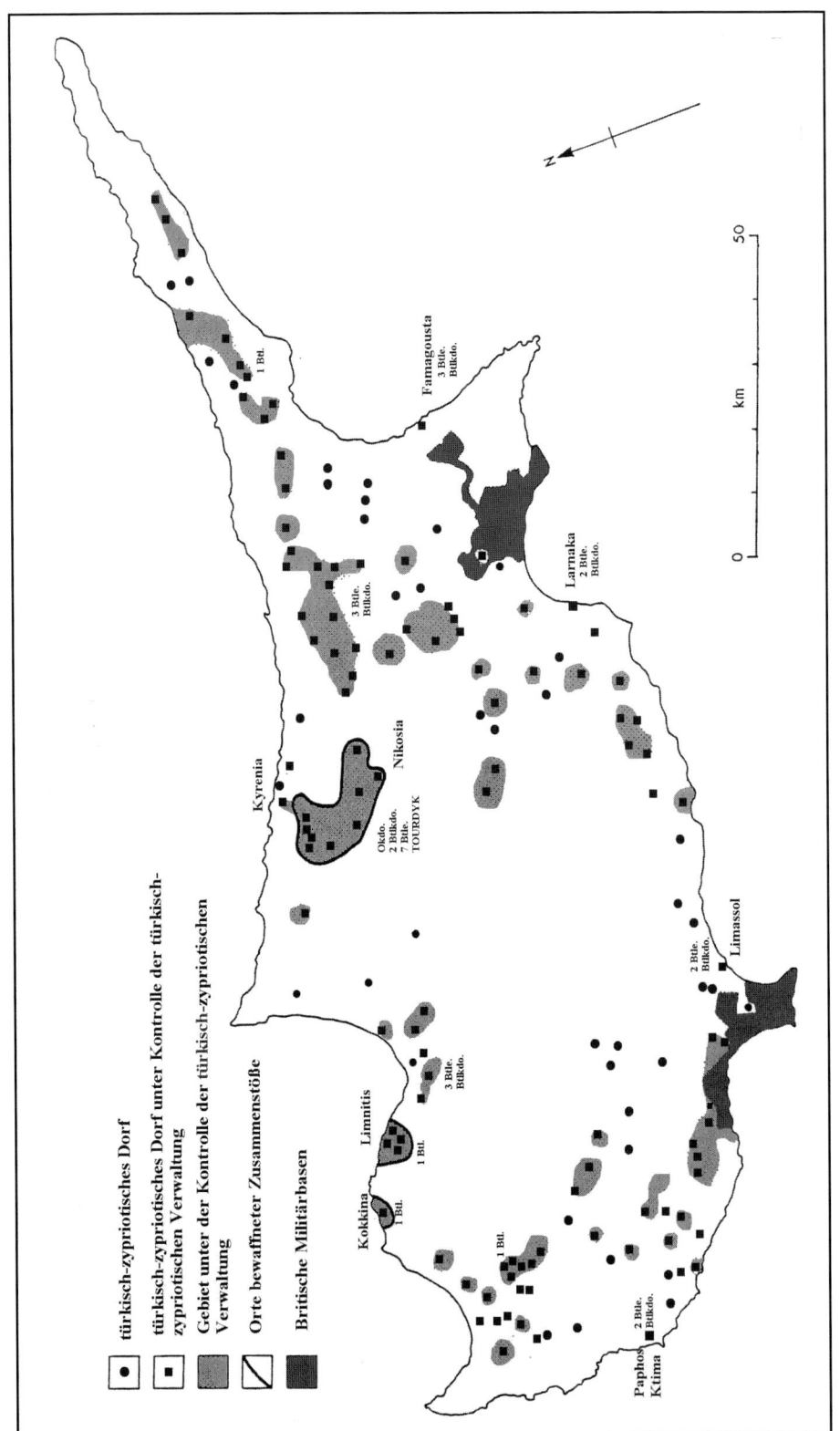

Die von den türkischen Zyprioten kontrollierten Gebiete etwa 1970

DER WEG ZUM UNABHÄNGIGKEITSKAMPF

1949 änderte sich das Szenario der zypriotischen Geschichte grundlegend. In Griechenland endete der Bürgerkrieg, die griechische Politik gewann wieder gewisse Spielräume und begann, sich wieder für Zypern zu interessieren. Der globale Kalte Krieg kam langsam auf Touren, zugleich setzte der antikoloniale Befreiungskampf der afrikanischen und asiatischen Völker ein, und in Zypern wurde 1950 Makarios III. zum Erzbischof gewählt.

Die erste große Veränderung war ein Kurswechsel der AKEL. Ende 1948 hatten zwei ZK-Mitglieder der Partei den griechischen KP-Chef Zachariadis in seinem Bürgerkriegshauptquartier am Großen Prespa-See an der Grenze zu Albanien und Jugoslawien aufgesucht. Dieser hatte das Eintreten der AKEL für *Home Rule* verdammt und sie aufgefordert einen Kurswechsel zur *Enosis* hin vorzunehmen, denn er werde bald mit seiner Demokratischen Armee in Athen einziehen. Die Führung der AKEL akzeptierte diesen brüderlichen "Rat" und änderte die Parteilinie entsprechend, obwohl inzwischen aus London der Chef der britischen KP, Harry Pollitt, gewarnt hatte, dass eine Änderung der britischen Politik nicht in Sicht sei, die *Enosis* sei allenfalls mittelfristig zu erreichen; die Ansichten von Zachariadis seien *Nonsense*.

Im Januar 1949 wurde auf einer außerordentlichen ZK-Sitzung dieser Kurs durchgesetzt und die Partei zugleich von Pragmatikern und Liberalen, wie z. B. dem Gründer der Partei Ploutis Zervas gesäubert. Ende August fand der VI. Parteitag der AKEL statt und Ezekias Papaioannou wurde neuer Parteichef. Zwar behauptete Papaioannou, dass die Partei nun zu ihren leninistischen Prinzipien zurückgekehrt sei, aber die AKEL blieb eine reformorientierte Kraft und Papaioannou selbst vermied jeden Personenkult. Dennoch veränderte sich der Charakter der Partei etwas. Unter der Führung von Zervas war sie über ihr traditionelles Milieu hinaus attraktiv gewesen, nun wurde sie eine konventionelle kommunistische Partei mit wenig Strahlkraft.

Der Parteitag billigte den Enosis-Kurs und beschloss, einen Vorstoß in dieser Sache zu unternehmen. Dies ist erstaunlich, weil kurz zuvor der griechische Bürgerkrieg mit einer Niederlage der Kommunisten geendet und sich Zachariadis' Traum vom Einzug in Athen als Schimäre erwiesen hatte. Eine Vereinigung mit Griechenland hätte zweifellos auch zu einem Verbot der AKEL geführt. Die Erklärung für dieses seltsame Verhalten ist komplizierter Natur. Zum einen war sich die AKEL-Führung sicher, dass die Briten die Enosis ablehnen würden und die Partei diese also gefahrlos fordern konnte. Zum anderen wollte die AKEL der Kirche und der Rechten die Meinungsführerschaft in der Enosis-Frage entreißen. Außenpolitisch versuchte man, einen Keil in die freundschaftlichen Beziehungen zwischen Athen und London zu treiben und außerdem der griechischen Öffentlichkeit zu zeigen, dass die Kommunisten nicht ganz die vaterlandslosen Gesellen waren, als die sie die griechische Regierungspropaganda hinstellte.

Das Plebiszit von 1950
Der Kurswechsel der Linken alarmierte die Rechte. Der Ethnarchierat, dem der hohe Klerus, einige konservative Politiker und Bürgermeister angehörten, war unter Makarios II. ein Hort des Antikommunismus geworden. Daher lehnte der Ethnarchierat jede Zusammenarbeit mit den kommunistischen Vaterlandsverrätern heftig ab. Die AKEL reagierte mit der Veröffentlichung eines "Nationalen Memorandums", in dem sie das Recht der Zyprioten auf Selbstbestimmung und die Abhaltung eines Plebiszites über die Enosis unter UNO-Überwachung forderte. Dieses Memorandum wurde an die Regierungen der Mitglieder des UN-Sicherheitsrates, sowie an verschiedene kommunistische Weltorganisationen und Parteien gesandt und war damit der erste Schritt zur Internationalisierung des Problems. Bis dahin war die Enosis ausschließlich zwischen den Briten und den Zyprioten bzw. den Mutterländern diskutiert worden. Zwar sollte es noch einige Zeit bis zu einer UNO-Debatte über Zypern dauern, aber die Initiative der AKEL brachte

dennoch Bewegung ins Spiel: Osteuropäische Radiostationen begannen, sich in ihren griechischsprachigen Sendungen zunehmend mit dem Zypernproblem zu beschäftigen, und befürworteten den Anschluss Zyperns an Griechenland.

Die Führung der Rechten war natürlich alarmiert, drohte die Initiative der AKEL doch ihr die Führungsrolle in der nationalen Frage zu entreißen. Anfang Dezember trat der Ethnarchierat zusammen. Sein zweiter Vorsitzender, Bischof Makarios von Kition, der zukünftige Erzbischof Makarios III., schlug vor, die Flucht nach vorn anzutreten und ein eigenes Plebiszit ohne Mitwirkung der UNO zu organisieren. Der Vorschlag wurde akzeptiert und wenig später wurde bekannt gegeben, dass die Heilige Synode angeblich schon Mitte November die Abhaltung eines Plebiszits beschlossen habe. Die AKEL reagierte flexibel, ließ ihren Vorschlag fallen und verkündete, dass sie das Plebiszit unterstütze. Wenig später gab der Ethnarchierat bekannt, dass das Plebiszit am 15. Januar stattfinden werde. In den folgenden Wochen riefen beide politischen Gruppierungen die Bevölkerung auf, sich am Plebiszit zu beteiligen. Um einem Verbot des Gouverneurs zuvorzukommen, informierte Makarios II. ihn brieflich über das Vorhaben und forderte ihn auf, das Plebiszit selbst abzuhalten. Falls der Gouverneur dies jedoch ablehne, werde die Kirche Zyperns es organisieren. Es mußte Makarios klar gewesen sein, dass die Antwort des Gouverneurs nur negativ sein konnte, aber mit diesem Vorschlag verlieh er dem Plebiszit einen Hauch von Legalität und erreichte dadurch zugleich, dass die Briten, wenn er sie informierte, die Durchführung nicht untersagen würden.

Die türkischen Zyprioten verfolgten die Vorbereitung des Plebiszits mit großem Misstrauen. In ihrer Presse wurde gefordert, dass der Gouverneur die Durchführung verbieten solle. Bisher konkurrierende politische Vereinigungen schlossen sich zusammen, und am 12. Dezember wurde auf einer Großkundgebung eine Resolution verabschiedet, in der die Enosis scharf abgelehnt, und die Beibehaltung des Status quo gefordert wurde. Sollte England Zypern aufgeben, müsse es an die Türkei zurückgegeben werden. Die Presse in der Türkei griff das Thema auf und tat ihr Bestes, um die Stimmung aufzuheizen, doch die türkische Regierung hielt sich zunächst zurück. Als es jedoch zu Studentendemonstrationen in allen größeren Städten der Türkei kam, meldete sich der Außenminister zu Wort und sagte sinngemäß folgendes: Sollte sich der Status quo auf Zypern ändern, würde die Türkei sich einmischen, denn ein Anschluss der Insel an Griechenland sei aus strategischen Erwägungen ausgeschlossen. Das Plebiszit wurde also zum ersten Auslöser einer neuen Zypernpolitik der Türkei.

In Zypern begannen nun die türkischen Zyprioten ihrerseits, den Anschluss an die Türkei zu fordern, denn Zypern sei türkisch. Dies wurde wiederum von der Presse in der Türkei aufgegriffen und propagiert. Doch im Januar 1950 wies der türkische Außenminister Fuat Köprülü den Slogan "Zypern gehört uns" zurück: Es gebe keine Zypernfrage, denn die Insel sei englischer Besitz und England denke nicht daran, diesen Besitz an eine andere Macht zu übertragen. Die Agitation in Zypern ändere daran nichts. Dieses Statement zeigt klar, dass es eine Art Parallelentwicklung in Griechenland und der Türkei gab: Ankara war genauso wenig wie Athen in der Lage, die Entwicklungen innerhalb ihrer Volksgruppe auf Zypern zu kontrollieren. Beide Regierungen gerieten zunehmend in den Sog der innerzypriotischen Bewegung, was ihre bislang guten Beziehungen belastete.

Das Plebiszit begann am 15. Januar 1950 und endete am 22. Januar. Stimmberechtigt waren griechischen Frauen und Männer über 18 Jahren. Fast 96 Prozent der griechischen Zyprioten stimmten für den Anschluss an Griechenland. Die 4 Prozent Enthaltungen dürften die Angehörigen des öffentlichen Dienstes gewesen sein, die ihre Posten nicht riskieren wollten. Makarios II. informierte den Gouverneur über das Resultat. Doch die Antwort ließ auf sich warten, denn in Großbritannien fanden im Februar 1950 Wahlen statt. Kolonialminister Creech Jones wurde nicht wieder gewählt und sein Nachfolger war ein verdienter walisischer

Gewerkschafter, der sich nicht für Zypern interessierte. Dadurch wurde Zypern ein Thema zwischen dem Gouverneur und der Ministerialbürokratie. Die Antwort Londons auf den Bericht über das Plebiszit, war dann auch, dass die Zypernfrage abgeschlossen (closed) sei. Die AKEL forderte prompt, dass die Zypernfrage vor die UNO gebracht werden müsse. Man solle doch eine gemeinsame Delegation nach Athen schicken, um die griechische Regierung zu veranlassen, das Zypernproblem vor die UNO zu bringen. Dieser Vorstoß erfüllte Makarios II. mit Schrecken, und er signalisierte dem Gouverneur, dass er und seine Anhänger zufrieden wären, wenn die Briten verbindlich erklärten, dass sie Zypern in zehn Jahren an Griechenland abtreten würden. Anderenfalls werde man mit allen legalen Mitteln weiterkämpfen.

Die britische Antwort verbaute einen weiteren Weg zu einer friedlichen Lösung - genau wie zuvor die Ablehnung des Verfassungsvorschlags und *Home Rule* durch die Ethnarchie. Am 14. Februar 1950 gab Bischof Makarios von Kition bekannt, dass die Ethnarchie sich an die UNO wenden und zu diesem Zweck eine Delegation über Athen und London zur UNO senden werde, um den UN-Generalsekretär über das Ergebnis des Plebiszits zu informieren. Damit wurden Athen und schon bald auch die UNO Mitspieler in dem Machtpoker um Zypern, und wenig später mischte auf britische Einladung hin auch noch Ankara mit. Der Zypernkonflikt begann zum internationalen Konfliktherd zu werden. Die Ethnarchie übernahm damit die Politik der AKEL, aus Angst, dass die Kommunisten aus diesem Kurs innenpolitisch Kapital schlagen könnten. Über die Konsequenzen eines solchen Kurses wurde nicht nachgedacht.

In den folgenden Wochen wurde deutlich, dass es zwei Delegationen geben würde, denn die Ethnarchie lehnte eine Kooperation mit der Linken ab. Zusätzlich gab es im kirchlichen Lager eine Auseinandersetzung über die Frage der Führung, denn Makarios II. war zu alt (80), um eine solche Strapaze auf sich zu nehmen. Bischof Kyprianou von Kyrenia setzte sich durch und Makarios von Kition musste zu Hause bleiben, wodurch er aber die Chance bekam, Nachfolger von Makarios II. zu werden, als dieser Ende Juni 1950 überraschend starb.

Bevor die Delegation in Athen eintraf, intervenierte der dortige britische Botschafter bei der neu gewählten Regierung: Die griechische Regierung solle die Bedeutung der Delegation herunterspielen, ein anderes Verhalten werde als Einmischung in die inneren Angelegenheiten Großbritanniens betrachtet; außerdem habe auch die Türkei ein Interesse an Zypern. Damit wurde deutlich, dass die Briten schon zu diesem Zeitpunkt bereit waren, die Taktik des *divide et impera*, die sie in Zypern jahrzehntelang in bezug auf die griechische und türkische Volksgruppe angewendet hatten, auch auf das Verhältnis der Mutterländer zu übertragen, um die griechischen Ambitionen durch türkische zu neutralisieren.

Als die zypriotische Delegation in Griechenland eintraf, hielt sich die griechische Regierung sehr zurück. Premierminister Plastiras erklärte, das Zypernproblem werde zu gegebener Zeit bilateral zwischen Großbritannien und Griechenland freundschaftlich geregelt werden. Im Außenministerium warnte man die Delegation, dass ein Gang zur UNO Zypern zu einem Zankapfel im inzwischen voll entfachten Kalten Krieg machen werde. Die zypriotische Delegation gab jedoch nicht auf, sondern wandte sich an die Kirche, die rechte Opposition und deren Frontorganisationen. Der rechtsgerichtete Gewerkschaftsbund (GSEE) und viele Parlamentarier unterstützten öffentlich die Forderungen der Delegation. Die Presse unterstützte die zypriotische Delegation durch eine Schlagzeilenkampagne massiv. Die Delegation erregte solches Aufsehen, dass Plastiras sie nochmals empfangen musste. Auch bei diesem Treffen verhielt er sich absolut korrekt und blieb bei seiner Position.

Am 4. Juli kam es im Athener Parlament zu einer Debatte über das Zypernproblem. Der Führer der Opposition Konstantinos Tsaldaris, der noch im Dezember 1949 als Außenminister eine Debatte der Zypernfrage für "unzeitgemäß" erklärt hatte, legte dem Haus eine Resolution vor, mit der die Forderungen der Zyprioten unterstützt wurden. Plastiras argumentierte dagegen und riet angesichts der kritischen Weltmeinung von der Diskussion solcher Themen in der Öffentlichkeit ab. Der Parlamentspräsident ließ die Abstimmung jedoch zu, und die Parlamentarier verabschiedeten die Resolution, deren Text anschließend telegraphisch an den Sprecher des britischen Unterhauses übermittelt wurde. Es war ein typisches Beispiel für das demagogische Verhalten der griechischen Rechten.

In London hatte man die Entwicklung genau verfolgt, und Mitte Juni stellte der stellvertretende Kolonialminister im Unterhaus fest, dass es in der Zypernfrage keine Veränderung gebe. Wenn dies sowie einige kritische Bemerkungen über die angeblich griechische Misswirtschaft auf den Dodekanesinseln nicht zu einer Verstimmung zwischen Athen und London führte, lag dies am Ausbruch des Koreakrieges, der gebieterisch Einigkeit forderte. Ende Juli reisten die Delegierten nach London weiter. Dort ließ die Regierung sie nur antichambrieren, so dass sie Ende September 1950 nach Washington weiterreisten.

In Washington machte ihnen ein hoher Vertreter des State Departments klar, dass die Zypernfrage eine rein britische Angelegenheit sei, und angesichts der kritischen internationalen Lage gehöre es sich nicht, daran zu rütteln. In New York bei der UNO wurden die Delegierten als Privatpersonen behandelt, weil kein westlicher Staat sich für ihr Anliegen interessierte. Da es für sie ausgeschlossen war, sich an einen östlichen Staat zu wenden, reisten sie nach Griechenland zurück, wo inzwischen Sofoklis Venizelos Premier war, aber auch er speiste sie mit leeren Versprechungen ab. Bischof Kyprianou flog am 21. Dezember nach Zypern zurück.

Die Delegation der Linken machte ähnliche frustrierende Erfahrungen. In Athen erlaubte ihnen die Regierung nicht, den Flughafen zu verlassen. In London ließ man sie ebenfalls nur antichambrieren. In Paris trafen sie Plastiras und forderten ihn auf, die Zypernfrage vor die UNO zu bringen, was dieser jedoch ablehnte. Die Briten würden schon aus eigenem Antrieb Zypern an Griechenland übertragen. Die Delegation solle nach Zypern zurückkehren. Falls es der Delegation dennoch gelänge, die Zypernfrage vor die Vollversammlung zu bringen, werde die Vertretung Griechenlands der Diskussion und der Abstimmung fernbleiben.

Zwar gab es noch Kontakte mit der französischen Linken, aber auch diese blieben ohne Resultat. Die Delegierten besuchten anschließend Prag, Bukarest, Budapest und Warschau. Mit Ausnahme von Polen hielten sich die Regierungen der Volksdemokratien bedeckt und wickelten das Besuchsprogramm der Delegation auf einer niederen Ebene ab. Die Delegation erhielt einige unverbindliche Versprechungen und mehr nicht. In Budapest versuchten sie während ihres fünfwöchigen Aufenthaltes vergeblich mit der Kominformführung in Kontakt zu treten, und als sie sich bemühten, ein Visum für die Reise nach Moskau zu bekommen, lehnte dies die sowjetische Botschaft ab. Angesichts des Koreakrieges hatte man in Moskau kein Interesse an Zypern. Ende August kehrten die Delegierten nach London zurück. Da Papaioannou kein Visum für die USA bekam, reisten die anderen Delegierten allein nach New York, wo sie wiederum absolut nichts erreichten. Das Scheitern beider zypriotischer Delegationen zeigte deutlich, dass Zypern zu diesem Zeitpunkt weder für Ost noch West ein Thema war, bei dem man punkten konnte.

Die Ethnarchie zog aus dem Scheitern der Delegation bezeichnende Schlüsse: Bewegung in die Zypernfrage konnten nur direkte Appelle an die öffentliche Meinung Griechenlands und an die der Weltöffentlichkeit bringen, d. h. die Internationalisierung. Zwar scheiterte diese erste Runde der Internationalisierung der Zypernfrage, aber - um ein Bild zu gebrauchen - der Geist war gewissermaßen aus der Flasche entwichen und niemand wußte einen Weg, ihn wieder dahin zurückzubefördern.

In Zypern hatte es inzwischen eine personelle Veränderung gegeben, die die Geschichte der Insel für die nächsten 27 Jahre prägen sollte. Am 28. Juni 1950 war Erzbischof Makarios II. gestorben. Anhänger des Bischofs von Kition sprachen sich für Makarios aus. Einziger Gegenkandidat war Bischof Kyprianos von Kyrenia, aber dieser befand sich außer Landes. Als dann noch das Gerücht umlief, dass die AKEL die Wahl Kyprianous unterstütze, erließ der Verweser des erzbischöflichen Amtes der Weihbischof von Salamis eine Enzyklika an alle Gemeindepfarrer, die Kommunisten aus den Wählerverzeichnissen zu streichen, womit der Ausgang der Wahl gesichert war. Am 16. Oktober wurde Bischof Makarios von Kition als Makarios III. zum Erzbischof und Ethnarchen gewählt.

Makarios' erste Schritte
Bevor wir uns dem Werdegang von Makarios zuwenden, erscheint eine Bemerkung über die Rolle der Klöster und Bischöfe der griechisch-orthodoxen Kirche sinnvoll. Christliche Klöster sind Orte der Abgeschiedenheit und der Askese. Im Bereich der griechisch-orthodoxen Kirche aber sind sie zugleich Kaderschmieden des höheren Klerus, denn die höheren Weihen kann ein Kleriker nur erlangen, wenn er zölibatär lebt oder verwitwet ist. Gemeindepfarrer sind in der orthodoxen Kirche bekanntlich verheiratet. Wer also Ambitionen auf ein Bischofsamt hat, dem bleibt nur der Eintritt in ein Kloster übrig. Das Bischofsamt im Osten war in der Vergangenheit kein rein kirchliches Amt: Nach dem osmanischen *Millet*-System war die Religions- und nicht die Volkszugehörigkeit oder Sprache das entscheidende Kriterium für die Einteilung der Bevölkerung. Dadurch wurde die orthodoxe Kirche und ihr Klerus oft und gerade auch in Zypern zum Träger der nationalen Identität und ihrer Propaganda. Der Erzbischof wurde zum Ethnarchen. Ursprünglich war das Amt des Ethnarchen eine osmanische Erfindung gewesen, das dem Erzbischof jedesmal durch einen *Berat* der Sultans übertragen wurde. Der letzte Erzbischof mit *Berat* war Sofronios II. gewesen, der von 1865 bis 1900 das Amt innehatte. Genau genommen hatte das Amt des Ethnarchen mit der Übernahme der Insel durch die Briten geendet, aber die zypriotische Kirche kümmerte sich nicht um dieses juristische Problem und hielt das Amt de facto aufrecht. Alle Erzbischöfe waren auch weiterhin primär Ethnarchen, also politische Führer, und erst dann geistliche Oberhirten, und dies galt in verstärktem Maße auch für Makarios. Angesichts dieses Sachverhaltes muss Makarios also primär als Politiker gesehen und beurteilt werden, aber dies schienen die Zuständigen in London nie begriffen zu haben.

Dramatis personae: Makarios und Grivas
Makarios wurde am 13. August 1913 als Michael Christodoulos Mouskos in einem Bergdorf östlich von Paphos geboren. Die Bauernfamilie lebte in ärmlichen Verhältnissen und der junge Michael musste seinem Vater bei der Arbeit helfen. Dennoch war er in der Schule so gut, dass sein Lehrer vorschlug, ihn auf eine weiterführende Schule zu schicken. Da sich die Familie dies nicht leisten konnte, schlug sein Lehrer vor, dass sich Michael um eine Stelle als Novize im Kykko-Kloster bewerben sollte. Nach einer eingehenden Prüfung durch den Abt wurde der junge Mouskos 1926 als Novize in das Kloster Kykko aufgenommen. Er absolvierte das dreijährige Progymnasium im Kloster so erfolgreich, dass er anschließend vom Kloster auf das ebenfalls dreijährige Lyzeum in Nikosia geschickt wurde. 1938 wurde er zum Diakon ordiniert und nahm den Namen Makarios (der Glückselige) an. Im selben Jahr erhielt er ein Stipendium seines Klosters, um an der Universität Athen Theologie zu studieren. 1942 schloss er sein Studium dort ab, aber da 1941 die deutsche Wehrmacht Griechenland besetzt hatte, konnte er nicht nach Zypern zurückkehren und begann daher, zusätzlich Jura zu studieren. Seinen Lebensunterhalt in der Besatzungszeit verdiente er als Diakon an der renommierten Ag. Irini-Kirche in der Aiolou-Straße im Athener Zentrum. Auch nach Kriegsende blieb er zunächst in Griechenland und bereitete sich auf die Priesterweihe vor, die 1946 erfolgte.

Wenig später gewährte ihm der Weltkirchenrat ein Stipendium zum Studium der Theologie an der Universität Boston. Im Herbst 1946 traf Makarios in Boston ein, wo er neben Theologie auch Vorlesungen über Religionssoziologie hörte. 1948 wurde er auf Veranlassung seiner Kirchenoberen in Abwesenheit zum Bischof von Kition gewählt. Er brach sein Studium ab und kehrte nach Zypern zurück, um im Juni 1948 sein Amt anzutreten. Kaum im Amt wurde er zum Leiter des vierköpfigen Ethnarchiebüros gewählt, das die Aufgabe hatte, den Kampf um die Enosis zu koordinieren. Nach dem Tod von Makarios II. wurde der erst 37 Jahre alte Makarios nach einem vier Monate währenden Kampf hinter den Kulissen zum Erzbischof gewählt. In seiner Inthronisierungsrede versprach er dem zypriotischen Volk, rastlos für die *Enosis* zu arbeiten.

Makarios lehnte wie die meisten griechischen Geistlichen den Kommunismus ab, aber er war kein militanter Antikommunist wie sein Vorgänger, was erstaunlich ist, denn er hatte die kommunistischen Exzesse am Ende der Dekemvriana 1944 in Athen selbst miterlebt. Er begriff, dass die Enosis nur erreicht werden konnte, wenn die beiden politischen Lager Zyperns dabei kooperierten. Außerdem konnte er über die AKEL mit der Unterstützung des Ostblocks rechnen. Später war er sogar bereit, mit der AKEL zu paktieren. Der Widerstandskampf der griechischen Linken gegen die Achsenbesatzung im Zweiten Weltkrieg hatte dabei in seinen Augen eine gewisse Vorbildfunktion.

Im September 1949 besuchte Makarios Athen. Er begriff, dass einerseits die griechische Regierung nicht bereit war, ihr gutes Verhältnis zu Großbritannien in Frage zu stellen und andererseits die griechische öffentliche Meinung keine Ahnung von den Problemen Zyperns hatte. Daher war es notwendig, die griechische Öffentlichkeit durch einen breiten Public-Relations-Feldzug so zu bearbeiten, dass sie Druck auf die eigene Regierung ausübte. Dasselbe galt auch im internationalen Rahmen. Ohne eine breite internationale Unterstützung vor allem in der UNO war das Erringen des Anschlusses an Griechenland nicht zu erreichen.

Während seines Athenaufenthaltes traf Makarios auch den pensionierten Offizier Georgios Grivas, dem er schon 1946 begegnet war. Grivas wurde am 23. Mai 1898 in Nikosia geboren, wuchs aber im Dorf Trikomo auf, wo sein Vater Theodoros Getreidehändler und Geldverleiher war. Von 1909 an besuchte er das Panzyprische Gymnasium in Nikosia. Als der Erste Weltkrieg ausbrach, wollte er Soldat werden und bewarb sich erfolgreich um die Aufnahme als Kadett in die Athener Militärakademie. Am Feldzug in Kleinasien nahm er als Oberleutnant teil. Nach einer Ausbildung an der *École Superieure de Guerre* in Paris wurde er 1926 Hauptmann, aber erst 1938 Major. Er verachtete die instabile griechische Republik und begrüßte es, als General Ioannis Metaxas zusammen mit König Georg II. am 4. August 1936 die Demokratie abschaffte und eine faschistische Diktatur errichtete. Im griechisch-italienischen Krieg im Winter 1940-41 war Grivas dem Stab der 2. Infanteriedivision zugeteilt. Nach der Kapitulation vor der Wehrmacht am 20. bzw. 23. April kehrte Grivas nach Athen zurück.

Da Grivas fanatisch antikommunistisch und ebenso fanatisch royalistisch war, kam für ihn eine Beteiligung an einer der großen republikanischen linken Widerstandsbewegungen nicht in Frage. Wenig erstaunlich ist, dass er sich nicht einmal rechten Gruppierungen anschloss, sondern eine eigene Organisation gründete, der er den Namen X (Chi) gab; Grivas wollte sich niemandem unterordnen. Chi war ein anti-kommunistischer Kampfverband, dessen Ziel es war, das Vaterland vor den Kommunisten zu retten. Um dies zu erreichen, zögerte Grivas nicht einmal, mit der deutschen Besatzungsmacht zu kooperieren und sich von ihr bewaffnen zu lassen. Aber auch für die Briten waren diese rechten Kampfverbände als potentielle Bündnispartner gegen die linke Résistance interessant, weshalb sie Chi ebenfalls Waffen zukommen ließen. Zum Zeitpunkt des Abzugs der Wehrmacht zählte Chi etwa 250 Mann. Während den Dekemvriana kämpfte Grivas' Chi Seite and Seite mit den Briten gegen die Linke.

Durch den Vertrag von Varkiza, der die Dekemvriana beendete, sollten eigentlich demokratische Verhältnisse in Griechenland einkehren, doch das Gegenteil war der Fall. Eine Welle der Konterrevolution ging über Griechenland hinweg, die die bei der Befreiung im Oktober 1944 bestehenden Machtverhältnisse umkehrte. Ende 1945 befand sich die griechische Rechte an der Macht und die griechische Linke saß im Gefängnis oder wurde verfolgt. Einen wesentlichen Anteil an dieser Entwicklung hatte Georgios Grivas. In den folgenden Monaten verbreitete sich Chi im ganzen Land, und Grivas konnte 1946 stolz verkünden, dass seine Organisation 200.000 Mitglieder habe. Sie durchdrang den Staat, insbesondere die Sicherheitsorgane, auf allen Ebenen bis zum Generalstab. Es entstand langsam ein Staat im Staat, der insgeheim mehr und mehr Einfluß auf diesen gewann. Diese Machtstruktur nennen die Griechen das Parakratos.

Dieses Parakratos terrorisierte alle Andersdenkenden, politische Morde waren an der Tagesordnung. Chi wurde zu einem der Faktoren, die zum Ausbruch des griechischen Bürgerkrieges beitrugen. Nur mit Mühe gelang es dem liberalen Premierminister Sofoulis, Chi zu entmachten, aber die parakratischen Strukturen lebten bis in die 60er Jahre des letzten Jahrhunderts weiter. Nach dem Ende des Bürgerkrieges versuchte Grivas, eine Karriere als Politiker zu beginnen, wobei er am griechischen Klientelsystem scheiterte: Grivas konnte keine Rousfetia verteilen. Langsam wurde er verbittert, beschäftigte sich mit einer Theorie des Guerillakrieges und wartete auf eine neue Chance, die ihm dann wenig später Makarios bot.

Der Ausbruch des Koreakrieges 1950 bestärkte die Briten in ihrem Beschluss, an Zypern festzuhalten, wobei sie von den Amerikanern unterstützt wurden. Der neue griechische Ministerpräsident Venizelos betonte hingegen, dass Griechenland durchaus nach dem Anschluss Zyperns strebe. Makarios war darüber erfreut, und als er im März 1951 wieder Athen besuchte, forderte er von Venizelos, dass Athen das Zypernproblem vor die UNO bringen solle. Venizelos reagierte jedoch angesichts der Weltlage abweisend. Die Presse hatte inzwischen über Makarios' Anwesenheit in Athen berichtet und die Studenten, für die Makarios mit seinen 37 Jahren eine Identifikationsfigur war, organisierten eine Demonstration auf dem Syntagma-Platz. Makarios sprach zu ihnen vom Balkon des Hotels Grande Bretagne und forderte nun öffentlich, dass die griechische Regierung das Zypernproblem vor die UNO bringen solle. Dies war der Beginn der direkten Einflussnahme von Makarios auf die griechische Öffentlichkeit. Venizelos, der anwesend war, hielt sich hingegen bedeckt.

Als die britische Regierung verärgert reagierte, unterbreitete Venizelos ihr einen Vorschlag, der von allen führenden Politikern Griechenlands unterstützt wurde: Wenn London bereit sei, Zypern an Griechenland abzutreten, könne England unter Umständen sowohl in Zypern als auch in Griechenland selbst exterritoriale Basen einrichten. Sollte sich die britische Regierung zum gegenwärtigen Zeitpunkt dazu nicht in der Lage sehen, genüge auch ein Versprechen, die Zypernfrage innerhalb eines bestimmten Zeitraumes auf der Basis des Selbstbestimmungsrechtes zu lösen. Beides war vernünftig und vorteilhaft für die Briten und schloss implizit einen Gang zur UNO aus. Hätte sich London darauf eingelassen, wäre die weitere Entwicklung Zyperns sicher friedlich verlaufen, aber London reagierte arrogant ablehnend: Athen solle dafür sorgen, dass die Agitation für die Enosis aufhöre. Die Amerikaner mahnten zur Zurückhaltung.

Gleichzeitig mit diesen politischen Gesprächen hatte Makarios Kontakt mit einer Gruppe von in Athen lebenden Zyprioten um die Brüder Savvas und Sokratis Loizidis, die den Aufbau einer im Untergrund operierenden revolutionären Organisation und einen bewaffneten Aufstand planten. Die Führung sollte Grivas übernehmen, der Erfahrung im Aufbau von Untergrundorganisationen habe. Makarios stimmte zu, und so reiste Grivas im Juli 1951 nach Zypern, um die Lage zu erkunden. Im August trafen sich Makarios und Grivas in Nikosia. Grivas schlug eine Doppelstrategie vor: Kleine Partisaneneinheiten sollten im Troodos-Gebirge operieren und Saboteure sollten Anschläge auf militärische Ziele verüben. Makarios hielt wenig von Ersterem und war der Meinung, dass Sabotageaktionen London schon zum Einlenken bringen würden. Entscheidungen wurden jedoch nicht getroffen.

In Ankara hatte man noch 1950 den Standpunkt vertreten, dass es keine Zypernfrage gebe. Aber die Studentendemonstrationen in Athen lösten ähnliche in der Türkei aus, und als sich dann noch die Presse einschaltete, sah sich die Regierung genötigt, Stellung zu beziehen. Im April 1951 stellte der türkische Außenminister fest, dass die Türkei aufgrund der geographischen Nähe, der historischen Verbindungen und der türkischen Minorität ein Mitspracherecht habe. Sollte sich am Status Zyperns etwas ändern, könne dies nicht ohne türkische Mitsprache geschehen. Aber man lege großen Wert auf die guten Beziehungen zu Athen.

In Zypern legte sich in der zweiten Jahreshälfte die Aufregung um die Enosis. In Griechenland hingegen herrschte totale politische Instabilität. Die Koalitionen wechselten und die Minister kamen und gingen fast im Wochenrhythmus. Um für antikommunistische Stabilität zu sorgen, mischte sich US-Botschafter Peurifoy ein und sorgte dafür, dass der ehemalige Marschall Alexandros Papagos Chef der Rechten wurde. Aus den Wahlen am 9. September 1951 ging zwar Papagos' Partei als stärkste hervor, da dieser jedoch nicht bereit war, mit den Liberalen von Venizelos zu koalieren, dauerte die politische Instabilität an.

Auch in Großbritannien wurde gewählt. Der Premierminister wurde - wieder einmal - der inzwischen 77jährige Winston Churchill. Kolonialminister wurde Oliver Lyttleton und Außenminister Anthony Eden. Die Tory-Regierung steuerte in der Zypernfrage einen knallharten Kurs. Als die griechische Regierung, um die aufgeregte öffentliche Meinung etwas zu beruhigen, in der UNO ein sehr zurückhaltendes Statement über Zypern abgab, begannen die Briten Druck auf Athen auszuüben. Bei einer NATO-Tagung Ende November 1951 in Rom nützte Eden ein Gespräch mit seinem griechischen Kollegen Evangelos Averof, um zu verkünden, dass das britische Empire nicht zum Verkauf stehe. Eine Zypernfrage existiere nicht.

Edens gut inszenierter theatralischer Ausbruch signalisierte zweierlei: Erstens, London sprach von nun an in der Zypernfrage mit einer Stimme, denn das Foreign Office hatte die Leitung in dieser Frage übernommen. Zweitens, Eden dachte nicht im Traum daran, in der Zypernfrage auch nur einen Millimeter nachzugeben. Die griechische Regierung war für ihr in Edens Augen unbotmäßiges Verhalten gerügt worden und wusste nun, welchen Kurs London steuerte. Es war ihm natürlich klar, dass seine Ausführungen an Makarios weitergegeben wurden, und er hoffte, dass seine harte Linie diesen zu mehr Zurückhaltung veranlassen würde.

Ende 1951 waren damit jene personellen Veränderungen erfolgt, die für die nächsten Jahre die Entwicklung Zyperns prägen sollten: Makarios, der unbeirrt nach Enosis strebte, aber bei der Wahl des Weges und der Mittel dorthin flexibel war; Grivas, der nur den Weg der Gewalt kannte, und Eden, der völlig unflexibel darauf bestand, dass Zypern britisch zu bleiben habe. Zwar spielte die griechische Regierung eine gewisse Rolle, aber sie verlor in zunehmendem Maße den Einfluß auf die Entwicklung. Die Amerikaner schließlich wollten verhindern, dass noch ein Konfliktherd entstand. Da es auf keiner der Seiten Kompromissbereitschaft gab, begann ein langsamer Eskalationsprozeß, der im gewaltsamen Konflikt mündete.

Auf der Suche nach dem richtigen Kurs
Das Jahr 1952 sah zwei Entwicklungen in der Zypernfrage. Einerseits wurde langsam der bewaffnete Kampf vorbereitet und andererseits wurde versucht, das Zypernproblem vor die UNO zu bringen. Schon 1951 hatte Grivas betont, wie wichtig die Existenz einer militanten Jugendorganisation sei, und Makarios hatte mit der Gründung der PEON (Pankypria Ethniki Organosi Neolaias - Panzyprische Nationale Organisation der Jugend) reagiert, die sich hauptsächlich an die städtische Jugend wandte. Die ländliche Jugend war in der Jugendorganisation des Bauernverbandes PEK erfasst, und daneben gab es noch die christliche Jugend.

Die Führung der PEON wandte die bekannten Rezepte für Jugendorganisationen totalitärer Art kommunistischer oder faschistischer Prägung an: Es gab eine Aufnahmezeremonie mit

Schwur und geheimnisvollen Ritualen. Offensichtlich appellierte man einerseits an den Sinn für Romantik und den Idealismus der Jugend und vermittelte ihr andererseits das Gefühl, dass sie mitsprechen und mitbestimmen dürfe, was für Jugendliche in der gerontokratischen Gesellschaft Zyperns äußerst attraktiv war. Die Lehrer unterstützten diese Bestrebungen, da sie selbst für die gleiche Sache, den Anschluss an Griechenland, eintraten. Im Geschichtsunterricht wurde den Jugendlichen ein stark verkürztes Geschichtsbild der griechischen Nation vermittelt, dessen Schwerpunkt die glorreiche Antike und das ewige Griechenland war, an die es den Anschluss zu gewinnen galt. Die Priester füllten die jungen Seelen im Religionsunterricht mit ähnlichen Lehren. Die Eltern nahmen die Indoktrinierung billigend hin. Aus diesen Jugendorganisationen rekrutierten sich später die Kämpfer der EOKA (Ethniki Organosi Kyprion Agoniston - Nationale Organisation zypriotischer Kämpfer).

Im Frühjahr 1952 besuchte Makarios den Libanon, Syrien und Ägypten, um sich der Unterstützung dieser arabischen Staaten bei einem Gang zur UNO zu versichern. Im Juni tauchte er wieder in Athen auf, um die griechische Regierung dazu zu bewegen, das Zypernproblem vor die UNO zu bringen. Als Außenminister Venizelos dies ablehnte, drohte Makarios dieses Verhalten öffentlich zu machen. Venizelos konterte, er werde es nicht zulassen, dass Makarios die griechische Außenpolitik bestimme. Als Averof Makarios daran erinnerte, dass die Griechen von Istanbul wohl die Zeche bezahlen müssten, entgegnete Makarios, dass diese auf jeden Fall dem Untergang geweiht seien, was damals durchaus noch nicht gesagt war, wenig später aber wahr wurde. In einem Interview mit dem griechischen Staatsrundfunk griff Makarios die griechische Führung massiv an und bezeichnete sie als Betrüger.

Dieses Interview setzte neue Maßstäbe. Erstens hatte es mit Makarios erstmals jemand gewagt, im griechischen Staatsrundfunk solche Töne anzuschlagen. Zweitens hatte er im Namen der Nation gesprochen, sich gewissermaßen als Verkörperung des Volkswillens darstellend. Drittens war dieses Interview eine Kampfansage an die politischen Führer Griechenlands. Viertens signalisierte es den Briten eine härtere Gangart. Insgesamt betrachtet war es Makarios während seines Besuches gelungen, der griechischen Seite seinen Führungsanspruch in der Zypernfrage aufzuzwingen.

Neben diesen in der Öffentlichkeit stattfindenden Gesprächen hatte Makarios auch geheime Unterredungen mit jenem Komitee, das den bewaffneten Kampf vorbereitete. Makarios ließ sich über den Stand der Vorbereitungen informieren, traf aber keine Entscheidungen. Wenig später kam Grivas wieder nach Zypern, wo er bis Februar 1953 blieb. In dieser Zeit besuchte er die PEON und gewann den Eindruck, dass es an Rekruten für seine Befreiungstruppe nicht mangeln werde. Grivas erkannte, dass beim zukünftigen Kampf die völkerrechtlichen Bestimmungen über den Partisanenkrieg nicht eingehalten werden konnten, und daher seinen Kämpfern die Todesstrafe drohte, wenn sie gefasst würden. Da er das aber nun einmal nicht ändern konnte, nahm er es billigend in Kauf. Daneben begann Grivas mit Hilfe eines Funktionärs der Bauernorganisation (Azinas) den Aufbau einer logistischen Infrastruktur.

Von Oktober 1952 bis Februar 1953 hielt sich Makarios in New York auf. Die Reise war wenig erfolgreich, denn es gelang ihm nicht, die Granden der UNO zu sprechen. Auch seine Kontakte in Washington geschahen auf einer niederen Ebene. Makarios begriff, dass es Fortschritte in der UNO nur geben konnte, wenn es gelang, die Zypernfrage durch eine in der UNO vertretene Regierung offiziell auf die Tagesordnung der Vollversammlung setzen zu lassen.

Im Oktober 1952 kam es in Griechenland zum Machtwechsel. Im März 1952 hatte US-Botschafter Peurifoy durch massiven Druck auf Premierminister Plastiras dafür gesorgt, dass bei der nächsten Wahl das Mehrheitswahlsystem zur Anwendung komme. Nun wurde unter einem Vorwand das Parlament aufgelöst, und aus den Wahlen ging Papagos mit 49 Prozent der Stimmen aber 82 Prozent der Sitze als Sieger hervor. Von da an beherrschte die griechische

Rechte bis Anfang der 60er Jahre das Land. In der Zypernfrage versuchte Papagos zunächst, die Politik der Vorgängerregierung fortzusetzen.

Die schon guten Beziehungen zwischen Athen und Ankara schienen 1952 immer besser zu werden. Beide Länder traten im Februar der NATO bei, und im April besuchten der türkischen Premierminister Menderes und sein Außenminister Athen. Im Juni erfolgte der Gegenbesuch des griechischen Königspaars in Ankara. Aber genau wie in Griechenland begann auch der Führung in Ankara die Kontrolle über ihre Landsleute auf Zypern zu entgleiten.

In Zypern hatten die türkischen Zyprioten das Rapprochement der Mutterländer mit Misstrauen verfolgt. Schon 1950 waren erste Stimmen laut geworden, die einen Anschluss der Insel an die Türkei forderten, aber die Mehrheit war noch für die Aufrechterhaltung des Status quo eingetreten, und die türkische Regierung reagierte auf diese Forderung sehr zurückhaltend. 1952, in der Periode des guten Einvernehmens zwischen Ankara und Athen, nahm sich sogar die wenig konfliktscheue türkische Presse zurück und mahnte nur gelegentlich die griechische Seite, dass durch eine Ermunterung der zypriotischen Enosis-Bewegung das freundschaftliche Verhältnis kompromittiert werden könne. Es wäre besser, die Zypernfrage ruhen zu lassen.

Aber nun begann sich das Gewicht auf die Seite jener zu verschieben, die einen Anschluss an die Türkei forderten. Der Grund für diesen Wandel waren die Veränderungen in der britischen Politik in diesen Jahren: Als die Briten begannen, ihre Positionen in Nahost zu räumen, kamen unter den Inseltürken Zweifel auf, ob sie nicht letztlich auch Zypern aufgeben würden. In diesem Zusammenhang erschien die Forderung nach Anschluss an die Türkei als der einzig mögliche Ausweg, denn eine Vereinigung mit Griechenland war für die türkische Volksgruppe auf Zypern keine verlockende Perspektive. Die Frage war nun nur noch, wann und ob es der türkisch-zypriotischen Führung gelingen würde, diesen Kurs der Türkei aufzuzwingen. Das auslösende Moment war klar: Der Gang zur UNO. Denn in den Augen der türkischen Zyprioten war das der Anfang vom Ende der britischen Herrschaft. Damit entstand ein für Zypern fataler Automatismus: Würde Athen dem Drängen von Makarios nachgeben und den Gang zur UNO unternehmen, würde es damit die guten Beziehungen zu Ankara ruinieren und es der türkisch-zypriotischen Führung ermöglichen, ihre politischen Vorstellungen Ankara aufzuzwingen.

Der erste britisch-griechische Zusammenstoß

Im Januar 1953 sagte Premier Papagos zum britischen Botschafter in Athen, dass er wohl seinen bisherigen zurückhaltenden Kurs in der Zypernfrage nicht mehr lange durchhalten könne und dass dann die griechisch-englische Freundschaft gefährdet sei. Um dieses zu vermeiden, solle Großbritannien doch Zypern eine liberale Verfassung gewähren und versprechen, dass die Bevölkerung in zwei oder drei Jahren in einer Volksabstimmung ihr Selbstbestimmungsrecht wahrnehmen könne. Als Gegenleistung biete Griechenland Großbritannien Basen in Zypern, Kreta und auf dem griechischen Festland an. Papagos wollte also ein verbindliches Abkommen schließen, im Rahmen dessen das Zypernproblem innerhalb einer absehbaren Zeit aus der Welt geschafft würde.

Da die Londoner Antwort nicht so schroff ausfiel wie früher, beschloss man, das Thema Zypern beim im April anstehenden Besuch Edens in Athen zur Sprache zu bringen. Doch Eden wurde sehr krank und so fand das Treffen mit Papagos erst am 22. September 1953 statt. Als Papagos das Thema Zypern anschnitt, ließ ihn Eden zwar ausreden, aber seine Antwort war beleidigend. Papagos verabschiedete sich zutiefst gekränkt mit dem Hinweis, dass die griechische Regierung von nun an handeln werde, wie sie es für richtig empfinde.

Über die Gründe für Edens Verhalten ist viel spekuliert worden. Tatsache ist, dass er sich bewusst völlig danebenbenommen hatte. Einen solchen Ton gegenüber dem 70jährigen Premierminister Griechenlands anzuschlagen, war ungehörig und zugleich demaskierend. Es war das typische Beispiel für imperiale Arroganz gegenüber dem Chef eines Klientelstaates, der zurechtgewiesen werden sollte. Die immer wieder vorgebrachte Entschuldigung, dass Edens Ausbruch auf seine noch nicht ganz wiederhergestellte Gesundheit und eine Veranlagung zu Wutanfällen zurückzuführen sei, geht an der Realität vorbei. Eden wußte sehr genau, was er tat, denn dies zeigt auch sein Verhalten während der weiteren Entwicklung.

Schlimm war, dass der wesentliche Inhalt der Unterredung den Weg in die griechische und zypriotische Presse fand und die Regierung zum Handeln zwang. Am 15. Oktober sandte das griechische Außenministerium eine formelle Note an die britische Botschaft mit drei Vorschlägen: Die Briten sollten die seit 1931 erlassenen illiberalen Gesetze aufheben. Es müsse sofort eine liberale Verfassung gewährt werden und in zwei Jahren müsse ein Plebiszit unter internationaler Überwachung abgehalten werden. Wenn dies nicht akzeptiert werde, behalte sich die griechische Regierung volle Handlungsfreiheit in der Zukunft vor.

Ab Mitte November 1953 begann die griechische Regierung, sich immer mehr an den Gedanken zu gewöhnen, das Zypernproblem vor die UNO zu bringen. Ende November gab das griechische Außenministerium bekannt, dass von nun an Papagos das Zypernproblem übernehme. Er trete nach wie vor für eine Verhandlungslösung auf bilateraler Ebene ein, aber wenn die Briten nicht entgegenkämen, werde man eine Lösung auf anderen Wegen suchen. Eden wies auch dieses Verhandlungsangebot hochmütig zurück. Daraufhin stellte Papagos im Januar 1954 fest, dass man den Fall Zypern vor die UNO bringen werde.

Nach seiner Rückkehr nach Athen im Februar 1953 begann Grivas mit der Ausarbeitung von Plänen für den Aufstand. Typisch für einen Stabsoffizier, der keine eigene Erfahrung im Partisanenkrieg hatte, versuchte er, alle Eventualitäten planerisch zu erfassen. Er wollte einen asymmetrischen Abnützungskrieg gegen die Briten führen, der sie so zermürbte, dass sie schließlich aufgeben würden. Es war Grivas klar, dass ein großangelegter Partisanenkampf angesichts der Morphologie Zyperns unmöglich war und dass der Schwerpunkt daher auf der Sabotage liegen müsse. Die Angriffe der Partisanen sollten daher eher einen unterstützenden Charakter haben, denn sie dienten der Diversion des Gegners. Zyprioten, die für die Engländer arbeiteten, müssten ausgeschaltet und streng bestraft werden. Propagandaarbeit in Griechenland werde diesen Kampf unterstützen. Es folgten Anweisungen für eine Hit-and-run-Taktik, das Anlegen von Verstecken, die Organisation des passiven Widerstandes und von Protestdemonstrationen sowie der Druck und die Verteilung von Flugblättern. Spezialgruppen sollten alle Personen exekutieren, die eine Gefahr für den Kampf darstellten.

Makarios ließ sich im März 1953 über den Stand der Vorbereitungen informieren, behielt sich aber das letzte Wort vor; Grivas akzeptierte. Die Athener Regierung befahl Grivas, sich ruhig zu verhalten, die Diplomatie habe Vorrang. Die Beziehungen zwischen den Regierungen in Athen und Ankara waren 1953 weiterhin offiziell sehr freundschaftlich, aber in der Presse waren andere Stimmen zu hören, deren Tenor es war, dass Zypern an die Türkei zurückgegeben werden müsse, falls sich am Status der Insel etwas ändere. Damit wurde klar, dass die guten bilateralen Beziehungen von der Politik der Briten in Zypern beeinflusst wurden. Sollten aber von britischer Seite, etwa durch eine Politik des *Divide et impera*, die Mutterländer wie zuvor die Volksgruppen gegeneinander ausgespielt werden, war die Katastrophe sicher.

Der Gang zur UNO
1954 nahm die strategische Bedeutung Zyperns in den Augen Londons aus mehreren Gründen zu. In den vergangenen Jahren war die britische Position im Iran verloren gegangen, nachdem 1951 die Anglo-Iranian Oil Company, die spätere BP, verstaatlicht worden war. Im März 1954 putschte sich Nasser in Ägypten an die Macht, kündigte die Verträge mit den Briten und zwang

sie, die Suezkanalzone zu räumen. 1953 hatten Jugoslawien, Griechenland und die Türkei den Balkan-Pakt geschlossen, und inzwischen liefen Verhandlungen mit Jordanien und Irak, die 1955 im Bagdad-Pakt, der später nach dem Beitritt von Pakistan in CENTO-Bündnis umbenannt wurde, mündeten. All dies erforderte eine starke britische Militärpräsenz. Die daraus gezogene Schlussfolgerung war einfach: Das Hauptquartier musste auf eigenem Boden errichtet werden, und diese Bedingung konnte in der Region nur Zypern erfüllen.

Da man sich in London darüber im Klaren war, dass die Griechen - von den Zyprioten gedrängt - früher oder später das Zypernproblem vor die UNO bringen würden, versuchte die britische Seite, eine doppelte Abwehrfront aufzubauen. Einerseits sollten die Zyprioten beruhigt werden, indem man ihnen mehr Mitsprache anbot. Entsprechend stellte Kolonialminister Lennox-Boyd Anfang Februar 1954 im Parlament fest, dass das Verfassungsangebot von 1948 immer noch Gültigkeit habe. Andererseits bemühte man sich, eine UNO-Debatte zu verhindern, indem man versuchte, zusammen mit den Amerikanern und den Türken eine Abwehrfront aufzubauen. Mitte März stellte Eden vor dem Unterhaus fest, dass die britische Regierung nicht bereit sei, über den Status von Zypern zu diskutieren. Papagos war derart aufgebracht, dass er öffentlich verkündete, wenn die britische Regierung weiterhin bilaterale Verhandlungen ablehne, werde er das Zypernproblem vor die UNO bringen.

London kümmerte sich wenig um die griechischen Drohungen und zeigte Papagos weiterhin die kalte Schulter. Anfang Mai stellte Papagos London eine Art Ultimatum: Wenn London bis zum 22. August nicht mit Verhandlungen beginne, werde er die Sache vor die UNO bringen. Wieder lehnte es die britische Regierung ab, über den Status von Zypern zureden. Ende Juni legte sich London nochmals fest: Man sei bereit, den Zyprioten Selbstregierung, aber auf keinen Fall Selbstbestimmung zu gewähren. Am 26. Juli 1954 präzisierte das britische Kabinett: Zypern müsse britisch bleiben; das Verfassungsangebot von 1948 werde durch eines mit eingeschränkter Selbstverwaltung ersetzt und das *Sedition Law* von 1931 solle wieder in Kraft gesetzt werden. Einen Tag später ließ sich der unerfahrene neue Kolonialminister Henry Hopkinson durch Fragen im Parlament provozieren und sagte folgendes: *"Es war immer klar und abgemacht, dass es bestimmte Territorien im Commonwealth gibt, die niemals erwarten können, dass sie völlig unabhängig werden."* Als dann sein Vorgänger im Amt noch meinte, dass eine Abtretung Zyperns an Griechenland die Südostflanke der NATO unterminiere und in Zypern zu einer massiven Senkung des Lebensstandards führen werde, bewertete man in Zypern dieses Statement für noch schlimmer als das von Hopkinson.

Die beiden Statements waren keine Versprecher, sondern sie kündigten einen härteren Kurs in Zypern an. Hopkinsons Aussage wurde in Zypern durch den staatlichen Rundfunk verbreitet. Gleichzeitig wurde eine neue Verfassung angekündigt, im Vergleich mit der die Verfassung von 1882 geradezu liberal gewesen war: Im neuen Legislativrat würden die Ex-Officio-Mitglieder und die von der Regierung ernannten die absolute Mehrheit haben. Der Gouverneur setzte das *Sedition Law* wieder in Kraft und sorgte für eine absolute Zensur der Presse. Dies hinderte Makarios nicht daran, in einer Predigt in aller Offenheit gegen die diktatorischen Methoden zu protestieren und die Enosis zu fordern. Als in Großbritannien die Presse die Methoden des Gouverneurs massiv kritisierte, ruderte dieser etwas zurück. Am 22. August traf sich eine riesige Menschenmenge bei der Faneromeni-Kirche im Zentrum der Altstadt von Nikosia. Makarios griff in seiner Ansprache die britischen Maßnahmen heftig an und endete, indem er die Versammelten aufrief, mit ihm einen heiligen Eid abzulegen: Man werde bis zum Tode am nationalen Ziel festhalten und auch nicht der Gewalt weichen. Das Ziel sei "Enosis und nichts als Enosis". Eigentlich hätten die Briten Makarios sofort verhaften müssen, aber sie wollten keine Märtyrer der Enosis-Bewegung schaffen. Sie begriffen nicht, dass sie dadurch in den Augen der Zyprioten zu Papiertigern wurden. Makarios hatte seinen ersten Sieg über die Kolonialmacht errungen.

Schon am 20. August hatte die griechische Regierung ihren Antrag bei der UNO eingereicht, in dem es hieß, dass auch im Falle der Bevölkerung Zyperns das Prinzip der Selbstbestimmung Anwendung finden müsse, wobei natürlich mit Selbstbestimmung die Enosis gemeint war. In den folgenden Wochen versuchten die Briten mit großem diplomatischem Aufwand hinter den Kulissen, eine Aufnahme des griechischen Antrags in die Tagesordnung der UNO zu verhindern, und dabei die Amerikaner auf ihre Linie zu zwingen. Doch am 23. September stimmte eine Mehrheit im Allgemeinen Komitee zu, den griechischen Antrag auf die Tagesordnung zu setzen. Ein britischer Versuch, durch die Generalversammlung diese Abstimmung verschieben zu lassen, scheiterte ebenfalls. Nun bemühte sich London erneut durch Manöver hinter den Kulissen, eine Mehrheit für eine Verschiebung der Befassung zusammenzubringen. Mitte Dezember 1954 schafften es die Briten in mehreren Abstimmungen, dafür eine Mehrheit zu gewinnen.

Was die Briten errangen, war genau genommen ein Pyrrhus-Sieg: Sie hatten einen temporären Sieg über die Griechen davon getragen, aber das Zypernproblem würde wieder auf die Tagesordnung der UNO kommen. Da sie aber mit dem Plan einer oktroyierten illiberalen Verfassung eine tragfähige Lösung selbst blockiert hatten, stärkten sie jene Kräfte, die eine gewaltsame Lösung suchten. Die britische Blockade in der UNO hatte noch eine weitere negative Folge, indem sich die Türkei in die Debatte einschaltete und zum ersten Mal deutlich sagte, wie die türkische Regierung das Zypernproblem sah: Zypern sei historisch, wirtschaftlich, ethnisch und geographisch eine Fortsetzung der anatolischen Halbinsel. Das Zypernproblem sei eine Folge der griechischen Propaganda. Bei der Forderung nach Selbstbestimmung gehe es um Annexion, was eine Veränderung des Vertrags von Lausanne bedeute, und da habe die Türkei ein Mitspracherecht. Die Briten waren über diesen Ausbruch geradezu entzückt.

Die griechische Seite war zutiefst enttäuscht, denn man war der naiven Überzeugung gewesen, dass das Problem in der UNO gelöst werde. Man würde den Versuch erneut unternehmen. Da die Amerikaner die Briten in der UNO unterstützt hatten, kam es in ganz Griechenland zu heftigen antiamerikanischen Demonstrationen und Ausschreitungen, die von Studenten organisiert wurden. Auch in Zypern fanden Kundgebungen und Demonstrationen statt, aber erst als in Nikosia die Schüler des Panzyprischen Gymnasiums zum amerikanischen Konsulat zogen, kam es zu Zusammenstößen mit der Polizei. Diese von Schülern getragenen gewaltsamen Proteste machten es der Polizei besonders schwer, Ruhe und Ordnung aufrecht zu erhalten, zumal in der ersten Reihe stets die Mädchen marschierten. Nationalisten beider Volksgruppen provozierten erste interkommunale Zusammenstöße. Ende 1954 entglitt den Regierungen in Athen und Ankara langsam die Kontrolle über den Konflikt, beide wurden von der jeweiligen nationalistisch aufgeputschten Öffentlichkeit vorangetrieben und diese wiederum von den Scharfmachern in beiden Volksgruppen dazu aufgestachelt. Dieser Mechanismus hatte natürlich Rückwirkungen, und so eskalierte die Spannung.

Im März 1954 war es Grivas gelungen, erfolgreich einen ersten Waffentransport nach Zypern zu organisieren, dem ein zweiter im Oktober folgte. Am 9. November ging Grivas beim Dorf Chlorakas nördlich von Paphos an Land und begab sich nach Nikosia. Dort warb er in den folgenden Wochen die ersten 18 Saboteure an, die alle aus den Reihen der OXEN (christl. Jugendorganisation) bzw. der Jugendorganisation der rechtsgerichteten Gewerkschaft SEK kamen. Er suchte bewusst Jugendliche aus, denn diese waren risikobereit und todesverachtend, d.h. Grivas nützte den Enthusiasmus, Idealismus und ihre naive Gläubigkeit aus. Nach dem Prinzip Jugend führt Jugend waren ihre Anführer nur wenig älter, .

Da eine Schießausbildung ausgeschlossen war, denn eine solche wäre den Behörden aufgefallen, entschied Grivas einfach, dass die zukünftigen Kämpfer bei ihren Angriffen auf die Briten das Schießen lernen sollten. Die in Gruppen aufgeteilten Kämpfer mussten detaillierte Pläne für ihre ersten Sabotageaktionen ausarbeiten. Bis Ende des Jahres wartete Grivas auf Makarios' Befehl zum Losschlagen, der jedoch nicht kam.

Der Count Down zum Aufstand 1955
Die Vorbereitungen des bewaffneten Kampfes gingen nur schleppend voran; vor allem fehlten Waffen, Munition und Sprengmittel. Der schon erwähnte Funktionär des Bauernverbandes Azinas beschaffte mit Geld von Makarios in Athen die notwendigen Dinge und baute zugleich einen geheimen Kommunikationskanal zwischen Zypern und Griechenland auf. Makarios traf sich nach seiner Rückkehr aus Griechenland Anfang Januar 1955 mit Grivas und Azinas. Er informierte die beiden, dass auch Papagos inzwischen für bewaffnete Aktionen sei und schlug den griechischen Nationalfeiertag am 25. März als Beginn des Kampfes vor. Azinas befürchtete, dass etwas an die Briten durchsickern könnte und hielt es für besser, früher loszuschlagen. Makarios überließ die Entscheidung Grivas.

Am 13. Januar 1955 erfuhr Azinas aus Athen, dass ein Kaïki, die *Ag. Georgios*, mit den von ihm besorgten Waffen und Sprengstoffen unterwegs nach Zypern sei. Die Ladung sollte ebenfalls bei Chlorakas an Land gebracht werden. Azinas informierte sofort Makarios, doch dieser warnte ihn schon am nächsten Tag, dass die Briten über die Fahrt informiert seien. In der Tat hatte Makarios Informanten in der Kolonialverwaltung und der Polizei. Einer von diesen hatte ihm bereits Ende 1954 Makarios mitgeteilt, dass die Briten über die Aufstandsvorbereitungen genau im Bild seien. In der Tat hatten britische Agenten in Athen schon Anfang Januar erfahren, dass in Bälde ein Schiff mit Waffen nach Zypern auslaufen werde. Offensichtlich hatten sie in Athen umlaufende Gerüchte aufgeschnappt, was wenig verwunderlich war, denn es waren viele Personen beteiligt, und bekanntlich bleibt in Athen wenig geheim. Die *Ag. Georgios* wurde das Opfer der Athener Geschwätzigkeit und nicht das einer finsteren Konspiration, wie immer wieder kolportiert wird.

Während Azinas sich vergeblich bemühte, die *Ag. Georgios* zu stoppen, überwachten die Briten deren Fahrt durch ihre Marine und die Luftwaffe. Als die Besatzung die Ladung an Land brachte, wurden sie und das "Empfangskomitee" schon von der Polizei erwartet und verhaftet. Dokumentenfunde verrieten Azinas, der sich nach Griechenland absetzte und seine Studien fortsetzte. Am 31. Januar 1955 kamen Makarios und Grivas in der Außenstelle des Kykko-Klosters in Nikosia (Metochi Kykkou) zusammen. Makarios kritisierte die mangelhafte Geheimhaltung und verbot jede Partisanenaktion zum gegenwärtigen Zeitpunkt. Bei den Sabotageaktionen sei sorgfältig darauf zu achten, dass kein Mensch zu Schaden komme, und bevor man mit diesen beginne, solle man zuerst die Gerichtsverhandlung gegen die Verhafteten abwarten.

Die Verhandlung begann am 17. März, wurde aber nach wenigen Tagen angesichts der Schwere des Verbrechens abgebrochen und der Fall an das zuständige Schwurgericht weitergeleitet. Dieses befasste sich erst Anfang Mai 1955 damit und fällte relativ milde Urteile, obwohl inzwischen der Kampf der EOKA begonnen hatte. Offensichtlich wollte man durch die milden Urteile die Athener Regierung zur Zurückhaltung veranlassen und die Zyprioten von einer Gewalteskalation abhalten.

Gouverneur Armitage hatte die Entwicklung genau verfolgt und erkannte, dass sich etwas zusammenbraute. In seinen Augen lag die Crux des Zypernproblems in der engen Beziehung zwischen der griechischen Regierung und Makarios. Gelänge es, in dieses Verhältnis einen Keil zu treiben, würde sich die Gefahr eines Aufstandes stark verringern. Um dieses zu erreichen, müsste den Zyprioten Selbstverwaltung auf liberaler Basis zugestanden und die Zustimmung Athens dazu gewonnen werden. Kolonialminister Lennox-Boyd hielt diesen Vorschlag für gut und unterbreitete ihn dem Kabinett. Mitte Februar unternahm er einen Vorstoß bei Außenminister Eden, der die Idee jedoch radikal ablehnte. Für ihn war dies Appeasement-Politik und würde zu einer Schwächung der Briten in Nahost führen. Da er außerdem die Nachfolge Churchills als Premier anstrebte, glaubte er, dass er keine Schwäche zeigen durfte.

Lennox-Boyd gab jedoch nicht auf und veranlasste Gouverneur Armitage, das Gespräch mit Makarios zu suchen. Über Mittelsmänner nahm Armitage Kontakt zu Makarios auf, der seinerseits an einer friedlichen Lösung durchaus interessiert war, und man vereinbarte ein geheimes Treffen in der Metochi Kykkou für Ende Februar. Es war Armitage klar, dass er ein solches Gespräch nicht ohne Zustimmung Londons führen konnte und wandte sich daher an Lennox-Boyd. Dieser informierte Eden und der reagierte absolut negativ: Es sei unmöglich, dass der Gouverneur sich wie ein Bittsteller mit der Mütze in der Hand auf Makarios' Territorium begebe und ihn um Hilfe bei der Regierung der Insel bitte.

Mitte März scheiterte ein weiterer Versuch, und als Armitage vorschlug, über Papagos die Extremisten vom Losschlagen abzuhalten, explodierte Eden und bestellte Armitage zum Rapport nach London. Auf einer Sitzung von Ministern und hohen Ministerialbeamten wurde er schlichtweg fertiggemacht. Am 23. März 1955 kehrte er zurück und erkannte, dass der Aufstand kurz bevorstand. Verzweifelt versuchte er in letzter Minute, noch etwas zu retten, indem er London vorschlug, im Unterhaus eine Zypernerklärung abzugeben. Doch das Foreign Office lehnte dies entschieden ab. So nahm das Verhängnis seinen Lauf.

Inzwischen war der Student und Reserveleutnant der griechischen Armee, Grigoris Afxentiou, zu Grivas gestoßen, und Afxentiou wusste, wo man Sprengstoffe auftreiben, Waffen schwarz kaufen und Bomben herstellen konnte. Der Aufbau der EOKA ging voran, wenn auch nicht ganz nach Grivas' Vorstellungen, der sich immer wieder über Disziplinlosigkeiten ärgerte. Die Organisation war nach dem kommunistischen Zellensystem aufgebaut und streng auf ihn ausgerichtet. Die Kommunikation geschah durch Kuriere und die Abschnittsführer mussten ihm wöchentlich schriftliche Berichte über die Aktivitäten und Pläne ihrer nachgeordneten Gruppen abliefern. Gleichzeitig ließ Grivas eine Art Geheimdienst der EOKA unter der Führung eines Angestellten der Handelskammer namens Polykarpos Georkatzis aufstellen. Bei einem erneuten Treffen zwischen Grivas und Makarios am 7. März 1955 einigten die beiden sich darauf, dass der Aufstand nach dem 25. März beginnen sollte, wenn die Wachsamkeit der Briten wieder nachlasse. Als erste Ziele waren in Nikosia die Rundfunkstation und das britische Hauptquartier in der Wolseley-Kaserne vorgesehen. In den anderen Städten sollten Anschläge auf öffentliche Einrichtungen verübt werden.

Am 21. März waren die Vorbereitungen abgeschlossen. Grivas verfasste eine revolutionäre Proklamation, in der er nach Berufung auf Gott den bevorstehenden Kampf in eine Reihe mit den Kämpfen von Marathon, Salamis, den Thermopylen und jenen von 1821 stellte. Er unterzeichnete die Proklamation mit dem *Nom de guerre* Digenis. Beim letzten Treffen mit seinen Abschnittsführern am 30. März las er diesen den Text vor; alle waren vom Pathos des Textes tief beeindruckt und sogar der Autor selbst war zu Tränen gerührt. Er umarmte jeden einzelnen und wünschte ihnen viel Glück. Im Hinblick auf seine zukünftigen Memoiren steckte er sein bisher geführtes Tagebuch und einige weitere Dokumente in zwei Schraubgläser und gab sie einem Vertrauten namens Grigoris Loukas, der diese in seinem Garten vergrub.

1955: DER BEGINN DER REBELLION

Die erste Phase des bewaffneten Kampfes April - August 1955
Die ersten Anschläge der EOKA erfolgten in der Nacht zum 1. April 1955. Abgesehen von der Zerstörung der Rundfunkstation durch Markos Drakos waren die anderen Anschläge wenig erfolgreich. Da die jungen Saboteure und Attentäter keinerlei Erfahrung hatten, waren die Aktionen absolut amateurhaft. Ende April ließ Makarios Grivas wissen, dass er aus politischen Gründen vorübergehend die Aktionen einstellen sollte. Grivas nützte die Pause, um sich der Organisierung der Gymnasiasten zu widmen. Er befahl, an allen höheren Schulen der Insel Jugendgruppen der EOKA unter dem Namen ANE (Alkimos Neolaia EOKA -Wehrhafte Jugend der EOKA) zu gründen. Ihre Aufgabe sollte es sein, zu demonstrieren, Flugblätter zu verteilen, Slogans mit blauer Farbe an Wände zu schreiben, Kurier- und Spitzeldienste zu leisten, Brandsätze zu werfen und britische Agenten zu überwachen. Wer sich dabei bewährte, wurde in die EOKA übernommen. Als der Direktor des Panzyprischen Gymnasiums gegen diese Art von Jugendarbeit protestierte, ließ ihn Grivas unter Druck setzen. Makarios hatte nichts dagegen einzuwenden.

Ende Mai schlug Grivas Makarios eine Eskalation der Kampfform vor. Hatte sich die Gewaltanwendung bislang auf Sachen beschränkt, so wollte Grivas sie jetzt auch auf Personen in Form von Hit-and-run-Operationen ausdehnen. Anfang Juni stimmte Makarios zu und Mitte Juni begannen die Anschläge auf Einrichtungen, die von britischen Soldaten besucht wurden sowie auf Polizeistationen, bei denen es aber keine Toten gab, da die Attentäter noch Hemmungen hatten, Menschen zu töten. Um diese Hemmung zu überwinden, bezeichnete Grivas die Polizisten als Verräter, die man ohne Skrupel umlegen könne. Zwar gab es danach bei einem Anschlag auf das Polizeihauptquartier in Nikosia, bei dem eine mit Zeitzünder gesteuerte Bombe zum Einsatz kam, Todesopfer, aber noch zögerten viele EOKA-Kämpfer weiterhin kaltblütig zu töten. Daher ließ Grivas durch Georkatzis Exekutionsteams aufstellen, die entsprechend indoktriniert Verräter liquidieren sollten. Zugleich ließ er erfolgreich Informanten in der Polizei anwerben, aber er konnte nicht verhindern, dass auch die Briten ein Gleiches in den Reihen der EOKA taten.

Die zypriotische Linke hatte die Entwicklung mit Mißtrauen verfolgt. Zwar trat auch die AKEL-Führung für die Enosis ein, aber nur vom Prinzip her, denn deren Vollzug hätte zu diesem Zeitpunkt ein sofortiges Verbot der AKEL bedeutet. Eine Vereinigung mit dem Mutterland wäre für die AKEL nur akzeptabel gewesen, wenn dort echte demokratische Zustände geherrscht hätten und sie kein Verbot risikiert hätte. Da sich dies jedoch in Griechenland nicht einmal am Horizont abzeichnete, zog man die Aufrechterhaltung des Status quo vor. Da man dies natürlich nicht öffentlich vertreten konnte, weil die Zyprioten sich von der Partei abgewandt hätten, blieb es beim Lippenbekenntnis für die Enosis.

Auf der anderen Seite gab es Verlautbarungen der EOKA-Kreise, die deutlich machten, dass man eine Beteiligung der AKEL am Kampf um die Enosis ablehnte. Außerdem hätte die AKEL ihre seit Jahrzehnten praktizierte Politik der Kooperation mit den türkischen Zyprioten aufgeben und sich der Ethnarchie, wenn nicht gar Grivas unterstellen müssen, was angesichts von dessen antikommunistischer Vergangenheit inakzeptabel war. Die Gründung einer eigenen mit Grivas konkurrierenden Organisation war ebenfalls ausgeschlossen. Dies hätte sicher wie im besetzten Griechenland zu Zusammenstößen und zu bürgerkriegsähnlichen Zuständen zwischen Links und Rechts geführt. Außerdem lehnten die Kommunisten seit jeher den anarchistischen individuellen Terror ab, und ein Partisanenkampf erschien zu Recht aussichtslos. Sie hielten nur den traditionellen Weg des Massenkampfes für erfolgreich.

Angesichts dieser Lage entschied sich die Partei für einen Kurs der Neutralität. Dies setzte sie dem Vorwurf des Verrates an der nationalen Sache aus, der bis heute immer wieder zu hören ist. Zwar übte die Parteiführung später Selbstkritik und gestand ein, dass sie falsch gehandelt habe, aber tatsächlich hatte sie gar keine vernünftige Alternative, denn sie stand vor einem klassischen Dilemma. Egal wie sie sich entschied, die Konsequenzen waren für die Partei negativ. Zusätzlich vergiftet wurde das Klima zwischen der AKEL und Grivas, als der griechische KP-Chef Zachariadis über die vom Ostblock aus sendende Rundfunkstation *I Foni tis Alitheias* (Stimme der Wahrheit) die Identität von Digenis enthüllte. Einige wenige junge Heißsporne wie z. B. Vasos Lyssaridis, der spätere Sozialistenchef, verließen daraufhin die Partei und schlossen sich der EOKA an.

In diesen Wochen kam es außerhalb von Zypern zu wichtigen Ereignissen, die heftige Rückwirkungen auf die Insel hatten. In London fand der Machtwechsel von Churchill zu Eden statt. Neuer Außenminister wurde Harold Macmillan. Im April trat England dem Bagdad-Pakt bei, und Ende des Monats kam die Bandung-Konferenz zusammen. Anfang Mai stellte der Chef des Empire Generalstabs, Feldmarschall John Harding, in Bezug auf Zypern fest, dass der Besitz der gesamten Insel für die Militärs unverzichtbar sei. Aus den Unterhauswahlen am 26. Mai gingen die Tories als Sieger hervor. Anfang Mai wurde die Bundesrepublik in die NATO aufgenommen und wenige Tage später der Warschauer Pakt ins Leben gerufen. All dies beanspruchte die Aufmerksamkeit Edens, der daher das Zypernproblem Macmillan und Lennox-Boyd überließ.

Die Anschläge in Zypern und die Gewissheit, dass die Griechen die Zypernfrage erneut vor die UNO bringen würden, veranlassten das Außen- und Kolonialministerium, nach einer Lösung zu suchen. Beim Meinungsaustausch zeigte es sich, dass das Kolonialministerium versuchte, Zypern durch den Erlass einer liberalen Verfassung Home Rule zu gewähren und dabei in die Lösung die Selbstbestimmung als längerfristige Perspektive einzubauen. Das Foreign Office hingegen setzte mehr auf eine Einflussnahme auf Athen und Ankara. Schließlich einigten sich die Minister auf die Einberufung einer Dreimächtekonferenz aus Großbritannien, Griechenland und der Türkei, auf der eine Lösung auf der Grundlage der gemeinsamen erarbeiteten Vorschläge angestrebt werden sollte. Diese sahen außer den Vorschlägen des Kolonialministeriums noch die vom Außenministerium entwickelte Idee einer Einbindung der Mutterländer durch eine Art Kondominium vor. Diese Lösung würde auch einen erneuten griechischen Gang zur UNO verhindern. Man erkennt unschwer, dass hier beabsichtigt wurde, die griechischen Ambitionen durch türkische zu neutralisieren; es war die klassische Divide-et-impera-Politik, die diesmal die Mutterländer gegen einander ausspielen sollte. Außerdem plante London das Ergebnis der Konferenz den Zyprioten zu oktroyieren.

Ankara akzeptierte bereitwillig die Einladung zu dieser Konferenz, würde die Türkei dadurch doch ein legales Mitspracherecht in Zypern erhalten. Die griechische Regierung erkannte sofort, dass sie dadurch am Gang zur UNO gehindert werden sollte und es sich um ein Divide-and-rule Manöver handelte: Akzeptierte man die Einladung, anerkannte man implizit ein Mitspracherecht der Türkei; lehnte man sie ab, würde man der Intransigenz beschuldigt werden, drohte ein Bruch mit der Türkei und die eigene Position in der UNO würde geschwächt. Angesichts dieses Dilemmas entschied sich Athen zur Teilnahme. Als Makarios davon erfuhr, forderte er Athen auf, schnellstmöglich bei der UNO die Aufnahme des Zypernproblems auf die Tagesordnung zu beantragen.

Um nach außen hin den Eindruck zu vermitteln, dass die Zyprioten einen Anteil an den zukünftigen Verhandlungen hatten, reiste Lennox-Boyd Anfang Juli 1955 nach Zypern. Er war der erste Kolonialminister, der Zypern jemals besuchte. Beim Gespräch mit Makarios am 9. Juli machte dieser dem Minister klar, dass er die Konferenz für den falschen Weg (crooked approach) halte, denn er führe Zypern in eine Sackgasse. Als Gouverneur Armitage von Makarios wissen wollte, ob er sich eine Lösung des Konfliktes auf der Basis einer liberalen Verfassung und eines Versprechens, dass in der Zukunft das Selbstbestimmungsrecht Anwendungen finde, wenn dies die internationale Lage erlaube, vorstellen könne, antwortete Makarios, dass ein solches Angebot diskutabel sei; er könne sich eine solche Lösung vorstellen. Dieser Vorschlag entsprach in der Tat ungefähr den früheren Athener Vorschlägen. Doch Lennox-Boyd war vom Kabinett zur Einberufung der Konferenz vergattert worden und so verstrich wieder eine günstige Gelegenheit, einer Lösung näher zu kommen. Da Lennox-Boyd nicht auf Makarios' Angebot reagierte, gewann der Erzbischof den Eindruck, dass die Briten einen intransigenten Kurs steuerten.

Am 11. Juli kehrte Lennox-Boyd nach London zurück, und Makarios flog nach Athen. Vor der Athener Presse sagte Makarios, dass ohne die Zyprioten keine Entscheidungen über Zypern gefällt werden dürften. Das Zypernproblem sei eine Angelegenheit zwischen London und Nikosia. Eine Lösung könne nur durch bilaterale Verhandlungen und nicht durch Einbeziehung Dritter gefunden werden. Der richtige Ort, um eine Lösung zu finden, sei die UNO und nicht die Dreimächtekonferenz. Griechenland müsse den Fall vor Konferenzbeginn vor die UNO bringen. Im gleichen Sinne äußerte sich Makarios auch gegenüber der griechischen Regierung. Diese versprach, den Fall Zyperns am 20. August vor die UNO zu bringen, also wenige Tage vor Ende der Antragsfrist, falls die Konferenz bis dahin kein zufriedenstellendes Ergebnis erbracht oder noch nicht begonnen habe.

In London legte das Kabinett den Beginn der Konferenz auf den 29. August fest und informierte Athen und Ankara darüber. Außenminister Stefanopoulos wies Macmillan anlässlich eines Treffens in Paris darauf hin, dass dieser späte Termin die griechische Regierung zwinge, Zypern vor die UNO zu bringen. Macmillan entgegnete, dass er dies für einen großen Fehler halte, der die Briten und ihr Parlament brüskieren werde. Stefanopoulos bat US-Außenminister Dulles um Hilfe, aber auch der konnte sich gegen den intransigenten Macmillan nicht durchsetzen. Zur gleichen Zeit meldete sich Makarios vor der Athener Presse erneut zu Wort: Es sei ihm nicht gelungen, die griechische Regierung zu einer Änderung ihrer Politik zu veranlassen. Die Konferenz sei eine Falle, ein Manöver, um den Gang zur UNO zu verhindern, und um die ganze Sache so kompliziert zu machen, dass keine Lösung mehr gefunden werden könne. Das Zypernproblem sei kein Problem zwischen Großbritannien, Griechenland und der Türkei. Beim Zypernproblem gehe es nur um die Selbstbestimmung. Man werde kein Resultat der Dreimächtekonferenz akzeptieren, das dieses Grundrecht missachte, selbst wenn die Athener Regierung es unterzeichne.

Als aufgrund dieser offenen Worte die öffentliche Meinung Athens zu kochen begann, wich die griechische Regierung zurück und gab bekannt, dass sie am 25. Juli bei der UNO beantragen werde, das Zypernproblem auf die Tagesordnung zu setzen. Dennoch signalisierte die griechische Regierung Kompromissbereitschaft: Sollte die Konferenz ein konstruktives Ergebnis haben, sei man bereit, auf eine UN-Resolution zu verzichten. Doch London zeigte weiterhin die kalte Schulter.

Die Dreimächtekonferenz 29. August - 7. September 1955

Macmillans Ziel war es, auf der Konferenz die Griechen und die Türken so gegeneinander auszuspielen, dass sie in Streit gerieten, sich gegenseitig blockierten und Zypern dadurch britisch blieb. Es gab praktisch keine diplomatische Vorbereitung der auf der Konferenz zu diskutierenden Themen. Es stand von vornherein fest, dass die Zyprioten keinerlei Mitsprache haben würden. Die Konferenz war allein Sache des Foreign Office bzw. Macmillans, und hinter ihm stand Eden. Das Kolonialministerium spielte keine Rolle. Macmillan ließ das Kabinett beschließen, dass sogar die Erwähnung des Wortes Selbstbestimmung ausgeschlossen war. Am 15. August informierte er das Kabinett über seine Vorstellungen: Nach seiner Eröffnungserklärung sollten Griechenland und die Türkei ihre Positionen darlegen. Dann sollte ein Komitee gebildet werden, das die unterschiedlichen Positionen feststellen und schriftlich fixieren sollte. Danach würde sich die Konferenz vertagen und erst dann sollte der britische Plan vorgelegt werden. Sollte die Konferenz vorher scheitern, geschähe das aufgrund griechisch-türkischer Gegensätze und nicht wegen britischer Intransigenz. Das Kabinett stimmte Macmillans Ideen zu. Damit war der Kurs festgelegt. Die Selbstbestimmung war kein Thema mehr.

Die Konferenz begann am 29. August 1955 im Lancaster House in London. Am 30. August sprach Macmillan, einen Tag später Stefanopoulos und am 1. September der türkische Außenminister Zorlu. Macmillans Rede enthielt die bekannten britischen Positionen. Stefanopoulos erklärte, dass das Recht auf Selbstbestimmung auch den Zyprioten nicht auf Dauer vorenthalten werden könne. Sollte es irgendwann gewährt werden, so werde Griechenland den türkischen Zyprioten vollen Minderheitenschutz gewähren und den Briten Basen einräumen. Zorlu forderte die Beibehaltung des Status quo. Sollte dieser jedoch aufgehoben werden, müsse Zypern an die Türkei zurückgegeben werden. Eden war über diese Äußerung hochzufrieden. In den folgenden Tagen gab es Einzelgespräche.

Der 6. September 1955 sah zwei wichtige Ereignisse. In London legte Macmillan seinen Verfassungsplan vor und stellte fest, dass man übereinstimme, über den internationalen Status von Zypern nicht übereinzustimmen. Er schlage daher vor, die Konferenz bis nach der Einführung der Verfassung zu vertagen. An dieser Sitzung könnten dann auch die Zyprioten teilnehmen. Stefanopoulos begrüßte prinzipiell Macmillans Vorschläge, kritisierte aber die wenig demokratische Vorgehensweise bezüglich der neuen Verfassung und die Vorenthaltung des Selbstbestimmungsrechtes. Zorlu hingegen wollte wissen, ob England das Selbstbestimmungsrecht überhaupt akzeptiere, was Macmillan verneinte. In Istanbul kam es am 6. September zum ersten antigriechischen Pogrom im Zusammenhang mit dem Zypernproblem, der von langer Hand von chauvinistischen Kräften und bestimmten Regierungskreisen um Zorlu und Menderes sorgfältig vorbereitet worden war.

Auf der Schlusssitzung am 7. September bedauerte Stefanopoulos, dass man die griechischen Vorstellungen nicht im Geringsten berücksichtigt habe. Dennoch werde er die britischen Vorschläge der Athener Regierung zur Beratung vorlegen. Für Zorlu war Athen an der verfahrenen Lage in Zypern schuld. Jede Veränderung in Zypern bedeute eine Revision des Vertrages von Lausanne, eine Destabilisierung des Gleichgewichtes und gefährde die guten Beziehungen. Athen solle seine Forderung nach Selbstbestimmung zurückziehen. Wohin die griechischen Forderungen führten, habe man am Tag zuvor in Istanbul gesehen, fügte er zynisch hinzu. Aber Zorlu wies auch die britischen Vorschläge zurück. Damit war die Konferenz am Ende, und Macmillan erklärte sie für unterbrochen. Wenig später kam auch aus Athen eine ablehnende Antwort.

Die britische Seite hatte erfolgreich Athen und Ankara so gegeneinander ausgespielt, dass sie sich in der Zypernfrage gegenseitig blockierten. Aber die Hoffnung, dass sie dies in die Lage versetze, als lachender Dritter weiter den Status quo aufrechtzuerhalten, trog, denn wie der Pogrom in Istanbul zeigte, verfolgte die Türkei eine neue Politik, die nur ihren eigenen Interessen diente. Die Briten hatten zwar erfolgreich die Türken ins Spiel gebracht, aber nun konnten sie sie nicht länger kontrollieren. Außerdem begriffen sie nicht, dass weder Athen noch Ankara die jeweilige Volksgruppe auf Zypern fernsteuerte. Edens und Macmillans Politik sorgte dafür, dass der Zypernkonflikt noch komplizierter wurde, als er es schon war, denn von nun an war er mit dem Minoritätenproblem verknüpft. Wann immer es in Zypern zu Konflikten zwischen den beiden Volksgruppen kommen würde, die Griechen Istanbuls würden die Rechnung bezahlen müssen.

Bekanntlich hatte der Vertreter Griechenlands am 25. Juli 1955 beim UN-Generalsekretär beantragt, dass die Frage des Selbstbestimmungsrechts Zyperns in der Generalversammlung debattiert werde. Die Amerikaner wollten sich eigentlich dieses Mal aus der Angelegenheit heraushalten und kritisierten sogar den Pogrom, aber auf britischen Druck hin änderten sie ihre Haltung. Außenminister Dulles informierte Stefanopoulos darüber, der verbittert reagierte. Am 21. September befasste sich das *General Committee* der UNO mit dem griechischen Antrag. Mit knapper Mehrheit wurde der griechische Antrag angenommen, aber bei der Abstimmung in der Generalversammlung abgelehnt. Der Grund für das amerikanische Verhalten dürfte einmal in der *special relationship* mit Großbritannien zu suchen sein, aber vor allem in den strategischen Überlegungen Washingtons in der Containment-Politik liegen: In den Augen von Dulles war die Türkei für die Sicherheit der freien Welt wichtiger als Griechenland, denn sie verband NATO und Bagdad-Pakt und daher traf er eine "realpolitische" Entscheidung. Mit dieser Entscheidung verloren die Amerikaner ihre politische Unschuld in der Zypernfrage.

In Athen gingen die Wogen der Empörung hoch. Als am 5. Oktober Papagos starb, hätte eigentlich Stefanopoulos sein Nachfolger werden müssen, aber der König setzte Konstantinos Karamanlis als neuen Premierminister durch. Die Opposition sprach von einem königlichen Staatsstreich, doch am 12. Oktober 1955 wurde Karamanlis vom Parlament mit überwältigender Mehrheit im Amt bestätigt.

Eskalation der Gewalt und die Makarios-Harding-Gespräche
Gleichzeitig mit Lennox-Boyd hatte auch der Chef des Imperialen Generalstabs, Feldmarschall Harding, Zypern besucht, um sich über die Sicherheitslage zu informieren und die Regierung zu beraten. Auf seine Empfehlung hin wurde die Zahl der Polizisten erhöht und die Ausrüstung verbessert. Bis zum Beginn des Aufstandes hatte die Polizei 1.397 Beamte gezählt, wovon 850 griechische und 508 türkische Zyprioten und 28 Briten waren. Weiter empfahl er eine *Special Branch* aufzubauen. Da jedoch ein Mangel an dafür qualifizierten Polizisten herrschte, wurde eine *Special Constabulary* aus Kolonialbeamten aufgestellt, die hauptsächlich den örtlichen Wach- und Streifendienst übernahmen. Der größte Teil von ihnen waren türkische Zyprioten. Hinzu kam die *Auxiliary Police Force,* die schon Ende 1955 über 1.000 Mann zählte. Die Angehörigen dieser Truppe durchliefen eine Kurzausbildung und übernahmen polizeiliche Routineaufgaben. Auch hier waren die türkischen Zyprioten in der Mehrheit.

Im September 1955 wurde die paramilitärische *Mobile Reserve Unit* aufgestellt, die mit Ausnahme der Offiziere ausschließlich aus türkischen Zyprioten bestand. Die Offiziere brachten Erfahrungen aus den Kämpfen gegen Aufständische in Palästina, Kenia und Malaya mit. Die Angehörigen dieser Einheit erhielten eine Sonderausbildung zur Niederschlagung von städtischen Unruhen. Ein Teil dieser Einheit erhielt eine Spezialausbildung für Zernierungs- und Durchsuchungsoperationen. Schon 1956 bestanden die Polizeikräfte insgesamt zu 70 Prozent aus türkischen und zu 15 Prozent aus griechischen Zyprioten. Es war klar, dass diese Konstellation zu Konflikten führen musste. Uralte gute Beziehungen zwischen den Volksgruppen rissen entzwei, Hass entstand. Die Divide-and-rule-Politik der Briten verursachte die ersten Zusammenstöße zwischen den Volksgruppen, die schließlich in einem innerzypriotischen Bürgerkrieg mündeten.

Die neu aufgestellte *Special Branch* bestand im wesentlichen aus loyalen Zyprioten beider Volksgruppen, die über exzellente Personen- und Ortskenntnisse verfügten, wie sie ihren besser ausgebildeten britischen Kollegen fehlte, und die daher sehr erfolgreich operierte. Ständige

Tafel 9

Luftaufnahme von Government House vor der Zerstörung

Ruine des Government House nach dem Brand am 21. Oktober 1931

Tafel 10

Kloster Bellapais

Kreuzgang im Kloster Bellapais

Tafel 11

Famagousta: Karawanserei

Famagousta: Markt

Tafel 12

Landwirtschaft: Pflügen mit Holzpflug

Tafel 13

Frauenarbeit: Steineschleppen beim Straßenbau

Frauenarbeit: Steineklopfen zur Schottergewinnung

Tafel 14

Asbeststeinbrüche von Amiantos im Troodos

Tafel 15

Erztransport per Muli

Die erste Lokomotive und ihre Besatzung

Aussieben des Erzes

Tafel 16

Blick vom Theater von Soli auf die Verladeanlagen der CMC

Streikende Bergarbeiter der Cyprus Mining Corporation 1948

Verkehrskontrollen waren ein weiteres Mittel, um die Aktionsmöglichkeiten der EOKA zu beschränken bzw. polizeilich Gesuchte zu verhaften. Als im Herbst nach dem Scheitern der Konferenz in London die EOKA ihre Aktivitäten wieder steigerte, schlug Armitage London vor, einige Kleriker zu deportieren, wobei er vor allem an den Bischof von Kyrenia und nicht an Makarios, den er für harmloser hielt, dachte. Lennox-Boyd stimmte zu, dass dies zum richtigen Zeitpunkt ein geeignetes Mittel sei. Dennoch gab es erste Überlegungen, Armitage abzulösen.

Die effiziente Arbeit der *Special Branch* veranlasste Grivas, sich in den Troodos abzusetzen und Angriffe auf die Polizei zu befehlen. Der 23jährige Georkatzis hatte inzwischen ein erstes Killerteam aus Heranwachsenden aufgestellt. Mehrfach versuchten sie, einen bestimmten Angehörigen der Special Branch, Inspektor Irodotos Poullis, umzulegen, dessen Aufgabe es war, die Kommunisten zu überwachen. Schließlich gelang es dem Killerteam am 18. August 1955, Poullis mehrfach in den Rücken zu schießen, so dass er starb. Die Killer flohen, aber einer von ihnen, ein Angestellter der Regierung namens Michalakis Karaolis wurde gefasst. Weitere derartige Anschläge wurden versucht, missglückten aber. Als diese Anschläge im zypriotischen Rundfunk als politischer Terrorismus verurteilt wurden, rechtfertigte Grivas sie, indem er sie mit Anschlägen von Partisanen verglich.

Als am 17. September 1955 der "Battle of Britain"-Tag auf der RAF-Basis am Flughafen gefeiert wurde, stürzten Jugendliche auf dem Metaxas-Platz (heute Plateia Eleftherias) im Zentrum Nikosias ein Jeep der Militärpolizei um, drangen in das *British Institut* ein und setzten die Bibliothek in Brand. Da die Behörden versagten, brannte die Bibliothek völlig aus. Am 23. September brachen verhaftete EOKA-Mitglieder aus dem Kastell in Kyrenia aus. Zwar wurden einige wieder festgenommen, aber die einige Zeit zuvor arretierten P. Giorkatzis und M. Drakos schafften es unterzutauchen. Lennox-Boyd fühlte sich an die Ereignisse in Palästina erinnert und beschloss Armitage abzulösen. Man bot ihm die Gouverneursstelle in Nyasaland (heute Malawi) an, und Armitage akzeptierte zähneknirschend. Er war ein guter Gouverneur gewesen, und hätte London auf seinen Rat gehört, den Zyprioten mittelfristig die Realisierung der Selbstbestimmung in Aussicht zu stellen, wäre die Entwicklung Zyperns bestimmt friedlich verlaufen. Aber Armitage war den beiden Granden der britischen Politik, Eden und Macmillan, in die Quere gekommen und musste nun dafür bezahlen. Macmillans Politik der nicht universellen Anwendung des Selbstbestimmungsrechts unterschied sich nur in der Formulierung von Hopkinsons "niemals".

Neuer Gouverneur wurde Feldmarschall Harding, der die Insel ja kurz zuvor inspiziert hatte und kurz vor seiner Pensionierung stand. Harding hatte eine beispielhafte militärische Karriere hinter sich. Er übernahm das Amt unter der Bedingung, dass er stets direkten Zugang zum Premierminister haben und das Amt nur zwei Jahre ausüben werde. Sein Auftrag war es, Zypern auf jeden Fall zu halten. In der Wahl der zur Anwendung kommenden Methoden ließ ihm London freie Hand mit der Einschränkung, dass die Selbstbestimmung keine Option sein dürfte. Um dieses Ziel zu erreichen, wollte Harding die Selbstverwaltung durch die Einführung einer liberalen Verfassung reformieren, und dazu wollte er mit Makarios reden. Er erkannte zu diesem Zeitpunkt nicht, dass diese beiden Vorgaben sich gegenseitig ausschlossen.

Bei seinem ersten Gespräch mit Makarios am 4. Oktober 1955 trug Harding seine Vorstellung Makarios vor und forderte ihn auf, bei der Vorbereitung der Verfassung mitzuarbeiten, damit bald ein Parlament gewählt werden könne, das die volle Verantwortung für die inneren Angelegenheiten Zyperns haben werde. Die Selbstbestimmung müsse aber noch vertagt werden, doch man könne nach der Einführung der Selbstverwaltung darüber diskutieren. Makarios konterte: London solle das Selbstbestimmungsrecht der Zyprioten als Basis der Lösung des Problems anerkennen. Danach sei er bereit, an der Ausarbeitung der Verfassung mitzuarbeiten.

Das Datum für die Realisierung der Selbstbestimmung solle zwischen London und Nikosia auf einer Konferenz festgelegt werden. Damit hatte sich Makarios bewegt, doch Harding sagte, er müsse erst Rücksprache mit London nehmen. In der Tat waren beide Positionen einander in diesem Moment so nah wie noch nie. Alles hing nun von der Antwort Londons ab, aber Eden und Macmillan blieben stur: Harding dürfe nur über die Selbstverwaltung reden. Sollte es zum Bruch kommen, stehe London voll hinter ihm. Damit war Hardings Bewegungsfreiheit total eingeschränkt. Es blieb eigentlich nur noch die Repression als Option übrig.

Bei einem erneuten Treffen am 11. Oktober versicherte Makarios, dass er total unglücklich über die Lage sei, und Harding antwortete, dass er sich genauso fühle. Es war offensichtlich, dass die beiden eine Lösung gefunden hätten, wenn London sie hätte machen lassen. Wohl um Eden zum Einlenken zu bewegen, forderte Harding die Genehmigung Londons, bestimmte Kleriker deportieren zu lassen. Ohne über die Konsequenzen nachzudenken, stimmte Eden zu, legte die Seychellen als Verbannungsort fest und fügte hinzu, dass von nun an ständig ein Flugzeug bereit gehalten werde. Immerhin nahm Eden eine kleine Kursänderung vor, indem er feststellte, dass es nicht die Haltung der britischen Regierung sei, niemals die Selbstbestimmung zu gewähren, aber nicht jetzt. Wenn es die Lage gestatte, könne man durchaus mit den Zyprioten darüber reden.

Karamanlis ließ die Briten wissen, dass er bereit sei, jede Lösung zu akzeptieren, wenn die Zyprioten damit einverstanden seien. Die türkische Regierung auf der anderen Seite war zwar nicht mit Edens Formel einverstanden, aber akzeptierte sie als Fait accompli. Um die bittere Pille den Zyprioten ein bisschen zu versüßen, wollten die Briten ein Wirtschaftsförderungsprogramm in beträchtlicher Höhe durchführen, um so die Bevölkerung für sich zu gewinnen. Harding selbst verfolgte drei Ziele: Erstens wollte er durch Verhandlungen mit Makarios eine politische Lösung finden. Zweitens wollte er Grivas und die EOKA militärisch besiegen und drittens die Bevölkerung durch ein geeignetes Wirtschaftsprogramm für sich gewinnen.

Am 15. November 1955 überreichte Harding Makarios den Nicht-niemals-aber-nicht-jetzt-Vorschlag in Schriftform und kündigte das Förderungsprogramm in Höhe von 38 Millionen £ an. Ein solches Programm hatte sich in Kenia und Malaya gegen die kommunistische Guerilla bewährt, war aber nicht auf Zypern übertragbar, da dort der Gegner eher bürgerlichen Charakter hatte und sich mit dem Kampf der EOKA identifizierte. Makarios blieb skeptisch, denn das Angebot war in seinen Augen das Alte nur in attraktiverer Verpackung. Harding hingegen hielt das Angebot für seriös; er konnte sich nicht vorstellen, dass die Politiker in London genau das vorhatten, was Makarios befürchtete, ja dass sie ihn fallen lassen würden, wie sie dies mit Armitage getan hatten, wenn es ihnen für opportun erschien. Er verstand nicht, warum Makarios das Angebot ablehnte und war verbittert, schließlich hatte er sich die größte Mühe gegeben, das Programm in London durchzusetzen.

In Athen war man einerseits über Makarios' ablehnende Haltung entsetzt, andererseits hielt man die doppelte Negationsformel für unglücklich, denn niemand werde sie verstehen. In einem Memorandum informierte man die Briten darüber. Makarios hingegen begann, in eine andere Richtung zu denken: Vielleicht war die völlige Unabhängigkeit Zyperns die richtige Lösung. Bei einem längeren Meinungsaustausch zwischen London und Athen, versuchten die Griechen, die Briten zu einer Änderung ihrer Formel und zu einer präzisen Zeitangabe zu bewegen, aber Eden wies dies zurück und schob Ankara vor. Karamanlis war damit nicht zufrieden, versuchte aber dennoch, Makarios zu größerer Flexibilität zu bewegen. Hätte er Makarios gedrängt, die britische Formel zu akzeptieren, hätte dieser sich eventuell bewegt, denn er hätte dann behaupten können, er habe sich dem Druck des Nationalen Zentrums gebeugt, aber ohne die eindeutige Unterstützung Athens wagte er die Konfrontation mit seinen nationalistischen Hitzköpfen nicht. Dennoch signalisierte Makarios eine gewisse Gesprächsbereitschaft. So gab es Ende 1955 durchaus noch die Chance für erfolgreiche Verhandlungen, vorausgesetzt die britische Seite löste sich von ihren festgefahrenen Positionen.

Schon kurz nach seiner Ankunft in Zypern hatte Harding die Sicherheitskräfte neu strukturiert. In Nikosia wurde ein zentrales Hauptquartier aufgebaut, das für die Kooperation von Verwaltung, Polizei und Militär sorgte. Auf der Ebene der Distrikte wurden analoge Institutionen errichtet. Die Sicherung der Städte und der Kommunikationswege erhielt zunächst Priorität. Im Dezember 1955 verfügte Harding über drei Brigaden mit insgesamt 12.000 Mann, darunter Eliteeinheiten. Parallel baute die Justiz einen Special Court auf, der ausschließlich für EOKA-Fälle zuständig war, aber nach zivilem Prozessrecht operierte. Nach dem Beinaheabbruch der Makarios-Harding-Gespräche verhängte Harding am 26. November 1955 den Ausnahmezustand. Aufgrund der neuen Vollmachten konnte Harding den Gesetzgebungsprozess beschleunigen, indem er die Gesetze vor Ort ohne die Beteiligung Londons selbst erließ. In der Folge erließ er 76 Notstandsgesetze. Darunter war eines, das die Verhängung der Todesstrafe verschärfte, die nun schon für das Abschießen einer Feuerwaffe auf Menschen, das Werfen von Bomben, sowie die Herstellung und den Transport von Waffen und Sprengsätzen verhängt werden konnte. Um die hauptsächlich von Jugendlichen getragenen Ausschreitungen einzudämmen, wurde ein Züchtigungsgesetz erlassen, das den Delinquenten eine Anzahl Rutenschläge androhte. Dieses Gesetz erwies sich jedoch als kontraproduktiv, denn der Gezüchtigte galt unter seinen Kameraden als Held und als ein Opfer der Kolonialbehörden. Außerdem belastete es die interkommunalen Beziehungen, denn der züchtigende Polizist war zumeist ein türkischer Zypriote.

Die Habeas-Corpus-Rechte wurden eingeschränkt: Verhaftete konnten bis zu drei Wochen in Haft gehalten werden, ohne einem Richter vorgeführt zu werden. Die Versammlungsfreiheit wurde ebenfalls eingeschränkt, und politische Streiks waren verboten. Die Presse wurde unter Zensur gestellt. Ein allgemeines Läuteverbot für die Kirchenglocken wurde verhängt. Es gab Kollektivstrafen. All diese Maßnahmen waren wenig wirksam, aber sie verärgerten die Leute und trieben sie der EOKA zu. Ein weiterer Erlass verbot das Hissen griechischer Fahnen auf Schulgebäuden. Die Schüler machten sich einen Sport daraus, jeden Tag erneut eine Fahne zu hissen, deren Beseitigung die Sicherheitskräfte zum Gespött machte. Am 28. Oktober 1955, dem zweiten griechischen Nationalfeiertag zum Gedenken an Mussolinis Angriff auf Griechenland 1940, kam es zu Zusammenstößen zwischen dem Militär und Demonstranten. Als dann ausgerechnet an diesem Tag auch noch Karaolis zum Tod verurteilt wurde, gingen die Wogen der Empörung erst richtig hoch. Es kam zu Schülerdemonstrationen und massiven Ausschreitungen. Bombenanschläge und Attentate töteten im November und Dezember insgesamt 11 britische Soldaten.

Im Troodos-Gebirge bereitete sich Grivas inzwischen auf den Partisanenkrieg vor. Wohl in Anlehnung an die griechische Resistance im Zweiten Weltkrieg ließ er in den nördlichen Troodos-Bergen in der Nähe des Dorfes Kakopetria in Spilia ein Hauptquartier errichten, von wo aus er die Partisanenangriffe auf die Briten leiten wollte. Da sich die Briten zu Beginn auf die Sicherheit der Städte konzentrierten, konnten Grivas' Männer hier fast ungestört operieren und einzeln fahrende Lastwagen attackieren.

Im Gefolge der Schülerdemonstrationen waren Sekundarschulen geschlossen worden, was sich als absolut kontraproduktiv erwies, denn nun konnten die Oberschüler sich auf den Fahnenkrieg, die Demonstrationen und die Organisierung weiterer Schülergruppen konzentrieren. Der Fahnenkrieg dauerte bis Herbst 1956. Aus Griechenland stammende Lehrer wurden des Landes verwiesen. Grivas andererseits wies die Schüler an, die Gesinnung ihrer Lehrer zu kontrollieren, was diese natürlich mit Vergnügen taten. Von Athen aus goss der griechische Rundfunk Öl ins

Feuer und hetzte die Schüler noch weiter auf. Viele der unterrichtslosen Schüler wurden von der EOKA in der Kunst des Bombenwerfens und des Verübens von Attentaten unterrichtet. Die Morde in Famagousta wurden fast ausschließlich von Gymnasiasten verübt. Am 4. Dezember 1955 stürmten randalierende Gymnasiasten das Postamt von Lefkonoiko und setzten es in Brand. Einige wenige wurden verhaftet, die meisten entkamen. Das Dorf erhielt eine Kollektivstrafe und musste für den Wiederaufbau bezahlen. Es war die Rede von *schoolboy terrorism*.

Anfang Dezember unternahmen die Briten eine erste Säuberungsaktion gegen Grivas und seine etwa 30 Köpfe zählende Gruppe bei Spilia, gegen die sich die Partisanen anfangs wehrten, bevor sie dann doch die Flucht ergriffen. Es zeigte sich klar, dass im forstwirtschaftlich erschlossenen Troodos-Gebirge kein Partisanenkrieg wie im unwegsamen Pindus-Gebirge im Griechenland des 2. Weltkrieges möglich war. Wenn die Angegriffenen sich zur Wehr setzten, kam es zu Niederlagen, wie dieses Beispiel zeigt: Am 15. Dezember unternahm die Gruppe von Markos Drakos einen Überfall auf einen Armeejeep in der Nähe des antiken Vouni. Der Fahrer wurde tödlich getroffen, aber der Beifahrer, Major Brian Coombe, schaffte es, das Auto in den Straßengraben zu steuern, seine Maschinenpistole zu ergreifen, die Partisanen anzugreifen und drei von ihnen zu verwunden. Als ihm die Munition ausging, robbte er unter ständigem Beschuß zum Jeep zurück und holte sich die Waffe des Fahrers. Nun versuchten die Angreifer den Major zu überlisten, indem sich zwei von ihnen angeblich ergeben wollten, aber Coombe entdeckte das hinter einem Felsen versteckte Maschinengewehr und erschoss einen der MG-Schützen. Der andere - Markos Drakos - entkam verwundet. Die beiden anderen ergaben sich nun tatsächlich. Coombe bewachte die Gefangenen, bis Hilfe kam. Der Erschossene war ein entfernter Verwandter von Makarios, Charalambos Mouskos.

Obwohl Charalambos aus Paphos stammte, gestattete Harding, dass er in Nikosia beerdigt wurde, vorausgesetzt dass nicht mehr als 50 Personen an der Beerdigung teilnahmen. Aber als sein Leichnam vom Ort des Geschehens nach Nikosia transportiert wurde, knieten in den Dörfern, durch die der Transport kam, Hunderte entlang der Straßen. Blumen wurden auf seinen Sarg geworfen. Makarios selbst nahm die Aussegnung in der Faneromeni-Kirche vor. Die Beerdigung hatte den Charakter eines Heldenbegräbnisses, an dem eine große Menschenmenge aktiv teilnahm. Der örtliche Polizeikommandeur interpretierte dies falsch und ließ die Menge mit Tränengas auseinandertreiben. Hardings wohlwollende Geste war in ihr Gegenteil verkehrt worden.

Am 14. Dezember 1955 beging Harding einen kapitalen Fehler, als er die AKEL verbieten und ihre Führer verhaften ließ. Die AKEL trat zwar verbal auch für die Enosis ein, aber tatsächlich hatte sie zu diesem Zeitpunkt kein Interesse daran. Objektiv betrachtete nützte der Schlag gegen die AKEL nur Grivas, denn bis dahin galt, dass dort, wo die AKEL gut vertreten war, die EOKA wenig erfolgreich war. Der Grund für Hardings Fehlgriff lag in einer falschen Einschätzung von Makarios' Position. Harding glaubte, dass der Erzbischof von zwei Seiten unter Druck stehe, nämlich von links und rechts. Er hoffte, wenn er den Druck von links beseitige, werde Makarios dem Druck von rechts aus dem Lager von Bischof Kyprianos von Kyrenia die Stirn bieten können. Harding erkannte nicht, dass Makarios selbst der geistige Führer der Rebellion war. Das AKEL-Verbot war also in jeder Hinsicht kontraproduktiv.

1956: GEWALT UND GEGENGEWALT

Auf dem Weg in die politische Sackgasse, Januar - Juli 1956

Auf der NATO-Tagung am 14. Dezember 1955 in Paris hatten US-Außenminister Dulles und Macmillan ihren griechischen Kollegen Theotokis veranlasst, Einfluss auf Makarios zu nehmen, damit dieser die Gespräche mit Harding fortsetzte, was auch geschah. Macmillan hatte seinerseits versprochen, dass die doppelte Verneinung in der Lösungsformel gestrichen werde. Am 9. Januar 1956 trafen sich Harding und Makarios vertraulich, und Harding legte eine Lösungsformel vor, die sich aber nur durch verbale Kosmetik von der Not-never-but-not-now-Formel unterschied. Makarios wies dies zurück, und Harding versprach, Rücksprache mit London zu nehmen. Da sich Dulles inzwischen auch zu Wort gemeldet hatte, nahm Eden eine erneute kosmetische Veränderung vor. Beim nächsten Treffen von Makarios und Harding am 13. Januar kritisierte Ersterer zwar die Formel, gab sich aber kompromissbereit. Harding hatte allerdings den Eindruck, dass Makarios jedesmal, wenn er eine neue Formel vorlege, neue Forderungen nachschiebe. Angesichts dieser Lage hielt er es fürs Beste, sich in London rückzuversichern.

Beim Gespräch mit Eden scheint es einen handfesten Krach gegeben zu haben. Eden wollte die Zypernfrage offen halten, bis man zu Entschlüssen über die zukünftige Nahostpolitik gekommen sei. Harding wies dies scharf zurück und wurde dabei vom Kolonialministerium unterstützt, das den Erlass einer liberalen Verfassung forderte. Da die Amerikaner wegen der bevorstehenden griechischen Wahlen (sie wollten einen Wahlsieg von Karamanlis) ebenfalls Druck ausübten, fand sich Eden zu einer erneuten kosmetischen Korrektur der Lösungsformel bereit. Diese neue Formel müsse aber von einer schriftlichen Erklärung von Makarios begleitet sein, in der er erklären müsse, dass er die Formel akzeptiere und alles unternehmen werde, um der Gewalt und Unordnung ein Ende zu bereiten. Über eine Verfassung könne erst nach dem Ende der Gewalt geredet werden.

Am 26. Januar 1956 informierte Harding Makarios über die neue Formel und die von ihm erwartete Erklärung. Makarios stellte fest, dass man die Formel und die Verfassung nicht von einander trennen könne und nannte einige Grundprinzipien, die in der Verfassung realisiert werden müssten. Harding wollte Makarios' Antwort bis zum 1. Februar. Makarios begriff, dass er in diesem Fall keine einsamen Entscheidungen treffen konnte. Bei einem geheimen Treffen mit Grivas hielt dieser das britische Angebot für eine Falle, ordnete aber dennoch eine zeitweilige Waffenruhe an. Im Ethnarchiat gingen die Wogen hoch, andere Organisationen überließen Makarios die Entscheidung. Am 2. Februar antwortete Makarios: Er halte zwar die Formel für nicht zufriedenstellend, sei aber bereit, zur Befriedung des Landes beizutragen, vorausgesetzt bestimmte demokratische Grundprinzipien bezüglich der Volkssouveränität würden akzeptiert. Makarios hatte sich also wieder bewegt und war bereit die Formel zu akzeptieren, vorausgesetzt die Briten legten sich öffentlich bezüglich der Verfassung fest. Harding gewann den Eindruck, dass Makarios eine Lösung wollte.

In London jedoch war Eden genau zu diesem Zeitpunkt unter den Druck seiner eigenen Partei geraten. Die Tories hatten eine Nachwahl katastrophal verloren. Es gab Stimmen, die Edens Rücktritt forderten, was Eden ins Mark traf, denn er hatte nicht das bei Politikern übliche dicke Fell in dieser Frage. Hinzu kam sein schlechter Gesundheitszustand. Als ihm dann noch die Amerikaner vor seinem Besuch in Washington zu verstehen gaben, dass sie ihn nicht als gleichberechtigten Partner akzeptierten, fühlte sich Eden an das Verhalten der Amerikaner auf der Konferenz von Jalta erinnert. So entschied er sich - in der Zypernfrage - einen harten Kurs zu steuern.

In dieser Situation bot der Labour-Hinterbänkler Francis Noel-Baker, der sich in der griechischen Politik bestens auskannte und fließend griechisch sprach, seine Hilfe an. Er kannte auch Makarios und andere Größen der zypriotischen Politik von früheren Begegnungen her.

Eden stimmte nach Beratungen mit Kabinettskollegen zu und beauftragte Noel-Baker, als Mittelsmann zwischen Harding und Makarios zu fungieren. Nach Noel-Bakers Ankunft in Nikosia zeigte sich Harding zunächst reserviert und misstrauisch, aber Makarios empfing ihn herzlich. In den folgenden Tagen gelang es Noel-Baker, die Wogen zu glätten, und am 14. Februar sandte Harding einen Brief an Makarios, in dem er Makarios' Forderungen bezüglich der Verfassung weitestgehend akzeptierte, vorausgesetzt, die Gewalt ende. Er erwarte, dass Makarios zum selben Zeitpunkt, wenn er die Lösungsformel bekannt gebe, zur Beendigung von Gewalt und Unruhe aufrufe.

Damit hatte auch Harding sich bewegt, aber es blieben zwei Stellen kritisch: Die Verantwortung für die öffentliche Sicherheit sollte weiterhin der Gouverneur tragen, und die Aussage, dass es eine gewählte Mehrheit im zukünftigen Parlament Zyperns geben werde, war nicht ganz eindeutig. Sie sagte nichts über das Größenverhältnis der einzelnen Gruppen aus, und es hätte so aussehen können wie vor 1931, als die Vertreter der türkischen Zyprioten immer mit der Regierung stimmten. Auch Grivas meldete sich aus den Bergen zu Wort und forderte eine volle Amnestie für alle EOKA-Kämpfer, auch für jene im Gefängnis. Bei einem Gespräch auf der zweiten Ebene zwischen Makarios' Sekretär Kranidiotis und dem zweiten Mann in der Kolonialverwaltung Reddaway wurde deutlich, dass die Zyprioten die Verfassungsvorschläge als verbindlich betrachteten und eine Amnestie forderten. Harding hatte nichts gegen die erste Forderung, tat sich aber mit der zweiten schwer.

Makarios gewann den Eindruck, dass die Verhandlungen wieder gefährlich ins Stocken gerieten und bat den inzwischen Nach London zurückgekehrten Noel-Baker, wieder nach Zypern zu kommen. Dieser war einverstanden und holte sich die Zustimmung von Eden und Lennox-Boyd. Eden bot sogar an, sobald Noel-Baker ein Abkommen ausgehandelt habe, selbst nach Zypern zu fliegen, doch Letzterer war unglücklicherweise der Meinung, dass Lennox-Boyd genüge. Damit entließ er unwillentlich Eden aus dem Obligo, bei seiner jetzigen Meinung zu bleiben. Als Noel-Baker in Nikosia eintraf, erkannte er rasch, dass Makarios eine Lösung suchte. Bei einem Treffen zwischen Makarios, Harding und Noel-Baker am 24. Februar 1956 kam man einer Lösung sehr nahe, indem man bestimme Forderungen in der Schwebe ließ, um so der anderen Seite ein Nachgeben gesichtswahrend zu ermöglichen. Vereinbarungsgemäß informierte Noel-Baker Lennox-Boyd, und dieser bereitete sich vor, nach Zypern zu fliegen. Doch am 25. Februar war es Makarios, der um ein Haar die gefundene Lösung ruinierte, indem er wieder einmal nachkartete und nicht merkte, dass er dabei war, sein Blatt zu überreizen.

Inzwischen hatte Eden jedoch seine Meinung wieder geändert und instruierte Lennox-Boyd in Nikosia, einen harten Kurs zu steuern, womit er diesem insgesamt wenig und in der Verfassungsfrage gar keinen Spielraum für Nachverhandlungen ließ. Makarios auf der anderen Seite bestand zwar auf der proportionalen Repräsentation der Volksgruppen im Parlament, verließ sich aber in der Amnestiefrage auf Hardings Versprechen, dass niemand hingerichtet werde. Lennox-Boyd war damit einverstanden und informierte London entsprechend. Eden lehnte jedoch die Forderung nach Proportionalität ab, da sie von den Türken nicht akzeptiert werden würde. Beim zweiten Treffen der drei am 29. Februar ging Lennox-Boyd bis an die Grenze dessen, was Eden ihm zugestanden hatte. Makarios pokerte jedoch weiter und versuchte, doch noch einige Zugeständnisse in der Frage der Amnestie herauszuholen. Lennox-Boyd lehnte dies jedoch ab, womit eine Übereinkunft unmöglich war.

Vergegenwärtigt man sich nochmals, dass der Ausgangspunkt von Makarios, die Enosis-und-nichts-als-Enosis-Position gewesen war, so erkennt man unschwer, dass er sich in den Gesprächen mit Harding deutlich bewegt hatte. Sein Fehler war das Nachkarten und die Unfähigkeit, zu erkennen, wann man damit aufhören musste. Auch Eden hatte sich ein bisschen bewegt, indem er von Hopkinsons "never" abrückte und zu "not-never-but-not-now" überging, aber darüber hinaus blieb er stur und gestattet nur noch kosmetische Korrekturen. Das Scheitern der Makarios-Harding-Gespräche ist wieder eine Station auf dem langen Weg der verpassten Gelegenheiten in der Geschichte Zyperns.

Nun blieb Harding und den Briten nur noch eine Option offen, die der gewaltsamen Lösung. Um Aufsehen durch eine Verhaftung von Makarios zu vermeiden, warteten die Briten, bis Makarios am 8. März 1956 zu Konsultationen mit der griechischen Regierung nach Athen fliegen wollte und erwarteten ihn auf dem Flughafen. Eine Gruppe Soldaten eskortierte ihn zu einer Militärmaschine. Wenig später trafen einige weitere Kleriker ein, die in der Stadt verhaftet worden waren. Die Maschine brachte die zu Deportierenden, wie seit längerem geplant, auf die Seychellen.

Die Reaktionen in Zypern war angesichts eines gewaltigen Aufgebots an Sicherheitskräften eher verhalten. In Griechenland gingen die Wogen der Empörung hoch, als das Flugzeug aus Zypern ohne Makarios an Bord in Hellenikon landete. Tagelang kam es zu Zusammenstößen zwischen demonstrierenden Studenten und den Sicherheitskräften. Der griechische Botschafter in London wurde zur Berichterstattung zurückberufen. Die Regierung gab bekannt, dass sie die Angelegenheit vor die UNO bringen werde. Auch Washington war über die britische Aktion verstimmt. In London gab es am 14. März 1956 eine fünfstündige Unterhausdebatte über Zypern, in der die Opposition die Regierung scharf angriff. Noel-Baker wahrte zwar die Vertraulichkeit, war aber dennoch deutlich in seiner Kritik. Im House of Lords war die Kritik am 15. März weniger zurückhaltend.

Am 14. März brachte der ständige Vertreter Griechenlands bei der NATO das Zypernproblem zur Sprache. NATO-Generalsekretär Ismay schloss eine Schlichtung durch das Bündnis nicht aus, und auch Harding hielt dies für eine gute Idee, doch Eden war dagegen. Er dachte nicht daran, seinen Kurs zu ändern. Vor dem Unterhaus stellte er fest, dass erneute Verhandlungen ausgeschlossen seien, solange die Gewalt in Zypern andauere. Harding hingegen war klar, dass die militärische Option zu keiner Lösung führen werde, und entwickelte daher einen eigenen Lösungsplan: Der zypriotische Nationalismus konnte nicht durch vage Versprechungen besänftigt werden. Die Frage sei doch, wie lange man Zypern aus strategischen Gründen tatsächlich noch brauche. Man müsse einen Weg finden, wie man den Wechsel in der Souveränität der Insel (also die Enosis) bewerkstellige, so dass er für alle drei involvierten Staaten akzeptabel sei. Dies könne im Rahmen der NATO geschehen. Man brauche eine Interimsperiode von etwa zehn Jahren. Wenn darüber Konsens herrsche, könne man eine liberale Verfassung einführen. Damit war Harding genau bei den Vorschlägen angelangt, die von Armitage im Juli 1955 während des Lennox-Boyd Besuchs vorgeschlagen, diskutiert, von Makarios akzeptiert und von Lennox-Boyd abgelehnt worden waren. Hardings Plan war praktikabel, allerdings musste er von London autorisiert werden.

Eden, den die Hardliner in seiner Parlamentsfraktion bedrängten, lehnte den Vorschlag am 17. April in einem Statement vor dem Unterhaus ab, als er feststellte, dass es keine Gespräche über Zypern geben könne, solange dort die Gewalt herrsche. Zwei Tage später bestätigte Lennox-Boyd dies, kündigte aber die Entsendung des Verfassungsexperten Lord Radcliffe als *Constitutional Commissioner* nach Zypern an.

Am 14. April 1956 lehnte die oberste juristische Instanz das Gnadengesuch von Karaolis ab, womit nur noch der Gouverneur die Hinrichtung verhindern konnte, doch Harding war der Meinung, dass Milde nur den Terroristen helfe und die Moral der Sicherheitskräfte untergrabe. Zwar kam es in England zu Protesten, und der griechische Außenminister bat Dulles um Intervention, doch dieser wusste, dass die Briten hart bleiben würden und intervenierte nicht. Die Briten warteten mit der Hinrichtung bis nach dem Ende des NATO-Gipfels in Bonn Anfang Mai, aber am 7. Mai 1956 wurden Karaolis, der den Polizeibeamten Poullis ermordet hatte, und ein weiterer junger Mann namens Andreas Dimitriou, der im November 1955 nach der Verhängung der Notstandes auf einen Engländer geschossen, aber nicht getroffen hatte, im Zentralgefängnis von Nikosia gehängt. Um Vorgänge wie bei der Beerdigung von Mouskos zu vermeiden und um zu verhindern, dass die Gräber zu Wallfahrtsorten würden, wurden die Hingerichteten in einem abgetrennten Innenhof des Gefängniskomplexes begraben. Dies blieb auch später die Praxis, so dass dort 13 hingerichtete EOKA-Kämpfer die letzte Ruhestätte fanden. Die Zyprioten gaben diesen Gräbern im Innenhof den Namen *"Fylakismena Mnimata"* (imprisoned graves). Heute besuchen Schulklassen diesen Ort.

In Griechenland kam es am Vorabend der Hinrichtungen wieder zu massiven Unruhen. Die Polizei ging gegen die Randalierer sogar mit Schusswaffen vor, so dass es 3 Tote, 165 schwer und etwa 100 leicht Verletzte gab. Die griechische Opposition war empört, und G. Papandreou forderte in deren Namen den Rücktritt der Regierung Karamanlis. Die britische Regierung ließ sich von den Protesten in Griechenland und weltweit nicht beeindrucken. In Nikosia blieb es aufgrund eines hohen Aufgebots an Sicherheitskräften ziemlich ruhig; die Zyprioten trauerten auf stille Art. In Athen ging der Druck auf die Regierung weiter und am 21. Mai begann eine dreitägige Redeschlacht im griechischen Parlament, an deren Ende Karamanlis Außenminister Theotokis opferte, indem er ihm den Rücktritt nahelegte. Neuer Außenminister wurde Evangelos Averof.

Karamanlis und Averof stimmten überein, dass man in der Zypernfrage einen härteren Kurs steuern, aber zugleich die möglichen Auswirkungen auf die griechische Minorität Istanbuls im Auge behalten werde. Makarios müsse zurückkehren, und das ganze Problem vor die UNO gebracht werden. Karamanlis stimmte Averofs Vorschlag zu, auch mit Grivas Kontakt aufzunehmen, aber das sei Sache von Averof. Damit war klar, dass von nun an Averof die griechische Zypernpolitik maßgeblich beeinflussen würde. Averofs erste Maßnahme war ein Personalwechsel in der griechischen Vertretung in Nikosia zu dem erfahrenen Diplomaten Angelos Vlachos, der u.a. in Istanbul und Ankara gedient hatte.

In London fand am 14. Mai 1956 die fünfte große Unterhausdebatte über Zypern innerhalb von 18 Monaten statt, bei der deutlich wurde, dass die Regierung nicht mehr wusste, wie sie aus der Sackgasse herauskommen sollte, in die sie sich durch die Deportation von Makarios manövriert hatte. In einer Rede am 1. Juni in Norwich stellte Eden fest, dass ohne den Besitz Zyperns ein Schutz der Öllieferungen aus Nahost nach Großbritannien unmöglich sei. In Athen kommentierte Karamanlis dies mit der sarkastischen Bemerkung, nun wisse man endlich die echten Beweggründe der Briten. In Nikosia jedoch erkannte Harding, dass ein militärischer Sieg über die Aufständischen unmöglich sein würde, wenn es nicht gelang, die Unterstützung der Mehrheit der Zyprioten zu gewinnen. Daher beschloss er, sich nach London zu begeben, um die Annahme seines Anfang April entwickelten Plans durchzusetzen. Gleichzeitig signalisierte die Ethnarchie-Führung, dass sie kompromissbereit sei.

Vom 1. Juni an bemühte sich Harding in London Unterstützung zu erhalten; er sprach mit Abgeordneten, Militärs und Journalisten und trug seine Vorstellungen vor. Sogar die Chiefs of Staff stimmten zu. Am 6. Juni ließ Dulles wissen, dass die Zypernfrage nicht nur ein britisches Problem sei, sondern auch das westliche Bündnis belaste. Eden reagierte gereizt: Man habe in Zypern militärische Erfolge erzielt und werde weitere erzielen. Allerdings sei es zu interkommunalen Zusammenstößen gekommen, und die türkischen Zyprioten lehnten die Enosis radikal ab, außerdem lebten 250.000 von ihnen in der Türkei, die die öffentliche Meinung beeinflussten. Woher Eden diese sonderbare Zahlenangabe hatte, blieb sein Geheimnis. Gebe man weiter nach, könne es zum Krieg kommen. Nur durch den Besitz Zyperns könne man den ungehinderten Ölnachschub aus Nahost sichern. Als Dulles und Eisenhower diese Antwort diskutierten, tauchte die Idee auf, ob man nicht die beiden Volksgruppen auf Zypern umsiedeln könne. Welchen Tiefpunkt die britisch-griechischen Beziehungen erreicht hatten, zeigte die Tatsache, dass Griechenland am 13. Juni 1956 bei der UNO den Antrag stellte, Zypern auf die Tagesordnung der Generalversammlung zu setzen. In der Begründung hieß es, die Briten hätten Zypern in ein riesiges KZ verwandelt und führten Krieg gegen die griechische Bevölkerung. Dabei gehe es London nur um die Sicherung seiner Ölinteressen.

Erneuter amerikanischer Druck veranlasste die britische Regierung zu einer Kurskorrektur: Man werde, um die Verfassung Zyperns vorzubereiten, Lord Radcliffe nach Zypern entsenden. Die neue Verfassung werde ein bikamerales System vorsehen, dessen erste Kammer proportional zur Bevölkerung zusammengesetzt sein und deren zweite zu gleichen Teilen aus Griechen und Türken bestehen sollte. Man beabsichtige in ca. Zehn Jahren in Zusammenarbeit mit der NATO über eine mögliche Souveränitätsübertragung zu diskutieren. Bevor man diesen Plan den Amerikanern vorlege, wolle man Rücksprache mit der Türkei nehmen. Dies geschah am 18. Juni 1956, aber der türkische Botschafter lehnte die Interimsperiode ab. Sollten die Briten Zypern aufgeben, bedeute dies eine Aufhebung des Vertrages von Lausanne und gefährde die Griechen Istanbuls. Er halte eine Umsiedlung der Bevölkerung mit anschließender Teilung für besser. Außenminister Zorlu lehnte die Vorschläge rundweg ab.

Am 19. Juni wurden die Amerikaner über die Vorschläge offiziell informiert. Dulles hielt von dem ganzen Plan herzlich wenig. Seiner Meinung nach würde dadurch das Zypernproblem noch unlösbarer als es schon war. Die Einbeziehung Athens und Ankaras diene doch wohl nur dazu, die britische Herrschaft in Zypern auf Dauer abzusichern. Dulles durchschaute offensichtlich die Divide-and-rule-Taktik der Briten. Auch der türkische Premier Menderes erkannte dies, aber er ging zugleich noch einen Schritt weiter: Sollte sich am Status von Zypern und damit am Vertrag von Lausanne etwas ändern, werde die Türkei Forderungen auf Westthrakien und die ägäischen Inseln erheben und dann müsse man auch über die griechische Minorität in Istanbul und das ökumenische Patriarchat reden. Sollte es zu interkommunalen Konflikten kommen, so sei die NATO als Schiedsrichter nicht akzeptabel. Menderes enthüllte damit die langfristigen strategischen Überlegungen der türkischen Führung. Verblüffend ist die Tatsache, dass genau zur gleichen Zeit im Foreign Office erste Vorstellungen über eine mögliche ethnische Flurbereinigung der Insel angestellt wurden. Zwar wurden diese Überlegungen von allen Beteiligten abgelehnt, aber auch in diesem Fall galt, wie wir noch sehen werden, dass ein einmal ausgesprochener Gedanke, irgendwann wieder auftaucht und weiterentwickelt wird.

Die ganze Zeit hatte sich Harding bemüht, Eden zur Annahme seines Planes zu bewegen. Doch Eden wies selbst eine modifizierte Version zurück. In Hardings Augen war jede Bemühung um eine Verfassung ohne ein Junktim mit der eindeutigen Terminierung der Anwendung des Selbstbestimmungsrechtes schlimmer als nutzlos, denn sie würde nur das Misstrauen der Zyprioten gegenüber den britischen Absichten verstärken. Die Amerikaner begriffen dies offensichtlich nicht, denn sie gratulierten Eden zu seiner Haltung. Aus all dem gewinnt man den Eindruck, dass Eden von Anfang an Harding, die Griechen und die Amerikaner ausmanövrieren wollte; er provozierte ein türkisches Nein und hoffte weiterhin, dadurch den Status quo ohne zeitliche Beschränkung aufrecht erhalten zu können.

Wie wenig realistisch diese Politik war, zeigte sich wenig später, als Lord Radcliffe von seiner Fact-finding-Mission nach Zypern zurückkehrte und Thesen vortrug, wie sie Harding und vorher Armitage vertreten hatten. Doch Eden, Lennox-Boyd und Außenminister Selwyn Lloyd setzten auf die militärische Lösung und hofften, dass es Harding gelingen werde, die EOKA zu zerschlagen. Wenn es in London je Zweifel an der Weisheit des eigenen Kurses gegeben hatte, wurden sie am 26. Juli 1956 weggefegt, als der ägyptische Staatschef Nasser bekannt gab, das die Suez Canal Company verstaatlicht worden sei. Bevor wir uns dieser neuen

Situation zuwenden, ist zunächst ein Rückblick auf die Entwicklung der EOKA-Aktivitäten der ersten Jahreshälfte 1956 notwendig.

Intensivierung der Gewaltanwendung in der ersten Jahreshälfte 1956
Grivas war jetzt 58 Jahre alt und für sein Alter bemerkenswert fit. Er legte große Strecken ungeachtet des Wetters zu Fuß zurück und kam mit wenig Schlaf im Freien aus. Da die Briten ständig auf ihn und seine Männer Jagd machten, musste er immer wieder seinen Standort wechseln. Insgesamt gab es im ganzen Troodos-Gebiet damals 43 Partisanen, die in 6 Gruppen aufgeteilt waren. Im Pentadaktylos operierten weitere 10 Mann. In den Städten gab es 47 Gruppen mit insgesamt 220 Mann und in den Dörfern weitere 75 Gruppen mit insgesamt 750 Mann. Die Zahl der tatsächlichen Kämpfer belief sich auf 273, die insgesamt über 100 Gewehre verfügten. Die meisten der städtischen Kämpfer waren "Teilzeitkämpfer", die daneben einem regulären Beruf nachgingen. Die dörflichen Aktivisten waren mit Schrotflinten bewaffnet.

Um den Druck auf sich und seine Gruppen im Gebirge zu verringern, und die Makarios-Harding Gespräche zu stören, befahl Grivas gewissermaßen als Diversionsoperation, dass die Gymnasiasten in Nikosia wilde Demonstrationen organisieren sollten. Die Schüler reagierten mit Begeisterung und suchten nach Gelegenheiten, ihr Mütchen an Polizeibeamten oder britischen Soldaten zu kühlen. Am 26. Januar 1956 besetzten sie das Panzyprische Gymnasium und bewarfen die anrückenden Sicherheitskräfte vom flachen Dach des Gebäudes aus mit Steinen. Die Ordnungskräfte setzten Tränengas ein, und die Schüler flohen. Die Regierung schloss das Gymnasium auf unbestimmte Zeit, was für die rebellierenden Gymnasiasten Extraferien bedeutete, die sie dazu benutzten, um die Schüler an 14 anderen Schulen aufzuwiegeln. Sie stürmten Grundschulen, zerschlugen das Mobiliar, bedrohten die Lehrer und riefen die Kinder zu Aktionen gegen die Briten auf. Der Fahnenkrieg wurde intensiviert. Im späten Frühjahr 1956 waren von 499 Grundschulen gerade noch 81 im Betrieb. Von Athen aus stachelte der Rundfunk die Schüler noch an. Neben diesen Hooliganaktionen kam es immer wieder zu Morden durch Jugendliche, insbesondere an angeblichen Verrätern und Angehörigen der Armee.

Grivas befahl seinen Männern "Hit-and-run"-Operationen. Sie sollten Bomben werfen, Hinterhalte legen, Sabotage betreiben und Gegner erschießen. Einer der ersten Schläge am 4. März geschah durch eine Zeitzünderbombe in einem Flugzeug: Das Flugzeug wurde zerrissen, da aber der Abflug verschoben worden war, gab es keine Opfer. Ein anderer Anschlag richtete sich gegen Harding, dem eine Zeitzünderbombe unters Bett praktiziert wurde, deren chemischer Zünder aber wegen der Nachtkühle nicht funktionierte. Die Bombe wurde morgens beim Bettenmachen entdeckt und von Experten in einer Sandkuhle gesprengt. In der zweiten Märzhälfte nahmen die Mordanschläge auf Briten (5) und griechische "Verräter" (6) zu. Darunter war ein besonders übler in einer Kirche in Kythrea, wo ein angeblicher Verräter vor den Augen der Gemeinde und seiner vier Kinder abgeknallt wurde. Als bekannt wurde, dass das Opfer kein Verräter war, behauptete die EOKA feige nicht sie, sondern der britische Geheimdienst habe die Tat begangen.

Viele der Killer bemühten sich, bei den Anschlägen ihr eigenes Risiko zu minimieren. Ein typisches Beispiel war die Ermordung des Chefs der Special Branch, Kyriakos Aristotelous am 10. April 1956. Da er im Dienst immer von Leibwächtern begleitet wurde, hatten die Killer keine Chance. Als jedoch Aristotelous' Frau einen Sohn gebar und der stolze Vater sie in der Klinik besuchte, wurde er dort erschossen. Als die Öffentlichkeit sich über diesen feigen Mord empörte, antwortete Grivas in einem Flugblatt, in dem er den Mord wortreich rechtfertigte. Immer wieder wurden auch türkisch-zypriotische Polizisten von EOKA-Killern angegriffen und einige kamen dabei um. Die türkischen Zyprioten interpretierten dies als einen Angriff auf ihre Volksgruppe und antworteten gewaltsam. Damit gewann der Zypernkonflikt eine neue Dimension: Aus einem Kolonialkonflikt zwischen den griechischen Zyprioten und den Briten entwickelte sich zusätzlich ein interkommunaler Konflikt. Noch richteten sich die Angriffe der EOKA gegen die türkischen Polizisten, aber es war nur eine Frage der Zeit, bis auch hier die Gewalt eskalieren würde. Die ersten interkommunalen Zusammenstöße veranlassten die Sicherheitskräfte, die verfeindeten Volksgruppen durch Stacheldraht zu trennen. Diese Trennlinie war die Vorstufe der späteren *Green Line*, die Nikosia bis zum heutigen Tag teilt.

Im Mai 1956 begann die erste großangelegte Säuberungsaktion der Briten gegen die Partisanen in den Bergen, bei denen Hubschrauber und Spürhunde zum Einsatz kamen. In kurzer Zeit wurden die Kyrenia-Berge gesäubert. Die Säuberung des Troodos-Massivs erfolgte systematisch durch abschnittsweise Zernierungsoperationen von Norden nach Süden. Zwar gelang es Grivas, sich immer wieder dem Zugriff zu entziehen, aber Mitte Juni war ihm klar, dass die Partisanengruppen weitgehend zerschlagen waren, und er befahl die zeitweilige Einstellung der Kämpfe in den Bergen. Er selbst setzte sich nach Limassol ab, wo ein gut getarntes Versteck einschließlich eines unterirdischen Schlafraums auf ihn wartete. Tatsächlich war die ganze mühselig aufgebaute Infrastruktur in den Bergen ausgehoben worden. Grivas' Vorstellung von einem Generalhauptquartier in den Bergen, von wo aus er den Kampf lenken würde, hatte sich als Chimäre erwiesen. Viele EOKA-Kader waren gefangen genommen worden und wichtige Dokumente waren in die Hände der Briten gefallen. Tatsächlich gab es nur noch zwei Gruppen, die von Markos Drakos südlich von Lefka und jene von Grigoris Afxentiou im östlichen Troodos-Gebirge beim Kloster Machairas.

Nicht vergessen werden darf in diesem Zusammenhang das große Feuer im Paphos-Wald, das die Briten selbst durch Granatwerferbeschuss einer Region, wo sie Partisanen vermuteten, ausgelöst hatten. Diesem Feuer fielen 21 Soldaten zum Opfer, 70 erlitten Verwundungen. Nicht ein Soldat wurde dagegen bei der gesamten Operation von der EOKA in einem Gefecht getötet, denn es gab keins. Tatsächlich stellte sich die EOKA in der ganzen Zeit nicht ein einziges Mal zum Kampf; in zwei Fällen verteidigten sich eingeschlossene EOKA-Kämpfer bis zum Ende. Ein Vergleich der Partisanenaktivitäten der EOKA mit jenen der griechischen Resistance im Zweiten Weltkrieg verbietet sich. Ihre Effizienz erinnert, wenn überhaupt, dann an die Grivas' eigene Chi-Organisation. Die EOKA war eine Stadtguerilla mit jugendlichen Todesschwadronen.

Am 3. Juni überfielen zwei jugendliche Killer britische Soldaten beim Schwimmen in der Nähe der Dekelia-Basis, töteten einen von ihnen und verwundeten einen anderen. Am 25. Juni kam es zu einem besonders hässlichen Mord: Ein junger Ladenbesitzer, der der *Special Constabulary,* also dem Wach- und Streifendienst angehörte, wollte sich in der Mittagspause mit seiner Verlobten treffen. EOKA-Killer schossen ihm in den Rücken. Das Foto seiner auf dem Bordstein sitzenden Braut in ihrem gestreiften Kleid, die verzweifelt auf ihren toten Verlobten starrt, ging damals durch die Weltpresse.

Der Aufbau der *Special Branch* hatte gute Fortschritte gemacht, und im städtischen Bereich war ein gut funktionierendes Informantennetz aufgebaut worden. Doch im ländlichen Raum, im Partisanengebiet gelang dies nicht. Um diesem abzuhelfen, holte man einen Verhörspezialisten, der Erfahrungen aus den Kämpfen in Malaya und Kenia mitbrachte, nach Zypern. Dieser soll zusammen mit einem Leutnant der Gordon Highländers bei Verhören Informationen über Bergverstecke und Logistik der EOKA aus Verdächtigen herausgeprügelt haben. Als dies bekannt wurde, wurden die beiden vor ein Kriegsgericht gestellt und aus der Armee entlassen. Radio Athen tat sein Bestes und verbreitete die wildesten Behauptungen über britische Foltermethoden. Objektiv betrachtet, darf aber wohl festgestellt werden, dass die Polizei sich bei den Vernehmungen weitgehend an die gesetzlichen Vorschriften hielt und Folterungen die Ausnahme waren. Der Vergleich mit den in Kenia und Malaya angewandten Methoden zeigt, dass sich die Briten in Zypern sehr zurückhielten: Es gab keine Militärherrschaft, kein Kriegsrecht, keine Standgerichte, keine Massenexekutionen, keine Geiselnahmen und -erschießungen. Offensichtlich war man sich doch dessen bewusst, dass Zypern eine von Europäern bewohnte Kolonie war, wo solche rabiaten Methoden massive nationale und internationale Proteste hervorgerufen hätten.

Im Juli 1956 kam erneut eine Chance für eine Lösung des Zypernproblems, als der neue griechische Generalkonsul Angelos Vlachos in Nikosia eintraf. Außenminister Averof hatte ihn beauftragt, nach einer Lösung zu suchen und die EOKA zu einem Waffenstillstand zu veranlassen. Danach sollte die Ethnarchie die griechische Regierung bevollmächtigen, unter Zustimmung von Makarios mit den Briten eine Lösung auszuhandeln. Die Ethnarchie war einverstanden und Grivas ebenfalls, vorausgesetzt, er könne den Waffenstillstand aus einer Position der Stärke verkünden. Averof war damit einverstanden, und Grivas ließ Anfang August seine Aktivisten massive Ausschreitungen organisieren, Bomben werfen und Mordanschläge verüben.

In der Zwischenzeit formulierte Vlachos den Text von Grivas' zukünftiger Waffenstillstandsproklamation. Grivas unterzeichnete die Proklamation und ließ sie als Flugblatt verteilen. Die Erleichterung der Bevölkerung war grenzenlos. Auch Harding reagierte zunächst positiv darauf, aber seine militärischen Berater bezeichneten Grivas' Angebot als eine Kriegslist, um nach den schweren Verlusten eine Verschnaufpause zu gewinnen, und sich auf neue Angriffe vorzubereiten. Harding ließ sich von dieser Argumentation überzeugen und berichtete entsprechend nach London. Dort war man angesichts der Suez-Krise für einen harten Kurs. Die Antwort war eine Aufforderung zur Kapitulation an die EOKA innerhalb von drei Wochen. Den Kämpfern wurde eine begrenzte Amnestie angeboten, indem sie sich für ein lebenslanges Exil in Griechenland entscheiden konnten. Wollten sie in Zypern bleiben, drohte ihnen Verfolgung und Strafen bis hin zur Todesstrafe. Grivas' Reaktion war ein Flugblatt, in dem er verkündete, dass Sieger nicht kapitulieren, und befahl seinen Distriktführern, den Kampf wieder aufzunehmen.

Zwar war die Bevölkerung der ständigen Gewalt und Gegengewalt müde, aber sie hatte auch ihren Stolz. Die Aufforderung zur Kapitulation wurde lächerlich gemacht, indem man im Zentrum von Nikosia einen Esel laufen ließ, der links, rechts und hinten ein Plakat trug, auf dem stand: *"My Marshall I surrender."* Das Foto des Esels, der bereit war, sich zu ergeben, ging durch die internationale Presse. Der Spott der Zyprioten, der Harding der Lächerlichkeit preisgab, stärkte ihr Selbstvertrauen und ihre Bereitschaft zum Durchhalten. Als kein EOKA-Kämpfer sich ergab, entwickelte sich eine Art Stolz auf die jungen Leute der EOKA and man begann, sich mit ihnen zu identifizieren, selbst als am 29. August wieder die ersten Bomben explodierten.

Weitere vergebliche Suche nach einer politischen Lösung: August - Dezember 1956
Wie schon erwähnt wurde, verstaatlichte am 26. Juli 1956 Nasser den Suezkanal. Eden sah eine Chance, seine angeschlagene Position wieder zu festigen, indem er einen harten Kurs steuerte und zusammen mit den Franzosen einen Angriff auf Ägypten plante. Dabei spielte Zypern eine zentrale Rolle, da dort das Führungs- und Logistikzentrum errichtet wurde. Es ist daher wenig verwunderlich, dass vor diesem Hintergrund die griechische Friedensinitiative ins Leere lief. Edens intransigente Haltung wurde noch durch ein Ereignis in Zypern verstärkt: Am 21. August 1956 fielen den Briten jene beiden Schraubgläser in die Hände, die Grivas am 30. März 1955 einem Vertrauten übergeben hatte, der sie in seinem Garten vergraben hatte.

Die *Special Branch* hatte einen von Grivas' Kurieren verhaftet und über diesen kam sie an einen der Verteiler von Grivas' Befehlen, ein Uhrmacher namens Andreas Lazarou heran. Man stellte ihn vor die Alternative Internierungslager oder Kooperation mit großzügiger Hilfe beim späteren Aufbau einer neuen Existenz in England. Lazarou, der eine kranke Frau, vier Kinder und hohe Schulden hatte, ließ sich darauf ein und lieferte von nun an Kopien von Grivas' Korrespondenz mit seinen Distriktskommandeuren. Lazarou wusste, dass Grigoris Loukas Grivas' Tagebücher vergraben hatte und erzählte dies den Briten. Diese boten Loukas eine große Summe Geldes sowie eine neue Identität und Existenz außerhalb Zyperns an. Dieser akzeptierte und verriet das Versteck der Schraubgläser, die Briten gaben ihm des Geld und flogen ihn und seine Frau nach England. Lazarou hingegen hatte ausgesprochenes Pech: Bei einer Vernehmung des wieder einmal verhafteten Anführers des Killerkommandos der EOKA in Nikosia, Georkatzis, durch die Special Branch zeigte man diesem die Fotokopie eines Briefes von ihm selbst an Grivas. Georkatzis begriff sofort, dass der einzige Mensch, der außer ihm und dem Kurier den Brief in den Händen gehabt hatte, Lazarou gewesen war und ließ diesen durch seine Killer umlegen.

Anstatt den Fund geheimzuhalten und Grivas' Tagebücher auszuwerten und gegen die darin erwähnten Personen vorzugehen, entschied London, Auszüge aus den Tagebüchern in Form eines Weißbuches zu veröffentlichen. Wahrscheinlich glaubte man aufgrund des griechischen Vermittlungsversuchs, dass der Endsieg über Grivas eine Frage der Zeit war. Die Tagebücher enthielten in der Tat Einzelheiten über die Kooperation von Grivas und Makarios und so konnte *post festum* die Deportation von Makarios gerechtfertigt werden. Das Weißbuch erschien im September unter dem Titel *"Terrorism in Cyprus. The Captured Documents"*. Im Gegensatz zu den üblichen eher nüchtern gestalteten Weißbüchern war dieses Exemplar geradezu poppig aufgemacht. Außer Grivas' Tagebuch enthielt es einige aussagekräftige Fotos, Briefe, Befehle, Memoranden und eine Auflistung von Stellen, die Makarios kompromittierten. In Zypern druckte die *Cyprus Times* das Tagebuch als Fortsetzungsgeschichte. Grivas war entsetzt, behauptete dann aber, dass das Ganze eine Fälschung der Briten sei, was ihm jedoch niemand abnahm. In Zypern löste die Publikation eine Verhaftungswelle aus, denn alle in den Tagebüchern erwähnten Personen wurden festgenommen.

In Washington hatte man die Entwicklung in Zypern mit wachsender Sorge beobachtet und Dulles war der Meinung, dass es an der Zeit sei, sich einzumischen und zu helfen, eine für die drei beteiligten Staaten einvernehmliche Lösung zu finden. Dulles beauftragte seinen *Special Assistant* Julius Holmes, ein Konzept zu entwickeln, auf dessen Grundlage ein umfassender Plan formuliert und am 13. August vorgelegt wurde: Man müsse eine Lösung vor der UNO-Debatte finden. In Zypern sollten überwachte Wahlen für eine Konstituante stattfinden, die anschließend eine Verfassung auf der Basis der Vorschläge von Radcliffe erarbeiten sollte. Um die Türkei einzubinden, müssten einige Grundzüge der Verfassung vorgegeben werden, so die Rechte der türkischen Minderheit. Die Außen- und Verteidigungspolitik solle in der Zuständigkeit des Gouverneurs liegen, der sich im Falle von inneren Unruhen mit dem Oberkommando der NATO abstimmen müsse. Eine Amnestie müsse erlassen werden und die Gewaltanwendung enden. Sobald die Verfassung ausgearbeitet sei, solle Zypern auf ihrer Grundlage die Selbstregierung gewährt werden. Makarios müsse in die Lösung eingebunden werden und zurückkehren. London solle noch vor den Wahlen verbindlich erklären, dass nach zehn Jahren ein Plebiszit abgehalten werde, in dem über vier Alternativen abgestimmt werde: 1. Enosis, 2. Lokale Autonomie unter der griechischen Krone, 3. völlige Unabhängigkeit und 4. Selbstverwaltung innerhalb des Commonwealth. Bestimmte Teile der Insel sollten für immer britische Militärbasen bleiben. Der Minderheitenschutz sollte durch ein Abkommen der drei beteiligten Staaten garantiert werden. Ein US-Bevollmächtigter solle den Plan in den drei Hauptstädten durchsetzen.

Dieser Plan war vernünftig und für die Zyprioten akzeptabel. Makarios hätte sicher zugestimmt genau wie Athen und damit auch Grivas. Ankara hätte sich einem gemeinsamen amerikanisch-britischen Vorgehen kaum versagen können. Die entscheidende Frage war nun, ob die Amerikaner die Briten zur Annahme bewegen könnten. Doch dies war angesichts der erneuten Verhärtung der britischen Position wenig wahrscheinlich. Dennoch beauftragte Dulles Holmes mit der Aufgabe, den amerikanischen Plan den drei Regierungen schmackhaft zu machen.

Holmes Gespräche in London waren erwartungsgemäß wenig erfolgreich. In London trug man sich mit der Idee, in der UNO gegen die Griechen einen Beschwerdeantrag zu stellen, um so eine Verschiebung der Debatte über Zypern oder gar die Löschung beider Anträge zu erreichen. Nach wochenlangem Hin und Her erklärte sich die britische Regierung mit Holmes' Mission einverstanden, solange sich die Diskussion auf die Selbstregierung auf der Basis einer liberalen Verfassung beschränke und die Selbstbestimmung zwar prinzipiell anerkannt, tatsächlich aber auf unbestimmte Zeit verschoben werde. Holmes erhielt also grünes Licht für weitere Sondierungsgespräche.

Bei seinen Gesprächen in Athen am 4. Oktober stieß Holmes auf einen kompromissbereiten Averof, der Vorstellungen entwickelte, die denen von Holmes sehr nahekamen. Man formulierte ein gemeinsames Papier, das Holms den Briten vorlegen sollte. Karamanlis versprach außerdem, dass die Briten ihre Basen für immer behalten könnten, selbst wenn sich die Zyprioten in dem nach acht Jahren abzuhaltenden Plebiszit für den Anschluss an Griechenland entscheiden sollten. Die Griechen akzeptierten damit, ohne dies zu wissen, Holmes' ursprünglichen Plan.

Am 6. Oktober kamen Averof und sein türkischer Kollege, Settar Iksel, zusammen. Averof stellte fest, dass die griechische Regierung jede Lösung akzeptieren werde, wenn die Zyprioten sie billigten; sogar die Teilung, fügte er scherzend hinzu. Iksel meinte ernsthaft, eine Teilung der Insel entlang des 35. Breitengrads wäre wohl die beste Lösung, denn da würden beide Seiten gleich viel erhalten. Averof wies dies lachend zurück, aber Iksel begriff dies nicht als das, was es war, nämlich eine Ablehnung, sondern berichtete nach Ankara, dass die Griechen die Teilung der Insel anböten. In Ankara schloss man sich der Meinung an, dass die Teilung der Insel die beste Lösung darstelle und man streckte Fühler nach London aus, um die Meinung der britischen Regierung zu erkunden.

Am 7. Oktober 1956 informierte Holmes die Briten über seine Gespräche in Athen und das griechische Angebot, das ja seinen eigenen Vorstellungen entsprach. Seine Gesprächspartner wichen aus, Eden zeigte sich über die amerikanische Einmischung irritiert und weigerte sich, Holmes zu empfangen. Erst am 25. Oktober 1956 geruhte der parlamentarische Staatssekretär im Außenministerium, Nutting, Holmes erneut zu empfangen und ihm eine Ablehnung der griechischen Vorschläge zu überreichen. Es wurde ihm nun klar, dass die Briten keine Verhandlungen wollten. Ziemlich frustriert flog Holmes am 27. Oktober nach Ankara, wo man ihn zunächst ebenfalls warten ließ. Am 29. Oktober erfuhr er, dass israelische Streitkräfte Ägypten angriffen und am 1. November britische und französische Truppen in die Kämpfe eingriffen.

Am 2. November schließlich empfing Premier Menderes Holmes und gab sich konziliant: Man hoffe auf eine baldige Lösung des Zypernkonflikts. Der Außenminister dagegen lehnte gegenüber Holmes die griechischen Vorschläge brüsk ab. Es war klar, dass die beiden ein Spiel mit verteilten Rollen spielten. Am 3. November wies Eden die Aufforderung der UNO, den Angriff einzustellen, zurück. Dies ermöglichte es den Sowjets einen Tag später, Budapest anzugreifen und den ungarischen Aufstand niederzuwalzen. Am 9. November kam es auf internationalen Druck hin zu einem Waffenstillstand in Ägypten, und am 13. November führte Holmes in London das letzte Gespräch seiner Mission. Es ist deutlich, dass sich die britische Zypernpolitik in einem Zustand der Verwirrung befand. Holmes' Mission scheiterte, weil ihre Voraussetzung, ein gemeinsames britisch-amerikanisches Vorgehen in Athen, aber vor allem in Ankara, durch das Suez-Abenteuer der Briten ruiniert wurde und Ankara sich inzwischen mit dem Gedanken einer Teilung der Insel angefreundet hatte.

Am 12. November legte Radcliffe seine Verfassungsvorschläge vor. Diese sahen eine Teilung der Macht zwischen dem von der britischen Regierung eingesetzten Gouverneur sowie dem aus allgemeinen Wahlen hervorgegangenen Parlament und der diesem verantwortlichen Regierung vor. Der Gouverneur sollte für die Außen- und Verteidigungspolitik sowie die innere Sicherheit der Insel zuständig und zugleich eine Art Staatsoberhaupt sein, das die Gesetze des Parlamentes ausfertige. Die Regierung mit einem Chief Minister an der Spitze, der vom Gouverneur ernannt werde, sollte aus dem Parlament hervorgehen. Der Regierung sollte ein Minister für türkische Angelegenheiten angehören. Für die Koordination der Tätigkeit des Gouverneurs und der Regierung sollte ein *Joint Council* zuständig sein, dem der Gouverneur, sein Stellvertreter, der Chief Minister und dessen Stellvertreter, der Minister für türkische Angelegenheiten, ein Vertreter der Streitkräfte, der Legal Secretary und der Generalstaatsanwalt angehören sollten. Radcliffe lehnte eine Gleichsetzung der beiden Volksgruppen ab, da es demokratischen Prinzipien widerspreche, wenn 18 Prozent der Bevölkerung das gleiche Gewicht hätten wie 80 Prozent. Er sah in einem verstärkten Minderheitenschutz und einem Zwei-Drittel-Quorum bei Abstimmungen über Angelegenheiten der türkischen Volksgruppe die Lösung. Im Vergleich mit früheren Verfassungen war diese liberal, aber der Gouverneur hatte immer noch zu viel Macht; es war eine typische Kolonialverfassung.

Radcliffes Entwurf wäre ein brauchbarer Lösungsansatz gewesen, wenn er realisiert worden wäre. Aber als Radcliffe seine Vorschläge am 12. November 1956 Lennox-Boyd übergab, stellte dieser lediglich fest, dass man sie zu gegebener Zeit veröffentlichen werde. Doch inzwischen war in London ein Streit zwischen dem Foreign und dem Colonial Office ausgebrochen. Das Außenministerium hielt es für sinnvoll, die mögliche Teilung Zyperns auf irgendeine Weise zu erwähnen, um so die türkische Zustimmung zu Radcliffes Verfassung zu erlangen. Das Kolonialministerium wollte eine baldige Annahme der Verfassung durch die Zyprioten und eine Verschiebung der Selbstbestimmung auf einen möglichst fernen Zeitpunkt. Ende November gab Lennox-Boyd in dieser Frage nach, aber das Foreign Office bestand darauf, dass auch die türkischen Zyprioten ein Recht auf Selbstbestimmung hätten. Lennox-Boyd gab wiederum nach, und am 3. Dezember legte er den Text einer Erklärung vor, die zusammen mit dem Radcliffe-Plan veröffentlicht werden sollte. Der Text enthielt eine Passage zur doppelten Selbstbestimmung und damit implizit zur Teilung. Das Kabinett beschloss, dass Lennox-Boyd das neue Konzept den Griechen und Türken "verkaufen" und zu diesem Zweck nach Athen und Ankara reisen sollte.

Am 13. Dezember 1956 informierte Lennox-Boyd die griechische Regierung über die beabsichtigte Erklärung, dass die Selbstbestimmung, falls sie je realisiert werden sollte, beiden Volksgruppen Entscheidungsfreiheit über ihren zukünftigen Status einräumen müsse. Karamanlis reagierte eisig, denn dies bedeutete Teilung. Keine griechische Regierung konnte einer solchen Forderung zustimmen, ohne sofort gestürzt zu werden. Lennox-Boyd blieb stur und gab zu verstehen, dass dies zu einer Verschlechterung der britisch-griechischen Beziehungen führen werde, was Karamanlis nicht bezweifelte. Im Foreign Office war man über Karamanlis' Verhalten äußerst ungehalten.

Lennox-Boyd ließ sich von der griechischen Ablehnung nicht beeindrucken und reiste nach Ankara weiter. In seinem Gespräch mit Menderes am 16. Dezember stellte er fest, dass ein Souveränitätswechsel zum gegenwärtigen Zeitpunkt nicht zur Debatte stehe. Menderes schlug vor, doch direkt zur Teilung der Insel zu schreiten. Lennox-Boyd wies dies für den Augenblick als impraktikabel zurück, aber er versprach sich im Kabinett dafür einzusetzen, dass der Hinweis auf eine mögliche Teilung deutlicher formuliert werde. Dies bedeutete nicht mehr und nicht weniger, als dass Lennox-Boyd bereit war, in London die türkischen Forderungen nach Teilung durchzusetzen. Nach seiner Rückkehr formulierte Lennox-Boyd die Erklärung um, deren Kernsatz nun lautete: Wenn die Zeit für die Anwendung der Selbstbestimmung komme, werde die britische Regierung dafür sorgen, dass die Realisierung der Selbstbestimmung so durchgeführt werde, dass sowohl die griechischen als auch die türkischen Zyprioten frei über ihre Zukunft entscheiden könnten. Die britische Regierung anerkenne, dass angesichts einer solch gemischten Bevölkerung die Teilung der Insel eine der Optionen sein müsse.

Am 19. Dezember gab Lennox-Boyd vor dem Unterhaus die Veröffentlichung der Radcliffe-Vorschläge als Weißbuch bekannt und gab diese Erklärung ab. Als die Opposition ihn angriff, wehrte er sich mit genau den Argumenten, die Ankara seit einiger Zeit vorbrachte. Außerdem bestritt er, dass sein Statement den Charakter eines Vorschlages habe. Festgehalten werden muss jedoch, dass Lennox-Boyds Statement dem Inhalt des Radcliffes-Vorschlages widersprach, denn dieser hatte eine Teilung ja strikt abgelehnt, und tatsächlich einen bindenden Charakter hatte, weil es im Parlament gemacht wurde.

Lennox-Boyds Erklärung stieß in Athen auf geschlossene Ablehnung. Aus Nikosia warnte Vlachos, dass dieses Statement den griechisch-türkischen Konflikt wiederbeleben und ihn bis in die Ägäis tragen werde. Die Briten hatten auf amerikanische Unterstützung gehofft, aber als man in Washington die Tragweite der Erklärung erkannte, ging man auf Distanz, sehr zum Ärger der Briten. Die türkische Regierung begrüßte natürlich das Statement. Durch Lennox-Boyds Erklärung wurde die Teilung der Insel (Taksim) von nun an ein fester Bestandteil der türkischen Zypernpolitik, die offen und offensiv vertreten wurde. Zorlu ging sogar so weit zu behaupten, dass Lennox-Boyd ihm persönlich die baldige Teilung zugesagt habe. Makarios lehnte natürlich auch die Verfassungsvorschläge ab.

Die Lennox-Boyd-Erklärung bildet eine Art Wendepunkt in der Entwicklung. Von nun an wurde aus der 18prozentigen Minorität eine gleichberechtigte Volksgruppe. Dies reduzierte die Zahl der möglichen Lösungen auf vier: Fortbestehen der britischen Herrschaft, Kondominium, Teilung oder Unabhängigkeit. Da ein Kondominium impraktikabel gewesen wäre und die Teilung eine ethnische Flurbereinigung nötig gemacht hätte, kamen beide nicht in Frage. Damit blieb außer der Beibehaltung des Status quo nur noch die Unabhängigkeit als Lösungsoption übrig, wie Averof damals klar erkannte. Die Erklärung vom Dezember 1956 ist das letzte Element der britischen Divide-and-rule-Politik. Aus taktischen Erwägungen wurde ein weiterer böser Geist aus der Flasche gelassen, ohne einen Gedanken an die möglichen Folgen zu verschwenden, und diese sollten katastrophal sein.

Der Höhepunkt der Gewaltanwendung im Herbst 1956

Der Herbst 1956 in Zypern war geprägt von erneuter Gewaltanwendung. Dabei tat sich besonders ein Journalist namens Nikos Sampson - der spätere Putschistenpräsident - hervor. Sampson stammte aus einer gutbürgerlichen Familie aus Famagousta. Als Jugendlicher machte er als typischer Halbstarker die Stadt unsicher. Nach Beendigung der Schule wurde er "Korrespondent" der *Times of Cyprus*, und als die Unruhen begannen, war er immer auf der Suche nach der ultimativen Schlagzeile. Später wechselte er zu einer griechischen Zeitung. Irgendwann verschaffte ihm die Berichterstattung über die Gewalt zu wenig Kick. Daher schloss er sich der EOKA an und machte aktiv mit. Im Frühjahr und Sommer 1956 nahm er an einigen Exekutionen von "Verrätern" teil, wobei er sich in den Augen seiner Führer so bewährte, dass er im Alter von 21 Jahren zum Anführer eines Killerkommandos ernannt wurde.

Dieses Kommando bestand aus drei jungen Männern und zwei jungen Frauen, welche die Waffen unter ihren Röcken versteckt zum Attentatsplatz transportierten. Dort übergaben sie die Waffen den Killern, die sie ihnen nach erfolgtem Anschlag zurückgaben, woraufhin sich das Kommando in alle Richtungen zerstreute. Auf das Konto dieser Gruppe ging eine spektakuläre Befreiungsaktion mit einigen Toten im Krankenhaus von Nikosia. Ihr folgten genau geplante Anschläge gegen unbewaffnete Briten und "Verräter". Angeblich soll Sampson nach durchgeführtem Anschlag als Journalist wieder am Tatort erschienen sein und Fotos gemacht haben. Mitte September erschoss das Team einen britischen Militärarzt, der an einer roten Ampel wartete. Ende September wurden in der Ledra-Straße drei Polizeibeamte in Zivil beim Einkaufen angegriffen und zwei von ihnen getötet. Im Lauf des Septembers wurden 20 Menschen von den Killern erschossen, darunter zehn Briten, acht griechische "Verräter" und zwei türkische Zyprioten. Die Zahl der gewaltsamen Anschläge belief sich auf 285. Im Oktober kam es zu 129 Fällen von Gewaltanwendung und wieder wurden 20 Menschen getötet, 6 britische Soldaten und 14 griechische "Verräter".

Grivas war sich im Klaren, dass die Tage des Partisanenkampfes gezählt waren und die Anschläge der Killerkommandos die Bevölkerung abstießen. Daher versuchte er durch die Gründung eines politischen Komitees (PEKA - Politiki Epitropi Kypriakou Agonos) die Masse der Bevölkerung in seinem Sinne zu beeinflussen. Die PEKA bemühte sich, mit ihren Kadern alle Vereine, Verbände, Bruderschaften, Zünfte und Berufsvereinigungen zu unterwandern und sie mit EOKA-Propaganda zu beeinflussen. Der Chef der PEKA von Nikosia war der Rechtsanwalt Tassos Papadopoulos, der spätere Präsident der Republik.

Die Sicherheitskräfte reagierten hart, indem sie über Nikosia eine Ausgangssperre verhängten, um die Stadt zu durchsuchen. In der Operation *Sparrowhawk* säuberten britische Einheiten die Kyrenia-Berge von den letzten Partisanen. Grivas reagierte auf diesen neuen Druck, indem er das Versteck wechselte und in das Haus eines gewissen Marios Christodoulidis in der Nähe von Limassol zog. Im Erdgeschoss war ein Arbeitszimmer und im Keller das ultimative Versteck eingerichtet worden, dessen Eingang unter der Küchenspüle lag.

Als der britische Angriff auf Ägypten begann, glaubte sich Grivas dem Endsieg nahe und ließ den Terror steigern. Im November 1956 kam es zu 416 Gewalttakten, bei denen 15 Soldaten, 4 britische Zivilisten sowie 10 griechische Zyprioten und ein türkischer Polizist ihr Leben verloren. Sprengfallen an Straßen kamen zum Einsatz, die hässliche Kopfverletzungen verursachten. Mit ferngezündeten Sprengladungen wurde versucht, Truppentransporter in die Luft zu jagen. In den Städten hatten die Killer freie Hand, wobei Sampson sich wieder hervortat. Insgesamt soll Sampson seine Finger in mehr als einem Dutzend Morden gehabt haben. Zunehmend suchten sich die Killer sog. weiche Ziele, d.h. Briten, die in Zypern arbeiteten oder als Rentner ihren Lebensabend verbrachten. Da viele dieser Anschläge in der Ledra-Straße, der Haupteinkaufsstraße Nikosias, geschahen, erhielt diese den Namen *"Murder Mile"*.

Harding reagierte auf den zunehmenden Terror in den Städten mit verschärfter Repression. Er flog nach London, um dort eine Verschärfung der Notstandsgesetze durchzusetzen. Gleichzeitig verlangte er, dass London sich um eine politische Lösung bemühe: Die Radcliffe-Vorschläge sollten so rasch wie möglich veröffentlicht werden. Doch der zuständige Minister Lennox-Boyd tat genau das Gegenteil von dem, was Harding forderte. In Zypern war inzwischen eine Geheimdienstzentrale errichtet worden, bei der die Sicherheitskräfte der Polizei und des Militärs eng zusammenarbeiteten. Gegen die letzten Partisanengruppen im Troodos wurden Jagdkommandos eingesetzt. Diese bestanden aus zypriotischen Polizisten, also hauptsächlich aus türkischen Zyprioten, aber es gab auch Griechen, Angehörige der Special Branch oder des Militärgeheimdienstes. Ihre Methoden der Nachrichtengewinnung waren recht effizient, entsprachen aber durchaus nicht immer den Regeln der Polizeiarbeit oder der Genfer Konvention. Die Vernehmer vor Ort wandten oft raue Methoden an, die gelegentlich den Tatbestand der Folter erfüllten. Aber oft war dies gar nicht notwendig, denn viele der jugendlichen Gefangenen machten den Mund auf, wenn ihnen eine Alternative zur Todesstrafe wegen illegalen Waffenbesitzes angeboten wurde. Diese Methoden widersprachen allen britischen Rechtstraditionen, aber sie brachten Ergebnisse. Die zunehmenden Erfolge der Sicherheitskräfte verunsicherten Grivas, der annahm, dass Verrat am Werk war. Da die Briten kurz zuvor die internierten AKEL-Mitglieder hatten laufen lassen, nahm Grivas an, dass der Verrat von den Kommunisten ausging, und gab Befehl, gegen die "Verräter" vorzugehen. Nun hatte die Ermordung von AKEL-Mitgliedern Priorität. Wenn man den gesuchten "Verräter" nicht fand, wurde Sippenhaftung praktiziert und Verwandte des "Verräters" ermordet. Grivas' Angst vor Verrat nahm pathologische Züge an: Nun verdächtigte er sogar EOKA-Mitglieder, wenn sie aus britischer Gefangenschaft entkamen. Von nun an durften gefangene EOKA-Leute nur noch mit Grivas' Genehmigung fliehen. In dieser Zeit wurden 15 Menschen ermordet, wovon 13 griechische Zyprioten und nur 2 Briten waren. Die Zahl der Gewaltakte ging von 416 auf 96 zurück. Die Auseinandersetzung begann bürgerkriegsähnliche Züge innerhalb der griechischen Volksgruppe anzunehmen.

Im Januar 1957 wurde Sampson gefasst. Als er vernommen wurde, legte er ein umfassendes Geständnis ab, das er beim Prozess jedoch widerrief; er behauptete nun, es sei unter Folter entstanden. Da die Staatsanwaltschaft keine sonstigen Beweise vorlegen konnte, platzte der Prozess. Eine erneute Anklage vor einem anderen Richter wegen illegalen Waffenbesitzes führte zu einem Todesurteil. Die 1959 im Zusammenhang mit der Unabhängigkeit Zyperns erlassene Amnestie rettete Sampson vor dem Galgen.

Im selben Monat kam das Ende der drei letzten Partisanengruppen. Giorkatzis und seine zwei Begleiter wurden durch Verrat im nordwestlichen Troodos gefangen genommen. Am 19. Januar stieß Markos Drakos auf eine britische Patrouille. Beim Feuerwechsel wurde er tödlich getroffen. Er war mit 24 Jahren einer der ältesten EOKA-Kämpfer. Afxentiou hatte sich mit seiner Gruppe in die Nähe des Klosters Machairas im östlichen Troodos abgesetzt. Auch hier kam es zum Verrat und das britische Jagdkommando konnte am 3. März 1956 Afxentious Versteck in der Bergflanke unweit des Klosters lokalisieren. Ein griechisch sprechender Offizier forderte Afxentiou und seine Gefährten auf, sich zu ergeben. Afxentiou befahl seinen Kameraden aufzugeben. Dies geschah, aber Afxentiou lehnte eine Kapitulation ab und feuerte aus seinem Versteck auf die Briten. Nachdem es einem britischen Offizier gelungen war, eine Handgranate ins Versteck zu schleudern, herrschte Ruhe. Die Briten sandten einen der gefangenen Partisanen namens Avgoustis Efstathiou ins Versteck, um den toten Afxentiou herauszuziehen. Doch dieser lebte noch. In einer Gefühlsaufwallung blieb Afgoustis bei seinem Chef, und die nächsten Stunden verteidigten die beiden den "Bunker". Schließlich gossen Pioniere Benzin in die Felsspalten des Verstecks. Als dieses in Brand gesetzt wurde, floh Afgoustis aus der Falle, aber Afxentiou blieb. Bei der anschließenden gerichtsmedizinischen Untersuchung wurde festgestellt, dass Afxentiou nicht durch das Feuer sondern durch eine aus kurzer Entfernung abgeschossene Kugel getötet worden war. Mit Afxentious Tod endete der Partisanenkrieg der EOKA für immer.

Afxentiou war zum Zeitpunkt seines Todes 28 Jahre alt und nach Grivas der älteste Kämpfer der EOKA. Die Umstände seines Todes machten ihn zum Märtyrer für die Sache der EOKA. Die damalige Propaganda und die spätere Literatur verklärten seinen Tod und erhoben ihn ins Pantheon der Helden der griechischen Nation. Heute ist Afxentious (rekonstruierter) Bunker ein nationaler Wallfahrtsort.

Im Januar 1957 gab es nochmals 161 Akte von Gewalt, und 14 Menschen wurden umgebracht (5 Briten, 8 Griechen, 1 Türke). Im Februar erreichte die Zahl nochmals 259, aber die Zahl der Morde halbierte sich (4 Briten, 2 Griechen, 1 Türke). Im März gab es noch 4 tödliche Attentate (1 Brite, 3 Griechen). Die EOKA war so geschwächt, dass Grivas vorübergehend die

Kämpfe einstellen musste. Als dann noch die UNO die Resolution 1013 verabschiedete und Vlachos ihn drängte, erklärte Grivas am 14. März 1957 einen einseitigen Waffenstillstand.

1957: INTERNATIONALISIERUNG DES KONFLIKTES UND INNERE KONFRONTATION

Die internationale Politik auf der Suche nach einer Lösungsformel
Das Jahr 1957 begann mit einem personellen Revirement. In London trat Eden als Premier zurück und Macmillan wurde sein Nachfolger. In Athen beschloss Karamanlis, wieder einen Botschafter nach London zu entsenden; die Wahl fiel auf den Diplomaten und Dichter Georgios Seferiadis (Seferis). Georgios Pesmazoglou, der mit Atatürk befreundet gewesen war, wurde nach Ankara gesandt, und Dimitrios Bitsios übernahm das Zypernreferat im griechischen Außenministerium.

Lennox-Boyds Erklärung vom Dezember hatte Averof deutlich gemacht, dass ein Festhalten an der Forderung nach Selbstbestimmung zur Teilung Zyperns führen musste. Wenn dies verhindert werden sollte, war ein radikaler Paradigmenwechsel in der griechischen Zypernpolitik notwendig: Die Forderung nach Teilung konnte nur entschärft werden, wenn man ihr prinzipiell zustimmte, vorausgesetzt die Majorität aller Zyprioten stimmten ihr zu. Außerdem musste man die Unterstützung der Amerikaner gewinnen oder zumindest ihre Neutralität erreichen. Ferner durfte keine Situation entstehen, in der die Briten Zypern aufgeben würden. Also musste Grivas an die Kandare genommen und zu einem Waffenstillstand gezwungen werden, um dadurch die ersten interkommunalen Zusammenstöße zu beenden.

In Ankara erklärte Ministerpräsident Menderes die Teilung der Insel zur einzig möglichen Lösung; die Türkei brauche auf Zypern einen Militärstützpunkt. Angesichts der bevorstehenden Zyperndebatte in der UNO überlegte man sich in Washington, welchen Kurs man steuern sollte. Eine Blockadepolitik wie vor zwei Jahren war undenkbar. Dulles meinte, man müsse die UN-Debatte so kontrollieren, dass sie keine inakzeptablen Resolutionen ergab. Man gab London zu verstehen, dass die britische Regierung wieder das Gespräch mit Makarios und anderen zypriotischen Führern suchen und eine Lösung auf der Grundlage der Selbstbestimmung anstreben solle. London reagierte empört: Sollten die Amerikaner gegen den britischen Antrag in der UNO stimmen, werde man dies als unfreundlichen Akt interpretieren. Es war offensichtlich, dass die britischen Nerven aufgrund der negativen amerikanischen Haltung in der Suez-Krise noch blank lagen. Angesichts der geradezu hysterischen Töne aus London hielt es Dulles für besser zurückzurudern, indem er der türkischen Delegation Zurückhaltung in der UNO-Debatte empfahl. Averof gab sich bei seinem Besuch bei Dulles staatsmännisch: Man müsse die Debatte überstehen, ohne dass irreparabler Schaden entstehe, und man müsse Beleidigungen vermeiden. Die Verhandlungen zwischen Briten und Zyprioten sollten wieder aufgenommen werden.

Griechenland hatte am 13. März 1956 beantragt, dass die Zypernfrage auf die Tagesordnung der UNO gesetzt werde. Am 12. Oktober hatte London seinen Gegenantrag eingereicht, in dem Athen beschuldigt wurde, die Terroristen auf Zypern zu unterstützen. Am 14. November akzeptierte die Generalversammlung, beide Anträge gemeinsam im Ersten Komitee am 18. Februar 1957 zu behandeln. Die Debatte begann am vorgesehenen Datum und endete nach zehn Sitzungen am 22. Februar 1957. Die dort vorgetragenen Argumente waren Wiederholungen bekannter Positionen und Vorwürfe. Die NATO-Staaten sowie die Mitglieder des Bagdad-Paktes unterstützten die britisch-türkische Position, die Warschauerpaktstaaten und die arabischen Staaten hingegen Griechenland. Schließlich einigte man sich auf die Resolution 1013, die die beteiligten Staaten dazu aufrief, eine Lösung im Rahmen der UN-Charta zu suchen, und die Hoffnung ausdrückte, dass die Verhandlungen bald wieder aufgenommen würden. Die Generalversammlung stimmte am 26. Februar 1957 mit 56 Ja-Stimmen und einer Enthaltung zu.

Doch schon bei der Interpretation des Textes der Resolution zeigte es sich, dass die alten Differenzen fortbestanden: Griechenland verstand unter der Fortsetzung der Verhandlungen die Wiederaufnahme der Gespräche zwischen Makarios und Harding bzw. den Zyprioten und London. Die Briten und die Türken hingegen vertraten die Ansicht, dass damit die Fortsetzung der Verhandlungen der drei beteiligten Staaten gemeint war (Tripartite negotiations).

Averof und Karamanlis waren andererseits der Meinung, dass auf der Grundlage der UN-Resolution eine Lösung des Zypernproblems gefunden werden könne, vorausgesetzt Makarios werde mit eingebunden. Doch dazu musste er freigelassen werden, und dies konnte nur mit der Hilfe der Amerikaner bewerkstelligt werden. Bei einem Gespräch mit dem amerikanischen Botschafter betonte Karamanlis, wie wichtig es sei, dass Makarios in eine Lösung eingebunden werde. Averof vertrat die Ansicht, dass auch die Briten nach einer gesichtswahrenden Formel suchten. Er gab zu verstehen, dass er in Richtung der Schaffung eines unabhängigen Zyperns dachte und annehme, dass auch Makarios' Überlegungen dahin gingen. Mit anderen Worten: Seit März 1957 war Enosis für die griechische Regierung keine Lösungsoption mehr.

Aber nicht nur die Griechen bewegten sich, sondern auch die NATO. Schon in der Vergangenheit hatte es immer wieder Vorschläge gegeben, das Zypernproblem im Rahmen der NATO zu lösen, doch diese waren immer entweder an britischen oder an amerikanischen Bedenken gescheitert. Als nun NATO-Generalsekretär Ismay im Februar 1957 einen erneuten Vorstoß unternahm, reagierte die britische Regierung zwar zunächst zögerlich, aber am 15. März stimmte London dann einer Vermittlungsaktion zu. Macmillan hatte sich, seit er Premierminister geworden war, immer mehr mit dem Gedanken angefreundet, dass eine britische Luftwaffenbasis auf Zypern den strategischen Interessen genüge und die Türken und die Griechen sich die Insel teilen könnten. Nach einigem Hin und Her erklärte Lennox-Boyd vor dem Unterhaus, dass die britische Regierung den Vorschlag von Ismay akzeptiere und man bereit sei, Makarios freizulassen, vorausgesetzt, er spreche sich zuvor gegen die Gewaltanwendung durch die EOKA. Grivas und seinen Kämpfern werde freier Abzug nach Griechenland gewährt werden.

Die griechische Regierung lehnte die Vermittlungsaktion zunächst ab, da sie befürchtete, dass dies zu einer erneuten Dreimächtekonferenz führen werde. Die türkische Regierung hingegen reagierte positiv, glaubte sie doch, so die Teilung der Insel durchsetzen zu können. Inzwischen war Makarios auf den Seychellen über die Entwicklung informiert worden und hatte sich kompromissbereit gezeigt. Das Kabinett in London beschloss, Makarios gnadenweise zu entlassen. Makarios erklärte, dass er bereit sei, die bilateralen Verhandlungen mit den Briten wieder aufzunehmen, wie es die UN-Resolution verlangt hatte. Dies war zwar nicht das, was die Briten sich vorstellten, aber sie entschieden, am eingeschlagenen Kurs festzuhalten und Lennox-Boyd verkündete, dass Makarios freigelassen werde und sich überall hinbegeben könne, nur nicht nach Zypern. Makarios konterte, dass er ohne eine Rückkehr nach Zypern nicht mit den Briten verhandeln werde. Die Verhandlungen über Zypern müssten bilateral sein.

Am 13. April 1957 traf Makarios in Athen ein, wo er begeistert begrüßt wurde. Vom Balkon des Hotels Grande Bretagne sprach er zu einer riesigen Menschenmenge auf dem Syntagma-Platz. Er betonte das Recht der Zyprioten auf Selbstbestimmung. Weder das Öl des Nahen Ostens, noch die Erfordernisse der Verteidigung der freien Welt, noch die türkische Opposition könnten die Anwendung der Selbstbestimmung verhindern. Die Menschenmenge war von seinem charismatischen Auftritt begeistert. Makarios wurde zur partei- und generationsübergreifenden Symbolgestalt für die vergangenen und zukünftigen Kämpfe der griechischen Nation, der Vorkämpfer gegen Kolonialismus und Imperialismus. In diesem Augenblick war er der unbestrittene Heros der Nation, und für die junge Generation hatte er etwas von einem Pop-Star an sich, aber für die Politiker wurde er zu einem Problem, wenn nicht gar eine Gefahr.

Der türkischen Regierung passte die ganze Entwicklung nicht. Menderes wollte die Teilung, die er mit britischer Hilfe auf einer Dreimächtekonferenz durchzusetzen hoffte. Es wurde immer deutlicher, dass die türkische Regierung sich voll und ganz auf die Politik der Teilung Zyperns festgelegt hatte. Als bekannt wurde, dass Makarios bald in Athen eintreffen würde, warnte man die Athener Regierung vor Zugeständnissen an Makarios, und zwar in Tönen, die ansonsten zwischen Staaten üblich sind, die knapp vor einem Kriegsausbruch stehen. Averof warnte die Türkei vor erneuten Übergriffen gegen die griechische Minorität und brachte die Angelegenheit vor den NATO-Rat, der prompt der Türkei Mäßigung anriet. Die Amerikaner waren beunruhigt, da sie weder Enosis noch Taksim für eine praktikable Lösung hielten. Sie entwickelten einen Plan, der eine garantierte Selbständigkeit innerhalb oder außerhalb des Commonwealth vorsah, worüber ein Plebiszit entscheiden sollte.

Doch als dieser Plan der türkischen Regierung vorgelegt wurde, lehnte Menderes ihn aufs Schärfste ab; eine Unabhängigkeit Zyperns komme für die Türkei als Lösung nicht in Frage. Ankara kannte also als Lösung nur noch die Teilung. Da diese nicht realisierbar war, drohte die Gefahr, dass es in London zu einer Kurzschlussreaktion kommen könnte, wie schon zuvor in Palästina, als die Briten sich fluchtartig zurückzogen und den von ihnen durch ihre Divide-and-rule-Politik provozierten Konflikt ungelöst zurückließen. Im Falle Zyperns würde dies allerdings keinen vollständigen Abzug bedeuten, sondern einen Rückzug in die Basen.

Lennox-Boyds Erklärung, dass Grivas und seinen Leuten freier Abzug gewährt werde, bedeutete natürlich, dass Grivas den Kampf einstellen musste, aber dazu war Grivas von sich aus nicht bereit. Die einzigen, die es ihm hätten befehlen können, waren Karamanlis und Makarios. Doch Karamanlis zögerte, weil ihn dies die parlamentarische Mehrheit hätte kosten können, und auch Makarios scheute davor zurück, Grivas als Ethnarchen in die Verantwortung zu nehmen, und ihm die Einstellung des Kampfes zu befehlen. Stattdessen richtete er einen vagen Appell an Grivas, obwohl ihm eigentlich klar hätte sein müssen, dass Grivas gegenüber Appellen taub war. Karamanlis und Makarios wussten seit Lennox-Boyds Dezember Statement, dass die Enosis nicht länger eine Lösungsoption war. Die einzige für alle Seiten, auch für die türkischen Zyprioten akzeptable Lösung war die Selbstverwaltung mit der Perspektive der Unabhängigkeit, denn noch hatte es keine größeren interkommunalen Zusammenstöße und keine Ausschreitungen der EOKA gegen die Linke gegeben. Aber um diese Lösung herbeizuführen, fehlte Karamanlis und Makarios der Mut. So verstrich wieder eine günstige Gelegenheit für eine vernünftige Lösung. Grivas setzte sich durch und Makarios stimmte zu, dass der Kampf fortgesetzt werde. Von nun an bestimmte Grivas, weitestgehend unkontrolliert, den weiteren Verlauf der Entwicklung.

Zwar bemühte sich Makarios, von Athen aus einerseits über die Amerikaner im Spiel zu bleiben, und andererseits durch briefliche Kontakte die Briten dazu zu bewegen, mit ihm zu kooperieren, wobei er sich auch nicht scheute, ihnen mit einer PR-Kampagne wegen angeblicher Folterungen zu drohen. Doch die Briten zeigten ihm die kalte Schulter: Verhandlungen mit Makarios kamen für London nicht mehr in Frage. Makarios war im Poker um Zypern kein Mitspieler mehr. Eine Zypernlösung würde irgendwann über die Köpfe der Zyprioten hinweg in Verhandlungen zwischen London, Athen und Ankara gefunden und oktroyiert werden. Weder Makarios noch die Athener Regierung begriffen, dass sich die Lösungsoptionen auf zwei reduziert hatten: Teilung Zyperns oder Unabhängigkeit.

Psychologische Kriegsführung

Schon Plutarch wusste, dass man nur dreist genug verleumden muss, damit immer etwas hängen bleibt, und von Goebbels ist der Satz überliefert, dass eine Lüge nur groß genug sein müsse, um geglaubt zu werden. Genau mit diesem Sachverhalt hatten es die Briten seit 1956 und verstärkt im Frühjahr 1957 zu tun, als griechische Nationalisten in Zypern und in Griechenland einen Propagandakrieg entfesselten, der die moralische Integrität der Briten untergraben sollte.

Bei der Verleumdungskampagne tat sich besonders Radio Athen hervor, dessen Propagandasendungen mit immer neuen wilden Geschichten aufwarteten, die keine reale Grundlage hatten.

Die erhobenen Vorwürfe betrafen die Zustände in den beiden Internierungslagern und das angebliche Foltern bei Verhören. Auf der Grundlage des *Detention of Persons Law* vom Juli 1955 wurde im November jenes Jahres in Kokkinotrimithia, etwa 13 km westlich von Nikosia, ein Internierungslager errichtet. Im Juni 1956 folgte das zweite Lager bei Pyla. Das Gesetz sah vor, dass der Gouverneur Verdächtige auf administrativem Weg in die Lager einweisen konnte. In den Lagern fand sich ein Querschnitt durch den nationalistischen Teil der griechischen Zyprioten: Rechtsanwälte, Kleriker, Lehrer, Beamte und Angestellte, Arbeiter und Bauern. Die jüngsten Insassen waren 15, die ältesten 70 Jahre alt. Die Lager waren trostlos und die sanitären Einrichtungen mittelmäßig, aber es gab keine Zwangsarbeit und auch kein Kaposystem. Die Verpflegung war ausreichend, aber eintönig. Die Häftlinge konnten an ihre Angehörigen schreiben und sogar besucht werden. Die Baracken hatten Dächer aus Wellblech, was sie im Sommer zu Backöfen und im Winter zu Eiskellern machte. Tagsüber konnten die Internierten sich handwerklich betätigen, Sport treiben, sich im Freien aufhalten, sich unterhalten oder lesen. Das größte Problem der Lager war die tödliche Langeweile. Unter den Internierten befanden sich auch jene, die aus Mangel an Beweisen nicht schuldig gesprochen worden waren. In der Propaganda wurde aus diesen Lagern ein neues Buchenwald oder Dachau, und diese Propagandalüge machte die Runde auch außerhalb Zyperns. Radio Athen schmückte die Berichte mit Scheußlichkeiten aus, die in den Nazi-Camps tatsächlich vorgekommen waren.

Die Behauptung, dass gefoltert würde, wurde schon 1956 und pauschal erhoben. Dabei wurden die Vorgänge bei der Verhaftung eines Verdächtigen und bei seiner anschließenden Vernehmung nicht getrennt. Natürlich wurde im ersten Fall Gewalt angewendet, denn nur wenige ließen sich widerstandslos festnehmen. Solange sich die Festgenommenen in den Händen des Militärs und der regulären Polizei befanden, geschah ihnen kaum etwas. Bei den Verhören durch die etwa sechs Verhörteams des Militärs und der *Special Branch*, unter denen sich viele türkische Zyprioten befanden, scheint es häufig zu Gewaltanwendungen gekommen zu sein, wobei die türkischen Zyprioten die Drecksarbeit machten. Die Verhöre funktionierten nach dem Prinzip von Zuckerbrot und Peitsche: Wer freiwillig redete, wurde belohnt, wer schwieg wurde härter ran genommen. Viele von denen, die redeten, erklärten später zu ihrem Schutz vor dem Vorwurf, Verräter zu sein, sie seien maßlos gefoltert worden. Es gab zwei Verhörzentren, eines in Omorfyta nördlich von Nikosia und eines in Platres auf dem Troodos, wobei Letzteres berüchtigt war. Da es nie eine Untersuchung der Foltervorwürfe gab, und es kaum verlässliche Aussagen darüber gibt, ist das tatsächliche Ausmaß unbekannt.

Harding scheint von diesen Vorgängen nichts oder sehr wenig gewusst zu haben. Im Sommer 1957 hielt er es für angebracht, den Foltervorwürfen durch die Veröffentlichung eines Weißbuchs entgegenzutreten. Darin gab er zu, dass es bei Festnahmen zur Gewaltanwendung kam, aber er bestritt den Vorwurf des systematischen Folterns bei Verhören. Beim einzigen ihm bekannt gewordenen Fall im Januar 1956 habe er eingegriffen und für die Entlassung der Betreffenden aus der Armee gesorgt. Das Weißbuch ging auf Einzelfälle ein und versuchte zu zeigen, wie haltlos die Vorwürfe seien. Ganz überzeugend wirkt dies jedoch nicht. Im Gegenzug ließ Makarios in Athen eine Art Gegenweißbuch publizieren, das die Foltervorwürfe in 30 Fällen belegen sollte. Doch diese haben alle eines gemeinsam - die mangelhafte Nachprüfbarkeit. Die wenigen Fälle, die überprüfbar sind, zeigen, dass die Autoren entweder keine präzisen Kenntnisse hatten oder die Tatsachen bewusst verdrehten. Ob Makarios darüber informiert war, entzieht sich unserer Kenntnis. Das Ziel dieser "Dokumentation" war ausschließlich die propagandistische Wirkung.

Die Vorwürfe hatten in der Tat weitreichende Auswirkungen, deren Höhepunkt die bislang längste Unterhaushausdebatte über Zypern am 15. Juli 1957 war. Die ganze Folterkampagne war die Fortsetzung des Kampfes der EOKA mit propagandistischen Mitteln, und dieser Kampf war weit erfolgreicher als die Überfälle im Gebirge oder die Mordanschläge in den Städten. Er traf den Gegner im Zentrum der Machtausübung selbst, wie die Unterhausdebatte und die Reaktionen der Presse zeigen.

Tridominium-Plan, NATO-Initiative und UNO-Debatte
Im April 1957 besuchte Verteidigungsminister Sandys Zypern, um sich ein Bild über die militärischen Erfordernisse zu machen. Er kam zu der Schlussfolgerung, dass zwei britische Enklaven, eine für die Luftwaffenbasis und eine mit Abhörstationen und Propagandasender für die arabische Welt, genügten, um den Verpflichtungen gegenüber NATO und Bagdad-Pakt nachzukommen. Eine Teilung der Insel sei impraktikabel, da etwa 150.000 Menschen umgesiedelt werden müssten. Eine Teilung unter dieser Voraussetzung hätte einen Krieg der Mutterländer bedeutet und zum Zusammenbruch der Südostflanke der NATO geführt. Diese Analyse war eine Art Bankrotterklärung der bisherigen britischen Zypernpolitik.

Nach einem komplizierten innerbritischen Meinungsbildungsprozess legte Macmillan am 8. Juli 1957 einen Plan vor, von dem er hoffte, dass er von allen Beteiligten angenommen würde: Abgesehen von den beiden souveränen britischen Basen bei Akrotiri und Dekelia sollte der Rest der Insel zu einem Tridominium Londons, Athens und Ankaras gemacht werden. Der zukünftige Gouverneur würde von den drei Mächten gewählt werden, er müsse aber aus einem vierten Staat stammen. Es folgten weitere hochkomplizierte Konstruktionen, die alle eine perfekte internationale Zusammenarbeit und die Unterstützung der USA sowie der NATO als Voraussetzung hatten. Doch zunächst musste Macmillan den Plan bei den britischen Stellen durchsetzen, was nach viel Gezerre Ende Juli geschafft war.

Am 26. Juli legte Macmillan das weitere Vorgehen fest: Man würde für September eine Konferenz einberufen, an der außer den drei beteiligten Mächten auch die USA und NATO-Generalsekretär Spaak teilnehmen sollten. Allerdings würden nur die Amerikaner in groben Zügen über den Plan informiert werden. Die Konferenz werde zunächst nur allgemein über eine Lösung diskutieren, wenn dann erkannt werde, in welcher Sackgasse sich das Zypernproblem befand, würde er seinen Plan präsentieren, der als logischer Ausweg erscheinen werde. Dulles lehnte eine offizielle Teilnahme ab, war aber bereit, einen Experten als Beobachter zu entsenden; Spaak hingegen signalisierte Zustimmung. Daher informierte London Anfang August Athen und Ankara.

Karamanlis und Averof misstrauten aufgrund ihrer Erfahrungen mit der Dreimächtekonferenz von 1955 den Briten und lehnten schon am 9. August die Teilnahme an einer nicht gründlich vorbereiteten Konferenz ab. Am 16. August teilte die türkische Regierung mit, dass sie sich außer Stande sehe, vor der Abhaltung der Parlamentswahlen am 15. Oktober an einer Konferenz teilzunehmen. Damit war der Tridominium-Plan, der von allen Beteiligten abgelehnt wurde, gestorben.

Ähnlich erging es einem Plan, den NATO-Generalsekretär Spaak entwickelte. Anfang Juni schlug dieser eine garantierte terminierte Unabhängigkeit Zyperns vor. Unter den Garantiemächten sollten auch die USA sein. In London lehnte das Außenministerium den Plan ab, aber das Kolonialministerium fand ihn nicht schlecht. Ankara wies ihn entrüstet zurück und behandelte Spaak für längere Zeit als Unperson. Averof hingegen begrüßte Spaaks Plan. Eine Zeitlang war Spaaks Initiative durch Macmillans Tridominium-Plan in den Hintergrund geraten, aber als dieser vom Tisch war, rückte er wieder in den Vordergrund. Im Oktober stimmte Karamalis der garantierten Unabhängigkeit mit vollem Minderheitenschutz zu. Doch nun mauerte Ankara, das die volle Gleichberechtigung für seine Volksgruppe forderte. Spaaks Plan wurde Mitte November endgültig torpediert, als die Briten vorschlugen, die in Zypern zu errichtenden NATO-Basen den Türken zur Verwaltung zu überlassen, was für die Griechen und die griechischen Zyprioten inakzeptabel war. Damit waren sechs Monate Bemühungen, eine Lösung zu finden gescheitert.

Am 12. Juli 1957 hatte Griechenland beantragt, das Zypernproblem auf die Tagesordnung der Generalversammlung zu setzten. Der Antrag bestand aus zwei Teilen; im ersten wurde für Zypern die Anwendung des Rechts auf Selbstbestimmung gefordert, aber im zweiten Teil, der auf Makarios zurückging, wurde versucht, die Folterkampagne in die UNO zu tragen. Es bestand die Gefahr, dass wegen des zweiten Teils der ganze Antrag abgelehnt werden könnte. Nach einigem Gezerre hinter den Kulissen, an dem die USA und Kanada wesentlichen Anteil hatten, entschied sich die Generalversammlung am 20. September für den etwas entschärften griechischen Antrag und überwies die Debatte an das Erste Komitee. Nach weiteren Gesprächen erklärte sich Makarios bereit, den zweiten Teil fallen zu lassen, aber er bestand darauf, dass der Resolutionstext die Anwendung der Selbstbestimmung, also die Enosis, forderte. Der endgültige griechische Text beklagte, dass es in Zypern seit der Resolution 1013 vom Februar 1957 keinen Fortschritt hin zu einer Lösung gegeben habe. Die Lage sei gefährlich und eine Lösung auf der Grundlage der Prinzipien der UN-Charta sei dringend notwendig.

An der am 9. Dezember 1957 beginnenden Debatte beteiligten sich 28 Staaten. Die vorgebrachten Argumente waren mehr oder weniger dieselben, wie in der Debatte im Februar. Schließlich wurde am 12. Dezember die nochmals leicht veränderte Resolution mit 33 Stimmen, 20 Gegenstimmen und 25 Enthaltungen verabschiedet und an die Generalversammlung überwiesen, wo sie mit fast identischem Abstimmungsergebnis verabschiedet wurde. Damit blieb die Resolution 1013 in Kraft, was wenig bedeutete. Averof war klar, dass eine Lösung nur außerhalb der UNO gefunden werden konnte.

Am 15. Dezember 1957 fand die übliche Sitzung des NATO-Rates in Paris statt, an dem jedoch angesichts der Verschärfung des Wettrüstens zwischen Ost und West die Regierungschefs der NATO-Staaten teilnahmen. Averof erfuhr, dass Menderes vorhatte, das Zypernproblem auf der Ratssitzung zu thematisieren, und dass auch Spaak in seiner Eröffnungsrede darauf zu sprechen kommen werde. Im Auftrag von Karamanlis sprach Averof mit Spaak: Wenn Menderes über Zypern rede, werde es zu einem handfesten Krach auf dem Gipfel und später in den drei Ländern kommen. Karamanlis werde in diesem Fall eine offizielle Debatte über das Zypernproblem beantragen. Sollte Spaak Zypern nicht erwähnen und auch Menderes sich zurückhalten, werde er selbst das Thema nur ganz kurz streifen. Nach einigem diplomatischen Hin und Her einigte man sich auf Averofs Vorschlag. Zypern wurde kein Thema des Gipfels.

Bei einem Treffen zwischen Dulles, Averof und Karamanlis meinte Letzterer, dass das Zypernproblem gelöst werden müsse. Dazu sollten die USA sich einmischen. Spaak habe ihn informiert, dass die Briten bereit seien, Zypern die Unabhängigkeit zu gewähren, aber die Türken seien dagegen. Die Amerikaner sollten doch die Türkei beeinflussen. Dulles entgegnete, dass man bereit sei, durch Appelle an die Vernunft aller Seiten zu helfen. Wenn alle Beteiligten ihre Vorstellungen schriftlich fixierten und begründeten, könne man einen Kompromiss finden. Es war offensichtlich, dass Dulles keine Lust mehr hatte, sich an diesem Thema die Finger zu verbrennen. Was bei dem anschließenden Gespräch zwischen ihm, Menderes und Zorlu gesprochen wurde, entzieht sich unserer Kenntnis, denn die entsprechenden Akten wurden vom State Department bisher nicht veröffentlicht. Angesichts der andauernden türkischen Intransigenz in der Zypernfrage, darf angenommen werden, dass Dulles nicht deutlich geworden war.

Damit war es Ende 1957 weder der UNO noch der NATO gelungen, wieder Bewegung in die festgefahrene Lage auf Zypern zu bringen.

Grivas' Angriff auf die Linke

Der von Grivas einseitig verkündete Waffenstillstand hielt bis zum 28. Oktober 1957, bekanntlich dem zweiten griechischen Nationalfeiertag. In der Zwischenzeit versuchte die politische Organisation der EOKA, die PEKA, ihren Einfluss auf die Bevölkerung auszubauen. Zugleich wurden erneut Jugendliche für die nächste Runde des Untergrundkampfes rekrutiert. Am Ende des Sommers waren die Ränge der EOKA wieder aufgefüllt, und die Kämpfer warteten auf den Einsatzbefehl. Die relative Ruhe veranlasste Harding, die Kontrollmaßnahmen zu lockern, und die obligatorische Todesstrafe für das Tragen und Abfeuern von Waffen und Bombenwerfen aufzuheben, wovon u.a. Sampson den Nutzen hatte, indem sein Todesurteil in lebenslange Haft umgewandelt wurde.

Bekanntlich hatte die AKEL die Aktivitäten der EOKA mit Misstrauen beobachtet und den bewaffneten Kampf in dieser Form abgelehnt. Im April 1957 übte das ZK der AKEL Selbstkritik: Man habe die EOKA falsch eingeschätzt und respektiere nun ihre Leistung. Aber eine Lösung könne nur durch Verhandlungen zwischen London, Makarios und Vertretern des zypriotischen Volkes, womit natürlich auch die AKEL gemeint war, zustande kommen. Offensichtlich versuchte die AKEL, sich Makarios zu nähern. Die AKEL hatte damals ca. 4.000 Mitglieder und die ihr nahestehende PEO-Gewerkschaft 35.000. Seit der Freilassung ihrer Führungskader hatte sich die AKEL bemüht, ihre alte Position in der Gesellschaft, in der Kommunalpolitik, den Gewerkschaften und im sozialen Bereich wieder aufzubauen,.

Grivas betrachtete diese Manöver mit ständig wachsendem Misstrauen und befahl der PEKA, die AKEL politisch zu bekämpfen. Als er jedoch erkannte, dass er auf diesem Weg wenig gegen die gut organisierten und erfahrenen Kommunisten ausrichten konnte, gab er zusätzlich den Befehl, die AKEL anzugreifen. Im August 1957 begann eine üble Hetzkampagne gegen die Linke, die des Verrates und der Kollaboration mit den Briten beschuldigt wurde. Der britische Geheimdienst mischte ebenfalls mit und sorgte dafür, dass die Konfrontation verschärft wurde. Ende August kam es zu den ersten "Strafaktionen": Maskierte EOKA-Anhänger erschienen in größerer Zahl in den Dörfern, stürmten die örtlichen PEO-Büros und verprügelten die Funktionäre und Mitglieder. In Pamphleten wurden die absurdesten Behauptungen über führende Kader der AKEL aufgestellt, was deutlich machte, dass Grivas zum Großangriff übergehen wollte. In der Folge kam es zu zahlreichen Morden an linken "Verrätern".

Von Athen aus beobachtete Makarios diese Entwicklung mit zunehmender Sorge. Als die ersten Morde geschahen, suchten Führungskader der AKEL, darunter der Bürgermeister von Limassol und der PEO-Generalsekretär, Makarios auf und beschwerten sich. Makarios zeigte sich beunruhigt, drohte durch die Anschläge der EOKA auf die Linke doch eine Spaltung des griechisch-zypriotischen Lagers. Außerdem war ihm die zunehmende Stärke der Linken nicht unsympathisch, bildete sie doch ein Gegengewicht gegen Grivas, der sich immer mehr verselbstständigte. Hier ist zugleich der Beginn der Zusammenarbeit von Makarios und der AKEL zu beobachten, die später eine wichtige Rolle spielen sollte. Makarios ermahnte Grivas zu mehr Zurückhaltung gegenüber der Linken. Dieser bekam einen Wutanfall und verkündete, dass es nicht akzeptabel sei, Verräter durch einen Gewerkschaftsausweis zu schützen.

In der ganzen Zeit des Befreiungskampfes sollen insgesamt 23 Anhänger und Angehörige der Linken von der EOKA umgebracht worden sein. Aus der Sicht der AKEL waren dies alles politische Morde. Bis zur Gegenwart weist der Verband der ehemaligen EOKA-Kämpfer dies jedoch zurück und weigert sich, die Fälle zu untersuchen. Die Ereignisse lägen 50 Jahre zurück, man habe keine Unterlagen. Tassos Papadopoulos, der damals die PEKA leitete und damit letztlich mit Grivas die Verantwortung für die Morde trug, lehnte in einem Interview 2002 eine Untersuchung ab, und aus tagespolitischen Erwägungen heraus bestand die AKEL-Führung nicht auf einer solchen.

Aber nicht nur gegenüber der Linken steuerte Grivas einen "unabhängigen" Kurs, sondern er versuchte auch, seine Vorstellungen der Athener Regierung und Makarios aufzuzwingen. Gleichzeitig bereitete er sich und seine Organisation auf eine Auseinandersetzung mit den türkischen Zyprioten vor, wobei er von nationalistischen Kreisen und vom Klerus unterstützt wurde. Makarios geriet so unter zweiseitigen Druck: Die zypriotischen Nationalisten versuchten, ihn auf die Enosis festzulegen, und die griechische Regierung bemühte sich, ihm die Unabhängigkeit schmackhaft zu machen. Die Haltung der zypriotischen Nationalisten ist wenig verwunderlich, verfügten sie doch nicht über genügend Informationen über die tatsächliche Lage. Die griechische Regierung auf der anderen Seite konnte, genausowenig wie Makarios, nicht aufklären oder zurechtweisen, weil sie sich sonst den Angriffen der eigenen Hardliner und der Opposition ausgesetzt hätte. Dieser enge Bewegungsspielraum ermöglichte es Grivas, einen Kampf aller gegen alle zu inszenieren.

Gouverneurswechsel

Am 4. Oktober 1957 gab die stellvertretende Vorsitzende der Labour Party, Barbara Castle, auf der jährlichen Parteikonferenz in Brighton bekannt, dass ihre Partei im Falle eines Wahlsiegs bei den nächsten Wahlen Zypern die Selbstbestimmung gewähren werde. Dieses Statement hatte für Harding denselben Effekt, wie wenn ihm jemand den Teppich unter den Füßen weggezogen hätte. Er hatte im vergangenen Winter die Lage in Zypern stabilisiert, die Partisanengruppen zerschlagen und die Killerkommandos so geschwächt, dass Grivas einen einseitigen Waffenstillstand verkündete. Er hatte die Moral der Polizei wieder gefestigt und die Sicherheit war nicht länger eine Sache der Militärs. Mit anderen Worten: Harding hatte Edens Auftrag erfüllt.

Aber seit Sandys' Besuch wusste er auch, dass es britische Politik war, sich auf die Basen zurückzuziehen und die Zahl der britischen Truppen massiv zu verringern. Er war ferner informiert, dass Grivas in nicht allzu ferner Zeit wieder zum Angriff übergehen würde. Es würde zwar wieder möglich sein, die EOKA militärisch zu schlagen, aber ein Endsieg war ausgeschlossen. Es musste eine politische Lösung gefunden werden. Als er das Amt übernahm, hatte er Eden versprochen, dass er es zwei Jahre ausüben werde. Als er beobachtete, wie seine mühselig erkämpften Erfolge durch die Politiker verspielt wurden, nahm seine Frustration immer mehr zu, so dass er seit Ende September 1957 ständig über Rücktritt nachdachte. Castles Statement veranlasste ihn, Anfang Oktober Lennox-Boyd über seine Rücktrittsabsichten zu informieren. Der Rücktritt wurde akzeptiert und der damalige Gouverneur von Jamaika, Hugh Foot, als sein Nachfolger bestimmt. Als Harding sich von den Chefs der Sicherheitsorgane verabschiedete, stellte er fest, dass es nur eine einzige Lösung gebe, eine politische. Zwar hielt sich Harding mit öffentlicher Kritik zurück, aber gegenüber dem US-Konsul Taylor Belcher meinte er, dass Macmillan und die anderen verantwortlichen Minister das Zypernproblem wie ein Freizeitvergnügen behandelt hätten.

Sein Nachfolger Foot kannte Zypern. Von 1943 bis 1945 war er hier *Colonial Secretary* gewesen, wobei er sogar eine Zeitlang den Gouverneur vertreten hatte. Er kannte also die Zyprioten aus der Nähe. Als er sich mit der neuen Situation vertraut machte, kam er zu folgenden Lösungselementen: eine vier- bis fünfjährige Abkühlungsperiode, Beendigung des Notstandes, Rückkehr von Makarios, Verhandlungen in Zypern mit den Führern der beiden Volksgruppen und die Garantie, dass die Lösung für beide Seiten akzeptabel sein müsste. Die Selbstbestimmung sollte kein Thema mehr sein. Dies waren Ideen, aber kein Plan. Lennox-Boyd stimmte zu, dass Foot nach einigen Wochen einen Plan vorlegen sollte. Die Frage war nun, ob es Foot gelingen würde, Bewegung in die festgefahrene Lage zu bringen.

1958: LÖSUNGSVERSUCHE UND INNERE KONFLIKTE

Der Foot-Plan
Gleich von Beginn an stieß Foot mit seinen Ideen auf Widerstand von allen Seiten, was ihn jedoch zunächst wenig beeindruckte, denn er war sich sicher, dass seine Vorstellungen die Zweifler überzeugen würden. Aber Foot übernahm sein Amt, als sich der Charakter des Zypernkonflikts erneut änderte: Er hatte als kolonialer Konflikt begonnen, hatte sich durch britische Machinationen zu einem internationalen Konflikt entwickelt und wurde nun auch noch zu einem innerzypriotischen Volksgruppenkonflikt. Die Frage war daher, ob Foot in der Lage sein würde, seine Ideen der neuen Lage anzupassen.

Zunächst machte Foot Gesten, die ihm den Respekt der Zyprioten beider Volksgruppen verschafften: Am 13. Dezember 1957 schlenderte er mit minimalem Personenschutz quer durch die Altstadt Nikosias und redete mit den Leuten. Später ritt er mit wenigen Begleitern durch die Dörfer. Er besuchte das Internierungslager in Kokkinotrimithia und sorgte dafür, dass 100 Insassen freigelassen wurden. Er traf sich mit Vertretern der Kirche, besuchte eine Abtei, sprach mit der Führung der türkischen Zyprioten. Diese Gesten beeindruckten die einfachen Leute, aber nicht die Anführer, und auch in der Kolonialverwaltung und in Sicherheitskreisen stieß Foot auf tiefe Skepsis. Ende Dezember 1957 glaubte Foot die Lage erfasst zu haben und flog nach London, um sich für seine Pläne grünes Licht zu holen. Bei seinem Gespräch mit Lennox-Boyd und Außenminister Lloyd sagten diese ihm, dass am Ende der Abkühlungsperiode als Lösungsoption auch die Teilung der Insel stehen müsse, wie am 19. Dezember verkündet worden war. Das Colonial Policy Committee hingegen stimmte Foots Vorstellungen von einer Abkühlungsperiode zu.

Die endgültige Entscheidung sollte am 6. Januar 1958 auf einer Kabinettsitzung gefällt werden. Doch ausgerechnet an diesem Tag kam es zum Rücktritt von drei Ministern und Zypern wurde dadurch zu einer Nebensache. Lennox-Boyd wiederholte seine bekannte Position, die auch die Teilung als Option beinhaltete. Da er befürchtete, dass Ankara Schwierigkeiten machen könnte, beschloss man, dass Außenminister Lloyd in Begleitung von Foot dorthin und später nach Athen reisen sollte, um den Plan zu "verkaufen". Dies würde in der Tat schwierig werden, denn Ankara misstraute seit der Freilassung von Makarios und der Ernennung des "Philhellenen" Foot der britischen Politik zutiefst.

Schon Ende Dezember 1957 hatte Außenminister Zorlu gegenüber Küçük öffentlich festgestellt, dass Griechen und Türken auf der Insel nicht länger zusammenleben könnten, die Teilung die einzige Lösung sei und jeder Schlag der EOKA mit Gegenschlägen vergolten werde. Obwohl die türkische Regierung offiziell die Teilung forderte, hätte sie sich aber mit einer Militärbasis zufrieden gegeben, von der aus sie hätte mitmischen können. Politisch strebte sie nach einer föderalen Lösung als Vorstufe zur Teilung und dies möglichst rasch. Damit war der Foot-Plan mit seiner Abkühlungsperiode chancenlos.

Als am 9. Januar der britische Botschafter Zorlu über den Foot-Plan informierte, reagierte dieser ungehalten: Wenn Foot beabsichtige, auch mit Makarios zu reden, brauche er gar nicht nach Ankara zu kommen. Die Türkei bestehe auf Teilung. Später forderte er die Abtretung einer Militärbasis und den Abschluss eines Vertrags über die doppelte Selbstbestimmung. London solle erneut eine Dreimächtekonferenz einberufen, und wenn Athen die Teilnahme verweigere, bilateral mit der Türkei verhandeln. Die Türkei habe mit der Forderung nach Teilung schon ein großes Zugeständnis gemacht, eigentlich müsste Zypern ja als Ganzes an die Türkei zurück-

1958: LÖSUNGSSUCHE UND INNERE KONFLIKTE 93

gegeben werden. Ministerpräsident Menderes äußerte sich gegenüber Präsident Eisenhower ähnlich, wobei er die historischen Tatsachen noch weiter verdrehte und seine intransigenten Forderungen als Kompromisslösung charakterisierte. Menderes war sich der strategischen Bedeutung seines Landes für die Amerikaner bewusst und verließ sich darauf, dass die Amerikaner im Zweifelsfall die Türkei gewähren lassen würden.

Foot kehrte inzwischen nach Nikosia zurück und fragte sich, ob Lloyd irgendetwas in Ankara erreichen würde. Am 24. Januar flog Lloyd auf Einladung der türkischen Regierung zu Gesprächen über Zypern nach Ankara. Dort gestattete man ihm, Foot nachkommen zu lassen. Was nun folgte, erinnert an Hitlers Umgang mit bestimmten Balkanaußenministern. Da man Lloyd nicht direkt demütigen konnte, musste Foot herhalten, der praktisch in der britischen Botschaft eingesperrt war und sie nicht einmal zu einem Spaziergang ohne Genehmigung verlassen durfte. Gelegentlich durfte er an einem Gespräch zwischen Lloyd und Zorlu als Statist teilnehmen, wobei sich Zorlu als skrupelloser Politiker zeigte.

Doch es blieb nicht bei dieser Demütigung. In aller Offenheit veranlasste Ankara seine Parteigänger in Zypern Krawall zu machen. Ähnlich wie die griechischen Schüler randalierten nun die türkischen Jugendlichen und die türkisch-zypriotischen Polizisten schauten zu. Erst das Militär konnte Ruhe und Ordnung wiederherstellen. Am Ende waren 7 türkische Zyprioten tot, 12 Soldaten, 28 Polizisten und 14 Feuerwehrleute verwundet. Als Lloyd Zorlu aufforderte, die Ausschreitungen zu stoppen, meinte dieser, er sei nicht für die türkischen Zyprioten zuständig, das sei das Militär. Er verbarg aber nicht, dass er den Beginn und das Ende befohlen hatte. Anstatt massiven Protest einzulegen und die Einmischung der türkischen Militärs in die inneren Angelegenheiten einer britischen Kronkolonie schärfstens zurückzuweisen, wich Lloyd zurück, wodurch er Zorlu zu noch härteren Forderungen ermunterte.

Als sich die britische Regierung zu weiteren Zugeständnissen bereit zeigte, erhöhte Zorlu den Druck auf Lloyd weiter: Die türkische Regierung wolle die Teilung Zyperns. Wenn London nicht nachgebe, müsse es mit dem gemeinsamen Widerstand der türkischen Zyprioten und der Türkei rechnen. Küçük, der zur gleichen Zeit in Ankara gewesen war, verkündete nach seiner Rückkehr triumphierend, dass die Hälfte Zyperns eine türkische Provinz werde, und schloss nicht einmal einen Krieg zwischen der Türkei und Großbritannien aus. Dies war zwar in jeder Hinsicht übertrieben, zeigte aber, was in Ankara hinter den Kulissen gedacht wurde. Man wusste, dass man am längeren Hebel saß.

Foot erkannte, dass er absolut fehl am Platz war und reiste, ohne dass die geringste offizielle Verabschiedung durch die türkische Seite stattfand, ab. Nun geruhte Menderes den britischen Außenminister in Anwesenheit von Zorlu zu empfangen. Es kam zu einer Szene, die lebhaft an Chamberlains Empfang bei Hitler erinnerte. Der Foot-Plan war vom Tisch. Zorlu hatte genau die Achillesferse der britischen Politik erkannt, ihre totale Abhängigkeit von der türkisch-zypriotischen Polizei, und dies gnadenlos ausgenützt. Außerdem war ihm klar, dass aus strategischen Erwägungen weder die Briten noch die Amerikaner einen Bruch mit Ankara riskieren würden.

Das Treffen in Ankara bedeutete einen Paradigmenwechsel. Von nun an war Ankara nicht nur Mitspieler im Poker um Zypern, sondern bestimmte das Spiel, da es die besseren Karten hatte. Foot stellte in einem Brief an Lennox-Boyd fest, dass Ankara die britische Seite in Zypern jederzeit lähmen könnte, indem es der Polizei Passivität verordnete. Der Mechanismus, über den Ankara die türkischen Zyprioten kontrollierte, war die Untergrundorganisation TMT, auf die wir noch zu sprechen kommen werden.

Eigentlich hätte man nach dieser persönlichen Niederlage erwarten können, dass Foot zurücktrat, doch dazu fehlte ihm die innere Haltung. Er war ein erfolgreicher Karrierebeamter, der auch in diesem Fall die Kurve kriegte und sich flexibel den neuen Gegebenheiten anpasste. Von nun an würde er eben den türkischen Zyprioten enger zusammenarbeiten. Dies wiederum provozierte Grivas zu einem Flugblattkrieg gegen Foot. Aber noch hielt auf Druck Athens der Waffenstillstand.

Vom 10. bis zum 12. Februar besuchte Lloyd Athen, begleitet von einem widerwilligen Foot, der seine Teilnahme für kontraproduktiv hielt. Die griechische Regierung zeigte sich flexibel, lehnte aber Lloyds Vorschlag der Errichtung einer türkischen Basis auf Zypern genauso ab wie die Einberufung einer Dreimächtekonferenz. Ein Treffen von Makarios und Foot brachte kein politisches Ergebnis, aber man kam sich menschlich näher.

Nach seiner Rückkehr nach Zypern entwickelte Foot zusammen mit Reddaway einen neuen Plan, der dem Tridominium-Plan sehr ähnlich war. Danach sollte der Status quo für etwa 15 Jahre beibehalten werden, wobei Griechenland und die Türkei Partner bei der Aufsicht über Zypern werden sollten. Die Verhandlungen sollten beendet werden. Dies habe den Vorteil, dass die Briten allein handeln könnten. Macmillan ließ sich informieren und beauftragte Foot, Details auszuarbeiten. Im Mai 1958 gab Macmillan bekannt, dass man demnächst einen neuen Plan vorlegen werde. Um Grivas von größeren Aktionen abzuhalten, sandte Foot ihm über Mittelsmänner einen Brief, in dem er an ihn appellierte, nicht wieder zur Gewalt zu schreiten, und ein persönliches Treffen vorschlug. Grivas lehnte Letzteres zwar ab, ordnete aber die Einstellung der Sabotageaktionen an.

Der Macmillan-Plan
Der neue Plan war eine Mischung aus Hardings Partnerschaftsprogramm und dem Tridominium Plan. Athen und Ankara sollten jeweils einen Repräsentanten nach Zypern entsenden, der mit der zypriotischen Regierung zusammenarbeiten sollte. Die Regierung werde eine repräsentative sein, wobei jede Volksgruppe ihre kommunalen Angelegenheiten autonom regeln sollte. Alle Zyprioten sollten außer der britischen Staatsbürgerschaft auch noch jene ihres jeweiligen Mutterlandes haben. Es werde eine Interimsperiode von sieben Jahren geben, in der das Partnerschaftsmodell eingeübt werde. Die Verfassung solle gemeinsam erarbeitet werden. Jede Volksgruppe werde ein eigenes Repräsentantenhaus haben, das die volle Legislativgewalt über ihre kommunalen Belange besitze. Zypern als Ganzes solle von einem Rat regiert werden, dessen Vorsitz der Gouverneur habe. Ihm sollten ferner Vertreter der Mutterländer und sechs gewählte Minister, vier griechische und zwei türkische Zyprioten angehören. Der Gouverneur sei für die innere Sicherheit, die Außen- und Verteidigungspolitik zuständig und müsse sich mit den Vertretern der Mutterländer beraten. Die Vertreter der Mutterländer hätten das Recht, Gesetze durch ein unabhängiges Gericht überprüfen zu lassen. Voraussetzung für die Anwendung dieses Planes sei die Einstellung der Gewalt. Sobald diese ende, werde die britische Regierung den Ausnahmezustand aufheben und die Verbannten zurückkehren lassen.

Der Vergleich mit dem Radcliffe-Plan und dem Verfassungsangebot von 1948 zeigt, dass den Zyprioten nun weit weniger Rechte eingeräumt werden sollten. Nicht einmal ein Chief Minister war vorgesehen. Die Türkei hätte eine legale Präsenz und ein Mitspracherecht auf der Insel gewonnen. Die tatsächlichen Mehrheitsverhältnisse würden in den Entscheidungsgremien ausgehebelt. Macmillan hatte mit diesem Plan alle gefährlichen Klippen elegant umschifft. Er hatte sich einerseits einen gewissen Freiraum von der Dezember-1956-Erklärung (doppelte Selbstbestimmung) verschafft, die unmittelbare Teilung der Insel vermieden und eine endgültige Entscheidung für einen Zeitraum von sieben Jahren hinausgeschoben. Aber zugleich blieb die Dezember-Erklärung mit ihrem Anspruch auf doppelte Selbstbestimmung und dadurch Teilung bestehen. In einer für die Türkei günstigen Situation konnte dies zur Teilung der Insel führen. Das Tridominium-Konzept war eine Fortsetzung des alten Divide-et-impera-Spieles auf einer höheren Ebene. Macmillan wusste, dass die Griechen ein britisch-türkisches Kondominium nie akzeptieren und sich früher oder später zähneknirschend am Tridominium beteiligen würden.

1958: LÖSUNGSSUCHE UND INNERE KONFLIKTE

Der Macmillan-Plan sorgte unter dem attraktiven Deckmantel der Partnerschaft für eine Fortdauer der britischen Herrschaft. Die Gewinner des Planes wären die Türken gewesen und die Griechen die eindeutigen Verlierer.

Natürlich bemühte sich die britische Regierung durch intensive Diplomatie um die Annahme des Plans, war dabei allerdings wenig erfolgreich. Makarios hatte die Bürgermeister der sechs großen Städte, die Bischöfe von Kyrenia und Kition und weitere 15 führende Persönlichkeiten nach Athen gebeten, um den Plan zu diskutieren. Am 20. Juni 1958 lehnte er nach intensiven Beratungen den Plan ab, da er das Recht auf Selbstbestimmung aufhebe und die Spaltung der Zyprioten vertiefe. Er sei aber zu Verhandlungen über eine echte demokratische Verfassung für die Selbstverwaltung bereit. Einen Tag später lehnte auch Karamanlis den Plan ab, erklärte sich aber zu gut vorbereiteten bilateralen Gesprächen bereit, trilaterale Verhandlungen kämen aber nicht in Frage.

In Zypern meldete sich anstelle des abwesenden Küçük, Rauf Denktaş zu Wort. Seiner Meinung nach war der Macmillan-Plan ein Schritt in Richtung Enosis. Und am 28. Juni wurde Menderes' Antwort an Macmillan bekannt: Auch er lehnte den Plan ab, da er nicht die Teilung Zyperns beinhaltete. Damit wurde der Macmillan-Plan zwar von allen Betroffenen abgelehnt, aber unbeteiligte Staaten, z. B. die NATO-Mitglieder, befanden ihn für gut und auch die öffentliche Meinung in Großbritannien hielt ihn für brauchbar. Sogar die Führer der Labour Party hielten sich mit Kritik zurück, wie die große Unterhausdebatte am 26. Juni 1958 zeigte. Zwar gab es weitere diplomatische Bemühungen, den Plan zu retten, aber sie scheiterten alle an der türkischen Intransigenz. Der Macmillan-Plan schien gestorben zu sein.

Doch plötzlich wendete sich das Blatt, als es am 14. Juli 1958 im Irak zu einem Militärputsch und zur Ausrufung der Republik kam. Die neue Regierung erklärte ihren Austritt aus dem Bagdad-Pakt. Jordanien, das zwei Jahre zuvor die Briten aus dem Land geworfen hatte, bat um britische Hilfe und die libanesische Regierung rief die Amerikaner. Der Putsch im Irak veränderte die Bedrohungssituation der Türkei massiv: im Westen Bulgarien, im Norden die Sowjetunion, im Osten der Irak und im Südosten die VAR Syrien. Ismet Inönü, der enge Beziehungen zur Armee unterhielt, warnte die Regierung auf einer Geheimsitzung des Parlamentes davor, die Kräfte der Türkei zu überdehnen. Menderes geriet in Panik und lenkte ein: Nach der Sitzung der übriggebliebenen Mitglieder des ruinierten Bagdad-Paktes in London am 29. Juli traf er sich zu einem Geheimgespräch mit Macmillan.

Er erklärte sich bereit, den Macmillan-Plan voll und ganz zu akzeptieren, allerdings ohne irgendwelche Veränderungen. In diesem Fall werde er voll mit den Briten kooperieren, die Gewalt in Zypern stoppen und auf Teilung und Militärbasis verzichten. Macmillan wies seinen Besucher darauf hin, dass er sich das Recht vorbehalten müsse, griechische Verbesserungsvorschläge zu diskutieren und eventuell zu akzeptieren; er werde aber die Türken darüber in Kenntnis setzen. Menderes drängte Macmillan, den Plan ohne Abstriche anzuwenden und mit den Griechen nur zum Schein zu verhandeln. Man vereinbarte, sich am nächsten Tage erneut zu treffen. Da Menderes am nächsten Tag unter Zeitdruck stand, sein Rückflug stand kurz bevor, akzeptierte er Macmillans Vorschläge. Nun galt es die Griechen zur Annahme zu überreden.

Zu diesem Zweck flog Macmillan am 7. August zu Gesprächen mit Karamanlis nach Athen. Auf der ersten Sitzung einigte man sich auf zwei grundlegende Punkte: Beendigung der Gewalt und eine Übergangszeit von sieben Jahren mit einer provisorischen Lösung ohne Präjudizierung der endgültigen Lösung. Beim zweiten Treffen zerpflückte Karamanlis den Plan, den er als den schlechtesten von allen bisher vorgelegten bezeichnete. Macmillan blieb unnachgiebig, weil er wusste, dass die Türken Zugeständnisse an die Griechen ablehnen würden. Er versprach aber, sich in Ankara zu bemühen, möglichst viele griechische Änderungswünsche durchzusetzen. Für Macmillan war offensichtlich das inhaltliche Ergebnis seiner Athener Gespräche ziemlich irrelevant. Für ihn war die Tatsache, dass die Weltöffentlichkeit zur Kenntnis nahm, dass er mit den Griechen sprach, das Entscheidende. Typisch für diese Haltung war, dass Macmillan die Griechen nicht davon in Kenntnis setzte, dass die Türken den Plan prinzipiell akzeptiert hatten, denn dies hätte zu höheren Forderungen der Griechen führen können.

In Ankara hatte die türkische Führung ihre Panik überwunden und war zu ihrer alten Intransigenz zurückgekehrt. Als Macmillan am 9. August in Ankara eintraf, war der äußere Rahmen des Besuchs bestens vorbereitet, aber in der Sache zeigte sich Zorlu derart arrogant und stellte so übertriebene Forderungen, dass Macmillan einmal wutentbrannt den Raum verließ und nur mit Mühe zurückgeholt werden konnte. Die türkische Seite bestand auf der genauen Anwendung des Plans, dann würde sie voll kooperieren. Die Konsequenzen einer Nichtanwendung wurden nicht genannt, waren aber klar. Als Macmillan am 10. August 1958 Ankara verließ, hatte er nichts erreicht.

Macmillans Besuch in Ankara war ein kompletter Fehlschlag. Die Türken hatten ihm klargemacht, dass sie nicht bereit waren, an den Grundzügen des Planes Veränderungen vorzunehmen. Sollte er jedoch versuchen, den Plan zu modifizieren, würden die Türken mauern. Würde Macmillan andererseits den Griechen nicht entgegenkommen, würden diese den Plan ablehnen. Veränderungen mussten also mit äußerster Vorsicht vorgenommen werden. Doch bevor der Premier sich dieser Herausforderung stellte, besuchte er noch Zypern am 11. August für einige Stunden.

Am 12. August 1958 beschloss das britische Kabinett nach Macmillans Bericht, mit der Anwendung des Planes fortzufahren, jedoch einige Änderungen vorzunehmen. Die Vertreter der Mutterländer sollten nicht länger im Rat des Gouverneurs sitzen, sondern eher den Charakter von Botschaftern mit beratender Funktion erhalten. Die doppelte Nationalität wurde ganz fallen gelassen, genauso wie der Bezug auf das Kondominium als endgültige Lösung. Eine gemeinsame, gewählte, repräsentative Institution wurde als Möglichkeit erwähnt. Die Änderungen kamen den Griechen in Nebensächlichkeiten etwas entgegen, aber in der entscheidenden Frage der Präsenz eines türkischen Regierungsvertreters auf der Insel blieb Macmillan unnachgiebig, da er wusste, dass dies sonst die Türken zur Ablehnung des Plans veranlassen würde. Um den Türken die bittere Pille der Zugeständnisse an die Griechen zu versüßen, sah Macmillan die offizielle Anerkennung der bislang illegalen türkischen Selbstverwaltungen in allen Städten vor; es sollten sogar getrennte Stadtparlamente für die beiden Volksgruppen errichtet werden. Der Plan insgesamt sollte rasch umgesetzt werden, so dass die Regierungsvertreter schon am 1. Oktober ernannt werden könnten.

In einer Gewaltaktion versuchte Macmillan die Annahme des Plans durchzusetzen, doch die griechische Regierung blieb bei ihrer Ablehnung, bot dennoch weitere Verhandlungen an. Die türkische Regierung akzeptierte ihn, wollte aber auch noch das Recht auf doppelte Selbstbestimmung schriftlich fixiert haben, was Macmillan jedoch ablehnte. In Washington erkannte man, dass man den Plan nicht gegen den Willen der Griechen durchsetzen könne, zumal Makarios ihn rundweg abgelehnt und angekündigt habe, die Sache vor die UNO zu bringen. Auch im Colonial Office war man skeptisch gegenüber der Durchsetzung des Plans auf diese Weise.

Die britische Politik, die ursprünglich die Türken ins Spiel gebracht hatte, um die griechischen Ambitionen durch türkische zu neutralisieren, und so für dauernd in Zypern zu bleiben, war nun an einem Punkt angelangt, wo diese Politik drohte, sich umzukehren. Die Briten würden erneut die EOKA bekämpfen, sie wahrscheinlich wieder schlagen, aber sie nicht endgültig besiegen. Irgendwann würde die öffentliche Meinung in Großbritannien ein Ende der Kämpfe fordern. Solange die Briten aber Widerstand leisteten, waren sie von der türkisch-zypriotischen Polizei abhängig, und um diese auf ihrer Seite zu halten, musste die türkische

Tafel 17

Makarios als Novize im Kykko-Kloster

Beginn des Kampfes der EOKA
Heroisches Grivas-Denkmal bei Chlorakas

Tafel 18

Gouverneur Fieldmarshal John Harding

Trennung der Volksgruppen: Aufbau der "Green Line" in der Altstadt von Nikosia

Tafel 19

Makarios, Kranidiotis, Harding, Reddaway und Paschalidis

Noel-Baker, Harding, Kranidiotis, Makarios und Lennox-Boyd

Tafel 20

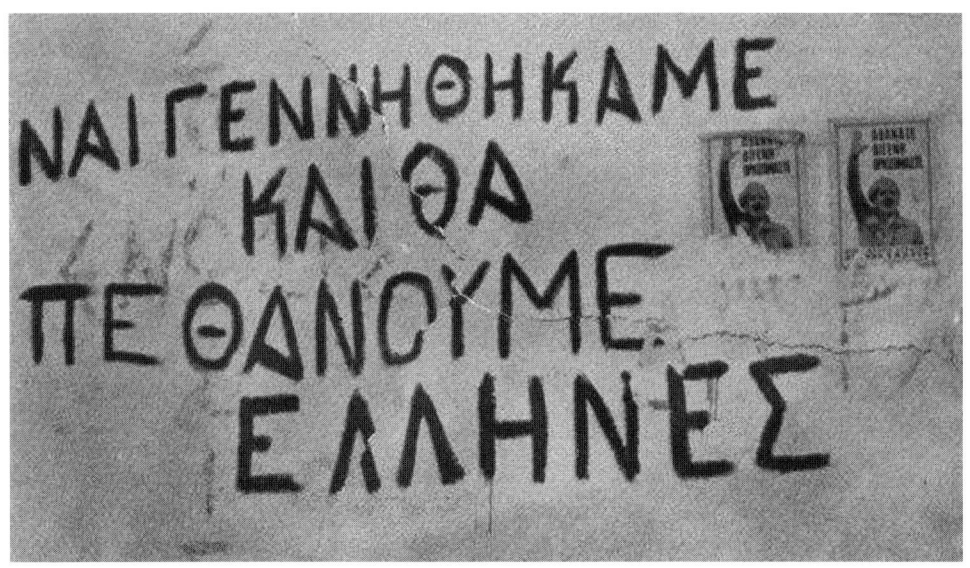

Grafitti: "Wir sind als Griechen geboren und werden als Griechen sterben"

Grafitti-Text etwa:
"Meidet die Engländer. Die EOKA setzt den Kampf von 1821 fort. Digenis unser Befreier. Makarios beseelt uns aus dem Exil. Harding Meuchelmörder"

Tafel 21

Die Hinrichtungsstätte

Fylakismena Mnimata

Verhaftete Gymnasiasten

Tafel 23

Massenverhaftungen

Fahrzeugkontrolle

Tafel 24

Auf der Suche nach Waffenverstecken

Razzia in einem Dorf

Regierung durch Zugeständnisse bei Laune gehalten werden. Damit kämpften die Briten letztlich den Weg der Türken zur Teilung der Insel frei.

Am 7. September begannen die ersten Vorbereitungen für die Umsetzung des Planes. Die Wahlen wurden vorbereitet, Wählerlisten wurden zusammengestellt, obwohl klar war, dass nur die Türken zur Wahl gehen würden. Am 9. September verkündete Grivas das Ende des Waffenstillstandes. Am 18. September wurde der gerade in Zypern angekommene amerikanische Vizekonsul schwer angeschossen. Die nächste Gewaltrunde der EOKA gegen die Briten begann.

Der Beginn der interkommunalen Zusammenstöße
Schon im Sommer 1955 war Küçüks Partei in *Kıbrıs Türktür Partisi* (Zypern-ist-türkisch-Partei) umbenannt worden. Seit diesem Zeitpunkt bestanden enge Beziehungen zwischen den gleichnamigen Organisationen in der Türkei. Seit 1956 propagierte Küçük in Abstimmung mit Menderes die Teilung der Insel. Im September jenes Jahres wurde die erste bedeutende Untergrundorganisation der türkischen Zyprioten namens VOLKAN gegründet. Als die EOKA die ersten türkisch-zypriotischen Polizisten umbrachte, nahm VOLKAN Rache. Im Mai 1956 stellte die *Times of Cyprus* fest, dass ethnisch motivierte Gewalt auf Zypern eine Tatsache sei. Als Radio Ankara 1957 den Slogan ausgab, dass Griechen und Türken nicht zusammenleben könnten, sorgte VOLKAN dafür, dass der Beweis angetreten wurde, indem man den türkisch-zypriotischen Mob instrumentalisierte. Die Sicherheitskräfte schauten bei den nun folgenden Übergriffen weg. Türkische Zyprioten, die mit diesem Kurs nicht einverstanden waren, wurden bedroht oder gar angegriffen. Im September 1957 nahmen die Übergriffe solche Ausmaße an, dass die Behörden schließlich doch die VOLKAN verboten.

Inzwischen war jedoch eine neue Untergrundorganisation, die TMT (Türk Mukavemet Teşkilati - Türkische Widerstandsorganisation) aufgebaut worden. Ihr Kommandeur war Oberstleutnant Riza Vuruşkan von der türkischen Armee. In ihrem Emblem führte die TMT den Grauen Wolf (Bozkurt). Ihre Ziele waren: 1) Für Sicherheit des Lebens und des Eigentums der türkischen Zyprioten zu sorgen; 2) sich der Bedrohung der EOKA entgegenzustellen; 3) Angriffe auf die türkischen Zyprioten abzuschrecken; 4) die Sicherheit der türkischen Volksgruppe zu gewährleisten und den Kommunismus zu bekämpfen; 5) die Bande zwischen den türkischen Zyprioten und dem Mutterland zu stärken und die Vereinigung mit dem Mutterland herbeizuführen. Der bisherige Staatsanwalt Rauf Denktaş war der politische Berater von Vuruşkan. Tatsächlich hatte Denktaş gegenüber der TMT-Führung in etwa die Position eines Politkommissars der Roten Armee.

Während die TMT-Strukturen in Zypern aufgebaut wurden, organisierten die Militärs in Ankara einen TMT-Unterstützungsstab, in dem es Abteilungen für Koordination, Ausbildung, Versorgung, Telekommunikation, Waffen und Logistik gab. Viele Berufsoffiziere und reaktivierte Reserveoffiziere wurden als "Schulinspektoren, Lehrer und Imame" nach Zypern geschickt, wo sie in der TMT Führungsfunktionen übernahmen. Es besteht wenig Zweifel, dass die britischen Stellen informiert waren.

Ein Vergleich der TMT-Strukturen mit denen der EOKA zeigt große Ähnlichkeiten. Es gab ebenfalls Zellen, und man rekrutierte Jugendliche. Doch es gab auch entscheidende Unterschiede. Die Führungskader der TMT waren ausgebildete Militärs, die für eine straffe Disziplin und bedingungslosen Gehorsam in der Organisation sorgten. Verrat wurde auch in der TMT mit dem Tode bestraft. Geeignete Mitglieder wurden zu militärischem Training in die Türkei gesandt, und der türkische Generalstab unterstützte die Organisation sogar mit Waffenlieferungen. Die Organisation schaffte es, die türkischen Massen unter ihre Kontrolle zu bringen. Türkisch-zypriotische Unruhen waren keine Schülerunruhen, bei denen es zu mutwilligen Krawallen und Schlägereien mit den Sicherheitsorganen kam; sie waren Unruhen, bei denen es zu Ausschreitungen gegen die griechischen Zyprioten kam, bei denen griechisches Eigentum zerstört wurde und die griechischen Bewohner vertrieben wurden. Es handelte sich um die Anfänge der ethnischen Flurbereinigung, die später in größerem Maßstab praktiziert wurde. Der wichtigste Unterschied aber war, dass die TMT stets unter der vollen Kontrolle Ankaras blieb. Denktaş war kein Grivas, der einen eigenwilligen selbständigen Kurs steuerte und von Athen nur sehr bedingt gelenkt werden konnte. Die TMT war ein Instrument Ankaras zur Durchsetzung seiner Ziele.

Im Frühsommer 1958 forderte die TMT ihre Landsleute auf, jeglichen Verkehr mit den Griechen einzustellen und auch kein Griechisch mehr zu sprechen. Es war offensichtlich, dass die TMT versuchte die ethnischen Differenzen mit allen Mitteln zu vertiefen und die Volksgruppen gegeneinander aufzuhetzen. Etwa zur gleichen Zeit begannen die TMT und die EOKA, gegen die zypriotische Linke in Gewerkschaft (PEO) und AKEL vorzugehen, die in ihren Augen Verräter waren. Kultureinrichtungen der Linken wurden zerstört und die Mitglieder terrorisiert. Insgesamt verließen daraufhin von 3.692 türkischen PEO-Mitgliedern etwa 1.500 die Gewerkschaft. Führungskader der Linken wurden ermordet.

Als am 7. Juni 1958 Agents provocateurs der TMT im Pressebüro der türkischen Botschaft eine Bombe zur Explosion brachten, brachen Krawalle aus. Banden von jugendlichen türkischen Zyprioten drangen in den von Griechen bewohnten Teil der Altstadt ein und griffen Griechen an, plünderten und zerstörten griechische Geschäfte und Wohnungen, wobei es zwei Tote und Dutzende von Verletzten gab. Es kam zu regelrechten Straßenschlachten. Am 8. Juni breiteten sich die Krawalle über die ganze Insel aus. Radio Ankara gab sein Bestes, um die Stimmung anzuheizen. Am 11. Juni erreichten sie einen neuen Höhepunkt, als in Nikosia 30 Häuser vom Mob in Brand gesteckt wurden und die Unruhen auch auf die Dörfer übergriffen. Erstaunlich war die gelassene Reaktion der Briten. Erst am nächsten Tag wurde eine Ausgangssperre über den türkischen Teil der Altstadt verhängt. Kritik an den Sicherheitskräften wies Foot zurück.

Der 12. Juni 1958 ging in die Geschichte Zyperns als der Tag des Massakers von Gönyeli (Kioneli) ein. Am 11. Juni hatten britische Sicherheitskräfte eine Anzahl Griechen in der Nähe des gemischten Dorfes Skylloura festgenommen, die offensichtlich gegen ihre türkischen Nachbarn vorgehen wollten. Sie sollten am nächsten Tag nach Nikosia gebracht werden, aber kurz vor dem Stadtrand erhielt der Transportführer die Anweisung, die Gefangenen laufen zu lassen. Kurz nach dem türkischen Dorf von Gönyeli hielt der Konvoi an, die Militärs ließen die Gefangenen frei und befahlen ihnen sich auf den Weg in ihr etwa zwölf Kilometer entferntes Heimatdorf zu machen. Dies war übliche Praxis und sollte die Gemüter abkühlen. Doch auf dem Weg dorthin gerieten sie in einen türkischen Hinterhalt. Neun von ihnen wurden erschlagen, die übrigen entkamen dem Tod, weil der Kommandeur der britischen Transporteinheit die Fortsetzung des Massakers stoppte. Bei der anschließenden Untersuchung des Falles wurden keine Schuldigen gefunden.

Die Krawalle im Juni gingen eindeutig auf das Konto der türkisch-zypriotischen Führung und auf das Ankaras. Sie dienten als "Beweis", dass griechische und türkische Zyprioten nicht zusammenleben konnten. Die Behauptung, dass die Krawalle durch EOKA-Terror gegen die türkischen Zyprioten hervorgerufen worden seien, ist falsch, denn abgesehen von den Polizisten hatte es bis dahin unter den türkischen Zyprioten nicht ein EOKA-Opfer gegeben,. Auch nach Gönyeli gingen die Morde mit einer kurzen Unterbrechung weiter. Ende Juni 1958 nahm der Konflikt eine neue Form an: TMT-Fanatiker terrorisierten Griechen in bestimmten Vororten von Nikosia und Limassol derart, dass sie mit Sack und Pack flüchteten. Zugleich setzte eine von der TMT gesteuerte Migrationsbewegung türkischer Zyprioten aus dem Süden der Insel nach Norden ein, deren Ziel es war, im Norden ethnisch homogene Siedlungsgebiete zu errichten.

Grivas erkannte, dass die Flucht der Griechen gestoppt werden musste, sonst drohte tatsächlich die De-facto-Teilung der Insel. Er befahl seinen Landsleuten in Flugblättern, nicht vor den Türken davonzulaufen, sondern zu bleiben und sich zu verteidigen. Tatsächlich verliefen die nun folgenden mörderischen Tage völlig chaotisch nach dem Prinzip der Rache und erneuter Rache. Insgesamt wurden etwa 100 Menschen Opfer dieses sinnlosen Mordens und über 170 wurden schwer verletzt. Die Opfer waren in etwa gleich auf beide Volksgruppen verteilt. Anders als im Juni starben im Juli erheblich mehr Türken (44) als Griechen (28). Die Morde selbst geschahen mit unglaublicher Brutalität, und die Opfer waren zumeist unbewaffnet. Hätten die Sicherheitskräfte nicht immer wieder eingegriffen, wäre die Zahl der Opfer noch erheblich höher gewesen.

Foot wollte gegen die TMT vorgehen, aber der Kommandeur der Sicherheitskräfte wusste, dass ein erneuter Angriff der EOKA gegen die Briten bevorstand und handelte nach der Logik: Der Feind meines Feindes ist mein Freund. Wenn die Briten massiv gegen die griechischen Zyprioten vorgingen, würden die türkischen Zyprioten auch einige Verhaftungen ihrer Landsleute hinnehmen. Am 22. Juli wurden daher fast 2.000 griechische und 58 türkische Zyprioten verhaftet. Unter den Griechen war nicht ein EOKA-Aktivist. Die Griechen wurden für viele Monate weggesperrt, die Türken diskret in kleinen Grüppchen nach kurzem wieder freigelassen. Am 23. Juli wurde die TMT verboten, aber keiner ihrer bekannten Führer verhaftet. Küçük und Denktaş waren von der Aktion in Kenntnis gesetzt worden.

Diese Aktion verbitterte die griechischen Zyprioten, und Foot verlor in ihren Augen jede Glaubwürdigkeit. Für sie war - subjektiv - klar, dass die Briten und Türken gemeinsam auf die Teilung der Insel zuarbeiteten, und die Veröffentlichung des Macmillan-Plans verstärkte diesen Eindruck. Rettung konnte in den Augen der griechischen Zyprioten nur noch von der EOKA kommen. Unwillentlich verstärkte diese Aktion die Kontrolle der EOKA über die griechische Volksgruppe.

Letzte Aktivitäten der EOKA
Während dieser ganzen Zeit lebte Grivas in seinem Versteck in Limassol. Mit der Zeit entfremdete er sich von der Realität und entwickelte eine Bunkermentalität, die an Hitlers letzte Tage unter der Reichskanzlei erinnert. Er verließ sich auf Berichte seiner nachgeordneten Kommandeure, und da diese sein cholerisches Temperament kannten, berichteten sie ihm das, was er hören wollte. Auf Misserfolge reagierte er mit Wutanfällen. Seine Weltfremdheit nahm immer groteskere Züge an. So forderte er von Athen ernsthaft den Austritt aus der NATO. Über den Bischof von Kition bombardierte er Athen mit Botschaften, die voll von Fehlinterpretationen, großsprecherischen Ratschlägen und sinnlosen Forderungen waren. Als er Anfang August von Averof und Makarios über das Ergebnis von Macmillans Besuch informiert wurde, antwortete er auf unsäglich arrogante Weise: Das Zypernproblem werde nicht in Palavern zwischen London, Athen und Ankara gelöst. Historische Zeiten verlangten historische Lösungen. Grivas wurde langsam zu einer Belastung für die griechische Politik.

Im Oktober 1958 befahl Grivas der EOKA, den Kampf gegen die Briten wieder aufzunehmen. Doch die neue Generation von EOKA-Kämpfern hatte nicht mehr die "Qualität" jener der ersten Runde. Da die britischen Soldaten inzwischen vorsichtig geworden waren, suchten sich Grivas' Leute zunehmend "weiche Ziele" aus, und die Hinterhalte und Bombenattentate erfolgten auch nicht mehr im persönlichen Einsatz, sondern durch ferngezündete Sprengladungen oder Zeitzünder. Außerdem konnte Grivas die Einhaltung seiner Befehle nicht länger persönlich kontrollieren und die Anführer legten sie nach ihrem Geschmack aus. Einen militärischen Ehrenkodex kannten viele von ihnen nicht, weshalb auch Frauen für sie zu Anschlagszielen wurden, obwohl Grivas das grundsätzlich ablehnte.

Im Oktober 1958 tötete die EOKA 31 Menschen (16 Briten (darunter 4 Zivilisten), 12 Griechen und 4 Türken). Im November sank die Zahl der Ermordeten auf 15 (9 Briten, 5 Griechen, 1 Türke). Der übelste Mord geschah am 3. Oktober 1958 in Famagousta an der Ehefrau eines Unteroffiziers und Mutter von fünf Kindern. Sie war mit ihrer Tochter und ihrer aus Deutschland stammenden Freundin beim Einkaufen für die bevorstehende Hochzeit der Tochter. Nachdem sie in einem Brautausstattungsgeschäft das Hochzeitskleid für die Tochter gekauft und den Laden verlassen hatten, näherten sich von hinten zwei Jugendliche. Die beiden eröffneten das Feuer auf die beiden älteren Frauen. Die Mutter starb noch an Ort und Stelle. Die Freundin wurde schwer verwundet, überlebte aber; ein griechischer Apotheker hatte erste Hilfe geleistet. Die Tochter konnte sich vor den Killern in Sicherheit bringen. Die Täter wurden nie gefasst. Grivas behauptete in einem Flugblatt, dass der Mord von britischen Agents provocateurs begangen worden sei.

Wenn die Zahl der Anschläge im November nachließ, so lag dies an einer neuen Taktik der Sicherheitskräfte. Britische Zivilisten erhielten ein Schießtraining und Schusswaffen. Frauen durften nur noch zu bestimmten Zeiten Einkaufen gehen, wenn die Einkaufsstraßen von Soldaten bewacht waren. Weit effizienter war ein raffiniertes System von differenzierten Ausgangsverboten für Jugendliche jener Altersgruppe, aus der sich die Killer rekrutierten. Sie durften das Haus nur verlassen, um zu ihrer Arbeitsstelle zu gehen, und auch dort hatten sie nicht das Recht, das jeweilige Gebäude zu verlassen. Dies wurde von Soldaten kontrolliert, die aus Verstecken auf Dächern, Balkonen, in Hauseingängen und Gärten die Bewegungen in den Straßen kontrollierten. Die Soldaten trugen Stiefel mit Gummisohlen und konnten sich geräuschlos bewegen. Außerdem hatten sie das Recht, auf Zuwiderhandelnde zu schießen. Hinzu kamen Nachtpatrouillen zur Überprüfung des Ausgangsverbotes. Das Risiko für die jugendlichen Killerteams wurde so hoch, dass die Attentate auf Zivilisten im Dezember ganz aufhörten.

Außerdem gelang es den Sicherheitskräften in das Kommunikationssystem der EOKA einzubrechen und immer mehr festgenommene EOKA-Kämpfer packten aus. Opfer eines solchen Verrates wurde einer der letzten EOKA-Kämpfer der ersten Stunde: Kyriakos Matsis. Matsis, mit 32 Jahren einer der ältesten EOKA-Kämpfer. Am 19. November schlossen Soldaten das Dorf Dikomo ein und begannen Haus um Haus nach Matsis' Versteck zu durchsuchen. Mehrfach wurde das Haus, von dem die Truppen wußten, dass sich darin das Versteck von Matsis befand, durchsucht, aber erst als ein Soldat mit dem Bajonett die Ritzen der Bodenfliesen untersuchte, wurde die Falltür entdeckt, die zu Matsis' Kellerversteck führte, die sich allerdings nicht von oben öffnen ließ. Die Soldaten forderten Matsis auf sich zu ergeben, was dieser ablehnte, aber er gab seinen beiden Gefährten den Befehl, hinaufzusteigen und sich zu ergeben. Die beiden jugendlichen Kämpfer kamen heraus und ergaben sich. Sie berichteten, dass Matsis schwer bewaffnet sei und einen Ausfall versuchen werde. Die Soldaten warfen eine Rauchbombe in das Versteck und, als Matsis nicht herauskam, eine Handgranate, die ihn sofort tötete. Um ähnliche Demonstrationen wie bei Mouskos zu vermeiden, wurde Matsis' Leiche ins Zentralgefängnis nach Nikosia gebracht und dort in jenem ummauerten Hof (Fylakismena Mnimata) neben den Gräbern der Hingerichteten beerdigt. Das Haus, unter dem sich das Versteck befunden hatte, wurde gesprengt.

Als im Oktober 1958 die neue Gewaltrunde begann, bat Gouverneur Foot den Inlandsgeheimdienst MI5 um Hilfe. Dieser sandte einen Experten nach Zypern, der die Lage analysierte und der Meinung war, dass man Grivas durch genaues Aktenstudium und Beobachtung der Bewegungen bestimmter Personen aufspüren könne. Der MI5-Chef selbst begab sich im Januar 1959 zusammen mit jenem Analysten nach Zypern. Innerhalb weniger Wochen lokalisierten die Experten des MI5 das Versteck von Grivas. Zwar gelang es Grivas, sich aufgrund einer Warnung nochmals abzusetzen, aber wie er selbst in seinen Memoiren zugab, waren seine Verfolger ihm auch dort auf den Fersen. Wie dem auch sei, eines war klar: Grivas' Behauptung, dass er den Kampf der EOKA noch beliebig lange hätte fortsetzen können, ist falsch. Seine jugendlichen Killerteams waren durch das Ausgehverbot deaktiviert. Seine Partisanen wurden gejagt und gestellt. Und Ende 1958 war es nur noch eine Frage der Zeit, bis auch sein neues Versteck entdeckt wurde und er sich wieder zumindest auf die Flucht begeben musste. Auch die zweite Runde der Gewaltanwendung bewegte sich auf eine Niederlage zu. Wenn diese nicht voll eintrat, dann lag dies daran, dass eine politische Lösung über den Kopf von Grivas hinweg gefunden wurde.

Erneute Konfrontation in der UNO und der Weg zur Lösung
Bekanntlich hatte die britische Regierung Anfang September 1958 beschlossen, mit den Vorbereitungen zur Durchführung des Macmillan-Plans zu beginnen. Die griechische Regierung versuchte dies auf zwei diplomatischen Ebenen zu verhindern, nämlich bei der NATO und der UNO, und versuchte die Amerikaner für ihre Sache zu gewinnen. Schon am 15. August hatte Athen beantragt, dass das Zypernproblem auf die Agenda der Generalversammlung gesetzt werde. Im September begab sich Averof nach New York und schaffte es durch intensive Lobby-Arbeit, dass am 28. September die Zypernfrage auf die Tagesordnung kam.

Gleichzeitig bemühte sich Karamanlis von Athen aus, das Problem vor den NATO-Rat zu bringen, indem er argumentierte, dass die Entsendung eines offiziellen Vertreters der Türkei nach Zypern dazu führen könne, dass sein Land die NATO verlasse. NATO-Generalsekretär Spaak war alarmiert und schlug die Einberufung einer Dreimächtekonferenz mit Beteiligung der zypriotischen Volksgruppen unter den Auspizien der NATO vor, auf der er einen eigenen Plan vorlegen werde. Karamanlis war einverstanden und Averof versicherte, dass man in diesem Fall den Antrag in der UNO zurückziehen werde. Die britische Seite blieb auf beiden diplomatischen Ebenen bei ihrer intransigenten Haltung.

Am 24. September 1958 legte Spaak einen Plan vor, der zwar dem Macmillan-Plan ähnelte, aber entscheidende Verbesserungen enthielt: Er sah neben den beiden Repräsentantenhäusern auch ein Zentralparlament vor; im Rat des Gouverneurs sollte es eine eindeutige griechische Majorität geben. Eine Gleichstellung von Majorität und Minorität kam für ihn nicht in Frage, aber Letztere sollte Garantien erhalten. Die griechische Regierung erklärte sich mit Spaaks Vorschlag einverstanden und signalisierte auch Makarios' Zustimmung. Die britische Regierung hielt jedoch stur an der Anwendung des Macmillan-Plans fest. Amerikanischer Druck führte dazu, dass London sich immerhin bereit erklärte, an der von Spaak vorgeschlagenen Konferenz teilzunehmen, und die türkische Regierung gab bekannt, dass sie anstatt einen Vertreter nach Zypern zu entsenden, den türkischen Konsul beauftragen werde, diese Funktion zu übernehmen. Spaak befürchtete, dass die griechische Regierung dies ablehnen könne.

Inzwischen hatte sich Barbara Castle auf Einladung der Ethnarchie auf eine Art Erkundungstour begeben. Am 15. September kam sie in Athen mit Makarios zusammen. Beim Gespräch machte Makarios ein geradezu sensationelles Zugeständnis: *"Ich wäre bereit, den Status der Unabhängigkeit Zyperns zu akzeptieren, unter der Bedingung, dass dieser weder durch die Vereinigung mit Griechenland, noch durch die Teilung, noch sonstwie verändert wird, es sei denn die UNO billige eine solche Veränderung."* Eine solche durch die UNO garantierte Unabhängigkeit werde Zypern nicht daran hindern, im Commonwealth zu verbleiben. Die Rechte der türkischen Minorität müssten in Verhandlungen festgelegt werden. Die britische Regierung solle mit Repräsentanten der Zyprioten eine Verfassung für die Selbstregierung erarbeiten, die für eine noch festzulegende Übergangszeit in Kraft treten solle. Makarios hatte also erkannt, dass es nur noch die Alternative Unabhängigkeit oder Teilung gab. Bei einem Gespräch mit

Karamanlis am nächsten Tag, war dieser über Makarios' Schritt verblüfft, aber damit einverstanden, doch bezweifelte er, dass die britische Regierung dies akzeptieren werde.

In Ankara behauptete Castles Gesprächspartner, dass Macmillan der Teilung Zyperns schriftlich zugestimmt habe. Sollte sich England aus Zypern zurückziehen, müsse es als Ganzes an die Türkei zurückgegeben werden. Castle gewann den Verdacht, dass Macmillan das Parlament hinters Licht geführt hatte. In Zypern sprach sie mit Gouverneur Foot und mit Führern der türkischen Zyprioten und gewann den Eindruck, dass diese die Teilung forderten. Nach ihrer Rückkehr nach Athen empfahl sie Makarios, seinen Verzicht auf die Enosis und den Vorschlag der garantierten Unabhängigkeit über sie zu veröffentlichen. Dies geschah, und die britische Regierung lehnte ihn sofort ab, da sie Ärger mit der Türkei befürchtete. Lennox-Boyd ging sogar so weit, auf dem Parteitag der Konservativen Zypern als ein Offshore Island der Türkei zu bezeichnen. Offensichtlich wollte der Minister damit Spaaks Konferenzplan und Makarios' garantierte Unabhängigkeit torpedieren. Dies gelang ihm teilweise, denn Karamanlis zog seine Zusage zur Teilnahme an Spaaks Konferenz wieder zurück. Damit war Spaaks Plan Makulatur. Der einzige Weg, die weitere Umsetzung des Macmillan-Plans zu stoppen, war nun der über die UNO.

Inzwischen geriet Makarios unter massiven Druck der griechischen und zypriotischen Nationalisten, die nach wie vor auf Enosis bestanden. Um sich aus der Schusslinie zu bringen, behauptete er am 22. November, dass er den Vorschlag der Unabhängigkeit Zyperns auf Rat der Amerikaner gemacht habe. Unabhängigkeit schließe den Anschluss an Griechenland nicht aus, der ja später kommen könne, aber er sei sich nicht sicher, ob die britischen Basen auf Zypern bleiben könnten. Das Statement veranlasste das State Department zu einem scharfen Dementi, und die Briten und Türken interpretierten es als Beweis für Makarios' Doppelzüngigkeit und Trickserei. Es war ein typisches Beispiel für Makarios' Taktik, durch Lippenbekenntnisse zur Enosis seinen Opponenten den Wind aus den Segeln zu nehmen. Nach einer etwas stürmischen Unterredung zwischen Averof und Makarios dementierte Letzterer seine Aussage: Er sei missverstanden worden. Makarios begriff nicht, dass er dadurch seine Glaubwürdigkeit verspielte und die andere Seite immer misstrauischer werden ließ.

Die Debatte im Ersten Komitee der UNO ging über mehrere Tage, und die dabei vorgetragenen Argumente ähnelten jenen, die in früheren Debatten vorgebracht worden waren. Die schließlich verabschiedete iranische Resolution bedeutete eine Niederlage für Athen. Durch sie wurde Ankara völkerrechtlich zum gleichberechtigten Mitspieler im Poker um Zypern und die Anerkennung der "berechtigten Bestrebungen" implizierte auch jene nach Teilung. Im Ersten Komitee hatte es Athen nicht geschafft, die Realisierung des Macmillan-Plans zu stoppen. Die Frage war nun, ob dies in der Generalversammlung gelingen würde. Informationen, die Averof erreichten, waren deprimierend: Eine Zwei-Drittel-Mehrheit für die Position Londons und Ankaras zeichnete sich am Horizont ab. In dieser Situation geschah etwas Unglaubliches: Während Averof auf dem Flur mit einigen Journalisten sprach, kam Zorlu auf ihn zu und schlug ihm ein Treffen unter vier Augen für den nächsten Tag vor. Averof war einverstanden, vorausgesetzt die iranische Resolution komme nicht zur Abstimmung. Zorlu stimmte zu, und in den nächsten Stunden wurde hinter den Kulissen eifrig daran gearbeitet, den Text einer entschärften Resolution zu finden. Am 5. Dezember 1958 wurde eine solche verabschiedet und am 6. Dezember 1958, einem Samstag, trafen sich Averof und Zorlu im leeren UN-Gebäude.

Zorlu meinte die Briten hätten Griechen und Türken gegeneinander ausgespielt, um Zypern zu behalten. In der letzten Zeit hätten sie bei diesem Spiel mehr auf die Türken gesetzt, wie der Macmillan-Plan zeige. Die Türkei selbst strebe nach der Teilung. Da die Griechen aber die Teilung vehement ablehnten, man selbst Wert auf gute Beziehungen zu Griechenland lege und die Griechen und die griechischen Zyprioten die Idee der garantierten Unabhängigkeit akzeptiert hätten, sei es an der Zeit, dass man sich Gedanken über eine einvernehmliche Lösung mache.

Averof stimmte Zorlus Analyse weitgehend zu, die Frage sei nur, welche Form die Unabhängigkeit haben sollte. Zorlu meinte, dass man den Briten Basen lassen müsse, um sie zur Zustimmung zu veranlassen, . Da es auf Zypern zwei Volksgruppen gebe, müssten bestimmte Bereiche des öffentlichen Lebens unterschiedlich organisiert werden; er nannte Erziehung, Religion, Familienrecht und Personenstandsrecht. Bei allen anderen Bereichen müsse es eine gemeinsame Machtausübung geben, wobei die größere Volksgruppe bereit sein sollte, der anderen einen nicht nur proportionalen Anteil an der Macht einzuräumen. In manchen Bereichen sollten die beiden Volksgruppen gleichberechtigt sein und in anderen könne er sich eine Relation von 6:4 vorstellen. In den Städten müsse es getrennte Stadtverwaltungen für die jeweiligen Stadtviertel geben. Außerdem brauche die Türkei aus Sicherheitsgründen eine Militärbasis auf Zypern.

Averof lehnte Letztere ab, da sie die Souveränität einer Republik Zypern untergrabe. Dann zerpflückte er das Argument, dass Zypern für die Sicherheit der Türkei wichtig sei, und schlug vor, der zukünftigen Republik Zypern einen Neutralitätsstatus zu verleihen wie Österreich. Averof sah kein Problem darin, der türkischen Minorität überproportionale Rechte einzuräumen, und stimmte auch der Trennung in Bezug auf Erziehung usw. zu, wie sie Zorlu vorgeschlagen hatte, aber die Einrichtung von getrennten Stadtverwaltungen lehnte er ab, da sie der Beginn der Teilung wären. Stattdessen solle man separate kommunale Behörden einrichten. Zorlu schlug als Ausweg die Schaffung einer föderativen Republik vor. Entscheidend sei, dass man die früheren guten Beziehungen zwischen Griechenland und der Türkei wieder herstelle. Er schlage vor, dass man die beiden Regierungen und auch Makarios über das Gespräch in Kenntnis setze. Man könne sich bei der nächsten NATO-Ratssitzung in Paris erneut treffen und das Gespräch unter strikter Geheimhaltung fortsetzen. Die Briten dürften auf keinen Fall etwas erfahren, sonst sei alles verloren. Wenn man aber bilateral verhandle und Einmischung von außen nicht zulasse, könne man ehrlich und offen miteinander reden. Averof gewann den Eindruck, dass Zorlu im Auftrag von Menderes handelte und dass das ganze Thema von der türkischen Seite schon bis ins Kleinste diskutiert und geplant worden war.

Der Grund für den radikalen Kurswechsel dürften türkische Sicherheitserwägungen gewesen sein. Der Bagdad-Pakt war zerbrochen und der Irak näherte sich der VAR an, die ihrerseits enge Beziehungen zur Sowjetunion unterhielt. Die Kurden in der Türkei und im Irak redeten von der Schaffung eines eigenen Staates. Seit Ende November bedrohte Chruschtschows Berlin-Ultimatum das westliche Bündnis. Ein NATO-Austritt Athens war nicht auszuschließen, wenn in Zypern ein Fait accompli geschaffen wurde. Außerdem standen in Großbritannien Unterhauswahlen an, und in der UNO gab es eine Mehrheit für die Unabhängigkeit Zyperns. Angesichts dieser Lage entschied man sich in Ankara für eine praktikable Lösung.

Die jährliche Wintersitzung des NATO-Rates vom 16. bis 19. Dezember 1958 war geprägt durch die Zurückweisung von Chruschtschows Berlin-Ultimatum. Das private Treffen von Zorlu und Averof am 16. Dezember blieb daher unbeachtet. Averof und Zorlu erarbeiteten einige Grundprinzipien: Die Türkei und Griechenland würden einen Vertrag über die Unabhängigkeit Zyperns schließen, der die Enosis und die Teilung der Insel ausschloss. Ein Bündnisvertrag sollte den neuen Staat mit Griechenland, Großbritannien und der Türkei verbinden. Die Souveränität und territoriale Integrität Zyperns sollte durch einen Garantievertrag gesichert werden. Ein weiterer Vertrag sollte garantieren, dass die Verfassung eingehalten wurde. Zypern sollte eine Republik mit einem Zentralparlament und zwei Volksgruppenkammern werden, die sich mit religiösen und kulturellen Belangen der beiden Volksgruppen befassen würden. Der Vizepräsident der Republik müsse ein türkischer Zypriote sein, der ein Vetorecht bei außenpolitischen und Sicherheitsfragen haben sollte. Die Einzelheiten sollten in weiteren Verhandlungen ausgehandelt werden.

Am 17. Dezember 1958 informierten Averof und Zorlu ihren britischen Kollegen Lloyd, der sich leicht irritiert zeigte, als ihm klar wurde, dass die beiden über das Schicksal einer britischen Kolonie mit ihm reden wollten und er keine Ahnung hatte. Man vereinbarte ein Gespräch für den 18. Dezember. Bei diesem Gespräch stellten Averof und Zorlu fest, dass es nur zu einer Lösung kommen könne, wenn Zypern tatsächlich unabhängig werde und die Briten alle Souveränitätsrechte aufgäben. Man würde den Briten zwei Militärbasen vernünftiger Größe zugestehen. Lloyd war von der Vorstellung entsetzt, dass England in Zypern nichts mehr zu sagen haben sollte. Während die Briten sich noch wanden, liefen die Verhandlungen zwischen Athen und Ankara auf Hochtouren.

Mitte Januar 1959 trafen sich Averof und Zorlu wieder in Paris. Man stimmte weitgehend überein, so dass ein Treffen der Premierminister vereinbart werden konnte. Auch Makarios zeigte sich mit dem bisherigen Verhandlungsergebnis zufrieden. Am 2. Februar 1959 kam es zu einem erneuten Treffen zwischen Zorlu und Averof, diesmal in Athen in der Nähe des Flughafens. Im Auftrag von Karamanlis wollte Averof wissen, ob nach Zorlus und Menderes' Ansicht die informellen Gespräche so weit fortgeschritten waren, dass man zu offiziellen Verhandlungen übergehen könnte. Zusätzlich unternahmen beide Außenminister Anstrengungen, letzte Konfliktpunkte auszuräumen. Zorlu versuchte, doch noch Averoffs Zustimmung zu einer türkischen Militärbasis zu erhalten. Averof durchschaute Zorlus Absicht und lehnte wieder ab. Zwar waren nicht alle offenen Fragen gelöst, aber Averof und Zorlu kamen überein, dass die letzte Runde der Verhandlungen zwischen den Premierministern beginnen könne. Am 3. Februar kam grünes Licht aus Ankara und man beschloss, dass die Verhandlungen am 6. Februar 1959 in Zürich beginnen sollten.

DIE VERTRÄGE VON ZÜRICH UND LONDON

Die Verhandlungen in Zürich

Die beiden Delegationen reisten am 5. Februar an. Beide waren relativ klein und bestanden aus den Premierministern Karamanlis und Menderes, den Außenministern Averof und Zorlu sowie einigen hochrangigen Diplomaten. Dies vermittelte der griechischen Delegation den Eindruck, dass die türkische Regierung bei den Verhandlungen tatsächlich ein Ergebnis anstrebte. Kein Vertreter der Zyprioten nahm an den Verhandlungen teil.

Die eigentlichen Verhandlungen wurden von den beiden Außenministern geführt. Es gab kein Protokoll. Die Verhandlungen waren weit weniger locker als die Gespräche zwischen Averof und Zorlu, denn nun waren die Ergebnisse bindend. Zwar waren die Themen dieselben, aber jetzt mussten die Details festgelegt werden, und da geschah es immer wieder, dass sich bei deren Ausformulierung der sprichwörtlich im Detail sitzende obligatorische Teufel zeigte. Es gab morgens und nachmittags je eine Verhandlungsrunde. Sobald die Verhandlungspartner ein Ergebnis erzielt hatten, wurden ihre Notizen von den Diplomaten in die endgültige Vertragsform gebracht. Die Premierminister, die sich zumeist in ihren Suiten aufhielten, wurden über die Resultate laufend informiert. Dabei kam es vor, dass sie mit einer Formulierung unzufrieden waren und den Text zur Nachverhandlung an die Außenminister zurücksandten. Dennoch kam es zu menschlicher Annäherung. An einem der Tage hatte Karamanlis einen Fieberanfall; besorgt suchte Menderes seinen Amtskollegen auf und erkundigte sich nach seinem Befinden.

Eines der schwierigsten Themen war die erneut erhobene Forderung der Türkei nach einer Militärbasis. Als die griechische Seite sich weigerte, dies zu akzeptieren, schlug Zorlu wieder die Errichtung eines gemeinsamen Hauptquartiers der britischen, griechischen und türkischen Kräfte vor. Die griechische Seite war damit einverstanden, aber nun erhob sich die Frage nach der Größe der auf Zypern zu stationierenden Truppen.. Da die beiden Außenminister kein Ergebnis erzielen konnten, wurde dieses Problem am letzten Tag der Konferenz den beiden Premierministern zur Entscheidung übertragen. Schließlich schlug Karamanlis ein Verhältnis von 900 griechischen zu 600 türkischen Soldaten und Offizieren vor. Menderes verlangte eine Erhöhung um jeweils 50 und erhielt sie, womit dieses schwierige Problem gelöst war.

Ein weiteres heiß umkämpftes Thema war der Charakter des zukünftigen Staates. Die türkische Seite forderte wieder die Errichtung eines föderativen Staates, was die griechische Seite wieder ablehnte, da sie möglicherweise einer Teilung der Insel hätte Vorschub leisten können. Die gefundene Lösung trug den Ängsten aller Seiten Rechnung: Zypern sollte eine unabhängige Republik mit einem Präsidenten werden. Die neue Republik sollte das Recht haben, ein Mitglied der UNO zu werden; die beiden Premierminister verpflichteten sich dazu, dies nach Kräften zu unterstützen.

Insgesamt wurden drei Abkommen erarbeitet: Das erste enthielt die Grundzüge der zukünftigen Verfassung, die wir noch gesondert analysieren werden. Im zweiten, dem Garantievertrag garantierten die Türkei und Griechenland den Bestand Zyperns. Eine ökonomische Integration in einen anderen Staat wurde ausgeschlossen, genauso wie eine direkte oder indirekte Teilung der Insel. Aktivitäten, die zu Enosis oder Taksim aufrufen, sollten verboten sein. Ein Bündnisvertrag sollte die Unabhängigkeit und territoriale Integrität des neuen Staates schützen. Sollte es zu Unruhen kommen, sollten die Garantiemächte sich konsultieren und erst danach das Recht zur Intervention haben, mit dem einzigen Ziel, den Status quo ante wieder herzustellen. Der Garantievertrag schuf Verhältnisse, die an die begrenzte Souveränität der BRD zwischen 1955 und 1990 erinnern. Zypern hatte den Status eines Protektorats der Garantiemächte. Das dritte Abkommen regelte die Stationierung der militärischen Kontingente der Mutterländer.

Neben diesen drei fundamentalen Abkommen über die Errichtung der unabhängigen Republik Zypern, die nach dem späteren Beitritt Großbritanniens veröffentlicht wurden, gab es noch ein weiteres geheimes "Gentlemen's Agreement" zwischen Karamanlis und Menderes, das nie publiziert wurde. Darin versicherten die beiden Premierminister, dass sie eine NATO-Mitgliedschaft Zyperns unterstützen würden. Das Züricher Abkommen war unter den bestehenden Umständen die bestmögliche Lösung, die erreicht werden konnte. Nun galt es, die Briten und Makarios sowie Grivas zur Zustimmung zu bewegen. Gelang dies, würde es das Ende des Konfliktes herbeiführen.

Am 11. Februar 1959 informierte der nach Athen zurückgekehrte Karamanlis Makarios über die Ergebnisse der Verhandlungen in Zürich. Makarios erklärte sich mit allem einverstanden, wollte aber über die Größe der zukünftigen britischen Basen ein Mitspracherecht, was ihm die griechische Seite zugestand. Am 12. Februar informierte Makarios Grivas und den Bischof von Kition: Das Abkommen von Zürich sei das Maximale, was die griechische Regierung habe erreichen können. Kaum war Grivas informiert, als er auch schon querzutreiben begann. Am 12. Februar informierte Karamanlis Makarios, dass die Briten mit einer Fünferkonferenz unter Einschluss der Zyprioten einverstanden seien. Makarios erklärte sich nochmals mit den ausgehandelten Ergebnissen einverstanden, wollte sich aber rückversichern.

Bei Gesprächen mit Vertretern der griechischen Zyprioten am 13. Februar, von denen einige massive Bedenken äußerten, wurde Makarios schwankend. Es folgte eine mehrstündige Debatte. Schließlich kam man zur einstimmigen Meinung, dass Makarios zwar nach London reisen solle, falls es ihm aber nicht gelingen sollte, die Verträge zu verbessern, solle er sie verdammen und abreisen. Bei einer Unterredung mit Vertretern des griechischen Außenministeriums zeigte sich, dass Makarios völlig verunsichert war. Am Abend beruhigte Karamanlis den Erzbischof immerhin so weit, dass dieser erklärte, er werde sich am 14. Februar endgültig entscheiden. Dies tat er, und verkündete zugleich, er werde seine Landsleute mit nach London nehmen. Offensichtlich wollte er sie in die Verantwortung einbinden. Grivas schwieg zu all dem, er war beleidigt, denn er fühlte sich ausgegrenzt.

Die Verhandlungen in London
Averof und Zorlu trafen am 11. Februar 1959 in London ein, um die britische Regierung über die Ergebnisse von Zürich zu informieren. Macmillan hatte inzwischen eingesehen, dass sein Plan nicht durchsetzbar war und war bereit, so ziemlich alles zu akzeptieren, vorausgesetzt die Briten behielten ihre Basen. Nachdem er über den Inhalt der Züricher Verträge informiert war, ließ er den Kurswechsel vom Kabinett absegnen. Lloyd wollte zwar ein Mitspracherecht bei der Verfassung, aber gab dann doch nach. Am 16. Februar waren alle Vertragstexte ausgehandelt und unterschriftsreif, und man lud die beteiligten Regierungen sowie Makarios und Küçük zur Schlusskonferenz ein, die am 17. Februar im Lancaster House in London beginnen sollte.

Am 15. Februar traf die griechisch-zypriotische Delegation in London ein. Am Morgen des 16. Februar informierte Makarios sie über den Stand der Dinge und forderte sie auf, ihre Meinungen zu äußern. Die überwältigende Mehrheit der Anwesenden sprach sich für die Ablehnung der Züricher Abkommen aus, aber am Ende seiner Ausführungen stellte jeder von ihnen fest, dass er Makarios folgen würde, was immer er auch beschließe. Makarios seinerseits gab ihnen zu verstehen, dass sie nur beratende Funktion hätten und er nach seinem Gewissen entscheiden werde. Als Averof von Makarios' erneutem Kurswechsel hörte, ließ er ihn und die Delegierten durch zwei Diplomaten unter Druck setzen.

Da auch die britische Regierung Makarios' mündlichen Versicherungen gegenüber Karamanlis nicht ganz traute und es für möglich hielt, dass der Erzbischof die Konferenz platzen ließ, erachtetet man es für sinnvoll, dass er vor Konferenzbeginn schriftlich garantiere, dass er mit dem Inhalt der Züricher Verträge einverstanden sei. Foot wurde beauftragt, eine solche Erklärung von Makarios zu erlangen. Makarios unterschrieb das Papier sofort, wohl weil er erkannte, dass es nicht ganz eindeutig formuliert war.

Am Morgen des 17. Februar ließ sich Karamanlis vom Kabinett volle Handlungsfreiheit gegenüber Makarios und den Zyprioten bestätigen und begab sich auf die Reise nach London. Am späten Vormittag dieses Tages begann die Konferenz in London. Lloyd stellte fest, dass die Züricher Verträge ein Fundament bildeten für eine endgültige Lösung. Zorlu beschwor die Wiederbelebung der türkisch-griechischen Freundschaft und verlieh seiner Hoffnung Ausdruck, dass die Volksgruppen auf Zypern denselben Geist der Kooperation entwickeln würden. Makarios machte einige Vorbehalte geltend. Denktaş, der Küçük vertrat, erklärte seine Zustimmung. Lloyd vertagte die Konferenz auf den nächsten Tag.

Averof informierte den inzwischen in London eingetroffenen Karamanlis über Makarios' Kurswechsel. Karamanlis ließ Makarios und seine wichtigsten Begleiter in die griechische Botschaft kommen und beschuldigte ihn des Wortbruchs. Makarios gab dies zu, berief sich aber auf sein Gewissen. Karamanlis explodierte: Makarios mache die griechische Regierung lächerlich. Wenn er den Kampf fortsetzen wolle, müsse er sich nach anderen Verbündeten umsehen. Sprach's und verließ wutentbrannt den Raum. Averof erkannte, dass Makarios versuchte, die Unterstützung der Zyprioten zu gewinnen und schlug vor, sich erneut am nächsten Morgen zu treffen. Bei diesem Treffen waren alle zypriotischen Delegierten anwesend. Averof setzte ihnen die Bedeutung der Abkommen auseinander. Bei der anschließenden Diskussion zeigte es sich, dass die überwiegende Mehrheit der Delegierten für die Annahme war. Bei der Abstimmung stimmten 27 für und nur 8 Delegierte dagegen; darunter Tassos Papadopoulos, Vasos Lyssaridis und die PEO/AKEL-Vertreter.

Die Fortsetzung der Konferenz musste auf den Nachmittag des 18. Februar verschoben werden, da Menderes' Flugzeug beim Anflug auf Gatwick einen schweren Unfall gehabt hatte und der Premier im Krankenhaus war. Lloyd stellte fest, dass die drei Außenminister sich geeinigt hätten. Nun sollten die Zyprioten Stellung nehmen. Makarios sprach als erster und begann, das Abkommen zu zerpflücken. Alle Seiten waren entsetzt. Nach Makarios sprach Denktaş, der feststellte, dass genau die Punkte, die Makarios kritisiert habe, für die türkischen Zyprioten unverzichtbar seien. Änderungen seien unmöglich; wenn man damit beginne, breche das gesamte Vertragswerk zusammen. Er habe Makarios an diesem Morgen gesagt, dass die Gesamtheit der Züricher Verträge die zukünftige Republik der beiden Völker Zyperns schaffe. Die Verträge würden die Rechte beider Völker anerkennen und sähen Kompromisse dort vor, wo Konflikte entstehen könnten. In der Zukunft werde auf der Basis dieser neuen Ordnung bestimmt eine zypriotische Nation entstehen, aber bis das geschehe, müsse jede Seite Opfer bringen und Verständnis zeigen. Die türkischen Zyprioten seien dazu bereit.

Averof stellte fest, dass Griechenland zu seinem Wort stehe; für die griechische Regierung seien die Züricher Verpflichtungen bindend. Die Zyprioten hätten zugestimmt, dass Makarios für sie entscheide und dieser sei von der griechischen Seite stets auf dem Laufenden gehalten worden und habe jedem Schritt zugestimmt. Es folgte eine Periode des Schweigens; Makarios bat um eine halbstündige Unterbrechung der Konferenz. Als die Konferenz fortgesetzt wurde, wollte Lloyd von Makarios wissen, ob er die Verträge als ein Fundament für eine Lösung akzeptiere. Makarios wich Llyods Fragen immer wieder aus. Schließlich gab er zu verstehen, dass er vielleicht zustimmen werde, aber nicht jetzt. Die Konferenz vertagte sich.

Makarios geriet nun unter Druck von allen Seiten: Seine Landsleute forderten ihn auf zu unterschreiben. Labour-Chef Gaitskell drängte ihn, Königin Friederike beschwor ihn telefonisch. Schließlich lenkte er ein und ließ die griechische Regierung wissen, dass er die Verträge unterschreiben werde. Dies tat er auf der letzten Sitzung der Konferenz am 19. Februar. Beim anschließenden Empfang durch die Griechen meinte Makarios zu Karamanlis, ob er wirklich geglaubt habe, dass er nicht unterschreiben werde. Karamanlis wollte wissen, warum er so viel Ärger gemacht habe. Strahlend entgegnete Makarios, er habe seine Gründe gehabt.

Die Gründe für Makarios' Verhalten sind komplexer Natur. Es ist sicher richtig, dass er die Verantwortung nicht allein schultern wollte und zumindest die Mehrheit der griechischen Zyprioten hinter sich wissen wollte. Aber seit der Abstimmung wusste er, dass er diese gewonnen hatte. In seinem weiteren Verhalten steckt aber auch ein Element der Lust am Feilschen und Bluffen, wie seine Spielchen während der zweiten Plenarsitzung zeigten. Dabei überreizte er jedoch wieder einmal sein Blatt, und wenn Averof nicht interveniert hätte, wäre die Konferenz bestimmt geplatzt. Hinzu kam, dass er es nicht ertrug, nicht im Mittelpunkt zu stehen und nur eine Statistenrolle zu spielen. Mit seinem öffentlichen Widerstand konnte er seinen Ehrgeiz befriedigen und seinen Kritikern außerdem signalisieren, dass er hart gekämpft hatte. Sollte etwas schief gehen, konnte er die Schuld immer auf Athen schieben. Schließlich hatte er sich dem Diktat Athens gebeugt. Mit seinem Widerstand leitete er noch auf der Konferenz die Mythenbildung ein und gewann die Deutungshoheit über die Ergebnisse der Züricher und Londoner Konferenzen: Er bzw. Zypern war das Opfer der machiavellistischen griechischen Zypernpolitik von Karamanlis und Averof.

Aber nicht nur Makarios trieb am Ende seine Spielchen, sondern auch Grivas, der sich wochenlang zierte, die Verträge zu akzeptieren. Erst als Foot am 8. März 1959 eine Generalamnestie für alle EOKA-Angehörigen verkündete, erklärte er den Kampf für beendet. Als er von den ihn in Athen erwartenden Ehrungen erfuhr, versuchte er zwar Sulla zu imitieren, der sich nach dem Ende seiner Kämpfe bescheiden ins Privatleben zurückgezogen hatte, aber es war klar, dass er diese Ehrungen als selbstverständlich empfand und nicht daran dachte, auf politische Aktivitäten zu verzichten, was bekanntlich später für Zypern übelste Folgen haben sollte.

Als Makarios am 1. März 1959 in Zypern eintraf, war der Jubel grenzenlos. Über 200.000 Menschen sollen zu seinem Empfang auf den Straßen gewesen sein. Unglücklicherweise unterließ er es bei seiner Ansprache, den Zyprioten einen Hinweis zu geben, dass die gefundene Lösung eine endgültige war, an der nicht gerüttelt werden durfte, wenn man nicht eine erneute Katastrophe heraufbeschwören wollte. Den dazu nötigen Mut brachte er nicht auf, vielleicht begriff er es zu diesem Zeitpunkt auch nicht. In Athen und London war man jedenfalls erleichtert, dass endlich eine Lösung gefunden worden war.

Bilanz

Am Schluss dieses Kapitels soll eine Bilanz der Opfer der drei Jahre stehen. Nach eigenen Angaben sollen etwa 250 EOKA-Angehörige ums Leben gekommen sein. Von diesen starben 134 durch Unfälle oder Gewaltanwendung innerhalb der Organisation. Etwas mehr als 100 sollen von den Briten getötet bzw. hingerichtet (9) worden sein. Durch die EOKA kamen direkt 104 britische Militärangehörige ums Leben. Insgesamt verloren zwischen dem 1. April 1955 und dem 31. Dezember 1959 aber 360 britische Soldaten ihr Leben in Zypern, sei es durch Unfälle, "friendly fire" oder Waldbrände. Man könnte argumentieren, dass die meisten von ihnen wohl am Leben geblieben wären, wenn sie nicht in Zypern gewesen wären. Sie jedoch den EOKA-Opfern zuzurechnen, wie dies von EOKA-Veteranen getan wird, ist wohl übertrieben. Die Zahl der verwundeten Soldaten belief sich auf 601. Die Polizei hatte insgesamt 51 Tote zu beklagen, darunter 12 britische, 15 griechische, 22 türkische und 2 andere Polizisten. 206 Polizisten wurden verwundet. Unter den 288 zivilen Opfern der EOKA waren 26 Briten, 203 griechische, 7 türkische Zyprioten und 2 andere. 288 Zivilisten wurden verwundet. Bei den interkommunalen Zusammenstößen kamen 60 griechische und 55 türkische Zyprioten ums Leben, 98 bzw. 86 wurden verwundet. Nach Angaben von Grivas gab es etwas mehr als 1.000 EOKA-Kämpfer. Bei dieser Zahl dürften auch alle PEKA-Angehörigen, Kuriere und Logistiker mitgerechnet sein. Im Frühjahr 2005 jedoch wurden 22.000 ehemalige Kämpfer der EOKA von Präsident T. Papadopoulos mit Ehrenmedaillen ausgezeichnet. Die neue Zahl schloss wohl alle ein, die in irgendeiner Weise am Befreiungskampf der EOKA teilgenommen hatten und sei es als Steinewerfer oder als Demonstranten. Diese inflationäre Tendenz der Mitgliederzahlen erinnert an ähnliche Phänomene im Nachkriegsfrankreich, als plötzlich die Mitgliederzahl der Résistance ungeheuer anschwoll. Eine solche wundersame Vermehrung ist wohl im Gefolge derartiger Ereignisse unvermeidlich. Die in der Folge einsetzende Heroisierung der EOKA-Kämpfer auf allen Ebenen der Erziehung ist bedenklich, denn sie verstärkt den vorhandenen Nationalismus, zumal auch auf der türkisch-zypriotischen Seite in Bezug auf die TMT ein ähnliches Phänomen zu beobachten ist. Die Leistung individueller EOKA-Kämpfer verdient Respekt, aber die Aktionen der Organisation als Ganze hatten schwerwiegende negative Folgen, denn sie diskriminierte die Linke pauschal als Verräter und verursachte den Beginn des interkommunalen Konflikts. Hinzu kam eine gewisse Verrohung beider Gesellschaften und eine Störung des Rechtsbewusstseins. Und das eigentliche Ziel des Kampfes, die Enosis, wurde nicht erreicht.

1959-1965

DIE ZERSTÖRUNG DER REPUBLIK

1959-1960: DIE INTERIMSPERIODE

Das Feilschen um die souveränen britischen Basen
Das Züricher Abkommen war ein klassisches Oktroi Athens und Ankaras gewesen. Das Londoner Abkommen band die Führer der Volksgruppen Zyperns mit ein, aber nur, um ihnen den Raum für Störmanöver so gering wie möglich zu halten. Genau genommen wurde auch dieses Abkommen oktroyiert. Das Londoner Abkommen ist erheblich umfangreicher, aber im Kern unterscheidet es sich wenig vom Züricher Abkommen. Im letzten Teil verpflichteten sich die Vertragsschließenden, die Verfassung und die Verträge so schnell wie möglich in Realität umzusetzen. Als spätester Termin wurde der 19. Februar 1960 genannt. Bis dahin sollten auch der zukünftige Präsident und Vizepräsident gewählt werden.

Um die Souveränitätsübertragung in die Wege zu leiten, wurden mehrere Kommissionen eingerichtet. In Zypern sollte eine gemeinsame Kommission auf der Grundlage der im Vertrag von Zürich vereinbarten Prinzipien eine Verfassung erarbeiten. Diese Kommission sollte aus je einem Vertreter der griechischen und der türkischen Volksgruppe auf Zypern, je einem von der griechischen und der türkischen Regierung ernannten Repräsentanten sowie einem von den Außenministern Griechenlands und der Türkei nominierten juristischen Berater *(legal adviser)* bestehen.

In Zypern sollte ein Übergangskomitee errichtet werden, dessen Aufgabe es war, die Übertragung der Souveränität auf die unabhängige Republik vorzubereiten. Es sollte aus dem Gouverneur, den beiden Führern der Volksgruppen, also Makarios und Küçük, und anderen griechischen und türkischen Zyprioten im Verhältnis von 7:3 bestehen. In Absprache mit Makarios und Küçük würde der Gouverneur bestimmten Mitgliedern des *Transitional Committee* die Verantwortung für gewisse Abteilungen und Funktionen der Regierung übertragen, sie also gewissermaßen zu Ministern machen. Dies sollte so rasch wie möglich beginnen.

In London sollte ein weiteres *Joint Committee* eingerichtet werden, das als *London Joint Committee* bekannt wurde. Es bestand aus den Vertretern der drei Regierungen sowie je einem Vertreter der Volksgruppen. Seine Aufgabe sollte es sein, die endgültigen Vertragstexte auszuarbeiten und Nebenabsprachen vorzubereiten, darunter auch das Abkommen über die britischen Militärbasen.

Bei den Verhandlungen in Zürich waren die britischen Militärbasen kein Thema gewesen. Zorlu und Averof waren der Meinung gewesen, dass die Briten Basen erhalten sollten und es wohl nicht schwer sein dürfte, dabei Übereinstimmung zu erzielen. Im Vertrag von London waren die beiden Basen genannt und oberflächlich beschrieben worden. Die Beschreibung sagte nichts über ihre Größe oder Grenzen und schon gar nichts darüber aus, ob Zyprioten in diesen exterritorialen Gebieten leben würden. Diese Unbestimmtheit wurde nun zur Quelle von massiven Auseinandersetzungen, bei denen es sofort um Prestigefragen und ums Prinzip ging.

Macmillan wollte einen Flughafen, entweder langfristig gepachtet oder unter britischer Souveränität wie Gibraltar. Wahrscheinlich wäre Macmillan mit einem Minimum an Fläche zufrieden gewesen, aber er musste auf die Hardliner der Tory-Fraktion Rücksicht nehmen, denen die Aufgabe Zyperns mehr als zuwider war. Um die Betonköpfe der Tories zufriedenzustellen, musste die Fläche der beiden souveränen Basen möglichst groß sein. Dies würde auch *ex post* die Opfer rechtfertigen, die man in den vergangenen vier Jahren gebracht hatte. Für Makarios hingegen waren die Gespräche über die Basen die Gelegenheit schlechthin, sich wieder in die Verhandlungen über Zypern einzuklinken. Der einzige Punkt in den Londoner Verträgen, über den noch verhandelt werden konnte, waren die Basen, und Makarios war entschlossen, an dieser Stelle das Maximum herauszuholen, um seinerseits einen Sieg zu erzielen.

Schon bei der ersten Sitzung des Londoner Komitees am 23. März 1959 wurde deutlich, dass die Vorstellungen weit auseinander lagen. Die Briten wollten 170 Quadratmeilen Fläche auf der etwa 16.000 Zyprioten lebten. Da der Verhandlungsführer der griechischen Zyprioten, Rossidis, verlangte, dass die Basen hauptsächlich aus unbewohntem Gebiet bestehen sollten, vertagte man sich auf April. Als Verteidigungsminister Sandys Zypern besuchte und am 24. April mit Makarios sprach, gestand dieser den Briten eine maximale Gesamtfläche von 36 Quadratmeilen zu, wobei kein zypriotisches Dorf innerhalb der Basen liegen dürfe. Im Lauf der nächsten Monate bewegten sich beide Seiten nur minimal, so dass im November die Briten vorschlugen, im Januar 1960 eine Konferenz aller Beteiligten nach London einzuberufen.

Die Konferenz wurde für den 16. Januar 1960 anberaumt; zuvor sollten ab dem 14. Januar Verhandlungen mit den Zyprioten stattfinden. Makarios war sich bewusst, dass er sich mit der Reise nach London in eine Situation begab, die anscheinend aufs Haar genau jener ein Jahr zuvor glich. Wieder sollte eine Lösung innerhalb eines vorgegebenen Zeitrahmens gefunden werden und wieder stand Makarios allein gegen alle. Doch Makarios war entschlossen, sich dieses Mal nicht einem Oktroi zu beugen, und er hatte in dem bevorstehenden Poker gute Karten: Im Gegensatz zum Jahr zuvor stand er nicht unter Zeitdruck, denn er war bereit, die Unabhängigkeit hinauszuschieben. Die entscheidenden vertraglichen Grundlagen für eine Zypernlösung waren 1959 gefunden, und die Interessen der Beteiligten darin fixiert worden. Was nun noch zur Lösung anstand, tangierte die Interessen der Mutterländer kaum. Zwar würden sie sich auf die Seite der Briten stellen, aber keinen allzu großen Druck auf Makarios ausüben. Die Briten hingegen waren verpflichtet zu versuchen, die zeitlichen Vorgaben des Londoner Vertrages, also die Entlassung Zyperns in die Unabhängigkeit am 19. Februar 1960, einzuhalten. Aber dies konnten sie nur erreichen, wenn Makarios zustimmte.

Die während der Konferenz vorgetragenen Elemente ähnelten stark jenen, die in den vergangenen Monaten vorgebracht worden waren. Makarios pokerte, und wenn er sich auf einem Gebiet durchgesetzt hatte, versuchte er, auf einem anderen Gebiet noch etwas zu erreichen. Schließlich vertagte man sich am 18. Januar 1960 auf eine Woche später. Athen und Ankara zogen sich von den Verhandlungen zurück, da sie von dem Gezerre genug hatten. Doch inzwischen bildete sich eine neue Allianz: Die Vertreter der beiden Volksgruppen begannen, gemeinsame Forderungen zu erheben. Am 29. Januar wurde klar, dass die Konferenz gescheitert war, aber dass die Verhandlungen zwischen Makarios und den Briten weitergehen würden.

Neuer Verhandlungsführer auf der britischen Seite war Julian Amery, der sich als ein genauso gerissener Verhandlungskünstler wie Makarios herausstellte. In den nächsten Monaten wurde wie auf einem orientalischen Bazar über die Größe der Basen und die britische Wirtschaftshilfe geschachert. Makarios forderte stur eine Fläche unter 100 Quadratmeilen und Amery wollte partout über 100 bleiben. Schließlich feilschte man im April um 4 Quadratmeilen. Als man sich nach einem Jahr endlich enervierender Verhandlungen auf 99 Quadratmeilen geeinigt hatte, öffnete Makarios eine neue Verhandlungsfront, indem er über den genauen Grenzverlauf und die finanziellen Zuwendungen zu feilschen begann.

Am 30. Juli 1960 schließlich einigte man sich: Der britische Zuschuss würde insgesamt 14,34 Mio. £ betragen. Aus einer Position der Schwäche heraus hatte Makarios durch sein Verhandlungsgeschick für Zypern das Maximale herausgeholt. Doch sein Erfolg beruhte darauf, dass die andere Seite das Zypernproblem zu für sie günstigen Bedingungen loswerden wollte und weder bereit noch fähig war, einen harten Kurs zu steuern.

Ob die Briten selbst die Basen wirklich noch benötigten, ist fraglich, allenfalls im Rahmen des CENTO-Paktes. Die Amerikaner hingegen waren der Meinung, dass Zyperns militärische Bedeutung zugenommen habe. Die Flugplätze auf Zypern waren für sie eine Art Rückfallposition falls der US-Luftwaffenstützpunkt in Adana verloren gehen sollte. In der Tat wurde wenig später die RAF-Basis in Akrotiri in der Zeit des Kalten Krieges als Start- und Landeplatz für U-2-Flüge benutzt. Es gab sogar eine Diskussion, auf Zypern schwere britische und amerikanische Bomber zu stationieren, die im Kriegsfall die Sowjetunion mit Wasserstoffbomben hätten belegen können. Äußerst wertvoll für die Amerikaner waren die Abhörstationen auf dem Troodos, die den Rundfunk und militärischen Funkverkehr der südlichen Sowjetunion und des Nahen Ostens überwachten.

Die Verfassung
Bekanntlich wurde auch auf Zypern ein *Joint Committee* eingerichtet, das in Übereinstimmung mit den im Züricher und im Londoner Abkommen niedergelegten Prinzipien eine Verfassung der zukünftigen Republik Zypern erarbeiten sollte. Innerhalb kurzer Zeit wurde dieses Gremium auf Grund seiner Aufgabe als *Constitutional Committee* bekannt. Das Komitee bestand aus Juristen unterschiedlicher Kompetenz, darunter als "Neutraler" der Schweizer Jurist Marcel Bridel. Großbritannien entsandte keinen Vertreter. Die griechischen und türkischen Zyprioten waren durch zwei Delegationen vertreten, an deren Spitze die Rechtsanwälte Glafkos Kliridis und Rauf Denktaş standen. Da diese beiden für Jahrzehnte eine zentrale Rolle in der zypriotischen Politik spielten, sollen sie an dieser Stelle etwas genauer vorgestellt werden.

Der 1919 in Nikosia geborene G. Kliridis war der Sohn des bekannten liberalen Politikers Ioannis Kliridis. Er besuchte zunächst das *Pankyprio Gymnasio* und wechselte im letzten Schuljahr in die *English School* in Nikosia, um sich auf sein Studium in England vorzubereiten. 1936 begann er mit dem Jurastudium in England. Bei Kriegsbeginn meldete er sich freiwillig zur RAF, nahm an einigen Bomberangriffen auf Deutschland teil und geriet 1942 in deutsche Kriegsgefangenschaft. Nach dem Zweiten Weltkrieg setzte er sein Jurastudium bis 1948 am King's College der Universität von London und dann am Gray's Inn in London fort und machte 1951 sein Anwaltsexamen. Zwischen 1951 und 1960 praktizierte er in Nikosia als Anwalt. Er gehörte seit ihrer Gründung der EOKA an, blieb aber in der Legalität; seine Aufgabe war die Verteidigung angeklagter Mitglieder der EOKA. Nun war er designierter Justizminister.

Rauf R. Denktaş wurde 1924 als Sohn eines bekannten Richters in Paphos geboren. Auch er absolvierte die *English School* in Nikosia, arbeitete danach als Übersetzer in Famagousta, sowie als Justizangestellter und Lehrer. Später ging er zum Jurastudium nach London und machte eine Ausbildung zum Anwalt am Lincoln's Inn. Nach Abschluss seines Studiums kehrte er 1947 nach Zypern zurück und begann, als Anwalt zu arbeiten. 1948 wurde er Vertreter der türkischen Zyprioten in der *Consultative Assembly* ("Diaskeptiki") und Mitglied des *Turkish Affairs Committee*. 1949 wurde er Staatsanwalt und war nach 1955 in dieser Funktion an der Strafverfolgung von EOKA-Mitgliedern beteiligt. 1957 trat er von diesem Amt zurück und begann, sich politisch zu engagieren. Er war eines der Gründungsmitglieder der TMT, des türkischen Gegenstücks zur EOKA.

Die Verfassungskommission begann ihre Arbeit am 20. April 1959. Um die Arbeit zu beschleunigen, wurde ein vierköpfiges Subkomitee eingerichtet, das Einzelfragen diskutierte. Am 6. April 1960 wurde der Verfassungsentwurf von der Verfassungskommission vorgelegt. Der Text hatte 198 Artikel und war ca. 40.000 Wörter lang, und damit eine der längsten und wortreichsten Verfassungen Europas. Als die Briten nun versuchten, bestimmte Änderungen durchzusetzen, lehnte dies die türkische Regierung rundweg ab. Ganz offensichtlich ging der Prozess, der in Zürich begonnen hatte, weiter: Die Briten verloren immer mehr Einfluss auf die Entwicklung in Zypern. Die Entscheidungen fielen zwischen Athen und Ankara. Nach einigem Zögern fügte man sich in London in sein Schicksal und beschränkte seine Kritik am Verfassungstext auf semantische und linguistische Verbesserungen.

Nach dem erfolgreichen Abschluss der Verhandlungen über die Militärbasen unterzeichneten die Vertreter der Zyprioten und der Mutterländer am 6. Juli 1960 die letzten Verfassungszusätze. Am 14. Juli wurden alle im Zusammenhang mit Zyperns Staatswerdung relevanten Texte in

Form eines Weißbuches zusammen mit dem Gesetz über die Unabhängigkeit Zyperns dem britischen Parlament vorgelegt, das am 29. Juli in dritter Lesung die Vorlage verabschiedete. Am 3. August verfügte Königin Elizabeth durch eine *Order-in-Council*, dass die Verfassung der Republik am 16. August 1960 in Kraft treten sollte.

Schon Artikel 1 der Verfassung zeigt ihren Volksgruppencharakter, wenn er bestimmt, dass die unabhängige, souveräne Präsidialrepublik Zypern einen griechischen Präsidenten und einen türkischen Vizepräsidenten hat, die von ihren Volksgruppen nach demokratischen Prinzipien gewählt werden. Der Menschenrechtskatalog geht in den Einzelheiten weit über das in anderen europäischen Verfassungen Übliche hinaus, stimmt zum Teil wörtlich mit den Formulierungen der Europäischen Menschenrechtskonvention überein. Offensichtlich wurde hier der Versuch unternommen, allen Eventualitäten gerecht zu werden und Verletzungen von Rechten vorzubeugen. Einschränkungen von Rechten sollten nur in genau beschriebenen Ausnahmefällen möglich sein. Darüber hinaus enthalten die Artikel einige bemerkenswerte Bestimmungen, so z. B. Artikel 9 ein weitreichendes Sozialstaatsgebot; Artikel 11 und 12 klassische Rechtsgrundsätze, die Zypern zu einem Rechtsstaat machten. In Artikel 23 wurde implizit die Notwendigkeit einer Landreform anerkannt, die allerdings im Fall des größten Landbesitzers der Insel, der Kirche, durch einen anderen Artikel wieder eingeschränkt wurde. Ein anderer Artikel anerkannte die Tarifhoheit der Gewerkschaften.

Der Präsident der Republik, stets ein griechischer Zypriote, ist das Staatsoberhaupt und der Vizepräsident, stets ein türkischer Zypriote, ist eine Art Mit-Staatsoberhaupt, aber nicht sein tatsächlicher Stellvertreter. Der Präsident und der Vize-Präsident repräsentieren die Republik, wobei Ersterer agiert und Letzterer dabei anwesend ist. Horizontale und vertikale Gewaltenverflechtungen sind untersagt; so können weder der Präsident noch der Vize-Präsident Minister, Abgeordneter oder Mitglied der Volksgruppenkammer oder Bürgermeister einer Stadt sein. Sollte der Präsident außer Landes oder vorübergehend nicht in der Lage sein, sein Amt auszuüben, wird er durch den Präsidenten des Repräsentantenhauses, im entsprechenden Falle der Vize-Präsident durch den Vize-Präsidenten dieses Hauses vertreten. Der Präsident des Abgeordnetenhauses ist wiederum stets ein Grieche und sein Stellvertreter ein Türke; beide werden von Abgeordneten ihrer jeweiligen Volksgruppe gewählt. Damit unterscheidet sich das zypriotische Präsidialsystem grundsätzlich von allen anderen derartigen Systemen, bei denen der Vize stets der Stellvertreter des Präsidenten ist. Der Präsident und der Vize-Präsident sind die obersten Repräsentanten ihrer Volksgruppen und eine Übernahme der Verantwortung für die jeweils andere Volksgruppe ist damit ausgeschlossen; sie würde das Prinzip der Bikommunalität durchbrechen.

Präsident und Vize-Präsident sind nicht nur das doppelte Staatsoberhaupt, sondern sie sind auch Regierungschefs, wobei ihnen ein Ministerrat, bestehend aus sieben griechischen und drei türkischen Ministern, zur Seite steht. Die Minister müssen nicht zugleich Abgeordnete sein. Eines der drei wichtigen Ministerien muss durch einen türkischen Zyprioten besetzt werden: Außen-, Verteidigungs- oder Finanzministerium. Beschlüsse des Ministerrates müssen mit absoluter Mehrheit gefasst werden. Eine Verantwortlichkeit der Minister gegenüber dem Parlament ist nicht vorgesehen, jedoch können sie jederzeit durch den Präsidenten oder Vize-Präsidenten entsprechend ihrer Volksgruppenzugehörigkeit entlassen werden. Präsident und Vizepräsident haben sowohl ein absolutes als auch ein suspensives Vetorecht gegenüber Beschlüssen des Ministerrates und des Repräsentantenhauses in Fragen der Außen- und Sicherheitspolitik sowie Budgetgesetzen.

Betrachtet man die Bestimmungen über den Präsidenten und den Vize-Präsidenten, dann ist man geneigt, diese als Co-Präsidenten zu bezeichnen und von einer bi-kommunalen Konstruktion der Exekutive zu sprechen. Die in einer Präsidialverfassung übliche Hierarchie macht hier einer Quasi-Gleichberechtigung Platz. Beide Präsidenten sind die Wahrer der Interessen ihrer Volksgruppen. Ist ein gegenseitiges Vertrauen vorhanden, kann diese Zusammenarbeit funktionieren, doch im Konfliktfall können die beiden Präsidenten die Regierungstätigkeit behindern, wenn nicht gar lahmlegen.

Auch die Legislative hat einen bi-kommunalen Charakter. Sie besteht aus dem Repräsentantenhaus und den beiden Volksgruppenkammern. Das Repräsentantenhaus hat legislative Kompetenz in allen Fällen, außer jenen, die ausdrücklich für die Volksgruppenkammern reserviert sind. Die Zahl der Abgeordneten beträgt 50, wobei 70 Prozent von der griechischen und 30 Prozent von der türkischen Volksgruppe gewählt werden. Das aktive Wahlrecht besitzt jeder Bürger über 21und das passive jeder über 25 Jahren. Die Legislaturperiode beträgt fünf Jahre. Die Volksgruppenkammern sind zuständig für Fragen der Religion, Erziehung, Kultur, des Personenstandes, kommunale Angelegenheiten wie Wohlfahrt und Sport), kommunale Steuern und Gebühren. Diese Bestimmungen vertieften die Spaltung der beiden Volksgruppen noch weiter.

Bedenklich war vor allem die Trennung des Erziehungswesens, denn sie schrieb die von den Briten eingeführte Spaltung fort: Beide Mutterländer konnten weiterhin Lehrer, Professoren und Geistliche sowie - Schulbücher nach Zypern entsenden. Natürlich konnte der neue Staat für seine beiden Volksgruppen aus Kostengründen keine eigenen Schulbücher herausbringen, aber wer die griechischen und türkischen Schulbücher jener Jahre kennt, weiß, dass im muttersprachlichen Unterricht und insbesondere in den Geschichtsbüchern beider Staaten ein extremer Nationalismus vermittelt wurde. Zur Herausbildung einer zypriotischen Identität konnte es so kaum kommen, denn durch die Bücher und das "importierte" Lehrpersonal wurde eine griechische und türkische Identität mit dazu gehörigem Nationalismus und Feindbild gelehrt, womit in beiden Gesellschaften die Träume von *Enosis* und *Taksim* auch in der Republik lebendig bleiben würden. Erziehung und Kultur waren Angelegenheiten der Volksgruppen, der Gesamtstaat Zypern hatte auf diesen Gebieten nichts zu bestimmen.

Die Verfassungsartikel über den Öffentlichen Dienst sahen ein Verhältnis von Griechen zu Türken von 70:30 vor. Die Republik sollte eine 2.000 Mann starke Armee haben, die zu 60 Prozent aus griechischen und zu 40 Prozent aus türkischen Zyprioten bestehen sollte. Für die 1.000 Köpfe zählenden Sicherheitskräfte (Polizei und Gendarmerie) sollte hingegen die 70:30-Regelung gelten. Die Kommandeure der Armee und der Sicherheitskräfte könnten unterschiedlichen Volkgruppen angehören, aber ihre Stellvertreter der jeweils anderen.

In den fünf großen Städten der Insel sollten getrennte Stadtverwaltungen mit gewählten Stadtparlamenten *(Councils)* errichtet werden. Nach vier Jahren sollten der Präsident und der Vizepräsident untersuchen, ob diese Trennung der Stadtverwaltungen aufrecht erhalten werden solle. Änderungen jener Verfassungsartikel, die die Bestimmungen des Züricher Abkommens enthielten, waren ausgeschlossen. Der Garantievertrag und der Bündnisvertrag waren ein Teil der Verfassung.

Die Verhinderung eines neuen Konfliktes war das Hauptanliegen der Verfassung. Der Weg war die Stärkung der Bi-Kommunalität auf allen Ebenen, wobei den türkischen Zyprioten große Zugeständnisse gemacht wurden, die ihren Einfluss weit über ihre reale Stärke (18%) anhoben. Sie waren politisch nicht länger eine Minorität, de jure zwar noch nicht gleichberechtigt, de facto aber wohl. Für die griechischen Zyprioten war dies ein harter Brocken, den sie nicht bereit waren, klaglos zu schlucken. Sie gaben im Gegenteil zu verstehen, dass sie nach Änderungen streben würden. Die türkischen Zyprioten auf der anderen Seite waren mit dem Ergebnis hochzufrieden und betrachteten jeden Versuch einer Änderung mit größtem Misstrauen. Somit waren die Voraussetzungen für das Funktionieren der Verfassung, nämlich das gute Einvernehmen, das Vertrauen und der gute Wille zur Zusammenarbeit, nicht vorhanden, und deren Entwicklung für die Zukunft auch verhindert. Die Verfassung und die aus ihr hervorgehende Republik waren zum Scheitern verurteilt. Ähnlich wie die Weimarer Republik nicht an ihrer zugegebenermaßen komplizierten Verfassung scheiterte, sondern am Mangel an Demokraten, so scheiterte die Republik Zypern nicht an ihrer noch komplizierteren Verfassung, sondern am Mangel an 'Zyprioten'.

Das Problem der getrennten Stadtverwaltungen
Seit den interkommunalen Unruhen von Anfang 1958 gab es auf der türkisch-zypriotischen Seite Bestrebungen, separate Stadtverwaltungen zu errichten. Dies stieß auf ein gewisses Wohlwollen der britischen Seite, wie der Macmillan-Plan zeigt. Als im Spätsommer 1958 die Vorbereitungen für die Durchsetzung dieses Plans begannen, wurde auch eine *Municipal Commission* unter dem Vorsitz eines ehemaligen Beamten der zypriotischen Kolonialverwaltung namens Brewster Surridge eingesetzt, die Empfehlungen erarbeiten sollte. Am 12. Dezember legte die Surridge-Kommission ihren Bericht vor.

Es wurde nicht bezweifelt, dass die Errichtung getrennter Stadtverwaltungen möglich sei, aber sie werde teuer sein: Es werde zwei Bürgermeister, zwei Stadtdirektoren und zwei Verwaltungen geben. Manche Städte seien so gewachsen, dass diese Ämter von Vollzeitbeamten ausgeübt werden müssten. Teile man die Verwaltung, könne sich keine der beiden Seiten die Bezahlung leisten. Die schon jetzt existierenden doppelten Markthallen seien absurd. Die Nachteile einer Trennung der Stadtverwaltungen überwögen bei weitem die Vorteile, dass man sie eigentlich ablehnen müsse. Allerdings gebe es aufgrund des beiderseitigen Nationalismus Gefühle von Hass zwischen den Volksgruppen. Aber weder dies noch irgendwelche Umfragen unter den Bürgern waren für den Bericht der Grund, eine Teilung zu empfehlen, sondern einzig die Aussage der türkisch-zypriotischen Führung, die behauptete, die Masse der türkischen Zyprioten könne und wolle nicht länger mit ihren griechischen Landsleuten zusammenleben. Getrennte Stadtverwaltungen seien allenfalls in den fünf großen Städten realisierbar. Surridge selbst hielt deren Errichtung für verwaltungstechnischen Unsinn, aber eine politische Notwendigkeit. Wie wir gesehen haben, wurden sie dann Teil der Züricher und Londoner Abkommen und schließlich sogar in die Verfassung aufgenommen.

Das griechisch-türkische Rapprochement wirkte sich auf das Klima in Zypern nur wenig aus, denn dort gingen die separatistischen Bestrebungen weiter, wobei die türkischen Zyprioten der agierende Teil waren. Die türkisch-zypriotische Führung hielt am eingeschlagenen Kurs der Trennung der Stadtverwaltungen fest. Dabei lassen sich zwei deutlich unterschiedliche Positionen beobachten. Küçük spielte den Konzilianten und Kooperativen, wohingegen Denktaş den Hardliner und Intransigenten gab. Zugleich gab es zwischen beiden eine Rivalität um die Führung der türkischen Volksgruppe, denn Denktaş wollte mittelfristig Küçük von der Spitze der Volksgruppe verdrängen und seinen Platz einnehmen. Beide handelten jedoch stets in enger Absprache mit der Regierung in Ankara.

Nach ihrer Rückkehr von einem Besuch in Ankara im März 1959 wurde deutlich, dass Ankara die Fortsetzung der bisherigen separatistischen Kurses billigte. Das gemeinsame Ziel war, die beiden Volksgruppen möglichst auf jedem Gebiet auseinanderzudividieren und ethnisch homogene Siedlungskerne zu schaffen. Türkische Zyprioten, die in gemischten Dörfern lebten, wurden ermuntert, in die Städte zu ziehen und sich in den türkischen Stadtvierteln niederzulassen; dort wohnende Griechen wurden unter Druck gesetzt, sodass sie wegzogen. Ein weiteres Mittel zur Förderung der separatistischen Ziele, war der Versuch, die beiden Volksgruppen ökonomisch zu trennen, indem mit Hilfe der TMT ein Boykott aller griechischen Waren und Dienstleistungen durchgesetzt wurde. Denktaş ließ eine eigene Handelskammer, eigene landwirtschaftliche Kooperative und eigene Gewerkschaften gründen. Durch Schikanen versuchte man die noch verbliebenen Griechen zu vertreiben. Es war klar, die türkische Seite strebte nach einer ethnischen Flurbereinigung.

Als Makarios Ende März 1959 feststellte, dass die getrennten Stadtverwaltungen nicht notwendigerweise getrennte Stadtviertel bedeuteten und ihre Errichtung nur ein Versuch sei, bestand Küçük kurz danach auf geographischer Trennung, eine funktionale Trennung stehe nicht zur Debatte. Im April bahnte sich ein Kompromiss an: Makarios hoffte durch Entgegenkommen in dieser Frage, dass die türkische Seite vom Teilungsgedanken abrücken würde. Im Mai legte er einen Plan vor: In den fünf Städten sollten getrennte Stadtverwaltungen eingerichtet werden, die von den jeweiligen Volksgruppen ungeachtet ihres Wohnsitzes gewählt würden. Sie würden ihre Tätigkeit getrennt voneinander ausüben, aber es werde keine räumliche Trennung geben. Sie sollten z. B. das Recht haben, getrennt Steuern zu erheben und einzutreiben und Straßen in ihrem Bereich zu reparieren. Für die Stadtreinigung und ähnlich übergreifende Aufgaben war ein Koordinationsgremium zuständig. Städtische Einrichtungen sollten weiterhin gemeinsam genutzt werden.

Die griechischen Bürgermeister mauerten, und die türkisch-zypriotischen Separatisten unter der Führung von Denktaş forderten lautstark möglichst große Gebiete. Ende August stockten sowohl die Gespräche im Verfassungskomitee als auch die über die Schaffung der getrennten Stadtverwaltungen. Ankara sah sich schließlich zum Eingreifen genötigt. Mitte September hatte sich die Lage soweit entspannt, dass Makarios und Küçük gemeinsam erklärten, sie seien einverstanden, wenn ein temporäres Gesetz erlassen werde, das die vorläufigen türkisch-zypriotischen Stadtverwaltungen insoweit anerkenne, dass sie die fälligen städtischen Abgaben und Steuern eintreiben und in Bezug auf die türkischen Zyprioten als Stadtverwaltung auftreten könnten. Am 13. Oktober erließ Foot das mit Makarios und Küçük abgesprochene Gesetz. Langsam entspannte sich die Lage und es sah aus, als ob sich langsam ein gutes Einvernehmen einstellen würde. Aber am 18. Oktober kam es zum sog. Deniz-Zwischenfall, der jede weitere Entwicklung blockierte.

Innere Entwicklung Zyperns 1959
Als Makarios am 1. März 1959 nach Zypern zurückkehrte, fand er eine äußerst schwierige politische Lage vor. In beiden Volksgruppen hatten die Radikalen das Sagen und waren bewaffnet. Die griechischen Zyprioten träumten nach wie vor von *Enosis* und die türkischen Zyprioten von *Taksim*. Wenn die Entwicklung friedlich verlaufen sollte, mussten also die radikalen Kräfte entwaffnet werden. Auf der griechischen Seite wurde dieses Problem schon Mitte März durch die Waffenniederlegung der EOKA, den Abzug von Grivas und der Freilassung der Internierten und Gefangenen rasch gelöst. Auf der türkischen Seite verkündete Küçük, dass die TMT keine Waffen habe, was natürlich nicht stimmte. Zugleich begann eine Rangelei um Posten in der zukünftigen Republik.

Am 2. April 1959 wurden die Namen der zukünftigen Minister bekannt gegeben. Die drei türkischen Minister waren Männer mittleren Alters (36, 44, 50) mit Berufserfahrung. Die Liste der sieben griechischen Minister verblüffte selbst erfahrene Beobachter. Es waren ausschließlich ehemalige EOKA-Aktivisten, die alle sehr jung waren und mit Ausnahme von Kliridis keinerlei Berufserfahrung hatten. Innenminister T. Papadopoulos war 24, Arbeitsminister P. Georkatzis 27 und G. Kliridis war mit 39 Jahren der Älteste. Kein Wunder, dass über Makarios' "Kinderchor" gespottet wurde. Die Erklärung für Makarios' Auswahl ist relativ einfach: Er wollte keine Konkurrenz durch erfahrene ältere Politiker in seiner Regierung, denn denen gegenüber hätte er seinen monokratischen Herrschaftsstil wohl schwerlich durchsetzen können, zumal auch er von vielen Gebieten der Politik keine Ahnung hatte. Die unerfahrenen Jungpolitiker würden jede Entscheidung von Makarios abnicken, bzw. alles, aber auch alles tun, was er ihnen auftrug, und er würde alle milde überstrahlen.

Doch Makarios ernannte ehemalige EOKA-Kämpfer nicht nur auf Kabinettsposten, sondern sie wurden auch in der staatlichen Verwaltung, der Polizei, dem Militär und später sogar im auswärtigen Dienst untergebracht. Das Ganze erinnert an das aus der amerikanischen Geschichte bekannte *Spoils System*: Dem Sieger gehört die Beute und er belohnt seine Leute mit Ämtern und Posten. Es sollte keine unzufriedenen ehemaligen EOKA-Kämpfer geben, die gegen ihn intrigieren könnten, alle sollten sich ihm verpflichtet fühlen. Nach der Unabhängigkeit würde es ein Machtvakuum geben, und Makarios war fest entschlossen, dies mit Leuten zu füllen, die von ihm abhängig waren. Damit schuf er eine auf ihn ausgerichtete Gefolgschaft, die durch seine Wohltaten zusammengehalten wurde; es war der Beginn eines neuen Klientelismus. Die Frage war natürlich, ob es ihm dadurch gelingen würde, die Radikalen dem Einfluss von Grivas zu entziehen. Bedenklich war auch, dass er die zypriotische Linke, d. h. die AKEL und die Gewerkschaft (PEO), außen vor ließ; mit ihrer Integration hätte er ein Gegengewicht zur EOKA-Fraktion aufbauen können. Doch dies erschien Makarios zu diesem Zeitpunkt nicht nötig.

In diesen Wochen kam es immer wieder zu kleineren interkommunalen Zwischenfällen, die zeigten, dass es unter der friedlichen Oberfläche durchaus noch Spannungen gab. Zwar bemühten sich Makarios und Küçük um Ausgleich, aber Denktaş fuhr mit seiner separatistischen Wühlarbeit fort, wobei er von bestimmten Kreisen in Ankara unterstützt wurde. So erschien im Mai der Vorsitzende der Nationalen Studentenföderation der Türkei, Jelal Hordan, in Zypern, um eine türkische Jugendorganisation mit dem Namen "Blitzgruppen" aufzubauen. Im September befahl die türkische Regierung die Rückkehr von Hordan, da dessen Aktivitäten das Rapprochement mit Griechenland belasteten.

Es mag sein, dass Grivas in der ersten Zeit nach seiner Rückkehr nach Athen tatsächlich vorhatte, sich ins Privatleben zurückzuziehen, aber als er nach einem Urlaub feststellte, dass er nicht länger im Mittelpunkt des Interesses der Öffentlichkeit stand, schenkte er doch den Einflüsterungen bestimmter oppositioneller Athener Politiker Glauben. Er begriff nicht, dass diese nur darauf aus waren, seine Popularität für sich zu instrumentalisieren. Hinzu kam, dass unzufriedene zypriotische Nationalisten aus der Clique um Bischof Kyprianos von Kyrenia und ehemalige EOKA-Kämpfer ihn aufsuchten und Makarios' Kurs kritisierten. Im Laufe des Sommers meldete sich Grivas daher immer häufiger zu Wort, kritisierte Makarios' Politik bezüglich der britischen Basen und eröffnete im September ein politisches Büro, womit er die politische Arena betrat.

Gleichzeitig verschlechterten sich Grivas' Beziehungen zur griechischen Regierung. In einem Interview mit einer kanadischen Journalistin meinte Makarios, dass es ein schwerer Fehler wäre, wenn Grivas in die Politik ginge, denn er verstehe davon nichts. Grivas fühlte sich provoziert, und als ihn die griechische Rechte ermunterte, verstieg er sich in einem Interview zu der Aussage, dass er sich für fähig halte, Griechenland zu neuer Größe zu führen. Seine Beziehungen zu Karamanlis wurden frostig. Besucher aus Zypern versuchten, ihn in ihrem Sinn zu beeinflussen: Makarios-Anhänger mahnten ihn zu mehr Zurückhaltung, und die Supernationalisten bemühten sich, ihn aufzuhetzen. Ende Juli 1959 sah Grivas in Zypern finstere Mächte am Werk. Zu Besuchern sagte er, er sei bereit, nochmals zu kämpfen. Wenig später verurteilte er Makarios' verräterische Zusammenarbeit mit den Briten, den Türken und der griechischen Regierung, und erklärte ihm den offenen Krieg. Am 29. Juli sagte er sich von den Züricher und Londoner Abkommen los. In Zypern äußerte Bischof Kyprianos in einer Predigt, dass mit Gottes Hilfe Grivas bald Premierminister von Griechenland sein werde, und dann werde auch die Freiheit nach Zypern kommen. Besonders fanatische Nationalisten gründeten eine neue Untergrundbewegung (KEM - Kypriako Enotiko Metopo - Zypriotische Einheitsfront) in Zypern, die einen Flugblattkrieg gegen Makarios und die griechische Regierung führte.

All das hatte im Augenblick keine große Bedeutung, aber es zeigte, dass es in Zypern Kräfte gab, die die gefundene Lösung ablehnten und hofften, Grivas gegen Makarios instrumentalisieren zu können, indem sie an seine maßlose Eitelkeit appellierten. Die politische Rechte Athens erkannte, dass Grivas' politische Naivität ein geeignetes Mittel war, um gegen die Regierung zu agitieren, ohne selbst in die Schusslinie zu geraten. Das Spiel dieser Kräfte dauerte den ganzen Sommer über an, aber als im September die Töne immer schriller wurden, sah Makarios Handlungsbedarf. Über Mittelsmänner wurde eine Zusammenkunft zwischen ihm und Grivas für Anfang Oktober in Rhodos vereinbart. Bei dem dreitägigen Treffen schaffte es der eloquente Makarios, Grivas seine Sicht der Dinge nahe zu bringen. Das am 9. Oktober veröffentlichte Schlusskommuniqué sprach ebenfalls von voller Übereinstimmung. Auf einem Empfang am Abend dieses Tages verkündete Grivas in einem Gefühlsüberschwang, dass er von nun an Makarios rückhaltlos unterstützen werde.

Der mehrmonatige Krach zwischen Makarios und Grivas war anscheinend zu Ende und das gegenseitige Vertrauen zumindest an der Oberfläche wiederhergestellt. Doch die eigentliche Konfliktursache, die Umsetzung der Verträge von Zürich und London, war nicht ausgeräumt und konnte bei der nächsten Meinungsverschiedenheit zu einem erneuten Konflikt führen. Makarios hatte mit seinen Überredungskünsten Grivas' verletztes Selbstwertgefühl wiederhergestellt und ihn damit vorübergehend ruhiggestellt. Das Treffen von Rhodos war ein Punktsieg für Makarios; es würde ihn vorläufig von Angriffen aus dieser Richtung schützen, und so konnte er sich nun auf die anstehenden innenpolitischen Probleme konzentrieren.

Wie schon erwähnt, kam es am 18. Oktober zum sog. Deniz-Zwischenfall. In der Nacht vom 17. auf den 18. Oktober entdeckte der Kapitän des britischen Minensuchboots *Burmaston* ein Motorkaïki mit Kurs auf die Karpasia-Halbinsel. Als das Boot gestoppt wurde, versuchten zwei Männer der Besatzung in einem Schlauchboot zu fliehen. Das Boot wurde als die in Izmir registrierte *Deniz* identifiziert. Als die Matrosen des Kriegsschiffes das Kaïki durchsuchten, fanden sie noch einen Mann an Bord und eine aus 75 Kisten bestehende Ladung. Zugleich stellten sie fest, dass das Fahrzeug am Sinken war, denn das zurückgebliebene Besatzungsmitglied des Kaïkis hatte die Bodenventile geöffnet. Dennoch konnten die Matrosen das Fahrzeug inspizieren und stellten fest, dass es bemerkenswert gut ausgerüstet war. Die Matrosen brachten zwei der 75 Kisten an Bord der *Burmaston*. Als sie geöffnet wurden, stellte es sich heraus, dass jede von ihnen 1.248 Schuß britischer Infanteriemunition aus dem Zweiten Weltkrieg enthielt, die Ladung also etwa 900.000 Schuss Munition betragen hatte. Anschließend wurden die beiden Männer im Schlauchboot aus dem Wasser gefischt und alle drei nach Famagousta gebracht und der Polizei übergeben, die sie in Haft nahm.

Die Waffenschmuggelfahrt der *Deniz* war die erste größere dieser Art, die schon 1958 bei den ersten interkommunalen Zusammenstößen begonnen hatten. Damals war festgestellt worden, dass die TMT viel zu wenig Waffen hatte, und die türkische Regierung hatte dem Waffenschmuggel zugestimmt. Seither wurden kontinuierlich auf kleinen Fahrzeugen Waffen und Munition für die TMT nach Zypern geschmuggelt. Doch nach einiger Zeit stellte es sich heraus, dass auf diesem Weg die notwendigen Mengen nicht nach Zypern gebracht werden konnten. Mit Geldern des türkischen Außenministeriums wurde die *Deniz* gekauft, das Militär rüstete das Kaïki um und stellte die Besatzung. Die Ladung stammte aus Armeebeständen. Als nun das Kaïki gestoppt wurde, erteilte Ankara per Funk den Befehl zur Selbstversenkung. Anschließend wurde behauptet, dass das Boot auf Delfin-Jagd gewesen sei. Denktaş als Politkommissar der TMT war über die Einzelheiten informiert; ob Küçük von dem, was tatsächlich ablief, Kenntnis hatte, ist unbekannt. Fest steht jedoch, dass die Macht innerhalb der türkischen Volksgruppe von nun an bei der TMT und damit letztlich bei Denktaş lag. Die Besatzung der *Deniz* wurde zwar noch vor Gericht gestellt, aber nach dem Urteil von den Briten nach Ankara abgeschoben.

Im Gefolge der Deniz-Affäre gab es zwar einige Aufregungen, aber der beginnende Wahlkampf verdrängte sie aus den Schlagzeilen. Am 31. Oktober ließ Makarios das Wahlgesetz veröffentlichen: Es sollte entsprechend den 6 Verwaltungsdistrikten 6 Wahlkreise mit jeweils einer griechischen und einer türkischen Liste geben. Jeder Bürger Zyperns über 21 Jahre sollte das Wahlrecht haben, also auch die Frauen. Die Griechen würden den Präsidenten und die Türken den Vizepräsidenten wählen. Die Wahlen würden am 13. Dezember 1959 stattfinden.

Makarios hatte wohl angenommen, dass es keinen Gegenkandidaten geben würde, aber er hatte mit seinen einsamen Entscheidungen und der Ernennung von ehemaligen EOKA-Aktivisten zu Ministern die gesamte ältere Politikergeneration gegen sich aufgebracht. Nach vielem Hin und Her wurde am 17. November von T. Dervis und I. Kliridis eine neue Partei, die Dimokratiki Enosis Kyprou (Demokratische Union Zyperns), gegründet. Ioannis Kliridis (Vater des Justizministers Glafkos Kliridis) sagte bei einem Treffen mit Makarios, dass er auf eine Kandidatur verzichten werde, wenn Makarios nach der Wahl des Repräsentantenhauses eine Regierungsumbildung vornehmen werde, wobei die neuen Minister ausschließlich aus den Reihen der Parlamentarier stammen sollten. Kliridis gewann den Eindruck, dass Makarios seine Forderung akzeptiert hatte, aber Makarios bestand auf seinem präsidialen Recht, die Minister frei auszuwählen.

Daher gab Kliridis am 26. November seine Kandidatur bekannt: Er habe lange gezögert, ob er sich mit seinen 73 Jahren der Strapaze eines Wahlkampfes unterziehen sollte, aber er fühle sich der Insel verpflichtet. Makarios veröffentlichte sein Wahlprogramm, und die AKEL verkündete, dass sie Kliridis unterstützen werde. Damit waren die Fronten klar, und die eigentliche Wahlschlacht begann. Beide Seiten hielten in den Städten Großkundgebungen ab, die gut besucht waren und friedlich über die Bühne gingen. In den Dörfern war die Lage anders; dort wurden die Repräsentanten der Demokratischen Union nicht sehr freundlich empfangen. Es gab Fälle, wo ihre Vertreter verprügelt und ihre Autos mit Steinen beworfen wurden. Die Dorfbewohner machten Makarios' Wahlkampftournee zu einem Triumphzug. Der linke Gewerkschaftsbund PEO machte Werbung für Kliridis und sein rechtes Pendant SEK für Makarios. Die Makarios unterstützenden Kräfte bezeichneten sich selbst als die *Patriotische Front*. Küçük auf der anderen Seite gab bekannt, dass es auf der türkisch-zypriotischen Seite keinen Gegenkandidaten für das Amt des Vizepräsidenten geben werde, wodurch eine Wahl sich erübrige.

Am 1. Dezember 1959 hob Gouverneur Foot das AKEL-Verbot auf. Am 3. Dezember wurde Küçük vom Commissioner von Nikosia zum Vizepräsidenten Zyperns ernannt. Am 8. Dezember wurde der Termin für die Wahl zum Repräsentantenhaus auf den 10. Januar 1960 festgelegt. Die Präsidentenwahl am 13. Dezember ging ruhig über die Bühne. Etwa 239.000 Frauen und Männer waren wahlberechtigt. Die Zahl der städtischen Wähler betrug 58.438 und die der ländlichen 180.441. Etwa 95 Prozent der Wahlberechtigten gaben ihre Stimme ab. Für Makarios stimmten 144.501 Wähler, Kliridis erhielt 71.758 Stimmen. Die städtischen Wähler stimmten mehr für Kliridis, jene in den ländlichen Gegenden mehr für Makarios. Die ländlichen Stimmen, aber vor allem die Stimmen der Frauen führten zu Makarios' überwältigendem Wahlsieg. Es gab sogar Dörfer, in denen Kliridis nicht einmal eine einzige Stimme bekam.

Als das Auszählungsergebnis und damit Makarios' Sieg feststand, wurden die Kirchenglocken geläutet, ein Feuerwerk abgebrannt und die Leute tanzten, sangen und schrien sich heiser vor lauter Begeisterung. Makarios wandte sich in einer Ansprache an die Menge und rief zur

Beendigung von Fanatismus und Antagonismus und zur Kooperation mit der türkischen Volksgruppe auf. Küçük begrüßte das Wahlergebnis und verlieh seiner Hoffnung auf eine vertrauensvolle Zusammenarbeit mit Makarios Ausdruck. Damit war die Position von Makarios und Küçük demokratisch legitimiert.

Innere Entwicklung Zyperns bis zur Unabhängigkeit im August 1960
Am 8. Dezember 1959 war bekannt geworden, dass die Wahlen zum Repräsentantenhaus am 10. Januar 1960 stattfinden würden. Am 19. Dezember legte die Regierung das Wahlgesetz vor: Zypern sollte, wie bei den Präsidentenwahlen, wieder in sechs Wahlkreise entsprechend den Distrikten eingeteilt werden, von denen jeder eine bestimmte Anzahl griechischer und türkischer Abgeordneter ins Parlament entsenden sollte. Bei der Stimmabgabe sollte der Wähler für einen einzelnen Kandidaten oder eine Gruppe von Kandidaten stimmen können. Gewählt war, wer die absolute Mehrheit erreichte. Das zukünftige Parlament sollte 50 Sitze haben, wovon 35 auf die griechisch-zypriotische und 15 auf die türkisch-zypriotische Seite entfallen würden. Die Wahlen für die Kommunalkammern sollten eine Woche später stattfinden. Die AKEL verdammte das Wahlgesetz als undemokratisch, denn es erzwinge Wahlbündnisse.

Trotz ihrer Kritik begann die AKEL Verhandlungen mit der *Patriotischen Front* von Makarios. Dabei scheint deren Führung der AKEL fünf Parlamentssitze angeboten zu haben, d. h. von 35 möglichen Kandidaten für das Repräsentantenhaus würde sie nur 30 benennen und die übrigen fünf der AKEL überlassen. Mit den Stimmen der AKEL würde man die *Demokratische Union* sicher besiegen und zugleich die AKEL bis zu einem gewissen Grad kontrollieren. Zwar gab es einen kleinen Aufstand in den Reihen der Mitglieder der Patriotischen Front gegen das Bündnis mit der AKEL, aber der legte sich wieder, da bekannt wurde, dass die türkische Seite darauf bestand, den Wahltermin erst nach Fertigstellung und Veröffentlichung der Verfassung festzulegen. Die Patriotische Front dementierte, dass es Absprachen mit der AKEL gäbe, das seien nur bösartige Erfindungen der Demokratischen Union. Kliridis erkannte, dass es, trotz aller Dementis, eine Absprache zwischen der Patriotischen Union und der AKEL gab, was die Wahlchancen seiner Partei auf null brachte, und gab bekannt, dass man sich nicht an der "Wahlparodie" beteiligen werde. Makarios gab sich uninformiert.

Da die Wahlen verschoben worden waren, rückte die schlechte wirtschaftliche Lage Zyperns in den Vordergrund des Interesses. Eigentlich hätte Zypern am 19. Februar 1960 unabhängig werden sollen, aber durch die sich hinziehenden Verhandlungen über die britischen Militärbasen verschob sich dieser Termin immer weiter und damit auch der Beginn der finanziellen Unterstützung durch die britische Regierung. Dadurch wurden vorgesehene Bauvorhaben nicht in Angriff genommen und begonnene Projekte, die im Gefolge der Londoner Verhandlungen im Februar 1959 abgebrochen worden waren, nicht fortgeführt. Die Folge war eine massive Arbeitslosigkeit im Bausektor. Die Verringerung der Zahl der britischen Truppen und die Versetzung vieler Kolonialbeamter auf andere Stellen im Commonwealth führten zu einer Verringerung der Nachfrage und trafen die Kaufleute hart. Auch die Landwirtschaft hatte Probleme, denn im Winter 1959 hatte es nicht geregnet, und die Ernte drohte nun auf den Feldern zu verdorren. Hinzu kamen Getreidekrankheiten und Schädlingsbefall. Regenfälle im März retteten die Bauern buchstäblich im letzten Augenblick.

Im Mai stieg die Zahl der Arbeitslosen auf über 10.000. Nach PEO-Angaben gab es 8.000 Familien, die absolut kein Geld hätten und nicht wüssten, wie sie ihre Kinder ernähren und ihre Miete bezahlen sollten. Am 15. Mai äußerte die *Times of Cyprus* den Verdacht, dass die Briten die Arbeitslosigkeit als Druckmittel bei den Verhandlungen über die Basen verwendeten, was unverzeihlich sei. Es sei unverständlich, warum die Zuschüsse zurückgehalten würden.

1959-1960: Die Interimsperiode

Der Eindruck, dass die Briten die wirtschaftliche Notlage als Hebel bei den Verhandlungen über die Basen benützten, verstärkte sich durch ein Statement Foots, der von einer bevorstehenden wirtschaftlichen Katastrophe sprach. Wenn sie verhindert werden solle, müssten die noch zur Debatte stehenden Probleme rasch gelöst und die Gründung der Republik noch im Sommer vollzogen werden. Doch ein vorzeitiger Einsatz der bereitstehenden Mittel kam nicht in Frage. Im Juni nahm das Elend solche Ausmaße an, dass die linken und die rechten Gewerkschaften mit einem gemeinsam organisierten Generalstreik drohten. Zusammen mit den Arbeitgebern wurden verzweifelte Selbsthilfepläne geschmiedet, um das Massenelend zu verringern.

Als am 1. Juli 1960 das Abkommen über die Basen unterzeichnet wurde, wurde gleichzeitig bekannt gegeben, dass Zypern in den nächsten Jahren rd. 14 Millionen Pfund finanzielle Hilfe erhalten werde. Damit zeichnete sich eine Lösung des Problems der Arbeitslosigkeit am Horizont ab, zumal zugleich viele der Baustellen wieder zu neuem Leben erweckt wurden. Doch inzwischen war ein weiteres Problem aufgetaucht.

Das Züricher Abkommen hatte festgelegt, dass das Verhältnis von Griechen und Türken im Öffentlichen Dienst 70:30 sein sollte, aber dass die quantitative Umsetzung dieser Bestimmung von der Praktikabilität abhinge. Die Bestimmungen waren in die Verfassung integriert worden. Die türkische Seite wollte, dass diese Bestimmungen sofort realisiert werden sollten. Die griechische Seite argumentierte, dass es auf der türkischen Seite im Bereich des mittleren und höheren Dienstes nicht genügend qualifiziertes Personal gäbe, was zweifellos richtig war. Obwohl man im Bereich der Polizei, in dem die türkischen Zyprioten überrepräsentiert waren, sich auf einen Kompromiss einigte, der eine Relation von 60:40 vorsah, entstand aus der Forderung der türkischen Seite nach Einhaltung der 70:30-Relation ein Konflikt, der verbal rasch eskalierte. Als dann noch der Bischof von Kyrenia bei einer Ansprache davon redete, dass die Enosis bald komme, holzte Denktaş zurück, indem er an die Ehre der türkischen Zyprioten appellierte. In den nächsten Wochen ging der Schlagabtausch weiter. Ende Juni drohte Denktaş mit einer Intervention der Türkei, wenn die 70:30-Relation nicht eingehalten werde.

Die neue türkische Regierung unter General Gürsel, der sich am 27. Mai an die Macht geputscht hatte, fand jedoch kein Interesse an der Fortdauer des Konfliktes und sorgte dafür, dass die türkisch-zypriotische Führung einlenkte. Am 4. Juli kamen Makarios und Küçük zusammen und einigten sich darauf, dass innerhalb von fünf Monaten nach der Unabhängigkeitserklärung das 70:30-Verhältnis umgesetzt werde. Ein gemeinsames Komitee solle in der Zwischenzeit über die Vorgehensweise beschließen, wobei noch nicht klar war, ob die Relation insgesamt oder in Bezug auf jedes Department gelten sollte. Damit war auch in dieser Frage der notwendige Kompromiss erzielt worden, zugleich aber wurde dadurch die zukünftige Republik mit einer weiteren Hypothek belastet.

Am 1. Juli 1960 wurde das Abkommen über die Militärbasen paraphiert, und am 5. Juli beschloss das Übergangskabinett, dass die Wahlen zum Repräsentantenhaus am 31. Juli und die zu den Volksgruppenkammern am 7. August stattfinden würden. Am 25. Juni lehnte der Führer der *Demokratischen Union*, I. Kliridis, eine Teilnahme an der Wahl ab. Damit war die *Patriotische Front* die einzige Partei, die sich zur Wahl stellen würde; im zukünftigen Parlament würden folglich nur sie und die AKEL über die Listenverbindung repräsentiert sein. Am 10. Juli gab Gouverneur Foot bekannt, dass Zypern am 16. August unabhängig werde. Es werde solange als ein unabhängiges Mitglied des Commonwealth betrachtet werden, bis das zukünftige Parlament sich für ein Verlassen oder Verbleiben entscheide. Am 12. Juli beschloss die AKEL offiziell, keine eigenen Kandidaten aufzustellen, sondern sich mit den fünf zugesagten Sitzen zu begnügen. Am 20. Juli begann die Kandidatenaufstellung: Auf der türkischen Seite gab es in den Wahlkreisen Nikosia, Kyrenia und Larnaka keine Gegenkandidaten, womit die dortigen Kandidaten ohne Wahlen einen Tag später für gewählt erklärt wurden. Da es in Limassol und Famagousta unabhängige Bewerber gab, musste gewählt werden. Auf der griechischen Seite gab es mit Ausnahme von Paphos überall unabhängige Bewerber und Kandidaten einer neuen Partei ehemaliger EOKA-Kämpfer. Unter den AKEL-Kandidaten waren AKEL-Generalsekretär Ezekias Papaioannou und PEO-Generalsekretär Andreas Ziartidis. Unter den Kandidaten der *Patriotischen Front* waren Justizminister Glafkos Kliridis, Makarios' Leibarzt, Vassos Lyssaridis, und der Rechtsanwalt Lellos Dimitriadis, der später Oberbürgermeister von Nikosia wurde. Die AKEL appellierte an die Unabhängigen, ihre aussichtslosen Kandidaturen zurückzuziehen, da sie nur unnötige Kosten für alle verursachen würden, aber nur in Paphos geschah dies, woraufhin die dortigen Kandidaten zu gewählten Abgeordneten erklärt wurden.

Der Wahltag verlief ruhig, beinahe langweilig, wie die *Times of Cyprus* bemerkte, denn das ganztägige Alkoholverbot veranlasste viele Leute dazu, die Städte zu verlassen und in die Berge oder ans Meer zu fahren. Da der Wahlsieger von vornherein feststand, war die Wahlbeteiligung der griechischen Zyprioten relativ niedrig (64 %). Auf der türkisch-zypriotischen Seite gaben 74 Prozent ihre Stimme ab. Von den 30 Abgeordneten der *Patriotischen Front* hatten 20 der EOKA angehört. Das Resultat war ein Parlament, das weder Pro-Grivas-Elemente noch Anti-Zürich-Elemente enthielt. Die unabhängigen Kandidaten verloren alle bis auf einen ihre Kaution von 75 £, da sie nicht einmal das Mindestmaß von einem Fünftel der Stimmen erhalten hatten.

Am 6. August wurde bekannt, dass mit Ausnahme von Kyrenia in allen anderen Wahlkreisen die unabhängigen Kandidaten ihre Kandidatur für die Volksgruppenkammer zurückgezogen hatten, womit alle Kandidaten der *Patriotischen Front* und der AKEL als gewählt erklärt wurden. Auf der türkischen Seite hatten schon zuvor alle Unabhängigen ihre Kandidatur aufgegeben. Damit wurde am 7. August nur in Kyrenia tatsächlich gewählt, und der unabhängige Kandidat verlor prompt seine 75 £ Kaution. Damit verfügte die zukünftige Republik Zypern über gewählte Legislativorgane.

Wenig später nahm Makarios eine Kabinettsumbildung vor: Nur zwei der bisherigen griechischen Minister blieben im Amt (P. Georkatzis und T. Papadopoulos). Die von Küçük ernannten drei türkischen Minister behielten ihr Amt. Außenminister wurde Spyros Kyprianou. Georkatzis wechselte ins Innenressort und Papadopoulos ins Arbeitsministerium. Der 53-jährige A. Arouzos war der Senior des Kabinetts und Stella Soulioti (Justiz) die erste zypriotische Frau in einem Ministeramt.

Der aus Limassol stammende Spyros Kyprianou (geb. 1932) war mit seinen 28 Jahren wohl einer der jüngsten Außenminister, den die Welt je gesehen hatte. Er hatte am City of London College Wirtschaftswissenschaften und am Gray's Inn Jura studiert. 1952 wurde er Makarios' Sekretär und 1954 übernahm er das Londoner Büro des Ethnarchierates, dessen Aufgabe es war, die britische Öffentlichkeit über die Lage in Zypern zu informieren. Im Rahmen dieser Tätigkeit vertrat er die Ethnarchie auch bei der UNO in New York. 1959 nahm er an den Verhandlungen in Zürich und 1960 an denen in London teil.

Die ebenfalls aus Limassol stammende Stella Soulioti (geb. 1920) war die Tochter eines Anwaltes und langjährigen Exekutivratsmitgliedes, der für seine Verdienste um die Krone geadelt worden war. Im Zweiten Weltkrieg arbeitete sie von 1939 bis 1942 im Büro für Volksaufklärung der Regierung Zyperns und trat dann in das weibliche Hilfskorps der RAF ein, in dem sie es bis zum Captain schaffte. Anschließend studierte sie Jura in London. 1951 ließ sie sich in Limassol als Anwältin nieder. Sie war die erste Zypriotin, die Jura studierte und eine eigene Praxis eröffnete.

1959-1960: Die Interimsperiode

Nachdem sich Amery, Makarios und Küçük Ende Juni über die Größe der Basen und die finanzielle Zuwendung geeinigt hatten, wurden am 6. Juli 1960 die endgültigen Texte von den Vertretern Englands, Griechenlands und der Türkei paraphiert und einen Tag später als ein 222 Seiten starkes Weißbuch (Cmnd. 1093) veröffentlicht. In den folgenden Tagen fanden die notwendigen drei Lesungen im britischen Unterhaus statt, und am 29. Juli 1960 verabschiedete auch das Oberhaus die Verträge. Damit war der Weg für die Unabhängigkeit am 16. August 1960 frei.

Am 12. und 13. August kamen ausländische Politiker und Journalisten nach Nikosia, um an den Unabhängigkeitsfeierlichkeiten teilzunehmen. Von der Labour Party kamen Tom Driberg, Lena Jeger, Kenneth Robinson und Francis Noel-Baker, die sich in der Vergangenheit für Zypern engagiert hatten. Aus Griechenland reisten Admiral A. Sakellariou und ein Mitarbeiter von Grivas an. Küçük hatte vier Vertreter der Türkei und einen Abgeordneten der Tory Party (Patrick Wall), der sich immer für die Interessen der türkischen Zyprioten eingesetzt hatte, eingeladen. Zur gleichen Zeit verabschiedete sich Gouverneur Foot von allen möglichen Persönlichkeiten und Institutionen.

Am Mittag des 14. August gab die Kolonialregierung Zyperns im Ledra Palace Hotel für 200 geladene Gäste, darunter auch Diplomaten, ein Essen. Gegen 23.30 Uhr fuhren Autos mit Ministern, Diplomaten, Abgeordneten des Repräsentantenhauses und der Volksgruppenkammern zum Gebäude des Ministerrates, dem heutigen Parlament. Man nahm Platz im großen Sitzungssaal, dem heutigen Plenarsaal des Repräsentantenhauses. Wenig später erhoben sich alle, um die kleine Prozession von Würdenträgern, angeführt von Präsident Makarios, zu begrüßen. Ihm folgten Vizepräsident Küçük, die Vertreter Griechenlands und der Türkei und zum Schluss Gouverneur Foot, bei dessen Eintreffen die Polizeikapelle vor dem Gebäude das Stück "The Queen" spielte. Wenige Minuten vor Mitternacht ertönte ein Fanfarensignal eines Hornisten und Sir Hugh Foot verlas die Proklamation der Königin, die Zypern in die Unabhängigkeit entließ und die Republik konstituierte. Genau um Mitternacht feuerte eine Batterie 21 Schuss Salut. Die Republik war geboren.

Daran anschließend unterzeichneten die Vertreter Londons, Athens und Ankaras sowie der beiden Volksgruppen fast eine Stunde lang jene Verträge, die sie vor über einem Monat am 6. Juli paraphiert hatten. Während dessen spielte die Polizeikapelle vor dem Gebäude flotte Weisen. Um 1.30 Uhr gaben Gouverneur Foot und Lady Foot einen Empfang im Government House, um sich von den Diplomaten zu verabschieden. Danach wandte sich Foot in einer Rundfunkansprache an die Bevölkerung Zyperns, in der er den Zyprioten alles Gute für die Zukunft wünschte.

Gegen 7.30 Uhr des 15. August 1960 erschienen persönliche Freunde und Gäste im Government House, um sich von den Foots zu verabschieden. Um 8 Uhr trafen Makarios, Küçük und die Kabinettsmitglieder ein, um dem Gouverneur und Lady Foot eine gute Reise zu wünschen. Foot schritt eine Ehrenformation der Fallschirmjäger ab und fuhr nach Famagousta. Ursprünglich hatte Foot eine hochgradig symbolträchtige Verabschiedung geplant mit feierlicher Flaggeneinholung in Nikosia und geradezu theatralischer Wachablösungszeremonie in Famagousta, doch die Griechen spielten nicht mit; so musste Foot auf einen Abzug mit wehenden Fahnen verzichten. In Famagousta nahm Foots Familie auf Segeltuchstühlen Platz, während er eine Ehrenformation abschritt. Danach begab er sich mit seiner Familie an Bord der Fregatte *Chichester*, während von den alten Festungsmauern Salut gefeuert wurde. Nicht einmal eine Militärkapelle war erschienen. Es war ein melancholisches, wenig würdevolles Ende der britischen Herrschaft in Zypern, aber immerhin hatte man einen Rauswurf und eine Demütigung wie zwölf Jahre zuvor in Palästina vermieden. Jedoch auch den Zyprioten war nicht zum Feiern zumute.

In Nikosia begaben sich am Morgen des ersten Tages in Freiheit die gewählten Abgeordneten zur Kammer, wo sie vereidigt, und Glafkos Kliridis zum Sprecher und ein Inseltürke zu seinem Stellvertreter gewählt wurden. Danach erschienen Makarios und Küçük vor dem Gebäude, wo sie von einer Ehrengarde der Polizei und Gendarmerie empfangen wurden. Anschließend wurde zum ersten Mal die Flagge Zyperns gehisst: eine goldene Karte der Insel oberhalb zweier Ölzweige. Danach begab die griechische Seite sich zur Faneromeni-Kirche, wo Makarios ein Tedeum zelebrierte. In seiner Ansprache versprach er, sich dem Wohl des zypriotischen Volkes zu widmen. Was Küçük weiter tat, ist nicht überliefert.

Am Nachmittag trafen die ersten griechischen und türkischen Militärkontingente in Famagousta ein. Die griechischen Soldaten wurden freundlich begrüßt. Ein Pressefoto mit einem knienden alten Mann, der mit seiner Mütze in der Hand die jungen Soldaten begrüßt, ging um die Welt. Die Soldaten begaben sich ohne Zwischenfälle zu ihren provisorischen Quartieren. Die in großer Zahl erschienenen türkischen Zyprioten hingegen bereiteten den türkischen Soldaten einen enthusiastischen Empfang. Auch hier gab es keine Zwischenfälle. Während die türkischen Zyprioten feierten, war die Stimmung auf der griechischen Seite eher düster. Es gab keine Feiern, keine Paraden und Umzüge, die Kirchenglocken wurden nicht geläutet, nicht einmal getanzt wurde, um die Unabhängigkeit zu begrüßen. Der neu geschaffene Staat war nicht das, was sich die Mehrheit der griechischen Zyprioten erträumt hatte, nämlich den Anschluss an Griechenland.

Zum ersten Mal in der Geschichte Zyperns übergab eine die Insel beherrschende Macht die Herrschaft an die einheimische Bevölkerung bzw. deren Vertreter. Jahrhunderte der Fremdbestimmung waren zu Ende. Doch die gefundene Lösung war keine echte Chance, sie war nur eine Scheinlösung, denn sie beseitigte die inneren Konflikte nicht, sondern ließ es zu, dass sie unterschwellig weiterbestanden, ja institutionalisierte sie durch die Verfassung: Der Volksgruppenkonflikt wurde zur Dauereinrichtung, überwacht von den Garantiemächten. Die Lösung von 1960 diente zwar zur Stabilisierung des westlichen Bündnisses, indem sie den durch die Briten provozierten Konflikt zwischen Griechenland und der Türkei beilegte. Doch selbst diese Beilegung war nicht endgültig: Beim nächsten Zusammenstoß auf Zypern würden auch die Mutterländer hineingezogen werden. Der Zypernkonflikt und die Beziehungen zwischen den Mutterländern verhielten sich von nun an wie ein System von kommunizierenden Röhren; die Leidtragenden waren die Zyprioten und - die Griechen in Istanbul.

Die einzigen, die mit dem Ergebnis zufrieden waren, waren Briten und Amerikaner. Die Briten konnten ihre Basen behalten und diese waren in zweifacher Hinsicht im Kalten Krieg wichtig: Einmal als vorgeschobene RAF-Basis, von der aus Einsätze, auch mit Atomwaffen, gegen Nahost und die südliche Sowjetunion geflogen werden konnten. Zum anderen als westliches Zentrum für elektronische Aufklärung in dieser Weltregion, auf das die USA auf Basis der Kooperationsvereinbarung in diesem Gebiet Zugriff hatten.

1960-1962: DIE FRIEDLICHEN JAHRE

Alte und neue Probleme

Die Errichtung der Republik beseitigte natürlich keines der vorhandenen Probleme, vielmehr wurde manches verschärft, da bei Lösungsversuchen der inhärente Konflikt jedesmal erst richtig ausbrach. Die griechisch-zypriotische Seite betrachtete den Verzicht auf die Enosis als ein riesiges Zugeständnis, und viele konnten sich damit nicht abfinden. Für sie war die Unabhängigkeit nur eine Zwischenstation auf dem Weg zur Enosis, der durch Verfassungsänderungen vorbereitet werden sollte. Auch für die türkischen Zyprioten bedeutete die Unabhängigkeit einen Verzicht, den auf die Teilung, und sie waren entschlossen, die ihnen zugebilligten Rechte und Privilegien mit Klauen und Zähnen zu verteidigen bzw. zu erkämpfen, selbst dann, wenn sich herausstellte, dass etwas unpraktikabel war oder Konflikte provozieren musste. Beide Seiten misstrauten einander inzwischen zutiefst, was sie nur in Ausnahmefällen kompromissbereit machte. Der griechischen Seite war die Armut ihrer türkischen Mitbürger gleichgültig. Sie hielt sie für selbstverschuldet und war nicht bereit, der anderen Seite etwas abzugeben. Mit etwas gutem Willen und ein bisschen Taktgefühl hätte manche unnötige Spannung vermieden werden können.

Als Makarios im Sommer 1958 erkannte, dass die Alternative nur noch Teilung oder Unabhängigkeit lautete, entschied er sich für letztere und unterschrieb 1959 die Londoner Verträge. Mit der Unterzeichnung der Zypernverträge am 16. August 1960 wurde die Unabhängigkeit endgültig völkerrechtlich festgeschrieben. Es mag sein, dass Makarios innere Vorbehalte dagegen hatte, aber er sah ein, dass mit diesen Verträgen endgültig die Würfel für die Unabhängigkeit gefallen waren. Das Problem war jedoch, dass er sich nicht traute, dies offen zuzugeben, denn das hätte eine Explosion verursacht. Makarios war sich sehr genau bewusst, dass er überaus vorsichtig taktieren musste. Denn selbst seine direkten Anhänger waren heißblütig, undiszipliniert und oft schwer unter Kontrolle zu halten. Die Nationalisten zu kontrollieren, war fast unmöglich, wenn auch Makarios ihnen gegenüber immer wieder rhetorische Zugeständnisse machte und Stellungnahmen abgab, die danach klangen, als ob er nach wie vor nach Enosis strebte. Doch diese taktischen Winkelzüge, die zur Beruhigung der griechischen Radikalen dienen sollten, wurden von einem Teil der türkischen Zyprioten für bare Münze genommen. Für die Anhänger des Teilungsgedankens dienten sie als Beleg für ihren Verdacht, dass Makarios nach wie vor nach Enosis strebe.

Von Griechenland aus beobachtete Grivas weiterhin misstrauisch die Entwicklung in Zypern. Jedes Abweichen vom Ziel der Enosis war in seinen Augen Verrat, und da sein Wort beim radikalen Flügel der ehemaligen Kämpfer immer noch Gewicht hatte, drohte die Spaltung des nationalen Lagers. Gleichzeitig durfte es Makarios zu keiner Entfremdung mit der AKEL kommen lassen. Diese prekäre Machtbalance zwang Makarios zu einem taktisch motivierten Schaukelkurs zwischen den verschiedenen Lagern; seine Politik glich dem Ritt auf einem Tiger. Es ist daher wenig verwunderlich, dass Makarios gelegentlich zum Getriebenen wurde, der nur noch versuchen konnte, hinhaltend Widerstand zu leisten und so Fehlentwicklungen zu verhindern oder zumindest zu verlangsamen oder abzumildern.

Obwohl Makarios sich mit der Unabhängigkeit abgefunden hatte, war er nicht bereit, das von der Verfassung erzwungene partnerschaftliche Verhältnis zwischen griechischen und türkischen Zyprioten zu akzeptieren. Sein Ziel war die Aufrechterhaltung der Unabhängigkeit Zyperns, aber zugleich die Ausweitung der Rechte der Majorität, d.h. die Überwindung der Einschränkungen der Verträge von Zürich und London. Dies wäre vielleicht durch eine, langfristige geduldige Politik vertrauensbildender Maßnahmen gegenüber den türkischen Zyprioten teilweise erreichbar gewesen, aber dazu hätte Makarios strategisch und nicht taktisch denken müssen.

Auch die türkisch-zypriotische Seite war gespalten. Dr. Fazil Küçük war eigentlich ein umgänglicher Mensch. Er gehörte der älteren Generation der türkisch-zypriotischen Politiker an, die in der Zeit des friedlichen Zusammenlebens der beiden Volksgruppen groß geworden und zur Zusammenarbeit bereit waren, vorausgesetzt, auch ihre Interessen wurden respektiert. Aber auch Küçük stand unter dem Druck der radikalen türkischen Zyprioten um Rauf Denktaş und mußte ihnen immer wieder Zugeständnisse machen; außerdem beobachtete ihn die politische Führung aus Ankara, die aber auch nicht mit einer Stimme sprach. Daher musste auch er taktieren und finassieren und sein Spielraum war ebenfalls äußerst begrenzt. Letztlich stand er vor ähnlichen Problemen wie Makarios, denn auch er ritt einen Tiger. Insgesamt betrachtet, galt aber, dass die Beziehungen in den Jahren 1961 und 1962 relativ entspannt waren. Makarios und

Küçük gingen freundlich miteinander um, und im Parlament wurde reibungslos eine große Zahl von Gesetzen verabschiedet. Kleinere Reibungsflächen und Konflikte waren trotzdem vorhanden.

Die Kooperation wurde zunächst durch die Politik beider Mutterländer unterstützt. Die neue türkische Führung übte einen mäßigenden Einfluss auf die Scharfmacher in der türkisch-zypriotischen Volksgruppe aus. Man legte Wert auf gute Zusammenarbeit, lehnte aber Tendenzen zur Zypriotisierung, zur Ausbildung einer zypriotischen Identität, ab. Die Zypernverträge verboten Agitation für Enosis und Taksim, aber nicht kulturelle und politische Veranstaltungen, die den griechischen und türkischen Charakter unterstrichen. Beide Seiten sollten in Parallelgesellschaften verbleiben, denn nur so konnte Ankara hoffen, auf Dauer seinen Einfluss in Zypern zu bewahren. Um diesen Zustand aufrechtzuerhalten war es notwendig, dass die Verfassung nicht revidiert wurde.

Wie in der Interimsperiode beherrschten mehrere kontroverse Themen die Entwicklung: Die 70:30-Relation im Öffentlichen Dienst und die getrennten Stadtverwaltungen waren weiterhin Ursachen für Konflikte. Neu hinzu kam die Kontroverse um die nun aufzustellende Armee der Republik. Eine weitere Auseinandersetzung entstand aus der Verfassungsvorschrift, dass es in Steuerfragen nach Volksgruppen getrennte Mehrheiten im Parlament geben sollte. Dabei war das Problem der getrennten Stadtverwaltungen und ihrer territorialen Abgrenzung das dornigste Thema, denn in dieser Auseinandersetzung wurde die Türkei zum direkten Mitspieler im innerzypriotischen Poker.

Bekanntlich hatten Makarios und Küçük im Juli 1960 vereinbart, dass das 70:30-Verhältnis im öffentlichen Dienst innerhalb von fünf Monaten nach der Unabhängigkeit umgesetzt werden, und ein gemeinsames Komitee die Modalitäten erarbeiten sollte. Dieses Komitee legte noch vor der Unabhängigkeit einen Bericht vor und empfahl die Einrichtung einer gemischten Kommission, die die Einstellungen regeln würde. Als auch diese Kommission das grundlegende Problem der mangelhaften Qualifikation nicht lösen konnte, entwickelte sich daraus ein Dauerstreit, der bis ins Jahr 1963 anhielt. Zwar wurden Fortschritte erzielt, aber diese gingen langsam voran. Die andauernde Auseinandersetzung veranlasste Makarios, dieses Problem in seine 13-Punkte-Liste für Verfassungsänderungen aufzunehmen. Doch mit etwas gutem Willen hätte dieses Problem auch ohne eine Verfassungsänderung gelöst werden können.

Die zukünftige zypriotische Armee sollte, wie schon erwähnt, 2.000 Mann zählen und zu 60 Prozent aus griechischen und zu 40 Prozent aus türkischen Zyprioten bestehen. 1961 verabschiedete das Repräsentantenhaus das notwendige Gesetz, nach dem zunächst einmal nur zwei Bataillone von zusammen 600 Mann aufgestellt werden sollten. Die griechischen Minister wollten gemischte und die türkischen getrennte Einheiten. Anscheinend war Ersteren der Gedanke getrennter größerer Einheiten unter einem türkischen Verteidigungsminister nicht ganz geheuer. Der Ministerrat entschied sich mit Mehrheit für die gemischte Armee, doch Küçük bestand auf Trennung und forderte das Kabinett auf, die Sache nochmals zu diskutieren.

Beinahe schon zwangsläufig führte dies zum Streit. Die griechische Seite wollte eine Mischung bis mindestens zum Zug (ca. 30 Mann), die türkische bestand auf ethnisch homogenen Kompanien (150 Mann). Im September meldete sich der Finanzminister zu Wort und stellte fest, dass die Armee höchstens 700 Mann zählen könne, da das Geld fehle. Küçük legte sein Veto gegen den Kabinettsbeschluss ein, worauf Makarios den Aufbau der Armee insgesamt stoppte. Die bisher rekrutierten 300 Mann, hauptsächlich Offiziersanwärter, blieben jedoch vorläufig im Dienst. Die 150 Griechen unter ihnen, alles ehemalige EOKA-Angehörige, wurden später

Ausbilder der von Georkatzis aufgestellten irregulären Milizen. Als Makarios die Frage der Armee in seine 13-Punkte-Liste aufnahm, war auch dieser Punkt erledigt.

Artikel 78 der Verfassung bestimmte, dass jedes Steuergesetz einer einfachen Mehrheit der Abgeordneten der jeweiligen Volksgruppen bedurfte. Dies bedeutete, dass ein Gesetz, das der Ministerrat einstimmig, also mit Zustimmung des Vizepräsidenten und aller türkischen Minister, verabschiedet und das auch im Plenum des Repräsentantenhaus eine Mehrheit aus griechischen und türkischen Stimmen gefunden hatte, gestoppt werden konnte, wenn es in der getrennten Abstimmung der türkischen Mitglieder des Parlamentes keine Mehrheit fand. Konkret hieß das, dass 8 türkische Abgeordnete ein solches Gesetzes blockieren konnten, auch wenn 42 Abgeordnete ihm zustimmten. Diese Bestimmung war in die Verfassung aufgenommen worden, um zu verhindern, dass eine Mehrheit die Minderheit in Steuerfragen übervorteilte. Tatsächlich wirkte sie wie ein zusätzliches Vetorecht der türkisch-zypriotischen Seite, das einfach als politisches Druckmittel benutzt werden konnte. Vorläufig sollte aber das Gesetz aus der Kolonialzeit weiter gelten, bis ein neues Gesetz auf Grundlage von Artikel 78 erarbeitet worden sei.

Wären die Steuereinnahmen der beiden Volksgruppen groß genug gewesen, um ihre Ausgaben zu decken, hätte man vermutlich einen Kompromiss finden können, aber das Einkommenssteueraufkommen stammte 1962 zu 91,9 Prozent von den griechischen und nur zu 8,1 Prozent von den türkischen Zyprioten. Die Ausgaben für die spezifischen Aufgaben der Volksgruppen (Erziehung, Bildung, religiöse Angelegenheit, Personenstand etc.) lagen bei 3 Millionen Pfund auf der griechischen und bei 800.000 Pfund auf türkischen Seite. Beide Volksgruppen mussten Zuschüsse von der Regierung erhalten, die für die Griechen 1,6 Mio. £ und für die Türken 400.000 £ betrugen. Die fehlende Differenz sollte durch zusätzliche Steuern gedeckt werden. Für die griechische Seite stellte dies kein Problem dar, jedoch für die türkische Seite, denn sie war zu arm. Dies bedeutete einen Finanzausgleich.

Die griechische Seite war der Meinung, dass der Finanzausgleich proportional zum Anteil an der Bevölkerung erfolgen sollte. In diesem Fall hätten die griechischen Zyprioten rd. 80 Prozent und die türkischen Zyprioten 18 Prozent erhalten. Diese Haltung offenbarte die fehlende Einsicht, das es in einem Staat, in dem zwei Volksgruppen leben, einen Finanzausgleich zwischen dem reicheren und dem ärmeren Bevölkerungsanteil geben muss. Für die türkischen Zyprioten hätten 18 Prozent das vorhandene Defizit nicht beseitigt. Daher vertrat die türkische Seite die Meinung, dass auch in diesem Fall die 70:30-Formel angewendet werden sollte. Um sicher zu gehen, dass ihre finanziellen Probleme auch tatsächlich gelöst würden, machte sie ihre Zustimmung zur Erhöhung der Einkommenssteuer davon abhängig, dass die Verteilung nach dem 70:30-Prinzip durchgeführt würde.

In der Folge zerstritt man sich rettungslos. Am 18. Dezember 1961 legte die Regierung dem Repräsentantenhaus schließlich nach langen Verhandlungen ein neues Einkommensteuergesetz vor, das vom Kabinett einstimmig, also auch mit den Stimmen der Türken, beschlossen worden war. Denktaş befürchtete eine Annäherung der Volksgruppen durch einen Kompromiss und veranlasste seine Parteigänger im Repräsentantenhaus das Gesetz bei der separaten Abstimmung zu torpedieren. Damit gab es in Zypern keine gesetzliche Grundlage für die Erhebung von Steuern. In der Folgezeit verlagerte sich die Einkommensteuergesetzgebung auf die beiden Volksgruppenkammern, die dadurch an politischem Gewicht gewannen. Die Folge war natürlich, dass die beiden Volksgruppen auch in dieser Frage weiter auseinanderdrifteten. Zwar wurde im Januar 1962 eine Teillösung in der allgemeinen Steuergesetzgebung erreicht, so dass einerseits ausländische Investoren angelockt wurden und andererseits genügend Mittel gewonnen wurden, um den Fünf-Jahres-Entwicklungsplan fortzuführen; dennoch war der Zustand auf Dauer unhaltbar.

Erst im November 1962 kam wieder etwas Bewegung in die verhärteten Fronten, als G. Kliridis Denktaş einen Kompromissvorschlag unterbreitete. Denktaş reagierte, indem er seinerseits einen Vorschlag vorlegte. Eine Kompromisslösung zeichnete sich bereits ab, da entschied am 8. Februar 1963 der Oberste Gerichtshof, dass das alte, aus der Kolonialzeit stammende Einkommenssteuergesetz nicht länger gültig sei, womit die Republik ohne gültige Steuergesetze und ohne staatliche Einnahmen dastand.

Die Lage wurde noch weiter dadurch verschärft, dass man auch in der Frage der getrennten Stadtverwaltungen keine Lösung gefunden hatte. Die türkische Seite forderte stur die räumliche Trennung der jeweiligen Stadtviertel und die griechische Seite lehnte dies genauso stur ab. Am 10. Februar 1961 unterbreitete Makarios einen Kompromissvorschlag: In den fünf Städten sollte es jeweils zwei Stadträte und ein Koordinationskomitee geben, aber keine geographische Teilung. Die Bürger würden die Steuern an ihre jeweilige Stadtverwaltung bezahlen. Küçük war einverstanden, Denktaş war unzufrieden und setzte Küçük unter Druck. Der gab nach und verband das Problem mit dem der 70:30-Relation und der Steuerfrage. Makarios wies dieses Junktim als illegitim zurück und informierte die Botschafter der Garantiemächte.

Ungenaue Informationen ließen Makarios den Eindruck gewinnen, dass Ankara in der Frage der getrennten Stadtverwaltungen nachgeben könnte. Er begriff nicht, dass die administrative Trennung der Volksgruppen die *Conditio sine qua non* für die Zustimmung der türkischen Regierung zu den Verträgen von Zürich und London gewesen war. Ankara lehnte die Methoden der Separatisten ab, weil diese den *Status quo* gefährdeten, war aber keinesfalls bereit, die Reduzierung der türkischen Zyprioten auf eine Minorität hinzunehmen. Die Verträge von Zürich und London garantierten eine gleichberechtigte Partnerschaft.

Bei seinem Besuch in Ankara Ende November 1962 brachte Makarios die Blockadepolitik der türkisch-zypriotischen Führung in der Steuerfrage zur Sprache und stieß auf großes Verständnis der türkischen Regierung, die versprach, ihren Einfluss geltend zu machen. Als Makarios auf die getrennten Stadtverwaltungen zu sprechen kam, lehnten seine Gesprächspartner eine Veränderung diplomatisch freundlich, aber bestimmt ab. Makarios begriff aber immer noch nicht, dass dies eine Warnung war. Er hatte die türkische Flexibilität in der Frage der Armee und der getrennten Mehrheiten registriert und nahm wahrscheinlich an, dass sich die Türkei letztlich auch in der Frage der getrennten Stadtverwaltungen flexibel zeigen würde. Er begriff nicht, dass die getrennten Stadtverwaltungen ein essentieller Teil der türkischen Zypernpolitik waren. Der positive Eindruck des Staatsbesuches veranlasste ihn, auf dem eingeschlagenen Weg voranzuschreiten, ohne die dringend notwendige Vorsicht walten zu lassen.

Nach seiner Rückkehr gingen die Verhandlungen ergebnislos weiter, weil die Separatisten an ihrem intransigenten Kurs festhielten, genauso wie Makarios. Am 31. Dezember 1962 kam das Ende, als die türkische Seite eine erneute Verlängerung des alten Gesetzes ablehnte. Makarios reagierte, indem er ein anderes altes Gesetz aus der Kolonialzeit reaktivierte. Dieses Gesetz ermächtigte die Regierung, jeden Distrikt der Insel zu einer "Improvement Area" zu erklären und *Improvement Boards* zu ernennen, die die Verwaltung des Distriktes übernahmen. Nun erklärte die Regierung die fünf Städte zu "Improvement Areas" und leitete Schritte ein, um sie durch *Improvement Boards* zu verwalten. Makarios erklärte, dass angesichts der Lage die Verfassungsbestimmungen über die getrennten Stadtverwaltungen nicht anwendbar seien. Solange die türkische Seite vereinte Stadtverwaltungen ablehne, gebe es keine andere Lösung als deren totale Abschaffung. Er bedaure dies, aber die Regierung werde von nun an die Funktionen der Stadtverwaltungen übernehmen. Zwar versuchten die türkischen Minister das Gesetz im Ministerrat zu Fall zu bringen, aber am 10. Januar 1963 wurde dies mit 7:3 Stimmen abgelehnt.

In Athen war man über Makarios' Vorgehen entsetzt. Karamanlis ließ Makarios am 1. Januar 1963 mitteilen, er solle die Sache nicht zum Äußersten treiben. Am 5. Januar legte der türkische

Tafel 25

Grivas und seine Partisanen im Troodos-Gebirge

Die am 4. März 1956 gesprengte Hermes-Maschine

Tafel 26

EOKA-Terror: Der ermordete Manolis Pieridis im Kirchengestühl

EOKA-Terror: Zwei britische Mordopfer in der Ledra-Straße

Tafel 27

EOKA-Terror: Drosoulla Dimitriadis vor der Leiche ihres Verlobten

Grivas im Arbeitszimmer im Erdgeschoß

Tafel 28

Grigoris Afxentiou

Afxentiou als Mönch

Personenkontrolle

Tafel 29

Razzia auf einem Dorf

Gouverneur Hugh Foot

Tafel 30

Küçük und Denktaş

Interkommunale Zusammenstöße: Verhaftung von Plünderern

Tafel 31

Interkommunale Unruhen: Tränengaseinsatz der Polizei

Gesprengtes Haus, wo sich Matsis versteckt hatte

Tafel 32

Barbara Castle und Makarios

Averof und Zorlu

Botschafter in Athen Protest gegen Makarios' Verhalten ein: Sollte die Regierung Zyperns die Stadtverwaltungen gewaltsam auflösen, werde die türkische Regierung dies als Verletzung der Verfassung und als einen Fall für den Garantievertrag betrachten. Die Türkei drohte also indirekt mit einer Intervention. Zugleich wurde bekannt, dass Küçük nach seiner Rückkehr aus Ankara, wo er sich zu Konsultationen befand, bekannt gab, dass er in dieser Sache vor den obersten Gerichtshof ziehen werde.

Makarios werte sich gegen den Vorwurf, die Errichtung der *Improvement Boards* verletze die Verfassung. Außerdem sei das Ganze eine innere Angelegenheit Zyperns. In Ankara wies Außenminister Erkin dies zurück: Die Türkei habe aufgrund der Verfassung und des Garantievertrages ein Mitspracherecht. Die türkische Regierung werde eine Verletzung der Abkommen nicht dulden und keine noch so kleine Reduzierung der Rechte der türkischen Zyprioten hinnehmen. Makarios versuche durch "crafty logic" die türkischen Zyprioten als die Schuldigen hinzustellen. Offensichtlich begriff er immer noch nicht, dass Ankara auch wenn es sich in der Frage der getrennten Mehrheiten bis zu einem gewissen Grad flexibel zeigte, nicht bereit war, das in Zürich vereinbarte Partnerschaftsprinzip aufzugeben. Makarios schlug also einen gefährlich abschüssigen Weg ein.

In den folgenden Tagen begannen die von der Regierung ernannten *Improvement Boards* die Kontrolle über die Stadtverwaltungen zu übernehmen. Die Vorsitzenden gaben bekannt, dass die Stadtverwaltungen weiterarbeiten sollten wie bisher, nur dass die Boards die Anordnungen erteilen würden. In der Tat ging die Übernahme der Verwaltung ziemlich reibungslos über die Bühne, es gab sogar türkisch-zypriotische Board-Mitglieder. Am 24. Januar ordnete das Innenministerium an, dass alle beweglichen und unbeweglichen Besitztümer der Stadtverwaltungen und ihrer Unterorganisationen an die Republik übertragen würden. Dies war der gesetzliche Hebel, um das 1958 von der türkischen Seite illegal besetzte städtische Eigentum, wie z. B. die Markthalle in der Altstadt von Nikosia, wieder unter die Kontrolle der Stadtverwaltung zu bringen. Genau genommen war dies der erste Schritt zur Auflösung der türkisch-zypriotischen Stadtverwaltungen.

Am Abend des 25. Januar 1963 explodierte eine Bombe an der Außenseite der auf der venezianischen Constanza-Bastion gelegenen Bayraktar-Moschee. Es entstand nur geringer Sachschaden; im Inneren der Moschee wurde eine weitere Sprengladung entdeckt, die nicht zur Zündung gebracht worden war. Da diese Moschee schon im März 1962 Ziel eines Anschlags von *Agents provocateurs* gewesen war, um die Volksgruppen gegeneinander zu hetzen, entstand sofort der Verdacht, dass auch dieser Anschlag von Provokateuren verübt worden war. Dafür sprach außerdem, dass es in Istanbul sehr rasch zu wohlorganisierten Sympathiedemonstrationen kam. Die Explosion war eine Warnung an die griechischen Behörden. Zwar hielten sich Küçük und Denktaş zunächst zurück, aber schon wenig später ertönten aggressive Töne. Am 30. Januar reichte Parlamentspräsident Klıridis und Denktaş als Vorsitzender der türkischen Volksgruppenkammer Klagen vor dem obersten Gericht ein: Klıridis wollte der türkischen Volksgruppenkammer gesetzgeberische Aktivitäten verbieten lassen und Denktaş wollte die Arbeit der *Improvement Boards* stoppen lassen.

In den nächsten Wochen kam es immer wieder zu "Gipfelgesprächen" zwischen Makarios und Küçük, die aber kein Ergebnis brachten. Mitte Februar wurden Klıridis und Denktaş beauftragt einen Kompromiss zu erarbeiten. Hier zeigte sich zum ersten Mal Klıridis' Fähigkeit, selbst in schwierigsten Lagen, Kompromisslösungen zu finden. In diesem Fall sollten die bisherigen getrennten Stadtverwaltungen wieder ihre Tätigkeit aufnehmen, allerdings kontrolliert von Koordinationskomitees. Die türkischen Stadtverwaltungen sollten über einen festen Betrag verfügen können. Zu einem noch festzulegenden Termin, man dachte an den 31. Dezember 1963, sollten Makarios und Küçük zusammentreffen und die Abschaffung der getrennten

Stadtverwaltungen und die Übertragung von deren Kompetenzen auf die Koordinationskomitees beschließen, um so gemeinsame Stadtverwaltungen zu errichten. Sollte es Meinungsunterschiede zwischen Präsident und Vizepräsident geben, sollte die Angelegenheit den Präsidenten des Verfassungsgerichtes und des Obersten Gerichtshofes vorgelegt werden; deren Entscheidung sollte bindend sein. Die Entscheidung selbst sollte bekannt gemacht werden und dabei sollte betont werden, dass sie verfassungskonform sei.

Dieses von Kliridis und Denktaş erarbeitete Konzept war vernünftig; es hätte den entscheidenden Stolperstein der Republik durch einen akzeptablen Kompromiss aus der Welt geschafft und Zypern viel Elend erspart. Makarios war einverstanden, doch Denktaş wich der endgültigen Festlegung aus, indem er der Fortsetzung der Verhandlungen auswich. Es ist wenig wahrscheinlich, dass Ankara hinter diesem Manöver stand. Es war Denktaş selbst, der die Lösung torpedierte.

Anfang März 1963 begann die Anhörung vor dem Verfassungsgericht. Von Athen aus warnte Averof Makarios, dass sich die Türkei zu einer Intervention entschließen könne. Doch Makarios ließ sich nicht einschüchtern. Am 27. März erklärte er, dass die Teilung der Stadtverwaltungen unmöglich sei. Wenn die türkische Seite die Vorschläge für die Vereinigung der Stadtverwaltungen nicht akzeptiere, müsse der Status quo aufrechterhalten bleiben. Die Frage der Stadtverwaltungen sei eine innere Angelegenheit Zyperns und der Garantievertrag gebe den Garantiemächten in dieser Frage kein Recht auf Intervention. Sollte es doch zu einer Intervention kommen, werde er sich an die UNO wenden. Makarios wollte offensichtlich das Zypernproblem wieder vor die UNO bringen. Da Zypern selbst Mitglied der Vereinten Nationen war, konnte es aus eigenem Recht an die UNO appellieren. Außerdem war Zyperns Position in der UNO gestärkt worden, denn es konnte dort mit der Unterstützung der blockfreien Staaten, der ehemaligen Kolonien, der Commonwealth-Staaten und jener des Ostblocks rechnen.

Am 31. März 1963 goss Makarios in seiner Rede zum Jahrestag des Beginns des EOKA-Kampfes Öl ins Feuer: Der durch die Abkommen von Zürich und London ins Leben gerufene Staat sei nicht das Ziel des Kampfes gewesen. Das Ziel des zypriotischen Volkes sei nach wie vor die Enosis, und die Verträge seien nur der Ausgangspunkt für neue Anstrengungen. Denktaş kritisierte Makarios' Ansprache als verantwortungslos und gefährlich; sie verletze die Zypern-Verträge. Er warf ihm vor, er wolle die Verfassung abschaffen und die Enosis erreichen. Makarios ließ sich nicht beeindrucken und legte nach: Die griechischen Zyprioten seien ein integraler Bestandteil der griechischen Nation. Die Republik sei ein neuer Staat, habe aber keine neue Nation geschaffen. Die Einrichtung von getrennten Stadtverwaltungen sei unmöglich und der entsprechende Verfassungsartikel nicht anwendbar.

Als Ankara gereizt reagierte und auch die Amerikaner mahnten, warnte Averof erneut Makarios. Da Makarios auswich und die Lage verharmloste, wurden Averof und Karamanlis deutlich: Die Sicherheitslage Griechenlands sei prekär und ein Bruch mit der Türkei könne gefährliche Konsequenzen für das Patriarchat in Istanbul und die dortige griechische Gemeinde haben. Nicht einmal internationale Verträge gewährten genügend Schutz. Er erwarte verantwortliches Verhalten. Sollte Makarios versuchen, die Zypernverträge als Ganzes oder Teile davon abzuschaffen, werde Athen sich davon öffentlich distanzieren. Dies waren klare Worte, die keine Interpretationen zuließen, und sie zeigten Wirkung, denn in den Wochen bis zum Rücktritt der Regierung Karamanlis im Juli 1963 herrschte Ruhe an der Verfassungsfront.

Am 25. April 1963 fällte der Oberste Gerichtshof sein Urteil über die Anträge von Kliridis und Denktaş: Beide Gesetze wurden mit Mehrheitsentscheidung für verfassungswidrig erklärt: Bei der Abstimmung des Gerichts zeigte sich, dass die beiden zypriotischen Richter ihre Entscheidungen an der Position ihrer jeweiligen Volksgruppe orientierten und nicht mehr am Prinzip der Verfassungskonformität. Ausländische Beobachter sprachen von einem "complete deadlock" und von Chaos. Erneuter Druck aus Athen und amerikanische Ermahnungen veranlassten Makarios, die "Gipfelgespräche" mit Küçük wieder aufzunehmen, und am 7. Mai legte er einen voll ausgearbeiteten Lösungsvorschlag für eine Interimsperiode vor. In jeder der fünf Städte sollte ein Board eingerichtet werden, dessen Mitglieder vom Präsidenten und Vizepräsidenten ernannt würden; ihre Zahl sollte proportional zur Größe der Volksgruppen sein. Das Board sollte mindestens vier Mitglieder, aber nicht mehr als 15 zählen. Aus den Mitgliedern des Board sollten ein Vorsitzender und ein Stellvertreter gewählt und vom Präsidenten und Vize-Präsidenten ernannt werden. Die Boards sollten die Funktion der alten Stadtverwaltungen übernehmen. Die Markthallen sollten gemeinsam verwaltet werden, und jede Volksgruppe sollte ihr eigenes Budget verwalten. Mit diesem Vorschlag war Makarios der türkischen Seite weit entgegengekommen.

Nun spielte Küçük den Intransigenten, indem er behauptete, auch dieser Vorschlag sei nicht verfassungskonform. Makarios wies diesen Vorwurf zurück. Um das Land nicht im administrativen Chaos versinken zu lassen, übertrug das Kabinett per Mehrheitsbeschluss, gegen die Stimmen der türkischen Minister, den *District Officers* die vorläufige Verwaltung der Städte auf der Basis des *Street and Buildings Regulation Law*. Dies war im Prinzip dieselbe Vorgehensweise wie bei den *Improvement Boards*, die das Verfassungsgericht für verfassungswidrig erklärt hatte. Küçük legte dagegen sein Veto ein. Die Verhandlungen über die getrennten Stadtverwaltungen waren offensichtlich festgefahren. Keine der beiden Seiten war zu Kompromissen bereit. Die türkische Regierung unterstützte ihre Landsleute in Zypern. Die griechische Regierung war auf Distanz gegangen und lehnte eine Abschaffung der Zypernverträge oder von Teilen davon ab, aber sie schloss Änderungen einzelner Verfassungsartikel nicht aus. Allerdings sollte dies einvernehmlich geschehen. Unter diesen Umständen war es nur natürlich, dass Makarios nach einem neuen Ausweg suchte.

Der Gang zur UNO war nur eine Option in Makarios' Überlegungen. Eine andere war die Abschaffung des Garantie- und Allianzvertrags durch einen Bündnisvertrag mit Großbritannien, was allerdings vom Lord Siegelbewahrer Edward Heath wie auch vom Foreign Office gegenüber Außenminister Kyprianou abgelehnt wurde. Beim Gespräch Kyprianous mit dem Minister für das Commonwealth, Sandys, lehnte es dieser ab, hinter dem Rücken der Türkei und Griechenlands Geheimgespräche zu führen. Makarios solle doch mit dem britischen High Commissioner Clark über die Angelegenheit reden. Der noch relativ unerfahrene Außenminister interpretierte Sandys' Empfehlung, das Thema mit Clark zu diskutieren, als grünes Licht, dabei war dies nicht mehr als eine Art höflicher Ablehnung. Für diese Interpretation spricht auch, dass Clark bei seinem ersten Gespräch mit Kyprianou nach dessen Rückkehr nach Nikosia diesem erklärte, dass er keine Instruktionen aus London erhalten habe, aber bereit sei, sich Kyprianous Ideen anzuhören und nach Rücksprache mit London sich dazu zu äußern. Ansonsten müsse absolute Vertraulichkeit gewahrt werden.

Als Kyprianou seine Ideen Ende Mai Clark vorlegte, fand dieser sie logisch, aber er befürchtete, die Türkei werde allergisch reagieren. Als Clark London darüber informierte, hieß es von dort, dass man gegen jede Veränderung der Zypernverträge sei. Allenfalls kleinere Änderungen der Verfassung kämen in Frage. Clark gab dies mündlich in konziliater Form an Kyprianou bzw. Makarios weiter, und diese gewannen dadurch den Eindruck, dass die Briten zwar gegen jede Änderung des Garantie- und Allianzvertrages waren, aber gegen eine Verfassungsänderung nichts einzuwenden hatten. Sie begriffen nicht, dass Clark sie gewarnt und ihnen größte Vorsicht angeraten hatte. Wäre diese Warnung von einem Diplomaten des Foreign Office übermittelt worden, wäre sie viel deutlicher formuliert worden, aber Clark war kein Diplomat, der gewohnt war, außenpolitische Aspekte und Faktoren in seine Überlegungen einzubeziehen, sondern ein

Kolonialverwaltungsbeamter, der dem Commonwealth Relations Office, dem ehemaligen Kolonialministerium, unterstand.

Verschärfend wirkte sich auch aus, dass sowohl Griechenland als auch Großbritannien innenpolitische Krisen durchmachten: Am 10. Juni erklärte Karamanlis nach einem heftigen Zusammenstoß mit Königin Frideriki seinen Rücktritt. Neuer Premier wurde Panagiotis Pipinelis. Karamanlis begab sich ins selbstauferlegte Exil nach Paris. Am 18. Juni kündigte Premier Macmillan im Gefolge des Profumo-Skandals seinen Rücktritt an, der am 18. Oktober 1963 erfolgte.

Kaum war Karamanlis zurückgetreten, beauftragte Makarios Kliridis, ein Papier mit Verfassungsänderungen auszuarbeiten. Kliridis versuchte, Makarios klar zu machen, dass er verfrüht handle. Als er jedoch erkannte, dass Makarios zum Handeln entschlossen war, riet er ihm, wenigstens bis zu den griechischen Wahlen und bis zu Konsultationen mit der daraus hervorgehenden Regierung zu warten. In der Zwischenzeit solle man einen ausländischen Verfassungsexperten über das Recht auf unilaterales Handeln im Rahmen des Garantie- und Allianzvertrages konsultieren, besonders hinsichtlich der beiden auf Zypern stationierten Militärkontingente Griechenlands und der Türkei. Außerdem solle Makarios im Gespräch mit High Commissioner Clark herausfinden, ob Großbritannien tatsächlich bereit sei, die Verfassungsrevision zu unterstützen. Makarios akzeptierte Kliridis' Vorschläge und so reiste dieser Anfang August 1963 nach London, um den bekannten Verfassungsjuristen Sir Frank Soskice zu konsultieren. Soskice erklärte sich prinzipiell bereit, in diesem Fall zu gutachten.

In Zypern benützte Makarios jede Gelegenheit, um über die Notwendigkeit einer Verfassungsänderung zu reden. Im August warnte der stellvertretende High Commissioner London, dass Makarios bereit sei, unilateral zu handeln und sogar Blutvergießen in Kauf zu nehmem. Unglücklicherweise bewirkte diese Warnung angesichts der Regierungskrise in London nichts. Der neue griechische Premier hingegen warnte Makarios: Er solle auf keinen Fall unilateral handeln und sich Zeit lassen. Makarios antwortete aber ausweichend und fuhr mit seiner Politik fort.

Inzwischen ließ sich aber Makarios von den immer deutlicher werdenden Warnungen aus Athen, Washington und London gar nicht mehr beeindrucken. Er hatte sich ein Ziel gesetzt, auf das er stur zusteuerte. Einwände beeindruckten ihn nicht, eine mögliche Gefahr von Seiten der türkischen Zyprioten glaubte er vernachlässigen zu können und eine Intervention der Türkei hielt er für unmöglich, da sie einen griechisch-türkischen Krieg heraufbeschworen hätte. Die Spielernatur von Makarios hatte wieder die Oberhand gewonnen und nun war erneut Hasard angesagt. Die einzigen, die Makarios mit einem scharfen Schuss vor den Bug noch stoppen konnten, waren die Briten und die Amerikaner. Ein klares öffentliches Statement der britischen Regierung hätte die sich anbahnende Katastrophe aufhalten können. Doch die britische Politik war gespalten: Das Foreign Office war für eine Intervention, aber das Commonwealth Relations Office lehnte dies ab.

Mitte September 1963 äußerte sich Makarios in einem Interview noch deutlicher: Die Verfassungsrevision sei eine Notwendigkeit; man werde die Rechte der türkischen Minderheit gebührend berücksichtigen. Er sei entschlossen voranzuschreiten. Die Verfassungsrevision sei eine innere Angelegenheit Zyperns und man anerkenne kein Interventionsrecht der sog. Garantiemächte. Eine türkische Intervention unter Gewaltanwendung stelle eine Aggression gegen Zypern dar, die nicht nur Griechenland, sondern auch die UNO interessiere. Offensichtlich nahm Makarios eine türkische Intervention in Kauf, die er aber für unwahrscheinlich hielt.

Doch dies war eine Fehlinterpretation, denn die eigentliche Zypernpolitik Ankaras wurde nach dem Sturz und der Hinrichtung von Menderes und Zorlu nicht von den wechselnden Außenministern gemacht, sondern vom Generaldirektor des türkischen Außenministeriums,

Turan Tuluy. Dieser meinte gegenüber einem britischen Diplomaten, ein unilaterales Vorgehen von Makarios könne ein günstiges Klima für Bedingungen schaffen, einen türkischen Teilungsplan durchzusetzen, den man als *ultima ratio* entwickelt habe. Die türkische Regierung plane keine militärische Intervention, aber türkische Waffen und Freiwillige würden ihre Wege nach Zypern finden, um ihre Brüder zu unterstützen, was die Regierung natürlich offiziell missbilligen werde. Die türkischen Zyprioten hätten Instruktionen, dass sie auf keinen Fall den Kampf beginnen dürften. Die Türken würden nicht diejenigen sein, die den ersten Schuss abgäben. Der Plan werde realisiert, wenn Makarios das Parlament auflöse, um mit der Verfassungsrevision zu beginnen.

Diese Informationen erreichten zwar London, blieben aber wiederum im Vorfeld der Regierungsumbildung unbeachtet. In der entscheidenden Phase kümmerte sich in London niemand ernsthaft um die Entwicklung in Zypern. Damit wurde Clark zur entscheidenden Figur. Im September entwickelte er Vorschläge, die von der britischen Regierung akzeptiert wurden: Makarios solle von unilateralen Aktionen abgehalten werden. Die Türkei müsse von der Notwendigkeit einiger Verfassungsänderungen überzeugt werden. Makarios sollte veranlasst werden, den türkischen Zyprioten faire und vernünftige Änderungsvorschläge zu unterbreiten. Die Garantiemächte sollten sich informell mit den Zyprioten treffen, um diese Änderungen zu billigen. Wären solche Vorschläge bereits im Mai unterbreitet worden, hätten sie vielleicht eine Chance zur Realisierung gehabt, aber inzwischen hatte sich die Lage grundlegend verändert. Wenn ein solcher Plan überhaupt noch Wirkung erzielen sollte, musste rasch gehandelt werden. Doch genau daran haperte es, denn Clark kehrte überhaupt erst Mitte Oktober von seinem Heimaturlaub nach Zypern zurück.

Ende September wurden in Griechenland Neuwahlen angesetzt, und die Regierung Pipinelis trat zurück und machte einer Interimsregierung Platz, die die Wahlen organisierte. Dieser Wechsel in der griechischen Führung bedeutete, dass bis zu den Wahlen und der Bildung der daraus hervorgehenden neuen Regierung Griechenland praktisch handlungsunfähig war. Außerdem bestand die Gefahr, dass Zypern zu einem Wahlkampfthema wurde, mit gefährlichen Rückwirkungen auf die Insel selbst. Weder in London noch in Athen war also jemand da, der Makarios' Vorgehen stoppen konnte.

Als Clark schließlich am 21. Oktober 1963 in Nikosia eintraf, musste er feststellen, dass sich während seiner viermonatigen Abwesenheit die Beziehungen zwischen Makarios und Küçük "beklagenswert verschlechtert" und die Türken jegliches Vertrauen in Makarios verloren hatten. Anstatt nun die neue Lage zu analysieren, machte sich Clark ans Werk. Er informierte Makarios, dass Commonwealth-Minister Sandys mit einer Verfassungsänderung einverstanden sei. Makarios solle Vorschläge formulieren. Sandys sei bereit, diese bei einem Besuch in Zypern Anfang Dezember zu diskutieren. Makarios war einverstanden und schlug vor, dass Außenminister Kyprianou die Vorschläge während des Formulierungsprozesses mit Clark diskutieren sollte. Man vereinbarte absolute Vertraulichkeit, nur Clark, Makarios und Kyprianou sollten eingeweiht sein. Clark bat dafür sein Ministerium um grünes Licht, das unter der Voraussetzung absoluter Geheimhaltung am 5. November eintraf. Die Frage war nun, ob ausgerechnet Clark Makarios zur Mäßigung veranlassen konnte.

Makarios' 13 Punkte
Makarios beauftragte Kliridis mit der Ausarbeitung eines Kataloges mit Verfassungsänderungen. Kliridis warnte ihn, dass dies zu großem Ärger führen könne, aber Makarios bestand darauf. Kliridis erarbeitete ein solches umfassendes Papier, und als er es Makarios überreichte, warnte er ihn erneut, dass die Türkei solch weitreichende Verfassungsänderungen, die die Grundlage der Verträge von Zürich und London zerstörten, nie akzeptieren werde. Makarios wischte den

Einwand beiseite. Als Makarios das Papier Clark zeigte, meinte dieser, er solle es auf die drängendsten Probleme reduzieren und konzentrieren. Makarios gewann den Eindruck, dass Clark der Sache sehr positiv gegenüber stand. Um die Sache voranzutreiben, setzte er ein Komitee ein, das aus Kliridis, Justizministerin Soulioti, Arbeitsminister Papadopoulos, dem Verfassungsrichter Triantafyllidis und dem Generalstaatsanwalt Tornaritis bestand und den Auftrag erhielt, die notwendige Auswahl zu treffen und ein ausgewogenes Dokument mit Begründungen für die Veränderungsvorschläge zu erarbeiten.

Am 10. November 1963 lag das Ergebnis vor, das Makarios an Clark weiterleitete. Es war eine Liste mit 13 Punkten. Die wichtigsten Punkte sahen folgende Änderungen vor: Die Abschaffung des Vetos des Präsidenten und des Vizepräsidenten. Der Vize-Präsident sollte den Präsidenten vertreten können. Die beiden Sprecher des Parlamentes sollten vom ganzen Haus gewählt werden. Die getrennten Mehrheiten bei Gesetzen sollten abgeschafft werden. Die getrennten Stadtverwaltungen sollten durch gewählte gemeinsame Organe ersetzt werden proportional zur Bevölkerung. Die ethnische Trennung von Gerichten und Sicherheitskräften sollte aufgehoben werden. Der öffentliche Dienst sollte proportional zur Bevölkerung zusammengesetzt sein. Die griechische Volksgruppenkammer sollte abgeschafft werden, und die türkische ebenfalls, wenn dies auch nicht gesagt wurde.

In seinem Bericht an das Ministerium bezeichnete Clark die Vorschläge als vernünftig, allerdings erwähnte er die kritischen Stellen nicht. Wahrscheinlich war er sich darüber im Klaren, dass der Vorschlag, das Veto und die getrennten Stadtverwaltungen abzuschaffen, in London heftige Reaktionen auslösen würde. Vermutlich hoffte er, diese Probleme in seinen Gesprächen mit Makarios und Kyprianou so entschärfen zu können, dass sie akzeptabel würden. Wie dem auch sei, auch so waren die zuständigen Beamten im Foreign Office entsetzt. Da das Ganze aber eine Angelegenheit des Commonwealth-Ministeriums war, beschränkte man sich auf milde Kritik. Da Sandys sich dort mit anderen Problemen herumschlug und sich daher nicht um Zypern kümmerte, hatte Clark freie Hand.

In den folgenden Tagen überarbeitete Clark die Vorschläge als eine persönliche Geste. Er gab sich große Mühe, Formulierungen zu vermeiden, auf die die türkische Seite allergisch reagieren könnte. Es ist anzunehmen, dass Clark Makarios über seinen "persönlichen" Einsatz informierte, aber er begriff nicht, dass dies für die griechische Seite irrelevant war, denn für diese sprach er für die britische Regierung. Dies war ein wohlbekanntes Phänomen. In der griechischen Welt wurden Äußerungen von britischen Vertretern, egal ob Diplomaten oder Soldaten, immer als die Stimme der britischen Regierung interpretiert. Hinzu kam, dass es aus London keine negativen Reaktionen gab. Das interpretierte Makarios als eine Art grünes Licht, zumal Clark ihn unterstützte. Nach Angaben von Kliridis war Makarios fest davon überzeugt, dass die britische Regierung ihn unterstützte und machte daher weiter. Am 29. November überreichte Makarios Küçük und den Botschaftern Griechenlands und der Türkei den endgültigen Text seiner 13 Punkte.

Da die 13 Punkte in der Geschichte Zyperns einen zentralen Platz einnehmen, soll versucht werden, eine Antwort auf die Frage zu finden, ob es überhaupt notwendig war, zu diesem Zeitpunkt Verfassungsänderungen vorzuschlagen, ob es wirklich richtig ist, dass die Verfassung zu diesem Zeitpunkt nicht funktionierte, und schließlich, welche Ziele Makarios tatsächlich verfolgte. Kliridis hat in seinen Memoiren überzeugende Antworten geliefert: Das Kabinett funktionierte einwandfrei, ebenso die Richter, das oberste Gericht, der öffentliche Dienst und die Sicherheitskräfte. Der Präsident und der Vizepräsident kooperierten reibungslos bei der Ausfertigung der Gesetze und der Beschlüsse des Kabinetts. Das Vetorecht des Vizepräsidenten wurde einmal im Zusammenhang mit der Armee angewendet und die griechische Seite hatte dagegen nichts einzuwenden gehabt. Das Problem der getrennten Stadtverwaltungen hätte gelöst werden können, indem man sie eingerichtet und nach der von der Verfassung vorgesehenen Zeit von fünf Jahren einer Revision unterzogen hätte. Bei der Umsetzung der 70:30-Relation waren solche Fortschritte erzielt worden, dass eine Änderung des entsprechenden Verfassungsartikels unnötig war. Die Justiz funktionierte trotz der volksgruppenmäßigen Trennung problemlos. Die von der Verfassung vorgesehene Wahl von Präsident und Vizepräsident des Repräsentantenhauses durch die Vertreter der Volksgruppen war kein Konfliktpunkt. Die Abschaffung der griechischen Volksgruppenkammer war im Hinblick auf das Erziehungswesen sinnvoll, denn das hätte dieses einem Erziehungsministerium unterstellt. Insgesamt gilt also, dass keine zwingende Notwendigkeit für eine Verfassungsreform bestand. Sie war überflüssig und kam zur Unzeit.

Makarios' Fehler lag in einer falschen Einschätzung der internationalen Lage: In Griechenland regierten zunächst zwei schwache Übergangsregierungen, die Makarios übergehen konnte. Auch um die seit dem 8. November amtierende neue griechische Regierung unter G. Papandreou kümmerte er sich kaum, er erhoffte sich aber Unterstützung. Die Krise in der britischen Regierung war ihm ebenfalls willkommen, denn sie verhinderte eine rechtzeitige Intervention. Ferner war ihm sicher bekannt, dass die türkische Regierungskoalition seit den Kommunalwahlen am 17. November wackelte. Dies alles muss ihn ermutigt haben, den Schritt mit den 13 Punkten zu machen.

Makarios verfolgte bekanntlich zwei Ziele: die tatsächliche Unabhängigkeit Zyperns und die Reduzierung der Privilegien der türkischen Zyprioten. Die Enosis war für ihn keine Option mehr. Seine Bekenntnisse zu ihr waren reine Lippenbekenntnisse, um die radikalen Nationalisten im griechischen Lager ruhig zu halten. Außenpolitisch wollte Makarios sich vom Allianz- und Garantievertrag befreien, um so das Recht der Garantiemächte auf Intervention zu beseitigen. Innenpolitisch wollte er die türkischen Zyprioten zu einer privilegierten Minorität machen und die ihnen zugestandenen exzessiven Rechte reduzieren.

Die 13 Punkte waren eine bewusste Provokation, die eine kleine kontrollierbare Krise hervorrufen sollte. Die Gefahr einer unilateralen türkischen Intervention schätzte Makarios als gering ein. Er nahm an, dass durch britischen und amerikanischen Druck bei Zustimmung der griechischen Regierung die Türkei nachgeben werde. Als Termin peilte Makarios das Treffen der Garantiemächte am Rande der NATO-Herbsttagung am 8. Dezember 1963 in Paris an. Falls dies nicht gelingen sollte, blieb immer noch der Weg zur UNO-Vollversammlung, wo er auf eine satte Mehrheit durch die Blockfreien und ehemaligen Kolonien hoffte.

Doch war die Hoffnung auf eine britische Unterstützung eine volle Fehlkalkulation, denn das Foreign Office schaffte es, Sandys von einer aktiven Zypernpolitik abzuhalten, womit die Initiative wieder ans Außenministerium überging. Als am 22. November 1963 Präsident Kennedy in Dallas ermordet wurde, verringerte sich vorübergehend die Handlungsfähigkeit der Amerikaner. Auch die griechische Regierung hielt nichts von den 13 Punkten, wie Außenminister S. Venizelos zugab. Am 2. Dezember gab der türkische Premierminister İnönü den Rücktritt seiner Regierung bekannt, und in Athen zeichnete sich der Rücktritt von Papandreous Regierung ab. Makarios' gesamtes außenpolitisches Szenario geriet ins Rutschen.

Als Makarios am Morgen des 30. November Küçük das Memorandum mit den 13 Punkten überreichte, warf dieser einen raschen Blick darauf und war über dessen Umfang entsetzt, brachte aber dennoch eine Portion Galgenhumor zusammen, als er meinte, dass die Enosis bestimmt noch besser gewesen wäre als dies, aber er versprach die Vorschläge genau zu prüfen und Gegenvorschläge auszuarbeiten, wozu er etwa eine Woche benötige. Man vereinbarte absolute Vertraulichkeit.

Bis zum 5. Dezember hielt diese Vereinbarung, aber da kam es in Athen zu einer Indiskretion, als S. Venizelos bekannt gab, dass Makarios Vorschläge zur Verfassungsrevision an die drei Garantiemächte gesandt habe. Es ist unbekannt, ob Venizelos absichtlich oder fahrlässig diese Indiskretion beging. Als dann die griechische Presseagentur noch Einzelheiten veröffentlichte, hatte die türkische Regierung die perfekte Ausrede, Makarios' 13 Punkte abzulehnen. Schon am 6. Dezember ließ die türkische Regierung die Amerikaner wissen, dass sie Makarios' Vorschläge zurückweisen werde. Zwar rieten die Amerikaner zur Mäßigung, aber neue Indiskretionen heizten die Stimmung an.

In Nikosia wurde am 13. Dezember bekannt, dass Küçük noch immer an seiner Antwort an Makarios arbeitete, aber Denktaş hielt in der Presse dagegen: Wenn Makarios die Verfassung breche, löse er die Republik auf. Dann seien die Türken frei, einen eigenen Staat zu gründen oder sich der Türkei anzuschließen. Hier tauchte also zum ersten Mal jene Sprachregelung auf, die von nun an zu Denktaş' Standardargumenten der nächsten Jahrzehnte gehörte: Mit Makarios' 13 Punkten hätten die griechischen Zyprioten den Staat Zypern einseitig aufgelöst. Dabei waren die 13 Punkte nur ein Vorschlag, aber noch kein Verfassungsbruch. Am Morgen des 16. Dezember erhielt Makarios eine scharfe Antwort der türkischen Regierung auf seine 13 Punkte. Als er sie gelesen hatte, sandte er sie an die türkische Botschaft zurück. Um wilden Gerüchten über den Inhalt seiner 13 Punkte entgegenzuwirken, ließ er am 18. Dezember den vollen Text veröffentlichen.

Beim Treffen der NATO-Außenminister in Paris kam es am 15. Dezember zu einem Gespräch zwischen Dean Rusk und seinem türkischen Kollegen Erkin. Letzterer stellte fest, falls Makarios die Verfassung nicht respektiere, müsse die Türkei intervenieren - zusammen mit den beiden anderen Garantiemächten oder allein. Im Zweifelsfall werde man die Teilung der Insel fordern. Rusk gab dies bei seinem Treffen mit Kyprianou am 20. Dezember weiter und riet, Mäßigung zu zeigen. Das State Departement hatte offensichtlich kein Interesse daran, in den Konflikt um Zypern hineingezogen zu werden. Über Zypern sollten sich die Briten den Kopf zerbrechen.

Am selben Tag trafen sich die Vertreter der Garantiemächte. Das Treffen fand unter Vorsitz von Erkin in der griechischen Botschaft in Paris statt. Das danach veröffentlichte Kommuniqué war nichtssagend, dennoch scheint beschlossen worden zu sein, dass Erkin Küçük zu erneuten Gesprächen mit Makarios rate, vorausgesetzt, sie fänden im Rahmen der Verfassung statt und zielten nicht auf deren Abschaffung. Makarios kündigte an, dass Zypern den Garantievertrag durch die UNO überprüfen lassen werde. Doch bevor es dazu kam, löste ein nichtiger Anlass eine Explosion in Zypern aus. Die kontrollierte Krise, die Makarios herbeigeführt hatte, um seine Ziele durchzusetzen, geriet außer Kontrolle.

Auf dem Weg zum Bürgerkrieg
Als Makarios im Frühjahr 1962 seinen Kurswechsel in Richtung Verfassungsänderung vornahm, löste er in der türkischen Volksgruppe einen Machtkampf zwischen den Gemäßigten und den radikalen Separatisten aus. Ansprachen von Makarios und Innenminister Georkatzis, in denen die Enosis gepriesen wurde, waren Wasser auf die Mühlen der türkischen Separatisten. Um auch nur die geringste Chance einer Einigung zu torpedieren und um die Stimmung anzuheizen, organisierten sie Demonstrationen in den Städten. Am griechischen Nationalfeiertag, dem 25. März 1962, explodierten Sprengsätze in der Omeriye-Moschee in der Altstadt und in der auf der venezianischen Constanza-Bastion gelegenen Bayraktar-Moschee, die zwar kaum Schäden anrichteten, aber die Stimmung weiter aufheizten. Sogleich kam der Verdacht auf, dass es sich um eine gezielte Aktion der Separatisten handele, denn die Art der Durchführung erinnerte an zwei ähnliche frühere Vorfälle: an die Explosion im Geburtshaus von Atatürk in Thessaloniki 1955, die den Pogrom in Istanbul auslöste und an die Explosion eines Sprengsatzes am 7. Juni 1958 im Pressebüro des türkischen Konsulats in Nikosia, die zu den interkommunalen Unruhen

von 1958 führte. Innenminister Georkatzis verdächtigte daher sofort türkische Extremisten, die Bomben gelegt zu haben. Wenig später lagen eindeutige Hinweise vor, dass die Anschläge das Werk der TMT gewesen waren. Dennoch beruhigte sich die Lage vorläufig wieder.

Im gemäßigten Lager der türkischen Zyprioten befürchtete man Wiederholungen. Der für interkommunale Zusammenarbeit eintretende Journalist Muzafer Gürkan begab sich am 27. März 1962 zur türkischen Botschaft, um den als gemäßigt geltenden Botschafter Dirvana zu einer Intervention bei der Führung der türkischen Zyprioten aufzufordern, um so eine größere Krise zu vermeiden. Doch der Botschafter war abwesend und daher sprach Gürkan mit Presseattaché, Mehmet Pamir, der zugleich Resident des türkischen Geheimdienstes war. Von ihm soll Gürkan erfahren haben, dass Denktaş hinter den Sprengstoffanschlägen steckte. Gürkan suchte anschließend Innenminister Georkatzis auf, um diesen darüber zu informieren. Georkatzis ließ das Gespräch insgeheim auf Tonband aufzeichnen. Dieses Gespräch und Äußerungen von Gürkan und seinem Kollegen Ayan Hikmet gegenüber ausländischen Pressevertretern, dass die türkisch-zypriotische Führung nur deshalb nach der Errichtung getrennter Stadtverwaltungen strebe, weil sie die Teilung Zyperns wollte, veranlasste die TMT, die beiden zusammen mit einem anderen Oppositionspolitiker Dr. Ihsan Ali zum Schweigen zu bringen. In der Nacht des 23. April wurde das Todesurteil der TMT an den Journalisten vollstreckt, als die beiden von TMT-Killern ermordet wurden: Hikmet wurde im Schlaf erschossen und Gürkan, als er sein Auto vor seinem Haus parkte.

In den nächsten Wochen untersuchte die Polizei die Sprengstoffanschläge und die beiden Morde. Am 10. Mai berichtete die *Cyprus Mail*, dass am Vorabend der Explosionen drei türkische Polizisten in Zivil in der Nähe der Bayraktar-Moschee gesehen worden waren. Zwei Tage später stellte ein Sprengstoffexperte der britischen Armee fest, dass die Sprengladungen so angebracht worden waren, dass sie möglichst wenig Zerstörung verursachten. Am 21. Mai kam es zu einer Sensation, als Georkatzis vor der Untersuchungskommission die Existenz des Tonbandes enthüllte und es der Kommission vorspielte. Georkatzis behauptete außerdem, er verfüge noch über weitere Informationen, die bewiesen, dass die Bomben von der türkischen Seite gelegt worden seien. Gürkans Witwe sagte aus, dass Denktaş die beiden Journalisten mit dem Tod bedroht habe, wenn sie mit ihrer Arbeit fortführen. Denktaş bestritt die Anschuldigungen und ging zum Gegenangriff über, indem er behauptete, hinter der Angelegenheit stecke Innenminister Georkatzis, und die Tonbandaufnahme sei gefälscht. Da nichts Konkretes bewiesen werden konnte, endete die Untersuchung hier. Zwei Stimmen, die in ihrer Zeitung für ein gutes Einvernehmen zwischen den Volksgruppen eingetreten waren, waren zum Schweigen gebracht worden, von nun an hatten die Separatisten das Sagen.

Anfang 1962 beauftragte Makarios P. Georkatzis, T. Papadopoulos und G. Klirides mit dem Aufbau einer geheimen Verteidigungsorganisation mit Stab, örtlichen Befehlshabern und Waffendepots. Die ersten Freiwilligen stammten aus den Reihen der ehemaligen EOKA und den Kadern der zypriotischen Armee, von denen die meisten ebenfalls der EOKA angehört hatten. Es waren Männer, die loyale Anhänger von Makarios waren, aber noch loyalere von Georkatzis. Kommunisten wurden nicht aufgenommen. Da aus politischen Gründen nicht alle ehemaligen EOKA-Kämpfer Georkatzis als Anführer akzeptierten, wurde auch Vassos Lyssaridis und Nikos Sampson die Aufstellung einer bzw. zweier Kompanien Bewaffneter gestattet. Die extrem Grivas-Anhänger bildeten eine weitere sehr kleine Gruppierung. Georkatzis' Gruppe soll anfänglich 500 Mann gezählt haben und bis Ende 1963 auf 1.800 angewachsen sein. Makarios war die Aufspaltung in mehrere konkurrierende Gruppen recht, würde doch er die Kontrolle behalten.

Da die ehemaligen EOKA-Kämpfer ausschließlich Erfahrungen im Untergrundkampf hatten, war klar, dass sie im Falle einer bewaffneten Auseinandersetzung mit der TMT, die von militärischen Profis aus der Türkei geschult und geführt wurde, nicht bestehen konnten. Die neue Organisation benötigte also eine Ausbildung durch Profis und diese konnte nur von griechischen Offizieren kommen, die im griechischen Kontingent (ELDYK) dienten. Um sich der Unterstützung der Offiziere der ELDYK, die sich strikt an die Buchstaben und den Geist des Garantieabkommens hielten und sich nicht in die inneren Angelegenheiten der Republik einmischten, zu versichern, wurde die Organisation stramm antikommunistisch ausgerichtet. Man hoffte auf diese Weise, zumindest die Unterstützung rechtsgerichteter Offiziere zu erlangen, was in der Tat geschah: Der Chef der Operations- und Aufklärungsabteilung der ELDYK war ein Major Dimitrios Ioannidis, der 1973 Georgios Papadopoulos als Diktator Griechenlands ablösen und im Sommer 1974 den Staatsstreich gegen Makarios befehlen sollte. Ioannidis pflegte besonders enge Beziehungen zu Sampson. Nach Angaben von Makarios soll er zusammen mit Sampson sogar über die Vernichtung der türkischen Volksgruppe nachgedacht haben.

Da die Organisation eine Art Fortsetzung der EOKA war, übernahm ihr Anführer Georkatzis bestimmte Attitüden von Grivas: Hatte sich Grivas als Anführer der EOKA den *nom de guerre* "Digenis" zugelegt, so eiferte ihm Georkatzis nach und nannte sich "Akritas". Beide Namen gehen auf den legendären Helden "Digenis Akritas" aus einer byzantinischen Heldenballade des 10. Jahrhunderts zurück. Hatte Grivas seine Befehle mit "Der Führer, Digenis" unterzeichnet, so unterschrieb Georkatzis mit "Der Führer, Akritas". Zwar bemühte man sich, einen griffigen Namen für die neue Organisation zu finden, konnte aber nichts Passendes finden und so blieb es bei der *Organosis*. Zweiter Mann der Organosis war T. Papadopoulos.

Die Organisation stellte sich eine doppelte Aufgabe. Sie sollte in der Lage sein, einen Aufstand der TMT niederzuwerfen und eine türkische Invasion solange zurückzuweisen, bis aus Griechenland Hilfe kommen würde. Die Ausbildung der Führungskader durch griechische Offiziere fand in Privathäusern statt. Es gab immer wieder Manöver und Waffenübungen in abgelegenen Gegenden der Insel. Im Dezember 1962 wurde erfolgreich eine zweitägige Stabsübung im Troodos-Gebirge abgehalten. Als im Sommer 1963 die griechische Regierung stürzte, ging die *Organosis* zur offenen Massenrekrutierung über. Ausgebildete Mitglieder der Organosis und Regierungsbeamte rekrutierten Männer hauptsächlich in Dörfern in den von Türken besiedelten Gebieten. Kompanien von 100 bis 130 Mann wurden aufgestellt und ausgebildet. Im Dezember 1963 soll die Organisation über 5.000 voll ausgebildete Kämpfer und weitere 5.000 mit unterschiedlichem Ausbildungsstand verfügt haben. Die notwendigen Waffen kamen aus Griechenland, wobei sich Oberst Georgios Papadopoulos, der zukünftige Diktator Griechenlands, bei deren Schmuggel hervortat.

Auch die türkisch-zypriotische Seite bereitete sich vor. Die Offiziere des türkischen Kontingents schulten die Führungskader der TMT. Da es keine geschlossenen türkischen Siedlungsgebiete gab, in denen man unbeobachtet war, fand ein großer Teil der militärischen Ausbildung in der Türkei statt. Die Kader der türkischen Paramilitärs stammten aus der TMT, der Polizei und der zypriotischen Armee. Wie 1958 waren die Kommandeure türkische Armeeoffiziere. Der Oberkommandierende war ein türkischer Oberst mit dem *nom de guerre* Bozkurt (Wolf).

Seit Herbst 1963 bereiteten sich also beide Seiten auf einen Zusammenstoß vor. Allerdings gab es einen gravierenden Unterschied: Während die griechischen Zyprioten bzw. die *Organosis* weitgehend auf sich allein gestellt waren, und nur sehr bedingt auf eine Unterstützung durch das Mutterland rechnen konnten, war sich die TMT der aktiven Hilfe der Türkei sicher. Man war sogar bereit zu akzeptieren, dass die ersten Toten türkische Zyprioten sein würden. Dies würde es erlauben, der Welt vorzumachen, dass die türkische Seite sich nur verteidigte. Die

Führung der türkischen Zyprioten erhielt entsprechende Instruktionen. Ende 1963 war es nur noch eine Frage der Zeit, bis es zur Explosion kommen würde.

Aus dieser Zeit stammt eines der umstrittensten Dokumente der jüngeren Geschichte Zyperns, der sog. Akritas-Plan. Von der türkischen Seite und von einigen ausländischen Autoren wird bis heute behauptet, dass das Ziel dieses Plans die Vernichtung der türkisch-zypriotischen Volksgruppe durch die griechischen Zyprioten gewesen sei. Dies wurde von Denktaş so oft wiederholt, dass dies auch auf der griechisch-zypriotischen Seite geglaubt wurde. Kaum jemand machte sich die Mühe, den Originaltext darauf hin zu überprüfen, denn dieser war zwar publiziert worden, einmal sogar als UN-Dokument (S/12722), aber dennoch nicht leicht zugänglich. Selbst als G. Kliridis den Text 1989 in seinen Memoiren veröffentlichte und damit für authentisch erklärte, bewirkte dies keine Änderung der Interpretation - offensichtlich las einfach niemand mehr den Text, weil jeder glaubte, den Inhalt zu kennen.

Die Lektüre und die Analyse des Textes zeigen, dass es sich um eine Art geheimes Rundschreiben von Akritas (Georkatzis) an die Kommandeure der *Organosis* handelte, in dem die bisher verfolgte und die zukünftig anzuwendende Taktik beschrieben wird. Der erste Teil des Papiers enthält eine Beschreibung und Interpretation der außenpolitischen Manöver in den vergangenen Monaten, deren Ziel es sei, durch die Abschaffung des Garantie- und Bündnisvertrags - und damit letztendlich des Interventionsrechts der Türkei - das Recht auf uneingeschränkte Ausübung der Selbstbestimmung zu erreichen. Da dieser Begriff nicht definiert wurde, konnten einfache Mitglieder der *Organosis* den Eindruck gewinnen, dass damit - wie zur Zeit des Unabhängigkeitskampfes - die Enosis gemeint war. Makarios verstand darunter inzwischen längst die uneingeschränkte Souveränität Zyperns. Ob Georkatzis dies voll begriff, geht aus dem Text nicht hervor. Die Unschärfe sollte die Mitglieder, die immer noch vom Anschluss an Griechenland träumten, bei der Stange halten.

Der zweite Teil des Papiers befasst sich mit der Taktik, wie man eine Intervention der Türkei bei der Durchsetzung von Verfassungsänderungen vermeiden könne. Beim beschriebenen Ziel handelt es sich eindeutig um die Abschaffung der gleichberechtigten Partnerschaft und deren Ersetzung durch ein Konzept der privilegierten Minorität. Das Papier analysiert mögliche abgestufte Reaktionen auf unterschiedliche gewaltsame Aktionen der türkischen Seite. Dieser Teil zeugt von maßloser Überschätzung der eigenen Fähigkeiten, doch nirgendwo steht etwas über die Vernichtung der türkischen Zyprioten. Im Gegenteil: Die eigenen Aktionen dürften weder provozieren noch gewaltsam sein. Sollte es zu Zwischenfällen kommen, werde man diesen mit gesetzlichen Mitteln begegnen. Zweimal wird im Text ausdrücklich betont, dass man die Türken nicht unterdrücken wolle und auch auf keinen Fall einen Türken töten dürfe. Bei einem militärischen Großangriff der Türkei, werde man einseitig die Enosis erklären, wohl um Griechenland in den Konflikt zu ziehen.

Letztendlich wird im sog. Akritas-Plan den Mitgliedern der *Organosis* Makarios' bisherige Außenpolitik im Vorfeld der 13 Punkte erklärt und auf die möglichen Konsequenzen und geheimzuhaltenden Absichten dieser Politik hingewiesen. Der politische Teil geht tatsächlich weitgehend auf Makarios' Gedanken zurück, der taktische Teil dürfte hauptsächlich den Überlegungen von Georkatzis entsprechen. Letzterer war offensichtlich bereit, sich dabei notfalls auf eine Konfrontation einzulassen. Doch nirgendwo steht etwas über die Vernichtung der türkischen Zyprioten. Das innere Ziel des sog. Akritas-Plans war die Beendigung des gleichberechtigten Partnerschaftsverhältnisses zwischen griechischen und türkischen Zyprioten und die Durchsetzung des Prinzips von griechisch-zypriotischer Majorität und türkisch-zypriotischer Minorität.

Wenn einmal im Text die Enosis als ein Ziel, das man ausdrücklich nicht erwähnen dürfe, angesprochen wird, dann kann das genau diesem Zweck dienen, bei den Mitgliedern der *Orga-*

nosis die alten EOKA-Anhänger bei der Stange zu halten. Wir wissen nicht, ob Georkatzis selbst hinter dieser Taktik stand, es ist aber aufgrund der Schärfe seiner Polemik gegen die Anhänger von Grivas am Ende des Textes zu vermuten. Gerade deshalb wurde der Plan offensichtlich auch von der Grivas nahestehenden Presse 1966 publiziert und damit desavouiert.

Im Gegensatz dazu wollten die türkischen Separatisten den 1960 geschaffenen Staat beseitigen. In einem im Frühjahr 1962 verfassten Papier stellte Denktaş fest, dass man die Züricher und Londoner Verträge als eine Zwischenlösung akzeptiert habe, weil die Rechte der Türkei in Zypern völkerrechtlich anerkannt worden seien. Man werde von den Fehlern der griechischen Seite profitieren und wenn diese die Zypernverträge abschafften, erlange man wieder die volle Handlungsfreiheit und könne zur Teilung der Insel schreiten. Die türkisch-zypriotischen Kompromissler müssten gestoppt oder zum Schweigen gebracht werden. Aber konkrete Vorstellungen, wie die Teilung aussehen könnte, legte Denktaş noch nicht vor.

Im September 1963 lag das von Denktaş formulierte Strategiepapier vor: Makarios werde 1964 versuchen, Verfassungsänderungen durchzusetzen und die Abkommen von Zürich und London abzuschaffen oder sie zu revidieren. Die Türkei habe zwar das Recht, auch unilateral zu intervenieren, wenn die Verfassung abgeschafft werde, aber das Ergebnis einer solchen Intervention wäre nur die Rückkehr zum Status quo ante. Diese Intervention werde nur Schwierigkeiten in der UNO hervorrufen und die Weltmeinung gegen die Türkei aufbringen, sie sei daher kontraproduktiv. Deshalb müsse die türkisch-zypriotische Seite ihr Schicksal in die eigenen Hände nehmen und eine türkische Republik errichten. Der bisherige türkische Vize-Präsident müsse als Präsident der (türkisch-zypriotischen) Republik von den türkischen Zyprioten anerkannt und eine Regierung nur aus türkischen Ministern gebildet werden. Das Mutterland werde die neue Regierung anerkennen und diese werde sofort das Mutterland um Hilfe bitten, worauf es intervenieren werde. Die Mitglieder des Parlamentes und der Volksgruppenkammer würden ein neues Parlament der (türkisch-zypriotischen) Republik bilden und eine türkische Republik ausrufen. Das Mutterland werde mit der neuen Republik sofort ein Handels- und Hilfsabkommen abschließen, wodurch Hilfe legal auf die Insel kommen könne. Hier wurde zum ersten Mal das Szenario entwickelt, das 1974 leicht modifiziert in die Realität umgesetzt wurde. Das Ziel der Separatisten war die Errichtung einer eigenen türkisch-zypriotischen Republik. Vom Anschluss ans Mutterland war nirgendwo die Rede.

Damit waren also im Herbst 1963 beide Volksgruppen bereit, die von Zürich und London geschaffene Ordnung zu beseitigen. Die türkisch-zypriotische Seite sprach mit einer Stimme; die Opposition war nach den Morden an den beiden Journalisten verstummt. Denktaş bestimmte den Kurs und dieser war separatistisch. Er plante einen unabhängigen Staat, und war dafür bereit, Gewalt anzuwenden und die bestehende Republik zu zerstören, also genau das zu tun, was er bzw. die Propaganda seines Separatstaates in späteren Jahren der griechischen Seite vorwarf.

Die griechische Seite sprach mit mehreren Stimmen. Die nationalistischen Extremisten träumten nach wie vor vom Anschluss an Griechenland und wollten die Republik Zypern abschaffen. Makarios und die Gemäßigten wollten die Republik aufrechterhalten, aber sie von den außenpolitischen Fesseln des Garantie- und Allianzvertrages befreien und die Verfassung einer Revision unterziehen. Makarios setzte auf diplomatische Verhandlungen, um seine Ziele durchzusetzen. Bei einer anderen politischen Konstellation in Ankara hätte er durchaus Erfolg haben können, wie die Verhandlungen 1968 zeigten, als die damalige türkische Regierung Zugeständnisse machte, die in etwa den 13 Punkten entsprachen.

Gewaltanwendung war für Makarios nur eine Eventualität, auf deren Abwehr man sich vorbereiten musste, falls die andere Seite sie anwenden würde. Sie war keine Option zur Durchsetzung politischer Ziele. Das Problem war aber, dass es auf der zweiten Ebene Kräfte gab, die zur Gewaltanwendung entschlossen waren. Die Tragödie Zyperns war es, dass dies auf beiden Seiten der Fall war, und so war der Bürgerkrieg programmiert.

1963-1964: DER BÜRGERKRIEG

Die Weihnachtsunruhen 1963 und die Londoner Konferenz im Januar 1964
Mitte Dezember 1963 waren die Spannungen zwischen den beiden Lagern so weit angestiegen, dass ein unbedeutender Anlass genügte, um eine Explosion der Gewalt auszulösen. Dies geschah gegen 2 Uhr in der Frühe des 21. Dezember 1963, als eine Polizeistreife ein mit türkischen Zyprioten besetztes Auto am Rande des Rotlichtviertels der Altstadt Nikosias anhielt und die Papiere der Insassen kontrollieren wollte. Doch diese weigerten sich, ihre Papiere zu zeigen. Ein lauter Wortwechsel folgte, der eine größere Zahl in der Nähe wohnender türkischer Zyprioten anlockte. Irgend jemand aus der Menge schoss auf die Polizisten, die das Feuer erwiderten, sich zurückzogen und auf Verstärkung warteten.

Dieser eigentlich unbedeutende Zwischenfall löste die befürchteten interkommunalen Unruhen aus, denn beide Seiten mobilisierten ihre paramilitärischen Kräfte und besetzten die Grenzzone zwischen den jeweiligen Wohngebieten. Da die Wachtposten nervös und unerfahren waren, feuerten sie besonders in der Nacht auf alles, was sich rührte. Die Führung der griechischen Paramilitärs forderte von Makarios, die bislang unter Verschluss gehaltenen Waffen freizugeben, doch der zögerte, denn er befürchtete zu Recht, dass die griechischen Paramilitärs zum Generalangriff auf die Türken übergehen könnten, was sicher zu zahlreichen Toten geführt hätte. Das aber hätte wiederum zu einer Intervention der Türkei führen können. Da tagsüber am 22. Dezember die Schießereien nachließen, konnten die Opfer der Nacht ohne Zwischenfälle begraben werden. Zugleich kam es zu indirekten Kontakten zwischen den beiden Seiten über die Vertreter Englands und der USA. Makarios sprach von der Einsetzung einer Untersuchungskommission. Offensichtlich glaubte er, die Eskalation zum Bürgerkrieg dadurch stoppen zu können. Er hatte nicht begriffen, dass der Bürgerkrieg begonnen hatte.

In der Nacht des 22. Dezember kam es erneut zu Schießereien. Autos mit bewaffneten Griechen fuhren durch die Stadt und die Insassen feuerten auf alles, was sich bewegte. Umgekehrt wurden Polizeiautos, die Patrouille fuhren, von den Türken unter Feuer genommen. In einem Fall hielten die Polizisten an, nahmen Deckung und erwiderten das Feuer. Ein türkischer Zypriote wurde getötet, ein anderer schwer verwundet sowie drei griechische Zivilisten angeschossen. Aus anderen Autos wurde auf alle beleuchteten Fenster in der Altstadt geschossen, was die Bewohner veranlasste, die Lichter zu löschen. Von den Minaretten und der Dachterrasse des Saray-Hotels schossen türkische Scharfschützen auf Passanten und durchfahrende Autos. Die Schießereien breiteten sich auf die gemischt bewohnten Vororte im Norden und Westen Nikosias aus. Die meisten türkischen Polizisten verließen ihre Posten und setzten sich in die türkischen Stadtviertel ab, um ihre Landsleute zu unterstützen. Zugleich wurde bekannt, dass es auch in Larnaka zu ersten Schießereien gekommen war.

Die Ausweitung der Kämpfe veranlasste die griechische Seite am 23. Dezember, ausgedehnte Sicherungsmaßnahmen anzuordnen. Zugleich wurden Mitglieder der *Organosis* und die Paras von Lyssaridis und Sampson zu *Special Constables* ernannt. Lyssaridis und seine etwa 100 Männer erhielten den Auftrag, das Gebiet des Ledra Palace Hotels zu besetzen und zu verteidigen. Sampson und seine 41 Mann wurden den Verteidigern von Omorfyta zugeteilt. In Nikosia kam es wieder zu wilden Schießereien, die 10 Menschen das Leben kosteten und 20 verwundeten. In Larnaka und Famagousta gab es trotz Feuerwechseln keine Toten.

Die drei Garantiemächte forderten die Einstellung der Kämpfe und die Wiederaufnahme der Gespräche über die Verfassungsänderungen. Diese gemäßigten Töne wurden in Ankara von schrilleren begleitet, als Inönü von einem bevorstehenden Holocaust sprach und mit dem türkischen Generalstab über eine mögliche Intervention redete. Am 24. Dezember äußerte sich Außenminister Erkin im gleichen Sinne, als er behauptete, in Zypern gehe ein Genozid über die Bühne. In Nikosia fand durch die Vermittlung der Briten und Amerikaner ein Treffen zwischen Makarios und Küçük am Paphos-Tor statt, bei dem ein Waffenstillstand vereinbart wurde, der allerdings nicht hielt. Die türkischen Paras installierten Maschinengewehre auf Minaretten und feuerten auf alles, was sich bewegte. Die griechische Polizei antwortete von den Flachdächern der höheren Gebäude in ihrem Bereich. Als von der TMT in Omorfyta einige von Griechen bewohnte Häuser erobert wurden, erlaubte Makarios die Waffenausgabe an die griechischen Paras.

Gegen 20 Uhr begannen die Gegenangriffe auf Omorfyta. Da ein erfolgreicher Angriff auf die türkischen Stellungen ohne gepanzerte Fahrzeuge aussichtslos war, wurden solche improvisiert: Ein Bulldozer fuhr mit erhobener Schaufel voraus, ihm folgten in breiter Front drei rückwärtsfahrende Lkws, von deren Ladefläche die Paras von Sampson von Sandsäcken geschützt alles unter Feuer nahmen. Gegen Mittag des 25. Dezember war Omorfyta weitgehend erobert. Bei diesen Kämpfen kam es zu übelsten Ausschreitungen: Wild gewordene Paras mordeten auch Frauen und Kinder, plünderten und zerstörten türkisches Eigentum und nahmen Geiseln. Es war diese Aktion, die Sampson den Ruf eines pathologischen Türkenkillers einbrachte. Die Zahl der Toten stieg auf 20, die der Verwundeten betrug mehrere Dutzend. 700 Geiseln sollen genommen worden sein. Makarios soll über das brutale Vorgehen der Irregulären der *Organosis* und der Truppe von Sampson entsetzt gewesen sein.

Im Vorort Kumsal, etwa einen Kilometer nördlich vom Ledra Palace Hotel also weit im türkisch kontrollierten Gebiet kam es zu einer besonders scheußlichen Mordtat: Dort drangen maskierte Killer in ein Einfamilienhaus ein, in dem ein türkischer Militärarzt mit seiner Familie wohnte, und erschossen dessen Frau und ihre drei kleinen Kinder im Badezimmer. Ein anwesender Besucher wurde verwundet und seine Frau, die sich in der Toilette versteckt hatte, durch die Tür hindurch erschossen. Der genaue Tathergang ist bis heute nicht eindeutig geklärt und es gibt in der Tat Ungereimtheiten, die Zweifel an der Identität der Täter auslösen. Die meisten türkisch-zypriotischen Autoren gehen von griechischen Tätern aus, aber es gibt auch seriöse Darstellungen von dieser Seite, die von einer Provokation der TMT sprechen, um das türkische Kontingent zum Eingreifen zu zwingen. Wie dem auch sei, das Haus wurde wenig später in ein "Museum der Barbarei" umgewandelt, das bis heute besteht.

Der Weihnachtstag 1963 begann damit, dass in den frühen Morgenstunden drei türkische Kampfjets im Tiefflug über Nikosia donnerten. Wenig später liefen Gerüchte um, dass eine türkische Invasionsflotte auf dem Weg nach Zypern sei. Auf der außerordentlichen Sitzung des NATO-Rates um 10.15 Uhr in Paris stellte der Vertreter der Türkei fest, dass die Türkei unilateral handeln und Truppen nach Zypern senden werde, wenn eine gemeinsame Aktion der Garantiemächte nicht in der Lage sei, die Situation in Zypern unter Kontrolle zu bringen. Die anderen Mitglieder drängten auf Mäßigung, und die Amerikaner legten ein Veto ein, falls amerikanische Waffen verwendet würden. In den folgenden beiden Tagen gab es intensive diplomatische Kontakte, um Herr der Krise zu werden. Außenminister Butler schlug eine gemeinsame Intervention der Garantiemächte vor. Schließlich einigte man sich darauf, dass die vor Ort befindlichen britischen, griechischen und türkischen Truppen unter dem Kommando des britischen Generals Peter Young eine Joint Truce Force bilden sollten, um den Waffenstillstand zu überwachen. Makarios stimmte dem nach einigem Zögern zu. Gegen Abend des 26. Dezembers begannen die Briten mit ihren Patrouillen durch die Altstadt und entlang der "Frontlinie", wobei ihre Landrover mit britischen Flaggen gekennzeichnet und die Insassen bewaffnet waren. Am Morgen des 27. Dezember 1963 schoben sich die ersten britischen Truppen zwischen die kämpfenden Parteien und übernahmen deren Stellungen. Ständig wiederholte Rundfunkmeldungen wiesen darauf hin, dass die britischen Truppen mit Zustimmung der Regierung in der Stadt patrouillierten und die Öffentlichkeit aufgerufen wurde, sie zu unterstützen. Zwar kam es noch zu einzelnen Schusswechseln, aber die Lage beruhigte sich zusehends.

General Youngs Mission war es, den Waffenstillstand aufrecht zu erhalten. Er legte diesen Auftrag aber extensiv aus, so dass aus einer Peace-Keeping-Mission eine Peace-Making-Mission wurde. Er stellte Teams aus je einem britischen, griechischen und türkischen Offizier auf, wobei der Brite entweder griechisch oder türkisch sprechen musste. Kam es irgendwo auf der Insel zu Konfrontationen zwischen den Volksgruppen, flog eines der Teams hin und sorgte dafür, dass es zu keinem Gewaltausbruch kam. Dabei wirkten der griechische und der türkische Offizier auf die jeweilige Volksgruppe ein. Young hatte den richtigen Ansatz gewählt, denn Peace-Keeping-Operationen fixieren nur den Status quo, trennen die Kämpfenden, aber lösen den Konflikt nicht. Geduldige, einfühlsame Vermittlungsaktionen hingegen haben die Chance zum Erfolg, zur Aussöhnung. Die Weihnachtsunruhen von 1963 hatten die Beziehungen zwischen den beiden Volksgruppen beschädigt, aber nicht irreparabel zerstört. Die Aktionen von Young und seinen Teams öffneten in der Tat ein "window of opportunity for reconciliation". Die Frage war, ob das Zeitfenster lange genug offen bleiben würde, um tatsächlich zur Aussöhnung zu führen.

Am 28. Dezember 1963 flog Commonwealth Relations Minister Duncan Sandys nach Zypern, um die Mission von General Young politisch zu unterstützen. Am Morgen des 29. Dezember traf sich Sandys mit Makarios, Küçük, und den Botschaftern Griechenlands und der Türkei. Man kam überein, ein politisches Verbindungskomitee einzurichten, das täglich tagen sollte, um so den Waffenstillstand vertraglich zu unterfüttern und die Kooperation zwischen allen Seiten herzustellen. Am 30. Dezember rückten die beiden Kontrahenten an der Kampflinie auseinander, die von nun an *Green Line* hieß, weil sie mit einem grünen Stift auf der Karte eingezeichnet worden war. Einen Tag später entließen beide Seiten ihre Gefangenen insgesamt 545 Türken und 26 Griechen. Insgesamt hatte es 69 Tote gegeben, wovon 49 türkische Zyprioten waren; 30 türkische und 4 griechische Zyprioten galten als vermisst. Die meisten Flüchtlinge kehrten in ihre Wohnorte zurück, doch die TMT sorgte dafür, dass viele türkische Zyprioten nicht in ihre gemischten Dörfer zurückgingen, sondern in Nikosia verblieben oder sich in rein türkischen Dörfern im Norden der Insel niederließen. Das Umsiedlungsprogramm der 50er Jahre bzw. Denktaş' Teilungspläne wurden also umgesetzt. In einem Interview mit *Le Monde* sagte Küçük, dass die Insel entlang des 35. Breitengrads geteilt werden müsse. Man wolle einen eigenen Staat, der entweder unabhängig bleiben oder sich der Türkei anschließen werde.

Obwohl klar war, dass sich alle Beteiligten in wenigen Tagen zu einer Konferenz in London treffen würden, versuchte Makarios ein *fait accompli* zu schaffen. Am 28. Dezember sandte er an die Staatsoberhäupter der wichtigsten Staaten mit Ausnahme jener der Garantiemächte ein Telegramm, in dem er verkündete, dass er den Allianz- und Garantievertrag unilateral kündigen werde. Am 29. Dezember verkündete Außenminister Kyprianou, dass in Zypern die Majorität regieren, die Rechte der Minorität geschützt und die beiden Verträge aufgehoben werden müssten. Am 1. Januar 1964 gab Makarios in einer Rundfunkansprache bekannt, dass er die beiden Verträge aufkündige. Auf massivsten Druck von Sandys widerrief Makarios noch am selben Tag und verkündete, dass er dies nur beabsichtige.

Die Londoner Konferenz begann am 15. Januar 1964. Die griechischen Zyprioten hatten sich auf eine harte Linie festgelegt: Sie wollten die Abschaffung der beiden Verträge und die Reduzierung der Rechte der türkischen Zyprioten auf einen Minderheitsstatus. Die türkischen Zyprioten wollten die Teilung der Insel und ein Umsiedlungsprogramm. Die türkische Regierung strebte nach Sicherheit für ihre Landsleute, und die griechische nach Aufrechterhaltung der guten Beziehungen zur Türkei. Da keine der Seiten von ihrer Position abrückte, wurde den Briten rasch klar, dass man auf der Konferenz keine Lösung finden werde, und da die Spannungen auf Zypern erneut anstiegen, befürchtete man, dass ein erneuter Zusammenstoß bevorstand, in den sich eventuell sogar die beiden Mutterländer einmischen könnten. Die

Konferenz stand also kurz vor ihrem Scheitern. Zudem war klar, dass die zypriotische Regierung danach den Fall vor die UNO bringen würde.

London befürchtete, dass in diesem Fall auch die Existenz der Basen in Frage gestellt sein würde. Da man aufgrund der Mitgliedschaft im CENTO-Pakt auf die Basen nicht verzichten wollte, überlegte man, ob man nicht die NATO ins Spiel bringen könne. Am 22. Januar schlug London Athen und Ankara die Entsendung einer NATO-Friedenstruppe nach Zypern vor. Athen und Ankara waren einverstanden, ebenso die türkischen Zyprioten, aber Makarios lehnte dies ab. Athen übte Druck auf die zypriotische Regierung aus, den Vorschlag zu akzeptieren, da dieser ziemlich sicher zu einer Wiederherstellung des Status quo ante geführt, d. h. die Lage auf Zypern stabilisiert hätte. Mit einer gewissen Wahrscheinlichkeit wäre der erneute Gewaltausbruch unterblieben. In Abhängigkeit von der Dauer der Friedensmission hätte das verlorengegangene Vertrauen der Volksgruppen wiederhergestellt werden können, so dass der Weg zu einer einvernehmlichen Revision geöffnet worden wäre, zumal die drei Garantiemächte mit dieser Lösung einverstanden waren. Der NATO-Vorschlag bot eine erneute Chance, die Bedingungen für ein friedliches Zusammenleben wiederzufinden. Die Frage war nur, ob die griechischen Zyprioten den Vorschlag annehmen oder an ihrem Gang zum Sicherheitsrat festhalten würden.

NATO-Plan und Ball-Mission
Bislang hatte sich die US-Regierung in der Zypernfrage sehr zurückgehalten und den Briten das Sagen überlassen. Doch nun erkannten US Diplomaten in London, dass die britische Regierung keine Lust hatte, in einem Wahljahr in Zypern erneut in einen Schlamassel zu geraten. Wenn es nach ihr ginge, würde man das Zypernproblem am bequemsten bei der UNO abladen. Da die Amerikaner befürchteten, dass damit die Sowjets sich einmischen könnten, begann eine Diskussion über ein größeres amerikanisches Engagement in Zypern. Außenminister Rusk zögerte, stimmte aber schließlich zu, dass Staatssekretär George Ball sich von nun an um diese Frage kümmern sollte, was dieser bis 1965 auch tat.

In den nächsten Wochen entwickelte Ball in ständigem Kontakt mit den drei betroffenen Regierungen folgenden Plan: Es sollte eine NATO-Friedenstruppe unter amerikanischer Beteiligung für drei Monate nach Zypern entsandt werden. Die Griechen und die Türken müssten sich verpflichten, sich während dieser drei Monate jeder unilateralen Intervention zu enthalten und der Ernennung eines Schlichters (mediator) zustimmen, der nicht Partei sein dürfe. Die Briten empfanden den Vorschlag eines Schlichter wie eine Ohrfeige, denn er hätte ihre bisherigen Bemühungen als falsch dastehen lassen. Sie erkannten, dass sie weiterhin militärisch die Hauptlast tragen sollten, eine politische Lösung aber nicht in Sicht war und dass die Amerikaner nur bedingt zu einem Engagement bereit waren und auch nur zu ihren Bedingungen. Angesichts dieser Lage sorgten sie dafür, dass der US-Plan den Weg in die Öffentlichkeit fand. Das Ziel dieses Manövers war es wohl, Makarios zur Ablehnung zu provozieren und entweder die Amerikaner zur Übernahme des Zypernproblems zu bringen oder es doch bei der UNO abzuladen.

Wesentliche Inhalte des Plans erschienen schon am 30. Januar 1964 in der Presse, aber gleichzeitig erklärten sich die Briten heuchlerisch bereit, den Plan so wie er war, zu akzeptieren. Die griechisch-zypriotische Presse hatte schon, als die ersten Gerüchte aus griechischen Quellen über eine NATO-Lösung kursierten, Stellung dagegen bezogen. Makarios meinte, wenn Truppen nach Zypern gesandt werden sollten, dann müssten dies UNO-Truppen sein mit einem Mandat, die Insel gegen Angriffe von außen zu verteidigen. Er vermied aber eine eindeutige Stellungnahme. Am selben Tag warnte die Sowjetunion in einem Brief an UN-Generalsekretär U Thant den Westen davor, sich in die inneren Angelegenheiten Zyperns einzumischen.

Ball ließ sich von diesen Manövern nicht beeindrucken und bemühte sich, die Zustimmung Athens und Ankaras für seinen Plan zu erlangen. Er nahm an, dass die Führungen der griechischen und türkischen Zyprioten von den Mutterländern ferngesteuert würden. Dies stimmte in Bezug auf Küçük weitestgehend, aber im Falle von Makarios verhielt sich die Sache eher umgekehrt, denn wie die Vergangenheit gezeigt hatte, verfolgte er eine völlig eigenständige Politik, die er oft auch dem Mutterland aufgezwungen hatte. Ball und das State Department verstanden zu diesem Zeitpunkt nicht, dass eine Lösung ohne Makarios nicht zu finden war, und Makarios lehnte Balls Plan ab: Eine Friedenstruppe müsse dem UN-Sicherheitsrat unterstehen.

Im State Department war man der Meinung, dass Ball nach Zypern fliegen sollte, um kräftig mit der Faust auf den Tisch zu schlagen. Obwohl die Briten inzwischen an der Weisheit des Ball-Plans zweifelten und nach Alternativen suchten, und die Sowjets vor einer Einmischung der NATO warnten, bestand Ball auf der Durchsetzung der NATO-Lösung. Zwischen dem 9. und dem 11. Februar 1964 besuchte Ball London, Athen und Ankara, um sich über die Haltung der dortigen Regierungen zu informieren. Am 12. Februar erschien Ball in Nikosia. Was nun folgte, war ein typisches Beispiel amerikanischer brachialer Diplomatie, die deshalb das genaue Gegenteil dessen bewirkte, was sie erzielen sollte.

Als Makarios bei ihrem zweiten Treffen auf dem Gang zur UNO bestand und Kliridis Balls Plan mit guten Gründen zurückwies, bekam Ball einen Wutanfall und fiel völlig aus der Rolle. Er beschimpfte Makarios und die anwesenden Minister und drohte ihnen damit, dass die US-Regierung keinen Finger rühren werde, sollte es zu einer türkischen Invasion Zyperns kommen. Ball erkannte bestimmte freundliche Gesten von Makarios überhaupt nicht, bzw. interpretierte sie völlig falsch. Seine Bemerkungen, Kliridis und Papadopoulos seien durchgeknallte Fanatiker und hätten kommunistische Filiationen, zeigte, dass die zuständigen US-Dienste nicht die geringste Ahnung von Zypern hatten. Balls Beschuldigung, die griechische Seite sei nur darauf aus, die türkischen Zyprioten zu massakrieren, hatte mit der Realität nichts zu tun: Es gab zum Zeitpunkt des Ball-Besuchs zwar immer wieder gewaltsame Zusammenstöße zwischen den Volksgruppen in verschiedenen Orten, aber von Massakern konnte keine Rede sein.

Noch in Zypern hatte sich Ball überlegt, ob er eine Erklärung abgeben sollte, in der er alle Schuld am Scheitern seiner Mission Makarios gäbe, aber Rusk untersagte das. Ball schlug nun vor, dass man Makarios bei seinem Gang zur UNO zuvorkommen solle, indem man sich selbst mit dem Vorschlag zur Schaffung einer internationalen Peace-Keeping-Force an den Sicherheitsrat wende. Die amerikanische UN-Vertretung griff diese Idee auf und nahm mit den Briten Kontakt auf. Man beschloss, dass die Briten mit amerikanischer Unterstützung einen Eilantrag auf eine Dringlichkeitssitzung des Sicherheitsrates einbringen sollten, sobald die Zyprioten Anstalten machten, in der UNO aktiv zu werden. Eigentlich hätte nun alles nach Plan verlaufen müssen, aber durch eine Ungeschicklichkeit des neuen High Commissioners in Nikosia, erfuhr Makarios vom amerikanisch-britischen Komplott.

Er fühlte sich hintergangen und rief den Vertreter Zyperns bei der UNO, Rossidis, an und forderte ihn auf, sich sofort zum Sicherheitsrat zu begeben und eine Dringlichkeitssitzung zu beantragen, um so dem britischen Antrag zuvorzukommen. Rossidis sollte seinen Antrag mit einer unmittelbar bevorstehenden türkischen Invasion begründen. Rossidis tat wie ihm geheißen und überreichte seinen Antrag, allerdings erst kurz nachdem der britische eingereicht worden war. Auf der Sitzung des Sicherheitsrats am späten Nachmittag des 15. Februar wurde mehrheitlich, wie von den Briten beantragt, beschlossen, dass die Debatte erst am Montag dem 17. Februar 1964 stattfinden werde. Zwar entwickelte Ball noch einige Ideen, wie man eine UN-Friedenstruppe verhindern könnte, aber da immer einer der drei beteiligten Staaten Einwände hatte, wurde nichts daraus. Damit war der NATO-Plan vom Tisch und Balls Mission gescheitert.

Zypern vor dem Sicherheitsrat

Makarios strebte zwei UN-Resolutionen an: In der ersten sollte die Türkei aufgefordert werden, die Souveränität und territoriale Integrität Zyperns zu respektieren und jede Aggression zu unterlassen. Mit der zweiten sollte eine UN-Friedenstruppe aufgestellt werden, deren Aufgabe es sein sollte, für Ruhe und Ordnung zu sorgen, separatistische Situationen zu verhindern und die Insel zu verteidigen. Zugleich sollten der Garantie- und der Allianzvertrag für ungültig erklärt werden. Kliridis wies Makarios darauf hin, dass die erste Resolution nie durchgehen werde, aber Makarios bestand auf einem Versuch.

UN-Generalsekretär U Thant schlug hingegen vor, dass die drei Garantiemächte zusammen mit Zypern einen Plan vorlegen sollten, wonach eine Friedenstruppe für drei Monate in Zypern stationiert werde, deren Kommandeur dem Generalsekretär verantwortlich sein solle. Diese Truppe solle den Frieden sichern und weitere interkommunale Zusammenstöße verhindern. Außerdem solle ein Schlichter ernannt werden. Der Sicherheitsrat werde an alle Mitgliedstaaten der UNO den Appell richten, die Unabhängigkeit und territoriale Integrität Zyperns zu respektieren. Obwohl Kliridis Makarios klar machte, dass angesichts dieses Vorschlags der zypriotische chancenlos war, bestand Makarios auf einem Versuch. Offensichtlich hatte Makarios' Spielernatur wieder einmal über die nüchterne Vernunft gesiegt, und die zypriotische Delegation begab sich mit gebundenen Händen in den Kampf um die Resolutionen.

Nach einer mehrtägigen Redeschlacht im Sicherheitsrat, die am 17. Februar 1964 begann, zeigte sich, dass Kliridis Recht gehabt hatte, denn die von Zypern eingebrachten Resolutionen waren chancenlos. Am 24. Februar war klar, dass es eine Peace-Keeping-Force geben werde und ein Schlichter ernannt werden würde. Die noch bestehenden Differenzen betrafen den Text der Präambel der Resolution. Am 26. Februar lag ein Entwurf vor, der die Chance hatte, von einer Mehrheit der Mitglieder des Sicherheitsrates akzeptiert zu werden. Da richtete Denktaş einen Brief an U Thant, in dem er völlig übertriebene Horrorgeschichten vortrug. Die Heftigkeit dieser unqualifizierten Vorwürfe und der gelegentlich verbissene Austausch polemischer Argumente während der vorangegangenen Debatten ließen einige Delegierte zögern, den Plan U Thants zu unterstützen, denn sie befürchteten, dass das Ergebnis ein Krieg sein könnte, und begannen nach unverbindlichen Positionen zu suchen. Angesichts dieser Lage schien sich eine Resolution am Horizont abzuzeichnen, die weder Ross noch Reiter beim Namen nannte.

Am Nachmittag des 28. Februar kam Denktaş "als Privatmann" zu Wort. Zwei Stunden lang gab er sein Bestes, um zu beweisen, dass Griechen und Türken auf Zypern nicht zusammenleben könnten. Er hantierte mit inflationären Zahlenangaben, aus dem Zusammenhang gerissenen Zitaten, Halbwahrheiten und manipulierten Fakten in der Manier eines virtuosen Winkeladvokaten und polemisierte gegen Kyprianou und Makarios. Er entwarf ein Schwarz-Weiß-Bild von den Horrorzuständen auf Zypern, angereichert mit für ihn typischen Zynismen und Sarkasmen. Die Regierung Zyperns nahm diese Rede zum Vorwand, Denktaş die Wiedereinreise nach Zypern zu verweigern. Denktaş ging nach Ankara, wo er im Außenministerium arbeitete.

In den folgenden Tagen ging die Feilscherei um den Text der Präambel weiter. Am 4. März schließlich lag der Text der Resolution 186 (S/5575) vor. In ihr wurden alle Staaten aufgefordert, sich jeder Drohung oder Anwendung von Gewalt gegen die territoriale Integrität und politische Unabhängigkeit jeden Staates zu enthalten. Sie sollten alles unterlassen, was die Situation in Zypern verschlimmern oder den internationalen Frieden gefährden könnte. Eine Peace-Keeping-Force sollte errichtet und ein Schlichter ernannt werden. Natürlich versuchten alle Beteiligten, nach außen hin die Resolution als einen Erfolg ihrer Verhandlungskünste zu präsentieren, doch genau genommen waren alle mit dem Ergebnis unzufrieden. Die Delegation Zyperns hatte sich vergeblich darum bemüht, dass die Türkei in der Resolution *expressis verbis* ermahnt wurde, die territoriale Integrität und Souveränität Zyperns zu respektieren. Genau so war man mit dem Versuch gescheitert, die Peace-Keeping-Force auch mit der Verteidigung Zyperns zu betrauen. Es gelang nicht, die Gültigkeit der beiden Verträge aufzuheben, sondern diese wurden sogar bestätigt, indem den Garantiemächten das Recht eingeräumt wurde, einer durch den Schlichter vorgeschlagenen Lösung zuzustimmen oder sie abzulehnen. Die Resolution verstärkte das Mitspracherecht der Türkei in allen Zypern betreffenden Fragen,. Auf dem Weg zu einem Zentralstaat mit Majorität und Minorität war Makarios nicht einen Schritt voran sondern eher rückwärts gekommen.

Mit der Resolution vom 4. März 1964 wurde jene UN-Friedenstruppe ins Leben gerufen, die unter der Bezeichnung UNFICYP in die Geschichte der Insel einging. Die Resolution hatte die Dauer des Einsatzes dieser Truppe auf drei Monate veranschlagt. Im Augenblick der Niederschrift dieser Studie befindet sich die UNFICYP seit 45 Jahren in Zypern.

Makarios und Georgios Papandreou
Aus den griechischen Parlamentswahlen am 3. November 1963 waren Georgios Papandreou und seine Zentrumsunion als relativ stärkste Kraft hervorgegangen. Da aber eine Koalition mit der Linken ausgeschlossen war, bildete Papandreou zunächst eine Minderheitsregierung und sorgte dafür, dass am 16. Februar 1964 Neuwahlen stattfanden. Dieses Mal errang er die absolute Mehrheit. Schon in der Zeit seiner ersten Regierung hatte er über Außenminister Sofoklis Venizelos versucht, Makarios unter Kontrolle zu bringen. In einem Brief vom 29. Dezember 1963 kritisierte Venizelos Makarios' Alleingänge massiv, aber Makarios dachte nicht daran, den Führungsanspruch des sog. "Nationalen Zentrums" zu respektieren. Da die Regierung Papandreou am 31. Dezember 1963 zurücktrat und eine geschäftsführende Regierung, die die Wahlen vorbereitete, an ihre Stelle trat, kümmerte sich Makarios um den Brief des zurückgetretenen Außenministers nicht: Ohne Athen im Geringsten zu informieren, unternahm er den eben beschriebenen Versuch, die Zypernverträge aufzukündigen.

Daher entwickelte Venizelos die Idee, Makarios durch Grivas zu ersetzen, die aber von griechischer Seite verworfen wurde, aber auf amerikanischer Seite besonders beim CIA auf Interesse stieß, wie George Ball berichtet. Grivas selbst versuchte im Januar 1964, seine Rückkehr nach Zypern zu organisieren, indem er Freunde veranlasste, ihn als Oberbefehlshaber der bewaffneten Gruppen ins Gespräch zu bringen. Doch auch die griechische Interimsregierung zeigte kein Interesse. Als Papandreou am 19. Februar 1964 erneut Premierminister wurde, zeigte er sich entschlossen, Makarios zu disziplinieren. Am 25. Februar forderte er Makarios zu stärkerer Kooperation auf. Es sei nicht akzeptabel, dass man in Athen aus der Presse erfahre, was Makarios getan habe oder plane. Papandreou formulierte hier zum ersten Mal ganz klar die Doktrin des Führungsanspruchs des "nationalen Zentrums" (Athen), dem sich die Peripherie (Nikosia) unterzuordnen habe.

Makarios' Antwort war ein Musterbeispiel seiner Fähigkeit, den erhobenen Forderungen angeblich zuzustimmen und sie gleichzeitig in aller Deutlichkeit zurückzuweisen. Er stellte fest, dass es sein Ziel sei, die Zypernverträge abzuschaffen, damit das Volk von Zypern sein Selbstbestimmungsrecht wahrnehmen könne. Für Papandreou war klar, dass damit nur die Enosis, gemeint sein konnte, zumal man selbst danach strebte. Makarios hingegen verstand darunter die Gewinnung der uneingeschränkten Souveränität, die Eigenstaatlichkeit. Es war genau sein politisches Ziel, nur so geschickt formuliert, dass der Adressat es nicht begriff. Papandreou antwortete nicht, weil er nicht verstand, dass ihm Makarios eine glatte Abfuhr erteilt hatte, und dieser konnte so mit seiner eigenständigen Politik fortfahren.

Fortsetzung des Bürgerkrieges

Zwar hatten während der Londoner Konferenz Mitte Januar 1964 die Kämpfe größtenteils aufgehört, aber dennoch kam es immer wieder zu vereinzelten Schießereien. Als die Konferenz in London ins Stocken geriet, ließen Unbekannte am 23. Januar wieder einen Sprengsatz an der Bayraktar-Moschee explodieren, was natürlich sofort die Spannungen zwischen den Volksgruppen erhöhte und prompt zu Schießereien an der Demarkationslinie und in einigen "gemischten" Dörfern führte, die glücklicherweise keine Opfer forderten. Danach verlagerten sich die Schießereien und Geiselnahmen ins Gebiet außerhalb der Hauptstadt. Der Schwerpunkt der neuen Unruhen lag diesmal in der Gegend von Paphos. Weitere Schießereien folgten in der Tillyria an der Bucht von Morphou und in den Dörfern entlang der Nordwestküste. Auf dem Land, besonders in den entlegenen Dörfern, verbreitete sich ein Gefühl der Unsicherheit, ja der Angst, die an *la Grande Peur* aus der Frühphase der Französischen Revolution erinnerte. Die griechische Polizei begann einen härteren Kurs gegen die türkischen "Insurgenten" zu steuern. Die TMT auf der anderen Seite sah eine Chance, durch gezielte Provokationen ihrem Ziel näher zu kommen, und zu beweisen, dass ein Zusammenleben von griechischen und türkischen Zyprioten ausgeschlossen war. So begann langsam das, was Martin Packard den Krieg der Dörfer genannt hat.

Als am 10. Februar bekannt wurde, dass George Ball in Kürze nach Zypern kommen werde, war dies Anlass für eine erneute türkische Provokation mit dem Ziel, eine griechische Überreaktion hervorzurufen. Dieses Mal lag der Schwerpunkt in Limassol. Beide Seiten benutzten automatische Waffen und Handgranaten. Die griechische Seite setzte Bulldozer als improvisierte "Panzer" ein, um in den Straßen gegen die befestigten Stellungen vorzugehen. Nur mit Mühe gelang es, einen Waffenstillstand herbeizuführen. In einem Telegramm an Präsident Johnson behauptete Küçük, dass in Limassol 150 türkische Geiseln ermordet worden seien. Die Zahl von 150 Toten war zwar völlig übertrieben, aber Ball glaubte sie, und dies veranlasste ihn, Makarios zu diskreditieren und unter Druck zu setzen. Die Übergriffe beider Seiten gingen den ganzen Februar hindurch weiter, aber während der Sicherheitsratsdebatte in etwas reduzierter Form. Anfang März kam es jedoch in Ktima zu einem schlimmen Zwischenfall, bei dem 14 Türken und 11 Griechen ums Leben kamen. In den folgenden Tagen kam es in ganz Zypern zu Unruhen. Da die Zwischenfälle von Anfang März 1964 fast ausschließlich von der türkischen Seite ausgingen, spricht alles dafür, dass diese Unruhen und Provokationen von einer zentralen Stelle in Nikosia in der Absicht geplant wurden, die andere Seite so zu provozieren, dass sie ein Massaker größten Ausmaßes veranstalten werde, das in der Türkei zu einem Aufschrei führen und die Regierung zur Intervention zwingen werde. Man hoffte auf diese Weise ein Fait accompli herbeizuführen, bevor die UN-Peace-Keeping-Force ihre stabilisierende Wirkung ausüben konnte. Die Initiative für diese Aktion dürfte kaum von Küçük ausgegangen sein, sondern eher von Denktaş bzw. der TMT oder sogar von Militärkreisen in der Türkei. Für diese These sprechen die oben erwähnten Indizien, aber beweisbar ist sie letztlich nicht, was in der Natur der Sache begründet ist.

Wie dem auch sei, Tatsache ist, dass die türkische Regierung am 12. März ein Ultimatum an die Regierung Zyperns richtete, das in Kopi an die Regierungen in Athen und London ging. Darin wurde mit der Invasion der Insel gedroht, wenn nicht alle gewaltsamen Übergriffe - hier folgte eine detaillierte Liste der Gewalttaten - gegen die türkische Volksgruppe auf Zypern endeten. Die Belagerungsringe um die türkischen Ortschaften müssten aufgehoben, die Geiseln freigegeben und die Leichen der Ermordeten übergeben werden. Wenn dies nicht geschehe, werde die Türkei auf der Grundlage des Garantievertrages intervenieren. Zugleich wurde bekannt, dass die türkische Luftwaffe sich auf einen Angriff vorbereitete. Wenn in Zypern bis zum Abend des 13. März keine Waffenruhe eintrete, werde man intervenieren.

Die zypriotische Regierung wies diese Vorwürfe zurück: Das türkische Ultimatum stelle eine inakzeptable Einmischung in die inneren Angelegenheiten Zyperns dar. Die meisten der in dem türkischen Ultimatum erhobenen Anschuldigungen seien nachweislich falsch. Es handle sich um den Versuch der türkisch-zypriotischen Führung, die Türkei zu einer bewaffneten Intervention zu veranlassen, um vollendete Tatsachen zu schaffen. In Washington erkannte man, dass rasch etwas geschehen musste, wenn nicht eine Katastrophe eintreten sollte. Präsident Johnson drängte den kanadischen Premier, sofort die für die UNFICYP vorgesehenen Truppen seines Landes in Marsch zu setzen. Zugleich begannen diplomatische Manöver, um die türkische Regierung vor übereilten Schritten abzuhalten.

Als die türkische Regierung vom beschleunigten Antransport der kanadischen Truppen hörte, verzichtete sie auf eine Intervention zu diesem Zeitpunkt, aber auf einer Geheimsitzung des türkischen Parlamentes am 16. März beantragte die Regierung volle Handlungsvollmacht für eine militärische Intervention in Zypern, falls die Notwendigkeit erneut entstehen sollte. Nur vier Abgeordneten enthielten sich bei der Abstimmung über den Antrag. Mit dem Eintreffen der ersten kanadischen Blauhelme am 14. März beruhigten sich die Gemüter für den Augenblick.

Während dieser kritischen Zeit befand sich Makarios wegen der Trauerfeier für König Paul in Athen. Als das türkische Ultimatum bekannt wurde, berief Papandreou in seinem Haus im Athener Vorort Kastri eine kleine Konferenz ein, an der von zypriotischer Seite Makarios, Außenminister Kyprianou und Botschafter Kranidiotis sowie Grivas und von der griechischen Außenminister Kostopoulos, Verteidigungsminister Garoufalias und der Kommandeur der ELDYK, Brigadier G. Peridis, teilnahmen. Man diskutierte die militärische Lage: Da Zypern weit von Griechenland entfernt liege, sei es schwierig, ad hoc wirksam zu helfen. Deshalb wurde beschlossen, die Verteidigung Zyperns durch Truppen und Material so zu verstärken, dass sich Zypern selbst verteidigen könne. Papandreou stellte also die Entsendung griechischer Truppen zusätzlich zum griechischen Kontingent in Aussicht. Noch am Abend des 13. März kehrte Makarios nach Zypern zurück.

Schon im Februar 1964 hatten Makarios und das Kabinett darüber nachgedacht, wie man einer türkischen Invasion begegnen, die vorhandenen bewaffneten Gruppen in einer Organisation zusammenfassen und die Verteidigungskräfte der Insel stärken könne. Dazu sollte eine staatlich kontrollierte Streitmacht, die *Ethniki Froura* (Nationalgarde) auf der Basis von Freiwilligen mit eigener Kommandostruktur aufgebaut werden. Eine Armee auf der Basis der allgemeinen Wehrpflicht war aus Kostengründen ausgeschlossen. Bei Gesprächen zwischen Kranidiotis, Garoufalias, Grivas und griechischen Stabsoffizieren wurde klar, dass die vorhandenen Kräfte mit wenigen Ausnahmen schwerwiegende Ausbildungsmängel hatten. Genau genommen musste alles völlig neu aufgebaut werden, vor allem wurden Offiziere benötigt.

Nach Makarios' Besuch in Athen wurde ein Sonderstab unter Grivas im Hauptquartier der griechischen Streitkräfte mit dem Namen EMEK (Eidiko Mikton Epiteleion Kyprou - Gemischter Sonderstab Zypern) eingerichtet. Da die Athener Regierung Grivas aus politischen Gründen nicht nach Zypern schicken wollte, wurde mit diesem und Makarios vereinbart, dass der pensionierte General Georgios Karagiannis das Kommando in Zypern übernehmen solle. In der zweiten Märzhälfte wurden auf geheimen Wegen größere Mengen Waffen und Munition nach Zypern geschafft. Ende März schlug Garoufalias die Entsendung von 1.000 bis 2.000 gut ausgebildeten Gebirgsjägern (LOK) vor, deren Zahl später auf 8.000 erhöht werden könne. Makarios akzeptierte und sorgte dafür, dass diese Soldaten zypriotische Pässe bekamen und ab Anfang April in Zypern einreisen konnten.

Die Entscheidung für diese Kommandostruktur und für Karagiannis bedeutete, dass die zypriotische Regierung praktisch keinen Einfluss mehr auf die Sicherheitspolitik ihres Landes hatte. Entscheidungen wurden in Athen durch ein Komitee aus Vertretern des Verteidigungs- und Außenministers sowie Grivas gefällt. Noch bedenklicher war die Tatsache, dass von nun an die Verteidigungskräfte Zyperns militant antikommunistisch ausgerichtet wurden. Karagiannis und sein Stellvertreter hatten ihren Antikommunismus im griechischen Bürgerkrieg bewiesen. Die nach Zypern entsandten griechischen Offiziere waren alle während ihrer Ausbildung zu radikalen Antikommunisten erzogen worden, und es gab einige, die später beim Putsch vom 21. April 1967 in Griechenland eine zentrale Rolle spielen sollten. Dadurch wurde ein Konfliktpotential geschaffen, denn diese antikommunistischen Kräfte versuchten, Makarios ihren Kurs aufzuzwingen. Sein Kurs der Blockfreiheit war in ihren Augen Verrat, und sie begriffen nicht, dass Makarios das Problem des zypriotischen Kommunismus durch Integration elegant gelöst hatte. Die Anwesenheit der griechischen Militärs schwächte die Position von Makarios in starkem Maß.

In der zweiten Märzhälfte erschienen die ersten UNFICYP-Blauhelme in größerer Zahl in Zypern und Ende des Monats übernahmen sie die offizielle Friedenssicherung von den Briten, womit auch das Peace-Making endete. Am 20. April kam General Karagiannis zu einer Art Bestandsaufnahme nach Zypern. Bei einem der verschiedenen Treffen mit Verteidigungsminister Georkatzis wies ihn dieser darauf hin, dass seit den Unruhen die Truppen des türkischen Kontingents die Straße von Nikosia nach Kyrenia besetzt hielten und dass TMT-Einheiten von der Burg St. Hilarion den Pass und das Gebiet bei Kyrenia kontrollierten. In der Tat plante die TMT-Führung das von ihr kontrollierte Gebiet von der mittelalterlichen Burg St. Hilarion ausgehend nach Westen und Osten auszuweiten und es im Süden an das von dem türkischen Kontingent gehaltene Gebiet nördlich von Nikosia anzuschließen. Im Westen wollte sie die Straße von Myrtou nach Kyrenia und im Osten die Straße von Lefkonoiko nach Kyrenia unter ihre Kontrolle bringen. Damit wäre ein großes zusammenhängendes Gebiet entstanden, in welchem die Masse der türkisch-zypriotischen Flüchtlinge hätte aufgenommen werden können. Im Prinzip war dies ein erster Schritt zur Errichtung eines Separatstaates, wie ihn Denktaş plante. Die griechisch-zypriotische Seite kannte diese Pläne seit Februar und plante Gegenmaßnahmen. Es war klar, dass eine Operation gegen diese TMT-Stellungen nur vor dem Eintreffen größerer UNFICYP-Einheiten möglich war. Ob Georkatzis seinen Gesprächspartner über die bevorstehende Operation gegen die TMT-Position informierte, ist unklar, Tatsache ist jedoch, dass Karagiannis die ganze Zeit über in Zypern war, sich aber offensichtlich heraushielt, obwohl er aufgrund der Athener Proteste gegen die kriegerischen Auseinandersetzungen eigentlich hätte intervenieren müssen.

Anfang April kam es bei Kokkina im unterschiedlich besiedelten Küstenstreifen in der Tillyria im Süden der Bucht von Morphou zu Zusammenstößen. In dieser Gegend hatte der örtliche Führer der *Organosis* sich verselbständigt und beherrschte die Gegend wie ein *Warlord* zum Schrecken der türkischen Zyprioten, aber auch seiner eigenen Landsleute. Die Gegend war arm, die Bevölkerung beider Volksgruppen etwas hinterwäldlerisch, wild, streitlustig und immer noch der Blutrache zugetan. Die Peace-Making-Teams hatten in der Vergangenheit nur mit Mühe für Ruhe und Ordnung sorgen können. Als das Peace-Making endete, begannen prompt wieder die Auseinandersetzungen, die rasch eskalierten. Erst als die UNFICYP eingriff, konnte wieder ein prekärer Waffenstillstand erreicht werden. Am 10. April begannen die Operationen der griechisch-zypriotischen Paramilitärs gegen die TMT-Positionen in den Kyrenia-Bergen, die sich allerdings den ganzen April über hinzogen und auf die ganze Gegend ausweiteten. Es gelang den griechischen paramilitärischen Kräften, die TMT auf die Burg zurückzudrängen, aber dann schob sich die UNFICYP dazwischen und beendete die Kämpfe.

Am 1. Mai kehrte Karagiannis nach Athen zurück und berichtete über die Lage. Grivas war mit allen Maßnahmen zum Aufbau der Nationalgarde unzufrieden, die Karagiannis ergriffen hatte. Grivas hielt nur sich selbst für fähig, eine solche Aufgabe zu meistern. In der Tat hatte Grivas auf dem Papier einen völlig illusorischen Zeitplan über die Aufstellung der Nationalgarde entworfen: Innerhalb von zehn Tagen sollten 12 Bataillone und innerhalb von zwei Monaten größere Reserven aufgestellt werden. Insgesamt sollte die Truppe 8.500 Mann zählen. Ferner verfasste Grivas eine detaillierte militärische Studie darüber, wie man eine türkische Invasion zurückschlagen könne, deren Konzept allerdings mit der Realität wenig gemein hatte. Die tatsächliche Situation war weit nüchterner: Karagiannis schaffte es mit Mühe, bis zum 1. Juni gerade mal ein Bataillon aufzustellen.

Nachdem Karagiannis am 8. Mai wieder nach Zypern zurückgekehrt war, begann Grivas in Athen Streit mit jedem, drohte mit Rücktritt und konnte nur mit Mühe im Amt als Chef der EMEK gehalten werden. Ende Mai erklärte er Papandreou, dass in Zypern das Chaos herrsche und nur er dort für Ordnung sorgen könne. Als Papandreou nicht antwortete, erklärte er seinen Rücktritt als Chef der EMEK und verlangte die Genehmigung, nach Zypern gehen zu dürfen. Als Georkatzis aus Zypern signalisierte, dass er dies für gut befände, gab Papandreou nach und genehmigte einen wenige Tage dauernden Besuch von Grivas in Zypern, allerdings unter strenger Geheimhaltung. Grivas gedachte jedoch, in Zypern zu bleiben.

Grivas traf am 9. Juni per Schiff in Limassol ein. Schon bei seinem ersten Gespräch mit Karagiannis wurde deutlich, dass Grivas das Kommando übernehmen und die Nationalgarde zu seiner Privatarmee machen wollte. Als er nach einer Woche in Zypern keine Anstalten machte, nach Griechenland zurückzukehren, forderte ihn die griechische Regierung am 18. Juni 1964 auf, unverzüglich mit einem extra für ihn entsandten Flugzeug der griechischen Luftwaffe zurückzukehren, da seine Anwesenheit in Zypern zu einem Bruch zwischen Athen und Ankara führen könne. Grivas jedoch weigerte sich kategorisch und verlangte, zum Oberkommandierenden der Streitkräfte Zyperns ernannt zu werden. Zugleich sorgte er dafür, dass seine Anwesenheit auf Zypern bekannt wurde. Makarios blieb nichts anderes übrig, als seine Rückkehr durch öffentliche Ehrungen und Kundgebungen zu begrüßen.

Als nächstes provozierte Grivas ständig Karagiannis, so dass dieser seinen Rücktritt als Chef der Nationalgarde erklärte, den er allerdings sofort widerrief. Als Grivas von Karagiannis Rücktritt hörte, bezog er ein Büro im Stabsgebäude der Nationalgarde und begann, Befehle zu erteilen, wobei er Karagiannis und dessen Stellvertreter überging. Nach zwei Tagen stellte Karagiannis ihn zur Rede. Grivas behauptete wahrheitswidrig, die griechische Regierung habe ihm das Oberkommando in Zypern übertragen. Aus Athen erfuhr Karagiannis, dass Grivas dies zwar gefordert habe, es aber abgelehnt worden sei. Bis zu diesem Zeitpunkt gab es in Zypern die Nationalgarde unter Karagiannis und das griechische Kontingent unter dem Kommando von Brigadier G. Peridis. Dazu gab es die illegal eingeschleuste griechische Truppe, die im August 1964 aus etwa 8.000 Mann bestand und ebenfalls Peridis unterstand.

Die griechischen Truppen unterstanden also dem Generalstab in Athen. Grivas hatte keinerlei Befehlsgewalt über zypriotische oder griechische Einheiten, Doch sein brennender Wunsch war es, Oberbefehlshaber aller Truppen auf Zypern im Range eines Feldmarschalls zu werden. Damit wäre er nach Alexandros Papagos der zweite Soldat Griechenlands mit diesem Rang gewesen. Angeblich hatte Papandreou ihm versprochen, dass er im Falle eines Krieges mit der Türkei den Oberbefehl auf Zypern erhalten sollte. Um nun seinen Führungsanspruch durchzusetzen, bombardierte Grivas die griechische Führung wieder mit Briefen und Denkschriften.

Am 1. Juli beklagte sich Verteidigungsminister Georkatzis in Athen über Grivas, der ihn hintergehe und verlange, dass man die Zuständigkeit für die Sicherheit der Insel ausschließlich ihm übertrage. Zudem untergrabe er die Autorität von Makarios. In Athen schuf man daraufhin eine Art virtuelles Oberkommando in Zypern (ASDAK) und machte Grivas zu dessen Chef.

Aber Verteidigungsminister Garoufalias ließ Grivas wissen, dass das griechische Kontingent und die zusätzlichen griechischen Truppen (LOK) weiterhin dem Verteidigungsministerium direkt unterständen und Karagiannis verantwortlicher Chef der Nationalgarde sei. Grivas kümmerte sich um diese Einschränkungen aber überhaupt nicht und spielte sich ab dem 22. Juli 1964 als Oberbefehlshaber auf.

Im Gefolge der Unruhen im Dezember 1963 wurden etwa 200 griechische Zyprioten aus gemischten Dörfern vertrieben oder flohen aus eigenem Antrieb. Die Zahl der griechischen Zyprioten, die ihre Wohnungen in den von den Türken kontrollierten Stadtvierteln während der Unruhen verließen, belief sich auf einige Tausend, reduzierte sich aber sehr rasch wieder auf einige Hundert, als sie in die Häuser zurückkehren konnten. Auf der anderen Seite flüchteten türkische Zyprioten aus insgesamt 72 gemischten Dörfer und gaben 24 nur von ihnen bewohnte Dörfer auf. In weiteren 8 gemischten Dörfern zog ein großer Teil der türkisch-zypriotischen Bewohner weg. Die UNFICYP schätzte die Anzahl der türkisch-zypriotischen Flüchtlinge dieser Periode auf ca. 25.000. Die Fluchtbewegung erfolgte in mehreren Wellen. Der erste Schub kam im Gefolge der Weihnachtsunruhen von 1963. Er betraf die Dörfer in der Umgebung von Nikosia und Larnaka und geschah in wenigen Tagen.

Etwa 50 Prozent aller damals verlassenen Dörfer gehen auf die Fluchtwelle im Januar 1964 zurück. Die dritte Welle im Februar betraf hauptsächlich den Paphos-Distrikt und umfasste weitere 18 Prozent der verlassenen Dörfer. Im März wurden drei Dörfer und im Mai zwei Dörfer verlassen. Im August kam es im Zusammenhang mit der griechischen Offensive gegen die Dörfer Kokkina und Mansoura in der Tillyria-Region auch dort zu einer weiteren Absetzbewegung.

Zuerst verließen die türkischen Zyprioten jene gemischten Dörfer, in denen sie sich in der Minderheit befanden, aber es wurden auch Dörfer mit einer eindeutig türkisch-zypriotischen Mehrheit geräumt, wenn griechische Paramilitärs einrückten. Viele der Flüchtlinge setzten sich auf Anweisung der TMT in Bewegung, aber die Mehrheit gehorchte nur zögerlich und erst dann, als es zu Übergriffen der griechischen Seite kam. Viele hofften, nach dem Abflauen der interkommunalen Kämpfe wieder zurückkehren zu können. Es gab auch Fälle, wo den Einwohnern bestimmter Dörfer von TMT-Aktivisten vorgemacht wurde, dass ihr Dorf in der Zone der bevorstehenden türkischen Invasion liege und bombardiert werden könnte. Als die Zahl der Flüchtlinge anschwoll, wurde deren Versorgung zu einem logistischen Problem für die türkischzypriotische Führung, denn die Flüchtlinge hatten zumeist nichts mitnehmen können. Wer Glück hatte, kam bei Verwandten in einem türkischen Dorf unter, viele Flüchtlinge strandeten schließlich im türkischen Stadtviertel von Nikosia. Sie fühlten sich dort in der Nähe der TOURDYK sicher und hofften auf Unterkunft und Arbeit.

Nach UN-Angaben benötigten 55.000 türkische Zyprioten Unterstützung in Form von Lebensmitteln. Im Juni wurde die Zahl der türkischen Flüchtlinge auf 16.900 geschätzt, von denen etwa 60 Prozent in Nikosia untergekommen waren, 1.500 von ihnen lebten in Zeltcamps nördlich der Hauptstadt. 86 Dörfer nahmen Flüchtlinge auf. Der türkische Rote Halbmond hatte 2.331 Tonnen Hilfsgüter zur Verfügung gestellt.

Bis zum Herbst 1964 bildeten sich mehrere größere türkisch-zypriotische Enklaven heraus. Die größte erstreckte sich von den nördlichen Vororten Nikosias links und rechts der Passtraße nach Kyrenia bis knapp vor diese Stadt. Zwei weitere kleinere türkische Zentren entstanden um Lefka und Limnitis im Osten und Norden der Tillyria. In den Städten gab es nach wie vor türkische Stadtviertel. Die Zahl der türkischen Dörfer hatte stark abgenommen. Sie konzentrierten sich im Westen der Insel in der Gegend von Polis, im Südwesten bei Kouklia, südöstlich von Nikosia sowie im Gebiet zwischen Lefkoniko und Aigialousa auf der Halbinsel Karpasia.

Vor Ausbruch der Kämpfe hatte es 233 türkisch-zypriotische Dörfer gegeben, 98 davon waren im August 1964 völlig verlassen. Von den 135 noch bewohnten Dörfern lagen nur 20 mit einer Bevölkerung von etwa 8.000 Menschen im Einflussbereich der Regierung. Die übrigen bildeten Enklaven unterschiedlicher Größe, die von der TMT kontrolliert wurden.

Die Dezemberunruhen hatten die Verwaltung der türkischen Zyprioten fast völlig zerstört, und es dauerte bis in den Frühling 1964, bis sich eine neue Struktur herausbildete. In Nikosia wurde ein 13-köpfiges "Allgemeines Komitee" aus ehemaligen Mitgliedern des Ministerrates und des Repräsentantenhauses, aus Justizbeamten und Angehörigen der türkischen Volksgruppenkammer gebildet, an dessen Spitze Küçük stand. Es war eine Art Regierung der türkischen Zyprioten. In den Hauptstädten der fünf Verwaltungsbezirke Zyperns wurden Dependancen errichtet, die wiederum Kontakt zu den türkisch-zypriotischen Dörfern des Distrikts hielten. Hinzu kam eine nicht ganz deckungsgleiche militärische Kommandostruktur der TMT, an deren Spitze ein militärisches Oberkommando unter einem türkischen Armeegeneral stand, der, wie schon erwähnt, den *Nom de guerre* "Bozkurt" führte. Er unterstand dem türkischen Generalstab, hielt aber engen Kontakt zur türkischen Botschaft.

Die Amerikanische Intervention

Im Gefolge der Ball-Mission begannen die zuständigen Sachbearbeiter im State Department und die amerikanischen Botschafter in Ankara, Athen und Nikosia eine Meinungsbildungsdebatte für eine Zypernlösung. Dabei wurden Ideen entwickelt, die von nun an immer wieder in der Diskussion auftauchten, so z. B. ein Bevölkerungsaustausch zwischen Zypern und einigen griechischen Inseln in der Ägäis oder gar den Griechen Istanbuls. Die Botschafter waren sich einig, dass die Enosis gekoppelt mit einer freiwilligen Emigration der türkischen Zyprioten und einigen Konzessionen an die Türkei das Beste wäre. Im Foreign Office brachte man die Lösung auf die griffige Formel "Enosis cum territorial compensation". Der inzwischen von der UNO als Schlichter entsandte finnische Diplomat Tuomioja hielt die Lage auf Zypern für total verfahren.

In Ankara forderte Außenminister Erkin die Errichtung einer föderalen Regierung oder die Teilung der Insel. Wenn die andere Seite dies nicht akzeptiere, würden türkische Truppen auf der Insel landen und sie teilen. In den folgenden Wochen gab es diplomatische Bemühungen, die Krise zu vermeiden, aber Mitte Mai wurde immer deutlicher, dass die türkische Regierung sich selbst in eine zwanghafte Lage manövriert hatte, in der sie einen Befreiungsschlag für dringend notwendig hielt. Aber erneute diplomatische Einflussnahme beruhigte die Gemüter wieder etwas.

Nichts deutete darauf hin, dass es irgendeinen Grund geben könnte, warum der Status quo, so unerfreulich er vor allem für die türkische Seite auch war, nicht noch einige Zeit aufrecht erhalten werden sollte. Doch in der Türkei begannen Ende Mai die Militärs unruhig zu werden. Ihnen war der rasche Ausbau der zypriotischen Streitkräfte nicht entgangen und trotz aller Geheimhaltung hatten sie von der Verlegung griechischer Soldaten erfahren. Es war ihnen klar, dass eine Intervention in einigen Monaten eine verlustreiche Angelegenheit werden würde, wenn sie dann überhaupt noch möglich sein würde. Angesichts dieser Lage drängten die Militärs zum Präventivschlag.

Doch Inönü zögerte noch und unternahm einen letzten halbherzigen Versuch, den Konflikt friedlich zu lösen, indem er am 1. Juni im Nationalen Sicherheitsrat folgenden Beschluss herbeiführte: Küçük sollte Makarios schriftlich zu einer Sitzung des Kabinetts in seiner ursprünglichen Zusammensetzung und zu einer Rückkehr zur gültigen Verfassung auffordern, wobei eine Änderung offen gelassen werden sollte. Falls Makarios dies ablehnte, sollten die türkischen Zyprioten bestimmte Gebiete Zyperns - es waren die Enklaven gemeint - zu türkischem Territorium erklären. Küçük solle anschließend die Türkei um Hilfe bitten und diese würden daraufhin intervenieren. Dieses Manöver hatte Alibicharakter, da Inönü wusste, dass Makarios den Vorschlag zurückweisen würde. Dies war von vornherein eingeplant, und als Makarios diesen Vorschlag am 3. Juni 1964 tatsächlich ablehnte, hatte die Türkei den gewünschten Anlass. Inönü entschloss sich zur unilateralen Intervention in Zypern und diese Entscheidung sollte am Abend des 4. Juni auf einer Kabinettssitzung abgesegnet werden.

Aus unterschiedlichen Quellen erfuhren die Amerikaner, dass die Türken eine militärische Intervention vorbereiteten. Als Außenminister Erkin dies gegenüber dem amerikanischen Botschafter Hare am 4. Juni bestätigte, warnte dieser sofort Washington. Außenminister Rusk begriff, dass Eile geboten war, und rief Präsident Johnson an, um sich eine in schärfster Form formulierte Botschaft an die türkische Regierung genehmigen zu lassen, die sie von Entscheidungen mit katastrophalen Folgen abhalten sollte. Johnson stimmte zu, dass man die Türken an ihr Versprechen erinnern solle, nichts zu unternehmen, ohne ihn zuvor zu konsultieren. Da die Zeit drängte, rief Dean Rusk den türkischen Botschafter an und gab ihm zu verstehen, dass Johnson äußerst besorgt sei.

In Ankara schaffte es Botschafter Hare, den türkischen Premierminister gegen 21 Uhr des 4. Juni aus der Kabinettssitzung herausholen zu lassen. Drei Stunden lang bearbeitete Hare Inönü und Erkin, die Intervention abzublasen. Fortwährend versuchte Inönü zum Kabinett zurückzukehren, doch Hare schaffte es immer wieder, die Diskussion zu verlängern. Schließlich wollte Inönü wissen, was Hare eigentlich wollte, und dieser antwortete prompt: "24 Stunden Aufschub." Inönü stimmte zu und antwortete, dass er die Antwort Johnsons bis 21 Uhr am 5. Juni 1964 erwarte, und absolute Geheimhaltung verlange.

In Washington hatte inzwischen Außenminister Rusk zusammen mit zwei hochrangigen Mitarbeitern des State Departments den Text von Johnsons Brief erarbeitet. Als der Text George Ball vorgelegt wurde, der ja bekanntlich nicht zimperlich war, meinte dieser, dass dieser Text das diplomatische Gegenstück zu einer Atombombe sei. Zwar wurde der Text im Laufe des Tages noch ein bisschen poliert, aber für eine diplomatische Demarche ist er in seiner brutalen Direktheit beispiellos. Mit großer Wahrscheinlichkeit hat Johnson den nach ihm benannten Brief nicht einmal gesehen, sondern ihn nur in der Tendenz abgesegnet.

Der Brief kam sofort zur Sache: Er, Johnson, sei aufs höchste besorgt, dass Inönü eine militärische Intervention in Zypern plane. Damit breche er sein Versprechen, zuerst die US-Regierung zu konsultieren. Die Intervention könne zum Krieg mit Griechenland führen, was den Zusammenhalt der NATO aufs höchste gefährde. Die Verwendung von Waffen, die die Amerikaner geliefert hätten, verstoße gegen das Abkommen von 1947. Sollte die Intervention dennoch stattfinden und sich die Sowjetunion einmischen, werde die Türkei allein dastehen. Zum Abschluss des Briefes schlug die US-Seite Konsultationen vor.

Botschafter Hare überreichte den Brief am späten Nachmittag dem türkischen Ministerpräsidenten, der ihn sorgfältig durchlas und feststellte, dass er an einigen Punkten nicht mit dem Inhalt übereinstimme. Er sei jedoch bereit, die Intervention zu unterlassen und darüber einen Kabinettsbeschluss herbeizuführen. Die Öffentlichkeit müsse allerdings erfahren, dass die Intervention auf amerikanische Veranlassung hin unterblieben sei. Es war offensichtlich, dass Inönü einen Sündenbock suchte, aber Washington kam ihm mit einer eigenen Erklärung zuvor. Inönü wahrte die Contenance und führte einen entsprechenden Kabinettsbeschluss herbei.

Aber nun wurde es peinlich für Inönü, denn der genauere Inhalt des Briefes sickerte in Umrissen an die Presse durch. *Hürriyet* wusste, dass die Amerikaner die Intervention verboten hatten. *Milliyet* sprach von einem Wendepunkt in den türkisch-amerikanischen Beziehungen. Im Parlament kritisierte die Opposition, dass Inönü eingeknickt sei und beantragte ein Misstrauensvotum. Es ging zwar zugunsten der Regierung aus, aber doch bedenklich gering (200:2:194).

Die Wirkung des Johnson-Briefes auf die türkische Politik kann nicht hoch genug eingeschätzt werden. Der Johnson-Brief war jener Faktor, der das türkische Urvertrauen in die amerikanische Führung zerstörte. Zwar führte der Brief zu einer momentanen vordergründigen Detente, aber da die anstehenden Probleme nicht gelöst wurden, entstanden binnen kurzem erneute Neigungen zur Intervention, und diese konnten die Amerikaner nicht mehr verhindern, wie das Bombardement der Belagerer von Kokkinia im August 1964 zeigte. Die Wirkung der ultimativen Drohung war verpufft. Längerfristig betrachtet, ist der Johnson-Brief der Beginn eines langen Entfremdungsprozesses zwischen den USA und der Türkei und deren vorsichtiger Hinwendung zur Sowjetunion, um sich eine gewisse Rückendeckung zu verschaffen.

Schon im Oktober 1964 besuchte der türkische Außenminister die Sowjetunion und im Mai 1965 erschien Außenminister Gromyko zum Gegenbesuch in Ankara. 1965 untersagte die Türkei den Amerikanern den Start von Aufklärungsflügen gegen die Sowjetunion von türkischen Militärbasen, und Mitte der 1970er Jahre wurde die Türkei zum größten Wirtschaftshilfeempfänger der Sowjetunion außerhalb des Ostblocks. Von da an war die Türkei nur noch ein bedingt loyales Mitglied des westlichen Bündnisses.

Die Amerikaner hatten Inönü versprochen, sich stärker bei der Suche nach einer Zypernlösung zu engagieren, was bedeutete, dass sie selbst konkrete Vorstellungen entwickeln mussten. Botschafter Belcher in Nikosia meinte, dass nur ein zypriotischer Einheitsstaat für die Mehrheit der Zyprioten akzeptabel sei. Eine Teilung oder Föderation verlängere nur den Ärger. Ball war ganz anderer Meinung: Solange Zypern als unabhängiger Staat existiere, bedrohe es den Zusammenhalt des westlichen Bündnisses, denn es drohe ständig eine türkische Intervention. Eine dauerhafte Lösung werde nur auf der Basis des Anschlusses an Griechenland und territorialer und anderer Kompensationen für die Türkei erreicht. Er nannte Kastelorizo, Samos, Chios, Kos oder Teile von Thrakien. Türkische Zyprioten, die freiwillig Zypern verließen, sollten finanziell entschädigt werden. Die Umsetzung des Planes solle über die UN geschehen. Als Ball diese Ideen Papandreou in Athen vortrug, lehnte dieser sie ab. Auch in Ankara war man skeptisch.

Mitte Juni 1964 begann man in Washington, sich auf den Besuch Papandreous und Inönüs vorzubereiten: Zypern als unabhängiger Staat existierte in den amerikanischen Überlegungen nicht. Sollte eine Lösung gefunden werden, würde die Regierung Zyperns an den Verhandlungen darüber keinen Anteil haben. Die doppelte Enosis solle als Diskussionsgrundlage für eine Lösung zwischen Griechen und Türken vorgegeben werden. Natürlich müsse noch einiger Druck ("arm-twisting") ausgeübt werden, um sie zu ernsthaften Verhandlungen zu bewegen. Der Präsident werde sich beide an die Brust nehmen ("bear down on both of them"), so dass sie dem weiteren Vorgehen zustimmten. Danach sollten Vertreter beider Länder mit einem Amerikaner (Acheson) zusammenkommen. Bei diesem Geheimtreffen solle ein Abkommen zusammengenagelt ("hammer out") werden, das vom UN-Generalsekretär anschließend vorgestellt werden solle. Man solle U Thant und Tuomioja informieren, dass eine Lösung nur zwischen Athen und Ankara ausgehandelt werden könne. Man bereitete also ein Oktroi wie 1959 vor.

Papandreou, der befürchtete, dass die Amerikaner ihn mit Inönü zusammenbringen würden, um sie gemeinsam zu einer Lösung zu zwingen, erklärte sich nur bereit, Washington zu besuchen, nachdem Inönü abgereist sei. Beim Treffen Inönüs mit Johnson am 22. Juni wurde vereinbart, dass die griechisch-türkischen Gespräche über eine Lösung am 4. Juli 1964 in Camp David beginnen sollten. Am 24. Juni kamen Papandreou und Johnson zusammen. Obwohl Johnson ihn ziemlich unter Druck setzte, an den Camp-David-Gesprächen teilzunehmen, lehnte Papandreou dies ab, weil echte Verhandlungen zum gegenwärtigen Zeitpunkt keinen Sinn machten. Er begriff Johnsons und Balls Aussagen, dass die Amerikaner die Türken nicht stoppen würden, als Drohung, ja als Ultimatum, und fühlte sich als Opfer der amerikanischen Arroganz der Macht, wie dies Fulbright nannte. Bei der letzten Gesprächsrunde mit Rusk und Ball wollte Papandreou wissen, warum man die Verhandlungen nicht in der UNO führe. Ball behauptete, dass Tuomioja genau dies vorgeschlagen und angeregt habe, dass Acheson ihn bei den Verhandlungen unterstützen solle. Papandreou akzeptierte.

Sofort begab sich Ball nach New York, um U Thant auf seine Linie festzulegen. U Thant lehnte Camp David ab und empfahl Genf, was Ball akzeptierte. Ball versuchte nun Acheson als Mitunterhändler von Tumoija durchzusetzen, was U Thant ebenfalls zurückwies. Acheson würde an den Verhandlungen allenfalls als externer Berater teilnehmen. Papandreou stimmte U Thants Vorschlag zu, und dieser legte den 6. Juli 1964 als Beginn der Verhandlungen fest. Papandreou hatte also den amerikanischen Versuch, Verhandlungen unter ihrer Ägide durchzusetzen, für den Augenblick erfolgreich abgeblockt. Die entscheidende Frage war, ob dies auch bei den eigentlichen Verhandlungen gelingen würde.

Der erste Acheson-Plan
Makarios hatte die Gespräche in Washington verfolgt und versuchte am 27. Juni deren möglichen Resultaten entgegenzutreten: Zypern sei UN-Mitglied, und andere Staaten hätten nicht das Recht, über seine Zukunft zu entscheiden. Selbst wenn sich Griechenland und die Türkei auf eine Lösung einigen sollten, seien die Zyprioten dadurch nicht im Geringsten gebunden. Das Zypernproblem sei keine Auseinandersetzung zwischen Athen und Ankara.

Am 5. Juli trafen die Verhandlungsdelegationen in Genf ein. Die USA waren durch den ehemaligen Außenminister Dean Acheson und den Deputy Assistant Secretary John D. Jernegan vertreten. Die griechische Regierung entschied, einen ihrer erfahrensten Diplomaten, Dimitrios Nikolareïzis, der Botschafter in Belgrad war, nach Genf zu entsenden. Die Türkei beauftragte den Vorsitzenden des außenpolitischen Ausschusses des türkischen Parlamentes, Nihat Erim, mit der Wahrnehmung ihrer Interessen. Die Briten entsandten einen Beobachter. Die zypriotische Regierung beschloss, auf keinen Fall an den Gesprächen teilzunehmen.

Die Verhandlungen in Genf begannen am 6. Juli mit einem Gespräch zwischen Tuomioja und Acheson. Dieser wollte aus seiner Rolle als passiver externer Berater herauskommen und aktiv an den Verhandlungen teilnehmen, um seine Vorstellungen durchzusetzen. Daher forderte er Tuoamioja auf, bei Nikolareïzis durchzusetzen, dass dieser überhaupt mit ihm redete. Tuomioja stimmte zu, womit Acheson im Spiel war. Acheson hatte alle Positionspapiere des State Department gelesen und war zu der Überzeugung gelangt, dass das Zypernproblem nur gelöst werden könne, wenn man Zypern als unabhängigen Staat beseitigte. Bei einem Vorgespräch Achesons mit Erim am 11. Juli akzeptierte Letzterer den Vorschlag des Amerikaners, dass Zypern mit Griechenland vereint werde, wenn die Türkei eine große souveräne Militärbasis auf Zypern erhalte und die Sicherheit der türkischen Zyprioten durch einen halbautonomen Status gewährleistet sei. Aus türkischer Sicht war dies ein erster Schritt zur Teilung.

Am 13. Juli führte Nikolareïzis ein erstes Gespräch in Genf mit Toumioja: Direkte Verhandlungen mit den Türken seien instruktionsgemäß ausgeschlossen. Der Finne meinte, dies könne als Intransigenz ausgelegt werden. Die Türken bestünden auf der Teilung der Insel, was sie als doppelte Enosis bezeichneten. Sie lehnten die uneingeschränkte (unfettered) Unabhängigkeit ab, da sie zur (einseitigen) Enosis führen werde, die sie ablehnten. Sie hätten im Augenblick ihre Pläne für eine Intervention zurückgestellt, aber sie könnten darauf zurückkommen, falls die Situation dies in ihren Augen erfordere. Aber er glaube, dass die Türkei die Enosis akzeptieren würde, vorausgesetzt ihre Sicherheitsinteressen würden gewährleistet und die Rechte der

Minderheit auf Zypern abgesichert. Tuomioja empfahl Nikolareïzis, mit Acheson zu sprechen, der zur Lösung des Zypernproblems beitragen könne.

Beim Gespräch zwischen Nikolareïzis und Acheson am 14. Juli wiederholte Letzterer praktisch die Argumente Toumiojas und schlug zusätzlich die Abtretung der Insel Kastelorizo vor. Nikolareïzis versprach, die Vorstellungen Achesons nach Athen weiterzugeben. Bei Achesons Gespräch mit den Türken legten diese eine Karte vor, in die die zukünftige Militärbasis eingezeichnet war. Acheson erkannte auf den ersten Blick, dass diese viel zu groß war, um von Griechenland akzeptiert zu werden. Als Acheson darauf hinwies, kam die Antwort, dass eine Basis so groß sein müsse, dass die ganze türkisch-zypriotische Volksgruppe dort unterkommen könne, was natürlich letztlich wieder zur doppelten Enosis, also zur Teilung der Insel führen werde. Außerdem müsse eine Militärbasis auch über einen adäquaten Hafen verfügen, um richtig funktionieren zu können. Werde das nicht akzeptiert, könnte die Türkei auch durch eine militärische Intervention die notwendigen Fakten schaffen. Am nächsten Tag legte Erim nach: Die Größe der Militärbasis müsse proportional zum Anteil an der Bevölkerung sein, also etwa 20 Prozent der Fläche Zyperns umfassen.

Acheson fasste die bisherigen Vorschläge schriftlich zusammen und übergab sie den Vertretern Athens und Ankaras. Papandreou war in der Minderheitenfrage zu großen Zugeständnissen bereit. Zwar sei eine Abtretung griechischen Gebietes der Öffentlichkeit nur sehr schwer zu verkaufen, aber er sei bereit, Kastelorizo den Türken zu überlassen. Die Einrichtung einer souveränen türkischen Militärbasis komme nicht in Frage. Er könne sich aber eine gemeinsame Nutzung der Basen vorstellen, vorausgesetzt die Basen selbst blieben unter britischer Souveränität.

Als Acheson am 20. Juli erneut mit den Vertretern Ankaras zusammenkam, erhoben diese größere territoriale Forderungen, nämlich ein Gebiet von Lapithos (westlich von Kyrenia) bis Famagousta, etwa 21 Prozent der Fläche. Die Griechen zeigten sich am nächsten Tag kompromissbereit. Bei einer Unterredung zwischen Acheson und Tuomioja am 22. Juli stellte dieser fest, die Errichtung einer souveränen türkischen Militärbasis für die griechischen Zyprioten inakzeptabel sei. Vielleicht könne man einige türkische Truppen in der britischen Basis stationieren. Diese Idee lehnten die Türken ab, waren aber bereit, territoriale Kompensationen zu akzeptieren. Als Tuomioja die Möglichkeit einer Pacht der türkischen Militärbasis gegenüber Nikolareïzis erwähnte, meinte dieser, dass dies akzeptabel sei.

In den folgenden Tagen präsentierten die Türken aber weitere exorbitante Forderungen. Acheson wurde klar, dass die türkische Seite mauerte und von ihren Maximalforderungen nicht abgehen würde. Bis zu diesem Zeitpunkt hatte die Geheimhaltung funktioniert, doch am 27. Juli kam Makarios zu Gesprächen nach Athen. Er wurde über den Stand der Verhandlungen informiert, und man einigte sich darauf, dass Achesons Pläne verworfen werden sollten, da sie zur Teilung der Insel führen würden; statt dessen solle man die Verhandlungen in Genf abbrechen und den Fall vor die UNO bringen. Zugleich versprach Makarios, dass man in Zypern keine militärischen Maßnahmen ergreifen würde, ohne zuvor die Zustimmung Athens einzuholen.

Am 30. Juli erklärte Erim in Genf, dass er eine gepachtete Basis ablehne. In Athen trat Makarios vor die Presse und lehnte den Acheson-Plan als unannehmbar ab. Präsident Johnson empfand dies als einen Tritt in den Hintern ("we've had a awful kick in the pants"). Papandreou entschuldigte sich am nächsten Tag beim amerikanischen Botschafter für Makarios' Indiskretion und deutete an, dass man eventuell eine Lösung ohne Makarios suchen müsse. Extreme rechte Kreise um den ehemaligen Abgeordneten Nikolaos Farmakis in Athen, die mit den Amerikanern im Kontakt waren, sagten offen, dass Makarios abgesetzt werden müsse. Papandreou werde dies bestimmt billigen. In Zypern standen T. Papadopoulos und N. Sampson mit dieser Gruppe in Verbindung. Aus dieser Athener Clique gingen später die Putschisten vom 21. April 1967 hervor. Dies ist die erste Erwähnung der Idee einer Enosis-per-Putsch. Verblüffend ist dabei die Tatsache, dass die griechische Regierung und die eine Machtübernahme planenden Kreise dieselbe Idee entwickelten, und dass die Amerikaner offensichtlich daran nichts Verwerfliches fanden, sondern die Akteure gewähren ließen. Sogar in Ankara war man über die Idee, Makarios aus dem Weg zu räumen im Bilde, wie sich bei einem Gespräch zwischen Erkin und dem US-Botschafter Hare am 6. August zeigte: Auch in den Augen der türkischen Regierung war Makarios das Haupthindernis einer Lösung des Zypernproblems. Sein Verschwinden war geradezu die Vorbedingung für eine bilaterale Lösung, eine Ansicht, die Hare inoffiziell teilte. Die Frage war nur noch, wann die Verhandlungspartner zu einem Lösungsplan auf dieser Basis gelangen würden. Doch plötzlich kam es zu einer Unterbrechung der Verhandlungen, denn in Zypern waren erneut Kämpfe ausgebrochen.

Die Kämpfe bei Kokkina-Mansoura
Den ganzen Sommer über hatte es immer wieder Zwischenfälle gegeben, die aber noch kein Grund zur Beunruhigung gewesen waren. Beide Seiten hatten inzwischen eine beachtliche Stärke aufgebaut. Die griechisch-zypriotische Polizei umfasste 5.000 Mann und die Nationalgarde zählte insgesamt etwa 24.000 Mann, wobei in dieser Zahl die illegal eingeschleusten griechischen Soldaten enthalten sind. Die Zahl der türkisch-zypriotischen Kämpfer wurde auf ca. 10.000 geschätzt, zu der 1.700 türkisch-zypriotische Polizisten hinzukamen. 300 türkische Soldaten waren über Kokkina und weitere 300 auf anderen Wegen eingeschleust worden. Kriegsmaterial war in großer Menge auf die Insel gebracht worden, griechisches über Limassol und türkisches über Kokkina/Mansoura in der Tillyria.

Um die von ihnen kontrollierten Enklaven abzusichern, bauten die türkischen Zyprioten Straßensperren auf, hoben Gräben aus, errichteten Betonbunker und von Sandsäcken umgebene Stützpunkte. Die Regierungstruppen ihrerseits errichteten Gegenpositionen, die oft nur 50 Meter entfernt waren. Die türkischen Zyprioten ließen die Griechen nicht passieren und ihre griechischen Landsleute revanchierten sich mit exzessiven Kontrollen und Schikanen bei ihren Straßensperren. Mitte Juli verschärfte sich die Lage, als die Regierung einen Katalog "strategischer" Materialien aufstellte, für deren Kauf die türkischen Zyprioten eine Sondergenehmigung des Innenministers benötigten. Dazu gehörten Baumaterial, Zement, Moniereisen, Draht, elektrische Geräte, Säcke, Autoersatzteile, Chemikalien und Treibstoffe.

Hilfslieferungen des Roten Halbmonds mit Medikamenten und Lebensmitteln hatten bis Juli ihre Empfänger ohne Probleme erreicht. Aber Mitte Juli erhoben die Behörden plötzlich Zölle auf dieses Material. Da sich die türkischen Zyprioten weigerten, diese zu bezahlen, konnten von einer Schiffsladung von 900 t nur jene 360 t Hilfslieferungen entladen werden, die zollfrei waren. Außerdem verlangte die Regierung die Kontrolle über die Verteilung der Lieferungen. Küçük beschuldigte die Regierung, sie wolle die türkischen Zyprioten aushungern.

Im Juni versuchten die türkisch-zypriotischen Paramilitärs, den Brückenkopf bei Kokkina nach Süden hin auszuweiten, was jedoch von der Nationalgarde verhindert wurde. Später schoben sich Blauhelme zwischen die Kontrahenten. Am 24. Juli besuchte Makarios in Begleitung von Karagiannis die Gegend und beide zeigten sich zufrieden mit der Lage. Dennoch begann die Regierung in der letzten Juliwoche, Truppen dorthin zu verlegen. Anfang August befanden sich etwa 1.500 Nationalgardisten mit schwerem Gerät in der Tillyria. Wenige Tage später folgten leichte und schwere Artillerie. Zu dieser Zeit erkannte der Kommandeur der UNFICYP den Aufmarsch, aber Makarios versicherte ihm, dass man nichts unternehmen werde, ohne ihn zuvor zu warnen. Am 6. August war der Aufmarsch beendet. Die Frage war nun, ob es sich um den Aufbau einer Drohkulisse handelte oder tatsächlich ein Angriff geplant war und ob Makarios entgegen seinen Versprechungen den Befehl dazu erteilen würde.

An diesem Abend kehrte Grivas von einem Besuch in Athen nach Zypern zurück. Wenig später fand eine Sitzung des zypriotischen Ministerrats statt, an der auch die Kommandeure der beiden griechischen Einheiten und ein Vertreter der Nationalgarde sowie Grivas teilnahmen. Nach ausführlicher Information über die Lage in der Tiliria wollte Grivas von Makarios wissen, was politisch gewünscht werde, Stabilisierung der eigenen Positionen oder Zerschlagung des türkischen Brückenkopfes? Obwohl es Stimmen gab, die für die zweite Lösung eintraten, entschied sich die Mehrheit für die erste Option. Doch auch die Stabilisierung bedeutete eine militärische wenn auch begrenze Operation, und Makarios wies Grivas darauf hin, dass auch dafür eine Rücksprache mit Athen notwendig sei.

Makarios verlangte eine telefonische Verbindung mit Außenminister Kostopoulos, der allerdings nicht in seinem Büro war. Grivas mischte sich ein und versicherte, dass die Rücksprache mit Kostopoulos nicht notwendig sei, er werde sich, bevor er den Befehl zum Angriff gebe, mit Verteidigungsminister Garoufalias in Verbindung setzen. Makarios verließ sich anscheinend darauf, dass Grivas sein Wort halten werde. Vielleicht hatte er aber auch nichts gegen eine begrenzte Aktion, die die Genfer Verhandlungen massiv stören würde. Doch Grivas war ohnehin nicht zu bremsen. Er begab sich ins Hauptquartier der Nationalgarde und erteilte die Befehle für den Beginn der Konsolidierungsoperation und zur Vorbereitung des Generalangriffs auf den türkischen Brückenkopf, der allerdings erst nach seinem ausdrücklichen Befehl erfolgen sollte. Anstatt einen erneuten Versuch zu unternehmen, sich wie versprochen mit dem griechischen Verteidigungs- oder Außenminister telefonisch ins Benehmen zu setzen, sandte Grivas einfach einen Funkspruch an den Athener Generalstab, in dem er diesen über seine Befehle informierte. Die griechische Regierung erfuhr daher erst am Morgen des 7. August davon.

Die Durchführung der Aktion selbst war wieder einmal typisch für Grivas. Anstatt sie dem erfahrenen und außerdem zuständigen stellvertretenden Kommandeur der Nationalgarde - Karagiannis war noch in Athen - zu überlassen, riss er das Kommando an sich, handelte allein, vom grünen Tisch aus, ohne Rücksprache, nicht einmal mit den militärischen Stellen in Zypern, und ohne genaue Kenntnis der tatsächlichen Lage, obwohl ihm jegliche Erfahrung, unterschiedliche Truppenteile zu koordinieren und sie gemeinsam zum Einsatz zu bringen, fehlte. Unter den zum Einsatz kommenden Einheiten befanden sich auch zwei zypriotische Patrouillenboote, die von See die türkischen Stellungen beschießen sollten. Er erteilte Befehle für den Angriff in den frühen Morgenstunden des 7. August, ohne sich zuvor zu informieren, ob die zum Einsatz kommenden Einheiten überhaupt zum Angriff bereit standen bzw. sich in der Gegend befanden. Die Folge war, dass die Konsolidierungsoperation erst in den Nachmittagsstunden des 7. August begann. Die Operation war trotzdem erfolgreich, die türkischen Paramilitärs zogen sich zurück. Gegen Abend überflogen vier türkische F-100 Kampfjets das Städtchen Polis und feuerten ihre Bordwaffen über dem Meer ab, um ihre Macht und Kampfkraft zu demonstrieren.

Als General Karagiannis am Abend des 7. August im Hauptquartier der Nationalgarde eintraf, fand er Grivas in einem heftigen Streit mit dem Kommandeur der ELDYK: Grivas verlangte, dass die TOURDYK angreife, was dieser jedoch ohne Befehl Athens ablehnte. An Karagiannis gewandt erklärte Grivas, er sei schon dabei, Mansoura anzugreifen. Karagiannis wollte von Grivas wissen, ob er die Zustimmung der griechischen Regierung habe. Grivas entgegnete, er habe die des zypriotischen Ministerrates. Als Karagiannis ihn darauf hinwies, dass man die Zustimmung des griechischen Verteidigungsministers benötige, meinte Grivas, dass die in Athen doch keine Ahnung hätten; nur er könne die Lage in Zypern richtig einschätzen. Bei einem Treffen von Makarios und Grivas gegen 21 Uhr im Hauptquartier der ASDAK informierte dieser

Tafel 33

Triumphmarsch der entlassenen Internierten

Grivas beim Abschreiten der Ehrenkompanie auf dem Athener Flugplatz

Tafel 34

Karamanlis, Grivas und Frau Grivas

Londoner Konferenz: Makarios vor der Presse

Tafel 35

Makarios' Rückkehr nach Nikosia 1959

Denkmal des Befreiungskampfes

Tafel 36

Makarios, Gouverneur H. Foot und F. Küçük beim Unterzeichnen der Zypernverträge

Alter Mann begrüßt die ersten Soldaten der ELDYK

Tafel 37

Makarios und Küçük begrüßen die ersten Soldaten der TOURDYK

Innenminister Georkatzis und Makarios

Sampson mit erbeuteter türkische Flagge in Omorfita

Grivas besucht die Nationalgarde: Der Feind ins Meer

Tafel 39

Das Kabinett begrüßt Grivas: Polykarpos Georkatzis, Renos Solomidis, Tassos Papadopoulos, Georgios Grivas, Makarios, Andreas Arouzos, Patroklos Stavrou

Von der türkischen Luftwaffe zerbombtes Dorf in der Tillyria

Tafel 40

Türkisch-zypriotische Kämpfer in der Burg St. Hilarion

Makarios besucht die Kämpfer bei St. Hilarion

den Erzbischof über die Lage. Wohl aufgrund seiner rosigen Darstellung stimmte Makarios der Fortsetzung der Offensive und der Eroberung des Gebiets von Kokkina und Mansoura zu.

In der Frühe des 8. August 1964 versuchte Karagiannis die Fortsetzung der Kämpfe zu stoppen. Gegen 6.30 Uhr befahl er seinen Kommandeuren, die Aktion abzubrechen und informierte sie über den Inhalt der Gespräche in Athen. Die Stimmung begann umzuschlagen, da wurde gegen 7.30 Uhr gemeldet, dass Grivas den Angriff auf Mansoura und Kokkina befohlen habe. Die türkischen Paramilitärs zogen sich auf Kokkina zurück, das Grivas unter Artilleriefeuer nehmen und vom Meer aus durch zwei Patrouillenboote beschießen ließ. Inzwischen traf ein Funkspruch des griechischen Verteidigungsministeriums ein, in dem jede weitere offensive Aktion untersagt wurde. Garoufalias rief Makarios an und forderte ihn auf, die Feindseligkeiten einstellen zu lassen. Makarios reagierte ungehalten: Garoufalias solle dies Grivas selbst sagen, doch dieser befinde sich im Kampfgebiet. Die Aufforderung von Garoufalias wurde durch einen Hubschrauber zu Grivas gebracht und erreichte ihn gegen 14 Uhr. Grivas wurde also über die Haltung Athens informiert, kümmerte sich jedoch nicht darum und ließ den Angriff fortsetzen. Seiner Meinung nach würde man Kokkina und Mansoura in einer Stunde erobert haben, - warum sollte man da den Angriff anhalten? Kurz darauf setzten massive türkische Bombardements ein und brachten den Angriff zum Stehen.

Die türkische Luftwaffe bombardierte aber nicht nur den Ort der Kämpfe, sondern auch Dörfer der Region. Eines der Patrouillenboote geriet in Brand und musste auf den Strand gesetzt werden. Abends fand eine Ministerratssitzung statt, auf der Karagiannis Grivas massiv angriff. Grivas, der inzwischen nach Nikosia zurückgekehrt war, schwieg und erklärte später seinen Rücktritt vom Kommando der ASDAK. Karagiannis befahl den Truppen, in ihren Stellungen zu bleiben und weitere Befehle abzuwarten. Nach dem Ende der Ministerratssitzung informierte Georkatzis telefonisch den griechischen Verteidigungsminister über die Vorgänge. Garoufalias war über Grivas' Verhalten entsetzt. Auch als bekannt wurde, dass türkische Kriegsschiffe Kurs auf Zypern genommen hatten, lehnte Athen jede Unterstützung ab. Auch eine Unterstützung durch die auf Zypern stationierten griechischen Truppen sei ausgeschlossen. Es war offensichtlich, dass die Athener Regierung kein Interesse daran hatte, in eine bewaffnete Auseinandersetzung mit der Türkei hineingezogen zu werden.

Am Morgen des 9. August begannen erneute Luftangriffe der türkischen Luftwaffe auf die gesamte Tillyria bis hin nach Polis, die bis in die späten Nachmittagsstunden andauerten. Zum Einsatz kamen schwere Sprengbomben, Luft-Boden-Raketen, Napalm und Bordwaffen. Unter der Zivilbevölkerung gab es wieder hohe Verluste, 53 Tote und über 125 Verletzte. Als Feuerwehren versuchten, die Brände zu löschen, wurden sie mit Bordwaffen beschossen. Die schweren Luftangriffe lösten in der zypriotischen Regierung Panik aus. Gegen Mittag trat der Ministerrat zusammen und beschloss, der türkischen Regierung ein Ultimatum zu stellen, das über den amerikanischen Botschafter dem türkischen Botschafter zugeleitet werden sollte. Darin hieß es, falls die türkischen Luftangriffe bis 13.30 Uhr MEZ nicht aufhörten, werde die zypriotische Regierung den Befehl zum Angriff auf alle türkisch-zypriotischen Dörfer geben. Von wem dieser Vorschlag ausging, ist unklar, doch es steht zu vermuten, dass es Georkatzis gewesen war.

In Washington war man der Meinung, dass Papandreou Grivas unter seine Kontrolle bringen müsse. In Athen wollte Papandreou vom zypriotischen Botschafter Kranidiotis wissen, warum Makarios sich so verhalte. Man habe Ruhe vereinbart, in Genf liefen wichtige Verhandlungen über die Zukunft Zyperns. Könne es sein, dass der Angriff auf Mansoura das Ziel habe, diese Verhandlungen zu torpedieren? Mit dieser Vermutung kam Papandreou in der Tat der Wahrheit sehr nahe. Aus Verärgerung über Makarios forderte Papandreou Grivas auf, wieder sein Kommando zu übernehmen. Hier offenbart sich, dass Papandreou nicht die geringste Ahnung von

Grivas' tatsächlicher Rolle und seinen jüngsten Aktionen hatte. Prompt spielte sich Grivas wieder als Oberkommandierender aller Streitkräfte auf Zypern auf, worauf Karagiannis seinen Rücktritt als Kommandeur der Nationalgarde erklärte. Am 13. August wurde Grivas von der Athener Regierung zum Befehlshaber der Nationalgarde ernannt.

Der Sicherheitsrat war am Abend des 8. August auf Antrag der Türkei und Zyperns zusammengetreten, verschob eine Beschlussfassung aber auf den nächsten Tag. Am 9. August forderte der Sicherheitsrat dann die Türkei auf, das Bombardement der Tillyria einzustellen. Unter amerikanischem Einfluss wurde eine Resolution verabschiedet, die einen sofortigen Waffenstillstand forderte. Die Regierungen der Türkei und Zyperns akzeptierten den Inhalt der Resolution und ordneten die Feuereinstellung an. Als am 10. August die türkische Luftwaffe Aufklärungsflüge über Zypern durchführte, traf sich der Sicherheitsrat am 11. August erneut und forderte die beteiligten Regierungen auf, auch die Flüge über Zypern einzustellen. Am 12. August stellte die türkische Luftwaffe diese ein, womit die Kämpfe in der Tillyria vorbei waren und die Verhandlungen in Genf fortgesetzt werden konnten.

Die weiteren Acheson-Pläne
Bei der Wiederaufnahme der Gespräche am 15. August musste Acheson feststellen, dass bei den Türken die Militärs den Ton angaben und einen härteren Kurs steuern wollten. Die Politik des diplomatischen Do-ut-des war vorbei, man war beim Entweder-oder angelangt. Acheson informierte die Griechen darüber, und man kam zu der Schlussfolgerung, dass auf diesem Weg wohl keine Lösung mehr zu erreichen sei. Man werde nun wohl Makarios in seinem Kurs der uneingeschränkten Unabhängigkeit unterstützen müssen. Wenn Makarios erkenne, dass man ihm nicht länger eine Lösung oktroyieren wolle, werde er bis zum Beginn der Sitzung der UN-Generalversammlung Ruhe geben, um dort nichts zu präjudizieren. Am 16. August erlitt Tuomioja einen Schlaganfall, und U Thant ernannte an seiner Stelle Galo Plaza zum Schlichter. Damit aber spielte Acheson die erste Rolle.

Die nächsten Tage waren durch Unsicherheit, Nervosität und Hektik geprägt. Ständig wurden neue Ideen in die Diskussion gebracht, alternative hochkonspirative Handlungsszenarien und Rückfallpositionen entwickelt. Papandreou in Athen befand sich in düsterster Stimmung. Am 17. August entwickelte er in einem Gespräch mit US-Botschafter Labuisse eine verzweifelte Idee: Man solle in Zypern einen Staatsstreich durchführen und sofort danach die Enosis erklären, die in kürzester Zeit durch das Parlament ratifiziert werden würde. Die Amerikaner und die Briten sollten die Aufgabe übernehmen, die Türken ruhig zu halten. Sobald die Enosis erreicht sei, werde Griechenland sich mit der Türkei einigen. Papandreou dachte an eine für 45 Jahre verpachtete 50 km^2 türkische Militärbasis auf der Karpasia-Halbinsel. In den amerikanischen Quellen wird dieser Enosis-per-Putsch-Plan Papandreous verharmlosend als "instant enosis" bezeichnet.

Acheson befand die Putschidee für gut. Aus Athen warnte Labuisse davor. Im Falle von "instant enosis" müssten die Amerikaner das Abkommen mit der Türkei aushandeln, denn dazu sei Papandreou zu schwach. In London stimmte man zu und hielt Grivas für einen geeigneten Nachfolger für Makarios, aber man werde sich selbst an der Planung nicht beteiligen, schließlich sei Zypern ein Mitglied des Commonwealth. Erstaunlicherweise waren die Putschvorbereitungen in Zypern bemerkt worden. Am 20. August meldete US-Botschafter Belcher aus Nikosia, dass die Insel voll von Gerüchten über einen bevorstehenden Putsch und Mord an Makarios sei. Georkatzis, der an der Verschwörung beteiligt war, riet Belcher, rasch zuzuschlagen. Da Acheson sich aber nicht sicher war, ob Grivas nach einem Putsch bereit sein würde, den Türken Konzessionen zu machen, trat er auf die Bremse: Man wisse nicht, wie die Türkei reagieren würde. Damit war die Enosis-per-Putsch-Option für den Augenblick gestoppt.

An diesen Überlegungen ist jedenfalls zu erkennen, dass weder die Briten noch die Amerikaner die Gefährlichkeit von Grivas ganz erfasst hatten.

Nun entwickelte Verteidigungsminister Garoufalias eine neue Idee, die "unilaterale Enosis" *(monomeri enosis)*, die, einem chirurgischen Eingriff gleich, die eitrige Wunde Zypern beseitigen sollte. Nach diesem Plan sollten an einem bestimmten Tag zum selben Zeitpunkt gleichzeitig das zypriotische Repräsentantenhaus und das griechische Parlament tagen. Das Repräsentantenhaus sollte den Anschluss an Griechenland beschließen und das Parlament in Athen durch Beschluss dies akzeptieren und die zypriotischen Abgeordneten in ihre Kammer aufnehmen. Anschließend sollte die zypriotische Regierung ihren Rücktritt erklären und die griechische Regierung die Verantwortung für die weitere Entwicklung übernehmen. Der türkischen Regierung sollten stärkste Garantien für die Sicherheit der türkischen Minderheit in Zypern gegeben und eine Basis eingeräumt werden. Die ganze Aktion solle friedlich über die Bühne gehen. Papandreou soll von dieser Idee begeistert gewesen sein. Der Kronrat (Symvoulio tou Stemmatos) unter dem Vorsitz des Königs stimmte dem Plan einstimmig zu. Garoufalias wurde beauftragt, Makarios den Plan zu "verkaufen". Er flog nach Zypern, wo Makarios sich alles anhörte und ihn mit vagen Antworten ins Leere laufen ließ. Damit war auch die "unilaterale Enosis" erledigt.

Inzwischen hatte Acheson die neuen Ideen in seinen Plan integriert. Die vorgesehene Fläche einer türkischen Militärbasis solle nun 200 Quadratmeilen und die Pachtzeit 50 Jahre betragen. Ball war am 20. August der Meinung, man müsse den Putsch rasch über die Bühne bringen, denn in wenigen Tagen werde Außenminister Kyprianou Moskau besuchen, was zu einer sowjetischen Einmischung führen könne. Die "kommunistische Gefahr" wurde so zum neuen Druckmittel. Am 20. August forderte Labuisse im Auftrag von Ball die griechische Regierung zum Putsch gegen Makarios und zur Annahme des Acheson-Vorschlags auf. Papandreou sah nur ein Problem mit der Fläche, die doppelt so groß sei, wie die der britischen Basis, und versprach am nächsten Tag zu antworten.

Ball drängte: Wenn Papandreou nicht voranmache, müsse man sich an den König wenden. Die Entscheidung müsse sofort getroffen werden, sonst funktioniere der Plan nicht. Man verstehe das Zögern Papandreous nicht. Es gehe doch um die "instant enosis". Labuisse suchte Papandreou erneut auf und dieser erklärte am Morgen des 21. August, dass das Kabinett ihm freie Hand gegeben habe und dass er "im Prinzip" bereit sei, den Deal zu machen, vorausgesetzt die Türken garantierten, dass die Deportationen der Griechen aus Istanbul aufhörten. Auch der König äußerte sich in diesem Sinne, und erklärte sich sogar bereit, mit der Führung der ERE zu reden. Acheson war begeistert und gratulierte Labuisse wärmstens zu seinem Erfolg. Er habe alle übertroffen. Doch die kalte Dusche kam, als Acheson mit den Türken sprach und diese das Geschäft Enosis gegen gepachtete Basis ablehnten. Selbst als Acheson die "kommunistische Gefahr" beschwor, blieben die Türken hart. Acheson erkannte, dass die Souveränität der Basis der Knackpunkt war, denn nur diese konnte die türkische Regierung ihrer Öffentlichkeit als eine Art Teilung Zyperns verkaufen. Acheson blieb nur noch eine Karte, der direkte Appell an Inönü.

Am Nachmittag des 21. August warnte Belcher aus Nikosia, dass die Zyprioten eine souveräne türkische Militärbasis nie akzeptieren würden. Aus Athen meldete Labuisse, dass man den griechischen Zyprioten keine Lösung oktroyieren könne, denn diese hätten eigene Vorstellungen. Andererseits würde die Türkei dem Anschluss Zyperns an Griechenland nur zustimmen, wenn sie eine Kompensation erhalte. Griechenland könne den Zyprioten eine Militärbasis auch gegen den Willen von Makarios "verkaufen", vorausgesetzt sie sei nicht größer als die britischen Basen. Aber die von Acheson vorgeschlagene Größe habe den Charakter einer Teilung der Insel. Er bedaure es zutiefst, aber so könne man kein Übereinkommen erzielen. Er hoffe, dass die UN-Vollversammlung der uneingeschränkten Unabhängigkeit Zyperns zustimmen werde.

Als auch Inönü den Plan ablehnte, begriff Acheson, dass die Verhandlungen gescheitert waren, und empfahl am 22. August, sie einzustellen. Doch Ball, der durch die Zeitverschiebung noch nicht auf dem neusten Stand der Dinge war, hielt an seinem harten Kurs fest: Die griechische Ablehnung sei inakzeptabel. Labuisse solle maximalen Druck ausüben. Sollte die Sache scheitern, müsse der Schuldige klar sein. Der König solle in Abstimmung mit Papandreou und Kanellopoulos Grivas nach Athen rufen und ihm dort in Anwesenheit beider Politiker folgende Instruktionen erteilen: Die griechische Regierung habe den amerikanischen Plan gebilligt und sei der Meinung, dass er durchgeführt werden solle. Nur eine rasche Ausführung des Planes verhindere die Machtergreifung der Kommunisten. Grivas müsse begreifen, dass dies seine große Chance sei, seine Rolle als Digenis (der EOKA) zu einem glorreichen Abschluss zu bringen.

Doch Papandreou blieb bei seiner negativen Antwort. George Ball gab trotzdem nicht auf, obwohl er zugeben musste, dass die Verhandlungen in Genf gelaufen waren: Man müsse verhindern, dass Zypern zu einem zweiten Kuba werde. Daher solle man den Griechen sagen, dass sie mit ihren Enosis-Plänen rasch fortfahren sollten. Man werde sich verpflichten, die Türken und jede andere Macht von einer militärischen Intervention abzuhalten, falls die Griechen sofort nach dem Anschluss Zyperns an Griechenland ernsthaft mit der Türkei in Verhandlungen über eine Revision der Zypernverträge einträten. Dabei müsse sich Athen u.a. verpflichten, der Türkei auf 50 Jahre eine Militärbasis auf Leasing-Basis einzuräumen, deren Größe gemeinsam mit dem NATO-Hauptquartier festgelegt werde. Man solle die türkische Regierung darüber in Kenntnis setzen und hoffe, dass diese ein solches Fait accompli akzeptieren werde. Balls Vorschlag war ein noch unverantwortlicheres Spiel mit dem Feuer, denn dessen Umsetzung hätte zweifellos zu einem griechisch-türkischen Zusammenstoß geführt, den die Amerikaner nur mit Waffengewalt hätten verhindern können. Zum Glück war niemand bereit, ihn zu akzeptieren.

Am 24. August erschien Kyprianou in Athen und machte klar, dass Makarios jede Art von Enosis, die mit territorialen Kompensationen verbunden war, ablehne. Die Enosis könne nur auf dem Weg über die uneingeschränkte Unabhängigkeit und die Wahrnehmung des Selbstbestimmungsrechtes kommen. In Nikosia äußerte sich Makarios, dass das zypriotische Volk niemals territoriale Abtretungen akzeptieren werde. Einen Tag später traf Makarios zu einem Kurzbesuch in Athen ein und machte dies der griechischen Regierung klar. Zwar versuchte Papandreou Ende des Monats in einem Brief an Makarios nochmals, den Führungsanspruch des nationalen Zentrums durchzusetzen, aber Makarios ließ sich davon nicht beeindrucken, denn er antwortete erst im Februar 1965. In Washington wurden zwar noch eine Zeitlang weitere Lösungsszenarios entwickelt und diskutiert, aber es war klar, dass die Genfer Verhandlungen mit Acheson gescheitert waren.

Das Zypernproblem blieb ungelöst. Die Gefahr in Zypern selbst hatte sich vergrößert, denn die innere Geschlossenheit der Führung der griechischen Zyprioten war durch die in dieser Zeit losgetretenen Putschplanungen in Frage gestellt. Makarios verlor zunehmend die Kontrolle über den Machtapparat und musste sich stärker auf die Volksmassen stützen. Die Animosität zwischen den Volksgruppen war durch die Bombardierungen der türkischen Luftwaffe und die Blockaden vertieft worden. Zugleich darf von einer zunehmenden Entfremdung, ja Feindseligkeit zwischen Athen und Nikosia gesprochen werden. Außerdem hatte die Planung eines Staatsstreiches gegen Makarios ihre Rückwirkung auf Griechenland selbst, denn sie rief auch dort jene Geister auf den Plan, die bald nicht mehr kontrolliert werden konnten.

1964-1965: DIE NACH-BÜRGERKRIEGSZEIT

Rückkehr zur "Normalität"
Wohl um die Initiative bei der Diskussion über mögliche Lösungen der Zypernfrage zurückzugewinnen, begann Makarios mit einer Interviewoffensive in europäischen Presseorganen und Fernsehsendungen. Die Interviews ähnelten einander natürlich sehr: Zypern strebe nach uneingeschränkter Unabhängigkeit *(unfettered independence)* und nach Selbstbestimmung. Der Konflikt mit der Türkei sei ein Ergebnis britischer Kolonialpolitik. Er lehne die Enosis nicht ab, aber der Acheson-Plan gebe nur vor, die Enosis realisieren zu wollen, tatsächlich strebe er nach einer verkappten Teilung der Insel. Sollte es zur Enosis kommen, müssten auch die britischen Basen aufgelöst werden. Auch bei einem Anschluss Zyperns an Griechenland hätten die türkischen Zyprioten nichts zu befürchten. Zerwürfnisse mit der griechischen Regierung gebe es nicht. Allerdings versuchten selbsternannte Freunde Griechenlands die Athener zu Lösungen zu zwingen, die nicht im Interesse Zyperns lägen. Gerüchte über Streitereien mit Grivas und dessen Putschvorbereitungen seien ihm wohlbekannt, entbehrten aber einer Grundlage.

Im September besuchte Außenminister Kyprianou die Sowjetunion und unterzeichnete am 30. September einen Vertrag über sowjetische Militär- und Wirtschaftshilfe. Die bestellten Waffen wurden ab 1965 nach Zypern geliefert. Mitte September 1964 wurde bekannt, dass U Thant seinen bisherigen Vertreter in Zypern, Galo Plaza, zum neuen Schlichter ernannt hatte. Zugleich wurde das Mandat der UNFICYP verlängert und der brasilianische Diplomat Carlos Bernardes als U Thants Vertreter in Zypern eingesetzt. Im September und Oktober fanden intensive Verhandlungen über die Aufhebung der Straßensperren und Blockaden und die Lieferung von Lebensmitteln in die Enklaven statt. Am 26. Oktober lag das positive Ergebnis vor: Der erste Konvoi fuhr, begleitet von Fahrzeugen der UNFICYP, von Nikosia nach Kyrenia. Anfang Oktober nahm Makarios an der Konferenz der blockfreien Staaten in Kairo teil.

Zwar gab es immer noch Versuche aus Athen, Makarios zu schwächen oder gar doch noch den Enosis-per-Putsch-Plan zur Ausführung zu bringen, aber inzwischen war Makarios' Position so gefestigt, dass er Druck auf Athen ausüben konnte. In den Augen von Galo Plaza überragte Makarios alle griechischen Politiker, er war Mr. Cyprus. Wie stark Makarios sich fühlte, wurde deutlich, als er sich an die Realisierung eines Teiles jener 13 Punkte machte, die den Konflikt ausgelöst hatten. Im Herbst 1964 wurde die Nationalgarde immer mehr zur Profiarmee ausgebaut und viele der ehemaligen Freiwilligen wurden entlassen. Darunter waren viele fanatische Anhänger von Grivas, die nun statt dessen begannen, sich zusammen mit alten Grivasanhängern aus der Zeit der EOKA in Untergrundgruppen, Gruppierungen des Parakratos und Propagandagruppen zu organisieren und Anhänger in den Höheren Schulen, der Nationalgarde und in der staatlichen Verwaltung zu rekrutieren. Ganz offensichtlich sollte hier eine neue Untergrundorganisation nach dem Modell der EOKA aufgebaut werden. Es waren die ersten Anfänge der zukünftigen EOKA B.

Natürlich erfuhr Makarios über die geheimen Dienste der Regierung von diesen Machinationen, und am 2. Dezember trat er vor die Presse und wetterte gegen eine geheime Organisation von subversiven Elementen. Man werde Maßnahmen ergreifen, und er habe befohlen, dass sich die Streitkräfte aus der Politik heraushalten sollten. Schüler, die solchen Organisationen angehörten, würden von den Schulen verwiesen werden.

Am 15. Dezember verabschiedete das Repräsentantenhaus ein Gesetz, das jeden mit zwei Jahren Gefängnis bedrohte, der versuchte, die Ordnung und Disziplin in den Streitkräften zu stören. Parlamentspräsident Kliridis stellte fest, dass es in Zypern ausländische Agenten gäbe, die versuchten, nicht nur die Bevölkerung, sondern auch die Armee zu spalten. Er nannte die fremde Macht nicht beim Namen, aber es war klar, dass es sich nur um griechische parakratische Organisationen in der Armee bzw. den griechischen Geheimdienst (KYP) handeln konnte, die nach wie vor an der Realisierung ihrer Enosis-per-Putsch-Pläne arbeiteten. Leider beeindruckten Makarios' verbale Verurteilungen der parakratischen Organisationen diese wenig, sie wurden nur vorsichtiger und im Januar 1965 begannen sie mit ersten Bombenattentaten.

Den ganzen Herbst über bemühte sich Galo Plaza in Gesprächen mit allen Seiten, Ansätze für eine einvernehmliche Lösung des Zypernproblems zu finden, musste aber feststellen, dass die Positionen zu verhärtet waren. Insbesondere bestehe die Türkei auf Föderation oder Teilung bzw. doppelter Enosis, was bekanntlich dasselbe war. Im Dezember wurde das Mandat der Blauhelme erneut verlängert.

Als der türkische Außenminister Erkin in die Sowjetunion reiste und damit signalisierte, dass man eine neue Außenpolitik eingeleitet hatte, wachte man in Washington auf. Man befürchtete, dass die Türkei einen noch härteren Kurs steuern könnte. Botschafter Hare meinte aus Ankara, dass damit das Genfer Konzept - er meinte die Acheson-Pläne - Makulatur und die Unabhängigkeit Zyperns die einzige Lösung sei. Dieser Ansicht seien auch Makarios und Galo Plaza, die ein unabhängiges, blockfreies, entmilitarisiertes Zypern mit Minderheitenschutz für die türkischen Zyprioten forderten. Papandreou werde alles akzeptieren, mit dem Makarios einverstanden sei, und auch die Sowjets würden dieses Konzept akzeptieren, da es in ihrem Interesse sei.

Am 2. Dezember meldete sich Belcher aus Nikosia: Wenn man nicht die Beziehungen zur Türkei zerstören wolle, bleibe als Lösung des Zypernproblems nur noch die Unabhängigkeit übrig, aber diese bedürfe der Definition. Die von den Türken vorgeschlagene Föderation bedeute Teilung und sei nicht durchsetzbar. Sollte man versuchen, diese Lösung Makarios aufzuzwingen, werde er eine neue Welle von anti-amerikanischer und Anti-NATO-Hysterie entfachen und von ausländischer Einmischung reden. Man habe kein Machtmittel, um Makarios unter Druck zu setzen, im Gegenteil, Makarios sitze am längeren Hebel, denn er könne die amerikanischen Abhöreinrichtungen schließen. Die von der Türkei vorgeschlagene föderative Lösung führe nur zum Krieg.

Damit hatte das Zypernproblem schon Ende 1964 im Grunde jenen Status der Unlösbarkeit angenommen, den es bis heute hat. Die amerikanische Einmischung durch Ball und Acheson hatte die Probleme verschärft, indem sie jene Lösungen (Enosis und doppelte Enosis) propagierte, die für die eine bzw. andere zypriotische Volksgruppe inakzeptabel waren. Zugleich hatten sie die Mutterländer so tief in den Konflikt hineingezogen, dass es ihnen kaum noch möglich war, nach einer rationalen Lösung zu suchen. Die Frage war, ob es nach einer Abkühlungsphase möglich sein würde, gelassener nach einer Lösung zu suchen. Wie festgefahren die Lage Ende 1964 bzw. Anfang 1965 war, zeigt die Tatsache, dass auch Galo Plaza in seinem Bericht im März darauf verzichtete, konkrete Vorschläge zu unterbreiten.

Der Galo Plaza-Bericht vom März 1965
Mitte März 1965 legte Galo Plaza seinen Bericht über den Stand der Dinge vor. Er besteht aus einer präzisen Beschreibung und Analyse der Befindlichkeiten aller Seiten und einer Reihe von Schlussfolgerungen, die den Weg zu einer Lösung zeigten, der genau genommen selbst heute noch gangbar wäre. Die Lösung sollte primär durch bilaterale Verhandlungen zwischen den zypriotischen Volksgruppen gefunden werden, denn Plaza erkannte ganz klar, dass sowohl die Türkei als auch Griechenland eigene Interessen verfolgten und diese denen der eigenen Volksgruppen überordneten. Er verstand, dass eine Rückkehr zum Status quo ante der Verträge von Zürich und London weder möglich noch wünschenswert war, denn sie würde nur zu neuen Spannungen führen. Die beiden entscheidenden Lösungselemente würden aus Kompromissen hervorgehen: Die griechischen Zyprioten würden uneingeschränkte Unabhängigkeit und das Recht auf Selbstbestimmung erhalten, sich aber zugleich verpflichten, Letztere nicht wahrzu-

nehmen, um die Enosis herbeizuführen, was ja genau auf Makarios' Linie lag. Auf diese Weise würde das heikelste und potentiell explosivste Element beseitigt.

Die türkischen Zyprioten würden das Prinzip der Mehrheitsregierung akzeptieren, würden aber dafür "gusseiserne" Garantien ihrer Rechte als Minorität erhalten, die von der UNO überwacht und garantiert werden sollten, außerdem sollte Zypern entmilitarisiert werden. Die türkischen Zyprioten sollten in Fragen der Erziehung, der Religion und des Personenstatus Autonomie erhalten. Sie würden weiterhin als Volksgruppe anerkannt sein, ohne jedoch die Einheit des Staates in Frage zu stellen. Die Chancen für die Wiedergewinnung einer Vertrauensbasis zwischen den beiden Volksgruppen wären damit geschaffen gewesen. Mit etwas gutem Willen und Geduld hätte man das entsprechende günstige Klima wieder herstellen können. Die Regierung in Athen war damit einverstanden, und auch die Briten hatten nichts einzuwenden, vorausgesetzt, sie konnten ihre Basen behalten.

Die entscheidende Rolle kam damit Ankara zu. Sollte die türkische Regierung den von Plaza entwickelten Prinzipien zustimmen und die türkischen Zyprioten auffordern, sich kooperativ zu zeigen, würde sich eine Entwicklung hin zu einer Lösung ergeben. Die Radikalen von der TMT hätten an Einfluss verloren, zumal Denktaş seit Frühjahr 1964 außer Landes war, und die Gemäßigten sich durchgesetzt hatten. Es besteht wenig Zweifel, dass in diesem Fall eine Lösung möglich gewesen wäre, zumal auf der griechisch-zypriotischen Seite Makarios die Radikalen gebändigt hatte. Aber die neue türkische Regierung war innenpolitisch schwach und musste sich daher außenpolitisch profilieren, und das tat sie, indem sie die Vorschläge Plazas vom Tisch fegte.

Man hat Plaza oft vorgeworfen, seine Vorschläge hätten die griechische Seite begünstigt, was unberechtigt ist. Plazas Bericht stellte den Versuch dar, eine für Zypern und die Zyprioten vernünftige, tragfähige Lösung zu finden. Er ließ bewusst die Interessen der beiden Mutterländer außen vor, weil nach deren Vorstellungen nur die Enosis bzw. die doppelte Enosis oder die Föderation mit territorialer Trennung der Volksgruppen eine Lösung gewesen wäre, was zum Krieg geführt hätte. Er erkannte ganz genau die beiden Stolpersteine jeder Lösung: die Enosis, und die Garantie des Schutzes der Minderheit. Er erwartete, dass die griechischen Zyprioten auf die Enosis verzichteten und die türkischen Zyprioten ihre politische Gleichberechtigung aufgaben und sich mit dem Status einer Minderheit mit garantierten Rechten begnügten.

Man hat Plaza ferner vorgeworfen, dass selbst die UNO-Garantien zum Schutz der Rechte der Minorität nicht ausreichend gewesen wären, da die griechische Seite, einmal im Besitz der Kontrolle des ganzen Staates, sich darüber hinweg gesetzt hätte. Dies ist eine unbewiesene Behauptung, die Fakten sprechen dafür, dass die Kontrolle funktioniert hätte. Geht man vom Verhalten Griechenlands gegenüber seiner muslimischen Bevölkerung in Westthrakien in jenen Jahren - vor der Juntazeit - aus, so spricht dies eher für eine Achtung der Menschenrechte durch die griechische Seite. Dies galt damals auch für den von der Regierung kontrollierten Teil Zyperns, wie wir gezeigt haben. Die Kernfrage war natürlich, ob es gelingen würde, die türkischen Zyprioten dazu zu bewegen, erneut Vertrauen zu fassen bzw. ihr Misstrauen zu überwinden.

Plazas Vorschlag war vernünftig, und man hätte versuchen sollen, ihn zur Grundlage weiterer bilateraler Gespräche zu machen, bei denen man weitere Verbesserungen hätte vornehmen können. Makarios hätte einen entsprechenden Antrag an den Sicherheitsrat richten sollen, wonach dieser sich mit dem Inhalt des Berichts und der Haltung der Beteiligten dazu hätte befassen müssen. Bei nüchterner Analyse kommt man zu der Schlussfolgerung, dass hier wieder eine jener günstigen Gelegenheiten für die Lösung des Zypernproblems verspielt wurde.

Die erste Missile Crisis
Bekanntlich hatten die Zyprioten in der Sowjetunion Waffen bestellt, darunter auch Torpedoboote und Flak-Raketen, die über Ägypten geliefert werden sollten. Dort sollten auch die notwendigen Spezialisten zur Bedienung der Raketen ausgebildet werden. Die Raketen selbst sollten mit einem Transportschiff der griechischen Kriegsmarine nach Zypern gebracht werden. Der erste Transport ging im Januar reibungslos über die Bühne, aber dann sickerte etwas an Korrespondenten griechischer Zeitungen in Zypern durch und am 29. Januar berichteten die Athener Zeitungen über "geheime Waffentransporte" nach Zypern.

Anfang März schrieb Botschafter Belcher an das State Department, dass von militärischen Gesichtspunkten aus der Wert der sowjetischen SAM-Luftabwehrraketen nicht allzu groß sei, die eigentliche Gefahr sei der psychologische Faktor. Im State Department befürchtete man am 13. März, dass die Türkei spontan im großen Stil zuschlagen könne, wenn sie von der Stationierung der SAMs erfuhr, und entschied daher, der türkischen Regierung eine allgemeine Warnung zukommen zu lassen, dass die Regierung Zyperns schwere, hochentwickelte Waffen importieren werde. Einen Tag später meinte Belcher, der schon einen allgemeinen großen Luftangriff der türkischen Luftwaffe voraussah, dass man doch auf die türkischen Luftwaffengeneräle Einfluss nehmen sollte, sie solle nur angekündigte gezielte Luftschläge durchführen. Als Labouisse in Athen diesen Vorschlag las, war er entsetzt.

Um die sich möglicherweise anbahnende Krise schon im Vorfeld zu stoppen, entschied man im State Department, sich an die griechische Regierung zu wenden, damit diese ihren Einfluss geltend machte und Makarios von seinem gefährlichen Spiel zurückhielt. Am 12. März äußerte Unterstaatssekretär Ball daher gegenüber dem griechischen Botschafter Matsas seine Besorgnis über die sowjetischen Waffenlieferungen an Zypern. Die griechische Regierung informierte Makarios über den amerikanischen Protest, aber Verteidigungsminister Georkatzis beschwerte sich bei Belcher, dass die Amerikaner den Erwerb der sowjetischen Waffen behinderten. Allerdings gewann Belcher den Eindruck, dass es sich um ein abgekartetes Spiel handelte und der Protest nur eingelegt wurde, um zu zeigen, dass Athen die zypriotische Regierung nur bedingt unter Kontrolle habe.

Bei einem Gespräch zwischen Papandreou und Botschafter Labuisse erklärte Ersterer, er sei bereit, dafür zu sorgen, das keine weiteren Raketen nach Zypern geschafft würden, wenn die USA und/oder die Türkei garantierten, dass es keine Luftangriffe auf Zypern mehr geben würde. Ball war geneigt, in diesem Sinne aktiv zu werden, vorausgesetzt, Papandreou garantierte, dass es in Zypern mindestens ein halbes Jahr lang zu keinen Provokationen komme. Als Botschafter Hare in Ankara in diesem Sinne vorstieß, erkannte er, dass in der Türkei die neue Regierung Ürgüplü gar nichts zu sagen hatte, sondern die Militärs. Der Nationale Sicherheitsrat, in dem diese das Sagen hatten, habe sich für einen harten Kurs entschieden. Sollte es in Zypern zu irgendwelchen "inhuman actions" kommen, werde man zuschlagen. Gespräche mit den Griechen über die Enosis seien ausgeschlossen. Sollten sich die USA wieder wie 1964 einmischen, hätte das katastrophale Folgen für die türkisch-amerikanischen Beziehungen. Die Amerikaner begriffen, dass sie die Stimme der eigentlichen Regenten der Türkei gehört hatten.

Als die Amerikaner Papandreou darüber informierten, sagte dieser, er werde Makarios zu größerer Flexibilität zwingen. Labouisse erkannte, dass Papandreou tatsächlich Frieden wollte, und empfahl dem State Department, die Türken vom Säbelrasseln abzubringen. Am 21. März flog Garoufalias nach Zypern. Makarios rief am Morgen des 22. März den Ministerrat zu einer Geheimsitzung zusammen, an der auch Parlamentspräsident Kliridis und Grivas teilnahmen. Zu der Nachmittagssitzung wurden noch der griechische Botschafter und der Kommandeur der ELDYK hinzugezogen. Obwohl strikte Vertraulichkeit vereinbart worden war, sickerte einiges an die Presse durch: Die nächsten 6 Monate solle es auf dem politischen, militärischen und wirtschaftlichen Sektor einen Waffenstillstand geben. Die Nationalgarde solle sich von bestimmten Positionen zurückziehen. Am Status der Insel solle sich in dieser Zeit nichts ändern. Der Austausch der Truppen des türkischen Kontingents werde nicht behindert werden. Die weitere Aufrüstung der Nationalgarde mit schweren Waffen werde gestoppt. Damit war die Situation in Zypern entschärft. Nun ging es nur noch darum, diese Beschlüsse auf eine für alle Seiten gesichtswahrende Weise umzusetzen.

Als dies in Zypern bekannt wurde, war die Enttäuschung und Verbitterung groß. Die Zeitungen sprachen von Verrat und forderten, dass Garoufalias und Kostopoulos vor Gericht gestellt werden müssten, doch die Aufregung verebbte bald. Die Flak-Raketen blieben in Ägypten und einige Zeit später übereignete Makarios die Raketen seinem Freund Nasser, womit die erste zypriotische Missile Crisis vorbei war.

Die Ermordung von Dervis Kavazoğlou und Kostas Misaoulis
Kaum war diese außenpolitische Krise überstanden, als eine innenpolitische für neue Aufregung sorgte. Schon bei den Vernehmungen von Denktaş im Zusammenhang mit der Ermordung der beiden Journalisten Gürkan und Hikmet im Juli 1962 hatte dieser gesagt, dass er Personen mit linken Überzeugungen für Kriminelle halte, und es war daher selbstverständlich, dass die TMT dieselben Ansichten vertrat. Der türkisch-zypriotische Journalist Derviş Kavazoğlou machte sich in den Augen dieser Radikalen doppelt schuldig, denn er hatte für die Zeitung *Cumhürriyet* über Gürkan und Hikmet geschrieben, und er war ein bekannter Führer der linken Gewerkschaft PEO und außerdem sogar Mitglied des ZK der AKEL. In Reden und Artikeln wandte er sich immer wieder gegen die separatistische Politik Denktaş' und Ankaras, die in seinen Augen chauvinistisch und rassistisch war. Später schrieb er für die Zeitung *Inkilapci*, kritisierte die Teilungspolitik Ankaras und trat für die friedliche Koexistenz und Kooperation der beiden Volksgruppen ein. Die türkisch-zypriotische Führung bestand in seinen Augen aus Extremisten, die ihre Mitbürger terrorisierten. In Artikeln, Vorträgen, Rundfunkinterviews und Fernsehsendungen griff er ständig "die faschistischen Terrormethoden der vom Imperialismus gekauften türkisch-zypriotischen Führung" an. Die TMT reagierte, indem sie ihre Mitglieder aufforderte, Kavazoğlou umzubringen; über einhundert Fanatiker sollen einen Eid geschworen haben, dass sie Dr. Ihsan Ali, Derviş Kavazoğlou und andere töten würden, die für die Kooperation der Volksgruppen eintraten. Immer wieder versuchten die Extremisten, Kavazoğlou zu ermorden, aber da er im griechischen Teil von Nikosia lebte, war dies schwierig.

Am Sonntag, dem 11. April 1965, hatten die TMT-Mörder Erfolg. Gegen 9.30 Uhr verließ Kavazoğlou in Begleitung seines Freundes Kostas Misaoulis, der ebenfalls der PEO angehörte, Nikosia, um mit dem Auto nach Larnaka zu fahren. Am 13. Meilenstein warteten die Mörder und gegen 11 Uhr wurde das Auto mit Maschinenwaffen geradezu zersiebt. Wenige Stunden später fand eine UNFICYP-Patrouille die Ermordeten. Noch am selben Tag beschuldigte Dr. Ihsan Ali die TMT des Mordes. Am 15. April lobte die Regierung 5.000 £ für die Ergreifung der Täter aus. Das Parlament verurteilte die Morde, und der AKEL-Generalsekretär lobte die beiden Opfer als wahre zypriotische Patrioten.

Zunächst gab es von der türkisch-zypriotischen Führung Versuche, den Mord den Griechen in die Schuhe zu schieben, aber die Wogen der Empörung gingen wegen des feigen Mordes derart hoch, dass die türkisch-zypriotischen Extremisten zunächst schwiegen. Später wurde verbreitet, dass Kavazoglou nur ein Kommunist gewesen sei, den die türkische Volksgruppe ausgestoßen habe. Ganz offensichtlich war die TMT darauf aus, möglichst alle Beziehungen zwischen den Volksgruppen zu zerbrechen.

Weitere Gespräche
Die radikale Ablehnung des Plaza-Plans durch die Türkei veranlasste Ball am 20. Mai zu einer Bestandsaufnahme: Die Enosis könne nicht ohne territoriale Kompensationen erreicht werden. Sollten die Griechen etwas in dieser Richtung unternehmen, ohne zuvor ein Arrangement mit der Türkei zu treffen, werde die Türkei gewaltsam reagieren. Die USA könnten weder die Enosis durchsetzen, noch die Türken zurückhalten im Fall der "instant enosis". Labuisse möge dies der griechischen Regierung klarmachen.

Am 6. Mai 1964 tagte in Athen der Kronrat in Anwesenheit von Makarios und Kyprianou. Wieder wurden die Lage und die Möglichkeiten der Enosis diskutiert, wobei die aus der Vergangenheit bekannten Modelle vorgetragen wurden. Papandreou beendete das Thema, indem er feststellte, dass Enosis Krieg bedeute und dieser nicht zur Realisierung der Enosis, sondern zu ihrer Beerdigung führen werde; mit blutigen Folgen in Zypern, in Istanbul und Thrakien. Sie könne nur durch einen Sieg Griechenlands erreicht werden, und der sei unwahrscheinlich. Makarios stellte fest, dass er für die Enosis sei, aber ohne Gebietsabtretung, die nur zur Teilung der Insel führe. Schließlich kam der Kronrat zu folgenden Beschlüssen: Es solle wie bislang versucht werden, eine Lösung in der UNO zu suchen. Galo Plaza solle nach Zypern kommen, damit man über den Beginn von Gesprächen zwischen den beiden Volksgruppen rede. Die Blockademaßnahmen sollten noch weiter gelockert werden. Insgesamt müsste für ein entspannteres Klima auf der Insel gesorgt werden.

Trotz dieser klaren Abmachungen begann die griechische Regierung auf amerikanischen Druck hin den Dialog mit der türkischen Regierung. Wohl um zu verhindern, dass sich Griechen und Türken hinter seinem Rücken einigten, begann Makarios am 28. Mai, sich in die Verhandlungen einzumischen und Signale an die türkische Regierung auszusenden, er sei zu Verhandlungen bereit. Am 31. Mai befasste sich das griechische Kabinett mit Makarios' Politik. Papandreou erklärte, er werde an seinem bisherigen Kurs festhalten und die Gespräche mit den Türken fortsetzen. Sollte Makarios quertreiben, werde er mit ihm brechen; er habe ihn entsprechend informiert. Am 4. Juni forderte der türkische Außenminister 18 Prozent der Fläche der Insel, aber nicht notwendigerweise auf der Insel selbst, sondern in Thrakien. Die Fläche müsse dem Anteil der türkischen Bevölkerung auf Zypern entsprechen. Dies war für Papandreou natürlich inakzeptabel. Er bot eine auf 99 Jahre geleaste Militärbasis an, was wiederum für die Türken inakzeptabel war.

Am 10. Juni sagte Kyprianou zu Ball und Rusk, dass die zypriotische Regierung nichts gegen einen Dialog zwischen Ankara und Athen einzuwenden habe, solange die Zyprioten selbst über ihr Schicksal entscheiden könnten und ihnen keine Lösung oktroyiert werde. Makarios habe nichts gegen die Enosis, aber Athen und Ankara könnten nicht über Zypern verhandeln, schließlich sei Zypern ein souveräner Staat. Die griechischen Zyprioten würden eine Lösung, die direkt oder längerfristig zur Teilung führen würde, nicht akzeptieren. Territoriale Konzessionen seien als Lösungselement indiskutabel. Als Kyprianou wissen wollte, welche Position die Amerikaner einnahmen, meinte Rusk, dass er keine Rolle sehe, die die Amerikaner im Augenblick spielen könnten. Ball versprach, er werde darüber nachdenken. Offensichtlich hatte die amerikanische Regierung keine Lust, sich schon wieder die Finger zu verbrennen.

Am 15. Juli 1965 stürzte die Regierung Papandreou über die sog. ASPIDA-Affäre, womit der Dialog zwischen Athen und Ankara endete. Mit dem Sturz von Papandreou begann in Griechenland jene innenpolitische Instabilität, die zur Militärdiktatur vom 21. April 1967 führte. Schon vorher war klar geworden, dass die türkische Seite nur bereit war, den Anschluss Zyperns (Enosis) an Griechenland zu akzeptieren, wenn sie größere territoriale Kompensationen entweder in Zypern selbst oder in Griechenland (Evros-Gebiet oder einige Inseln in der östlichen Ägäis) erhalten würde. Die türkische Regierung musste Rücksicht auf die öffentliche Meinung in der Türkei und auf die Militärführung nehmen, zumal im Herbst 1965 Parlamentswahlen anstanden. Sie würde dem Anschluss Zyperns also nur zustimmen, wenn die Größe des abgetretenen Gebietes so beachtlich war, dass die Öffentlichkeit und die Militärs beeindruckt waren, und dass ihnen angesichts des Zugewinns das Schicksal der türkischen Zyprioten gleichgültig war. Sollte die Abtretung auf Zypern erfolgen, wäre diese gleichbedeutend mit einerTeilung der Insel und der doppelten Enosis, wie sie der Acheson-Plan vorgesehen hatte. Einer Abtretung griechischen Gebietes hätte allenfalls eine wirklich stabile griechische Regierung mit einer breiten Mehrheit zustimmen können und selbst eine solche wäre in Schwierigkeiten geraten, zumal die Verfassung eine Gebietsabtretung verbot. Für die schwachen Regierungen nach dem Sturz von Papandreou war diese Option nicht gegeben. Die Vorstellung, die Türkei würde ohne territoriale Kompensation der Enosis zustimmen, war reines Wunschdenken. Da in Ankara klar war, dass die schwachen griechischen Regierungen eine solche Enosis nicht überleben würden, löste man sich langsam von dieser Option. Da eine Teilung der Insel ebenfalls ausgeschlossen war, begann man, über eine wie auch immer geartete föderative Lösung nachzudenken, durch welche die Interessen sowohl Ankaras als auch die der türkischen Zyprioten gewährleistet würden.

Makarios wollte Zypern unabhängig halten. Die Erwähnung des Selbstbestimmungsrechtes, als alte Formel für die Enosis, war für ihn nur ein Lippenbekenntnis, eine Art Beruhigungspille für die Supernationalisten in Zypern und Griechenland. Makarios wollte die volle Unabhängigkeit Zyperns erreichen und die vertraglichen Bindungen, die diese einschränkten, loswerden. Zugleich wollte er das von der Verfassung vorgesehene partnerschaftliche Verhältnis zwischen Inselgriechen und Inseltürken in ein System von Majorität und Minorität umwandeln. Er begriff nicht, dass jedes Rütteln an den vertraglichen Bindungen zu massiven Konflikten mit der Türkei führen musste. Das Maximale, was Makarios erreichen konnte, waren begrenzte Verfassungsänderungen, die das vertragliche Fundament der Inselrepublik nicht untergruben, aber gewisse Elemente, die das reibungslose Funktionieren der Verfassung behinderten, im Konsens mit den türkischen Zyprioten aus dem Weg räumten.

Leider waren die Anhänger der Vernunft in Zypern in der Minderzahl. Wer für sie eintrat, wurde als Verräter oder als Feigling gebrandmarkt. Die Anhänger der irrationalen Optionen hatten die Sympathien der Massen auf ihrer Seite, selbst wenn sie bar jeder Vernunft waren, wie das Beispiel der Handlungen von Georgios Grivas zeigt, der zu einem bestimmten Zeitpunkt gemeint hatte, man könne durch eine einfache Proklamation die Enosis durchsetzen. Die Folge des Versuches, das Wunschdenken in Realität umzusetzen, waren die Konflikte zwischen allen Gruppen, die rasch eskalierten und die Mutterländer hineinzogen und am Ende Zypern in einen Abgrund rissen.

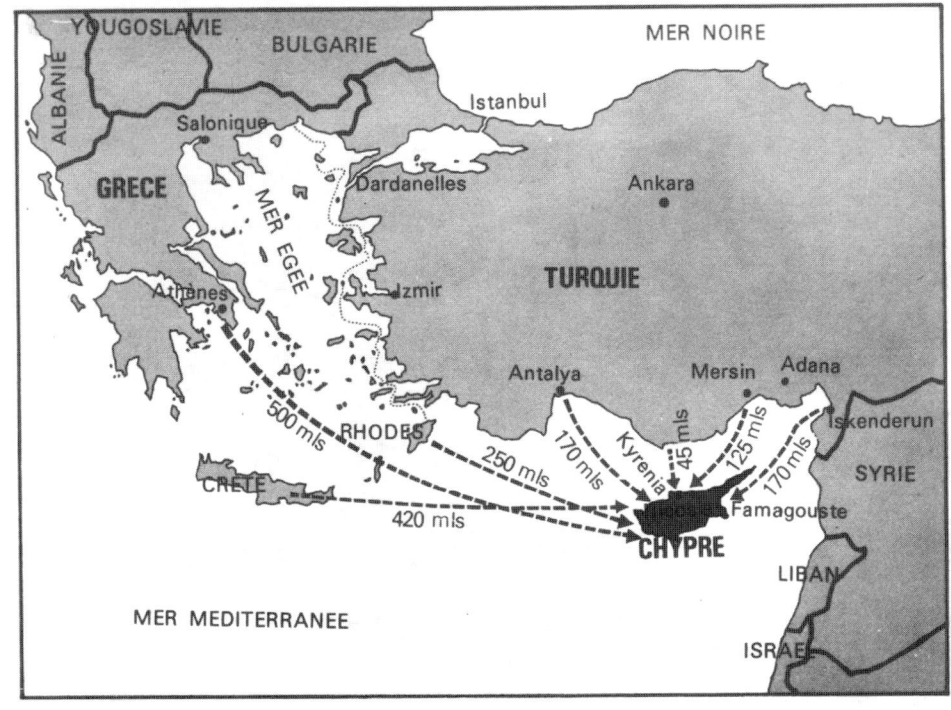

Strategische Lage Zyperns aus: Comité pour la Sauvegarde de la Paix à Chypre, Intervention Turque à Chypre Les Faits (Istanbul,1974)

1965-1977

Die Katastrophe:

EOKA B, Putsch, Invasion und Teilung

1965-1970: JAHRE DER INSTABILITÄT

1965: Weiterhin "unfettered independence"
Die politische Krise in Griechenland seit Mitte Juli 1965 hatte natürlich ihre Rückwirkungen auf Zypern, denn sie beendete den im Mai zögerlich aufgenommenen griechisch-türkischen Dialog endgültig. Makarios betrachtete dies als eine Chance, auf dem Weg zur *"unfettered independence"* voranzukommen. Am 20. Juli 1965 tagte der Ministerrat und beschloss zwei Gesetzesvorschläge, darunter ein neues Wahlgesetz, die zwei Tage später dem Repräsentantenhaus vorgelegt wurden. Dieses Wahlgesetz sah eine Einheitsliste an Stelle der bisherigen getrennten Listen vor. Da dies der Verfassung widersprach, lehnte die Führung der türkischen Zyprioten den Vorschlag ab. Die griechische Seite kümmerte sich nicht um die Proteste der türkischen Zyprioten und verabschiedete das Gesetz am 23. Juli 1965.

In der Tat war die Verabschiedung des neuen Wahlrechtsgesetzes durch das Abgeordnetenhaus die erste tatsächliche Verfassungsverletzung durch die griechisch-zypriotische Seite. Bis dahin hatte Makarios sich darauf beschränkt, Vorschläge vorzulegen, laut nachzudenken, über Absichten zu reden oder zu verkünden, dass z. B. der Garantievertrag nicht länger gültig sei. All dies war aber letztlich unverbindlich, da es keine gesetzliche Form etwa durch einen Parlamentsbeschluss erhielt. Natürlich hatte es seit den Unruhen von 1963 faktische Abweichungen von der Verfassung gegeben, aber nicht de jure. Das Wahlgesetz hingegen brach die Verfassung.

Die türkisch-zypriotischen Mitglieder des Repräsentantenhauses traten ebenfalls am 23. Juli zusammen und verabschiedeten einige Resolutionen, u. a. eine, die feststellte, dass die Beschlüsse des Repräsentantenhauses für die türkische Volksgruppe keine Gültigkeit mehr hätten. Ein Gesetz der türkischen Volksgruppenkammer über die Verlängerung der Amtszeit des Vizepräsidenten wurde am 26. Juli verabschiedet und in der eigenen Regierungsgazette veröffentlicht. Die türkischen Zyprioten begannen selbstbewusster aufzutreten. Aus Ankara forderte der "exilierte" Rauf Denktaş am 27. Juli seine Landsleute dringend auf, eine selbständige Regierung einer türkischen Republik in Zypern zu bilden. Diese Regierung müsse von der Türkei anerkannt werden. Verhandlungen mit Makarios führten zu nichts. Dies waren gewohnte Töne des bekannten Separatisten, bislang jedoch war er nie so weit gegangen, einen eigenen Staat zu verlangen. Küçük dagegen gab sich noch gemäßigt: Die Züricher und Londoner Abkommen seien immer noch gültig und könnten nicht unilateral abgeschafft werden, aber man könne sie durch Verhandlungen einvernehmlich ersetzen.

Zwar waren auch Athen und London über Makarios' Verfassungsbruch empört, aber nicht bereit, sich konkret einzumischen. Als Ankara die Einberufung einer Konferenz der Garantiemächte forderte, lehnte man dies ab, weshalb sich die Türkei am 30. Juli an den UN-Sicherheitsrat wandte und Makarios des Verfassungsbruchs und der Verletzung der UN-Resolution vom März 1964 beschuldigte. Der Sicherheitsrat diskutierte die türkischen Vorwürfe und die zypriotischen Gegenvorwürfe am 3., 5. und 10. August 1965. Der Vertreter der Türkei bei der UNO, Eralp, beschuldigte die zypriotische Regierung, durch das Wahlgesetz eine explosive Situation geschaffen zu haben. Sie gefährde den Frieden in Zypern, indem sie versuche, mit Gewalt ihre Lösungsvorstellungen durchzusetzen, womit sie nicht nur die Verfassung Zyperns verletze, sondern auch jene Resolution des Sicherheitsrates. Kyprianou konterte, indem er der Türkei Einmischung in die inneren Angelegenheiten Zyperns vorwarf. Der Vertreter Griechenlands bestritt, dass die Lage in Zypern kritisch sei; die Türken sähen das etwas einseitig. Der Vertreter Großbritanniens vertrat die Meinung, dass Makarios die Verfassung gebrochen und die Resolution des Sicherheitsrates verletzt habe. Außerdem versuche er, unilateral den Garantievertrag abzuschaffen. Die Verträge könnten nur mit Zustimmung aller Beteiligten verändert werden, und bis dies geschehe, müsse man sich an sie halten. Der türkische Delegierte stellte den Antrag, dass Denktaş gehört werde. Der Sicherheitsrat stimmte dem zu und so bekam Denktaş am 5.

August 1965 zum zweiten Mal die Möglichkeit, vor dem UN-Sicherheitsrat aufzutreten und kräftig zu polemisieren.

Die am 10. August verabschiedete Sicherheitsratsresolution missbilligte die unilateralen Aktionen von Makarios, die die Resolution vom März 1964 verletzten. Die Zypernverträge und die Verfassung seien in Kraft. Zugleich wurde der Türkei signalisiert, sie solle jegliche militärische Intervention unterlassen, und die zypriotische Regierung aufgefordert, für Ruhe und Ordnung auf der Insel zu sorgen. Sie und die beiden Volksgruppen wurden außerdem zu mehr Zurückhaltung ermahnt. Doch so wenig die Resolution vom März 1964 Makarios daran gehindert hatte, die Verfassung zu verletzen, so wenig würde er letztlich die Resolution vom 10. August respektieren.

Wie wenig Makarios von dieser Resolution beeindruckt war, zeigte sich schon Ende August, als bekannt wurde, dass die zypriotische Regierung seit einiger Zeit an einer Minderheitencharta auf Zypern arbeitete. Ihr Text lehnte sich stark an die Empfehlungen von Galo Plaza an. Die türkische Seite gab jedoch zu verstehen, dass sie niemals bereit sein werde, den Status einer Minderheit zu akzeptieren und auf ihrer souveränen Position bestehe, wie sie in den Zypernverträgen festgelegt worden sei. Am 11. Oktober 1965 veröffentlichte die zypriotische Regierung die Erklärung.

Der Text bestand aus zwei Teilen. Im ersten Teil erklärte die Regierung Zyperns ihre Bereitschaft, in Zypern alle Grundrechte und Freiheiten der universalen Erklärung der Menschenrechte anzuwenden. Alle Minoritäten sollten in Fragen von Erziehung, Kultur, Religion und Personenstand autonom und im Parlament vertreten sein. Man sei bereit, die Umsetzung durch einen Kontrolleur der UN überwachen zu lassen. Der zweite Teil enthielt zunächst einen ausführlichen Menschenrechtskatalog mit 24 Einzelpunkten, dem sich ein Katalog der Rechte der Individuen jeder Minorität mit Rechtswegegarantie anschloss. Wie beim Wahlgesetz löste auch dies eine UN-Debatte aus.

Die Resolution vom 10. August war nach dem Geschmack der türkischen Regierung viel zu milde gewesen. Am 15. September beantragte sie eine Befassung der UN-Generalversammlung mit diesem Thema. Nun begannen beide Seiten mit intensiver Lobbyarbeit, um sich eine Mehrheit bei der Abstimmung zu sichern. Am 10. Oktober 1965 fanden in der Türkei Parlamentswahlen statt, aus denen die Gerechtigkeitspartei (*Adalet Partisi*, AP) von Süleyman Demirel mit 240 Sitzen und 52,9 Prozent der Stimmen als eindeutige Siegerin hervorging. Schon am 14. Oktober hieß es in einem amtlichen Statement, dass die türkische Gemeinschaft in Zypern nicht den Status einer Minderheit habe und einen solchen auch nie akzeptieren werde. Änderungen könne es nur geben, wenn alle beteiligten Staaten zustimmten. Sollte die Regierung Zyperns eine einseitige Änderung vornehmen, werde dies zu Repressalien der türkischen Seite führen. Aus Athen antwortete Premier Stefanopoulos, dass man die Beziehungen zur Türkei normalisieren wolle, aber dies sei angesichts solcher Drohungen und Provokationen schwierig. Anfang November ließ Athen Ankara dann aber wissen, dass es zur Wiederaufnahme der Zyperngespräche bereit sei.

Gerade als es so aussah, als ob die beiden Seiten die Gespräche wieder aufnehmen würden, kam es in Famagousta zu einem schweren interkommunalen Zwischenfall, mit dem sich sogar der UN-Sicherheitsrat beschäftigte. In New York hörte sich der Sicherheitsrat am Freitag dem 5. November 1965 die Statements der Vertreter der Türkei, Zyperns und Griechenlands darüber an, die zu dieser Sitzung eingeladen worden waren. Die Sicherheitsratsmitglieder bedauerten die Zwischenfälle und lobten die Bemühungen der UNO um einen Waffenstillstand und den Abbau der Spannungen. Am 7. November schließlich veröffentlichte der Sicherheitsrat eine wachsweiche Ermahnung in der Form eines "consensus", zu dem man ohne Abstimmung gelangt war.

Die große Zyperndebatte begann am 11. Dezember im Ersten Komitee mit einem Schlagabtausch zwischen Außenminister Kyprianou und seinem türkischen Kollegen Çağlayangil. Nach einem ellenlangen apologetischen historischen Exkurs über die Geschichte Zyperns wollte Kyprianou wissen, ob Zypern als kleiner Staat die Einmischungen in seine inneren Angelegenheiten hinnehmen müsse. Dies war ein kluger taktischer Schachzug, denn er appellierte an die Solidarität aller kleinen Staaten und all jener Staaten, in denen Minderheiten lebten, also an die meisten ehemaligen Kolonien, die sich prompt hinter Zypern stellten. Çağlayangil präsentierte seine Sicht der Dinge in Zypern, die mit der historischen Realität wenig zu tun hatte. Er merkte allerdings nicht, dass er mit seinen Übertreibungen, Halbwahrheiten und Drohungen die Mehrheit der afrikanischen und asiatischen Staaten vor den Kopf stieß.

Die Debatte zog sich über mehrere Tage hin. Am 17. Dezember 1965 stimmte das Erste Komitee nach einer längeren zusätzlichen Debatte zur Geschäftsordnung über die Resolution ab, welche die Blockfreien eingebracht hatten. Die hohe Zahl der Stimmenthaltungen (51), darunter fast alle NATO- und Ostblockstaaten, war verblüffend. Für die Resolution stimmten alle blockfreien Staaten und Griechenland (insgesamt 47) und gegen sie nur 6, darunter die USA und die Türkei. Als die Generalversammlung einen Tag später abstimmte, war das Resultat fast identisch (47:5:54). Diese Resolution (2077/XX) war weit klarer als die Sicherheitsratsresolution vom März 1964 formuliert, die nur allgemein an alle Staaten appelliert hatte, in ihrer Außenpolitik auf Drohungen oder Gewaltanwendung zu verzichten, und damit kaum mehr als ein moralischer Appell gewesen war. Nun wurden diese vagen Appelle konkretisiert und ein direkter Bezug zu Zypern hergestellt. Außerdem war in dieser Resolution die Rede vom Volk Zyperns und nicht von den beiden Volksgruppen. Die Resolution der Vollversammlung trug dem Rechnung, indem sie auf die Minderheitencharta verwies und von den Rechten der Minderheit sprach, womit indirekt die Existenz einer Majorität und einer Minorität anerkannt wurde. Der Appell an die Mitgliedstaaten, die Souveränität, Einheit, Unabhängigkeit und territoriale Integrität zu respektieren, war ebenfalls konkret und beinhaltete praktisch Makarios' Forderung nach "unfettered independence". Makarios' Rechnung war aufgegangen. Die Frage war nun, ob sich diese Resolution in praktische Politik umsetzen ließ, denn Resolutionen der UN-Vollversammlung waren nicht bindend für die Staatenwelt. Für die Türkei war die Resolution dennoch ein Schock.

Die türkische Öffentlichkeit wurde durch die Presse aufgepeitscht, die verkündete, man habe Zypern in der UNO verloren. Der Führer der rechtsgerichteten Republikanischen Bauern-Volkspartei, Alparslan Türkeş, rief dazu auf, Westthrakien, die ägäischen Inseln und Zypern zu besetzen. Demirel meinte am 19. Dezember auf einer Pressekonferenz, dass die Resolution rechtswidrig sei und internationale Verträge breche. Für die Folgen der Resolution könne die Türkei nicht verantwortlich gemacht werden. Der Regierungssprecher versicherte, dass das türkische Interventionsrecht nach wie vor bestehe und die Regierung es anwenden werde, falls die Verträge verletzt würden. Çağlayangil wurde noch deutlicher: Die Resolution habe die Rechte der Türkei nicht aufgehoben. Die Resolution habe keine rechtliche Bedeutung, sie sei eine unverbindliche Empfehlung.

Makarios und die griechischen Zyprioten betrachteten die Resolution als einen großen Sieg. Auf dem Public Relations Sektor und in moralischer Hinsicht stimmte das ja auch. Makarios und die zypriotische Regierung überschätzten den Wert einer solchen Resolution jedoch. Das Streben nach solchen Siegen in der UN-Vollversammlung wurde zum Standardziel der zypriotischen Außenpolitik bis Mitte der 80er Jahre des letzten Jahrhunderts, wobei im Lauf der Jahre zahlenmäßig gesehen, die Siege immer eindrucksvoller wurden und schließlich 1974 nach der türkischen Invasion zu einer einstimmig angenommenen Resolution der Vollversammlung (3212/XXIX) führten. Obwohl der Ton der Resolutionen immer deutlicher und fordernder wurde, änderte sich an ihrem letztlich unverbindlichen Charakter nichts. Derartige Siege im

Sicherheitsrat waren schon aufgrund des Vetos der ständigen Mitglieder ausgeschlossen. Der Sieg in der Vollversammlung führte aber auch dazu, dass sich Makarios auf seinem Kurs der "unfettered independence" und der Majorität und Minorität bestätigt fühlte. Der Erfolg eines solchen Kurses hing natürlich auch von der Politik Athens ab. Solange diese auf den Anschluss Zyperns an Griechenland setzte, war Makarios gezwungen, einen höchst komplizierten Balanceakt zu vollführen.

Am 31. Dezember 1965 erklärte Galo Plaza seinen Rücktritt vom Amt des UN-Mediators. U Thant bedauerte, dass die Lage völlig unnötigerweise zum Rücktritt Plazas geführt habe.

1966: Erneute Einmischung der Mutterländer
Makarios fühlte sich durch die Resolution in seinem Kurs bestätigt. Kaum war sie verabschiedet, als er auch schon ein weiteres Gesetz über die Reorganisation des öffentlichen Dienstes im Abgeordnetenhaus einbrachte, das eine weitere Beschneidung der Vorrechte der türkischen Zyprioten beinhaltete und de facto einen weiteren Verfassungsbruch darstellte. Die US-Botschaft in Nikosia kommentierte dies sarkastisch: Makarios sei wohl dabei, seine berüchtigten 13 Punkte sukzessive in die Realität umzusetzen. Die Briten registrierten dies zwar, konnten sich aber zu keinem Protest aufraffen. Offensichtlich hatten sie keine Lust mehr, sich wegen Zypern Ärger einzuhandeln.

Innerhalb der griechischen Regierung waren die Reaktionen geteilt. Vizepremier und Außenminister I. Tsirimokos sprach sich für eine Fortsetzung der Vermittlungsaktion der UN aus. Griechenland solle dies unterstützen. Es wäre ein politischer Fehler, wenn Athen eine Politik vorgebe und Nikosia dieser nur folge. Griechenland würde Zypern gerne gewinnen (acquire), aber nicht erobern (conquer). Man wünsche die Enosis, aber nicht gegen den Willen der Zyprioten. In seinen Gesprächen mit Makarios ermutigte er diesen zu einer eigenständigen Politik, was natürlich zu Wutausbrüchen bei den Anhängern der Enosis sowohl in Zypern als auch in Griechenland führte. Grivas beklagte sich bei Premier Stefanopoulos darüber, dass Tsirimokos Makarios' Spiel betreibe.

Premier Stefanopoulos hingegen vertrat die These, dass Athen das "nationale Zentrum" der griechischen Welt sei und Nikosia sich diesem unterzuordnen habe. Außerdem hatte Stefanopoulos eine persönliche Antipathie gegen Makarios und unterstützte daher zusammen mit Verteidigungsminister S. Kostopoulos Grivas. Beide setzten auf bilaterale Verhandlungen mit der Türkei, um so den Anschluss Zyperns an Griechenland zu erreichen. Angesichts ihrer eigenen schwachen Position in Griechenland müsste die fällige territoriale Kompensation von Zypern getragen werden. Irgendwo spukte in ihren Köpfen auch noch eine Lösung herum, die an die Vorschläge von Acheson vom Jahr zuvor erinnerte. Sie erwarteten, dass Makarios aufgrund der Doktrin des Nationalen Zentrums ihre Lösung widerspruchslos hinnehmen werde.

In Ankara entwickelte Çağlayangil Ende Januar 1966 neue Ideen: Eine Lösung könne nur auf der Basis der Anerkennung der Existenz zweier Volksgruppen auf der Insel erreicht werden und zwar in Form einer föderalen Lösung, die die Rechte der türkischen Zyprioten sichern würde. Die Unabhängigkeit müsse international garantiert werden, als mögliche Garantiemächte nannte er die USA, Frankreich, Großbritannien und die Sowjetunion. Die Garantie könnte den Charakter des österreichischen Staatsvertrages haben, in dem ein Anschluss an Deutschland ausgeschlossen und die Rechte der (slowenischen und kroatischen) Minderheiten international garantiert waren. Er sei bereit, mit der griechischen Regierung und mit Makarios zu verhandeln, aber nur wenn diese zuvor das föderale Konzept akzeptierten.

Ende Januar wurde Çağlayangil gegenüber US-Botschafter Hart in Ankara noch konkreter: Die Zypernverträge könnten modifiziert werden, aber dabei seien vier Prinzipien für die Türkei unverzichtbar: 1. Keine unilaterale Annexion; 2. Anerkennung der Existenz zweier Volksgruppen; 3. keine der Volksgruppen dürfe über die andere herrschen; 4. beide Volksgruppen müssten an der Regierung beteiligt sein. Über deren Realisierung etwa als Föderation, Kantonsystem oder städtische Autonomie könne man reden. Er sei offen für jedes Konzept von der Unabhängigkeit bis zur doppelten Enosis, solange es diese Prinzipien nicht verletze. Die Türkei stehe vor großen ökonomischen Problemen und die Zypernfrage hänge wie ein Damokles-Schwert über ihr. Die Beziehungen zu Griechenland müssten verbessert werden, aber das gehe nicht ohne eine Lösung des Zypernproblems. Er stimme auch einer UN-Vermittlung zu, vorausgesetzt, der Schlichter sei ein Europäer. Er hoffe, dass sich die USA an den Gesprächen beteiligen würden. Die türkische Regierung war offenbar entschlossen, einem tragbaren Kompromiss zuzustimmen. Die Frage war nun, ob sich auch Athen bewegen würde.

Die Athener Regierung war gespalten. Premier Stefanopoulos und seine Parteigänger strebten nach Enosis ohne territoriale Kompensation, aber mit garantiertem Minderheitenschutz. Aber diese Vorstellung war nicht durchdacht und diente nur zur Beruhigung der Nationalisten. Stefanopoulos war in engem Kontakt mit Grivas, der einen Putsch gegen Makarios plante. Außenminister Tsirimokos war der Meinung, dass das Zypernproblem eine Sache der Zyprioten sei. Um die Lage zu beruhigen, solle man den Türken garantieren, dass Zypern 10 Jahre unabhängig bleiben werde. Makarios blieb auch dieser Idee gegenüber misstrauisch, zumal er über Grivas' Pläne informiert war. Am 4. Februar 1966 schließlich stellte der Nationale Sicherheitsrat der Türkei fest, falls es in Zypern zu einem Putsch komme, um die Enosis zu erreichen, werde man militärisch intervenieren. Angesichts dieser Warnungen wäre für Athen ein extrem vorsichtiger Kurs zwingend notwendig gewesen.

Mitte Februar flog Grivas nach Athen, um Gespräche über die Sicherheit Zyperns zu führen. Bei seiner Ankunft brüstete er sich vor den Journalisten: In Zypern gebe es eine Armee, die bereit sei, jeden türkischen Angriff, sei es aus der Luft oder über See, zurückzuschlagen. *"Kein türkischer Soldat wird je seinen Fuß auf den Boden Zyperns setzen, der Feind wird ins Meer geworfen."* An den Gesprächen selbst nahm der zuständige Minister (Georkatzis) nicht teil; er war nicht eingeladen worden. Obwohl Stefanopoulos über Grivas' Putschpläne informiert war, entschied er, dass dieser nicht nur wie bisher im Krieg, sondern auch im Frieden den Oberbefehl über alle Streitkräfte auf der Insel erhalten sollte, also auch über die Nationalgarde. Damit unterstellte die griechische Regierung alle Streitkräfte auf Zypern ihrem Kommando und entzog der Regierung Zyperns die Kontrolle über ihre eigenen Armee.

Makarios protestierte heftig dagegen. Es entstand ein Streit zwischen Athen und Nikosia, der sich bis April hinzog. Makarios' Position war klar: Der Oberbefehlshaber der Nationalgarde werde vom Ministerrat ernannt. Der Oberbefehlshaber unterstehe dem griechischen Verteidigungsminister und schulde ihm Rechenschaft über Organisation, Ausbildung, Disziplin und Ordnung in der Nationalgarde. Zugleich sei er der Chef des Stabes. Die griechischen Offiziere, die in der Nationalgarde dienten, unterstünden dem Oberbefehlshaber. In Bezug auf Disziplinfragen gelte das griechische Militärrecht; in allen anderen Bereichen jedoch sollten die Offiziere dem zypriotischen Oberbefehl unterstehen. Die zypriotische Regierung habe das Recht, griechische Offiziere zu entlassen, müsse aber die griechische Regierung informieren.

Verteidigungsminister Kostopoulos gab zu, dass Makarios formaljuristisch zwar Recht habe, aber er müsse sich dem Führungsanspruch des "Nationalen Zentrums" unterordnen. Als dann noch Außenminister Tsirimokos am 11. April seinen Rücktritt erklärte und die internationale Presse über Grivas' Putschpläne berichtete und Grivas stur auf seinem Oberbefehl bestand, befürchtete Makarios, dass die Grivas unterstehenden Streitkräfte von Athen dazu verwendet werden könnten, ihm den Willen des "Nationalen Zentrums" aufzuzwingen. Außerdem würde dadurch die innerzypriotische Opposition der Supernationalisten und Enosis-Anhänger, die

Grivas als ihren Führer betrachtete, gestärkt. Daher beschloss er, ein Gegengewicht aufzubauen. Zu diesem Zweck sollte eine Spezialeinheit der Polizei aufgestellt werden.

In den folgenden Wochen wurden die Vorbereitungen dafür getroffen. Unter voller Geheimhaltung wurde das gesetzliche Regelwerk geschaffen, nach dem diese paramilitärische Truppe, die zukünftige Präsidentengarde, aufgestellt werden sollte. Die Angehörigen wurden aus der Polizei rekrutiert, wobei darauf geachtet wurde, dass sie Makarios treu ergeben waren. Die Truppe sollte mit leichten und mittelschweren Waffen ausgerüstet werden, die im Juli 1966 in der ČSSR bestellt und ab Herbst geliefert wurden, was für ziemliche Aufregungen sorgte.

Durch die unkluge Politik der griechischen Regierung hatten die griechisch-türkischen Beziehungen Anfang Februar 1966 einen solchen Tiefpunkt erreicht, dass man im Foreign Office von türkischem Säbelrasseln sprach. Dennoch hatte sich Tsirimokos die ganze Zeit bemüht, mit Ankara ins Gespräch zu kommen. Nach längeren diplomatischen Verhandlungen im Hintergrund, die sich bis in den Mai hinzogen, und an denen London, Washington und sogar die UNO beteiligt waren, begannen Anfang Juni die bilateralen Gespräche.

Ende Mai traf sich der neue griechische Außenminister Ioannis Toumbas mit Kyprianou: Das Ziel der griechischen Zypernpolitik sei nach wie vor die Enosis. Diese könne nur im Dialog mit der Türkei erreicht werden, aber nicht im Rahmen der UNO. Entscheidend sei die absolute Geheimhaltung. Man werde versuchen, die zypriotische Regierung auf dem Laufenden halten, wenn dies nicht immer gelinge, so sei das kein böser Wille. Die zypriotische Regierung solle dafür sorgen, dass es zu keinen Zwischenfällen komme; Kyprianou versprach dies. Toumbas meinte noch, dass man die Presse in Zypern und in Griechenland zum Schweigen veranlassen müsse. Bei zwei kurzen Vorgesprächen Anfang Juni vereinbarten Toumbas und Çağlayangil absolute Geheimhaltung. Die erste Verhandlungsrunde, die exploratorischen Charakter hatte, wurde an wechselnden Orten in Europa von einem Team aus wenigen zuverlässigen Botschaftern geführt. Die Gespräche zogen sich hin und im Oktober wurde deutlich, dass kein Fortschritt erzielt worden war. Beide Seiten konnten sich aus innenpolitischen Gründen nicht von ihren Grundpositionen Enosis bzw. Taksim wegbewegen und verhandelten nur über lösbare, aber im Grunde bedeutungslose Seitenprobleme, die die angestrebte Lösung nicht voranbrachten und lediglich die Verhandlungen am Leben erhielten,

Im November gewann man in Athen den Eindruck, dass man einer Lösung näher kommen könnte, wenn die Türken auf Zypern eine souveräne Militärbasis erhalten würden. Da Makarios aber die Einrichtung einer solchen kategorisch ablehnte, entwickelte man in Athen die Idee, dass die Türken die britische Basis von Dekelia erhalten sollten. Da dies aber nur mit Zustimmung der Briten möglich war, fragte man in London an, ob die britische Regierung dazu bereit wäre. Die Antwort war eine elegant formulierte Ablehnung, die unerfüllbare Bedingungen enthielt. Außenminister Toumbas begriff dies nicht und war von nun an der Überzeugung, dass die Briten zugestimmt hätten. Erstaunlich daran ist, dass keiner der erfahrenen griechischen Diplomaten den Minister auf seine Fehlinterpretation hinwies; aber das hatte vermutlich etwas mit mangelnder Zivilcourage gegenüber einem Minister zu tun, der als ehemaliger Admiral Gehorsam gewohnt war.

Mitte Dezember 1966 trafen sich Toumbas und Çağlayangil am Rande der Tagung der NATO-Außenminister zu einem langen Gespräch, bei dem wieder deutlich wurde, dass beide Seiten nicht bereit waren, sich auch nur einen Millimeter von ihrer jeweiligen Maximalposition wegzubewegen: Die Türkei forderte Unabhängigkeit oder ein Kondominium und Griechenland hielt an einer Form der Enosis fest. Man stimmte nur darin überein, dass man nicht übereinstimmte, aber dass die Verhandlungen weitergehen sollten. In seinen Memoiren beschreibt Toumbas dieses Treffen jedoch als großen Erfolg, er habe einen Durchbruch in der Zypernfrage erreicht. Doch damit befindet er sich in guter Gesellschaft, denn Stefanopoulos und Mitsotakis äußerten sich später ähnlich, und ein Teil der griechischen Historiographie folgte ihnen dabei. Tatsache ist jedoch, dass sich in sechs Monaten Verhandlungen nichts bewegt hatte.

1967: Die Athener Junta, Zypern und das Fiasko am Evros
Seit dem 22. Dezember1966 regierte Ministerpräsident Ioannis Paraskevopoulos in Griechenland. Auch diese Interimsregierung bemühte sich weiter um die Verbesserung der griechisch-türkischen Beziehungen. Doch die türkische Regierung steuerte einen harten Kurs: Anfang Januar hörte man Drohungen, dass die türkischen Streitkräfte jederzeit zu einer Intervention bereit seien. Die Türkei werde niemals die Enosis akzeptieren, nicht einmal mit territorialen Kompensationen in Form einer NATO-Basis. Die Zypernverträge könnten nicht unilateral verändert werden. Auf Zypern gebe es zwei Volksgemeinschaften, die gleichberechtigt seien; eine Unterwerfung der einen durch die andere sei inakzeptabel. Zypern könne nicht unilateral von einem anderen Staat unter welchem Vorwand auch immer annektiert werden. Das durch den Vertrag von Lausanne hergestellte Kräftegleichgewicht dürfe nicht zerstört werden.

Angesichts dieser Situation tagte am 6. Februar 1967 der Kronrat mit dem Ziel, eine von allen Parteien akzeptierte Linie in der Zypernfrage für die Verhandlungen der Interimsregierung festzulegen und Makarios' Widerstand gegen den griechisch-türkischen Dialog aus dem Weg zu räumen. Auf der ersten Sitzung am Morgen des 6. Februar wurde diskutiert, ob man die gemeinsame Linie festlegen sollte, bevor Makarios erschien, um ihn dann vor vollendete Tatsachen zu stellen. Auf den Rat von Papandreou hin entschied man sich, nichts vor Makarios geheim zu halten und die gemeinsame Linie erst festzulegen, nachdem man seine Argumente gehört hatte. Nach längerer Diskussion im Plenum zeigte es sich, dass alle griechischen Politiker mit Ausnahme von Papandreou und Tsirimokos für die Fortsetzung des Dialogs mit der Türkei waren. Nur diese beiden hatten anscheinend begriffen, dass die Enosis unerreichbar war.

Auch Makarios lehnte eine Fortsetzung des Dialoges ab; eine wie auch immer geartete Teilung der Insel sei ausgeschlossen. Da die Türken die Abtretung eines Teils von Zypern forderten und dies für die zypriotische Seite inakzeptabel sei, müsse der Dialog beendet werden. Offensichtlich befürchtete Makarios ein neues griechisch-türkisches Oktroi. Im Abschlusskommuniqué hieß es dann recht vage: Man habe das Zypernproblem von allen Seiten ausführlich betrachtet und sei zu der einstimmigen Meinung gelangt, dass man dieses nationale Thema weiterverfolgen sollte.

Bei einem Gespräch zwischen dem türkischen Staatspräsidenten Cevdet Sunay und Präsident Johnson am 3. April 1967 wurde die türkische Position sehr deutlich: Gute griechisch-türkische Beziehungen seien für die regionale Sicherheit von vitalem Interesse. Das Zypernproblem müsse mit friedlichen Mitteln gelöst werden, damit die bilateralen Beziehungen nicht zerstört würden. Dazu seien Zugeständnisse beider Seiten notwendig. Gegenden mit türkischer Majorität sollten Autonomie erhalten. Zypern solle entmilitarisiert werden. Um die Wahrung türkischer Interessen zu gewährleisten, sollten türkische Truppen auf der Insel stationiert werden. Da die Enosis ausgeschlossen sei, schlage er die Errichtung eines türkisch-griechischen Kondominiums und die Aufhebung der Unabhängigkeit Zyperns vor. Die Türkei sei zur Wiederaufnahme des Dialogs bereit, sobald dies die politische Lage in Griechenland erlaube.

Zugleich gab es Signale aus Ankara in Richtung Athen, dass man doch zur Wiederaufnahme der Gespräche bereit sei. Aber da war es zu spät, denn inzwischen war im Gefolge einer erneuten innenpolitischen Krise in Griechenland die Regierung Paraskevopoulos am 31. März 1967 zurückgetreten. Am 3. April 1967 bildete der Führer der konservativen ERE, Panagiotis Kanellopoulos, eine neue Regierung. Doch bevor er irgendwelche Zyperninitiativen starten konnte, wurde er durch den Militärputsch vom 21. April 1967 gestürzt.

Wie schon verschiedentlich festgestellt, lehnte Makarios die Enosis ab, weil sie in seinen Augen keine realistische Alternative zur Unabhängigkeit mehr darstellte. Aber aus taktischen Motiven hatte er immer wieder Lippenbekenntnisse zu ihr abgelegt, um die Supernationalisten in Zypern und die Chauvinisten in Griechenland ruhig zu halten, die fanatisch die Enosis wollten. Er hatte diesen Kurs relativ erfolgreich steuern können, weil die Enosisfanatiker sich nicht in einer Machtposition befunden hatten. Es war zwar immer von einem Putsch gegen ihn durch Grivas die Rede gewesen, aber da dieser kein grünes Licht aus Athen durch die zivilen Regierungen erhalten hatte, war die Gefahr nicht allzu groß gewesen. Das Neue an der jetzigen Situation war, dass in Griechenland nun mit der Junta unter der Führung von Oberst Georgios Papadopoulos die radikalen Anhänger der Enosis an der Macht waren. Die Vorstellung der Übertragung der griechischen Diktatur auf Zypern war für Makarios eine Horrorvision, zumal er politisch gemäßigt und pragmatisch, eher in der Mitte des politischen Spektrums von Zypern einzuordnen war.

Da aber die neuen Machthaber in Athen die bewaffnete Macht auf Zypern kontrollierten und jederzeit eine Machtübernahme inszenieren konnten, musste Makarios jede Provokation vermeiden, ja sogar versuchen, ein gewisses Vertrauensverhältnis herzustellen. Bei einem solchen Kurs gab es zwei gefährliche Punkte: Bei einer Einigung der Obristen mit den Türken über Zypern wäre es mit Zyperns Unabhängigkeit und Makarios' Präsidentschaft zu Ende gewesen. Dies war jedoch relativ unwahrscheinlich. Die von Grivas ausgehende Gefahr war größer, aber nicht allzu groß, solange er von Athen aus kontrolliert wurde, denn auch die Athener Militärs legten keinen Wert auf eine Konfrontation mit der Türkei. Aber wenn Grivas sich vom Einfluss Athens löste und selbständig handelte, konnte dies für Zypern katastrophale Folgen haben. Makarios befand sich gewissermaßen zwischen Skylla und Charybdis, ein Bruch von Makarios mit der Junta, wie dies ein Kritiker forderte, wäre zwar moralisch korrekt gewesen, hätte aber mit größter Wahrscheinlichkeit zum sofortigen Putsch auf Zypern geführt und war damit ausgeschlossen.

In der Tat entwickelten die dem Militär angehörenden Juntaanhänger wilde Ideen: Man sei bereit, der Türkei einen Teil der Karpasia-Halbinsel zu überlassen und Teilhabe an einer NATO-Marinebasis einzuräumen. Sobald man darüber ein Abkommen mit der Türkei geschlossen habe, werde man Makarios und Grivas auffordern, dem zuzustimmen. Sollten sie den Vorschlag ablehnen, würden griechische Truppen in Zypern die Macht übernehmen, die Enosis proklamieren und einen Monat später würde das Karpasia-Gebiet an die Türkei abgetreten werden. Die zivilen Parteigänger der Junta hingegen wollten den Dialog mit der Türkei fortsetzen. Da sich in Zypern viele antidiktatorische Kräfte versammelten, verschärfte sich die Spannung. Gerüchte über einen möglichen Putsch auch in Zypern verstärkten sich im Sommer. Ende Juli 1967 wurde bekannt, dass Diktator Papadopoulos am 3. August zu Gesprächen mit Makarios nach Zypern fliegen werde.

Papadopoulos wurde in Zypern mit großem Bahnhof empfangen. Nach einer kurzen Presseerklärung wurde der vom Empfang sichtlich beeindruckte Papadopoulos zum Präsidentenpalast gefahren, wo er bis zum Abend mit Makarios unter vier Augen konferierte. Am Abend gab Makarios zu Ehren von Papadopoulos ein Diner, zu dem alle, die Rang und Namen hatten, eingeladen wurden. Nach dem Diner zogen sich Makarios und der von der überwältigenden zypriotischen Gastfreundschaft beeindruckte Papadopoulos zurück und setzten ihr vertrauliches Gespräch fort.

Am nächsten Tag besuchte man gemeinsam die *Fylakismena Mnimata*, die Gräber hingerichteter EOKA-Kämpfer im Innenhof des Gefängnisses von Nikosia. Die emotionale Wirkung eines solchen Besuches auf das Gemüt eines patriotisch gesinnten Griechen kann kaum hoch genug eingeschätzt werden. Aber der Schwerpunkt lag nach wie vor auf dem Dialog zwischen

Makarios und Papadopoulos. Es darf angenommen werden, dass Makarios in den stundenlangen Gesprächen Papadopoulos eine Art Gehirnwäsche verpasste und ihn dazu bewegte, die Dinge in Zypern aus seiner Sicht zu sehen. Hinzu kam, dass der fromme, wenn nicht gar bigotte Papadopoulos unwillkürlich bereit war, den Erzbischof als natürliche Autorität zu akzeptieren. Auf der Pressekonferenz vor seinem Rückflug verkündete Papadopoulos, dass die Enosis durch friedliche Methoden und Mittel und in Kooperation mit Makarios erreicht werden solle. Ganz offensichtlich hatte Makarios' Seelenmassage gewirkt. Von nun an waren die Beziehungen zwischen Makarios und Papadopoulos mit einer kurzen Ausnahme (1972) recht gut.

Den ganzen Sommer über waren die Kontakte zwischen Ankara und Athen auf Botschafterebene weitergegangen. Der griechische Vorschlag eines Treffens der beiden Premierminister wurde in Ankara zurückhaltend aufgenommen. Außenminister Çağlayangil hielt dies für ein reines Schauunternehmen, weil von griechischer Seite der bevorstehende Gipfel nicht diplomatisch vorbereitet wurde. Der Grund war, dass die Junta den Berufsdiplomaten zutiefst misstraute. Sogar der damalige Leiter der Türkeiabteilung des griechischen Außenministeriums wurde bei den Vorbereitungsgesprächen mit der türkischen Seite nicht mit einbezogen. Erst drei Tage vor dem Treffen am 9. September am Evros ließen sich die Verhandlungsführer der Junta, unter ihnen Premier Kollias und Vizepremier Spandidakis, von den zuständigen Diplomaten informieren. Dabei wurde deutlich, dass keiner der beiden begriff, um was es überhaupt ging. Sie begaben sich praktisch unvorbereitet zu den Verhandlungen.

Die Verhandlungen selbst, die am 9. und 10. September stattfanden, waren ein völliges Fiasko. Sie zeigten der türkischen Seite, wie naiv, unerfahren und unflexibel die Obristen waren. Das einzige Ergebnis war die Übereinstimmung, nicht einig zu sein. Nach dem Urteil eines der teilnehmenden türkischen Diplomaten war das ganze eine Farce. Die Gespräche am Evros bildeten das Ende des zweiten und letzten Versuches, das Zypernproblem zwischen Griechenland und der Türkei bilateral zu lösen. Premier Demirel äußerte sich am 12. September: Die Verhandlungen seien gescheitert, weil die Griechen stur an der Enosis als Lösung festgehalten hätten. Dieser Lösung könne man nicht zustimmen, weil sie einerseits das im Vertrag von Lausanne festgelegte Gleichgewicht stören und andererseits die Zypernverträge verletzen würde, die von zwei Volksgruppen auf Zypern ausgingen. Diese beiden seien mit der griechischen und der türkischen Nation verbunden, und deshalb könne man sich nicht zurückziehen, sondern müsse nach einer Lösung suchen. Beende man die Gespräche, drohe ein bewaffneter Konflikt. Allerdings müsse bei einer Lösung die nationale Ehre gewahrt werden und für diese sei die türkische Nation zu jedem Opfer bereit.

Makarios reagierte auf das Fiasko vom Evros, indem er einen Plan zur Normalisierung der Beziehungen zu den türkischen Zyprioten entwickelte, der durch eine Vermittlungsaktion der UNO unterstützt werden sollte. In Athen verfolgte man den neuen Kurs der zypriotischen Regierung mit Misstrauen und beschloß, sich einzumischen. Am 21. Oktober kam Vizepremier Spandidakis nach Zypern und verkündete, dass die Enosis die einzig mögliche Lösung für Zypern sei. Beim Treffen am Evros habe man sich über die Zukunft Zyperns ausgetauscht, zwar keinen Erfolg gehabt, aber der Dialog müsse wieder aufgenommen werden. Man müsse den türkischen Zyprioten Garantien geben und ihnen klar machen, dass man einen gemeinsamen Feind habe, den Kommunismus. Makarios stellte hingegen fest, dass eine Lösung des Zypernproblems nur aus dem innerzypriotischen Dialog kommen werde.

Nach Spandidakis' Abreise meinte Makarios in einem Interview, dass der 18 Monate lang geführte griechisch-türkische Dialog gescheitert sei. Die Lösung könne nur im Rahmen der UNO gefunden werden und müsse zwischen den beiden Volksgruppen ausgehandelt werden, aber zu einer Anerkennung einer gleichberechtigten Partnerschaft konnte er sich auch zu diesem

Zeitpunkt nicht durchringen. Makarios' neue Politik der Normalisierung der Beziehungen zwischen den Volksgruppen hätte durchaus zu einer Entspannung führen können, aber da kam es zu einem erneuten schweren interkommunalen Zusammenstoß in Kofinou.

Die Kofinou-Krise im November 1967
Etwas südöstlich des Schnittpunkts der damaligen Straßen von Limassol nach Larnaka und von Limassol nach Nikosia liegt das Dorf Kofinou, das damals rein türkisch-zypriotisch besiedelt war. Südlich der Straße nach Limassol etwas weiter westlich lagen zwei weitere rein türkische Dörfer, darunter das auf einem Bergrücken oberhalb der Straße liegende Mari. In der Mitte zwischen diesen beiden türkischen Siedlungszentren liegt in einem zum Meer führenden Tal das damals gemischt besiedelte Dorf Agios Theodoros. Ohne die Existenz dieses Dorfes hätte nach den Unruhen von 1963/64 auch in dieser Gegend eine türkisch-zypriotische Enklave errichtet werden können. Bei den Unruhen von 1963 war es in Ag. Theodoros bemerkenswert ruhig geblieben.

Als die Unruhen 1963 ausbrachen, besetzten die türkischen Einwohner Kofinous die Polizeistation an der Straßenkreuzung in Kato Kofinou, vertrieben die griechischen Polizisten und kontrollierten von nun an selbst den Verkehr auf den drei Straßen. Zwischen 1965 und 1966 wurde in Kofinou unter der Führung eines Offiziers aus der Türkei eine TMT-Kampfgruppe aufgebaut. Seit Anfang 1967 war dies ein Hauptmann mit dem *nom de guerre* Mehmet. Er sorgte dafür, dass die türkischen Zyprioten vor Ort die Autorität der Staatsorgane nicht mehr anerkannten. Freundschaftlicher Umgang mit den griechischen Nachbarn in Ag. Theodoros wurde bei Strafe verboten. Unter seiner Anleitung wurde in den türkischen Dörfern eine 400 Mann zählende TMT-Kampfgruppe aufgebaut. Im Januar 1967 begannen erste noch harmlose Provokationen, die langsam eskalierten - trotz der Vermittlungsversuche der UNFICYP. TMT-Angehörige sperrten die Zufahrt nach Ag. Theodoros, und Mehmet leistete sich sogar Übergriffe gegen UN-Blauhelme. Es war klar, dass das Ziel die Vertreibung der Griechen aus diesem Dorf war, damit eine geschlossenen türkische Enklave errichtet werden konnte, die über den Fischereihafen von Zygi sogar einen Zugang zum Meer gehabt hätte.

Im Herbst wurde ein Bataillon der Nationalgarde in die Nähe des nördlich von Kofinou liegenden griechischen Dorfes Skarinou verlegt, aber die Provokationen gingen weiter. Am 31. Oktober beschloss die im zypriotischen Verteidigungsrat vereinte politische und militärische Führung gegen die Straßensperre vorzugehen und die Zufahrt nach Ag. Theodoros zu sichern. Um die Straße dauerhaft vor Angriffen der TMT-Kämpfer zu sichern, war es notwendig, dass diese aus ihren befestigten Positionen auf dem Höhenzug oberhalb der Straße (östlich) von Skarinou nach Ag. Theodoros vertrieben wurden. Der Angriff würde sich also gegen diese Höhenstellungen richten. Man hoffte, dass die TMT-Kämpfer aus Kofinou sich nicht an den Kämpfen beteiligen würden. Die ganze Operation sollte nur ein paar Stunden dauern, da man ein Eingreifen der türkischen Luftwaffe befürchtete, wenn sie sich länger hinzog. Bevor der Zeitpunkt für die Operation festgelegt werden konnte, wurde bekannt, dass Denktaş vor wenigen Stunden beim Versuch, illegal nach Zypern zu kommen, entdeckt und verhaftet worden war. Angesichts dieser neuen Lage entschied der Verteidigungsrat, die Operation zu verschieben.

Denktaş war bekanntlich im Februar 1964 die Rückkehr nach Zypern verweigert worden. Im August 1964 hatte er vor dem Ausbruch der Kämpfe in der Tillyria mit Billigung der türkischen Militärs schon einmal versucht, über Kokkina illegal ins Land zu kommen. Doch die Kämpfe zwangen ihn, das Vorhaben aufzugeben und in die Türkei zurückzukehren. Nun war er ohne offizielle Unterstützung des Militärs zurückgekehrt. Bei seiner Vernehmung durch Offiziere des griechischen Militärgeheimdienstes gelang es Denktaş unschwer, seine wahren Ziele zu verbergen. Bei einem Gespräch mit Kliridis wurde klar, dass Denktaş wieder die Führung der türkischen Zyprioten übernehmen wollte. Wenige Tage später kam Kliridis zu Ohren,

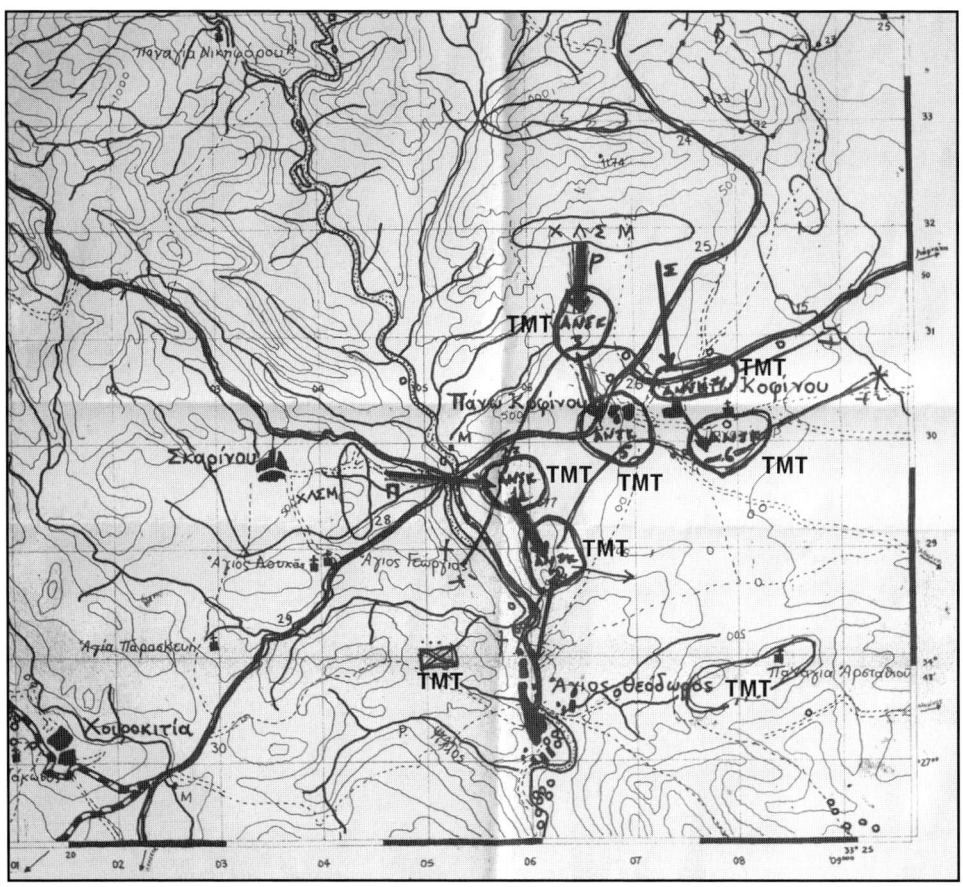

Originalskizze der Kämpfe bei Kofinou am 16. November 1967

ΧΛΣΜ - χώρος λήψεως στηματισμού μάχης - Bereitstellungsraum der Nationalgarde; ΑΝΣΚ αντικείμενικος στοχός - Angriffsziel in chronologischer Reihenfolge; Kreuze = MG-Stellungen (z.B. bei Agios Georgios); kleine Kreise = Gebäude.

dass die Militärs überlegten, ob man Denktaş nicht "auf der Flucht erschießen" sollte. Erst auf massiven Druck durch Kliridis und Makarios ließen die Militärs von diesem Vorhaben ab, welches mit Sicherheit katastrophale Folgen gehabt hätte. Am 11. November beschloss der Ministerrat, Denktaş aus Gründen der Staatsräson von Verfolgung freizustellen und ihm die Ausreise in die Türkei zu gestatten. Die türkische Regierung bedauerte den Zwischenfall: Denktaş sei ohne ihr Wissen nach Zypern gegangen, und erklärte sich bereit, ihn wieder aufzunehmen. So flog Denktaş am 12. November wieder nach Ankara.

Grivas hatte noch am Abend des 31. Oktober Athen über die Beschlüsse des Verteidigungsrates informiert. Anfang November erhielt er grünes Licht für die begrenzte Operation. Ein Eindringen in das Dorf Kofinou wurde strikt verboten. Offensichtlich war man sich in Athen über die möglichen Konsequenzen eines Angriffs auf ein rein türkisches Dorf im Klaren. Der Beginn der Operation wurde nun auf den 14. November festgelegt.

Am Mittag des 14. November fuhren zunächst zwei Polizeiautos eskortiert von gepanzerten Fahrzeugen der Nationalgarde mit Infanteriebegleitung von Skarinou durch das Tal nach Ag. Theodoros und durch den türkischen Teil des Dorfes über die Brücke in den griechischen Teil. Weder auf der Hinfahrt noch auf der Rückfahrt passierte irgend etwas. Dann folgte eine eindeutige Provokation: Grivas fuhr mit einer größeren Zahl von Fahrzeugen der Nationalgarde nach Ag. Theodoros, aber wieder geschah nichts. Als die Führung der TMT in Nikosia davon hörte, befahl sie ihren Kräften bei Ag. Theodoros, weitere Vorstöße dieser Art abzuwehren. Dennoch fuhr am Morgen des 15. November eine eskortierte Polizeipatrouille unbehelligt nach Ag. Theodoros.

Die UNFICYP-Führung gab der Regierung deutlich zu verstehen, dass es nun genug mit den Provokationen sei. Wenn diese Art von Patrouillen fortgesetzt würden, werde es sicher zum Ausbruch von Gewalt kommen. Genau dies geschah, als eine weitere Patrouille am frühen Nachmittag nach Ag. Theodoros fuhr: Paramilitärs der TMT feuerten auf die Patrouille, und daraus entwickelte sich ein Feuergefecht, bei dem die Nationalgarde sogar Artillerie und Granatwerfer gegen den türkischen Teil von Ag. Theodoros einsetzte. In kurzer Zeit war ganz Ag. Theodoros in den Händen der Nationalgardisten; es gab 9 Tote und ebenso viele Verwundete. Als der Angriff auf Ag. Theodoros begann, mischten sich die TMT-Kämpfer aus Kofinou ein, indem sie von den Höhen östlich des Tales das Feuer auf die Angreifer bei Ag. Theodoros eröffneten. Dies veranlasste Grivas, den eigentlichen Hauptangriff zu befehlen, obwohl Makarios größte Bedenken anmeldete. Einheiten der Nationalgarde jeweils etwa in Kompaniestärke griffen die Talhöhen und das Dorf Kofinou selbst an. In beiden Fällen wurden Positionen der britischen UNFICYP-Einheit ohne Verluste für die Blauhelme überrannt. Rasch besetzte die Nationalgarde sowohl die Höhen oberhalb des Tales von Ag. Theodoros als auch jene nördlich und nordöstlich von Kofinou. Am Nachmittag erfolgte der Angriff auf Kofinou selbst, obwohl von dort kein Schuss gefallen war. Der Angriff selbst wurde von leichten Panzern, Maschinengewehren, Granatwerfen und einer Artilleriebatterie unterstützt. Die Kämpfe waren hart und dauerten bis nach 20 Uhr. Es gab 22 Tote und 9 Verwundete auf der türkischen Seite. Ein Nationalgardist fiel und zwei Polizisten wurden verwundet. Damit hatte Grivas die Befehle Athens verletzt, die ihm ausdrücklich einen Angriff auf Kofinou verboten hatten.

Auf massiven Druck Athens hin fand sich Grivas bereit, in der Frühe des 16. November den Rückzug aus Kofinou zu befehlen. Dies hinderte die grivasfreundlichen Zeitungen nicht daran, den Angriff als einen riesigen militärischen Erfolg dazustellen. Dies provozierte natürlich die türkische Seite aufs Äußerste, und sie konterte, indem sie die Nationalgarde beschuldigte, üble Greueltaten begangen zu haben. Beides brachte die Volksseele in der Türkei zum Kochen, und Premier Demirel geriet von allen Seiten unter massiven Druck - sogar von der eigenen Partei. Die Regierung reagierte, indem sie die Streitkräfte in Alarmbereitschaft versetzte und Flugzeuge im Tiefflug Zypern überfliegen ließ.

Da die Amerikaner eine Ausweitung der Krise befürchteten, verlangten sie von Athen, Grivas sofort abzuberufen. Am 17. November ging ein entsprechender Befehl heraus. Eigentlich hätte man erwarten können, dass Grivas am nächsten Tag nach Athen fliegen würde, aber der

69-jährige Starrkopf ließ sich Zeit und provozierte weiter, indem er am 18. November zwei weitere Patrouillen der Nationalgarde nach Ag. Theodoros schickte. Offensichtlich begriff er nicht, dass er mit dem Feuer spielte. Erst als Premier Kollias am Abend des 18. November Grivas befahl, sofort nach Athen zu kommen, kehrte dieser am 19. November in die griechische Hauptstadt zurück.

In Ankara ermächtigte das Parlament auf einer Geheimsitzung fast einstimmig die Regierung, auf Zypern einzugreifen und, falls notwendig, auch gegen Griechenland militärisch vorzugehen. Die Einheiten der türkischen 1. Armee, die für die Verteidigung der Meerengen gegen einen Angriff des Warschauer Paktes vorgesehen waren, wurden an die griechische Grenze verlegt. Außenminister Çağlayangil händigte dem griechischen Botschafter eine Art Ultimatum aus, das den Abzug der illegal auf Zypern stationierten griechischen Truppen und von Grivas selbst forderte. Da in der Note kein Termin genannt wurde, blieb Zeit für diplomatische Manöver.

In einem Gespräch zwischen US-Botschafter Hart und Außenminister Çağlayangil wurde eine fünf Punkte umfassende Kompromissformel erarbeitet: Die Türkei werde die territoriale Integrität Zyperns garantieren. Athen und Ankara würden ihre jeweiligen illegal auf Zypern stationierten Truppen zurückziehen. Die UNFICYP werde den Prozess überwachen, wozu sie ein verstärktes Mandat erhalten werde. Die Sicherheitskräfte Zyperns sollten als gemischte Einheiten reorganisiert und die Paramilitärs aufgelöst werden. Die Einwohner von Kofinou sollten Entschädigungen erhalten. Die Sicherheit der türkischen Zyprioten müsse gewährleistet werden. Die Regierung in Ankara stimmte der Formel zu, aber in Athen war der bisherige Außenminister zurückgetreten und der neue, Panagiotis Pipinelis, musste sich erst orientieren, weshalb die griechische Außenpolitik nicht reagierte. Erst am 22. November signalisierte er auf amerikanischen Druck hin Gesprächsbereitschaft.

Da die Griechen nicht reagierten, setzte die Türkei inzwischen ihre militärischen Interventionsvorbereitungen fort. Die Luftwaffe führte täglich Aufklärungsflüge über Zypern durch. Ein großer Teil der Flotte wurde nach Mersin verlegt. Am 22. November gewannen amerikanische Beobachter vor Ort den Eindruck, dass die Türkei kurz vor dem Losschlagen stehe. Nachrichten darüber erreichten Zypern, wo der Verteidigungsrat eine Art Mobilmachung anordnete. Am 22. November informierte der britische High Commissioner Makarios über den 5-Punkte-Plan. Makarios reagierte positiv, machte aber Bedenken geltend.

Auch in London erkannte man, dass eine türkische Invasion bevorstand, aber war fest entschlossen sich aus allem herauszuhalten. Außenminister George Brown meinte, der türkische Angriff werde sich nicht gegen die Regierung Zyperns richten, sondern gegen die griechischen Truppen. Großbritannien habe kein Verteidigungsabkommen mit Zypern und sei daher nicht verpflichtet, positiv auf irgendeinen Appell der zypriotischen Regierung im Falle einer türkischen Invasion zu reagieren. Man müsse über Gegenmaßnahmen im Rahmen der NATO nachdenken. Die Garantiemacht Großbritannien suchte offensichtlich nach einem Weg, sich aus der Verantwortung zu stehlen.

In Washington diskutierte ein Team von Experten des State Department mögliche Wege aus der Krise. Der für den Nahen Osten zuständige Unterstaatssekretär schlug vor, einen hochrangigen Troubleshooter als persönlichen Beauftragten des Präsidenten nach Ankara und Athen und eventuell nach Nikosia zu schicken. Außenminister Rusk befand diese Idee für gut und unterbreitete sie zusammen mit einer Liste geeigneter Kandidaten Präsident Johnson. Dieser stimmte zu und wählte den ehemaligen stellvertretenden Verteidigungsminister Cyrus A. Vance aus, der sich schon einen Namen als Troubleshooter gemacht hatte und dem Johnson absolut vertraute. Vance erhielt den Auftrag, einen griechisch-türkischen Krieg unter allen Umständen zu verhindern.

Zwischen dem 23. und dem 28. November betrieb Vance Pendeldiplomatie zwischen Ankara und Athen. Ankara bestand auf dem sofortigen Abzug der griechischen Division aus Zypern. Athen forderte das gleichzeitige Herunterfahren der türkischen Mobilmachung. Beide Seiten pokerten hart, aber am Ende fand man einen Kompromiss: Der Abzug der griechischen Truppen sollte sofort beginnen und innerhalb von 45 Tagen abgeschlossen werden. Der türkische Aufmarsch in Thrakien und die Invasionsvorbereitungen würden parallel dazu gestoppt werden. Beides geschah, und bis zum 16. Januar 1968 wurde die griechische Division abgezogen. Auch UN-Generalsekretär U Thant wurde informiert. Nun galt es, Makarios zur Annahme zu bewegen.

Vances Verhandlungen mit Makarios erinnerten lebhaft an jene des 18. Februar 1959 in London. Makarios feilschte um jedes Jota. Schließlich gelang es Vance, durch die Einbindung von U Thant Makarios auszutricksen, so dass er zustimmte. Nach außen hin gab es keine Sieger und keine Besiegten. Vance hatte die internationale Presse gemieden, die griechische Presse stand unter Zensur und die chauvinistischen Äußerungen der türkischen Presse wurden durch die Sprachbarriere so gut wie nicht wahrgenommen. Wie er selbst zugab, war ihm die Tatsache, dass in Griechenland eine Diktatur herrschte, von Nutzen. Unter demokratischen Verhältnissen wären die Zugeständnisse, die Griechenland machen musste, wohl nicht so leicht durchsetzbar gewesen. Vances Erfolg bei dieser Mission beruhte zu großen Teilen auch auf seiner Diskretion, seiner Integrität, seiner Zurückhaltung und vor allem auf der Unterstützung durch das State Department und das Weiße Haus. Zugleich kam ihm die Tatsache zu Gute, dass weder die Türkei noch Griechenland tatsächlich Krieg wollten.

Die politische Führung in Griechenland begriff, dass die Enosis auf dem Weg bilateraler Verhandlungen nicht zu erreichen war. Man hatte bei den Verhandlungen am Evros durch mangelhafte Vorbereitung eine diplomatische Niederlage erlebt, und nun musste man durch eigene Fehler eine weitere massive Schwächung der eigenen Position hinnehmen. Doch die Obristen gaben die Idee eines Anschlusses Zyperns an Griechenland nicht völlig auf: In ihren Augen war das Haupthindernis Makarios gewesen. Würde man ihn los, könnte man sich mit der Türkei vielleicht doch noch bilateral einigen. Als Makarios später dann noch den juntafeindlichen Kräften Asyl gewährte, wurden diese Überlegungen zur Obsession, wie wir noch sehen werden.

Der gemäßigte Teil der Führung der Türkei hingegen konnte zufrieden sein, denn sie hatte ihre Forderungen durchgesetzt: Grivas war weg und die griechische Division wurde zurückgezogen. Die Falken hätten es natürlich gerne gesehen, wenn man die Chance genutzt, die Angelegenheit ein für allemal abgeschlossen und einen Teil Zyperns annektiert hätte. Der Abzug der griechischen Division auf den Druck des Mutterlandes hin stärkte das Selbstbewusstsein der türkischen Zyprioten, deren Führung nun intransigenter wurde. Sie erkannten, dass Makarios nicht in der Lage war, ihnen mit Gewalt seinen Willen aufzuzwingen, und schon im Dezember 1967 taten sie den ersten Schritt zur eigenen Staatlichkeit, indem sie Ende Dezember 1967 eine *"Temporary Separate Turkish Administration"* bildeten, die sogar eine Art Verfassung hatte.

Analysiert man das Ergebnis aus Makarios' Sicht, so gibt es positive und negative Resultate. Das wichtigste positive Ergebnis war, dass Grivas, der durch sein verantwortungsloses Verhalten die Krise ausgelöst hatte, von der Bildfläche verschwinden musste. Der Rückzug der griechischen Division schwächte einerseits die zypriotische Verteidigungskraft, andererseits verringerte sich dadurch erheblich die Gefahr eines Staatsstreiches gegen Makarios, mit dem Grivas und die Juntaanhänger liebäugelten, denn eine große Zahl griechischer Offiziere, die mit den Ideen der Junta in Athen sympathisierten, musste die Insel verlassen. Bedenklich blieb aber, dass die Masse der Offiziere der Nationalgarde nach wie vor der griechischen Armee angehörten, und die Junta damit immer noch Einfluss auf die zypriotische Innenpolitik nehmen konnte, weshalb Makarios auch die völlige Entmilitarisierung forderte. Da er diese nicht durchsetzen konnte, musste er also, um ein Gegengewicht aufzubauen, weiterhin die Polizei ausbauen. Insgesamt wurde Makarios' Kurs der Unabhängigkeit gestärkt. Für die Mehrheit der griechischen Zyprioten verlor die Enosis angesichts der Diktatur in Griechenland erheblich an Attraktivität. Sie war ein Traum, der langsam verblasste. Die Frage war nun, ob Makarios es schaffen würde, die türkischen Zyprioten von seinem neuen Kurs zu überzeugen.

Die Amerikaner auf der anderen Seite hatten trotz der Unabhängigkeit Zyperns auf bilaterale griechisch-türkische Gespräche gesetzt und angenommen, dass deren Ergebnisse Makarios oktroyiert werden könnten. Nun mussten sie erkennen, dass Makarios der Chef eines unabhängigen Staates war. Man beschloss, die UNO bei ihrem Versuch zu unterstützen, die beiden Volksgruppen über eine Lösung verhandeln zu lassen.

Die interkommunalen Verhandlungen 1968

Mit der Schaffung der *"Temporary Separate Turkish Administration"* hatte die türkischzypriotische Führung Fakten geschaffen, die Makarios unter Zugzwang setzten: Die türkische Seite erklärte zwar, dass diese "Verfassung" nichts Neues darstelle, sondern nur eine Art Bestandsaufnahme der Lage wiedergebe, tatsächlich war dies aber der erste konkrete Schritt in Richtung einer föderativen Lösung. Makarios' erste Reaktion war ein Statement am 12. Januar 1968: Die Lösung des Zypernproblems könne nur im Rahmen des Möglichen gesucht werden, was nicht immer mit dem Wünschenswerten übereinstimme. Damit konnten sich sowohl die Anhänger der Unabhängigkeit identifizieren, als auch die gemäßigten Anhänger der Enosis, denn die Enosis war nicht aufgegeben, ihre Realisierung nur auf eine ferne Zukunft verschoben worden.

Bevor Makarios eine neue Politik einleiten konnte, musste er sich zunächst als Präsident neu wählen lassen, da seine Amtszeit abgelaufen war. Makarios blieb bei seinen Wahlkampfaussagen ähnlich vage, was natürlich die radikalen Anhänger der sofortigen Enosis gegen ihn aufbrachte. Unter diesen waren die Bischöfe, die ihn Ende Januar aufforderten, von seinem Amt als Präsident zurückzutreten, wenn er eine Lösung akzeptieren müsse, die die Enosis für immer ausschlösse. Makarios gelang es, die Frondeure zu beruhigen, indem er ihnen versprach, er werde eine solche Lösung nie akzeptieren. Gegen Makarios trat als Kandidat der Anhänger der sofortigen Enosis der Psychiater Takis Evdokas an, der von den Grivas-Anhängern und den Sympathisanten der Junta unterstützt wurde. Dies wiederum nahm die kommunistische AKEL zum Anlass, ihre Anhänger aufzufordern, für Makarios zu stimmen. Das Resultat der Wahl vom 25. Februar 1968 war ein überwältigender Wahlsieg von Makarios. (94,45 Prozent der Stimmen). Die Wahlbeteiligung betrug 93,45 Prozent.

Aber nicht nur Makarios suchte durch Wahlen nach einer neuen Legitimation. Am 20. Januar verkündete Küçük, dass auch die türkischen Zyprioten am 25. Februar wählen würden, nämlich den Vize-Präsidenten, weil es verfassungswidrig wäre, wenn nur der Präsident gewählt würde. Küçük erklärte, er werde wieder kandidieren. Der ehemalige Richter des Obersten Gerichtshofes, Mehmet Zekia, bewarb sich als alternativer Kandidat, wobei er von der TMT unterstützt wurde. Am 27. Januar zog er sich jedoch auf Druck Ankaras wieder aus dem Rennen um die Gunst des Volkes zurück. Ankara wollte eine Spaltung der türkischen Volksgruppe vermeiden und befürchtete zudem im Fall eines Sieges von Zekia erneute Unruhen. Da es damit keinen anderen Kandidaten gab, wurde auf die Durchführung des Abstimmungsvorganges verzichtet und Küçük durch den türkisch-zypriotischen Wahlleiter zum Sieger der Wahl erklärt.

U Thant signalisierte seine Bereitschaft, die interkommunalen Verhandlungen zu unterstützen. In den folgenden Wochen wurden in Zypern von Regierungsseite die Kontrollmaßnahmen weitgehend abgebaut, so dass sich die türkischen Zyprioten im griechisch kontrollierten Bereich weitgehend frei bewegen konnten. Die türkische Seite hielt jedoch an ihrer Kontrolle über die

Enklaven fest und gestattete keine Durchfahrt. Am 12. März legte Makarios einige Lösungsvorschläge vor, die zwar einige positive Elemente zur Überwindung der Spaltung enthielten, aber letztlich die türkischen Zyprioten zu einer privilegierten Minorität gemacht hätten. Offensichtlich schaffte es Makarios nicht, sich in dieser Frage zu bewegen. Dennoch konnte U Thant im Juni 1968 feststellen, dass die Spannungen nachgelassen hatten.

Im April akzeptierte Makarios sogar die Rückkehr von Rauf Denktaş als Verhandlungsführer der türkischen Zyprioten bei den bevorstehenden Verhandlungen. Makarios hatte den Eindruck gewonnen, dass Denktaş selbst eine Kompromisslösung anstrebte, und in der Tat hatte ihn Außenminister Çağlayangil entsprechend instruiert. Doch die türkischen Zyprioten waren gespalten: Es gab die Gemäßigten, wie Dr. Ihsan Ali und den späteren Gründer der Republikanischen Türkischen Partei Ahmet Berberoğlu sowie zu diesem Zeitpunkt Denktaş, die von der türkischen Regierung unterstützt wurden. Aber da waren auch die Supernationalisten und Separatisten, die auf eine Teilung der Insel fixiert waren, und die mit ihnen eng verbundene Führung der TMT. Deren höhere Führung wiederum bestand ausschließlich aus türkischen Stabsoffizieren, die als "Paschas" bekannt waren.

Da in allen kritischen Fragen die Zustimmung dieser Offiziere notwendig war, kontrollierte de facto der türkische Generalstab und nur bedingt die türkische Regierung die türkisch-zypriotische Politik. Das Zypernproblem war ein "nationales" Problem, über das der Nationale Sicherheitsrat der Türkei in Ankara entschied, in dem die Militärs das Sagen hatten. Zwar wurde dieser Mechanismus bei den nun anstehenden Verhandlungen nicht sichtbar, aber Denktaş stand vor der schwierigen Aufgabe, auch die Paschas von seinen Verhandlungsergebnissen zu überzeugen und durch sie die Chauvinisten der TMT zu Zugeständnissen zu bewegen. Dies wurde noch durch die Tatsache erschwert, dass die TMT sich zu einem Staat im Staat entwickelt hatte - mit eigener Führungselite und eigenen Loyalitäten.

Die erste interkommunale Gesprächsrunde fand im Juni/Juli 1968 statt. Man hatte sich geeinigt, dass Kliridis und Denktaş die Verhandlungen führen sollten. Thema sollten mögliche Verfassungsänderungen sein. Kliridis und Denktaş kannten sich von der höheren Schule und hatten beide am Grey's Inn in London Jura studiert. Trotz aller politischer Differenzen "konnten sie miteinander" und selbst bei massiven inhaltlichen Auseinandersetzungen wechselten sie nie ein Wort, das sie hinterher bereut hätten. Beide hatten einen ausgeprägten Sinn für Humor, der ihnen bis ins hohe Alter erhalten blieb, wie der Verfasser aus eigener Anschauung bestätigen kann.

Die Verhandlungen begannen am 3. Juni auf neutralem Boden in Beirut. Man einigte sich darauf, dass die Gesprächspartner ihre Volksgruppe verträten und nicht die Regierung bzw. die provisorische Administration. Rasch stimmte man überein, dass das Züricher Abkommen für beide Seiten schädliche Bestimmungen enthalte. Man vereinbarte, offen mit einander zu reden. Denktaş gab zu verstehen, dass die türkische Seite bereit sei, bestimmte Verfassungsartikel zu revidieren, vorausgesetzt, der Status der türkischen Zyprioten als eigenständige politische Gruppe bleibe aufrecht erhalten. Man sei jedoch bereit, auf gewisse Verfassungsrechte auf der Regierungsebene zu verzichten, wenn dafür eine größere lokale Autonomie eingeräumt werde. Deshalb müsse man über die lokale Verwaltung reden; Kliridis stimmte sofort zu, denn in allen fortgeschrittenen demokratischen Systemen gebe es eine Dezentralisierung der Macht hin zu größerer lokaler Selbstverwaltung.

Bei der nächsten Sitzung am 24. Juni in Nikosia im Ledra Palace Hotel vereinbarten Kliridis und Denktaş, dass sie sich von nun an zweimal pro Woche in ihren Privatwohnungen treffen würden. Die nächste Sitzung würde am 27. Juni um 10 Uhr im Haus von Denktaş stattfinden, der auch für den Lunch zuständig war, da man nachmittags weitertagen wollte. Am 28. Juni informierte Kliridis Makarios über den Stand der Verhandlungen: Denktaş sei bereit, die griechische Forderung zu akzeptieren, dass die Sitze im Repräsentantenhaus proportional nach der Größe der Volksgruppe verteilt werden sollten. Die Abschaffung der getrennten Mehrheiten in Budgetfragen werde akzeptiert, und er betrachte die geforderte Gegenleistung, die Finanzierung des türkisch-zypriotischen Erziehungswesens durch die Regierung, als akzeptabel. Denktaş' Angebot, den öffentlichen Dienst und die Sicherheitskräfte proportional zum Bevölkerungsanteil zu besetzen, erfülle ebenfalls eine alte griechische Forderung. Ebenso akzeptabel sei die Forderung nach einer vereinten Judikative. Kliridis empfahl Makarios, Denktaş' Vorschlägen zuzustimmen. Makarios aber meinte, man solle sich nicht festlegen. Bei den weiteren Verhandlungen im Juli drängte Denktaş auf eine rasche Lösung, denn er geriet immer stärker unter Druck von Seiten der Hardliner.

Im August gab es eine Verhandlungspause, die die griechische Seite dazu nutzte, um Athen unter größter Geheimhaltung über die bisherigen Ergebnisse zu informieren. Außenminister Pipinelis stimmte weitestgehend zu. Am 29. August stellte Kliridis fest, dass Denktaş folgende Verfassungsänderungen akzeptierte: Abschaffung des Vetos des Vizepräsidenten, Reduzierung der Zahl der türkischen Abgeordneten auf 20 Prozent, entsprechend dem Bevölkerungsanteil, Abschaffung der getrennten Mehrheiten bei der Steuergesetzgebung, Übernahme der Kosten für die Erziehung durch die Regierung, gemeinsame Wahl des Parlamentssprechers und seines Stellvertreters, wobei einer von ihnen ein türkischer Zypriote sein müsse, Verringerung des türkischen Anteils am öffentlichen Dienst und in den Sicherheitskräften auf 20 Prozent, Vereinigung der Obersten Gerichte, Abschaffung des Amtes des neutralen Vorsitzenden des Obersten Gerichtshofes, Vereinigung der unteren Gerichtshöfe, Abschaffung der Bestimmung, dass Türken nur von türkischen und Griechen nur von griechischen Richtern verurteilt werden dürfen, Abschaffung der Armee Zyperns. Die türkische Seite erwarte als Gegenleistung die Wahl der Ortsbehörden anstelle ihrer Ernennung wie bisher, sowie die verwaltungsmäßige Zusammenfassung von jeweils griechischen und türkischen Dörfern, wobei es irrelevant sei, ob sie geographisch betrachtet eine Einheit bildeten. Es folgten weitere Details, die Kliridis allesamt für akzeptabel hielt.

Denktaş hatte also fast die gesamten 13 Punkte von Makarios akzeptiert. Er war nur nicht bereit, seine Landsleute zur Minorität machen zu lassen. Er wollte die Partnerschaft auf irgendeine Weise bewahren und die Garantie durch die Türkei aufrecht erhalten, was ihm angesichts der Entwicklung in der Vergangenheit nicht zu verdenken war. Am 29. August informierte Kliridis Makarios darüber und drängte ihn zuzustimmen. Hätte Makarios dies akzeptiert, hätte im Sommer 1968 eine Lösung gefunden werden können. Doch Makarios lehnte den Zusammenschluss von Dörfern radikal ab. Er stimmte zwar zu, dass die den Ortsbehörden zugestandenen Autonomierechte kein Problem darstellten, aber seiner Ansicht nach mussten sie der Kontrolle des Innenministeriums unterstehen. Kliridis hatte vergeblich verhandelt.

Makarios' Motive für seine Ablehnung sind komplexer Natur: Er wollte einen Zentral- oder Einheitsstaat, der alles kontrollierte. Seine Vorbehalte gegen Autonomie auf der unteren Ebene hatten nur wenig damit zu tun, dass er den Zusammenschluss von Dörfern als Vorstufe zur Kantonisierung und damit als einen Schritt auf die Teilung zu betrachtete. Er befürchtete, wie er selbst zugab, dass wenn man den türkischen Zyprioten Autonomie einräumte, die griechischen Zyprioten dieselben Forderungen erheben könnten, womit die Regierung die Kontrolle über die Basis insgesamt verloren hätte. Zugleich ist dies ein Hinweis auf Makarios' absoluten Herrschaftsanspruch. Makarios wollte die türkischen Zyprioten zur privilegierten Minderheit machen, aber er war nicht bereit, ihnen politische Autonomie zu gewähren. Die einzigen Zugeständnisse, die er machte, waren seine Normalisierungsmaßnahmen, und diese zielten mittelfristig auf die Auflösung der Enklaven ab. Dieses Ziel dürfte ein weiterer Grund gewesen sein, weshalb er sich so vehement gegen den Zusammenschluss von Dörfern wandte, denn dieser hätte in seinen Augen genau das Gegenteil bewirkt. Makarios versuchte also wieder jene Verhandlungstaktik anzuwenden, mit der er bei den Verhandlungen mit den Briten 1956 und 1960 und mit den Amerikanern im Februar 1964 und Ende 1967 letztendlich erfolgreich gewesen war.

Am 13. August 1968 kam es in Griechenland zu einem Ereignis, das die interkommunalen Verhandlungen in den Hintergrund drängte. An diesem Tag verübte ein Grieche namens Alexandros Panagoulis ein Attentat auf Diktator Papadopoulos, das allerdings fehlschlug. Bei den anschließenden polizeilichen Ermittlungen stellte sich heraus, dass der zypriotische Innen- und Verteidigungsminister Georkatzis darin verwickelt war. Nach längeren Verhandlungen zwischen Athen und Nikosia, bei denen es um eine gesichtswahrende Lösung ging, trat Georkatzis zurück, nachdem ihm Makarios versprochen hatte, dass er im Januar 1969 Parlamentswahlen anberaumen und so Georkatzis den Weg zurück an die Macht ebnen werde. Da Makarios dieses Versprechen aufgrund des Drucks aus Athen nicht hielt, entfremdete er sich Georkatzis und mit ihm einen großen Teil der gemäßigten ehemaligen EOKA-Anhänger. Die daraus resultierende Frustration trieb Georkatzis in eine gewisse Gegnerschaft zu Makarios. Tatsächlich war aber der Machtverlust des ehemaligen Innenministers geringer, als man annehmen sollte, denn er kontrollierte auch weiterhin seine Netze innerhalb und außerhalb des staatlichen Machtapparates, und war daher, wie wir noch sehen werden, über alle Entwicklungen bestens informiert und mischte teilweise mit. Außerdem waren viele Polizisten seine persönlichen Gefolgsleute aus der Zeit der EOKA, die er in ihre Ämter gebracht hatte. Zugleich wurde bekannt, dass in Vorbereitung auf diese Wahlen eine neue Partei am Entstehen war. Da Makarios keine Neuwahlen ausschrieb, verlangsamte sich die Entwicklung zur Parteienbildung und die interkommunalen Gespräche rückten wieder in den Vordergrund des politischen Interesses.

Auch die zweite Gesprächsrunde, die von Ende August 1968 bis Januar 1969 dauerte, war von einem konstruktiven Geist geprägt. Denktaş war nach wie vor bereit, die Teilhabe an der Macht auf der Regierungsebene zu reduzieren, wollte aber die Autonomie auf der lokalen Ebene erheblich verstärken. Makarios' Taktik, alles in der Schwebe zu halten und sich nirgends festzulegen, begann sich als kontraproduktiv zu erweisen, denn sie ermöglichte es der türkischen Seite, bezüglich der lokalen Selbstverwaltung nachzukarten und weit größere Forderungen als in der ersten Runde der Gespräche zu erheben. Kliridis versuchte, Makarios davon zu überzeugen, dass man den türkischen Zyprioten ein gewisses Maß an Autonomie gewähren müsste. Seiner Meinung nach sollte man die organisatorische Struktur der Lokalverwaltung in der Verfassung festschreiben oder sie zumindest verfassungsrechtlich so absichern, dass sie von der Majorität nicht unilateral verändert werden könnte. Als Kliridis erkannte, dass er Makarios nicht überzeugen konnte, bot er in seiner Verzweiflung seinen Rücktritt als Verhandlungsführer und als Parlamentspräsident an. Makarios wies dies zurück.

Kliridis war über die Situation ziemlich verärgert und äußerte sich am 13. Dezember recht unverblümt: Die griechische Seite, gemeint war natürlich Makarios, benehme sich wie Kinder, die immer das forderten, was sie nicht kriegen könnten. Entscheidend sei doch, dass man die Führung der türkischen Zyprioten auf Regierungsebene zur Zusammenarbeit bringe. Sie sollten auf der lokalen Ebene ihre Angelegenheiten ruhig selbst regeln. Mit der Zeit werde diese Abtrennung eine immer geringere Rolle spielen, vorausgesetzt, das gegenseitige Vertrauen werde wiederhergestellt. Auch Denktaş geriet unter den Druck der Hardliner seiner Volksgruppe und musste sich notgedrungen diesen anpassen. Zwar versuchte die griechische Regierung, Makarios zu einem flexibleren Kurs zu bringen, aber dies scheiterte genauso wie ähnliche

Versuche der Regierung in Ankara, die sich gegen die Hardliner in der Armee nicht durchsetzen konnte. Ab Dezember 1968 wurde Kliridis' und Denktaş' Verhandlungsspielraum immer enger.

Auch die Gespräche im Herbst 1968 boten die Chance, tatsächlich eine Lösung zu finden. Kliridis war ein Pragmatiker, der für die Unabhängigkeit Zyperns und eine Partnerschaft mit den türkischen Zyprioten eintrat. Denktaş war zu jener Zeit ebenfalls pragmatisch eingestellt und lösungsbereit. Für ihn hatte die Sicherheit seiner Volksgruppe absolute Priorität, und er wollte die von den Zypernverträgen eingeräumte Gleichberechtigung beibehalten, wobei er bereit war, sie auf die untere Ebene zu verlagern und sie in der Form einer lokalen Autonomie zu realisieren. Kliridis war bereit, dies einzuräumen, mit dem Ziel, die Abschottung langfristig aufzulösen. Da die Regierung in Ankara die Parlamentswahlen 1969 im Auge hatte, war sie bereit, jeder Lösung zuzustimmen, vorausgesetzt, die türkischen Zyprioten akzeptierten sie. Und auch die griechische Regierung wollte eine Lösung, um das lästige Problem loszuwerden. Doch die beiden Chefunterhändler hatten keine *carte blanche*. Kliridis musste auf Makarios Rücksicht nehmen, und Denktaş auf seine Hardliner, die während seiner Zeit im Exil an Gewicht gewonnen hatten. Es darf vermutet werden, dass auch die türkischen Militärs mitspielten und den türkisch-zypriotischen Hardlinern den Rücken stärkten und wie erwähnt in Ankara die Regierung daran hinderten, sich voll hinter Denktaş zu stellen. Der entscheidende Faktor war Makarios' ablehnende Haltung. Hätte er seine Forderung nach dem Minderheitenstatus aufgegeben, wäre es im Winter 1968-69 möglicherweise zu einer Lösung gekommen. So aber stand am Ende der zweiten Runde der interkommunalen Gespräche wieder eine der vielen verpassten Chancen der zypriotischen Geschichte.

Morde und Putschpläne der Nationalen Front 1969-1970
Makarios' taktisches Manöver, Georkatzis frühe Neuwahlen zu versprechen, machte auch anderen Politikern klar, dass gehandelt werden musste, denn die Neuwahlen mussten spätestens 1970 stattfinden. Bis zu diesem Zeitpunkt gab es nur die AKEL als durchorganisierte Partei. Sie war Anfang der 20er Jahre als KKK (Kommounistiko Komma Kyprou - Kommunistische Partei Zyperns) entstanden. Nach den Unruhen im Jahr 1931 war sie, wie alle anderen politischen Gruppierungen, verboten worden. Als während des Zweiten Weltkrieges die Unterdrückungsmaßnahmen gelockert wurden, gründete Ploutis Servas die AKEL (Anorthotiko Komma tou Ergazomenou Laou - Fortschrittspartei des arbeitenden Volkes), die binnen kurzem die KKK ersetzte.

Makarios war von der Idee, politische Parteien zu gründen, nicht sehr angetan. Die auf ihn ausgerichtete Patriotische Front (Ethnikofronon Parataxis) war keine Partei, sondern eine Art klientelistisches Netzwerk von Personen, die von ihm abhängig waren, keine unabhängige Politik betrieben und nur bei Wahlen aktiv wurden. Parlamentarier sollten in Makarios' Augen Transmissionsriemen seiner Vorstellungen sein. Dennoch stimmte er zu, als Kliridis ihn informierte, dass er zusammen mit P. Georkatzis und T. Papadopoulos eine konservative Partei gründen wolle. Am 5. Februar 1969 wurde sie unter dem Namen Unionspartei (Eniaio Komma) gegründet. Um seine Politik des Divide et impera fortsetzen zu können, ermunterte Makarios andere politische Größen, ebenfalls Parteien zu gründen, von denen nur die sozialistische Partei von V. Lyssaridis (EDEK) reüssierte.

Auf dem rechten Rand der griechisch-zypriotischen Gesellschaft beobachtete man diese Entwicklung misstrauisch. In den Augen der Grivas-Anhänger und vieler ehemaliger EOKA-Anhänger war die Gründung von Parteien Verrat an der nationalen Sache, weil diese Makarios' Unabhängigkeitskurs unterstützten und die Enosis verhinderten. Man beschloss, eine geheime bewaffnete Organisation, die EM (Ethniko Metopo - Nationale Front) nach dem Modell der EOKA ins Leben zu rufen. Sogar ein Teil des Episkopats unterstützte dieses Unternehmen. Das

Tafel 41

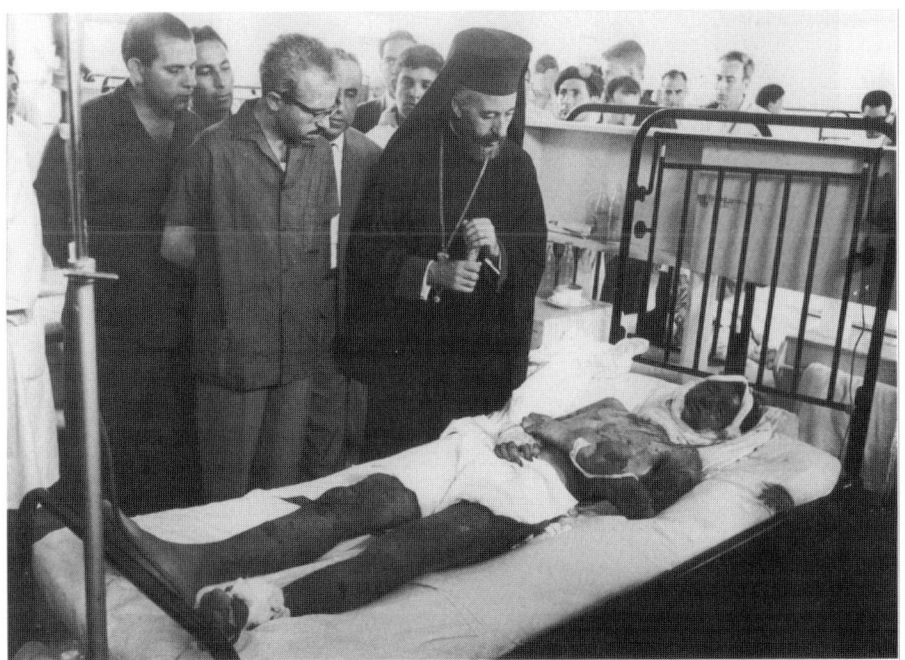

Georkatzis und Makarios besuchen Verwundete

Türkisch-zypriotisches Flüchtlingslager in der Kokkina-Enklave

Tafel 42

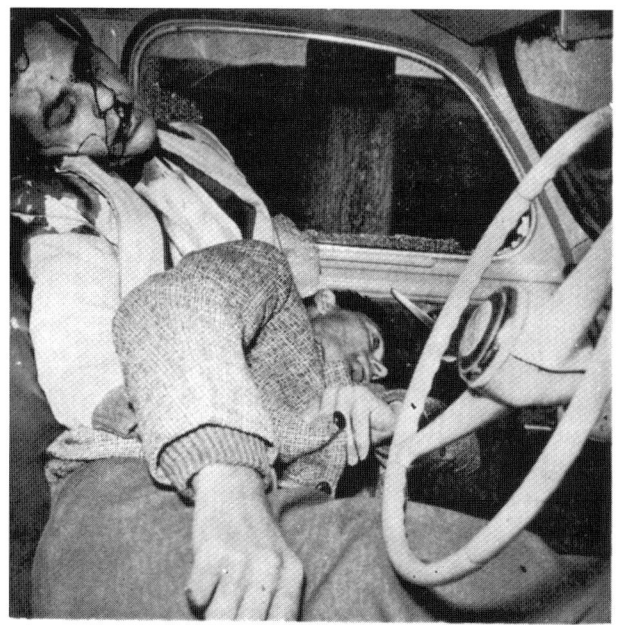

Ermordete Gewerkschafter:Dervis Kavazoglou und Kostas Misaoulis

Papadopoulos, Makarios und Grivas

Tafel 43

Die interkommunalen Verhandlungen 1970: Kliridis, Osorio Tafall und Denktaş

1970: Attentat auf Makarios, Untersuchung des abgeschossenen Hubschraubers

Tafel 44

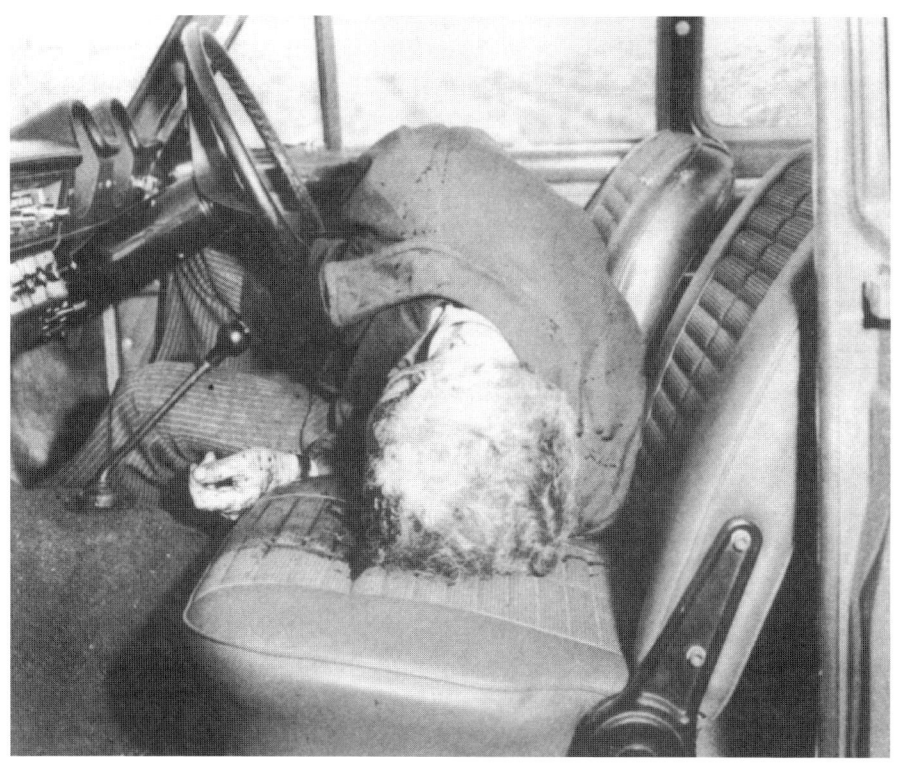

15. März 1970: Der ermordete Georkatzis

Oberst Dimitris Papapostolou

Tafel 45

15. Juli 1974: Panzer der putschenden Nationalgarde rollen in das Zentrum von Nikosia

15. Juli 1974: ausgebrannter Präsidentenpalast

Tafel 46

15. Juli 1974: Putschistenführung der Nationalgarde, in heller Uniform Michail Georgitsis

15. Juli 1974: Putschist Nikos Sampson und sein Pressesprecher Spyros Papageorgiou

Tafel 47

16. Juli 1974: Makarios in der britischen Basis von Akrotiri

Tafel 48

Attila 1: Die erste Welle türksicher Invasionstruppen geht an Land

Attila 1: Vorrückende türkische Einheit

Ziel der EM war die Enosis, die herbeigebombt werden sollte. Einige besonders Radikale wollten sogar Makarios selbst ermorden. Gefährlich war, dass die EM sogar im Sicherheitsapparat Anhänger hatte.

Die Führung der EM geriet rasch unter den Einfluss jener griechischen Geheimdienstoffiziere, die in der Nationalgarde, der griechischen Botschaft in Nikosia und der ELDYK Dienst taten. Es versteht sich fast von selbst, dass alle diese Offiziere militant antikommunistisch waren und viele der Junta sehr nahe standen, wenn sie nicht sogar, wie z. B. der Kommandeur der zypriotischen Kommandoeinheit LOK, Oberst Dimitrios Papapostolou, am Putsch des 21. April selbst teilgenommen hatten. Diese Offiziere übernahmen die Leitung der Gruppen der Nationalen Front, versorgten sie mit Waffen und ermöglichten das Untertauchen von Mitgliedern im Camp der ELDYK, wenn ihnen die zypriotische Polizei auf den Fersen war.

Die EM führte einen Flugblattkrieg, warf Bomben und organisierte Attentate. Die Polizei war recht machtlos, da Sympathisanten in ihren Reihen die EM rechtzeitig über Aktionen gegen sie informierten. Makarios nahm anfangs die EM nicht ernst, da er ihre tatsächlichen Ziele nicht erkannte. Erst als ihm ein Strategiepapier zugespielt wurde, erkannte er die Gefahr: Danach sollte er ausgeschaltet, die Macht übernommen, die Insel geteilt und die doppelte Enosis vollzogen werden. Diese Idee ähnelte fatal dem Enosis-per-Putsch Plan vom Jahr zuvor. Hinter diesem Plan steckte der Chef der griechischen Militärpolizei (ESA), Dimitrios Ioannidis, der Makarios hasste. Am 28. August wurde die EM schließlich nach weiteren Gewalttaten verboten, was zu einer zeitweiligen Einstellung der Bombenanschläge und Mordversuche führte. Als im Oktober eine neue Serie von Anschlägen begann, verhängte die Regierung eine Art Notstand über die Insel, der es gestattete, die Nationalgarde gegen die Terroristen einzusetzen. In den folgenden Wochen geriet die EM langsam unter Druck.

Im Januar 1970 besuchte Makarios Tansania, Sambia und Kenia. In Nairobi warnte ihn der dortige US-Botschafter, dass bei seiner Ankunft im Flughafen von Nikosia ein Anschlag verübt werden solle. Makarios nahm dies nicht ernst, aber bei seinem Aufenthalt in Athen am 17. Januar berichtete er Diktator Papadopoulos darüber. Dieser verurteilte in einem Interview mit dem zypriotischen Rundfunk die Aktivitäten der EM scharf. Tatsächlich plante ein fanatischer Enosis-Anhänger, ein zypriotischer Student namens Adamos Charitonos, schon in Athen einen Anschlag. Hinter diesem fanatisierten Studenten steckte der LOK-Kommandeur Dimitrios Papapostolou, der sich Anfang Januar 1970 in Athen befunden und Charitonos seine eigene Dienstwaffe für den Anschlag gegeben haben soll. Zugleich habe er ihm geraten, im Verhaftungsfalle zu behaupten, dass er im Auftrag von Georkatzis gehandelt habe. Als Charitonos einwandte, dass sich Georkatzis dagegen wehren werde, soll Papapostolou geantwortet haben, ein Toter könne nichts dementieren. Papapostolou wollte also nicht nur Makarios beseitigen, sondern auch Georkatzis, der durch sein nach wie vor bestehendes Netz von Informanten über die Aktivitäten des Obersten informiert war.

Im Februar 1970 zeigten die gegen die EM ergriffenen Maßnahmen immer mehr Wirkung und daher nahm Makarios eine erneute Warnung, diesmal vom US-Botschafter in Nikosia, auch nicht ernst. Danach sollte in den nächsten zwei Wochen ein Attentat auf ihn verübt werden. Über AKEL-Kanäle war sogar etwas nach Moskau durchgesickert, denn die Nachrichtenagentur TASS behauptete, dass eine kleine Clique reaktionärer griechischer Offiziere einen Staatsstreich in Zypern plane. In der Tat gab es solche Pläne, an denen griechische Offiziere im Stab der Nationalgarde und der LOK unter der Leitung von Papapostolou in Kooperation mit der EM seit längerem arbeiteten. Das grundlegende Konzept war eine Erweiterung des EM-Plans vom Herbst 1969: Ermordung von Makarios, Machtübernahme durch das Militär und dann Herbeiführung der doppelten Enosis. Voraussetzung für den Erfolg des Planes war natürlich die Beseitigung von Makarios. Die Militärs überließen anscheinend die Durchführung des Attentats der

EM. Sie selbst planten stabsmäßig einen Putsch für Ende Mai. Am 27. Januar 1970 lag die endgültige Version des Putschplans, der am 28. Mai 1970 über die Bühne gehen sollte, vor. Zum Erfolg war eine präzise zeitliche Koordination und Kooperation der verschiedenen Kräfte notwendig. Aber genau dies funktionierte nicht, denn die EM zog das Attentat auf Makarios auf den 8. März vor.

Makarios war stets von Bodyguards umgeben und so war es schwierig, an ihn heranzukommen. Daher beschloss man, seinen Hubschrauber abzuschießen. Es war bekannt, dass Makarios am 8. März 1970 zum jährlichen Gedenkgottesdienst für Afxentiou zum Kloster Machairas fliegen würde. Gezielt gestreute Gerüchte über ein Attentat dort sorgten dafür, dass Makarios' Personenschützer und eine große Zahl von Polizisten vor Ort konzentriert wurden. Da dieser Flug am erzbischöflichen Palais in der Altstadt beginnen würde, hatte man wie üblich die Einwohner durch die Zeitung über die genaue Abflugzeit informiert. Die Attentäter hatten zwei Positionen bezogen: auf dem flachen Dach der Severis-Bibliothek des Pankyprischen Gymnasiums gegenüber dem Palais und auf einem Wohnblock südwestlich davon. Wenn es der ersten Gruppe nicht gelang, den Hubschrauber abzuschießen, und er aus der Reichweite ihrer Waffen kam, sollte die zweite das Feuer eröffnen.

Als der Hubschrauber mit Makarios an Bord kurz nach 7 Uhr startete und etwa 10 Meter an Höhe gewonnen hatte, eröffnete die erste Gruppe das Feuer mit einem Maschinengewehr. Der Pilot wurde im Unterleib getroffen, schaffte es aber, den Hubschrauber auf einem unbebauten Grundstück in der Nähe zu landen. Makarios war unverletzt und der Pilot wurde von Anwohnern mit einem Pkw ins Krankenhaus transportiert. Die Attentäter flüchteten. Noch während Makarios sich im Krankenhaus aufhielt, tauchte dort plötzlich Oberst Papapostolou mit seinem privaten Auto auf, der sich eigentlich zur Überwachung der Sicherheitsmaßnahmen in Machairas hätte befinden sollen. Makarios wurde anscheinend misstrauisch und lehnte es daher ab, allein mit dem Oberst zum Präsidentenpalais zu fahren, sondern verpflichtete einen zufällig anwesenden Gefängnisbeamten, an seiner Seite zu bleiben. Dann beschloss Makarios, mit Papapostolous Wagen ins erzbischöfliche Palais zurückzukehren. Dieser drängte jedoch Makarios, sich doch zu dem außerhalb der Stadt gelegenen Präsidentenpalast zu begeben, um sich von dort in einer Rundfunkerklärung an die Öffentlichkeit zu wenden. Makarios lehnte dies ab und veranlasste Papapostolou, selbst den Wagen zu steuern, während er und sein "Leibwächter" hinten im Wagen saßen. Der Grund für Makarios' Weigerung dürfte wohl die Erkenntnis gewesen sein, dass er sich dort im Präsidentenpalast dem ungehinderten Zugriff der LOK ausgesetzt hätte, die nur wenige Kilometer entfernt ein Camp besaßen.

Makarios ließ seinen Dienstwagen kommen, den sein Bruder chauffierte und ohne zu zögern kletterte auch Papapostolou, der sich inzwischen als Makarios' Personenschützer gerierte, in den Fond des Wagens. Kurz vor seiner Abfahrt nach Machairas veranlasste Makarios, Georkatzis zu vernehmen und sein Haus zu durchsuchen. Dies gab Anlass zu wilden Gerüchten und noch wilderen Konspirationstheorien, die bis heute in Zypern zirkulieren. Danach soll Georkatzis hinter dem Anschlag gesteckt haben. Die Wahrheit ist viel einfacher: Georkatzis wusste zu viel über die Aktivitäten der EM, der griechischen Offiziere und vor allem von Papapostolou.

Nach einem gescheiterten Versuch, sich am 13. März ins Ausland abzusetzen, vereinbarte Georkatzis ein Treffen mit Papapostolou außerhalb Nikosias am Abend. Georkatzis befürchtete wegen seines Wissens über den Anschlag auf Makarios von Papapostolou bzw. seinen Leuten getötet zu werden. Um dieses zu verhindern, hatte er nur eine Option, er musste dem Oberst mit für ihn hochgefährlichen Enthüllungen drohen, falls ihm etwas zustieße. Von der Logik der Sache her konnten dies nur Enthüllungen über den Putsch-Plan sein. Es darf angenommen werden, dass Georkatzis zu diesem Zeitpunkt schon gewisse Informationen darüber besaß, die aber noch nicht konkret genug waren, um Papapostolou, als er ihn damit konfrontierte, zur Zurückhaltung zu veranlassen, denn die beiden vereinbarten ein weiteres Treffen für den nächsten Tag.

Dieses Treffen wurde dann auf den 15. März verschoben. Am Abend des 14. März erhielt Georkatzis durch einen seiner Leute die Unterlagen über den Staatsstreich, die ein zypriotischer Offizier im Stab der Nationalgarde beschafft hatte. Die Akte wurde kopiert und zurückgeschafft. Georkatzis übergab die Kopien einem Vertrauten (Patatakos) mit dem Auftrag, sie an einem sicheren Ort zu verstecken.

Am Morgen des 15. März instruierte Georkatzis den Vertrauten, falls ihm bei dem bevorstehenden Treffen mit Papapostolou etwas zustoße, solle er die Kopien Kliridis übergeben, damit dieser sie an Makarios weitergebe. Am Abend wollte sich Georkatzis mit Papapostolou außerhalb von Nikosia treffen. Als Georkatzis und Patatakos sich per Auto dem Ort näherten, sahen sie dort in einiger Entfernung ein Auto mit Standlicht stehen. Georkatzis reduzierte die Geschwindigkeit und bereitete sich darauf vor, links in den Feldweg einzubiegen. Er forderte Patatakos auf, den Wagen zu verlassen und an dieser Stelle auf ihn zu warten. Dieser warnte ihn, dass dies gefährlich sei. Georkatzis antwortete, dass er nicht anhalten, sondern weiter auf den Wald zufahren werde, wenn er Papapostolou nicht sehe. Patatakos stieg aus. Da Georkatzis anhielt, muss er Papapostolou gesehen haben; anderenfalls wäre er weitergefahren. Wenige Sekunden später wurde Georkatzis geradezu exekutiert. Er war zum Zeitpunkt seines Todes gerade einmal 40 Jahre alt.

Über diesen Mord gibt es in Zypern bis heute wilde Spekulationen. Je nach politischen Sympathien werden die unterschiedlichsten Ansichten vertreten. Bei nüchterner Analyse kommt man zur Schlussfolgerung, dass die Attentäter im Kreise jener griechischen Offiziere zu suchen sind, die von ESA-Chef Ioannidis ferngesteuert wurden und deren örtlicher Exponent Papapostolou war. Auch die Analytiker der US-Botschaft in Nikosia kamen zu der Schlussfolgerung, dass einige griechische Offiziere hinter der Affäre steckten, die mit dem gemäßigten Kurs der griechischen Juntaführung nicht zufrieden waren und die Enosis wollten. Diese Offiziere hätten auch über KYP-Kanäle die Nationale Front gesteuert. Ihr Ziel sei außerdem der Sturz von Papadopoulos gewesen, den sie über eine Diversionsoperation in Zypern bewerkstelligen wollten. Das verfrühte Losschlagen am 8. März erzwang die Verschiebung dieser Pläne, aber wie die Ereignisse im Jahr 1974 zeigten, wurden sie nicht aufgegeben.

Patatakos übergab instruktionsgemäß den Umsturzplan an Kliridis, der ihn an Makarios weitergab. Makarios erkannte, dass er vor einem Dilemma stand. Anerkannte er den Putsch-Plan in der Öffentlichkeit als echt, musste er Papapostolou und seine Clique und möglicherweise noch mehr Offiziere des Landes verweisen. Dies würde zwangsläufig zu einer Konfrontation mit Athen führen, seine guten Beziehungen zu G. Papadopoulos ruinieren, einen zwangsläufigen Schulterschluss der Junta um Ioannidis bewiken und die Kräfte um diesen in Griechenland und Zypern stärken. Daher verkündete er in einer Presseerklärung am 17. März, dass er das Dokument für eine Fälschung halte. Er schenke den Gerüchten, dass griechische Offiziere in die Ermordung von Georkatzis verwickelt seien, keinen Glauben. Diese dienten nur dazu, die "psychische Einheit zwischen Volk und Armee" zu untergraben, die eine der Hauptstützen des Griechentums in Zypern sei. Dies waren schöne Worte, die der Schadensbegrenzung dienten und von der Wahrheit ablenken sollten. Später übernahm er sogar die Behauptung, dass Georkatzis in den Anschlag auf ihn verwickelt gewesen sei.

Obwohl *Der Spiegel* Einzelheiten über den Plan berichtete, den er als Hermes-Plan bezeichnete, blieb Makarios auch in den folgenden Wochen bei seiner Sprachregelung, selbst bei seinem *Spiegel*-Interview Anfang April. Dort stellte er fest, dass das Attentat auf ihn von griechischen Zyprioten durchgeführt worden war und dementierte, dass ein "fremder Finger" geschossen habe. Auf die Ermordung von Georkatzis ging er nicht ein. Der Putschplan heißt aber in der Literatur seither Ermis-Plan.

Der Prozess gegen die Attentäter vom 8. März war eine Farce. Zwei der sechs Angeklagten wurden gar nicht angeklagt, da die Beweise angeblich nicht ausreichten. Die anderen vier schoben alle Schuld auf Georkatzis. Dennoch wurden sie zu 14 Jahren Gefängnis verurteilt, von denen sie allerdings nur zwei absitzen mussten, da Makarios christliche Milde walten ließ und ihnen den Rest der Strafe erließ.

Die "erfolgreiche Beseitigung" von Georkatzis ermutigte Papapostolou aber zum Weitermachen. Er versuchte, den hohen Klerus auf seine Seite zu bringen und ließ eine Jugendorganisation der EM aufbauen. Als erneut Anschläge in großem Maßstab begannen, schlug der Staat zurück. Es kam zu Massenverhaftungen, und die Anführer wurden vor Gericht gestellt. 22 von ihnen wurden zu Gefängnisstrafen verurteilt. Im Januar 1971 begnadigte Makarios sie, was sich als großer Fehler erweisen sollte, denn viele von ihnen schlossen sich später der EOKA B an. Die EM selbst löste sich allerdings auf. Im Juni 1970 verließ auch Papapostolou Zypern für immer.

Die weitere Entwicklung 1969-1971
Der Rest des Jahres 1969 und die nächsten beiden Jahre verliefen ruhig in Zypern. Die interkommunalen Verhandlungen gingen weiter und es gab zwischen August und November 1969 eine dritte Runde. Da im Oktober 1969 Parlamentswahlen in der Türkei stattfanden und im Juli 1970 in Zypern gewählt wurde, kam es zu einer Unterbrechung. Die vierte Runde begann im September 1970 und endete im September 1971.

In der dritten Gesprächsrunde zwischen Kliridis und Denktaş ging es um die Autonomie. Denktaş wollte diese in der Verfassung verankert sehen. Sein Ziel war der horizontale administrative Zusammenschluss der türkisch-zypriotischen Dörfer in Gruppen, selbst wenn sie weit auseinander lagen, und zugleich die Errichtung einer hierarchischen Struktur bis zur obersten Ebene. Dieses Konzept war vom Charakter her föderal oder gar konföderal, wenn auch nicht territorial. Ausgehend von der Erfahrung mit den türkisch-zypriotischen Enklaven konnte man diesen Vorschlag als einen Zwischenschritt zu einer ethnischen Teilung der Insel interpretieren. Keine Regierung konnte, ohne abzudanken, einen solchen Vorschlag akzeptieren, der Machtverlust wäre unerträglich gewesen. Andererseits war verständlich, dass die türkischen Zyprioten für ihre Angelegenheiten Autonomie verlangten. Gelang es, die richtige Balance zu finden, war eine friedliche Perspektive für Zypern denkbar. Kliridis betrachtete die Bildung von Dörfergruppen als unproblematisch; dies könne schon jetzt auf der Basis der bestehenden Gesetze (*Improvement Areas Law*) realisiert werden. Für ihn waren die Kompetenzen der Lokalregierungen entscheidend und da es hier keine Meinungsunterschiede zwischen ihm und Denktaş gab, war er bereit, die Hierarchisierung bis zur Distriktebene zu akzeptieren, wie sie Denktaş ursprünglich vorgeschlagen hatte.

Doch Makarios und seine Minister lehnten dies ab, denn sie waren der Meinung, dass die türkischen Zyprioten irgendwann einlenken würden. Makarios und Außenminister Kyprianou wiederholten in Zypern und außerhalb immer wieder, dass weitere Konzessionen inakzeptabel seien. Eine partnerschaftliche Regierung mit lokaler Autonomie kam für sie nicht in Frage, sie wollten einen Zentralstaat mit garantierten Rechten für die türkische Minorität. Gleichwertige Partnerschaft war in Makarios' Augen die Vorstufe zur Föderation.

Im Dezember 1969 legte Denktaş eine vernünftige Kompromisslösung vor: Er war bereit, die Forderung nach einer hierarchisch gegliederten lokalen Selbstverwaltung fallen zu lassen und zum *Status quo ante* zurückzukehren, wenn die Dörfräte von den Bewohnern gewählt und nicht ernannt wurden. Damit war der zentrale Stolperstein für eine Lösung aus dem Weg geräumt. Nun hätte man über die Verfassungsreform, also Makarios' 13 Punkte, reden müssen, wobei Denktaş auch hier kompromissbereit war, wie er selbst feststellte. Die Taktik von Kliridis war ebenfalls geeignet, den Weg zu ebnen; wieder begann sich eine Chance für die Lösung des Zypernproblems am Horizont abzuzeichnen. Als Kliridis Makarios darüber informierte, zeigte sich dieser über die Zugeständnisse von Denktaş zufrieden und - erhob neue zusätzliche Forderungen. Makarios' Spielernatur brach wieder durch. Er erkannte nicht, dass er mit dieser Taktik Schiffbruch erleiden musste. Kliridis durfte keine Zugeständnisse machen und kämpfte damit einen aussichtslosen Kampf.

Am 21. April wurde der 5. Juli für die Abhaltung von Wahlen festgelegt, und am 29. Mai 1970 löste Makarios das Parlament auf und beraumte Neuwahlen für den genannten Termin an. Genau 10 Jahre nach den ersten Wahlen zum Repräsentantenhaus fanden die zweiten Wahlen statt. Von den 263.858 Wahlberechtigten gingen 200.141 zur Wahl, also etwas mehr als 75 Prozent. Zur Wahl standen 35 Mandate. Die AKEL wurden mit 79.665 Stimmen (40,7 Prozent) stärkste Partei, erhielt aber nur 9 Sitze, da sie nur 9 Kandidaten aufgestellt hatte. Für die wohlorganisierte AKEL wäre es ein Leichtes gewesen, in jedem Wahlkreis einen Kandidaten aufzustellen. Mit großer Wahrscheinlichkeit wäre sie dadurch nicht nur stimmenmäßig, sondern auch mandatsmäßig zur stärksten Kraft im Repräsentantenhaus geworden. Dies hätte aber zur Folge gehabt, dass sich alle anderen Parteien gegen sie gewandt hätten, und auch das westliche Ausland - und hier besonders die Amerikaner - hätte Zypern durch den Kommunismus bedroht gesehen. Das hätte zu einer Intervention führen können. Angesichts dieser Lage übte man sich in weiser Bescheidenheit, trat in die zweite Reihe und akzeptierte, dass die Stimmen für die AKEL in jenen Wahlkreisen, in denen sie keine Kandidaten aufgestellt hatte, verfielen. Die Partei wusste, dass sie dies verschmerzen konnte, denn sie hatte durch ihre enge Zusammenarbeit mit Makarios ein größeres politisches Gewicht.

Die *Eniaio Komma* von Kliridis errang 26,11 Prozent und gewann 15 Sitze. Die *Proodeftiki Parataxi* erreichte 18,28 Prozent und 7 Sitze. Die EDEK von Lyssaridis gewann 13,74 Prozent und damit 2 Sitze. Die DEK von T. Evdokas kam auf 10,04 Prozent, erhielt aber keinen Sitz, da sie in keinem Wahlkreis die Mehrheit errang. Ferner wurden zwei unabhängige Kandidaten gewählt.

Die ganze Zeit über waren die Verhandlungen zwischen Kliridis und Denktaş weitergegangen. Am 6. Juli hatten sie ein Dokument mit allen Übereinstimmungen und Nichtübereinstimmungen in Bezug auf Exekutive, Legislative, Judikative, Öffentlichen Dienst, Polizei, Menschenrechte und lokale Selbstverwaltung erarbeitet. Die Athener Regierung empfahl Makarios, den türkischen Zyprioten einige Zugeständnisse zu machen, so dass man rasch zu einer Lösung komme. Doch Makarios hielt stur an seinem Kurs fest. Seine Zugeständnisse betrafen sekundäre Probleme, wo sich ein Konflikt nicht lohnte. In den entscheidenden Fragen war er nicht bereit, den türkischen Zyprioten entgegenzukommen.

Auch die türkische Regierung drängte auf eine Fortsetzung der interkommunalen Verhandlungen. Denktaş hatte eigentlich vorgehabt, vom Posten des Unterhändlers zurückzutreten, da er erkannte, dass Makarios sich nicht bewegen würde und die Verhandlungen scheitern würden. Aber der türkische Außenminister lehnte dies ab, der Dialog müsse fortgesetzt werden. Es war offensichtlich, dass Athen und Ankara sich in dieser Frage abgestimmt hatten.

Bei ihrem ersten Treffen zur vierten Runde am 21. September 1970 beklagte sich Denktaş, dass er in der 70:30-Relation, beim Veto des Vizepräsidenten, bei den Sicherheitskräften, den getrennten Mehrheiten, den Wahlen von Präsident und Vizepräsident, usw. Zugeständnisse gemacht habe, aber die griechische Seite habe sich nicht bewegt. Dennoch vereinbarten die beiden, dass sie weiter verhandeln würden. Mitte Dezember unterbreitete Denktaş einen Kompromissvorschlag in der Frage der Hierarchisierung der autonomen Verwaltung. Kliridis stimmte Denktaş' Vorschlägen innerlich zu und empfahl Makarios, als er ihm darüber berichtete, dringend, diese zu akzeptieren. Er warnte ihn, dass Ankara irgendwann die Gespräche als sinnlos betrachten und beenden werde. Sollte es dann zu interkommunalen Zwischenfällen kommen, drohe eine türkische Intervention. Makarios ließ sich nicht beeindrucken und instruierte Kliridis, bei der nächsten Sitzung mit Denktaş am 21. Dezember 1970 beide Vorschläge abzulehnen. Partnerschaft selbst in der von Denktaş reduzierten Version war für ihn nicht akzeptabel. Er wollte, dass die türkischen Zyprioten politisch eine Minderheit bildeten.

In seinen Memoiren stellte Kliridis bitter fest, dass die von Denktaş angebotene und von Makarios ausgeschlagene Lösung weit besser war, als das sog. High-Level-Agreement, das Makarios und Denktaş 1977 aushandelten. Das Verhandlungsresultat von 1970 war im Vergleich mit allen späteren Lösungsvorschlägen geradezu optimal, und vor allem anderen: Es hätte damit die Katastrophe von 1974 nie gegeben. Es bleibt nur die traurige Feststellung, dass wieder eine Chance, das Zypernproblem zu lösen, verspielt worden war.

In der zweiten Februarhälfte 1971 kam es in der Türkei immer wieder zu Studentenunruhen, die solche Ausmaße annahmen, dass am 12. März die Armee intervenierte und die Regierung Demirel zum Rücktritt veranlasste. Nihat Erim wurde neuer Premierminister und Osman Olcay Außenminister. Anfang April wurde bekanntgegeben, dass Denktaş nach Ankara reisen wolle, um mit Erim zu sprechen. Man entschied, die Gespräche bis nach seiner Rückkehr auszusetzen. Die neue türkische Regierung war für einen härteren Kurs. Über den deutschen Botschafter ließ man Makarios wissen, falls er weiterhin einen Kompromiss verweigere, werde man die Verhandlungen beenden.

Am 27. April 1971 legte Denktaş in der Form eines langen Briefes an Kliridis sein Lösungspaket vor. Nach einer Auflistung seiner bisherigen Zugeständnisse kam er auf die Selbstverwaltung zu sprechen: Es müsse eine zentrale Selbstverwaltungsbehörde geben. Die Unterstellung der lokalen Selbstverwaltungsbehörden unter den District Commissioner sei jedoch nicht akzeptabel. Er erwarte, dass auch die griechische Seite Zugeständnisse mache und nicht nur die der türkischen Seite einstreiche. Sein Ziel sei es, die Verfassungsordnung so zu modifizieren, dass sie wieder funktionsfähig werde, aber nicht um den Weg für die Enosis zu bereiten. Es folgte eine Liste der bisher von der türkischen Seite gemachten Konzessionen, die praktisch den 13 Punkten von Makarios von 1963 entsprachen. Abschließend verlieh er seiner Hoffnung Ausdruck, dass sich auch die griechische Seite ein bisschen generös zeige.

Von da an bis zum offiziellen Ende der ersten Gesprächsrunde am 20. September 1971 traten die Verhandlungen auf der Stelle. Kliridis wurde von Makarios dazu vergattert, keine Zugeständnisse zu machen. Denktaş zeigte sich flexibel. Im August stellte er fest, dass er alle 13 Punkte von Makarios akzeptiert habe und sogar noch einige zusätzliche. Bei seinen Verhandlungen habe er stets nach Sicherheit für seine Volksgruppe, nie aber nach Teilung der Insel gestrebt. Der Wunsch nach Einrichtung der lokalen Selbstverwaltung bedeute nicht die Schaffung eines Staates im Staate. Denktaş kam dann auf die Einzelheiten zu sprechen, wobei wieder deutlich wurde, dass man sich in den meisten Fragen sehr nahe gekommen war, außer in jener der lokalen Selbstverwaltung. Kliridis' Antwort war eine Wiederholung der bekannten Positionen. Er betonte, dass man nach einer dauerhaften Lösung strebe, dass Partnerschaft nicht kollektive Gleichberechtigung bedeute, sondern proportionale. Er habe nichts gegen eine funktionelle Föderation, lehne aber nach wie vor zentrale Einrichtungen für die lokale Selbstverwaltung ab. Die Argumentation beider Protagonisten drehte sich im Kreise. Die Verhandlungen hatten einen toten Punkt erreicht.

Die Verhandlungen gingen insgesamt mit Unterbrechungen bis zum Juli 1974 weiter. Die türkisch-zypriotische Seite erwies sich als flexibel und im Dezember 1972 fanden Kliridis und Denktaş einen neuen Kompromiss. Doch Makarios lehnte ihn wieder ab. Kliridis machte sich später Vorwürfe, dass er Makarios nicht entgegen getreten und seinen Rücktritt von den Verhandlungen erklärt habe, aber ein solcher Schritt hätte Makarios geschadet, und das brachte Kliridis nicht fertig. Und so verhandelte man bis zum Putsch 1974 ergebnislos weiter.

Bevor wir uns der weiteren Entwicklung zuwenden, soll noch ein Blick auf eine etwas bizarre Geschichte, die seit Jahrzehnten durch die Literatur geistert, geworfen werden. Am 2. Juni 1971 tagten in Lissabon die NATO-Außenminister. Am Rande dieses Treffens kamen auch der griechische Staatssekretär Palamas und der türkische Außenminister Olcay zusammen. Bei diesem Treffen soll eine geheime Vereinbarung zwischen Griechenland und der Türkei zur Teilung Zyperns geschlossen worden sein. Diese Behauptung wurde im Februar 1975 auf einer Konferenz in Washington zum ersten Mal aufgestellt, aber nie wissenschaftlich nachprüfbar belegt. Von vielen Autoren wurde diese Geschichte kritiklos übernommen und weitergegeben und sogar noch mit Details ausgeschmückt, selbstverständlich auch das ohne irgendwelche überprüfbare Quellenangabe. Diese konspirativen Interpretationen der Gespräche von Lissabon erwiesen sich als penetrant und langlebig. Tatsächlich kamen die beiden Außenminister überein, Einfluss auf die jeweilige Volksgruppe in Zypern zu nehmen, dass die interkommunalen Gespräche fortgesetzt würden und sie auf größere Flexibilität drängen sollten. Sollten die Gespräche scheitern, wollten Ankara und Athen ihren Dialog wieder aufnehmen.

Tatsächlich drängte Papadopoulos Makarios in einem Brief vom 18. Juni, in der Autonomiefrage den türkischen Zyprioten entgegenzukommen, zumal diese seine 13 Punkte akzeptiert hätten. Sollten die Gespräche durch Makarios' Schuld scheitern und es zu einer Krise kommen, werde man Makarios im Regen stehen lassen. Makarios ließ sich davon nicht beeindrucken und ging zum Gegenangriff über, indem er Papadopoulos' Brief der Presse zuspielte, die diesen prompt als Verräter am hellenischen Ideal brandmarkte und ihn beschuldigte, Zypern den türkischen Forderungen zu opfern. Makarios selbst verwahrte sich gegen die Drohung. In der Presse hieß es, Makarios habe geäußert, er habe 13 griechische Premiers überdauert, er werde auch den 14. überleben. Als Athen nun den Führungsanspruch des "Nationalen Zentrums" als Argument ins Feld führte, antwortete Makarios offiziell am 4. August 1971 mit einem zurückhaltend formulierten Brief an Papadopoulos. Darin stimmte er prinzipiell dem Führungsanspruch des "Nationalen Zentrums" zu, lehnte es aber ab, dass Athen das letzte Wort in der Zypernfrage habe, wenn es um die nationale Zukunft des zypriotischen Griechentums gehe. Offensichtlich wollte Makarios einen Bruch vermeiden. Ende August schlug er ein Treffen mit Papadopoulos in Athen vor.

Diese Gespräche fanden am 3. und 4. September statt. Die lokale Selbstverwaltung war ein zentrales Thema der Gespräche. Makarios lehnte die Ernennung eines türkischen Ministers für diese Belange vehement ab, denn dies werde zur Spaltung führen. Da sei der durch den Vertrag von Zürich geschaffene Status noch besser. Papadopoulos und Makarios waren sich einig, dass die Enosis angesichts der politischen und militärischen Lage ausgeschlossen sei. Zypern müsse daher ein unabhängiger souveräner Staat bleiben, in dem die Mehrheit regiere und die Minderheit privilegiert sei. Auch diese Gespräche führten aber zu keinem Resultat in der entscheidenden Frage der Selbstverwaltung. Man entschied, dass die Gespräche fortgeführt werden sollten. Die persönlichen Beziehungen zwischen Makarios und Papadopoulos blieben weiterhin gespannt. Am Ende des Besuches wurde ein inhaltsleeres Kommuniqué veröffentlicht.

1971-1974: AUF DEM WEG IN DIE KATASTROPHE: DIE EOKA B

Der Weg in die Krise 1971-1972
Bekanntlich war Grivas im Gefolge der Kofinou-Krise im November 1967 nach Griechenland zurückbeordert worden, und die Junta hatte ihn quasi unter Hausarrest gestellt. 1969 begann er sich mit der Planung einer Untergrundorganisation zu beschäftigen, die Makarios stürzen und den Anschluss Zyperns an Griechenland herbeiführen sollte. Obwohl diese Ideen jenen der EM ähnelten, wollte Grivas mit dieser Organisation nichts zu tun haben und blieb auf Distanz. Als 1970 die EM zerschlagen wurde, befahl er seinen Anhängern in Zypern, Mitglieder für die zukünftige EOKA B zu rekrutieren. Der griechische Buchstabe B (Vita) ist zugleich die Ordnungszahl II.

Am 1. April 1970, dem Jahrestag des Beginns des EOKA-Kampfes, polemisierte Grivas auf einer Großveranstaltung gegen die zypriotische Regierung. In Zypern fing die pro-Grivas Zeitung *Patris* an, gegen Makarios zu hetzen. Im Herbst und Winter 1970 begannen Vorbereitungen für Grivas Rückkehr nach Zypern. Ein neues Versteck wurde für ihn vorbereitet. Etwa gleichzeitig wurden im Pentadaktylos-Gebiet erste Verstecke und Waffendepots angelegt und erste bewaffnete Gruppen aufgestellt. Anhänger von Grivas gingen mit Enthusiasmus an die Vorbereitungen des neuen Kampfes um die Enosis. Bei Treffen und Diskussionen in privaten Zirkeln sprach man von einem neuen "Epos" der EOKA und kam zu der Schlussfolgerung, dass nur der bewaffnete Kampf gegen Makarios die Enosis retten könne.

Zum Jahrestag des Beginns des EOKA-Kampfes 1971 hielt Grivas wieder eine Ansprache, in der er verkündete, dass er bereit sei, noch einmal den Kampf um die Enosis aufzunehmen. In Zypern hatte man Grivas' Aktivitäten misstrauisch verfolgt, und es gab Überlegungen, ob man ihn nicht legal nach Zypern einreisen lassen solle, um ihn so besser unter Kontrolle zu halten. Doch am 29. Juli ließ Grivas auf dem Kongress der zypriotischen Studentenorganisation in Athen einen Brief verlesen, in dem er Makarios beschimpfte und die Studenten zum bewaffneten Widerstand aufrief. Grivas war zwar inzwischen 73 Jahre alt, aber, wie diese Rede zeigt, keinen Deut weiser geworden. Er konnte es sich nicht verkneifen, gelegentlich "eine Schau abzuziehen." Die Konsequenzen interessierten ihn nicht. Es ging nur um sein Ego. Mit dieser Rede aber beendete Grivas jede Möglichkeit für eine wie auch immer geartete Kooperation mit Makarios.

Am 28. August 1971 schaffte es Grivas, sich der Überwachung durch die griechische Geheimpolizei zu entziehen und an Bord eines Kaïkis zu gehen, das ihn nach Zypern brachte. Am 31. August ging er bei Pissouri westlich der britischen Basis von Akrotiri an Land. Grivas' Rückkehr war von ihm und seinen Freunden allein bewerkstelligt worden. Für die immer wieder gehörte Behauptung, dass ESA-Chef Ioannidis dahinter gesteckt habe, gibt es jedenfalls keinen Beweis. Im Gegenteil, die griechische Regierung war ziemlich geschockt, als sie von Grivas' Ankunft in Zypern hörte, denn sie befürchtete Konflikte mit der Türkei.

Kaum hatte sich Grivas in seinem Versteck eingerichtet, als er auch schon erste Befehle erteilte, die er wieder wie während des Kampfes der ersten EOKA einem Tagebuch anvertraute: Der Name der neuen Organisation sollte EOKA B sein. Er befahl, zwei Exekutionsteams (death squads) jeweils aus fünf Mann bestehend aufzustellen, die unabhängig operieren und ihre Befehle direkt von ihm erhalten sollten. Von seinen direkten Vertrauten verlangte er einen detaillierten Bericht über den Stand der Vorbereitungen.

Die EOKA B wurde nach dem zentralistisch-konspirativen Modell der EOKA A strukturiert. Grivas war der Chef, der alles kontrollierte. Es gab keinen Stab, nur einen Adjutanten. Grivas teilte Zypern in Sektionen ein und ernannte Sektionskommandeure. Der wichtigste Sektor war der von Limassol, wo bekanntlich auch die EM ihren Schwerpunkt gehabt hatte. Jedes Mitglied der EOKA B - mit Ausnahme der alten Kämpfer der EOKA A, deren Eid noch als gültig betrachtet wurde - musste einen feierlichen Eid auf die Dreifaltigkeit ablegen. Darin hieß es, Ziel der Organisation sei die Enosis. Jeder schulde dem Führer der Organisation absoluten Gehorsam und werde die Geheimnisse der Organisation bewahren. Das Mitglied werde die ihm von der Organisation gegebene Waffe ehren und sie nicht dem Gegner ausliefern. Wer seinen Eid breche, dem drohe die Hinrichtung. Auch dieses Mal gelang es Grivas, viele junge Leute zu rekrutieren und ihren jugendlichen Idealismus zu missbrauchen.

Auch die EOKA B litt anfangs unter Waffenmangel. Einige der alten Kämpfer hatten zwar noch ihre Waffen aus dem Befreiungskampf, aber das waren wenige. Grivas befahl daher Überfälle auf Waffendepots der Nationalgarde. Diese waren allerdings in der Regel gut bewacht. Gelegentlich kam es aber zum erfolgreichen Zusammenspiel zwischen Angehörigen der Nationalgarde und der EOKA B, bei dem die Grivas-Anhänger Waffen in größerer Menge stehlen konnten. Auch Gesinnungsgenossen in der ELDYK ließen ihnen Waffen zukommen. Später wurden Kalaschnikows im Libanon gekauft und nach Zypern geschmuggelt. Ein weiteres Problem waren die Finanzen. Die EOKA A war von der Kirche finanziell stark unterstützt worden. Da diese Geldquelle nicht mehr sprudelte, ging der Aufbau der Organisation recht langsam vor sich, so dass sie erst 1973 richtig in Erscheinung trat.

Den ganzen Herbst 1971 über bemühte sich Makarios in Erklärungen und Interviews darum, Grivas davon abzuhalten, die Brücken hinter sich abzubrechen und den bewaffneten Kampf zu beginnen. Das werde nur zu Bürgerkrieg und zur Selbstzerstörung führen. Zugleich aber begann Makarios Maßnahmen gegen die bewaffneten Gruppen zu ergreifen. Da er sich weder auf die Nationalgarde noch auf die reguläre Polizei verlassen konnte, beschloss er im November, eine Sonderpolizeieinheit, die sog. *Efedriko* (Reserve) aufzustellen. Grivas ließ sich weder von Makarios' Appellen noch von den konkreten Gegenmaßnahmen beeindrucken. Im November 1971 ließ er sogar noch eine politische Frontorganisation, die ESEA (Epitropi Syntonismou Enotikou Agona - Komitee für die Koordination des Kampfes um die Enosis) gründen. Grivas wusste sich im Besitz der Wahrheit, und da er in der Isolation seines Verstecks nicht durch Selbstzweifel gequält wurde, verfestigten sich seine Vorstellungen und gewannen programmatischen Charakter. Er wollte die Nation von allen antinationalen Elementen säubern. Dies konnte allerdings erst nach einem Staatsstreich und der Beseitigung von Makarios geschehen.

Da weder die Nationalgarde noch die Polizei bereit waren, irgendwelche Waffen an die Efedriko abzugeben, orderte Makarios Waffen in der ČSSR, die im Januar 1972 geliefert wurden und auf geheimen Wegen ins Land gebracht und an sicheren Plätzen verwahrt wurden. Natürlich wurde dies von der EOKA B beobachtet, und einige Exponenten beschwerten sich beim griechischen Botschafter Panagiotakos und informierten ihn über die Waffenlieferung. Panagiotakos informierte Athen. Staatssekretär Palamas reagierte hart und verlangte, dass die Waffen an die Nationalgarde übergeben werden sollten. Makarios lehnte dies natürlich ab.

Am 9. Februar fand in Athen eine Krisensitzung statt, auf der die Lage in Zypern diskutiert wurde. Man einigte sich darauf, Makarios durch eine diplomatische Note aufzufordern, die tschechischen Waffen sofort der UNFICYP zu übergeben, eine Regierung der nationalen Einheit zu bilden und die Autorität Athens als des Nationalen Zentrums anzuerkennen, dem er Gehorsam schulde. In einer mündlich vorgetragenen Botschaft sollte Makarios selbst zum Rückzug aus der Politik aufgefordert werden. Aber auch Grivas sollte zum Abzug aus Zypern veranlasst werden. Um möglichen Irritationen der türkischen Seite vorzubeugen, informierte man Ankara.

Am 10. Februar 1972 erschien Panagiotakos bei Makarios und überreichte ihm die Note. Nach deren Verlesung zog er einen Zettel aus der Tasche und verlas den Text der Verbalnote, in der gefordert wurde, dass Makarios und Grivas sich ins Privatleben zurückzögen.

Panagiotakos' Verhalten bei diesem Gespräch zeigte, dass er sich offensichtlich in der Rolle eines Athener Statthalters gefiel. Makarios begriff, dass er praktisch mit dem Rücken zur Wand um seine politische Existenz kämpfte. Er wusste, dass er Alliierte brauchte und die Unterstützung des Volkes. Gelang es ihm, diese beiden zu gewinnen, würde er wieder politischen Manövrierraum erreichen. Eine seiner ersten Reaktionen war der Versuch, die Amerikaner auf seine Seite zu ziehen: Er werde die Note zurückweisen, aber er sei bereit, die Waffen der UNFICYP zu übergeben, vorausgesetzt, Grivas verlasse Zypern und löse seine bewaffneten Gruppen auf. Ferner sei er bereit, seine Regierung umzubilden, aber nur, wenn der Eindruck vermieden werde, er handle auf Befehl der griechischen Regierung

Panagiotakos hingegen versuchte, Makarios bei den Amerikanern als Kommunistenfreund anzuschwärzen. Makarios sei ein Niemand, der vergessen habe, dass Athen das Zentrum der griechischen Welt sei, dessen Befehlen man Gehorsam schulde. Wenn er Athens Forderungen nicht erfülle, werde es zu einem Volksaufstand kommen, während dessen er getötet werde. Er habe ihn zum Rücktritt und zum Verlassen des Landes aufgefordert. Wenn er das nicht tue, müsse er die Konsequenzen tragen. Grivas hingegen werde gehorchen.

Während am 12. Februar 1972 das zypriotische Kabinett tagte, hielt Panagiotakos eine Pressekonferenz ab, auf der er den Inhalt der Note bekannt machte und arrogant versicherte, dass diese keine Einladung zu einem Dialog sei. Athen erwarte keine Antwort, sondern Vollzug. Die Regierung müsse umgebildet und Grivas-Anhänger aufgenommen werden. Wenn Makarios die Forderungen zurückweise, trage er die Verantwortung für die Folgen. Am 14. Februar wurde in Athen der Text der Note der Presse übergeben. In Nikosia wurde offiziell bestätigt, dass Makarios und seine Regierung nicht bereit seien, die Bedingungen der Note zu akzeptieren. Aber diese Feststellung geschah auf sachliche Weise; man wollte kein Öl ins Feuer gießen, denn man setzte auf Vermittlungen. Panagiotakos auf der anderen Seite begann zurückzurudern: Er bedaure, dass einige seiner Statements auf seiner Pressekonferenz missverstanden worden seien.

Um die Unterstützung der Amerikaner zu erhalten, startete Makarios am 14. Februar ein brillantes taktisches Manöver. Er ließ Kliridis kommen und ihn durch den Chef des zypriotischen Geheimdienstes über einen angeblich bevorstehenden Putsch informieren, der am nächsten Tag über die Bühne gehen sollte. Er beauftragte ihn, die Amerikaner darüber zu informieren und um eine sofortige Intervention des US-Präsidenten in Athen zu bitten, um so den Putsch zu verhindern. Kliridis tat, wie ihm geheißen, und informierte US-Botschafter Popper: Die Zyprioten würden sich gegen den Putsch wehren und es werde zu Blutvergießen kommen. Präsident Nixon solle doch intervenieren und Athen stoppen. Da Popper Kliridis' persönliche Integrität kannte, gab er die Botschaft als glaubwürdig nach Washington weiter.

Diese Botschaft veranlasste in Washington eine Sitzung der *Special Actions Group* unter dem Vorsitz von Sicherheitsberater Kissinger. Obwohl Zweifel laut wurden, ob tatsächlich ein Putsch geplant war, stimmte man überein, dass man Kliridis nicht hängen lassen könne. Kissinger informierte Nixon. Dieser veranlasste, dass US-Botschafter Tasca Papadopoulos aufsuchte und ihm klar machte, dass die US-Regierung gegen einen Sturz von Makarios sei und die kategorische Versicherung verlange, dass nichts geschehen werde. Papadopoulos versicherte, dass weder durch die in Zypern stationierten griechischen Truppen noch durch die bei der Nationalgarde dienenden Offiziere etwas gegen Makarios und seine Regierung unternommen werde. Gegen 17 Uhr informierte Popper Kliridis darüber und dieser gab dies an Makarios weiter.

Die Konspirationstheorien anhängende Historiographie glaubt, dass tatsächlich ein Putsch bevorstand und unterstellt, dass nicht nur die griechische Junta, sondern sogar die Amerikaner darin verwickelt gewesen seien, ohne einen überzeugenden nachprüfbaren Beweis vorzulegen. Tatsache ist jedoch, dass ein Putsch zu diesem Zeitpunkt nicht in die Athener Politik gepasst hätte. Athen wollte Ruhe in Zypern und keinen Ärger mit der Türkei. Ein Putsch hätte zu bürgerkriegsähnlichen Zuständen in Zypern geführt und mit Sicherheit eine Intervention der Türkei provoziert. Gerade der Versuch Athens, Makarios und Grivas aus dem Verkehr zu ziehen, spricht gegen die Putschthese. Die Steine des Anstoßes sollten beseitigt werden. Die Bildung einer Regierung der nationalen Einheit sollte die Differenzen im konservativen Lager beseitigen. Natürlich gab es einzelne Offiziere, die gerne geputscht hätten, aber diese hatten zu diesem Zeitpunkt noch nichts zu sagen.

Es ist bekannt, dass in Nikosia seit Tagen Gerüchte über einen bevorstehenden Putsch umliefen und es kann nicht ausgeschlossen werden, dass diese von Makarios' Leuten zumindest benutzt, wenn nicht gar gestreut wurden. Makarios wusste, dass die Amerikaner sich wegen der Rücktrittsforderung aus Athen nie eingemischt hätten. Daher wurden die Gerüchte zu einem bevorstehenden Putsch aufgeblasen. Der Trick wirkte, die Amerikaner intervenierten in Athen und die griechische Regierung wurde so gezwungen, ihren Plan, Makarios loszuwerden zumindest vorläufig aufzugeben, denn Makarios stand nun de facto unter dem Schutz der Amerikaner. Panagiotakos selbst hatte durch seine diplomatischen Patzer und sein rüdes Benehmen für den Erfolg dieser Taktik gesorgt. Für diese These spricht auch die Tatsache, dass Panagiotakos schon dabei war einzulenken. Makarios schaffte es damit, sich aus einer ausweglosen Lage herauszuwinden.

Die umlaufenden Gerüchte hatten die Bevölkerung beunruhigt und zu Massendemonstrationen am 14. und 15. Februar geführt. Einen Tag später stellte Makarios fest, dass jeder Versuch, eine Lösung zu oktroyieren, zurückgewiesen werde. Panagiotakos verließ am 17. Februar Zypern für immer. Die Krise war überstanden und Makarios der Sieger dieser ersten Runde in der Auseinandersetzung mit Athen. Kaum war diese Krise überstanden, als ein neuer Angriff auf Makarios begann.

Panagiotakos hatte nämlich auch die Bischöfe von Kyrenia (Kyprianos), Kition (Anthimos) und Paphos (Gennadios) gegen Makarios aufgehetzt. Kyprianos hasste Makarios, weil er an seiner Stelle Erzbischof geworden war. Anthimos und Gennadios waren ursprünglich mit Unterstützung von Makarios gewählt worden und in den ersten Jahren der Republik seine Parteigänger gewesen. Im Gefolge der Ereignisse von 1967 hatten sich alle drei mit ihm überworfen, und waren ihm feindlich gesinnt. Am 24. Februar beantragten sie eine Sitzung der Heiligen Synode. Makarios stimmte zu. Nun begannen beide Seiten ihre Kräfte zu sammeln. Anfang März war klar, dass die Bischöfe Makarios sowohl aus dem Präsidentenamt verdrängen als auch als Erzbischof stürzen wollten.

Als am 2. März die Synode zusammenkam, protestierte eine große Zahl von Klerikern gegen das Verhalten der Bischöfe. Makarios eröffnete die Sitzung der Synode, indem er einen Überblick über die durch die griechische diplomatische Note geschaffene Lage gab, doch die Bischöfe waren daran nicht interessiert. Kyprianos forderte seinen sofortigen Rücktritt vom Amt des Präsidenten, weil es mit den kanonischen Regeln nicht vereinbar sei, ein weltliches Amt innezuhaben. Obwohl Makarios über diese Forderung informiert war, soll er explodiert sein und die drei Bischöfe so angebrüllt haben, dass man es noch in den benachbarten Büros hörte. Er warf den Bischöfen vor, dass sie sich illegal versammelt und verschworen hätten. Der Athener Erzbischof Ieronymos teilte ihm telefonisch mit, dass die griechische Regierung keinesfalls seinen Rücktritt vom Präsidentenamt, geschweige denn seine Amtsenthebung als Erzbischof fordere. Makarios möge dies den Synodalen mitteilen und sie auffordern, jegliche öffentliche Erklärung zu unterlassen. Dies geschah und damit war die Rebellion für den Augenblick beendet. Kurz darauf wies Makarios die Bischöfe darauf hin, dass der Erzbischof immer auch Ethnarch gewesen sei; ihre Vorwürfe seien also haltlos.

Zugleich signalisierte er Athen, dass er die Waffen bereits der Kontrolle der UNFICYP unterstellte habe. Er akzeptiere den Führungsanspruch des Nationalen Zentrums. Aber dann folgte zugleich dessen glatte Zurückweisung: Wenn Athen allerdings einen Kurs steuere, der von den griechischen Zyprioten nicht akzeptiert werde, dann müsse deren Meinung Vorrang haben, denn sie müssten die Konsequenzen eines solchen Kurses tragen und mit ihnen leben. Papadopoulos bestand in seiner Antwort auf dem Vorrang, betonte aber, dass er eine Rückkehr zum alten Zustand begrüßen würde. Damit war dieser Konflikt vorläufig beigelegt.

Makarios war sich im Klaren, dass ihm von der EOKA B eine tödliche Gefahr drohte. Wenn sie sich mit seinen Feinden in der Nationalgarde und der ELDYK zusammentat, würde die Lage in Zypern kritisch, zumal er sich auch auf die Polizei nicht verlassen konnte und der Aufbau des *Efedrikon* durch die bevorstehende Auslieferung der Waffen an die UNFICYP problematisch geworden war. Angesichts dieser Lage unternahm er den Versuch eines Arrangements mit Grivas. Über einen Mittelsmann kontaktierte er Grivas und ließ ihm ein Treffen vorschlagen. Nach langem Hin und Her über Sicherheitsfragen und Diskussionsthemen kam es am Sonntag, dem 26. März 1972 zum historischen Zusammentreffen im Haus einer Nichte von Makarios. Das Haus selbst war von EOKA B-Leuten gesichert, das daneben liegende durch Sicherheitskräfte von Makarios.

Das Gespräch der beiden dauerte fast 2 Stunden. Da sie hinter verschlossenen Türen unter vier Augen sprachen, gab es keine Zeugen und kein Protokoll. Die einzigen verlässlichen Quellen über das, was besprochen wurde, sind einige Briefe von Grivas und Makarios, aber aus diesen gehen die Themen nur in Umrissen hervor. Danach forderte Grivas von Makarios, die gegenwärtige Zypernpolitik aufzugeben und sich eindeutig für die Enosis zu erklären. Ferner soll Grivas seinen Rücktritt gefordert und einen Wahlkampf auf der Basis von Selbstbestimmung/Enosis vorgeschlagen haben. Makarios hielt dagegen, dass dies zur Teilung der Insel und zur doppelten Enosis führen werde. Das Treffen war offensichtlich ohne Ergebnis.

In einem Tagesbefehl an seine Truppe verkündete Grivas, dass er bereit sei, mit jedem zusammenzuarbeiten, der nach Enosis strebe, und wenn es der Teufel selbst sei. Er sei 74 Jahre alt und auch wenn seine Kräfte nachließen, so sei er doch bereit, gegen jeden Feind der Enosis heroisch zu kämpfen. Dies habe er geschworen. Grivas' Briefe waren hochemotional, pathetisch und theatralisch und erinnerten an seine Appelle aus der Zeit des EOKA A-Kampfes. Er war von seiner historischen Mission überzeugt und unfähig, eine rationale Alternative zu erkennen. Die Konsequenzen für Zypern und seine Einwohner interessierten ihn nicht. Dies war Grivas' alte egozentrische Haltung des *"nach mir die Sintflut."*

Anfang April signalisierte Athen, dass man nach Wiederherstellung harmonischer Beziehungen strebe. Dazu sei es notwendig, bestimmte Minister und hohe Beamte zu entlassen, die einen negativen Einfluss auf diese Beziehungen hätten, und sie durch Personen gegenseitigen Vertrauens zu ersetzen. Außenminister Kyprianou und andere stünden dem im Weg. Am 3. Mai kündigte Makarios an, dass er das Kabinett umbilden werde. Am 5. Mai 1972 trat Kyprianou von seinem Amt zurück. Am 15. Juni erfolgte die Kabinettsumbildung. Neuer Außenminister wurde Ioannis Christofidis. Aber keiner der neuen Minister war Grivas-Anhänger. Damit war die Krise zwischen Athen und Nikosia für den Augenblick beigelegt.

Der EOKA B-Terror 1972-1973

Fast das ganze Jahr 1972 über unternahm die EOKA B keine bewaffneten Anschläge. Grivas war mit der stabsmäßigen Planung seiner Machtübernahme beschäftigt. Im September 1972 gelang es seinen Leuten, Waffen und Munition im Wert von 486.000 US $ auf drei Kaïkis aus dem Libanon nach Zypern zu schmuggeln. Dies war im Vergleich zu den wenigen Waffen, die aus Armeedepots ihren Weg zu den Anhängern der EOKA B gefunden hatten oder aus anderen Quellen stammten, ein beträchtlicher Zuwachs an Feuerkraft. Anfang Dezember 1972 schätzte die US-Botschaft in Nikosia Grivas' Stärke auf einige Hundert bewaffnete Verschwörer, die nun ausgebildet, ausgerüstet und einsatzbereit seien. Man halte diese Gruppen für fähig, Attentate auf Regierungsmitglieder, Anschläge auf Telekommunikationseinrichtungen und auf den Flughafen durchzuführen. Im Januar 1973 wurde klar, dass demnächst der bewaffnete Kampf beginnen würde. Die Frage war nur, ob noch vor den Präsidentenwahlen am 8. Februar oder danach.

In seinem Versteck in Limassol produzierte Grivas wieder Unmengen von Befehlen, Aufrufen und Proklamationen. Gegen Ende der unblutigen Aktionen pries er die "errungenen Siege" und versicherte, dass die Enosis erreicht werde. Man sei in der Lage, Angriffe durchzuführen, wo immer man wolle. Der Feind, d. h. Makarios und die zypriotische Regierung, müsse "gnadenlos zerschlagen" werden. Ein glänzender Sieg zeichne sich wie die "Morgenröte" am Horizont ab. Es folgte Soldatenlyrik über die "tapferen Soldaten Griechenlands, die aufrecht, unerschütterlich und unbeugsam die Stellung verteidigen."

Die ersten Überfälle der EOKA B veranlassten Makarios, sich in Athen Rückendeckung gegen Grivas zu verschaffen. Daher entsandte er am 24. Januar 1973 den neuen Außenminister Ioannis Christofidis nach Athen, und diesem gelang es, Papadopoulos zu einer öffentlichen Intervention zugunsten von Makarios zu bewegen: In einer Rundfunkansprache verkündete Papadopoulos, dass die griechische Regierung Grivas' Bestrebungen in keiner Weise unterstütze. Grivas ließ sich davon nicht irritieren. Im Februar 1973 begann er einen Putsch zu planen, der Mitte Juli 1973 stattfinden sollte. Die Operation erhielt den Codenamen *Apollo*. Zunächst würde die EOKA B losschlagen, wenig später würde sich ihr die Nationalgarde anschließen. Er arbeitete den Apollo-Plan auf dem Papier stabsmäßig bis in die letzten Kleinigkeiten aus; Unterpläne trugen Namen wie *Kernavos* (Blitz) und *Seismos* (Erdbeben). Es gab Detailpläne für die Machtübernahme in bestimmten Städten und Dörfern. Im Stab der Nationalgarde weren bestimmte griechische Offiziere über Grivas' Putschpläne genau im Bild.

Diese Episode zeigt, dass die parakratischen Kreise in Athen um Ioannidis fester im Sattel saßen als je zuvor, denn sie konnten sich einerseits über die Befehle von Papadopoulos hinwegsetzen und andererseits in Zypern die Nationalgarde so weit unterwandern, dass Grivas' Pläne der Kooperation mit der Nationalgarde bei seinem Putsch gar nicht mehr so realitätsfern erschienen. Die Polizeiführung stand zwar noch auf der Seite von Makarios, aber die mittleren Ränge, die von Georkatzis eingesetzt worden waren, hegten einen tiefen Groll gegen Makarios und waren den Einflüsterungen jener griechischen Offiziere zugänglich. Die Frage war nur, ob es Makarios noch gelingen würde, das *Efedrikon* so rasch aufzubauen, dass er die EOKA B zerschlagen konnte, bevor Grivas zum Staatsstreich ausholte.

Im März 1973 unternahmen die rebellischen Bischöfe einen neuen Versuch, Makarios zum Rücktritt zu veranlassen. Makarios war dieses Mal vorbereitet und schlug zurück. Er berief eine erweiterte Synode ein, an der auch die Patriarchen von Alexandria und Antiochia und andere hohe Kleriker teilnahmen. Die Synode befand die Rebellen der Kirchenspaltung für schuldig und setzte sie ab.

Im April begannen die ersten Bombenanschläge der EOKA B, bei denen es Tote gab. Da die Amerikaner befürchteten, dass daraus eine größere Krise entstehen könnte, warnten sie den Stab der Nationalgarde, indem sie diesen detailliert über konkrete türkische Invasionspläne informierten. Diese Warnung veranlasste Grivas vorübergehend, seine Staatsstreichpläne zurückzustellen, aber schon im Juli befahl er erneut Bombenanschläge und die Planung eines Attentates auf Makarios. Doch nun hielt die *Efedriko* sehr wirksam dagegen. Massenverhaftungen von EOKA B-Anhängern folgten. Grivas antwortete mit neuen Bomben, denen die

Paramilitärs von Lyssaridis mit gleicher Münze antworteten. Ein Minister wurde von der EOKA B gekidnappt. Man stand kurz vor einem Bürgerkrieg.

Dies veranlasste Papadopoulos, sich erneut über den Rundfunk einzumischen: Er verurteilte Grivas' Enosis-Kurs aufs Schärfste. Die Lösung des Zypernproblems werde lokal durch die interkommunalen Verhandlungen auf der Basis der Unabhängigkeit gefunden werden. Grivas reagierte empört und appellierte an die Radikalen in der Athener Junta, gegen Papadopoulos vorzugehen. Offensichtlich war er über die interne Spaltung der Junta informiert. In den folgenden Wochen unternahm Grivas eine publizistische Großoffensive gegen Papadopoulos, in der er diesen übel verleumdete.

Am 7. Oktober 1973 wurde ein Anschlag auf Makarios durch eine ferngezündete Sprengladung verübt, der jedoch fehlschlug. Grivas wusste von dieser Aktion allerdings nichts, und als er davon hörte, nahm er an, dass das Ganze ein von der Regierung in Szene gesetzter Schwindel sei. Er befahl eine Untersuchung, und als er entdeckte, dass die EOKA B aus Famagousta hinter dem Attentat steckte, verstummte er, was Makarios veranlasste, an seiner Beschuldigung festzuhalten und auf Grivas' schuldiges Schweigen hinzuweisen. Dagegen konnte Grivas nichts sagen, denn eine Richtigstellung hätte nur gezeigt, dass er die EOKA B nicht mehr unter Kontrolle hatte.

Am 20. Oktober 1973 stellte der neue griechische Premier S. Markezinis fest, dass der interkommunale Dialog fortgesetzt und eine Lösung gefunden werden müsse, der die Zyprioten zustimmen könnten. Er beabsichtige nicht, eine Lösung zu oktroyieren. Grivas konnte von der griechischen Regierung mit keinerlei Unterstützung rechnen und die EOKA B würde unter dem konstanten Druck des *Efedriko* bleiben und immer mehr geschwächt werden, so dass die von der EOKA B ausgehende Bedrohung sich stark verringern würde. Ohne Unterstützung von außen würde auch in ihr der Erosionsprozess einsetzen, der bei der Mehrheit in der ESEA zu dem Entschluss geführt hatte, den Kampf um die Enosis mit friedlichen, politischen Mitteln zu führen. Der Wechsel zu Markezinis bedeutete für Griechenland eine gewisse Liberalisierung des Regimes, die aber das Kräftegleichgewicht innerhalb der Junta weiter störte und wenig später zum Staatsstreich der Radikalen um Ioannidis führte.

Ioannidis, Kissinger und Zypern 1973/74

Im Sommer 1973 hatte Papadopoulos rein äußerlich den Höhepunkt seiner Macht erreicht. Er war Regent, Premierminister, Verteidigungs- und Außenminister. Eine solche Machtfülle hatte noch nie ein griechischer Politiker im 20. Jahrhundert besessen. Mit dieser Machtkonzentration isolierte sich Papadopoulos jedoch von seinen Kollegen, und seine Gegner warteten auf eine günstige Gelegenheit. Seine Liberalisierungsmaßnahmen provozierten die Radikalen. Papadopoulos bemerkte zwar, dass die Opposition gegen ihn zunahm, aber er erkannte nicht, wo die eigentliche Bedrohung lag. Die tatsächliche Gefahr ging von unzufriedenen Offizieren in der Armee aus. Dies waren einmal die Kollegen von Papadopoulos in den oberen Schaltstellen der Macht, doch diese wären erst gegen ihn vorgegangen, wenn er ernsthafte Fehler gemacht hätte oder in einen Konflikt mit den mittleren Rängen der Armee geraten wäre. Die mittleren Ränge, Majore und Oberste, aber waren entscheidend, wie schon sein eigener Putsch vom 21. April 1967 gezeigt hatte. Wenn diese sich von ihm abwandten und sich mit den Radikalen verbündeten, dann wurde es gefährlich. Genau dies geschah, als Markezinis Wahlen ankündigte, denn diese würden den Zugriff der Militärs auf die staatlichen Finanzen beenden.

Ende Oktober beschlossen die Radikalen um Ioannidis, Papadopoulos zu stürzen und die Macht zu übernehmen. Die am 14. November 1973 beginnenden spontanen Unruhen der Studenten des Polytechnikums führten dazu, dass die Polizei die Kontrolle verlor und am 17. November das Militär den Aufstand der Studenten gewaltsam unterdrückte. Dieser Aufstand wurde von Ioannidis als Bankrotterklärung des Regimes interpretiert. Doch der Polytechneion-Aufstand war nicht der Auslöser des Staatsstreiches, wie immer wieder behauptet wurde; allenfalls beschleunigte er ihn. Der Putsch der Radikalen ging am 25. November 1973 genau nach dem Muster des 21. Aprils 1967 über die Bühne. Papadopoulos wurde unter Hausarrest gestellt. Neuer Präsident wurde der Kommandeur des 1. Armeekorps, General Faidon Gizikis, und neuer Premier Adamantios Androutsopoulos, der jahrelang Papadopoulos als Finanz- und Innenminister gedient hatte. Ioannidis zog es vor, weiterhin aus den Kulissen die Fäden zu ziehen. Die Amerikaner hatten mit dem Machtwechsel nichts zu schaffen, auch wenn das immer wieder behauptet wurde.

Wenige Tage vor dem Putsch, nämlich vom 14. bis 19. November, hatte in Rom das jährliche Seminar des *Center for Mediterranean Studies of the American Universities Field Staff* stattgefunden. Das "Seminario tis Romis" ist ähnlich wie das Abkommen von Lissabon ein Teil der Legenden, die sich durch die zypriotische Geschichte ranken. In der öffentlichen Meinung Griechenlands und Zyperns war dieses Seminar eine finstere amerikanische Verschwörung, die das Schicksal Zyperns besiegelte. In griechischen Zeitungen war vor vielen Jahren sogar zu lesen, dass die Amerikaner den Türken auf diesem Seminar grünes Licht für ihre Intervention im Sommer 1974 gegeben hätten. Die Anhänger der konspirativen Geschichtsbetrachtung in und außerhalb Zyperns sahen die CIA am Werk.

Dieses jährlich stattfindende Seminar brachte amerikanische graduierte Politikwissenschafts-studenten, darunter auch Postdocs, zusammen, die sich mit den Problemen der Mittelmeerländer beschäftigten. Die Studenten spezialisierten sich immer auf ein Land, das sie eine Zeitlang besuchten, um seine Probleme kennenzulernen. Abschließend schrieben sie darüber eine Seminararbeit. Auch schon in der Vergangenheit hatte es Kurse über Zypern gegeben und sowohl Denktaş als auch Kliridis hatten vor Studenten in Zypern Vorträge gehalten und Fragen beantwortet. Doch 1973 fand gewissermaßen ein Seminar im Seminar statt. Zwar gab es die üblichen Veranstaltungen für die Studenten, aber zugleich kamen hochkarätige Zypernspezialisten aus Politik und Wissenschaft aus den USA, England, Griechenland, der Türkei und Zypern zusammen, die über Lösungsperspektiven für das Zypernproblem diskutieren sollten. Aus Zypern waren Kliridis und Denktaş gekommen. Die Sitzungen dieser Runde waren nicht-öffentlich.

Das Seminar hatte also den Charakter der Sitzung einer Denkfabrik, wie etwa bei der deutschen "Stiftung für Wissenschaft und Politik" oder dem britischen *Chatham House*. Es war ein unabhängiges Diskussionsforum, auf dem unterschiedlichste Spezialisten ihre Meinung vortrugen und dessen Ergebnisse den interessierten Sachbearbeitern der Ministerien zur Kenntnis gebracht werden sollten. Ob die übermittelten Informationen ihren Weg nach oben zur Kenntnis jener Persönlichkeiten, die die Entscheidungen trafen, finden würden, war zweifelhaft. Auf keinen Fall war das "Seminario tis Romis" eine finstere amerikanische Verschwörung.

Der Wechsel von Papadopoulos zu Ioannidis bedeutete für Zypern eine Katastrophe. Papadopoulos war in Bezug auf Zypern ein Realpolitiker gewesen, der zwar im Februar 1972 über Makarios' Politik verärgert war und ihn zum Rücktritt aufgefordert hatte, sich aber dann wieder beruhigte und zum vorherigen vernünftigen Kurs zurückkehrte: Unabhängigkeit und Lösung des Problems durch erweiterte interkommunale Verhandlungen. Er wusste, dass jeder Versuch, die Enosis durchzusetzen, Krieg mit der Türkei bedeutete, und dieser würde mit einer Niederlage Griechenlands und der Teilung Zyperns, wenn nicht gar mit der Annexion der gesamten Insel durch die Türkei enden. Ioannidis hatte keine Ahnung davon, und er war auch nicht lernfähig, wie sein Verhalten in der Vergangenheit gezeigt hatte. Dies bedeutete, dass der geringste Anlass ihn dazu bringen konnte, in Zypern zu intervenieren - und das würde zu einer Katastrophe führen.

Aber es gab noch einen zweiten Wechsel, der mindestens genauso bedeutsam für die weitere Entwicklung sein sollte. Im September 1973 war Henry Kissinger US-Außenminister geworden. Kaum im Amt wurde seine Aufmerksamkeit zwischen Oktober 1973 und Juni 1974 von einer Reihe von Ereignissen voll beansprucht: dem Yom Kippur-Krieg, seiner Reise nach Moskau, der ersten Nahostreise, einer erneuten Chinareise, der Genfer Konferenz, der Pendeldiplomatie in Nahost und schließlich der Energiekrise, die durch die OPEC ausgelöst wurde, vor allem aber dem ständig an Gewicht gewinnenden Watergate-Skandal. In der Tat befand sich die Watergate-Krise in den ersten sechs Monaten des Jahres 1974 auf ihrem Höhepunkt. Die USA hatten praktisch keine Regierung. Kissinger übernahm de facto die Rolle des Präsidenten. Angesichts dieser Lage und Kissingers weltpolitischen Engagements war es wenig verwunderlich, dass Griechenland und Zypern für ihn bis zum März 1974 kein Thema waren.

Im Februar 1974 erkannte der für Zypern zuständige Sachbearbeiter (desk officer) im State Department, Thomas Boyatt, dass sich in Zypern etwas zusammenbraute. Boyatt, der fließend Griechisch sprach, war von 1967 bis 1970 erster Botschaftssekretär an der US-Botschaft in Nikosia gewesen. Von 1971 bis 1974 war er Direktor der Zypernabteilung des State Departments. Seit Spätjahr 1973 und zunehmend Anfang 1974 erkannte er, dass die radikalen Kräfte in der Junta, der KYP und im Militär jene Kräfte in Zypern unterstützten, die Makarios stürzen und Zypern an Griechenland anschließen wollten. Aus seiner Erfahrung vor Ort wusste er, dass dies zu einer türkischen Invasion führen musste.

Angesichts dieser Lage formulierte er eine Botschaft mit Instruktionen an Botschafter Tasca, worin dieser beauftragt wurde, Ioannidis aufzusuchen und ihm klipp und klar zu sagen, dass die USA gegen jede Aktion in Zypern seien. Boyatts Vorgesetzter lehnte den Text ab, und Boyatt formulierte ihn erneut in abgeschwächter Form. Doch die nächst höhere Instanz im State Department wies ihn erneut zurück. Inzwischen hatte Tasca eine Einladung zu einem Hearing vor dem *Foreign Affairs Committee* des Repräsentantenhauses erhalten und erschien in Washington. Um seine Aussagen mit dem State Department abzustimmen, fand am 20. März 1974 eine Sitzung mit Kissinger statt.

Dies war das erste Mal, dass sich Kissinger mit Griechenland und Zypern befasste, seit er Außenminister geworden war. Seine Fragen zeigten, dass er wenig Ahnung hatte. Schließlich kam Tasca zum Knackpunkt: In Griechenland habe es immer einen "ausländischen Faktor" gegeben, der sich in die griechische Politik eingemischt habe. Im Augenblick seien die USA dieser Faktor, und so tief in die griechische Politik verstrickt, dass selbst eine Nichteinmischung als Einmischung interpretiert werde, also in diesem Fall als eine Unterstützung von Ioannidis. Tasca wollte Instruktionen, was er den Fragen der Abgeordneten antworten solle. Kissinger konnte oder wollte keine Entscheidung treffen. Nach weiterer Diskussion einigte man sich darauf, dass man die Entscheidung verschieben und mit der bisherigen Politik fortfahren würde. Tasca solle in Athen keine Wellen schlagen. Kissinger kümmerte sich um dieses Thema nicht, denn er machte Weltpolitik und erkannte nicht, dass sich in Zypern etwas zusammenbraute. Eine Warnung an die Junta wie im März 1972 wäre überfällig gewesen.

Boyatt gab jedoch nicht auf. In mehreren Sitzungen im State Department im April warnte er, dass Ioannidis in Zypern etwas vorhabe. Doch jedes Mal liefen seine Bemühungen ins Leere. Es war offensichtlich, dass Kissingers "Finger weg von der Junta Politik" wirkte und in den oberen Etagen des State Departments vorauseilenden Gehorsam hervorrief.

Am 7. Mai traf sich Kissinger mit Gromyko in Zypern im Rahmen seiner Vermittlungsaktion zwischen Syrien und Israel. Makarios spielte den vollendeten Gastgeber, und Kissinger gewann den Eindruck, dass nichts auf eine Krise hindeutete. Gerade zu diesem Zeitpunkt erreichten neue

Warnungen Kissinger, der sie jedoch umso überzeugter in den Wind schlug. Kissinger lehnte eine Intervention in Athen ab, schließlich könne man sich nicht in die inneren Angelegenheiten Griechenlands einmischen.

Auch im Juni trafen ständig neue Warnungen ein. Ioannidis äußerte sich recht offen gegenüber Tasca und seinem CIA-Kontaktmann, dass Makarios ausgeschaltet werden müsse. Am 29. Juni ging daraufhin schließlich doch noch eine ziemlich verwässerte Version von Boyatts ursprünglicher Aufforderung vom Februar, Ioannidis zu stoppen, hinaus. Doch Tasca war inzwischen im Urlaub, und der stellvertretende Missionschef beauftragte eine Diplomatin mit dieser Aufgabe. Später stellte es sich heraus, dass diese nicht direkt zu Ioannidis gegangen war, sondern ihm die Botschaft über Dritte hatte zukommen lassen. Man kann sich vorstellen, wie wenig eine solche Demarche den ESA-Chef beeindruckte, zumal sie von einer Frau übermittelt worden war. Boyatts Rettungsversuch blieb durch die Inkompetenz der Athener US-Botschaft wirkungslos.

In der Tat kümmerte sich Ioannidis nicht im Geringsten um diese sanfte Ermahnung. Aber um einer härteren Intervention im letzten Moment vorzubeugen, versicherte Ioannidis am 14. Juli dem Athener CIA-Chef, dass die griechische Regierung nichts gegen Makarios unternehmen werde. Dies wurde nach Washington weitergegeben, wo man sich beruhigt ins Wochenende begab. Durch die Zeitverschiebung bedingt, erfuhren die Amerikaner erst in den frühen Morgenstunden des 15. Juli, dass der Putsch in Nikosia begonnen hatte.

In einem großen Teil der griechischen und zypriotischen Historiographie ist Henry Kissinger schuld am Staatsstreich. In ihren Augen handelt es sich dabei um eine amerikanische Verschwörung mit der Athener Militärjunta, um Makarios zu stürzen. Kissinger selbst behauptet, dass er nicht informiert gewesen sei und deshalb nicht eingegriffen habe. Dies ist einerseits falsch und andererseits eine Schutzbehauptung, die von seiner tatsächlichen Verantwortlichkeit ablenken soll. Makarios war ihm undurchsichtig und lästig und deshalb ließ er den Dingen ihren Lauf, es sollte ja nur der Stein des Anstoßes, Makarios, aus dem Weg geräumt werden. Hätte Kissinger die tatsächlichen Konsequenzen erkannt, nämlich die bewaffnete türkische Intervention und Invasion, hätte er sich mit großer Wahrscheinlichkeit eingemischt.

Doch er war zu diesem Zeitpunkt mit Nahostpolitik beschäftigt und betrieb große Diplomatie. Er glaubte, die Politik des State Departments vom Flugzeug aus leiten zu können und verließ sich darauf, dass er von dort in kritischen Situationen gewarnt würde. Er übersah dabei, dass er durch seine bisherige Haltung bezüglich Zyperns genau dies verhindert hatte. Die obere Etage des State Department praktizierte nämlich vorauseilenden Gehorsam, und ihre Mitglieder verhielten sich genau so, wie sie dachten, dass Kissinger es von ihnen erwartete, d.h. sie ließen ihn in Ruhe. Ein weiterer Punkt sollte ebenfalls nicht außer Betracht gelassen werden: Henry Kissingers arrogante Überheblichkeit. Er glaubte, mit seinem hohen Intellekt jedes Problem durchschauen zu können. Aber in diesem Fall scheiterte er an seiner Unfähigkeit, die Dummheit und Borniertheit dieses griechischen Militärpolizistenhirns zu begreifen. Er hielt es nicht für möglich, dass jemand eine solch wahnsinnige Tat begehen könnte, wie Ioannidis es tat. Aber genau dies war leider die Realität. Letzteres hat natürlich sehr viel damit zu tun, dass Kissinger nur sehr wenig von Zypern bzw. Griechenland verstand.

Aufschlussreich ist in dieser Sache auch Henry Kissingers Verhalten gegenüber dem ihm lästig gewordenen Warner Boyatt. Kissinger enthob Boyatt seines Amtes und beurlaubte ihn. Anschließend sorgte er dafür, dass Boyatt eine qualifizierende Weiterbildung erhielt. Bei den Hearings vor dem Untersuchungsausschuss des Repräsentantenhauses zu Geheimdienstfragen ein Jahr später hielt sich Boyatt stark zurück, und Kissinger machte ihn dafür zum Missionschef in Santiago. Dies war die Belohnung dafür, dass Boyatt es unterlassen hatte, Kissinger im Kongress anzuschwärzen.

Der Countdown des Putsches, Januar bis Juli 1974
Der Wechsel von Papadopoulos zu Ioannidis war in EOKA B-Kreisen begeistert aufgenommen worden. Grivas hob den "Waffenstillstand" auf, den er angeordnet hatte, um der Regierung Markezinis die Chance zu geben, eine neue Zypernpolitik zu formulieren, und befahl eine Offensive gegen Makarios und sein "Regime". Regierungsmitglieder, Angehörige der Sicherheitskräfte, Polizisten und vor allem Makarios und seine Anhänger sollten blitzartig umgebracht werden. Eine motorisierte Eingreiftruppe sollte aufgestellt werden, die die Partisaneneinheiten bei Angriffen unterstützen sollte. Dies war alles blinder Aktionismus, der das Ziel - die Enosis - aus den Augen verloren hatte. Im Dezember begannen die Mordanschläge. Doch bevor diese größeren Umfang annehmen konnten, starb Grivas selbst an einer Herzattacke am 26. Januar 1974.

Um eine Versöhnungsgeste gegenüber seinen Anhängern zu machen, ordnete die Regierung eine dreitägige Staatstrauer an, während derer Grivas unter freiem Himmel im Garten des Hauses, das ihm während des EOKA A-Kampfes als Versteck gedient hatte, aufgebahrt lag, und verkündete eine Generalamnestie für alle EOKA B-Verbrechen. Die Gefängnisse wurden geöffnet und EOKA-B-Häftlinge freigelassen. Wer aus seinem Versteck kam und seine Waffen ablieferte, kam ohne Strafe davon. Da der Beerdigungsgottesdienst am 30. Januar 1974 von den drei amtsenthobenen Bischöfen durchgeführt wurde, erschien niemand von der Regierung und der Amtskirche.

In Zypern wird Grivas bis heute von vielen aus dem bürgerlichen Lager als der militärische Führer des Unabhängigkeitskampfes verehrt. Seine Rolle während der Besatzungszeit Griechenlands im Zweiten Weltkrieg als Kommandeur einer oft mit den Besatzern kooperierenden rechten Kampfgruppe ist genauso unbekannt wie seine Aktivitäten in der unmittelbaren Nachkriegszeit, als er maßgeblich am Aufbau des sog. Parakratos in Griechenland beteiligt war. Beides interessiert die Zyprioten nicht, da diese Aktivitäten Zypern nicht betrafen. Die Wahrnehmung ist auf die EOKA A-Zeit beschränkt, und dafür wird er in das "Pantheon der Unsterblichen" erhoben. Dass während dieser Zeit mehr griechische Zyprioten umkamen als Briten, wird aber verdrängt, genau wie seine späteren Aktivitäten, obwohl diese das Bombardement der Tillyria 1964 auslösten, und die Kofinou-Affäre 1967 stark zum interkommunalen Konflikt beitrugen. Über den Kampf der EOKA B redete man noch lange Zeit nur hinter der vorgehaltenen Hand. Das Bild des "Helden des Befreiungskampfes" überstrahlt die dunklen Kapitel seiner Biographie, wobei diese das Schicksal Zyperns weit stärker beeinflusst haben als der Befreiungskampf.

Nach Grivas' Tod begann in der EOKA und der ESEA eine Auseinandersetzung über seine Nachfolge und den weiteren Kurs. Die Radikalen wollten am Terrorkurs festhalten, die Gemäßigten ihn beenden. Im Mai 1974 intervenierte Ioannidis und brachte die Reste der Bewegung unter seine Kontrolle. In dieser Zeit geriet die griechische Außenpolitik im Zusammenhang mit dem beginnenden Ägäis-Konflikt mit der Türkei zunehmend in Schwierigkeiten. Dabei musste Athen Demütigungen hinnehmen, die natürlich Auswirkungen auf das Ansehen des Regimes von Ioannidis hatten. Um das Ansehen des Regimes durch einen Erfolg wiederherzustellen, begann Ioannidis im April davon zu reden, etwas gegen Makarios unternehmen zu wollen. Bei einem Treffen der Juntaführung wurde grundsätzlich beschlossen, dass man gegen Makarios vorgehen wolle, aber erst nach eingehender Prüfung.

Inzwischen fügte das *Efedriko* der EOKA-B immer schwerere Schläge zu. Bei polizeilichen Vernehmungen wurde deutlich, dass hinter der EOKA B griechische Offiziere der Nationalgarde steckten und diese von Athen aus gesteuert wurden. Ihr Ziel war die Beseitigung von Makarios und die Machtübernahme in Zypern durch die Junta. Als im März 1974 deutlich wurde, dass die Junta versuchte, EOKA B-Mitglieder als Reserveoffiziersanwärter in die Nationalgarde einzuschleusen, kam es zu einem ersten Zusammenstoß, denn Makarios lehnte dies ab. Er nahm dies als Anlass für einen Versuch, die Nationalgarde von Offizieren, die enge Beziehungen zur EOKA B unterhielten, zu säubern, um diese selbst unter seine Kontrolle zu bringen. Offensichtlich fühlte er sich angesichts der Schwäche der EOKA B und des Beginns des griechisch-türkischen Ägäiskonflikts stark genug, um die Konfrontation mit seinen Gegnern in der Nationalgarde suchen zu können.

Im Mai und Juni stieg die Spannung zwischen Athen und Nikosia an. Auf einem Treffen der militärischen und zivilen Junta-Führung Anfang Juni 1974 wurde deutlich, dass der Chef des Generalstabes, Bonanos, und Außenminister Tetenes sowie Premier Androutsopoulos versuchten, Ioannidis zu stoppen: Bonanos wies darauf hin, dass das ganze Vorhaben von allen Seiten bis in die kleinsten Einzelheiten untersucht werden müsse. Staatspräsident Gizikis und Androutsopoulos stimmten ihm zu, aber Ioannidis gab keine Antwort, denn er verfolgte das Thema hinter dem Rücken der drei anderen Teilnehmer der Runde in persönlichen Gesprächen mit ihm vertrauten Offizieren in Griechenland und Zypern weiter.

Botschafter Kranidiotis warnte Makarios vor einem Putsch. Doch Makarios glaubte nicht daran, denn Ioannidis habe dies bisher nicht gewagt und werde es nun nicht mehr schaffen, denn er werde die Lage in der Nationalgarde bereinigen. Er werde den Abzug der griechischen Offiziere fordern und diese durch zypriotische ersetzen. In Athen tagte Mitte Juni die Junta erneut. Zypern war das Hauptthema: Ioannidis sagte, Makarios sei eine Katastrophe für Zypern und Griechenland, deshalb müsse er aufhören, politische und kirchliche Macht auszuüben und beseitigt werden. Androutsopoulos stimmte zu. Bonanos versuchte, Zeit zu gewinnen: Bevor man an seine Beseitigung denke, müsse man die möglichen Reaktionen der Türkei mit einkalkulieren, für einen gewaltsamen Zusammenstoß sei man noch nicht bereit. Staatspräsident Gizikis schwieg, aber Ioannidis wies dies zurück: In Zypern habe man alle Eventualitäten eingeplant. Bonanos erkannte, dass Ioannidis in Zypern hinter ihrem Rücken gehandelt hatte. Er war vom Gang der Dinge so bedrückt, dass er überlegte, von seinem Posten zurückzutreten, was er aber mit der in solchen Fällen üblichen Ausrede - er habe Schlimmeres verhüten wollen.

Ioannidis hatte inzwischen den Resten der EOKA B befohlen, mit weiteren Mordanschlägen zu beginnen. Dies geschah, aber die *Efedriko* konterte erfolgreich und Ende Juni 1974 war die EOKA B praktisch zerschlagen. In den Augen von Ioannidis war die EOKA B damit erledigt. Maßlos gereizt ließ er den Putsch weiter vorbereiten. Der Putsch gegen Makarios sollte stattdessen von Ioannidis' Leuten in der Nationalgarde und der ELDYK durchgeführt werden. In dieser Situation beschloss Makarios, der offensichtlich Ioannidis' Psychologie völlig falsch einschätzte, sich von der Gefahr zu befreien und den Bruch mit Athen herbeizuführen. Wahrscheinlich erwartete er, dass Ioannidis angesichts der gegen ihn vorliegenden Beweise in Deckung gehen und nichts riskieren würde, stattdessen reagierte Ioannidis noch aggressiver.

Am 1. Juli 1974 beschloss der Ministerrat in Zypern die Verkürzung der Dienstzeit in der Nationalgarde von 24 auf 14 Monate. Mit diesem Schritt sollte die Zahl der aktiven Truppe und damit auch die der notwendigen Offiziere stark reduziert werden. Auf diese Weise hoffte man, die von der Nationalgarde ausgehende Bedrohung zu verringern, und würde die Gelegenheit haben, die Junta-freundlichen Offiziere loszuwerden. Aber nun beging Makarios einen taktischen Fehler: Anstatt die Junta-Offiziere im Rahmen der Rückkehr der überflüssigen Offiziere nach Griechenland geräuschlos abzuschieben, machte Makarios dies öffentlich, indem er am 3. Juli 1974 einen Brief an Gizikis sandte und diesen zugleich der Presse übergab.

Dieser Brief war eine Art Generalabrechnung mit der Junta und enthielt eine Auflistung aller "Sünden". In der Vergangenheit wurde immer wieder behauptet, dass dieser Brief der Auslöser des Putsches gegen Makarios gewesen sei, was grundfalsch ist, denn der Putsch war seit Anfang

Juni eine beschlossene Sache. Die Entscheidung für den genauen Zeitpunkt des Putsches fiel am 2. Juli, als Ioannidis während eines Gesprächs mit Bonanos den Termin festlegte und Letzterer aus Konfliktscheue zustimmte, also an dem Tag, an den Makarios seinen Brief schrieb. Der Putsch würde am 15. Juli unter Führung von Brigadier Michail Georgitsis über die Bühne gehen. Als Georgitsis die Befürchtung äußerte, dass es zu einer türkischen Intervention kommen könne, beruhigten Bonanos und Ioannidis ihn: Seine Sorge sei unbegründet, denn man habe Versicherungen, dass niemand intervenieren werde, weil es "Rückendeckung" gebe. Beide sagten zwar nicht, von wem diese Rückendeckung kommen sollte, aber Georgitsis gewann den Eindruck, dass damit die Amerikaner gemeint waren. Man verblieb damit, dass man sich am nächsten Tag wieder treffen würde, um die Einzelheiten der Durchführung des Putsches zu besprechen, was auch geschah. Die Besprechung war wenig ergiebig, da man zu wenige Informationen über die Lage in Zypern hatte.

In den folgenden Tagen erhielt Makarios zahlreiche Warnungen, dass ein Putsch bevorstehe, die dieser jedoch nicht ernst nahm. Er verhandelte mit Vertretern Athens, die alle eines gemeinsam hatten: Sie waren nicht in den Putsch involviert, d.h. Makarios sprach mit den falschen Leuten. Da Makarios die tatsächlichen Machtverhältnisse offenbar nicht durchschaute, unternahm er auch nicht den Versuch, an Ioannidis selbst heranzukommen und ihn zu beeinflussen. Ioannidis auf der anderen Seite beobachtete Makarios' Suche nach einer friedlichen Lösung und ließ den Adressaten genug Spielraum für Verhandlungen, so dass Makarios den Eindruck gewann, er führe tatsächlich substantielle Verhandlungen. So wurde er praktisch das Opfer einer Selbsttäuschung und eines raffinierten Ablenkungsmanövers, das Ioannidis inszenierte.

Auf der anderen Seite war Ioannidis kein Stratege, sondern ein Taktiker. Er war der typische "Kommisskopf" mit geringen Kenntnissen über sein Metier - die Militärpolizei und die Geheimpolizei - hinaus. Er wollte Makarios stürzen, weil er ihn hasste und den Anschluss Zyperns an Griechenland wollte. Über die Konsequenzen seines Tuns dachte er wohl kaum nach und verließ sich darauf, dass die türkische Regierung schon nicht intervenieren werde. Unbewusst verließ er sich damit auf den auch von ihm verinnerlichten *Xenos Paragontas*, den ausländischen Faktor, also auf die Amerikaner, die sich ja schon in der Vergangenheit zweimal eingemischt hatten, als es gefährlich wurde. Da außerdem von deren Seite kein Einspruch gegen seinen Kurs laut wurde, dürfte er dies von der Logik dieses Denkens her als Zustimmung interpretiert haben. Ioannidis begriff nicht, dass eine solche Politik zur Teilung der Insel führen musste. Da niemand von der hohen Generalität die Zivilcourage aufbrachte, ihm in den Arm zu fallen, nahm das Verhängnis seinen Lauf. Am 13. Juli trafen sich die Putschisten im Hauptquartier der ELDYK und legten den Beginn auf 8 Uhr am 15. Juli 1974 fest.

1974: PUTSCH, INVASION UND TEILUNG

Der Putsch und der Countdown zur türkischen Intervention, 15. bis 19. Juli 1974
In Nikosia empfing Makarios kurz nach 8 Uhr des 15. Juli 1974 eine Gruppe der griechisch-orthodoxen Jugend aus Kairo im Präsidentenpalast. Plötzlich waren Schüsse zu hören, und ein Mitglied der Präsidentengarde informierte ihn, dass gepanzerte Fahrzeuge und Panzer den Palast beschossen. Die zehn Mann der Garde verteidigten das Palais, so gut sie konnten. Makarios und die Kinder suchten Deckung im Flur des Gebäudes, der vor Schüssen sicher war. Als der Ostteil des Gebäudes zu brennen begann, war klar, dass man fliehen musste. Makarios und drei Begleiter verließen das Gebäude durch eine Gartentür und folgten einem Weg hinunter zum Bett des Pediaios-Flusses. Die Kinder wurden von den Verteidigern im Untergeschoss des Palastes in Sicherheit gebracht.

Makarios' Flucht in einem requirierten Privatwagen führte zunächst in die östlichen Vorberge des Troodos und dann zu seiner Wochenendresidenz bei Platres und endete im Kykko-Kloster. Die Putschisten der Nationalgarde besetzten inzwischen Schlüsselstellungen in Nikosia, die teilweise heftig verteidigt wurden. Am späten Nachmittag kontrollierten die Putschisten praktisch ganz Zypern mit Ausnahme der Region um Paphos. Paphos war in der Tat eine andere Welt. Die 17 griechischen Offiziere der dort stationierten Einheiten der Nationalgarde waren in die Putschpläne nicht eingeweiht gewesen und machten am 15. Juli 1974 ihren Dienst wie jeden Tag. Als nun die ersten Informationen über den Putsch eintrafen, nahm die Makarios-treue Polizei diese Offiziere fest. Mitglieder der EDEK und der AKEL riefen zum Widerstand auf. Aus der ganzen Gegend strömten Dörfler in die Stadt, um die Demokratie zu verteidigen. Die Paramilitärs von Lyssaridis vereinigten sich mit der Polizei. Die Polizei gab Waffen an die Kampfbereiten aus. Gegen Mittag war die Stadt voll unter der Kontrolle der Anhänger von Makarios. Der Inhaber eines örtlichen Rundfunkgeschäftes schaffte es, einen UKW-Sender in Betrieb zu nehmen, der die Leute aufrief, den Putschisten zu widerstehen, und sich selbst "Radio Freies Zypern" nannte.

Im Kloster Kykko hörte Makarios die Sendung von "Radio Freies Zypern" und begab sich nach Paphos. Über den Sender wandte er sich an die Bevölkerung Zyperns und rief zum Widerstand auf. Damit war die von der Junta verbreitete Nachricht, dass Makarios tot sei, eindeutig widerlegt. Georgitsis befahl einen Vorstoß der Nationalgarde nach Paphos.

In Nikosia hatte Georgitsis einen Gefolgsmann namens Kombokis beauftragt, sich auf die Suche nach einem Nachfolger für Makarios zu begeben. Als die potentiellen Kandidaten hörten, dass Makarios lebte, wiesen sie die Offerten ab. Der einzige der schließlich scharf darauf war, das Amt zu übernehmen, war Nikos Sampson. Der anscheinend geistig etwas einfach gestrickte Kombokis akzeptierte ihn. Er begriff nicht, was er mit dieser Entscheidung anrichtete und ließ Sampson am Nachmittag vom amtsenthobenen Bischof Gennadios als Präsident vereidigen. Sampsons Ernennung war der größtmögliche Fehlgriff der Putschisten. Aus der Zeit des Kampfes der EOKA A war er als pathologischer Killer bekannt. Bei den Weihnachtsunruhen von 1963 hatte er sich den zweifelhaften Ruhm eines Türkenfressers erworben, der mindestens 20 türkische Zyprioten auf dem Gewissen hatte. Sampson war ein Egomane mit sadistischen Neigungen schlimmsten Ausmaßes. Ohne ihn hätte es vielleicht eine friedliche Lösung geben können, mit ihm nicht: Seine Ernennung bildete eine Provokation für Ankara, wie sie kaum größer vorstellbar war.

In der Türkei erreichte die Nachricht über den Putsch in Zypern Premierminister Ecevit auf dem Flug von Ankara nach Afyon. Er kam zu der Schlussfolgerung, dass der Putsch eine verkappte Enosis bedeutete und man intervenieren musste. Nach seiner Rückkehr nach Ankara informierte Ecevit die Militärführung über seine Einschätzung. Diese erklärten ihm, dass sie fertig ausgearbeitete Pläne für eine Intervention hätte. Am Abend tagte der Nationale Sicherheitsrat der Türkei. Man kam überein, dass die Intervention am 20. Juli 1974 stattfinden sollte und die politische Führung diese durch geeignete Schritte bei der Garantiemacht Großbritannien vorbereiten und absichern würde. Auf der anschließenden Ministerratssitzung stimmte die Mehrheit der Minister der Intervention zu, wenn man auch bezweifelte, dass die Briten mitmachen würden. Nach dem Ende der Sitzung gegen 3 Uhr in der Frühe des 16. Juli 1974 unterzeichnete Ecevit im Generalstab die Befehle, die eine bewaffnete Landung und die Errichtung eines Brückenkopfes auf Zypern vorsahen. Die Vorbereitungen für die Invasion Zyperns hatten begonnen.

In Washington wurde Henry Kissinger am frühen Morgen des 15. Juli mit der Nachricht über den Putsch geweckt. In dem ihm von einer Mitarbeiterin des National Security Council ausgehändigten Memorandum hieß es, dass Ankara nichts unternehmen werde. Beim Treffen der *Special Actions Group* um 10.15 Uhr meinte Staatssekretär Sisco, dass es wohl am Besten wäre, zunächst einmal abzuwarten. Man müsse einen Krieg zwischen Griechenland und der Türkei verhindern und die Sowjets davon abhalten, die Situation auszunutzen. Der Coup in Zypern sei eine innere Angelegenheit der griechischen Volksgruppe. Da Kissinger selbst nichts Besseres einfiel, schloss er sich Siscos Meinung an. Als am Nachmittag die Nachricht eintraf, dass Makarios überlebt hatte, schlug Boyatt vor, diesen wieder in Amt und Würden zu bringen. Als Kissinger darüber informiert wurde, lehnte er dies ab, sprach aber von einer Kliridis-Lösung. Diese Idee stammte vom zypriotischen Botschafter in Washington, dessen Bruder an diesem Tag Sampsons Außenminister geworden war.

Kissinger hielt nichts vom Rat der Experten in dieser Frage. Er war der Meinung, dass die USA einen Kurs der freien Hand steuern und erst, wenn die zuvor festgelegten eigenen Interessen tangiert wurden, eingreifen sollten. Voraussetzung für das Funktionieren dieser Politik war natürlich, dass alle Beteiligten sich an diese Spielregeln der Machtpolitik hielten und rational handelten. Was Kissinger nicht begriff, war die Tatsache, dass diese Spielregeln in dieser Region der Welt nicht galten. Weder Griechenland noch die Türkei hatten in den letzten Jahrzehnten eine eigenständige Politik betrieben, sondern immer darauf gewartet, welche Richtung der "ausländische Faktor" vorgeben würde. Beide waren amerikanische Klientelstaaten und wussten, dass die Amerikaner sich einmischen würden, wenn ihnen etwas nicht passte. Wenn keine Vorgabe kam, interpretierte man das also selbstverständlich als Zustimmung.

Kissingers Politik der maximalen Flexibilität verkehrt sich hier zu einer Politik der maximalen Unverbindlichkeit, die jeder nach Belieben auslegen konnte. Dadurch wurden falsche Signale an jene ausgesandt, die auf amerikanische Signale warteten und nun unterstellten, dass die vermeintlich empfangenen Signale amerikanische waren. Kissingers Politik der Nichteinmischung bedeutete zugleich, dass er die Entwicklung nicht länger kontrollierte, ihr freien Lauf ließ und diese sogar noch unkontrolliert in eine Richtung beschleunigte, die die Amerikaner jahrelang zu verhindern versucht hatten. Natürlich spielte hier auch die persönliche Abneigung Kissingers gegen Makarios herein. Gute Beziehungen zur Türkei waren ihm wichtiger als solche zu Griechenland. Expertenwarnungen verfingen bei ihm nicht, denn Henry Kissinger konnte seine Einstellung nicht verleugnen, dass er in Harvard Professor gewesen und damit allen an Wissen und auch sonst überlegen war.

Der 16. Juli 1974 begann in Zypern mit Kämpfen bei Paphos zwischen Makarios-Anhängern und den Putschisten. Als Panzer aus Nikosia anrückten, wurde es Makarios klar, dass der Kampf verloren war. Er begab sich in das in der Nähe gelegene Camp der holländischen Blauhelme. Von dort flog ihn ein Hubschrauber in die Akrotiri-Basis, von wo aus er von einem britischen Flugzeug über Malta nach London gebracht wurde.

Die Putschisten kontrollierten nun die ganze Insel. Die Medien berichteten damals über hohe Verluste aller Seiten. Eine verlässliche Aufstellung aus dem Jahr 2000 nennt 43 Tote auf der Seite der Verteidiger. Von der Nationalgarde fielen 30 Mann. 18 Zivilisten kamen ums Leben. Die griechischen Offiziere zählten 5 Tote. Sampson errichtete sofort ein Terrorregime, unter dem vor allem die AKEL und die PEO zu leiden hatten. Nun konnten alte Rechnungen gefahrlos beglichen und politische Gegner gedemütigt werden. Die rechten Fanatiker konnten ihren Kommunistenhass ausleben.

In Ankara bemühte sich Ecevit, die bevorstehende Intervention innen- und außenpolitisch abzusichern. Am Morgen des 16. Juli rief er alle Parteiführer zu einer Sitzung zusammen und informierte sie über die Entwicklung. Man einigte sich darauf, mit London über ein gemeinsames Vorgehen auf der Basis des Garantievertrages zu sprechen. Daher schlug noch am selben Tag der türkische Botschafter in London Außenminister Callaghan Konsultationen vor. Im Foreign Office erkannte man sofort, dass die türkische Regierung eine gemeinsame

Militäraktion anstrebte, um den Status quo ante in Zypern wieder herzustellen. Callaghan erklärte sich zu Gesprächen ab dem 17. Juli bereit

Ecevit hatte den Militärs eine planerische Vorgabe für eine begrenzte Intervention gemacht: Es solle ein Brückenkopf auf der Insel gebildet werden, der den türkischen Zyprioten einen Zugang zum Meer gewähre und ein Kräftegleichgewicht herstelle. Sobald dies erreicht sei, werde die weitere Entwicklung von der dann bestehenden Lage abhängen. Die Militärs entwickelten daraus einen zweistufigen Plan. Am Ende der ersten Phase sollte die Diplomatie eine Chance bekommen. Wenn diese nichts erreichte, sollte die Operation fortgesetzt werden.

In Washington wurde auf einer Sitzung der *Special Actions Group* deutlich, dass Kissinger die Lage immer noch nicht begriff. Er war der naiven Überzeugung, dass die bevorstehende türkische Intervention das Ziel habe, Makarios zurückzubringen. Man müsse eine Internationalisierung des gegenwärtigen Konfliktes vermeiden. Einer Anerkennung des Sampson Regimes müsse man vorläufig ausweichen. In der weiteren Diskussion zeigte es sich immer wieder, dass Kissinger unsicher war und Entscheidungen vermied. Er beauftragte seine Leute in Athen und Ankara herauszufinden, wohin sich die Dinge entwickelten.

In Athen wurde bei einem Gespräch zwischen einem CIA-Kontaktmann und Ioannidis deutlich, dass Letzterer keine Ahnung hatte, dass eine Katastrophe bevorstand. Eine Kontaktaufnahme mit Ankara war seiner Meinung nach unnötig, da man ja die Enosis nicht verkündet habe. Man werde aber bald mit den Türken reden. Diese Unterredung bewies nochmals die totale Inkompetenz, ja Borniertheit von Ioannidis. Er begriff nicht, dass er mit dem Putsch gegen Makarios, den Garanten der zypriotischen Unabhängigkeit, in den Augen der türkischen Regierung den entscheidenden Schritt in Richtung der Enosis schon getan hatte, und dass sein taktischer Schachzug, diese im Augenblick nicht zu erwähnen, ein durchsichtiger Trick war, auf den keine türkische Regierung hereinfallen würde. Wenn Ioannidis sich nicht mit Ankara ins Benehmen setzte, deutet dies darauf hin, dass er sich wohl unbewusst auf die Amerikaner verließ, die ja in der Vergangenheit die Türken zurückgehalten hatten. Da aber diese nichts taten, um die Regierung in Ankara zu stoppen, nahm das Verhängnis seinen Lauf.

Am 17. Juli 1974 fanden in London zwei wichtige Unterredungen statt. Zu deren Vorbereitung wollte Callaghan vom Verteidigungsministerium wissen, ob es möglich sei, Makarios mit Gewalt wieder in sein Amt zurückzubringen. Die Antwort war positiv. Am frühen Nachmittag kamen Premierminister Harold Wilson und Makarios zusammen. Was bei diesem Treffen geredet wurde, ist unbekannt. Das Ergebnis des anschließenden Gesprächs mit Callaghan war eine Aufforderung an Athen, sich an den Garantievertrag zu halten und die griechischen Offiziere von der Insel abzuziehen.

Am Abend trafen Ecevit und seine Begleiter mit Wilson und Callaghan in 10 Downing Street zusammen. Ecevit verlangte die Rückkehr zum *Status quo ante*, anderenfalls werde die Türkei militärisch intervenieren, falls nötig auch unilateral. Die Türkei wolle aber nicht allein handeln, sondern in Kooperation mit der britischen Garantiemacht. Um größeres Blutvergießen und eine Konfrontation zwischen Griechenland und der Türkei zu vermeiden, solle die britische Regierung es der türkischen gestatten, ihre für Zypern bestimmten Truppen durch die britischen Basen an Land gehen zu lassen. Sollte die britische Regierung eine Kooperation ablehnen, werde er unilateral handeln. Wilson lehnte die Verwendung der britischen Basen für diesen Zweck ab, und schlug die Einberufung einer Konferenz der drei Garantiemächte vor. Zugleich kündigte er an, dass US-Staatssekretär Sisco auf dem Weg nach London sei.

Ecevit wies den Konferenzvorschlag zurück; entscheidend sei, dass die türkischen Zyprioten einen direkten Zugang zum Meer erhielten. Er hoffe, dass die britische Regierung dagegen keine Einwände erhebe und auch die Amerikaner nicht dazu überreden würde, solche zu erheben. Es war offensichtlich, dass Ecevit nach wie vor ein amerikanisches Veto befürchtete. Callaghan entgegnete, er werde diesen Vorschlag prüfen, habe aber Zweifel, ob er ihn unterstützen könne. Es war offensichtlich, dass die Briten versuchten, sich aus ihrer Verantwortung als Garantiemacht herauszuwinden und den schwarzen Peter den Amerikanern zuzuschieben. Nach Gesprächsende ließ Ecevit die Militärs in Ankara wissen, dass es keine Planänderungen gebe, die Interventionsvorbereitungen also weitergehen sollten.

Etwa zu der Zeit, als Wilson mit Makarios redete, tagte in Washington die *Special Actions Group*. Nach einem Überblick über die Lage wurde entschieden, Sisco zu Gesprächen mit Makarios und Ecevit sowie der britischen Regierung nach London zu senden. Zugleich begriff Kissinger, dass die einzige friedliche Lösung die Rückkehr zum *Status quo ante* war. Aber er lehnte Makarios ab und wollte partout Kliridis. Wenn Makarios in sein Amt zurückkehre, werde er sich dem Ostblock annähern. Sollte in Athen das Regime kollabieren, werde die griechische Linke die Macht ergreifen. Als Nixon sein Einverständnis zur Entsendung von Sisco gab, erteilte ihm Kissinger folgende Instruktionen: Er solle durchsetzen, dass Kliridis für sechs Monate amtierender Präsident werde. Danach sollten Wahlen abgehalten werden, bei denen auch Makarios kandidieren könnte. In der Zwischenzeit sollten die interkommunalen Verhandlungen fortgesetzt und neue Übereinkünfte ausgehandelt werden. Ein Präsident Kliridis würde es Ankara und Athen ermöglichen, das Gesicht zu wahren. Diese Instruktionen bewiesen noch einmal, dass Kissinger von den Verhältnissen in Zypern keine Ahnung hatte bzw. Warnungen in den Wind schlug. Um diese Vorstellungen durchsetzen zu können, hätte Sisco andererseits die Möglichkeit haben müssen, Druck auszuüben, aber Kissinger schickte Sisco mit leeren Händen auf eine "Mission impossible".

Am 18. Juli 1974 traf Sisco in London ein. Beim Treffen mit Callaghan betonte dieser, dass die Amerikaner Druck auf die Griechen ausüben müssten. Die griechischen Offiziere müssten abgezogen werden, sonst komme es zu einer türkischen Landung. Sollten sich die Griechen einmischen, würden die Türken sie besiegen. Er bezweifle, dass amerikanischer Druck die Griechen zum Handeln bewegen könne, aber ohne diesen würde sich überhaupt nicht rühren. Instruktionsgemäß entgegnete Sisco, dass Zeitgewinn das Wichtigste sei. Er unterstütze die britische Idee der Einberufung einer Konferenz der Garantiemächte. Man müsse nach einer Paketlösung suchen. Der Abzug der griechischen Offiziere müsse ein Teil davon sein, wenn Kliridis als Präsident installiert sei. So werde man den Konflikt zwischen Athen und Ankara entschärfen. Callaghan stimmte den meisten der Vorschläge Siscos nicht zu. Man müsse maximalen politischen Druck auf Athen ausüben. Er könne sich sogar eine Seeblockade vorstellen, um griechischen Nachschub für die Putschisten in Zypern zu stoppen. Die Rückkehr von Makarios müsse als Möglichkeit erhalten bleiben. Sisco erklärte, er werde am 19. Juli nach Athen fliegen. Inzwischen müsse man sich darum bemühen, die türkische Seite davon zu überzeugen, dass Zeit notwendig sei.

Gegen Mittag kamen Sisco und Ecevit zusammen. Über den Inhalt der Unterredung selbst gibt es bis heute nur eine karge *Editorial Note* in den *Foreign Relations*. Danach stellte Ecevit ziemlich harte Forderungen: Makarios müsse zurückgebracht, die griechischen Offiziere abgezogen und die türkische Präsenz auf Zypern verstärkt werden. Nach dem anschließenden Mittagessen sprachen zunächst Sisco und Callaghan und suchten nach Elementen einer Paketlösung. Bei der Fortsetzung des Gesprächs zwischen Sisco und Ecevit gab sich Letzterer noch härter und stellte Forderungen, die schon an die Teilung der Insel grenzten. Man kam überein, die Unterredung am 19. Juli in Ankara fortzusetzen. Sisco glaubte trotz dieser harten Forderungen, dass Ecevit doch einer friedlichen Lösung zuneigte und bat ihn daher, nichts zu unternehmen, bis er am 19. Juli in Ankara eintreffe. Er wollte in Athen den Verantwortlichen den britischen Vorschlag einer Dreierkonferenz und danach Ecevit in Ankara Kliridis' Präsidentschaft als friedlichen Ausweg aus der Krise verkaufen. Dass die Würfel schon gefallen waren, begriff er nicht.

Ecevit hatte die Intervention perfekt vorbereitet: Er hatte die zweite Garantiemacht konsultiert und den Briten ein gemeinsames Vorgehen vorgeschlagen, was abgelehnt worden war. Damit hatte er das Recht, unilateral zu handeln. Die Amerikaner hatten zwar mit Sisco einen hochrangigen Diplomaten geschickt, aber dieser hatte kein Veto à la Johnson eingelegt. Ecevits Versprechen, Siscos Eintreffen in Ankara abzuwarten, war kaum mehr als eine Geste der Höflichkeit. Ecevit erkannte, dass Athen stur blieb und nicht bereit war, die türkischen Bedingungen zu akzeptieren. So informierte er von der türkischen Botschaft aus Ankara über die Ergebnisse und gab grünes Licht für die Intervention.

Während in London die Gespräche ihrem Ende entgegen gingen, tagte in Washington wieder die *Special Actions Group*. Kissinger stellte theoretische Überlegungen an, wie man alles in der Schwebe halten könne, um zu Verhandlungen zu kommen. Die USA dürften keine Position beziehen, die sie zu irgendetwas verpflichteten.

In Athen herrschte am 19. Juli tiefe Ratlosigkeit, aber die zensierten griechischen Medien fuhren fort, den Putsch in Zypern als eine spontane Aktion der zypriotischen Streitkräfte, der völlig reibungslos vor sich gegangen sei, zu beschreiben. Über die harten Reaktionen des Auslands erfuhren die griechischen Leser so gut wie nichts, genauso wenig über die steigenden Spannungen mit der Türkei. Als Sisco in Athen eintraf war Ioannidis untergetaucht und konnte erst nach geraumer Zeit gefunden werden. Sisco konfrontierte ihn mit der türkischen Kriegsdrohung, aber Ioannidis begriff nichts. Mit viel Mühe gelang es Sisco, ihm zwei winzige Zugeständnisse zu entreißen. Sisco erkannte, dass die Entwicklung auf die Teilung der Insel zulief. Er bat Kissinger um Rückendeckung, wenn er in Ankara versuchen werde, durch Druck die Türken zu stoppen. Kissinger pfiff ihn scharf zurück: Man dürfe sich auf nichts festlegen, sondern müsse flexibel bleiben. Er solle keinen Druck auf Ecevit ausüben, sondern freundschaftlich mit ihm reden. Damit war Siscos Reise in der Tat eine *Mission impossible*.

Auf dem Flug von London zurück nach Ankara hatte Ecevit das Propagandakonzept entwickelt, als das die militärische Intervention der Weltöffentlichkeit verkauft werden sollte, nämlich als Friedensoperation. In den frühen Morgenstunden des 19. Juli konferierte Ecevit mit den Militärs. Es müsse ein Brückenkopf gebildet werden. Größere Bombardements seien ausgeschlossen, denn es seien viele Touristen auf Zypern. Um 8.30 Uhr gab er den Einsatzbefehl. Die Invasionsflotte, die aus 5 Zerstörern und 31 Landungsfahrzeugen bestand, lichtete im Hafen von Mersin die Anker und setzte sich gegen 16 Uhr mit 3.000 Mann an Bord in Bewegung. Die erste Welle sollte gegen 6.30 Uhr am nächsten Morgen in Zypern an Land gehen. In der Nacht stieß die Flotte auf einen mit vielen Antennen ausgestatteten Fischtrawler unter sowjetischer Flagge. Ankara befahl auf Anfrage, sich nicht um das Boot zu kümmern, sondern weiterzufahren. Damit war klar, dass die Sowjetunion über die Flottenbewegung informiert war und sich ein Bild von der Lage aus der Nähe verschaffen wollte. Das Gros der Flotte bewegte sich wegen der Landungsboote im Schneckentempo auf Kyrenia zu.

Nachrichten aus verschiedensten Quellen über die bevorstehende türkische Invasion erreichten Athen. Ioannidis nahm die Warnungen nicht ernst: Die Mehmets ("Memetides") würden sich nichts tauen, sie blufften nur. Als der Korrespondent der BBC in Athen, David Tonge, in den frühen Morgenstunden von seiner Redaktion über das Auslaufen der türkischen Invasionsflotte informiert wurde, gab er diese Warnung an Athener Ministerien und den Generalstab weiter. Die bezeichnende Antwort: Er solle sich nicht beunruhigen. Die Türken hätten die Gewohnheit, alle zwei, drei Jahre mal aufs Meer hinauszufahren, um die frische Mittelmeerseeluft zu atmen, und dann kehrten sie zurück. Der einzig mögliche Kommentar in diesem Fall ist wohl die klassische Sentenz: Wen die Götter verderben wollen, den schlagen sie mit Blindheit.

In Ankara liefen am 19. Juli die politischen und militärischen Vorbereitungen der Invasion in ruhigen Bahnen nach Plan ab. Sisco traf verspätet erst um 22.45 Uhr in Ankara ein, wo ihn Ecevit bis 1.45 Uhr des 20. Juli warten ließ. Das erste Gespräch war ergebnislos und wurde nach kurzer Zeit unterbrochen. Sisco begab sich in die US-Botschaft. Dort fand er eine Nachricht von Kissinger vor: Er missbillige das Vorgehen der Türken schärfstens. Jetzt müsse die Kliridis-Lösung durchgesetzt werden, und er erwarte, dass die Türken diese mittrügen. Sisco entgegnete, dass sowohl Athen als auch Ankara diese Lösung ablehnten. Sisco suchte erneut Ecevit auf und versuchte, ihm Kissingers Vorschlag schmackhaft zu machen. Ecevit meinte, es sei zu spät, die Kampfflugzeuge würden in wenigen Minuten starten. Sisco ging zurück zur US-Botschaft.

Etwa zur Zeit des ersten Gespräches zwischen Ecevit und Sisco erfuhr Kissinger, dass die türkische Invasionsflotte auf dem Weg nach Zypern war. Die Türken hätten aber versichert, dass es zu keinem Krieg mit Griechenland kommen werde, wenn die Griechen nicht das Feuer eröffneten. Er informierte den inzwischen in der Botschaft eingetroffenen Sisco und instruierte ihn, die Griechen vom Eingreifen abzuhalten und die Kliridis-Lösung durchzusetzen. Als Sisco erneut antwortete, dass sowohl die Griechen als auch die Türken die Kliridis-Lösung ablehnten, war Kissinger am Ende seines Lateins angekommen.

Kissingers Politik der freien Hand hatte in die Katastrophe geführt, und nun nahm er eine Haltung an wie weiland Pontius Pilatus, wusch sich die Hände in Unschuld und bemühte sich, einen Sündenbock zu finden, dem er die Schuld daran aufladen konnte. Er hatte sich in den fünf Tagen der Krise nicht einmal genauer mit den anstehenden Problemen auseinandergesetzt, sondern sich auf die Kliridis-Lösung versteift. Er hatte Sisco mit leeren Händen auf eine *Mission impossible* geschickt und nicht erkannt, dass es Ecevit ernst war. Kissinger hatte verantwortungslos, ja grob fahrlässig gehandelt und keinen einzigen ernsthaften Versuch gemacht, das Verhängnis aufzuhalten. Kissingers Verhalten war einfach durch arrogante Ignoranz, Oberflächlichkeit und Inkompetenz sowie persönliche Abneigung gegen Makarios geprägt; ihm in diesem Fall konspirative Aktivität zu unterstellen, wäre eine völlige Fehlinterpretation und Überschätzung seiner Kompetenz..

Die türkische Intervention (Attila I), 20. bis 22. Juli 1974
Schon während der Nacht vom 19. auf den 20. Juli kamen immer wieder konkrete Warnungen des zypriotischen Küstenradars, die an das Oberkommando nach Athen weitergeben wurden. Die Antwort war unglaublich: Man solle die Entwicklung weiter beobachten, aber im Athener Hauptquartier sei man der Meinung, dass es sich bei den türkischen Flottenbewegungen um eine Übung handle. In Zypern verbreiteten sich unter den Offizieren der Nationalgarde Gerüchte, dass eine türkische Landung bevorstehe. Einige von ihnen begaben sich spontan ins Hauptquartier. Nach einiger Zeit erschien ein Major und sagte: *"Meine Herrn, bewahren Sie die Ruhe. Es passiert nichts. Von oben (aus Athen) versichern sie uns, dass die Türken nur eine einfache Übung durchführen."* Sisco sorge dafür, dass nichts geschehe. Der Major endete: *"Es gibt kein Problem. Gehen Sie schlafen, meine Herrn."* Die Offiziere kehrten zu ihren Einheiten zurück und taten, wie ihnen geheißen.

Es erhebt sich die Frage, warum der Chef des griechischen Generalstabs Bonanos die Warnungen der vergangenen Tage in den Wind geschlagen und keine Eventualmaßnahmen ergriffen und außerdem verboten hatte, ihn wegen irgendwelcher Hinweise auf die Flottenbewegungen der Türken zu wecken. Von der Logik der Sache her konnte dies nur bedeuten, dass er eine Invasion für ausgeschlossen hielt, die türkischen Flottenbewegungen wie in der Vergangenheit als politische Drohkulisse interpretierte und sich letztlich vertrauensvoll auf die

Amerikaner verließ, welche die Türken schon von ernsteren Unternehmungen abhalten würden. Siscos Besuch dürfte diese Überlegungen verstärkt haben.

Für Ioannidis' Verhalten selbst gibt es dagegen keine vernünftige Erklärung. Er war seit dem 15. Juli wie erstarrt. Er gab sich einem Fatalismus und dem naiven Glauben hin, dass die Amerikaner es schon richten würden. Entsprechend war Ioannidis völlig perplex, als er erfuhr, dass die Türken in Zypern militärisch intervenierten,. Er soll gesagt haben, dass er das nicht glauben könne; das müsse eine Lüge sein. Seine Reaktion war die eines Menschen, für den eine Welt zusammenbricht. Erstaunlich ist nur, dass er bis zu diesem Zeitpunkt die griechische Politik vollkommen beherrscht hatte.

Aufgrund des Befehls, sich zur Ruhe zu begeben, befanden sich im Augenblick des türkischen Angriffs nur sehr wenige Truppen im Landungsgebiet von Kyrenia. Viele Einheiten befanden sich noch im Raum Nikosia, wo sie für den Putsch und die nachfolgenden Unterdrückungsmaßnahmen gebraucht worden waren. Als die türkische Luftwaffe gegen 5 Uhr militärische Ziele bombardierte, schliefen die meisten Soldaten noch. Die türkische Landung westlich von Kyrenia bei Pente Mili erfolgte fast ohne Widerstand. Auch die nördlich der türkischen Enklave von Gönyeli gegen 6 Uhr abgesprungenen Fallschirmjäger stießen auf wenig Widerstand. Es gab keine Gegenwehr, denn der Oberbefehlshaber der Nationalgarde wartete auf grünes Licht aus Athen. Athen mahnte zur Zurückhaltung. Der Stabschef der Nationalgarde, der in ständiger telefonischer Verbindung mit dem Oberkommando in Athen war und vergebens auf Befehle wartete, hielt in seiner Verzweiflung den Telefonhörer aus dem Fenster, damit man in Athen das Krachen der Bombeneinschläge höre und begreife, dass die Türken kein Manöver veranstalteten.

In Athen tagte ab 8 Uhr der Kriegsrat. Man musste feststellen, dass man für Zypern so gut wie nichts tun könne. Die gefassten Beschlüsse betrafen die Sicherung Griechenlands. Als der Marinechef vorschlug, die griechische Flotte nach Zypern zu senden, lehnte Bonanos dies ab, die Türken griffen doch nur Zypern an. Was wohl nichts anderes hieß, als dass er die Zyprioten ihrem Schicksal überlassen wollte. Nicht einmal den bei Rhodos befindlichen griechischen U-Booten wurde befohlen, nach Zypern zu fahren. Aber immerhin fasste der Rat den Beschluss, der Nationalgarde grünes Licht zur Verteidigung zu geben. Dies bedeutete, dass die Nationalgarde endlich, über zweieinhalb Stunden nach dem Beginn des Angriffs die Genehmigung zum Zurückschießen erhielt.

Als sich die Einheiten der Nationalgarde zu den für sie vorgesehenen Positionen in Bewegung setzten, wurden sie auf dem Marsch von der türkischen Luftwaffe derart angegriffen, dass sie ihre Einsatzorte in nicht einsatzfähigem Zustand erreichten. Genauso erging es den Artillerie-Einheiten. In der Tat gab es keinen funktionierenden Plan für die Verteidigung Zyperns. Seit dem Abzug der griechischen Division war es der Führung der Nationalgarde nicht gelungen, ein realistisches neues Verteidigungskonzept zu erarbeiten; wahrscheinlich waren die Stabsoffiziere mehr mit der Putschplanung beschäftigt gewesen. Zwar gelang es einigen Einheiten, den Vormarsch der türkischen Landungstruppen nach Westen aufzuhalten, Tatsache war aber, dass die türkischen Streitkräfte an drei Stellen ohne irgendwelche Verluste erfolgreich gelandet waren. Der Brückenkopf westlich von Kyrenia war erfolgreich errichtet worden.

Die Nationalgarde unternahm nun recht erfolgreich einen nächtlichen Gegenangriff, aber im Morgengrauen trieb die türkische Luftwaffe die Angreifer wieder zurück. Die aus griechischen Offizieren bestehende Führung der Nationalgarde versagte auf der ganzen Linie. Anstatt angesichts der drohenden Invasion zu handeln, warteten sie, bis die Landung eine vollendete Tatsache war. Als der Befehl zum Gegenangriff gegeben wurde, war es schon zu spät. Die Luftangriffe gingen den 20. Juli hindurch weiter. Dabei kam es natürlich zu "Kollateralschäden": Ein psychiatrisches Krankenhaus wurde von der türkischen Luftwaffe bombardiert, und es gab viele Tote.

Kissinger befand sich während dieser Zeit in Kalifornien bei Nixon. Nun schließlich begriff er, wie ernst die Lage wirklich war, aber auch da war nicht Zypern seine Hauptsorge, sondern die Sowjetunion, denn er befürchtete eine sowjetische Einmischung. Seine Instruktionen an die *Special Actions Group* zeigten, dass er immer noch nicht bereit war, der türkischen Regierung hart entgegenzutreten. Der UN-Sicherheitsrat andererseits verabschiedete einstimmig die Resolution 353(1974), die alle Staaten dazu aufrief, die territoriale Integrität, Unabhängigkeit und Souveränität Zyperns zu respektieren, das Feuer einzustellen, die militärische Intervention zu beenden, alles fremde Militärpersonal bis auf die legalen Kontingente abzuziehen, trilaterale Verhandlungen zu beginnen, um die verfassungsmäßige Ordnung auf Zypern wiederherzustellen und mit der UNFICYP zu kooperieren.

Makarios wollte in New York gegenüber der Presse den Verdacht nicht ganz ausschließen, dass die Invasion zwischen der Athener Junta und der türkischen Regierung ausgekungelt worden sei. Die *Neue Zürcher Zeitung* machte aus Makarios' Verdacht eine feststehende Tatsache: *"Makarios spricht von einem Zusammenspiel Athens und Ankaras"* und behauptete, dass *"die Türkei und Griechenland [...] in heimlichem Einvernehmen gehandelt [hätten], um die Teilung der Insel zu vollziehen und sich seiner zu entledigen. [...] Das Endergebnis dieser Aktion werde darin bestehen, die Insel aufzuteilen und einen Teil der Türkei und den anderen zu Griechenland zu schlagen. [...] der von den Griechen inszenierte törichte Staatsstreich habe den Türken den Weg dafür geöffnet."* Selten gelingt es, so deutlich den Beginn einer Verschwörungstheorie festzumachen.

Der 21. Juli 1974, ein Sonntag, verlief auf allen Handlungsebenen ziemlich hektisch. In Ankara waren am späten Abend des 20. Juli Informationen eingetroffen, dass ein griechischer Schiffskonvoi nach Zypern unterwegs sei. Das Oberkommando beschloss, drei der fünf Zerstörer, welche die Landungsstelle bei Kyrenia sicherten, nach Westen zu verlegen. Weitere Meldungen bestätigten die Existenz des Konvois und verstärkten den Eindruck, dass die Griechen dabei waren, Verstärkungen nach Zypern zu entsenden, und so ein griechisch-türkischer Krieg drohte, der in Zypern ausgetragen würde. Berichte über die Angriffe der Nationalgarde auf die Enklaven ließen in Ankara den Eindruck entstehen, dass die griechischen Zyprioten dabei waren, unter den türkischen Zyprioten ein Blutbad anzurichten. Das Oberkommando befahl, beschleunigt Verstärkung nach Zypern zu senden, vor allem Panzer. Gegen 4.30 Uhr begann der erneute Angriff der türkischen Luftwaffe, die sich am zweiten Tag keine Zurückhaltung mehr auferlegte, sondern alles ohne Rücksicht auf "Kollateralschäden" bombardierte.

Sisco, der sich in Ankara befand, bemühte sich, die Türken zu einem Waffenstillstand zu bewegen. Ecevit wies dies zurück. Er habe jegliches Vertrauen in die griechische Seite verloren. In Zypern seien unbewaffnete türkische Dörfer angegriffen und die Einwohner massakriert worden. Griechische Offiziere seien daran und am Angriff auf die TOURDYK beteiligt gewesen, und nun schickte Athen Verstärkungen mit dem Konvoi. Wenn der Konvoi nicht umkehre, werde er versenkt. Sisco war entsetzt: Wenn die Schiffe versenkt würden, bedeute das Krieg. Athen habe gedroht, die NATO zu verlassen und der Türkei den Krieg zu erklären, wenn die Intervention nicht binnen 48 Stunden beendet werde. Es müsse sofort eine Waffenruhe verkündet werden. Ecevit entgegnete, dass die Türkei vor Drohungen nicht zurückweiche. Nur wenn der Konvoi umkehre, könne dies das Vertrauen wieder herstellen und eine Atmosphäre geschaffen werden, in der man über alles reden könne. In der Zwischenzeit werde die Türkei ihre Friedensoperation zu Ende bringen.

Die drei Zerstörer *Adatepe*, *Kocatepe* und *Fevzi Çamak* wurden gegen 10 Uhr in Marsch gesetzt, um den Konvoi, sobald er die Sperrzone erreichte, abzufangen und ihn zum Abdrehen zu veranlassen. Gegen 11.30 Uhr folgte der Befehl, ohne Vorwarnung das Feuer auf alle griechischen Schiffe zu eröffnen, die sich in der Sperrzone aufhielten.

In Athen wollte Ioannidis Krieg. Die Militärs waren dagegen, aber trauten sich nicht, dies direkt zu sagen und machten daher Ausflüchte. Im Laufe des Vormittags rang man sich aber dazu durch, einem Waffenstillstand zuzustimmen. Premier Androutsopoulos informierte US-Botschafter Tasca entsprechend und fügte hinzu, dass sich keine griechischen Schiffe in der Nähe von Zypern befänden. Der US-Botschafter Macomber in Ankara setzte Ecevit darüber in Kenntnis. Ecevit misstraute den griechischen Versprechungen: Die Griechen würden sowohl die USA als auch die Türkei zum Narren halten; der griechische Konvoi sei kurz vor Zypern und bereit zu landen. Die türkischen Streitkräfte hätten den Befehl, das Feuer auf die Schiffe des Konvois zu eröffnen, sobald sie in die Sperrzone eindrängen. Auch ein Telefonat mit Kissinger konnte Ecevit nicht von seiner Überzeugung abbringen, dass es sich um griechische Schiffe handelte. Worauf Kissinger meinte, dass niemand ihm etwas vorwerfen könne, wenn er eigene Schiffe versenke.

Inzwischen fuhren die drei türkischen Zerstörer die Westküste Zyperns entlang. Der Pilot des türkischen Aufklärungsflugzeuges entdeckte, dass zwei Schiffe des vermeintlichen griechischen Konvois italienische Fahrzeuge waren, und wunderte sich, wo der Konvoi geblieben war. Außerdem sichtete er die drei türkischen Zerstörer. Er meldete dies an seine Leitstelle, doch diese gab die Meldung nicht an die Führung weiter. In Ankara wurde inzwischen der Angriffsbefehl auf den Konvoi an die Luftwaffe erteilt. Als daher die Piloten der drei Angriffsstaffeln im gemeldeten Planquadrat gegen 15 Uhr die drei Zerstörer sichteten, waren sie sicher, dass es sich um griechische Fahrzeuge handelte und griffen an. Auf den Zerstörern hielt man die angreifenden Flugzeuge für griechische und eröffnete sofort das Feuer auf die Angreifer. Das Abwehrfeuer bestärkte die Piloten in ihrem Glauben, dass sie griechische Schiffe vor sich hatten. Schon beim ersten Angriff erhielt die *Kocatepe* einen Volltreffer in den Schornstein, der den Feuerleitraum zerstörte und das Schiff in Brand setzte.

Inkompatible Kommunikationssysteme zwischen Marine und Luftwaffe führten zur Katastrophe: Die *Kocatepe* wurde nochmals getroffen und musste, als sie zu explodieren drohte, von ihrer Besatzung aufgegeben werden. Die beiden anderen Zerstörer konnten sich angeschlagen nach Norden absetzen. Die türkische Marine zählte 53 Tote. Während im Regierungssitz Ecevits nach der Meldung gejubelt wurde, dass man den griechischen Konvoi gestoppt und einen griechischen Zerstörer versenkt habe, breitete sich im Hauptquartier Entsetzen aus, als man den tragischen Irrtum erkannte. Die Militärs versuchten anfangs, die Versenkung zu verheimlichen, mussten aber, als die Schiffbrüchigen von fremden Schiffen aus dem Meer gefischt wurden, die traurige Wahrheit zugeben.

In Athen ging inzwischen die Auseinandersetzung zwischen den Hardlinern und den Gemäßigten weiter. Als aus Zypern flehende Hilferufe eintrafen, wurde auf Betreiben von Androutsopoulos und Ioannidis beschlossen, die große Autofähre *Rethymnon* zu beschlagnahmen und Truppen nach Zypern zu entsenden. Zum Glück für die Insassen der Fähre dauert eine Reise von Piräus nach Zypern etwa eineinhalb Tage, und als sie sich in der Nacht des 23. Juli Zypern näherte, wurde sie zurückgerufen, denn inzwischen war der Waffenstillstand eingetreten. Der Lufttransport einer Kommandoeinheit in der Nacht zum 22. Juli nach Zypern endete in einem Desaster. Da die Verteidiger des Flughafens in Nikosia nicht informiert worden waren, wurden die landenden Flugzeuge unter Feuer genommen, so dass es 33 Tote durch *friendly fire* gab.

Etwa zur gleichen Zeit tagte in Washington die *Special Actions Group* unter Kissingers Vorsitz. Er stellte fest, dass man dringend einen Waffenstillstand brauche, aber Ecevit auf Zeit spiele. Man müsse ihn wohl unter Druck setzen. Dann kam er auf die Zeit danach zu sprechen. Eine Präsenz der Griechen in Zypern sei gegen die amerikanischen Interessen, im Gegensatz zu einer starken türkischen, die höchst wünschenswert sei. In Griechenland stehe ein Umsturz bevor. Er befürchte, dass die neue Regierung sowjetfreundlich sein werde. Man müsse daher den Waffenstillstand rasch erreichen.

Kissinger rief Ecevit an und drängte auf einen Waffenstillstand um 16 Uhr (türkische Zeit). Ecevit antwortete, dass er die Armee nicht stoppen könne, bevor nicht volle Sicherheit erreicht sei. Kissinger entgegnete, dass die Zeit doch ausreichend sei und außerdem könne er ja die Verstärkungen auch nach dem Waffenstillstand nach Zypern bringen. Ecevit versprach, die Angelegenheit mit dem Generalstab zu besprechen. Kissinger lud also Ecevit zur Missachtung des Waffenstillstandes ein.

In Athen sträubte man sich noch gegen einen Waffenstillstand, der die griechische Seite demütigen könnte. Schließlich einigte man sich darauf, dass die Amerikaner bekannt geben würden, dass die Regierungen in Ankara und Athen einem Waffenstillstand zustimmten, wie ihn die Resolution des Sicherheitsrats vom 20. Juli forderte. Damit war klar, dass am 22. Juli 1974 um 16 Uhr die Waffen schweigen würden.

Am Morgen des 22. Juli landete die türkische Armee massive Verstärkungen an, darunter auch eine Anzahl Panzer. Damit gelang es, Kyrenia zu erobern und eine Verbindung zu der türkischen Enklave nördlich der Kyrenia-Berge herzustellen. Athen und Ankara stimmten zu, dass die Friedensverhandlungen in Genf stattfinden würden. Um 16 Uhr trat der Waffenstillstand in Kraft, und um 17 Uhr verkündete Ecevit, man habe die Stadt und den Distrikt Kyrenia besetzt, die von nun an türkisch bleiben und für die türkischen Zyprioten einen Ausgang zum Meer bilden würden. Die türkische militärische Präsenz auf der Insel sei von nun an irreversibel. Dann behauptete er, in Zypern finde etwas statt, was als Genozid bezeichnet werden könne.

Ecevits Behauptung, auf Zypern finde ein Genozid an der türkischen Bevölkerung statt, war Teil einer nun beginnenden Kampagne, die der Rechtfertigung der weiteren türkischen Intervention diente, die das Ziel hatte, die Insel zu teilen. Die Greuelpropaganda war ein Manöver, um die Journalisten aus aller Welt entsprechend zu beeindrucken und sie von den Waffenstillstandsverletzungen, die ein Teil der Vorbereitung der zweiten Phase der türkischen Operation Attila war, abzulenken. Aus einer Intervention zur Wiederherstellung des *Status quo ante* wurde eine Invasion zur Teilung der Insel.

Während in Zypern die türkischen Verstärkungen an Land gingen und die Regierung in Athen fatalistisch den Dingen ihren Lauf ließ, gaben sich in Zypern die Regierung Sampson und die Führung der Nationalgarde am Morgen des 22. Juli noch Illusionen hin. Sie hatten nichts von den Waffenstillstandsverhandlungen erfahren und interpretierten die Landung der Noratlas-Maschinen mit der Kommandoeinheit als Beginn der griechischen Hilfe. Der vom Regime kontrollierte Rundfunk begann, nationalistische Sprüche zu klopfen: Die große Stunde der Vereinigung mit Griechenland sei gekommen. Sampson war bis 10.30 Uhr überzeugt, dass militärisch gesehen alles bestens lief. Gegen 10.45 Uhr meinte der Chef der Nationalgarde, Georgitsis, er solle doch schon mal den Text der Proklamation der Enosis formulieren. Sampson tat wie geheißen und brachte eine schwülstige Erklärung zu Papier. In diesem Augenblick erfuhr er von der Fortsetzung der türkischen Landung. Sampson rief Gizikis an und flehte um Hilfe. Die Antwort war hinhaltend. Die militärische Führung in Athen war offensichtlich entschlossen, alles zu vermeiden, um nicht noch im letzten Moment in einen Krieg mit der Türkei verwickelt zu werden.

Um 16 Uhr trat der Waffenstillstand offiziell in Kraft. Doch dies bedeutete nicht überall das Ende der Kämpfe. Begünstigt wurde dies durch die Tatsache, dass außer der reinen Feuereinstellung nichts vereinbart worden war. Noch stundenlang bemühte sich die türkische Armee, ihre Positionen zu arrondieren. Die Zahl der Opfer bei den Kämpfen in diesen drei Tagen ist erschreckend hoch. Auf der griechisch-zypriotischen Seite gab es am 20. Juli 145, am 21. Juli

37 und am 22. Juli nochmals 42 Tote. Am 23. Juli, also am Tag nach dem Waffenstillstand, starben in den Kämpfen um den Flughafen nochmals 26 Menschen. Unter den Toten waren 75 Zivilisten, 72 Wehrpflichtige, 65 Reservisten und 5 Berufssoldaten sowie etwa 5 Freiwillige. Die ELDYK hatte 47 Gefallene zu beklagen. Nach offiziellen Angaben des türkischen Oberkommandos soll es auf türkischer Seite 57 Tote, 242 Vermisste und 184 Verwundete gegeben haben. In dieser Zahl sind die Toten der *Kocatepe* nicht eingeschlossen. Nach Angaben von Denktaş sollen auf der türkisch-zypriotischen Seite während dieser Zeit 44 Zivilisten, und 126 TMT-Kämpfer getötet worden sein.

Während des türkischen Vormarsches kam es außerdem zu massiven Menschenrechtsverletzungen durch die türkische Armee, die von der Kommission des Europarates für Menschenrechte im September 1975 vor Ort untersucht und sorgfältig dokumentiert wurden. Danach geschahen zahlreiche Morde an Zivilisten und Kriegsgefangenen. Vergewaltigungen von Frauen, Misshandlungen von gefangenen Zivilisten und Soldaten und Plünderungen waren an der Tagesordnung. Nachrichten und Gerüchte darüber versetzten die Bevölkerung in solche Angst und Schrecken, dass viele, als die türkische Armee dann am 14. August ihren Vormarsch wieder aufnahm, in Panik gerieten und alles stehen und liegen ließen und nach Süden flohen, um ihr Leben zu retten.

In Washington sollten am Tag des Waffenstillstands Kissinger und Makarios zusammentreffen. Auf einer Sitzung der *Special Actions Group* äußerte Kissinger die Überzeugung, dass die türkische Position jetzt schwächer sei als vor der Invasion. Als ihm seine Berater klarzumachen versuchten, dass die Türken dabei waren, ihre Position auszubauen, überging er dies. Offensichtlich war er immer noch nicht ganz im Bilde. Am Ende der Unterredung meinte er selbstzufrieden, man habe die Krise ausgezeichnet gemeistert; er müsse allen dazu gratulieren.

Das Treffen Kissingers mit Makarios am Nachmittag des 22. Juli wurde als ein privates Gespräch charakterisiert. Kissinger wollte Makarios auf keinen Fall offiziell als Oberhaupt der Republik Zypern empfangen, da dies etwas hätte präjudizieren können, deshalb war vom State Department am 19. Juli bekannt gegeben worden, Kissinger werde sich mit dem *Erzbischof* Makarios treffen. Dabei ließ der Pressesprecher des *State Departments* auch durchblicken, dass man Makarios und nicht etwa die Junta in Athen für die Lage in Zypern für verantwortlich halte. Das Gespräch selbst war unergiebig, denn Kissinger hielt an seinen Vorstellungen fest. Er mochte Makarios auch weiterhin nicht und meinte, dass die Kliridis-Lösung besser wäre. Für ihn war vor allen Dingen die Türkei aus geopolitischen Gründen wichtiger als Griechenland und daher hatte er auch nicht das Geringste dagegen, dass die Türkei während des Waffenstillstands ihre Truppen auf Zypern verstärkte und ihre Positionen "arrondierte".

Waffenstillstandsverletzungen und die erste Genfer Konferenz, 23. bis 31. Juli 1974
Zwar war am Nachmittag des 22. Juli um 16 Uhr der Waffenstillstand in Kraft getreten, dies hinderte die Türken aber nicht daran, in der Frühe des 23. Juli auf den Flughafen von Nikosia vorzurücken. Da sie dabei in Gelände eindrangen, das der UNFICYP unterstand, drohte ein Zusammenstoß mit dieser. Um dieses jetzt und in Zukunft zu verhindern, wurde der Flughafen der UNO unterstellt.

In Athen kam es an diesem Tage zum Machtwechsel. Ioannidis wurde vom Militär gestürzt und Konstantinos Karamanlis wurde neuer Premierminister. Sieben Jahre Diktatur waren vorüber. Auch in Nikosia drängte der Vertreter des UN-Generalsekretärs auf einen Machtwechsel. Parlamentspräsident Kliridis erklärte sich bereit, nach Sampsons Rücktritt gemäß der Verfassung als amtierender Präsident Makarios zu vertreten. Doch die griechischen Militärs wollten, dass Sampson das Präsidentenamt auf Kliridis übertrage, um so Makarios zu entmachten, indem sie Kliridis durch Bischof Gennadios vereidigen ließen. Damit Sampson schneller aus dem Amt schied, ließ sich Kliridis daher vereidigen. Er war der Meinung, dass die Vereidigung eines amtierenden Präsidenten keinerlei verfassungsmäßige Konsequenzen habe. In einer anschließenden Rundfunkerklärung gab er bekannt, dass Sampson zurückgetreten sei und er gemäß Artikel

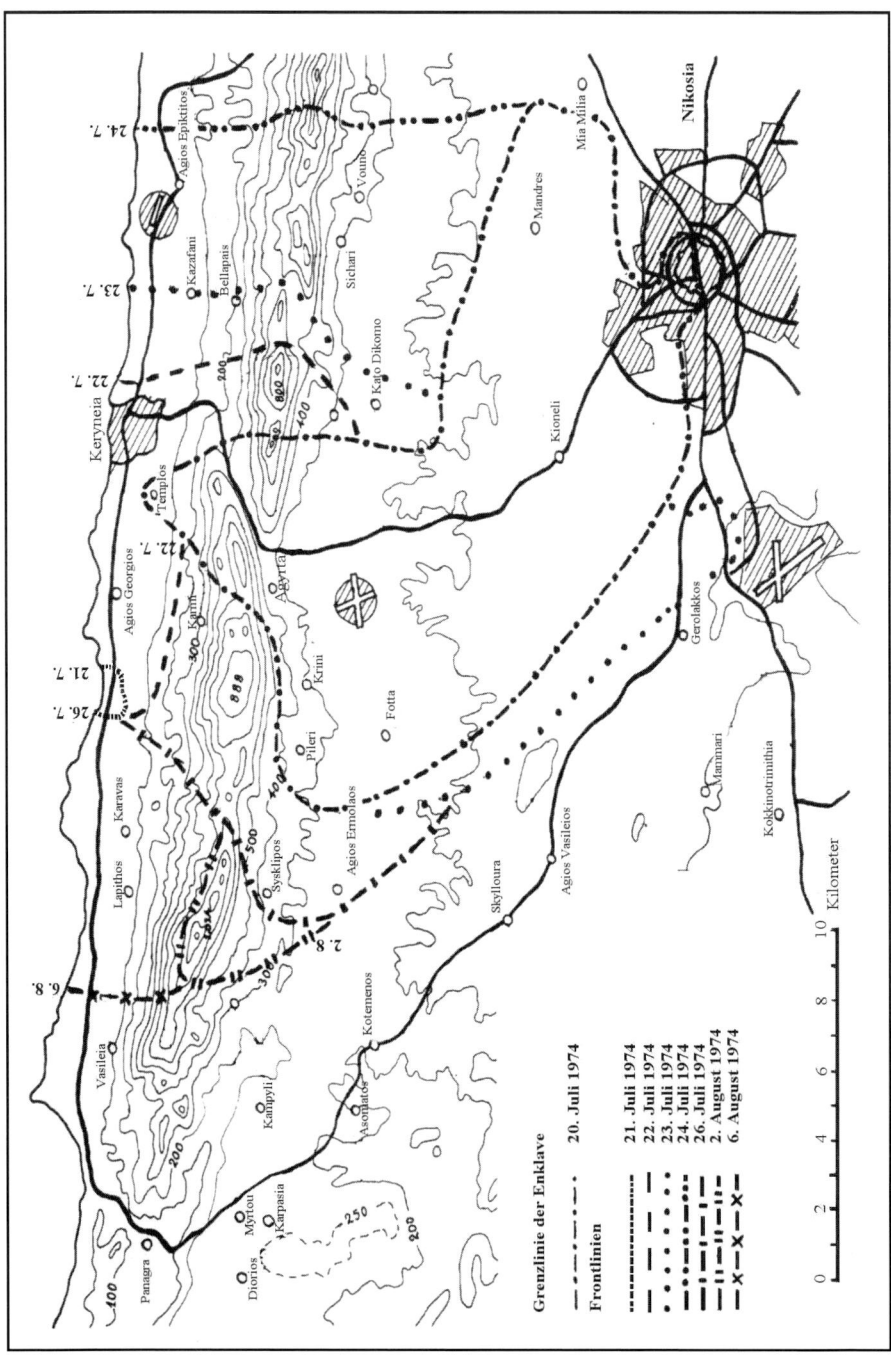

Attila I: Die Ausweitung des Brückenkopfes in der Zeit des Waffenstillstands. Nach: Sergis.

Tafel 51

Attila 1: Zerstörtes Gerolakkos

23. Juli 1974: Kliridis wird amtierender Präsident

Tafel 52

Genfer Konferenz: Die drei Außenminister Güneş, Mavros und Callaghan

Attila II: "Regierungspropaganda

Tafel 53

Attila 2: Kriegsspuren an der Green Line Altstadt Nikosia

Attila 2: Türkischer Panzer erreicht den Atatürk-Platz in Nordnikosia

Tafel 54

Attila 2: Fünf namentlich bekannte in Omorphita gefangene Nationalgardisten. Dieses Foto machte ein türkischer Journalist, der wenig später selbst gefangen genommen wurde. Einer der türkischen Soldaten reicht einem der Gefangenen eine Zigarette. Kurz danach wurden die Gefangenen nach Angaben von Denktaş von einem TMT-Offizier erschossen. Ihre Überreste wurden 2009 von dem CMP exhumiert und den Familien übergeben.

Attila 2: Exhumierung türkischer Zyprioten in einem Massengrab

Tafel 55

Attila 2: Junge Frau mit Kindern auf der Flucht, vermutlich Nikosia

Flüchtlingselend

Tafel 56

19. Juli 1974: Makarios spricht vor dem Sicherheitsrat

29. Juli 1974: Makarios trifft Kissinger

Tafel 57

12. Februar 1977: Das High Level Agreement, nur Denktaş scheint zufrieden zu sein

Trauerzug mit Makarios' Sarg auf der Lafette

Tafel 58

Rauf Denktaş und Glafkos Kliridis etwa um 2000

Georgios Vassileiou, Glafkos Kiliridis und Dimitrios Christofias

1974: PUTSCH, INVASION UND TEILUNG

36 als amtierender Präsident das Amt übernommen habe. Damit war auch in Zypern das diktatorische Regime vorbei.

Kliridis nahm sofort Kontakt mit Makarios auf, der ihm seine volle Unterstützung zusicherte. Kliridis wollte den zwischen Griechenland und der Türkei geschlossenen Waffenstillstand auch auf die zypriotischen Volksgruppen übertragen. Zu diesem Zweck suchte er in Begleitung von UN-Vertretern Denktaş in dessen Wohnung in Nordnikosia auf. Denktaş und Kliridis stimmten überein, dass das Blutvergießen aufhören müsse, denn die beiden Volksgruppen müssten auch weiterhin zusammenleben. Kliridis bot, wie von Makarios vorgeschlagen, die Rückkehr zu den Verträgen von Zürich und London an. Denktaş stellte fest, dass darüber die türkische Regierung entscheiden müsse. Er werde Ankara konsultieren und Kliridis in zwei oder drei Tagen über die Ergebnisse informieren. Dies geschah, und vier oder fünf Tage später ließ Denktaş wissen, dass Ankara diesen Vorschlag ablehne.

Am 24. Juli 1974 wurde deutlich, dass die türkische Armee beabsichtigte, den Flughafen zu erobern. Der Kommandeur der UNFICYP, der indische General Prem Chand, wusste, dass ein Zurückweichen zu einem massiven Gesichtsverlust der Blauhelme führen würde und befahl daher seinen Truppen, Widerstand zu leisten. UN-Generalsekretär Waldheim stellte sich hinter ihn und ordnete an, dass der Flughafen verteidigt werden sollte. Inzwischen erkannte man in New York, Washington und London, dass ein bewaffneter Zusammenstoß der Blauhelme mit der türkischen Armee drohte. Waldheim rief Ecevit an und erklärte ihm die Situation. Ecevit war schlecht informiert, versprach aber, sich um eine friedliche Lösung zu bemühen. Wenig später meldete sich Premier Wilson bei Ecevit und machte ihm klar, dass die Briten eingreifen würden. Die Briten ließen Verstärkungen nach Zypern fliegen und verlegten eine RAF-Staffel mit 12 Phantom-Kampfjets nach Akrotiri. Die britischen Soldaten wurden der UNFICYP unterstellt. Die Flugzeuge würden bei Bedarf zur Unterstützung der britischen Blauhelme eingreifen.

Ecevit sah ein, dass er zurückrudern musste. Er rief Wilson an und teilte ihm mit, dass die türkischen Truppen den Flughafen nicht angreifen würden. Waldheim fand einen für Ecevit gesichtswahrenden Ausweg aus der Krise. Das mutige entschlossene Verhalten von Prem Chand und Waldheim hatte eine Katastrophe verhindert. Der Flughafen blieb unter UN-Kontrolle und geschlossen. Die UN nahm zwar die notwendigen Reparaturen vor, so dass wöchentlich UN-Flugzeuge starten und landen konnten, aber es erwies sich als unmöglich, ihn für den zivilen Luftverkehr wieder zu öffnen. Zwar gab es in den vergangenen 35 Jahren immer wieder Versuche in dieser Richtung, aber stets entdeckte mal die eine, mal die andere Seite bei den diesbezüglichen Verhandlungen ein Haar in der Suppe, und so ist Nicosia International immer noch geschlossen.

Im Gegensatz zum Flughafen von Nikosia gab es bei den gewaltsamen Ausweitungen des türkischen Brückenkopfes bei Kyrenia nach Westen und Osten keine Intervention der Blauhelme. Am 1. August kontrollierten die türkischen Streitkräfte einen 43 km langen Küstenabschnitt und alle Verbindungswege von der Küste in die Mesaoria. Ihre Stärke betrug inzwischen etwa 30.000 Mann mit 240 Panzern und 400 gepanzerten Fahrzeugen. Die griechisch-sprachige Bevölkerung dieses Gebietes wurde systematisch vertrieben.

Die UN-Resolution 353 vom 20. Juli hatte Großbritannien, die Türkei und Griechenland zu sofortigen Verhandlungen über die Wiederherstellung des Friedens und verfassungsmäßiger Zustände aufgefordert. Durch den Machtwechsel in Athen verzögerte sich der Beginn der Verhandlungen bis zum 25. Juli. Die Verhandlungen waren zäh, denn die türkische Seite war zu keinerlei Zugeständnissen bereit. Wie schon 1960 wurden grundsätzliche Entscheidungen über Zypern von den drei Garantiemächten gefällt, ohne dass die Zyprioten auch nur gefragt wurden. Die türkische Seite schaffte es, die UN-Resolution 353 auszuhebeln. Diese hatte gefordert, dass alle fremden Truppen mit Ausnahme des griechischen und türkischen Kontingents unverzüglich abgezogen werden sollten. Nun hieß es wachsweich, dass der Abzug zu einem als "opportun erachteten Zeitpunkt" und in Phasen geschehen solle, was nichts anderes hieß, als dass Athen die Präsenz türkischer Truppen auch nach dem Ende des Konflikts akzeptierte. Der zweite wichtige Erfolg der türkischen Verhandlungskunst war die Anerkennung zweier Verwaltungen auf der Insel, womit der erste Schritt zur Anerkennung einer zukünftigen bizonalen Föderation getan war.

Schließlich schoss der griechische Außenminister Mavros noch ein Eigentor, als er verlangte, dass Klridis die griechisch-zypriotische Seite bei der Fortsetzung der Genfer Verhandlungen repräsentieren sollte, woraufhin sein türkischer Kollege Güneş Denktaş als Vertreter der türkisch-zypriotischen Seite nannte. Dadurch wurde Makarios von den weiteren Verhandlungen ausgeschlossen, was genau genommen, auch der Resolution 353 widersprach. Zugleich wurde Denktaş aufgewertet. Um zu einer verfassungsgemäßen Ordnung zurückzukehren, sollte die Konferenz am 8. August unter Einschluss von Vertretern der griechischen und türkischen Zyprioten fortgesetzt werden. Am 31. Juli vertagte man sich auf den 8. August.

In Washington trafen sich Kissinger und Makarios am 29. Juli 1974 zu einem zweiten Gespräch. Makarios beklagte sich, dass die Türkei den Waffenstillstand missachte und ständig weiter vorrücke. Kissinger bestritt dies. Makarios forderte Kissinger auf, eine entschiedenere Rolle zu spielen. Kissinger sagte, er könne sich nicht in die Genfer Verhandlungen einmischen. Kissinger kam auf die türkischen Truppen zu sprechen. Makarios äußerte die Befürchtung, dass die Türkei beabsichtige, diese bis zu einer endgültigen Regelung in Zypern zu lassen, und dazu könnten die Verhandlungen Jahre dauern. Kissinger stimmte zu. Das Gespräch endete, indem Kissinger sich in Unverbindlichkeiten flüchtete. Es war aber offensichtlich, dass er kein Interesse hatte, sich tiefer zu engagieren. Nach wie vor wollte er den Dingen ihren Lauf lassen, solange sie nicht US-Interessen zuwiderliefen. Diese Politik des Abwartens wurde von der türkischen Regierung genau erkannt und entsprechend eingeplant.

Inzwischen musste Klridis an zwei Fronten kämpfen: Er musste einerseits innenpolitisch die Hitzköpfe im Lager von Makarios und jene der EOKA B sowie die Junta-Anhänger in Schach halten bzw. versuchen, sie zu entmachten. Andererseits musste er sich außenpolitisch bemühen, die ständigen Waffenstillstandsverletzungen und den Kräfteaufbau durch die türkische Seite zu stoppen. Zwar war die Zahl der Makarios-Anhänger riesig, aber beim Putsch vom 15. Juli waren sie weitgehend entwaffnet worden. Ihre Gegner, also die EOKA B, die Anhänger von Sampson und der Junta hatten sich aber bewaffnet. Sukzessive gelang es Klridis, die innere Kontrolle zu erringen.

Angesichts der ständigen türkischen Waffenstillstandsverletzungen und der Ausweitung des Brückenkopfes war ihm klar, dass in Bälde die türkische Offensive fortgesetzt werden würde. Die Nationalgarde würde einen weiteren türkischen Vorstoß in der flachen Mesaoria nicht aufhalten können, denn sie hatte kaum noch Panzer, keine Panzerabwehrwaffen und keinerlei Luftabwehrsysteme. Außerdem war die Moral der Truppe im Gefolge des Putsches auf einem absoluten Tiefpunkt angelangt und mit Verstärkungen aus Griechenland war nicht zu rechnen, wie ein Telefongespräch mit Karamanlis gezeigt hatte. Klridis bemühte sich darum, die Haltung Kissingers und Callaghans im Falle eines weiteren türkischen Vormarschs zu erkunden und kam zu der Erkenntnis, dass beide Seiten nichts Konkretes dagegen unternehmen würden. In seiner Verzweiflung wandte er sich am 26. Juli an den Vertreter der Sowjetunion. Die Antwort war ablehnend. Die Geschichte zeigt zweierlei: Zum einen beschreibt sie das Ausmaß von Klridis' Verzweiflung, die ihn, den Konservativen, dazu brachte, Hilfe bei der Sowjetunion zu suchen. Zum anderen ist sie ein Hinweis auf die Vorsicht der sowjetischen Außenpolitik, was angesichts der Erfahrung in Kuba plausibel klingt. Zugleich handelte sich Kliridis mit diesem verzweifelten Versuch einen scharfen Tadel Kissingers ein, der auf unbekannten Wegen davon erfahren hatte.

Die zweite Genfer Konferenz, 8. bis 13. August 1974
Die zweite Runde der Genfer Verhandlungen begann in einer recht frostigen Atmosphäre. Beim Eröffnungszeremoniell fiel kein Wort. Die Delegationen bezogen ihre Plätze, ließen sich von den Journalisten fotografieren und verließen den Saal gleich wieder, um in einem anderen Raum mit den Gesprachen zu beginnen. Nach zwei Stunden endete die erste Sitzung. Callaghan, der die Funktion des Moderators übernommen hatte, war zufrieden, dass es ihm gelungen war, ein Platzen der Konferenz schon am ersten Abend zu verhindern. Man vereinbarte, dass am 9. August bilaterale Gespräche stattfinden sollten und man sich dafür erst am Abend des 9. August wieder treffen würde.

In Washington trat am 9. August Nixon als Präsident zurück und Gerald Ford wurde als neuer Präsident der USA vereidigt. In Genf zeigte sich der türkische Außenminister Güneş von einer unglaublichen Intransigenz. Kliridis befürchtete, dass er die Errichtung einer bizonalen Föderation fordern werde und informierte Makarios entsprechend. Dieser lehnte dies nach wie vor ab, womit er Kliridis' Verhandlungsspielraum - wieder einmal - massiv einschränkte. Bei den bilateralen Gesprächen machte Güneş deutlich, dass für ihn nur eine bizonale Föderation als Lösung in Frage kam. Am späten Nachmittag erfuhr Callaghan aus London, dass die Türken spätestens am 20. August eine Fortsetzung ihrer Operation auf Zypern planten, ungeachtet eines möglichen Ergebnisses der Genfer Verhandlungen. Danach sollten die türkischen Truppen ein Gebiet besetzen, das sich 5 Meilen östlich von Morphou beginnend über Nikosia bis zum Hafen von Famagousta erstreckte. Die Durchführung sollte 18 Stunden dauern. Sollte in Genf kein zufriedenstellendes Ergebnis erzielt werden, sollten die Truppen noch weiter nach Westen bis hinter Lefka vorstoßen.

Callaghan war über die Falschheit (*duplicity*) von Güneş empört, zumal ihm dieser noch am Morgen versichert hatte, dass die türkischen Streitkräfte nicht beabsichtigten, ihren Brückenkopf zu erweitern. Callaghan äußerte gegenüber einem amerikanischen Diplomaten, die Erweiterung des Brückenkopfes sei inakzeptabel, und Großbritannien werde im Zweifelsfall militärisch reagieren. Der Amerikaner versuchte ihn zu beruhigen, es handle sich bestimmt nur um einen Eventualplan; er werde aber Rücksprache mit Washington nehmen.

Am Morgen des 10. August 1974 erzählte Denktaş Callaghan stolz, dass die türkische Forderung nach räumlicher Trennung auf ihn zurückgehe. Sollte die regionale Autonomie nicht akzeptiert werden, könne es durchaus geschehen, dass die türkische Armee nach Famagusta marschiere; sie sei nicht zum Fußballspielen nach Zypern gekommen. Callaghan wies ihn auf die Konsequenzen einer solchen Aktion hin; Großbritannien sei schließlich Garantiemacht.

Beim anschließenden Gespräch zwischen Callaghan und Waldheim kam man überein, dass sich die UNFICYP einem weiteren türkischen Vormarsch in den Weg stellen solle. Waldheim war überzeugt, dass die Türken die Blauhelme nicht angreifen würden, das habe ihr Verhalten im Zusammenhang mit dem Flughafen von Nikosia gezeigt. Wenn man die UNFICYP rasch soweit verstärke, dass sie eine glaubwürde Abschreckungskraft gewinne, dann könnte es sein, dass die Türken zurückwichen. Callaghan versprach, zusätzliche Truppen zu entsenden. Er war von Waldheims aufrechter Haltung beeindruckt. Von Seiten der USA erwartete Waldheim offenbar keinen Einspruch.

Später diskutierten Callaghan, Mavros und Kliridis einen Artikel, der in der türkischen Zeitung *Milliyet* an diesem Tag erschienen war. Der Artikel enthielt eine Karte Zyperns, auf der eine Trennungslinie von Lefka nach Famagousta eingezeichnet war. Das Gebiet der türkischen Zyprioten hätte danach etwa 30 Prozent der Fläche umfasst. Im Artikel hieß es,

Ecevit verlange eine einheitliche Republik aus zwei autonomen Teilen, mit jeweils eigenen Streitkräften und eigenem Parlament. Kliridis sagte, dass dieser Artikel die türkischen Ziele akkurat wiedergebe; er sei aber lediglich bereit, einen funktionalen Föderalismus zu akzeptieren, eine geographische Trennung komme für ihn nicht in Frage. Es war allen klar, dass dieser Artikel der Realität entsprach. Gegenüber dem Amerikaner äußerte Callaghan, dass er nicht bereit sei, den Türken einen Bruch des Waffenstillstands zu gestatten, da dies schwerwiegende Folgen auf Zypern haben werde. Er sei für echte Abschreckung, nicht für einen Bluff.

Am Nachmittag tagte das Plenum. Es wurde rasch deutlich, dass die türkische Seite zu keinerlei Zugeständnissen bereit war. Callaghan hielt es für sinnvoll, eine deutliche Warnung an die Türken zu richten. Journalisten erzählte er, dass britische Verstärkungen nach Zypern unterwegs seien. Die britischen Truppen seien bereit, das Feuer zu eröffnen, wenn die türkische Armee weiter vorrücke. Außerdem würden diese Truppen die britischen Blauhelme der UNFICYP unterstützen. Die britische Presse erfüllte die Erwartungen ihres Außenministers, beging die erwartete Indiskretion und berichtete über die Verstärkungen.

Güneş auf der anderen Seite wusste, dass die Konferenz kein Ergebnis haben würde und suchte nach einem geeigneten Vorwand, um sie platzen zu lassen. In Ankara äußerten sich Ecevit und ein Vertreter des Außenministeriums unverblümt gegenüber dem amerikanischen und deutschen Botschafter, dass man Gewalt anwenden werde, um die von Ankara gewünschte Lösung herbeizuführen.

In Washington bemühte sich inzwischen Henry Kissinger, Präsident Ford seine Sicht der Dinge beizubringen: Die britische Regierung steuere nur deshalb einen harten Kurs, weil Wahlen bevorstünden. Callaghan sei ziemlich unerfahren. Er selbst habe mit Ecevit, der ein ehemaliger Student von ihm sei, telefoniert und ihn wissen lassen, dass die USA über erneute Gewaltanwendung nicht erfreut sein würden. Er werde dies Ecevit auch noch brieflich mitteilen. Als Ford wissen wollte, ob dieser Brief Ecevit von militärischen Aktionen abhalten werde, gab Kissinger zu verstehen, dass nicht die Türken das Problem seien, sondern die Briten. Das war zwar eine perfide Argumentation, aber sie wirkte, denn Ford forderte ihn auf, in seinem Sinne weiterzumachen. Er möge auch die Briten beruhigen. In seinem Brief an Ecevit ermahnte Kissinger diesen milde zu mehr Zurückhaltung und schlug die Errichtung von Kantonen als Lösung vor. Diese Lösung war für die türkische Seite allerdings genauso inakzeptabel wie Kliridis' funktionale Föderation. Ankara wollte Bizonalität.

Am 11. August wurden aus Zypern umfangreiche türkische Truppenbewegungen gemeldet. Es war offensichtlich, dass die türkische Seite eine Militäraktion vorbereitete. Gegenüber dem amerikanischen Botschafter äußerte Ecevit, dass er über Kissingers Lösungsvorschlag nachdenken werde, tatsächlich aber hatte inzwischen der Countdown zu Attila II begonnen. In Genf wartete Güneş ungeduldig auf eine vertrauliche Mitteilung aus Ankara, die ihm grünes Licht für die Durchführung eines geheimen Plans geben sollte. Der Plan sah vor, dass Güneş die Konferenz in Kürze platzen lassen solle, dabei aber zu beachten habe, dieses Ziel ohne Gesichtsverlust für die Türkei zu erreichen. Durch ein Missverständnis wurde die entsprechende Mitteilung etwas verzögert weitergegeben. Den Rest des Tages betrieb Kissinger Beschwichtigungspolitik in Richtung Ankara, die an jene von Chamberlain 1938 erinnerte. Callaghan hielt die sanften Töne für falsch. Wenn man bei den Türken etwas erreichen wolle, müsse man eine klare harte Sprache führen. Bei einem Gespräch zwischen Güneş und Callaghan äußerte sich der türkische Außenminister jedoch so zweideutig und ließ sich außerdem über die Kantonallösung aus, dass Callaghan den Eindruck gewann, die türkische Seite habe sich noch nicht zur militärischen Lösung entschieden.

Am 12. August legte Güneş einen eigenen Vorschlag vor, der sogar eine Karte enthielt. Darin wurde Zypern als bi-kommunaler unabhängiger Staat bezeichnet, der aus einer griechischen und einer türkischen autonomen Zone mit 6 türkischen und 2 griechischen Distrikte bestehen solle. Der türkische Hauptdistrikt sollte von Myrtou im Westen bis Famagousta im Osten reichen. Ferner sollte es autonome Distrikte bei Lefka, Polis, Paphos und Larnaka geben sowie einen auf der Halbinsel Karpasia, die ihrerseits einer der griechischen Distrikte war. Die Fläche der türkisch-zypriotischen Distrikte sollte 34 Prozent betragen. Der genaue Verlauf der Grenzlinien (*Boundaries*) sollte später festgelegt werden. Das Gebiet des türkischen Hauptdistrikts müsse innerhalb von 48 Stunden von den Truppen des griechischen Kontingents, der Nationalgarde und allen Paramilitärs geräumt werden.

Gegenüber Callaghan stellte Güneş fest, dass dieser Vorschlag die Zustimmung der türkischen Regierung habe. Die Konferenz solle noch an diesem Abend eine Entscheidung über seine Vorschläge herbeiführen, und die beiden Volksgruppenführer sollten sie am nächsten Morgen als die von ihnen gefundene Lösung bekannt geben. Dies war in Wirklichkeit nichts anderes als ein Ultimatum. Dies erkannte auch Kissinger, als er damit konfrontiert wurde, aber er wusste nicht, was er dagegen tun sollte. Offensichtlich hatte seine Strategie der freien Hand Zypern in die Katastrophe geführt. Auch Waldheim machte nun einen Rückzieher: Sollten die Türken tatsächlich angreifen, werde er den Blauhelmen den Rückzug befehlen. Güneş blieb bei seinem Ultimatum: Die Griechen hätten noch einen Tag Zeit, sich zu entscheiden.

Zwar legte Kliridis am Morgen des 13. August noch einen Alternativvorschlag vor, aber er wusste, dass er machtlos vor einem klassischen Dilemma stand. Egal wie er sich auch entschied, ein Teil Zyperns würde unter die Kontrolle der türkischen Armee kommen. Die Frage war nur, wieviel Gewalt dabei zur Anwendung kommen würde. Wenn er eine Katastrophe für die griechischen Zyprioten in Form der gewaltsamen Vertreibung verhindern wollte, gab es nur einen Ausweg: der bi-kommunalen und bi-zonalen Lösung zuzustimmen, also den Güneş-Vorschlag zu akzeptieren. Dabei war natürlich nicht einmal sicher, dass die Bevölkerungsverschiebung in der Form eines geordneten Austausches, möglicherweise unter Mitnahme der bewegliche Habe über die Bühne gehen würde. Aber er wusste auch, dass Makarios eine föderale Lösung ablehnte. Da Mavros von Karamanlis ebenfalls dazu vergattert worden war, nichts zu akzeptieren, was Makarios ablehnen würde, war der einzige Weg, um Makarios zum Einlenken zu bewegen, Druck durch die griechische Regierung. Dies bedeutete, dass Mavros und Kliridis zunächst Karamanlis von der bitteren Notwendigkeit überzeugen mussten, um dann vereint Makarios umzustimmen. Dazu brauchte man 48 Stunden Aufschub. Kliridis war klar, dass er, falls er Güneş' Ultimatum akzeptierte, in die Geschichte Zyperns als jener Verräter eingehen würde, der einen großen Teil der Insel den Türken kampflos überlassen hatte. Eine weitere politische Karriere wäre danach undenkbar gewesen. Außerdem würde er mit seiner Zustimmung der Fortsetzung der türkischen Invasion ein juristisches Alibi liefern, das die türkische Seite in der bevorstehenden Debatte in der UNO als Rechtfertigungsargument benutzen konnte und würde.

Callaghan forderte Güneş auf, den Griechen diese 48 Stunden einzuräumen. Güneş lehnte dies ab, versprach aber Rücksprache mit Ankara zu nehmen. Callaghan forderte Kissinger auf, sich bei den Türken für den Aufschub stark zu machen. Dieser tat das, aber so wachsweich, dass Ecevit nur versprach, darüber nachzudenken. Bei Kissingers Unterredung mit Ford über dieses Thema wurde deutlich, dass Kissinger nach wie vor großes Verständnis für die Türken hatte. Schuld an der ganzen Misere seien die Briten, die die Krise schlecht gemanagt hätten. Aus seiner Sicht sprächen keine amerikanischen Gründe dagegen, dass die Türken nicht ein Drittel der Insel erhalten sollten. Kissinger spielte also wieder den Realpolitiker des 19. Jahrhunderts, und schuld an der Lage waren in seinen Augen nur die Briten.

Die letzte Runde der Genfer Verhandlungen begann erst um 19 Uhr, da Güneş den Beginn verzögert hatte. Güneş war inzwischen von Ecevit informiert worden, dass er die Konferenz bis 2 Uhr in der Frühe des 14. August hinziehen sollte. Kurz danach würde der Angriff in Zypern beginnen. Die letzte Verhandlungsrunde war daher nur noch ein Schattenboxen: Güneş spielte ein grausames Spiel. Er wusste, dass Kliridis sich bewegen wollte, aber nicht konnte, bevor er nicht Makarios' Plazet hatte. Ähnlich verhielt es sich mit Mavros. Beide unterzogen sich der Qual dieser letzten Runde in der Hoffnung, dass Güneş oder Ecevit ihnen den erbetenen 48-Stunden-Aufschub zugestehen würden. Sowohl Kliridis und Mavros als auch Callaghan wussten, was bevorstand, und kämpften gegen das drohende Verhängnis in der Hoffnung, dass es sich abwenden ließe. Güneş spielte mit seinen Verhandlungspartnern. Er dementierte, dass eine Militäraktion geplant sei, lehnte aber eine Verschiebung ab. Kliridis ging so weit, Güneş zu versichern, dass man seine Forderungen mit einem *open mind* prüfen werde. Güneş hielt die Konferenz bis 2.25 Uhr des 14. August 1974 hin. Eine halbe Stunde später, um 5 Uhr zypriotischer Zeit (3 Uhr UT), begann der erneute Angriff mit dem Bombardement der Rundfunkstation im Westen Nikosias durch die türkische Luftwaffe.

Kurz vor Konferenzende wollte Kliridis von Callaghan wissen, ob die Briten dem türkischen Angriff zuschauen würden, ohne etwas zu tun. Callaghan versprach, die Angelegenheit vor den Sicherheitsrat zu bringen. Der ursprünglich kämpferische Callaghan, der im Falle des Flughafens von Nikosia den Türken die Zähne gezeigt hatte, vermied es jetzt, sich *coram publico* festzulegen und noch einmal dieselbe Härte zu zeigen wie zuvor. Güneş dürfte dieses Verhalten mit Genugtuung zur Kenntnis genommen haben, reduzierte es doch das Risiko des türkischen Angriffs auf null. Die wenigen leicht bewaffneten Blauhelme waren ungefährlich. Ob eine harte Haltung der Briten wie im Fall des Flughafens auch dieses Mal die türkische Seite vom Angriff abgehalten hätte, muss natürlich Spekulation bleiben, wenn auch einiges dafür spricht.

Callaghans Kurswechsel war eindeutig auf die Haltung Kissingers zurückzuführen. Am 12. August hatte Kissinger ihm zu verstehen gegeben, dass die USA eine britische militärische Einmischung auch im Rahmen der UNO ablehne. Kissingers Druck hatte auch Waldheim den Schneid abgekauft. Allein wollte die britische Regierung nichts unternehmen, denn die Erinnerung an das amerikanische Verhalten während der Suez-Krise, als die Amerikaner aktiv den britischen Angriff auf die ägyptische Flotte unterbunden hatten, war auch bei den Überlegungen der Labourpolitiker stets präsent. Für Henry Kissinger war die nun beginnende türkische Aktion der Schwerthieb, der den gordischen Knoten des Zypernproblems entzwei hieb. Tatsächlich aber zog er ihn damit jetzt endgültig unentwirrbar und stramm zu.

Die türkische Invasion (Attila II), 14. bis 16. August 1974

Der türkische Plan sah drei Angriffsrichtungen vor: Die 39. Division sollte das Gebiet zwischen der Enklave nördlich der Straße von Nikosia nach Famagousta, also die nördliche Mesaoria-Ebene besetzen. Die 28. Division sollte am folgenden Tag eine analoge Operation in Richtung Westen bis zur Enklave von Limnitis durchführen. Weitere Einheiten sollten den Flughafen und das Gebiet des ELDYK-Camps erobern. Die Angreifer waren den Verteidigern haushoch überlegen. Die Stärke der türkischen Streitmacht umfasste 40.000 Mann, etwa 160-200 Panzer, 200 gepanzerte Truppentransporter und 120 schwere Geschütze. Die türkische Luftwaffe beherrschte den Luftraum total. Von der Nationalgarde waren insgesamt 25 Bataillone schlecht ausgerüsteter Infanteristen, 11 klapprige T-34 Panzer und 70 leichte Geschütze einsatzfähig.

Eigentlich hätten die türkischen Einheiten ihre Ziele schon am ersten Tag erreichen können, aber sie rückten sehr langsam voran, um so der griechischen Bevölkerung die Gelegenheit zur Flucht zu geben. Tatsächlich löste der türkische Vormarsch eine Flüchtlingslawine größten Ausmaßes aus. Als um 18 Uhr des 16. August 1974 der zweite Waffenstillstand in Kraft trat, hatte die türkische Armee fast 37 Prozent der Fläche Zyperns besetzt. Auf der eroberten Fläche konnte man einen ethnisch homogenen föderalen Teilstaat errichten. Noch weiter vorzurücken, wäre kontraproduktiv gewesen, denn man hätte sich dann innerhalb dieses Teilgebiets mit einer griechisch-zypriotischen Mehrheit herumschlagen müssen. Aus ähnlich Gründen war man auch nicht an der doppelten Enosis interessiert, denn das hätte eine mögliche Bedrohung durch Griechenland auch noch aus dem Süden Zyperns bedeutet.

Eine Besonderheit bildete das Gebiet von Varoşa südöstlich von Famagousta. Varoşa bestand einerseits aus einer ausschließlich von griechischen Zyprioten bewohnte Neustadt von Famagousta und andererseits weiter nach Südosten hin entlang der Küste aus der Hotelstadt der Insel schlechthin mit den für jene Zeit typischen Bausünden, nämlich Bettenburgen auf engstem Raum. Der Plan der Operation Attila II sah die Besetzung des Hafens und der Altstadt von Famagousta vor, aber nicht die von Varoşa. Als nun die türkische Armee vorrückte, flohen auch hier die griechischen Einwohner in die nahegelegene Basis von Dekelia. Drei Tage lang war Varoşa nach dem Waffenstillstand vom 16. August Niemandsland, in dem nur schwedische UNFICYP-Soldaten patrouillierten. Nach drei Tagen schließlich "eroberte" eine türkische Patrouille die menschenleere Stadt. Doch da die nachträgliche Besetzung eines solch großen Gebietes als Bruch des Waffenstillstandes größeren Ärger hätte verursachen können, ließ man das Gebiet unbesetzt. Die Stadt und die Hotels wurden mit Stacheldraht eingezäunt und das gesamte Gebiet blieb bis zum heutigen Tag unbewohnt. Varoşa ist eine Geisterstadt.

In Athen war Karamanlis außer sich vor Wut über Ecevits Verhalten. Nur mit Mühe konnten die griechischen Militärs ihn von unüberlegten militärischen Hilfsmaßnahmen für Zypern abhalten, die nur zu einem Krieg mit der Türkei geführt hätten. Hingegen fand sein Entschluss, sich aus dem militärischen Teil des NATO-Bündnisses zurückzuziehen allgemeine Zustimmung: Politisch blieb Griechenland jedoch Mitglied des Bündnisses. Diese Maßnahme sollte einerseits die griechische Öffentlichkeit beruhigen und ihr den Eindruck vermitteln, dass die Regierung handle, und andererseits Druck auf die Amerikaner ausüben: Die Renationalisierung der griechischen Streitkräfte riss eine beträchtliche Lücke in die Südostflanke der NATO. So verständlich diese Entscheidung auch war, so unklug war sie, denn durch sie verzichtete Athen darauf, dass der NATO-Rat Einfluss auf die Entwicklung nehmen konnte. In der Tat begnügte sich der griechische Vertreter bei der NATO damit, eine trockene Erklärung zu verlesen, anstatt die NATO zur Einmischung aufzufordern.

In Washington entschied Kissinger, an seiner bisherigen Politik festzuhalten. Den Vorschlag einer Reduzierung der amerikanischen Militärhilfe für die Türkei hielt er für totalen Nonsens. Kissinger sah also immer noch keinen Handlungsbedarf, denn die Dinge liefen nach seiner Meinung weiterhin so, dass amerikanische Interessen nicht tangiert würden. Das US-Senatskomitee für Flüchtlingsfragen kam einige Wochen später zu der Schlussfolgerung, dass die US-Regierung eine pro-türkische Schieflage (tilt) hatte.

Der türkische Vorstoß nach Morphou und Famagousta löste wie gesagt eine Massenflucht größten Ausmaßes aus. Schon während Attila I hatte es massive Menschenrechtsverletzungen und Morde gegeben. Die Informationen und Gerüchte über diese Ausschreitungen veranlassten nun Zehntausende griechische Zyprioten zur Flucht vor der anrückenden türkischen Armee - zu Fuß oder mit jeder Art von Fahrzeug. Viele hatten nichts außer dem, was sie am Leib trugen. 180.000 Flüchtlinge irrten über die Straßen und Wege im Süden der Insel, oder kampierten in der Sicherheit der britischen Basis von Dekelia. Sie zu verpflegen, zu kleiden, medizinisch zu versorgen und ihnen ein Dach über dem Kopf zu verschaffen, war eine herkulische Aufgabe, deren Dimension einem erst bewusst wird, wenn man sich klar macht, dass jeder dritte griechische Zypriote seine Heimat verloren hatte. Zum Vergleich: In Deutschland war nach dem Ende des Zweiten Weltkrieges jeder Fünfte ein Flüchtling. Zum Glück für die Flüchtlinge war es

Sommer und Kampieren unter freiem Himmel war möglich. Viele fanden Unterkünfte in leer stehenden Schulgebäuden oder in den von den Touristen inzwischen verlassenen Hotels und Apartments.

Am 1. September zählte man über 200.000 Flüchtlinge, doch nach Beruhigung der Lage kehrten etwa 24.000 Menschen in ihre Dörfer und Wohnungen in der Nähe der Demarkationslinie zurück, so dass man im November noch auf etwa 179.000 Flüchtlinge kam. Im September mussten etwa 182.000 und im November noch 135.000 Menschen von den Hilfsorganisationen versorgt werden. Später kamen noch etwa 3.000 Flüchtlinge hinzu, die aufgrund von Verhandlungen in den Süden übersiedelten. Etwa 23.000 türkische Zyprioten flohen umgekehrt in den Norden der Insel; wie viele von ihnen direkt vertrieben wurden, ist unbekannt. Etwa 17.000 Menschen wurden im Rahmen von Verhandlungen transferiert, davon etwa 9.000 im Januar 1975 im Rahmen eines britisch-türkischen Übereinkommens aus der Akrotiri-Basis, wohin sie sich während der Kämpfe geflüchtet hatten und ca. 8.000 aus dem von der Regierung kontrollierten Gebiet im Gefolge der interkommunalen Gespräche in Wien im August 1975. Hinzu kommen jene türkischen Zyprioten, die schon zu Beginn der Invasion sich in die britische Basis geflüchtet bzw. in den Enklaven gelebt hatten. Insgesamt sollen 71.000 türkische Zyprioten in den Norden gegangen sein.

Die Verluste in diesen drei Tagen erneuter Kämpfe unter der Zivilbevölkerung lagen bei 140 Toten. Die Nationalgarde zählte 90 Gefallene und die ELDYK 104. Der amtliche Bericht der zypriotischen Regierung geht von insgesamt 877 toten griechischen Zyprioten während Attila I und II aus. Nach Angaben des türkischen Generalstabes sollen während Attila I und II 250 türkische Soldaten gefallen und 500 verwundet worden sein. Die Zahl der Vermissten ist unbekannt.

Wie in jedem Krieg gab es auch bei den Operationen Attila I und II Kriegsverbrechen und Greueltaten, aber auch solche, welche nur in der Propaganda existierten. Da beide Seiten von Beginn an mit Greuelpropaganda operierten, ist bei der Bewertung der Vorgänge höchste Vorsicht geboten. Es kann jedoch festgestellt werden, dass während Attila I die griechische Seite keine Kriegsverbrechen beging. Im Gegensatz dazu wurden in dem von der türkischen Armee kontrollierten Gebiet während Attila I und II durchaus solche begangen. Die türkisch-zypriotische Journalistin Sevgül Uludağ, die sich seit Jahren mit diesen Problemen befasst, berichtet von zahlreichen Massakern an griechischen Zyprioten, die teilweise auch von türkischen Zyprioten begangen wurden. Auch auf der griechisch-zypriotischen Seite kam es während Attila II zu Ausschreitungen, allerdings nicht durch Soldaten der Nationalgarde, sondern durch EOKA B-Anhänger, die im Gefolge des Putsches gegen Makarios von der Nationalgarde bewaffnet worden waren. Es gab zwei Schwerpunkte der Ausschreitungen, nämlich drei Dörfer nordwestlich von Famagousta und Tochni, das an der Straße von Nikosia nach Limassol in der Nähe von Choirokoitia gelegen ist.

Das Ausmaß der Morde wird deutlich, wenn man sich die Zahl der "missing persons" vergegenwärtigt. Dabei umfasst der Begriff "missing persons" mehrere Gruppen von Vermissten. Es gilt zu unterscheiden zwischen vermissten Zivilisten und vermissten Kriegsgefangenen. Erstere dürften Morden in der Zeit der Invasion zum Opfer gefallen sei. Letztere sind teilweise noch in Zypern ums Leben gekommen, teilweise erst in der Gefangenschaft in der Türkei. Im Frühjahr 1996 (am 6. 4. 96) enthüllte Rauf Denktaş in einem Rundfunkinterview die halbe Wahrheit: Die türkische Armee habe 1974 die beim Vormarsch hinderlichen Gefangenen türkisch-zypriotischen paramilitärischen Einheiten übergeben, und diese hätten die Gefangenen getötet. Dies dürfte jedoch nur zum Teil stimmen, denn von vielen Vermissten gab es noch geraume Zeit später Lebenszeichen aus der Türkei. Denktaş versuchte ganz offensichtlich, Ankara zu exkulpieren.

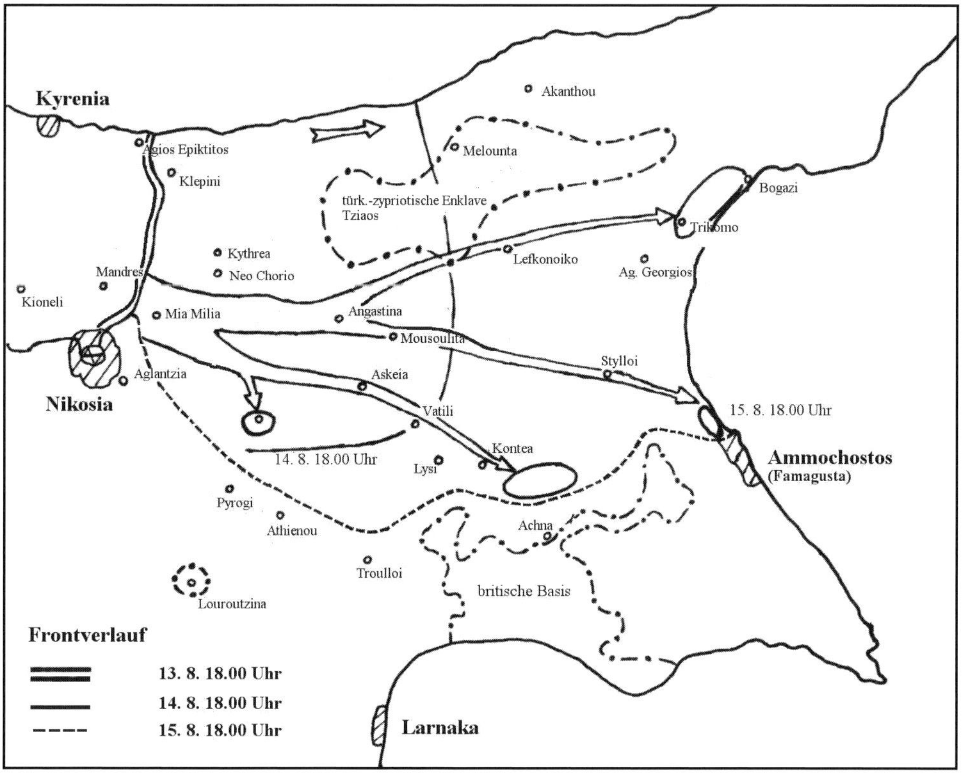

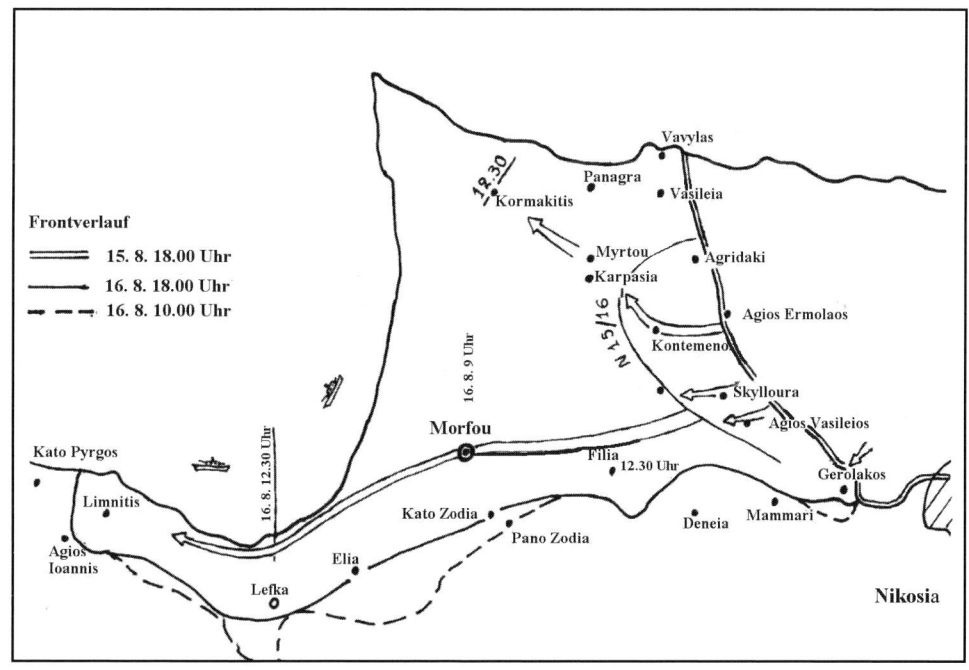

Der Vorstoß der 39. Division nach Osten. Nach: Sergis.

Der Vorstoß nach Westen. Nach: Sergis

Erst in jüngster Zeit wurden genaue Zahlen verfügbar. Danach gab es auf der griechischen Seite 1.468 und auf der türkischen 502 Vermisste. Bei den letzteren werden allerdings 229 schon seit den Ereignissen 1963/64 und 229 seit 1974 vermisst wurden; die restlichen 44 verschwanden in der Zwischenzeit. Die UN-Generalversammlung verabschiedete zwischen 1975 und 1979 drei Resolutionen zu diesem Thema und forderte die Beteiligten auf, ein Komitee einzurichten, das dieses humanitäre Problem lösen sollte. Die interkommunalen Verhandlungen zwischen 1977 und 1981 mündeten schließlich 1981 in den Beschluss der beiden Volksgruppen, das *Committee on Missing Persons in Cyprus* zu gründen, was auch geschah. Doch bis 2004 ereignete sich herzlich wenig. Erst als der UN-Generalsekretär beide Seiten aufrief, endlich mit den Exhumierungen zu beginnen, die Überreste zu identifizieren und den Angehörigen zu übergeben, kam Bewegung in diese Angelegenheit. 2007 begannen die ersten "archäologischen" Ausgrabungen und DNA-Analysen. Bis Herbst 2009 wurden in 290 Massengräbern die Überreste von 562 Individuen gefunden und 345 DNA-Analysen durchgeführt, sowie die Überreste von 172 identifizierten Individuen an deren Familien übergeben. Es gibt Hinweise auf Massengräber in militärischen Sperrgebieten der türkischen Armee auf Zypern, die bislang für die Ausgräber des CMP unzugänglich sind. Es wäre an der Zeit, dass man sich hier bewegt.

Diese humanitäre Aktion ist allerdings auf Zypern beschränkt. Ob die Türkei jemals offiziell zugeben wird, dass eine größere Zahl griechischer Zyprioten in der Gefangenschaft verschwand, darf bezweifelt werden. Tatsache ist, dass viele von ihnen vom ICRC bzw. vom Roten Halbmond als Kriegsgefangene registriert wurden, aber nicht im Rahmen des offiziellen Gefangenenaustauschs nach Zypern zurückkehrten. Von einigen der vermissten Gefangenen existieren sogar Fotos und Nachrichten aus der Gefangenschaft.

Konnte die erste Phase der Operation Attila mit dem Garantievertrag und dem daraus hergeleiteten Recht auch zur unilateralen Intervention auf Zypern zur Wiederherstellung des Status quo ante gerechtfertigt werden, fiel mit dem Sturz der Junta in Athen und dem Wechsel zu Kliridis am 23. Juli 1974 sowie Makarios' bzw. Kliridis' Angebot, zu den Verträgen von 1960 zurückzukehren, jeglicher Rechtfertigungsgrund für eine weitere Intervention weg. In der ersten Phase hatte Ecevit bis zu einem gewissen Grad die Sympathien der Weltöffentlichkeit auf seiner Seite, denn er ging anscheinend gegen die von der Athener Junta gesteuerten Putschisten vor. Aber als in Athen die Junta stürzte und das Land re-demokratisiert wurde und auch in Zypern Sampson von Kliridis abgelöst wurde, drehten sich die Sympathien; von nun an war die Weltöffentlichkeit auf der Seite der Griechen und der griechischen Zyprioten.

Dies wurde in Ankara jedoch weder von der Generalität noch von Ecevit erkannt. Offensichtlich wollte man in Ankara die Schwäche der griechischen Seite einfach ausnützen und Faits accomplis schaffen. Die zweite Phase der Invasion war ein eindeutiger Verstoß gegen das Völkerrecht und ein Akt der Aggression. Um sich jeden zukünftigen Ärger mit Minderheiten vom Leib zu halten, griff man zum Mittel der provozierten Flucht bzw. Vertreibung. Ecevit und die Militärs begriffen nicht, dass sie damit die seit dem zwischen Venizelos und Atatürk geschlossenen Pakt bestehende Aussöhnung ruinierten und das griechisch-türkische Verhältnis für Jahrzehnte vergifteten.

Die Türkei konnte Machtpolitik im Stile des 19. Jahrhunderts betreiben, weil an der Spitze Amerikas in den entscheidenden Wochen ein Mann das Sagen hatte, der ebenfalls im Stile Metternichs, Disraelis oder Bismarcks handelte. Für Kissinger war die Türkei mit ihrer geopolitisch und geostrategisch einmaligen Lage im Kalten Krieg so wichtig, dass er bereit war, über alles hinweg zu sehen, solange es amerikanische Interessen nicht tangierte. Seine Zypernpolitik führte zu einer tiefen Entfremdung Griechenlands, der Türkei und der beiden zypriotischen Volksgruppen. Dadurch dass er in der ersten Phase der Krise die Junta in Athen unterstützte und dann nach dem Machtwechsel in Athen Karamanlis in der zweiten Phase die kalte Schulter zeigte, schuf er in Griechenland den Nährboden für einen militanten Antiamerikanismus, der dem ihm verhassten Andreas Papandreou den Weg an die Macht ebnete.

Im Gefolge der Invasion verhängte der US-Kongress gegen das Votum Kissingers ein Waffenembargo gegen die Türkei, das zwar hochmoralisch, aber politisch unklug war, weil dadurch die amerikanische Seite ein Druckmittel verlor. Eine Androhung des Embargos hätte eventuell Wirkung gezeigt, aber als diese Waffe angewendet wurde, erwies sie sich als stumpf, denn die Türkei kümmerte sich nicht darum, bzw. verwendete die Forderung nach Aufhebung ihrerseits als Druckmittel gegen die Amerikaner. Und der Kampf für die Aufhebung absorbierte einen großen Teil von Kissingers Energie, zumal er auf die türkischen Drohungen sehr empfindlich reagierte.

Die griechisch-zypriotische Führung war nicht unschuldig an der ganzen Entwicklung. Wäre Makarios bereit gewesen, die türkischen Zyprioten als gleichberechtigte Partner zu akzeptieren und nicht als Minderheit zu behandeln, hätte Zypern diese Katastrophe nicht erlebt. Kliridis hatte dies seit langem begriffen, aber Makarios hatte immer wieder abgeblockt und sich auf die UNO verlassen, die schon das Schlimmste verhüten würde. Als es wirklich kritisch wurde, entpuppte sich diese aber als Papiertiger. Die einzigen, die die Türken hätten stoppen können, waren die Amerikaner, doch die, so ein UNO-Diplomat damals zum Spiegel, "stellen sich tot. Da liegt der Hund begraben." Für Bundeskanzler Helmut Schmidt war Attila II, wie er in einem Interview sagte, eine imperialistische Invasion. Das Opfer dieser machtpolitischen Spiele waren die Zyprioten, deren Insel geteilt wurde.

1974-1977: AUF DEM WEG ZUM STILLSTAND

Der Scherbenhaufen, 17. August bis 10. September 1974

Kliridis stand nun vor gewaltigen Aufgaben. 36,3 Prozent des Landes waren besetzt. 70 Prozent der landwirtschaftlich genutzten Fläche waren verloren. Genauso groß war der Verlust an industrieller Kapazität. Auch der größte Teil der Tourismuszentren war verloren. Er musste versuchen, auf der diplomatischen Ebene in Bezug auf das Zypernproblem zu retten, was noch zu retten war. Er musste die Wirtschaft auf Touren bringen, das Flüchtlingsproblem in den Griff bekommen, sowie die Herrschaft von Gesetz und Ordnung wiederherstellen, indem man die Irregulären entwaffnete und die Waffenstillstandslinie mit den noch vorhandenen militärischen Kräften sicherte.

Auf der Ministerratssitzung am 17. August schlug Kliridis am selben Tag radikale Notmaßnahmen vor. Der 8-Stunden-Tag für die Angehörigen des Öffentlichen Dienstes wurde abgeschafft und den Beamten befohlen, von 7 Uhr bis 19 Uhr in ihren Büros zu sein. Samstag und Sonntag wurden normale Arbeitstage. Niemand zwischen 17 und 60 durfte die Insel verlassen, außer mit einer Sondergenehmigung. Dass es keine baldige Rückkehr in den Norden geben würde, war abzusehen. Hypotheken auf Eigentum in den von der Türkei besetzten Gebieten wurden eingefroren. Die Flüchtlinge sollten durch staatliche Hilfe vor dem Elend bewahrt werden, aber diese Hilfe sollte so gering sein, dass die Flüchtlinge sich um Arbeit bemühen würden. Im Gewerbesektor sollten großzügige staatliche Hilfen die Flüchtlinge dazu ermutigen, ihre Geschäfte, Werkstätten und Dienstleistungsbetriebe wiederaufzubauen. Alles brachliegende private und staatliche Ackerland sollte wieder unter den Pflug genommen werden, und die Regierung würde die notwendigen Maschinen zur Verfügung stellen. Um Arbeitslosigkeit zu verhindern und um Devisen in die staatlichen Kassen zu bringen, sollten Bauarbeiter Arbeitserlaubnisse für die arabischen Staaten erhalten. Um die Flugverbindungen mit dem Ausland wieder herzustellen, musste der alte Militärflughafen in Larnaka wieder in Betrieb genommen und ausgebaut werden. Er ist bis heute in Betrieb und zum Hauptflughafen der Insel avanciert.

Kissingers Politik führte zu massiven Protesten in Griechenland und in Zypern, bei denen er als Mörder bezeichnet wurde. Dies wiederum verärgerte ihn derart, dass er gegenüber Griechenland und Zypern weiterhin einen harten Kurs steuerte. Darin wurde er bestätigt, als am 18. August im Gefolge einer Demonstration in Nikosia auf die US-Botschaft geschossen und der US-Botschafter durch einen Querschläger getötet wurde. Kliridis entschuldigte sich in aller Form. Kissinger nahm die Entschuldigung an, wies aber Kliridis darauf hin, dass er bei der weiteren Entwicklung seine Hände in Unschuld wasche, wenn die Agitation gegen ihn in Athen und Nikosia weitergehe. Kliridis ließ sich dadurch nicht beeindrucken und kritisierte die amerikanische Politik ganz offen.

In den folgenden Tagen kam es zu Bemühungen, die Verhandlungen in Genf wieder aufzunehmen. In diesen internationalen Meinungsaustausch mischte sich am 20. August Denktaş ein, als er in Ankara vor die Presse trat: Selbstbewusst drohte er mit der Gründung eines unabhängigen türkisch-zypriotischen Staates, falls nicht bald die Verhandlungen beginnen würden. Einen Tag später wurde er präziser: Wenn die griechische Seite nicht nachgebe und sich zu Verhandlungen bequeme, blieben nur zwei Lösungen: Föderation mit weitestgehender Autonomie oder vollständige Teilung der Insel mit Bildung eines eigenen Staates. Es werde einen Bevölkerungsaustausch geben. Griechisches Landeigentum im Norden werde gegen Entschädigung verkauft oder verpachtet werden. Man habe mit dem Aufbau einer eigenen Verwaltung begonnen. Man werde eigene Pässe ausgeben, eine eigene Bank gründen und die türkische Lira als Währung einführen. Er sei bereit, mit Kliridis über aktuelle humanitäre Probleme zu reden, aber an Friedensgesprächen müssten die Garantiemächte teilnehmen. Offensichtlich strebte die türkische Seite nach einer losen Konföderation.

Am 22. August griff Makarios von London aus in die Diskussion ein: In einem Interview betonte er, dass es keine Verhandlungen geben könne, bevor sich die türkischen Truppen nicht auf die in Genf am 9. August vereinbarte Waffenstillstandslinie zurückgezogen hätten. Die neuen Verhandlungen sollten in New York unter den Auspizien der UNO geführt werden, und Vertreter der ständigen Mitglieder des Sicherheitsrates sollten daran teilnehmen. Eine Teilung der Insel werde Zypern als Staat zerstören. Eine föderale Lösung komme nicht in Frage, da sie die Vorstufe zur Teilung sei. Makarios begriff offensichtlich die tatsächliche Lage nicht, aber seine Haltung schränkte Kliridis' Handlungsspielraum wieder erheblich ein.

Bei einem Gespräch zwischen Kliridis, Karamanlis und anderen Mitgliedern der griechischen Regierung stellte Ersterer fest, dass man militärisch in einer aussichtslosen Lage sei. Die Diskussion wandte sich der Frage zu, ob man mit der Türkei verhandeln solle oder nicht, und welche Bedingungen man stellen solle. Dabei wurde deutlich, dass der einzige, der die Lage richtig einschätzte, Kliridis war. Er war überzeugt, dass die Türkei nie ihre Truppen zur Waffenstillstandslinie vom 9. August zurückziehen werde. Daher dürfe man dies nicht zu einer Vorbedingung für Verhandlungen machen. Man müsse rasch handeln, denn es drohe die Gefahr, dass die Türken im besetzten Teil Zyperns eine eigene Regierung errichteten. Mavros gab sich Illusionen hin: Der von der UNO, von der BRD und der Sowjetunion ausgeübte Druck werde die Türken zum Zurückweichen veranlassen, daher solle man abwarten. Karamanlis hielt dies für unrealistisch. Kliridis meinte, dass kein diplomatisches Manöver eine Föderalisierung auf Basis einer geographischen Trennung verhindern werde, wobei er bereit sei, den Türken 24 Prozent der Fläche Zyperns zu überlassen. Hätte man in Genf die geographische Teilung akzeptiert, stünde man heute besser da. Er habe sich vor der öffentlichen Meinung gefürchtet, aber er hätte in Genf die Teilung akzeptieren sollen. Es werde keine Lösung geben, außer einer Föderation mit geographischer Teilung. Karamanlis stimmte zu.

Dennoch machte Karamanlis einen Rückzieher, als er die Vorbedingungen für Verhandlungen nannte: Rückkehr der Flüchtlinge unter sicheren Bedingungen und Rückzug der türkischen Streitkräfte auf jene Positionen, die sie am 9. August eingenommen hatten. Unter diesen Vorbedingungen sei man bereit, in einen Dialog mit der Türkei einzutreten, wobei man die Möglichkeit zu einer föderalen Lösung auf der Basis der geographischen Trennung nicht ausschließe, vorausgesetzt, es gebe keine Bevölkerungsverschiebung.

Es erhebt sich die Frage, warum sich Karamanlis nur zu diesem faulen Kompromiss entschloss, obwohl er Kliridis zustimmte. Entscheidend dürfte wieder die Angst vor Makarios gewesen sein, da dieser sonst die Athener Führung des nationalen Verrates hätte beschuldigen können. Dies wäre angesichts der im Herbst anstehenden Parlamentswahlen äußerst gefährlich gewesen. Hinzu kam die Scheu vor der Verantwortung und der Demütigung bei Verhandlungen unter solch ungünstigen Bedingungen sowie die Befürchtung, dass radikale Militärs, die noch immer nicht voll entmachtet waren, eine "Demütigung" missbrauchen könnten, um erneut zu putschen. Nicht vergessen werden darf auch Karamanlis' historische "Vorbelastung" durch die Züricher und Londoner Verträge, die während seiner ersten Amtszeit unterzeichnet worden waren. Anstatt in Zusammenarbeit mit Kliridis zu versuchen, durch zügige Verhandlungen den Schaden zu reduzieren, zog er es vor, auf diese wenig couragierte Weise einer Konfrontation auszuweichen und den Verhandlungen fernzubleiben. Letztlich wurde auch hier wieder eine Chance vertan, eine vernünftige Lösung des Problems zu finden.

Am 25. August nannte Kliridis drei Bedingungen für die Aufnahme von Verhandlungen mit den Türken: Die Türken müssten bereit sein, ernsthafte territoriale Zugeständnisse zu machen; die türkischen Truppen müssten in Etappen (*"a phased total withdrawal"*) vollständig abgezogen werden; den Flüchtlingen müsse die Rückkehr erlaubt werden. Eine Freigabe von Varoşa würde die Lage der Flüchtlinge stark entspannen und das Klima insgesamt verbessern. Kliridis versuchte also, der anderen Seite eine goldene Brücke zu bauen. Hätte sie sich darauf eingelassen, wäre der Bevölkerungsaustausch zwar auch Tatsache geworden, aber er wäre letztlich auf freiwilliger Basis geschehen und damit legitimiert worden und der Vorwurf der Vertreibung aus der Welt geschafft worden. Das territoriale Zugeständnis im Raum von Varoşa war kein großer Preis. Die Forderung nach einem totalen Abzug der türkischen Truppen in Etappen, begleitet von einer Entmilitarisierung der Insel, war durchaus nicht illusionär. Kliridis' Vorschlag basierte auf dem Do-ut-des-Prinzip und war durchaus realistisch. Er war der Meinung, wenn er und Denktaş alleine verhandeln könnten, würden sie rasch zu einer Lösung kommen. Damit hatte er zwar ohne Frage Recht, aber von nun an bis in die jüngste Gegenwart wurden alle Entscheidungen in Ankara getroffen.

Auch als UN-Generalsekretär Waldheim sich Ende August um die Einberufung einer Konferenz bemühte, wurde deutlich, dass Ecevit nur die Fortsetzung der Genfer Verhandlungen wollte und jede Internationalisierung ablehnte. Er und Denktaş strebten nach der völkerrechtlichen Absicherung des Status quo. Kissinger auf der anderen Seite war nicht bereit, Druck auf Ankara auszuüben, an einer internationalen Konferenz teilzunehmen. Denn dies hätte bedeutet, dass er sich auf die griechische Seite gestellt hätte und auf diese war er seit den Demonstrationen sauer. Zwischen Kliridis und Denktaş kam es zwar zu direkten Verhandlungen über anstehende humanitäre Probleme, die auch regelmäßig gelöst wurden, aber der Konferenz kam man dadurch kein bisschen näher.

Am 9. September 1974 erschien der ehemalige US Botschafter William Tyler in Athen, um den Griechen die Lösungsvorstellungen Kissingers nahezubringen. Zunächst forderte er, die antiamerikanischen Demonstrationen müssten aufhören. Dann schlug Tyler eine Paketlösung vor, indem er den Zypernkonflikt mit dem Ägäis-Konflikt verknüpfte. Der Vorschlag, den Zypernkonflikt zusammen mit dem Ägäiskonflikt in einem Gesamtpaket zu lösen, verriet absolute Unkenntnis der tatsächlichen Problematik. Beim Ägäiskonflikt ging es um bilaterale griechisch-türkische Probleme, die mit Zypern überhaupt nichts zu tun hatten. Die Vorstellung, dass Griechenland in der Ägäis Zugeständnisse machen würde, um türkische Zugeständnisse in Zypern zu erlangen, war absurd. Tylers Ton entsprach dem eines typischen amerikanischen Prokonsuls in einem Klientelstaat, der mit Drohungen Gehorsam einforderte. Abschließend meinte Tyler, dass die USA an der ganzen Entwicklung keinerlei Schuld trügen, denn man habe keine Fehler gemacht. Karamanlis wies Tylers Forderungen würdevoll zurück: Man sei bereit, eine föderale Lösung zu akzeptieren, aber eine für Griechenland demütigende Lösung oder eine für die griechischen Zyprioten inakzeptable lehne er ab.

Damit war 25 Tage nach dem Ende von Attila II klar, dass es kein Genf III geben würde. Bewegung in die festgefahrene Situation konnte also nur noch kommen, wenn Makarios sich mit einer Lösung auf der Basis einer bizonalen Föderation abfinden würde. Doch wie wir nun sehen werden, setzte er auf das falsche Pferd, indem er versuchte, mit Hilfe der UNO das Rad der Geschichte zurückzudrehen.

Der Versuch die Scherben zu kitten, September bis Dezember 1974
Makarios und die zypriotische Regierung beabsichtigten, das Zypernproblem vor die Generalversammlung der UNO zu bringen. Man hoffte, dass diese eine eindeutige Verurteilung der Türkei aussprechen werde, denn dort konnte kein Veto eingelegt werden. Außerdem hatten die blockfreien Staaten und die Mitglieder des Warschauer Paktes eine große Mehrheit. Man hielt es sogar für möglich, eine klare Verurteilung der Türkei als Aggressor zu erreichen, die den Sicherheitsrat zu einem härteren Kurs, vielleicht sogar zu Sanktionen gegen die Türkei veranlassen könnte. Schließlich würde eine Resolution der Generalversammlung auch die Moral der griechischen Zyprioten wieder aufbauen. Um diese Aktion optimal vorzubereiten, gab Makarios eine große Zahl von Interviews und unternahm eine Werbetour durch die blockfreien Staaten im Mittelmeerraum.

Auf fünf Sitzungen zwischen dem 30. Oktober und dem 1. November diskutierte die Generalversammlung erneut die Zypernfrage. Am 1. November 1974 schließlich verabschiedete sie einstimmig die Resolution 3212 (XXIX), die von 9 blockfreien Staaten eingebracht worden war. Die Resolution forderte alle Staaten auf, die Souveränität, Unabhängigkeit, territoriale Integrität und Blockfreiheit Zyperns zu respektieren und jeden Akt und jede Intervention dagegen zu unterlassen. Sie drängte auf einen raschen Abzug aller ausländischen Truppen. Die zukünftige Verfassungsordnung sei ausschließlich Angelegenheit der griechischen und türkischen Zyprioten. Verhandlungen zwischen den Vertretern der beiden Volksgruppen sollten unter der Ägide des UN-Generalsekretärs fortgesetzt werden. Die Flüchtlinge sollten zurückkehren. Alle Beteiligten sollten mit der UNFICYP zusammenarbeiten. Diese Resolution forderte inhaltlich weniger als die Resolutionen des Sicherheitsrates, aber sie klang gut, beeindruckte die Zyprioten und verpflichtete niemanden zu irgend etwas, so dass sich sogar die Türkei nicht der Stimme enthielt, sondern zustimmte. Die Verabschiedung solcher Resolutionen entwickelte sich in den folgenden Jahren zu einer Art von nichtssagendem Ritual, das immer wieder durchgeführt wurde und bekanntlich nichts bewirkte.

In Zypern geriet der amtierende Präsident Kliridis in diesen Wochen zunehmend unter Druck der Makarios-Anhänger. Deren führende Köpfe hatten in der Vergangenheit direkten Zugang zu Makarios gehabt und dadurch Macht ausgeübt und waren nun unzufrieden. Aber auch die Junta-Anhänger hofften, dass Makarios bald zurückkehren werde, eine Amnestie verkünden und sie vor Gericht und Bestrafung retten werde. Die Masse der einfachen Makarios-Anhänger wünschte seine baldige Rückkehr, denn sie glaubten, er werde einen Ausweg aus der elenden

Lage finden. Die Anführer beider Lager begannen in einer unheiligen Allianz mit den geschassten Kirchenführern, für die Rückkehr von Makarios zu agitieren. Sie behaupteten zum einen, dass Kliridis die Rückkehr verhindere, und zum anderen, dass nur Makarios die Rückkehr der Flüchtlinge in ihre Wohnorte erreichen werde. Außerdem strebe Kliridis nach Teilung der Insel, und nur Makarios könne dies verhindern.

Der eigentliche Grund für diese üblen Manöver waren Fortschritte bei den Gesprächen zwischen Kliridis und Denktaş. Schon Anfang September waren auch politische Themen zur Sprache gekommen. Denktaş hatte angedeutet, dass bei einer möglichen Rücknahme der Demarkationslinie Morphou wieder griechisch werden und Varoşa für die Rückkehr von Flüchtlingen freigegeben werden könne. Am 20. September fragte er Kliridis, ob er autorisiert sei, ein mögliches Abkommen zu unterzeichnen. Denktaş signalisierte konkrete Verhandlungsbereitschaft, und schlug einen sieben Punkte umfassenden Lösungsplan vor. Kliridis brauchte freie Hand für die Verhandlungen, aber nun kündigte Makarios seine bevorstehende Rückkehr an. Kliridis wusste, dass in diesem Fall die neuen Verhandlungen scheitern würden, denn Denktaş hatte klar zu verstehen gegeben, dass er mit Makarios nicht verhandeln werde.

Kliridis informierte Karamanlis über diese Lage und stellte fest, dass er in diesem Fall von allen Ämtern zurücktreten werde. Karamanlis war entsetzt. Er war ja inzwischen mit einer bizonalen Lösung einverstanden, vorausgesetzt, die Zyprioten stimmten zu und die Türken machten territoriale Zugeständnisse, aber angesichts der bevorstehenden Wahlen in Griechenland sollte in der Zypernfrage alles bis dahin in der Schwebe gehalten werden. In einer öffentlichen Erklärung lehnte er einen Rücktritt von Kliridis ab. Zugleich setzte er Makarios unter Druck: Die Lage in Zypern sei gespannt und Makarios müsse schnellstens erklären, dass er Kliridis vorbehaltlos unterstütze. Falls Makarios sich weigern sollte, werde er sich öffentlich von ihm distanzieren.

Da Makarios sich auf seine Rede vor der Generalversammlung am 1. Oktober vorbereitete und am 2. Oktober ein Treffen mit Kissinger anstand, ließ er sich mit der Antwort Zeit. Erst am 2. Oktober rief er Kliridis an und forderte ihn auf, im Amt zu bleiben. Am 3. Oktober folgte eine Botschaft an das zypriotische Volk: Er allein werde entscheiden, wann er zurückkehre. Er werde die Entscheidung darüber nach der Teilnahme an der Debatte in der Generalversammlung der UNO fällen. In der Zwischenzeit solle das Volk Zyperns Kliridis unterstützen, der sein volles Vertrauen genieße. Kliridis erklärte sich daraufhin bereit, im Amt zu bleiben.

Am 6. November trat er die Flucht nach vorn an. In einer Rede stellte er fest, dass eine Rückkehr zum Status quo ante irreal sei, da die Türkei eine solche nie akzeptieren würde. Die einzige mögliche Lösung werde eine föderative Form haben. Wer glaube, dass die UNO eine Lösung für das Zypernproblem erreichen könne, sei seiner Meinung nach politisch naiv. Als seine Gegner ihn deswegen angriffen, legte Kliridis nach: Wer behaupte, dass man durch Verhandlungen ein anderes Ziel erreichen könne als eine föderale Lösung auf der Basis der räumlichen Trennung, belüge die Leute. Die türkisch-zypriotische Presse lobte Kliridis, und Denktaş nannte Kliridis' Haltung realistisch und konstruktiv.

Bei einem weiteren Gespräch zwischen Kissinger und Makarios am 13. November gewann Ersterer den Eindruck, dass Makarios dabei war, sich mit einer föderalen Lösung auf der Basis von Kantonen anzufreunden. Am 17. November ging Karamanlis aus den Parlamentswahlen als haushoher Sieger hervor. Dennoch scheute er davor zurück, Makarios von der Rückkehr abzuhalten. Kliridis war klar, dass Makarios' Rückkehr seine Position als Unterhändler mit der Türkei untergraben würde. Daher strebte er nach einem Dokument, das von Makarios und der griechischen Regierung unterzeichnet werden müsste. Darin sollte der Rahmen für eine Lösung festgelegt werden. Er lehne es ab zu verhandeln, wenn am Ende Makarios sich weigere, die gefundene Lösung zu unterschreiben.

Am 20. November flog Klirides zu Gesprächen mit Makarios nach London. Dort hatte die britische Regierung inzwischen Makarios zu verstehen gegeben, dass sie eine bizonale Föderation als einzige Lösung betrachte. Aber Makarios gab sich Illusionen hin. Er glaubte, dass Kissinger Druck auf die Türkei ausüben werde, um eine multikantonale Lösung durchzusetzen. Eine solche Lösung sei akzeptabel, vorausgesetzt, die Zentralregierung habe echte Gewalt, eine griechisch-zypriotische Mehrheit und die türkischen Zyprioten kein Vetorecht mehr, weder in der Legislativen noch in der Exekutiven. Klirides widersprach: Kissinger habe schon bei den Genfer Verhandlungen eine bizonale Föderation gewollt und daran habe sich nichts geändert. Makarios ließ sich von Klirides' Argumenten nicht beeindrucken und blieb bei seiner Meinung.

Am 22. November stellte Makarios gegenüber Callaghan fest, dass er bereit sei, eine multiregionale Föderation zu akzeptieren. Die Flüchtlinge müssten zurückkehren und die türkischen Truppen abziehen. Callaghan war sicher, dass sich die türkische Seite nur auf eine bizonale Föderation einlassen werde. Auf Makarios' Forderung nach einem Abzug der türkischen Truppen ging er nicht einmal ein. Es bestehe die Gefahr, dass die Türkei den Status quo als Lösung betrachte. Makarios gab zu verstehen, dass er Anfang Dezember nach Zypern zurückkehren werde.

Am 29. November 1974 diskutierten Makarios, Klirides und Karamanlis sowie Vertreter beider Regierungen Lösungsmöglichkeiten. Klirides betonte, dass die Türken nur noch eine bizonale Föderation akzeptierten, die sogar den Charakter einer Konföderation haben werde, und sonst nichts. Der Güneş-Plan mit seinen Kantonen sei tot. Denktaş habe gesagt, dass die Türken bereit seien, ihren Anteil an der Gesamtfläche auf 25 Prozent zu verringern. Die UNO könne nicht helfen. Die Amerikaner seien für eine bizonale Föderation und nicht bereit, sich für eine kantonale Lösung einzusetzen. Callaghan, ebenso wie die Ostblockstaaten und auch die europäischen Staatenm seien für eine bizonale Föderation. Makarios klammerte sich jedoch an die vagen Aussagen Kissingers.

Bei der Fortsetzung der Konferenz am Abend des 30. November wurde erkennbar, dass die griechische Seite für Verhandlungen auf der Basis einer geographisch getrennten Föderation war, egal ob mit zwei oder vier Kantonen. Dieser Ansicht waren auf der zypriotischen Seite Klirides und Außenminister Christofidis. T. Papadopoulos gab sich einem Wunschdenken hin, und Kyprianou lehnte sich an Makarios' Meinung an. Entscheidend war also nun, ob Makarios sich bewegen würde oder nicht. Doch Makarios blieb stur bei seiner Forderung nach einer multiregionalen Föderation mit vielen Kantonen. Karamanlis ging daraufhin auf Distanz: Der Dialog müsse zwischen den griechischen und den türkischen Zyprioten stattfinden. Klirides warnte, dass die Verhandlungen steckenbleiben würden. Außerdem habe er Informationen, dass die Türken bald beginnen würden, Festlandstürken auf die Insel zu bringen. Makarios wollte aber nicht begreifen, dass man über ein Fait accompli nicht feilschen konnte.

Klirides kannte Makarios und verließ sich daher nicht auf die mündlichen Vereinbarungen vom Ende der Athener Verhandlungen, sondern verlangte schriftliche Instruktionen, die im Zweifelsfall auch Makarios binden würden. Das griechische Außenministerium legte einen entsprechenden schriftlichen Entwurf vor, der Makarios übergeben wurde. Makarios fand so viele Stellen, mit denen er nicht einverstanden war, dass der Entwurf zweimal überarbeitet werden musste. Seiner Meinung nach sollte man um jedes Jota feilschen.

Klirides erhielt folgende Instruktionen für seine am 19. Dezember erneut beginnenden Verhandlungen mit Denktaş: Ziel der Verhandlungen müsse die Schaffung einer multiregionalen Föderation auf einer bikommunalen Basis mit einer starken Zentralregierung sein. Die Fläche des türkischen Anteils solle proportional zum Bevölkerungsanteil sein, maximal aber 25 Prozent betragen. Analog zur prozentualen Differenz zwischen 18 und 25 Prozent sollten Flüchtlinge zurückkehren dürfen. Die Kantone sollten dort eingerichtet werden, wo schon jetzt türkische

Dörfer konzentriert seien. Der Kanton zwischen Nikosia und Kyrenia solle bis ans Meer reichen. Auch die weiteren Bedingungen waren inzwischen völlig realitätsfern.

Makarios hatte also seine Vorstellungen weitestgehend durchgesetzt. Kliridis wurde durch diese Instruktionen gewissermaßen mit gebundenen Händen in die Verhandlungen geschickt. Bleibt die Frage, warum Kliridis sich auf dieses Spiel einließ? Er wusste, dass Denktaş ihm bis zu einem gewissen Grad vertraute und außer ihm kein anderer dem Verhandlungsgeschick von Denktaş gewachsen war. Ferner wusste er, dass die Türken aufgrund ihres Misstrauens nie mit Makarios verhandeln würden. Wenn jemand den Türken Zugeständnisse abringen konnte, dann er. Zugleich hielt es Kliridis vermutlich für möglich, dass Makarios in den Verhandlungen bei konkreten Fragen doch noch die notwendige Einsicht in die Notwendigkeit aufbringen und nachgeben werde. Außerdem war Kliridis' Pflichtgefühl groß genug, um ihn zu veranlassen, auch auf dieser *Mission impossible* noch zu retten, was zu retten war. Makarios kehrte am 7. Dezember 1974 nach Zypern zurück. Die Bevölkerung bereitete ihm einen begeisterten Empfang.

Im Dezember handelten Kliridis und Denktaş die Modalitäten für die neue Verhandlungsrunde aus, die im Januar beginnen sollte. Makarios dachte aber weiterhin nicht daran, Kliridis bei den Verhandlungen großen Spielraum zu lassen. Zu diesem Zweck richtete er einen sog. Nationalen Rat ein, dem alle führenden Köpfe der zypriotischen Politik angehörten. Der Rat sollte eine rein beratende Funktion haben, aber aufgrund seiner hochkarätigen Zusammensetzung würde er doch großes Gewicht haben. Kliridis sollte den Rat im Abstand von 14 Tagen über die Ergebnisse seiner Verhandlungen mit Denktaş informieren. Im Januar 1975 bildete Makarios das Kabinett um. Mit nur zwei Ausnahmen wurden alle Minister, die Kliridis ernannt hatte, entlassen. Damit waren die Machtverhältnisse geklärt: Makarios kontrollierte wieder weitgehend die Lage.

Den ganzen Herbst über bemühte sich die türkische Armee, die ethnische Flurbereinigung abzuschließen, indem sie die noch im Norden der Insel verbliebenen Griechen vertrieb. Dabei kamen unterschiedlichste Methoden zur Anwendung, bis hin zur gewaltsamen Abschiebung. Um die türkische Seite zu mehr Zurückhaltung zu veranlassen, ließen die griechischen Behörden die etwa 8.000 türkisch-zypriotischen Flüchtlinge, die seit der türkischen Invasion in der britischen Basis von Akrotiri lebten, nicht nach Norden ziehen. Solange sie sich im Bereich des von der zypriotischen Regierung kontrollierten Gebietes befanden, konnte Druck auf die türkische Seite ausgeübt werden, mit den noch im Norden der Insel befindlichen griechischen Zyprioten pfleglicher umzugehen. Hinzu kam, dass die Regierung die Rückkehr der griechischzypriotischen Flüchtlinge propagierte, dabei wäre ein Abzug der türkischen Zyprioten aus dem Süden ausgesprochen kontraproduktiv gewesen.

Die türkischen Flüchtlinge lebten in Zelten, und die Briten wären verpflichtet gewesen, sich im bevorstehenden Winter um sie zu kümmern. Daher kungelte London mit Ankara einen Deal aus: Türkische Flugzeuge würden die Flüchtlinge vom Militärflughafen in Akrotiri nach Adana fliegen, von wo sie per Schiff nach Nordzypern gebracht würden. In der zweiten Januarhälfte ging diese Aktion über die Bühne. Insgesamt sollen 9.400 Personen ausgeflogen worden sein. Die Regierungen in Nikosia und Athen protestierten. Es gab Demonstrationen. Am 5. Februar 1975 deklarierte Callaghan das wenig feine Vorgehen der Briten als humanitäre Aktion.

Die endgültige Umsiedlung erfolgte im August 1975 aufgrund eines Abkommens. Insgesamt 8.033 türkische Zyprioten wurden durch die UNFICYP in den Norden gebracht. 130 blieben an 22 verschiedenen Orten im Süden und etwa 1.500 in der nordwestlich gelegenen KokkinaEnklave. 346 griechische Zyprioten gingen zu ihren Familien in den Norden. Insgesamt wurden die Bedingungen von der türkisch-zypriotischen Seite nur sehr unvollständig erfüllt. Für nur

500 von 1.400 Kindern gab es drei Elementarschulen. Acht Lehrer kehrten tatsächlich zurück und fünf weitere erhielten die Genehmigung. Einem Ärzteteam wurde die Einreise verweigert, da die Familien nicht mitkommen wollten. Der letzte griechisch-zypriotische Arzt verließ im Oktober 1975 den Norden, so dass von da an die Griechen auf den türkischen Gesundheitsdienst angewiesen waren. In einer Anzahl von Dörfern gab es keine Priester, und da kein Kleriker diese Lücken schließen wollte, blieb dies so. Die Bewegungsfreiheit im Norden war stark eingeschränkt und Verwandtenbesuche im Süden wurden nicht genehmigt. In späteren Jahren wurden die Verhältnisse noch übler, wie der Verfasser aus eigenem Augenschein bezeugen kann.

Obwohl sich Klidiris und Denktaş bei den Verhandlungen über humanitäre Probleme um Reziprozität bemühten, hielt dies Denktaş nicht davon ab, die Teilung der Insel voranzubringen. Anfang Februar wurde bekannt, dass er nach einer Konföderation strebte, aber die Türkei ihn davon abhielt, damit an die Öffentlichkeit zu gehen. Seine am 13. Februar vorgelegten Vorschläge für eine Verfassung wiesen eindeutig darauf hin, dass er nach einer Konföderation strebte: Die Verfassung müsse einen bi-kommunalen und bi-regionalen föderalen Staat vorsehen. Die von der Zentralregierung erlassenen Gesetze dürften nicht in die inneren Angelegenheiten der beiden föderierten Staaten eingreifen. Die Zentralregierung solle nur so viele Kompetenzen haben, dass der Staat funktionieren könne. Alle übrigen Kompetenzen sollten bei den föderalen Staaten verbleiben. Alle gemeinsamen Institutionen müssten paritätisch besetzt sein, so dass sowohl *de facto* als auch *de jure* Gleichberechtigung bestehe und eine Beherrschung der anderen Seite verhindert werde.

Am selben Tag schuf Denktaş ein Fait accompli: Er ließ am Morgen in Nordnikosia den Ministerrat und die parlamentarische Versammlung der türkischen Zyprioten zusammentreten und eine Resolution verabschieden, in der es hieß, dass es das Endziel der türkischen Zyprioten sei, sich mit den griechischen Zyprioten in einer bi-regionalen Föderation zusammenzuschließen. Aber bis dahin werde sich die autonome türkisch-zypriotische Regierung (administration) auf der Basis eines säkularen, föderierten Staates restrukturieren und organisieren. Die Legislative des autonomen Staates werde in eine Konstituante umgebildet. Rauf Denktaş wurde in einer zweiten Resolution zum Präsidenten des föderierten Staates ernannt. Damit wurde in Nordzypern ein Separatstaat ausgerufen. Zwar wurde dieser Schritt von allen Beteiligten mit Ausnahme der Türkei verurteilt, aber es geschah sonst nichts.

Die Verwendung des Begriffs Föderation durch Denktaş und Ankara darf nicht täuschen. Sie wollten keineswegs eine bundesstaatliche Lösung, sondern strebten nach einer Art Staatenbund, einer losen Konföderation mit einer schwachen Zentralregierung und weitgehend autonomen Teilstaaten. Wenn die türkische Seite von nun an von föderaler Lösung oder Föderation sprach, meinte sie tatsächlich eine Lösung auf der Basis einer Konföderation, wobei gelegentlich noch von einer Lösung nach dem Schweizer Modell die Rede war, jedoch nicht begriffen wurde, dass die *Confoederatio Helvetica* trotz ihres Namens eine Föderation ist. Denktaş' Schritt war eine staatsrechtliche Separation. Von außen, also völkerrechtlich betrachtet, blieb Zypern jedoch noch ein gemeinsamer Staat. Der Schritt zur vollen Sezession wurde erst 1983 vollzogen, als Denktaş die "Türkische Republik Nordzypern" ausrief, die allerdings bisher außer von der Türkei von keinem anderen Staat anerkannt worden ist.

Dennoch begannen im April 1975 in Wien unter den Auspizien von UN-Generalsekretär Waldheim Verhandlungen zwischen Klidiris und Denktaş. Schon bald zeigte sich, dass Denktaş auf Anordnung Ankaras nicht ernsthaft verhandelte, sondern nur den Anschein davon erweckte. Wie intransigent die türkische Seite inzwischen war, zeigte sich am 8. Juni, als das Referendum über die Verfassung des türkisch-zypriotischen Föderativstaats abgehalten wurde. Auch die zweite Runde der Wiener Gespräche brachte also keine Ergebnisse. Makarios wollte die Gespräche abbrechen, aber Athen wollte sie fortsetzen.

Inzwischen wurde die KSZE-Konferenz von Helsinki vorbereitet. Am 18. Juli versuchte die türkische Regierung, die Teilnahme von Makarios als Präsident Zyperns in Helsinki durch ein raffiniertes Manöver zu verhindern. Sie ließ Denktaş seinen früheren Vorschlag, eine Übergangsregierung zu bilden, erneut vorlegen. Damit wollte er die international anerkannte Regierung Zyperns durch eine neue ersetzen, der die Anerkennung fehlte, die folglich auch an der Konferenz in Helsinki nicht teilnehmen durfte. Kliridis erkannte sofort die eigentliche Absicht und wies den Vorschlag zurück. Ankara selbst verlangte eine Entscheidung von der KSZE darüber, wer Zypern vertreten dürfe. Am 19. Juli, dem Jahrestag des Beginns von Attila I, gab der türkische Generalstabschef bekannt, dass die Türkei bei Izmir eine 4. Armee aufbauen werde, die die türkische Ägäisküste gegen potentielle griechische Angriffe verteidigen sollte und nicht der NATO unterstehen würde.

Am 21. Juli verkündete Makarios, dass er nach Helsinki reisen werde. Zwei Tage später bestätigte die Menschenrechtskommission des Europarates die Legalität der zypriotischen Regierung. Am 24. Juli wies Kliridis Denktaş' Drohung zurück, dass die türkischen Zyprioten Makarios' Unterschrift unter den Vertrag von Helsinki nicht anerkennen würden. Denktaş hatte vorgeschlagen, dass er und Kliridis nach Helsinki reisen und an Stelle von Makarios unterschreiben sollten. Es handelte sich eindeutig um einen Versuch, durch die Hintertür die Anerkennung des föderierten türkisch-zypriotischen Staates durchzusetzen. Am 28. Juli flog Makarios nach Helsinki. Vor seiner Abreise sagte er auf einer Pressekonferenz, dass er von den Verhandlungen in Wien nichts erwarte, dennoch reiste Kliridis am 29. Juli zur nächsten Gesprächsrunde mit Denktaş nach Wien.

Bei der Eröffnung der KSZE-Konferenz am 30. Juli 1975 erinnerte Karamanlis in seiner Rede daran, dass vor genau einem Jahr die Truppen eines Mitglieds der Konferenz einen Teil des Staatsgebiets eines anderen Mitgliedes mit Waffengewalt besetzt hatte, wobei alle 10 Prinzipien verletzt worden seien, die die Konferenz erarbeitet habe. Die griechische Regierung habe sich damals überlegt, ob sie die Konferenz verlassen solle, aber die Konferenzteilnehmer hätten versprochen, sich um das Zypernproblem zu kümmern. Nun sei man in der Schlussphase der Konferenz und müsse feststellen, dass sich die Lage in Zypern kein bisschen verbessert habe. Wenn die Prinzipien der KSZE, darunter die Nichteinmischung in die inneren Angelegenheiten anderer Staaten, nicht eingehalten würden, beschädige dies irreparabel die europäische Sicherheit.

Bei einem Gespräch am Nachmittag zwischen Präsident Ford, Kissinger und Karamanlis stellte Letzterer fest, dass er bereit sei, den türkischen Wunsch nach bi-zonaler Föderation zu erfüllen, vorausgesetzt, die Größe des türkischen Gebietes entspreche in etwa dem Anteil an der Bevölkerung, also 2 bis 3 Prozent mehr als 18 Prozent. Dies werde die Rückkehr der Flüchtlinge ermöglichen. Die Türken könnten jede Art von Verfassung haben. Er werde sie bei Makarios durchsetzen.

Beim Gespräch mit den Türken am nächsten Morgen informierte Kissinger den türkischen Premier Demirel und Außenminister Çağlayangil darüber: Die Griechen wollten eine Lösung. Makarios und Karamanlis akzeptierten eine bizonale Föderation. Makarios sei mit 25 Prozent Fläche einverstanden. Für Karamanlis hänge die Flüchtlingsfrage mit der territorialen zusammen. Was die Kompetenzen der zukünftigen Zentralregierung angehe, so werde er alles akzeptieren, was die Türken vorschlügen. Bei der territorialen Größe habe er keine Zahl genannt, aber zu verstehen gegeben, dass er eine zu hohe Zahl innenpolitisch nicht durchsetzen könne. Wenn Demirel sich flexibel zeige, könne er alles erreichen, was er anstrebe. Doch Demirel wich aus.

Am späten Vormittag des 31. Juli griff Makarios in seiner Rede vor der Konferenz die Türkei scharf an. Sie verletze die 10 Prinzipien der Schlussakte. Sie werde die Schlussakte unterzeichnen und fortfahren sie zu verletzen, genau wie sie in der Generalversammlung der Resolution zugestimmt und sie missachtet habe. Bevor Makarios mit seiner Ansprache begann, verließen Demirel und seine achtköpfige Delegation den Raum. Ihrer Meinung nach hatte Makarios kein Recht, dort zu sprechen. Später am selben Tag erklärte die Türkei, dass sie die Schlussakte von Helsinki im Falle Zyperns als nicht bindend betrachte.

Der Grund für Demirels harte Haltung ist auf die harte Haltung der Militärs im Nationalen Sicherheitsrat und auf das Waffenembargo zurückzuführen, das der US-Kongress im Gefolge von Attila II über die Türkei verhängt hatte. Bevor dieses nicht aufgehoben werde, werde sich die Türkei nicht bewegen. Auch als sich der französische Außenminister Sauvagnargues und Außenminister Genscher einschalteten, kam es zunächst zu keiner Veränderung der türkischen Position.

Zur Vorbereitung der Gespräche in Wien legte Denktaş Vorschläge über die Kompetenzen der zukünftigen Zentralregierung vor. Die darin enthaltenen Verfassungselemente prägen bis zum heutigen Tag die Diskussion. Es sollten zwei Staaten errichtet werden, die sich zu einer Föderation zusammenschließen würden. Sie sollten nur jene Rechte an die Zentralregierung abtreten, die für deren Funktionieren absolut notwendig seien. Die beiden föderierten Staaten sollten in jeder Hinsicht gleichberechtigt sein, ein Kondominium bilden. Die Zentralregierung sei nur zuständig für Außenpolitik, Verteidigung, föderales Bankenwesen, Börse, Währung, das föderale Budget, den föderalen Gerichtshof, Post und Telekommunikation, Gesundheitsdienst, und ähnliches mehr. Diese Ausführungen beschrieben einen losen Staatenbund und keinesfalls einen Bundesstaat. Eine solche Konföderation hätte den Status quo zur Lösung des Zypernproblems gemacht.

Bei den Gesprächen im August und September 1975 zeigte es sich, dass Denktaş mit leeren Händen gekommen war. Bewegung konnte frühestens in die Sache kommen, wenn das Embargo aufgehoben würde. Die interkommunalen Gespräche waren von nun an fremdbestimmt.

Die internationalen Bemühungen, die Zyperngespräche wieder in Gang zu setzen und sie mit Inhalt zu füllen, gingen den ganzen Herbst über weiter. Besonders Sauvanargues und sein deutscher Kollege Hans Dietrich Genscher übten Druck auf Ankara aus, die Verhandlungen wieder aufzunehmen. Längeres diplomatisches Hin und Her führte schließlich zum Ziel. Am Rande der Ministertagung des Nordatlantikrates am 11. und 12. Dezember 1975 in Brüssel begannen die Außenminister Griechenlands und der Türkei, Çağlayangil und Bitsios, miteinander zu reden. Çağlayangil ließ alle Vorbedingungen für die Wiederaufnahme von Verhandlungen fallen, die er und Denktaş in den vergangenen Monaten erhoben hatten. Er akzeptierte, dass das territoriale Problem zuerst diskutiert werden sollte, denn davon hing die Zahl der Flüchtlinge ab, die in ihre Häuser zurückkehren konnten. Die territoriale Frage und die Rückkehr der Flüchtlinge hatten bekanntlich bei Makarios Priorität und dazu war er bereit, 25 Prozent der Fläche abzutreten.

Man einigte sich auf eine Paketlösung: Die drei Themen Territorium, föderale Struktur und Kompetenzen der Zentralregierung würden diskutiert werden. Keines der Themen dürfte separat abgeschlossen werden, sie müssten gemeinsam als Paket verabschiedet werden. Beide Regierungen würden auf Denktaş und Kliridis einwirken, um deren guten Willen zu fördern. Die türkische Seite würde keine territorialen Vorschläge vorlegen, statt dessen sollte die griechische Seite zuerst sagen, welche Gebiete sie fordere, die von der türkischen Armee geräumt werden sollten. Dies war mit Makarios abgesprochen. Die Verhandlungen sollten nicht wie bisher zwei oder drei Tage dauern, sondern einen längeren Zeitraum. Im fortgeschrittenen Stadium könnten gemischte Komitees aus Juristen als Berater hinzugezogen werden, vorausgesetzt, die Verhandlungsführer akzeptierten dies. Um den Erfolg der Verhandlungen zu gewährleisten, sollte strengstes Stillschweigen gewahrt werden. Makarios wurde von Bitsios während dieser Verhandlungen laufend informiert.

Das Brüsseler Übereinkommen öffnete einen Weg zu einer Lösung, zumal Makarios sein Einverständnis erklärt hatte. Es als eine Art NATO-Lösung zu interpretieren, wie dies in der Vergangenheit geschah, führt in die Irre. Das Konzept war zwar von den NATO-Mächten Frankreich und Deutschland entwickelt worden, und es wurde im Rahmen einer NATO-Tagung in Realität umgesetzt, aber es war kein Plan der NATO. Nur ein einziges Mal war eine NATO-Lösung angestrebt worden, als nämlich 1964 eine Peace-keeping-force aus NATO-Truppen nach Zypern gesandt werden sollte. Das Brüsseler Übereinkommen hatte realpolitisch betrachtet eine echte Chance, den Zypern-Konflikt einer Lösung zuzuführen.

Am 14. Dezember kam der Generaldirektor des griechischen Außenministeriums Ioannis Tzounis im Auftrag von Karamanlis nach Nikosia, um Makarios über die Verhandlungen und das Übereinkommen von Brüssel zu informieren. An dem Gespräch mit Makarios nahmen der griechische Botschafter Michalis Dountas und Außenminister Christofidis teil. Kliridis war nicht geladen worden, was ihn misstrauisch machte. Es gab in der Tat für Kliridis Grund genug, misstrauisch zu sein, denn Dountas fragte ihn, ob er etwas dagegen habe, wenn Tassos Papadopoulos und Michalakis Triantafyllidis als Berater ernannt würden. Der Begriff Berater war in diesem Zusammenhang ein Euphemismus; sie sollten Überwacher oder Aufpasser der nationalistischen Hardliner sein, mit denen Dountas sympathisierte.

Das "kämpferische Lager" (*machitiki parataxi*) der Hardliner wurde von Vassos Lyssaridis angeführt, der weit einflussreicher war, als die Stärke seiner EDEK bei Wahlen vermuten ließ. Er vertrat einen "kämpferischen Realismus", der auf einem "Triptychon der nationalen Rettung" beruhte, dessen Elemente die Internationalisierung, die Nutzbarmachung jeder ausländischen Hilfe und der Kampf des Volkes waren. Seine Vorstellungen über die Realisierung des letzteren waren teilweise recht abenteuerlich. Konzessionen waren für ihn ausgeschlossen, denn sie würden nur das Unrecht, das die Türken getan hatten, sanktionieren.

Eine ähnliche intransigente Sichtweise hatten auch die anderen Mitglieder des Nationalen Rates Takis Evdokas, Spyros Kyprianou und Tassos Papadopoulos. Für sie gab es als Lösung nur die Rückkehr zu einem modifizierten *Status quo ante*. Kliridis' Realpolitik grenzte in ihren Augen schon an Verrat, und Makarios' langsame Annäherung an die Realität aufgrund seiner Einsicht in die Notwendigkeit lehnten sie ebenfalls ab. Erstaunlich an dem ganzen Manöver ist eigentlich nur, dass Makarios nicht den Versuch unternahm, die Hardliner unter Kontrolle zu bringen; wahrscheinlich scheute er die direkte Konfrontation, denn sie hätte gezeigt, wie schwach seine eigene Position inzwischen war.

Die Ernennung der beiden "Berater" war außerdem absolut kontraproduktiv. Einige Monate zuvor hatte es Kliridis mit einiger Mühe geschafft, Denktaş' "Außenminister" Çelik als dessen Berater abzulehnen, um so erstens die Aufwertung des türkischen föderierten Staates zu verhindern und um zweitens Denktaş nicht aus der Verantwortung für die Verhandlungen zu entlassen. Würden die griechischen Berater an den Verhandlungen aktiv teilnehmen, müsste auch Çelik zugelassen werden und Denktaş würde die Chance erhalten, sich zurückzuziehen und die Verhandlungen auf eine niedere Ebene ohne Entscheidungskompetenz zu verlagern und sich hinziehen zu lassen. Auf wessen Initiative hin Waldheim die direkte Teilnahme der "Berater" an den Verhandlungen gegenüber Makarios ablehnte, und dieser dies akzeptierte, ist nicht bekannt. Tatsache ist, dass sie bei den eigentlichen Verhandlungen nicht anwesend sein durften.

Am 28. Januar 1976 informierte Makarios den Nationalen Rat über die Brüsseler Übereinkunft, die er in allen Einzelheiten kannte und akzeptiert hatte: Er halte es für richtig, dass die griechische Seite als erste ihre territorialen Vorschläge unterbreite, vorausgesetzt, die türkische Seite verpflichte sich, innerhalb eines vernünftigen Zeitraums ihre Gegenvorschläge zu unterbreiten. Der Nationale Rat blieb jedoch bei seiner Haltung, dass die Türken sich zuerst bewegen müssten. Schließlich einigte man sich auf Kliridis' Kompromissvorschlag: Er werde Denktaş bitten, seine Vorschläge simultan vorzulegen. Der Nationale Rat beschloss weiter, dass Kliridis es ablehnen sollte, über die Struktur der Republik und die Kompetenzen der zukünftigen Regierung zu reden, wenn man sich nicht zuvor in der territorialen Frage einig geworden sei. Dieser Beschluss widersprach völlig dem Brüsseler Übereinkommen, das eine Paketlösung anstrebte.

Damit hatten die griechisch-zypriotischen Hardliner die Brüsseler Paketlösung unglücklicherweise erfolgreich torpediert. Würde das Paket wieder aufgeschnürt, konnte Denktaş wieder die einzelnen Elemente nach Belieben zerpflücken oder blockieren. Genau genommen untergruben sie Kliridis' Verhandlungsposition und ruinierten mit ihren Forderungen - wieder einmal - eine realistische Chance, das Zypernproblem zu lösen. In den folgenden Tagen wurde deutlich, dass nun Denktaş mauerte. Schließlich einigte man sich darauf, dass die Verhandlungen am 17. Februar 1976 in Wien wieder aufgenommen würden. Erstaunlich ist dabei, dass Makarios keine klare Position bezog.

Auf dem Weg nach Wien suchten Kliridis und seine "Aufpasser" Karamanlis auf. Dieser machte ihnen klar, dass die Verhandlungen Sache der Zyprioten seien. Die griechische Regierung habe den Weg in Brüssel mit Unterstützung der Europäer, besonders der Franzosen und der Deutschen, dazu geöffnet. Er habe nicht die Absicht, den Zyprioten seine Meinung aufzuzwingen, aber die Zeit arbeite gegen sie. Kliridis deutete an, dass Karamanlis Druck auf Makarios ausüben solle. Da dieser dazu nicht bereit war, war klar, dass die Verhandlungen in Wien scheitern würden. Der Nationale Sicherheitsrat hatte Kliridis zu einem Kurs gezwungen, der zum Scheitern führen musste. Ob es Karamanlis möglich gewesen wäre, durch ein Machtwort am Tag vor Beginn der Verhandlungen in Wien eine Kursänderung zu erzwingen, darf bezweifelt werden. Er hatte seine Pflicht getan und durch das Brüsseler Übereinkommen den Weg zu einer Paketlösung geöffnet. Wenn die zypriotische Führung diesen Weg nicht einschlagen wollte und bei ihren alten Vorschlägen blieb, war sie selbst für das Scheitern verantwortlich. Eigentlich hätte Kliridis an diesem Punkt seinen Rücktritt erklären müssen.

Die Verhandlungen in Wien, die am 17. Februar 1976 begannen, gerieten rasch in eine Sackgasse, weil Denktaş aufgrund der Vorgaben der Türkei intransigent war und Kliridis sich aufgrund der Beschlüsse des zypriotischen Nationalen Rates nicht bewegen konnte. Am 19. Februar drohte das Ende der Gespräche. In dieser Lage wandte sich Kliridis fernschriftlich an Makarios. Er erinnerte an seine Instruktionen und stellte fest, dass Denktaş sich auf die Brüsseler Übereinkunft berufe, wonach die griechische Seite als erste Vorschläge in der territorialen Frage vorlegen müsse. Die vom Rat geforderte Multiregionalität sei schon bei der letzten Verhandlungsrunde abgelehnt worden. In Brüssel sei festgelegt worden, dass die territorialen Vorschläge regionalen Charakter und eine bizonale Basis haben sollten. Nach Waldheims Meinung sei nun für die griechischen Zyprioten die Zeit gekommen, ihre Vorschläge vorzulegen. Sollte dies nicht geschehen, könne er den Türken nicht die Schuld am Scheitern der Gespräche geben.

Da seine Berater weiter an dem vom Nationalen Rat festgelegten Kurs festhielten, rief man Makarios an. Makarios wich einer Entscheidung aus: Kliridis solle selbst in Abstimmung mit seinen Beratern entscheiden. Er werde ihre Entscheidung akzeptieren. Da diese stur an ihrem Kurs festhielten, waren damit die Verhandlungen eigentlich gescheitert. Aber Kliridis wusste, dass Makarios ihm eigentlich zustimmte, das hatte sein Verhalten im Nationalen Rat Ende Januar und bei seinem Telefonat gezeigt. Aber Makarios verfügte nicht über das für einen Staats- und Regierungschef notwendige Standvermögen, um den als richtig erkannten Kurs gegen eine Opposition durchzusetzen. Er war im Nationalen Rat zurückgewichen und als Kliridis' "Berater" ihn bedrängten, wich er wieder zurück und übertrug die Entscheidungsfindung an die drei in Wien, obwohl er wusste, dass zwei von ihnen radikal gegen die Brüsseler Übereinkunft waren. Wahrscheinlich hoffte er insgeheim, dass Kliridis so reagieren würde, wie er es tat.

Tatsächlich traf Kliridis eine einsame Entscheidung. Beim nächsten Treffen mit Denktaş am 20. Februar 1976 schlug er vor, dass der Austausch der territorialen Vorstellungen innerhalb von 6 Wochen stattfinden sollte. Er selbst würde seine Vorschläge als erster vorlegen und Denktaş 10 Tage später. Denktaş akzeptierte. Man vereinbarte absolute Vertraulichkeit. Das anschließend veröffentlichte Kommuniqué sprach von substantiellen Gesprächen über territoriale und konstitutionelle Themen. Man sei übereingekommen, in den nächsten sechs Wochen schriftliche Vorschläge über Javier de Cuellar, der im September 1975 zum Sonderbeauftragten des UN-Generalsekretärs in Zypern berufen worden war, auszutauschen. Die nächste Gesprächsrunde werde im Mai stattfinden. Durch die Zivilcourage von Kliridis war die 5. Gesprächsrunde vor dem Scheitern bewahrt worden.

Dieses Gentlemen's Agreement bedeutete, dass Denktaş bzw. Ankara Ende März hätten Farbe bekennen und klar sagen müssen, zu welchen territorialen Zugeständnissen man bereit war. Doch das war genau das, was Denktaş und bestimmte Kräfte in der Türkei nicht vorhatten. Hätte man jedoch keinen Vorschlag vorgelegt, dann wäre es zu keiner 6. Wiener Gesprächsrunde gekommen und die Schuld daran hätte eindeutig auf der türkischen Seite gelegen. Daher entwickelte Denktaş in Absprache mit Ankara einen Plan, um dieses zu verhindern und gleichzeitig die Verhandlungen für Monate zu verschleppen: Man beging Mitte März eine Indiskretion und ließ der türkisch-zypriotischen Presse nicht allzu konkrete Informationen über die vertrauliche Absprache von Wien zukommen. Fast die gesamte griechisch-zypriotische Presse griff diese "Nachricht" auf und sprach von einem Geheimabkommen zwischen Kliridis und Denktaş, von dem Makarios nichts wusste. Es war klar, dass sich hier die Hardliner jeder Couleur kräftig bemühten, Kliridis zu schaden und die Verhandlungen zu torpedieren. Kliridis dementierte, ein Geheimabkommen geschlossen zu haben.

Um Kliridis endgültig zu kompromittieren, behauptete Denktaş in einem Interview mit dem Korrespondenten der Londoner *Times*, dass er die zukünftigen Vorschläge der griechischen Zyprioten in seinem Besitz habe. Diese seien ihm am 24. März von Kliridis übergeben worden. Der Journalist übernahm diese Geschichte ungeprüft, begriff nicht, dass Denktaş ihn benutzte, um Kliridis zu kompromittieren, und erzählte sie in aller Unschuld dem Regierungssprecher im Süden. Tatsächlich hatte Kliridis nichts übergeben. Aber diese erfundene Geschichte war die Chance der Hardliner. Auf einer gemeinsamen Sitzung des Nationalen Rates und des Kabinetts wurde Kliridis damit konfrontiert. Dieser reagierte empört und lehnte es ab, sich gegen solche absurden Vorwürfe zu verteidigen.

Am 7. April trat Kliridis als Verhandlungsführer der griechisch-zypriotischen Seite zurück. Der Nationale Rat und das Kabinett akzeptierten am 8. April Kliridis' Rücktritt. An seiner Stelle wurde Tassos Papadopoulos ernannt. Damit war der einzige gemäßigte griechisch-zypriotische Politiker, der neun lange Jahre die interkommunalen Verhandlungen geführt hatte, ausgeschaltet. Von nun an bestimmten die Hardliner den Kurs. Denktaş reagierte sofort. Er weigerte sich, mit dem ehemaligen EOKA-Mann Papadopoulos zu verhandeln, und ernannte Umit Süleyman Onan, der bis dahin stellvertretender Sprecher der türkisch-zypriotischen parlamentarischen Versammlung gewesen war, zum neuen Verhandlungsführer auf der türkisch-zypriotischen Seite. Einen Tag später ließ Denktaş wissen, dass er Papadopoulos nicht als Vertreter der griechischen Volksgruppe betrachte. Er sei jedoch bereit, mit Makarios zu verhandeln. Die interkommunalen Verhandlungen waren damit von Denktaş erfolgreich heruntergestuft worden und konnten von nun an beliebig verschleppt werden. Fortschritte würde es erst wieder geben, wenn Makarios bereit war, Denktaş als Verhandlungspartner auf gleicher Augenhöhe zu akzeptieren und mit ihm zu verhandeln.

Denktaş' Intrige wäre ohne die "Unterstützung" durch die griechisch-zypriotischen Hardliner nie von Erfolg gekrönt gewesen. Kliridis war ihm bei den Verhandlungen gewachsen, oft auch weit überlegen gewesen. Die Hardliner errangen mit Kliridis' Rücktritt einen Pyrrhussieg, denn nur der von Kliridis verfolgte realpolitische Kurs bot die Chance für eine Lösung des Zypernkonfliktes. Letztlich unterstützten und zementierten die Hardliner die separatistische Politik von Denktaş. Es ist eine Ironie der Geschichte, dass Makarios elf Monate später bei etwa jener Lösungspolitik ankam, die Kliridis immer wieder vorgeschlagen hatte. Doch da war es zu spät. Hätte Makarios sich bei den Angriffen auf Kliridis im Nationalen Rat und im Kabinett auf seine Seite gestellt, hätte die Geschichte Zyperns eine glücklichere Wendung genommen. Aber es ist nicht einmal ausgeschlossen, dass Makarios nicht unzufrieden über Kliridis' Rücktritt war, denn von nun an kontrollierte er auf der griechischen Seite wieder die Dinge.

Im Gegensatz zur griechisch-zypriotischen Führung war Denktaş ein Realpolitiker reinsten Wassers, der sich nicht scheute, auch mit unanständigen Mitteln zu kämpfen, wenn er dadurch seine Interessen durchsetzen konnte und, wenn nötig, auch gegenüber Ankara. Seine Intrige gegen Kliridis torpedierte auch das Brüsseler Übereinkommen. Denktaş wollte inzwischen seinen eigenen Staat. Als Lösung kam für ihn allenfalls ein loser Staatenbund in Frage. Dieses Ziel konnte er nur erreichen, wenn Kliridis nicht länger im Geschäft war. Eine unnatürliche Koalition von Hardlinern beider Seiten hatte die Brüsseler Paketlösung erfolgreich torpediert.

Das High Level Agreement und der Tod von Makarios
Im April 1976 legten beide Seiten ihre Lösungsvorschläge in schriftlicher Form vor. Die griechischen Vorschläge stellten einen kräftigen Rückschritt bis zum Beginn der Wiener Verhandlungen dar. Alle Fortschritte und Zugeständnisse, die Kliridis und Waldheim mühsam ausgehandelt und Denktaş abgerungen hatten, wurden weggewischt. Die Hardliner versuchten, die eigenen Vorstellungen durchzusetzen. Es war klar, dass Denktaş diese Forderungen nicht akzeptieren würde. Denktaş' Gegenvorschläge zeigten, dass er nach wie vor eine Konföderation anstrebte. Am 22. April monierte T. Papadopoulos bei UN-Vertreter de Cuellar, dass Denktaş als Präsident des türkischen föderierten Staates von Zypern unterzeichnet habe. Dieser Staat sei von niemandem anerkannt. Mit dem Vorschlag, eine Interimsregierung zu errichten, wolle er bloß die international anerkannte Regierung von Zypern unterminieren. Die Vorschläge seien inkompatibel mit den Resolutionen der UNO. Offensichtlich habe die türkische Seite kein Interesse an konstruktiven Verhandlungen und versuche, diese zu verschleppen, um Zeit für die Konsolidierung der durch Gewalt geschaffenen Situation zu gewinnen. Am 5. Mai antwortete Umit S. Onan auf die gleiche unqualifizierte Weise, und diese Art von Meinungsaustausch ging bis Anfang Juni weiter. Beim ersten Treffen zwischen Papadopoulos und Onan am 27. Mai ging es daher nur um humanitäre Fragen wie die der vermissten Personen. Die interkommunalen Verhandlungen waren de facto unterbrochen.

Kliridis war zwar vom Posten des Unterhändlers zurückgetreten, aber noch war er Parlamentspräsident und als solcher Stellvertreter von Makarios. Außerdem war er immer noch der Chef der größten Partei Zyperns, der Vereinigten Partei (*Eniaio Komma*). Am 17. April forderte die AKEL seine Entfernung vom Posten des Parlamentspräsidenten. Am 29. April beschloss das Parlament, die nächsten Wahlen auf der Basis des Mehrheitswahlsystems abzuhalten. Man war entschlossen, Kliridis und seine Partei aus dem Parlament zu verdrängen, denn es war unwahrscheinlich, dass die *Eniaio Komma* nach diesem System den Einzug ins Parlament schaffen würde, wenn die anderen Parteien sich gegen sie vereinigten. Makarios begriff dies sehr genau, und als Kliridis nun fortfuhr, seine Politik des langjährigen Kampfes (makrochronio agona) zu kritisieren, gab er der weiteren Entwicklung grünes Licht. Am 5. Mai 1976 stimmten die Anti-Kliridis-Parteien über einen Misstrauensantrag gegen Parlamentspräsident Kliridis ab. Das Resultat war ein Patt.

Anfang Mai formierte sich die Parteienlandschaft angesichts der anstehenden Wahl neu. Die *Proodeftiki Parataxi* und die *Eniaio Komma* lösten sich auf. Am 12. Mai verkündete Spyros Kyprianou, dass er die *Dimokratiki Parataxi* (Demokratische Front) gründen werde. Diese Partei wurde zwei Jahre später in *Dimokratiko Komma* (DIKO, Demokratische Partei) umbenannt. Am 15. Mai gab Kliridis bekannt, dass seine neue Partei den Namen *Dimokratikos Synagermos* (DISY, Demokratische Sammlung) tragen werde. Er selbst übernahm den Vorsitz und Tassos Papadopoulos wurde sein Stellvertreter. In den folgenden Wochen begann der Wahlkampf. Kliridis kritisierte den Kurs der anderen Parteien, was Papadopoulos veranlasste, auf Distanz zu ihm zu gehen. Als sich ein Zusammenschluss der Demokratischen Front, der AKEL und der EDEK abzeichnete, verließ Papadopoulos am 23. Juni die DISY. Durch diesen Schritt schaffte Papadopoulos es, auch weiterhin im politischen Spiel zu bleiben. Am 16. Juli legten Kliridis und die weiteren Abgeordneten seiner Partei ihr Mandat nieder, und am 22. Juli wählte das Rumpfparlament T. Papadopoulos einstimmig zum neuen Parlamentspräsidenten.

Aus den Wahlen am 5. September gingen die verbündeten Anti-Kliridis Parteien mit 71,2 Prozent der Stimmen und 34 von 35 Mandaten als Sieger hervor. T. Papadopoulos errang als Unabhängiger das 35. Mandat. Kliridis' DISY holte 24,1 Prozent der Stimmen, aber nicht ein einziges Mandat. Am 20. September wurde Spyros Kyprianou zum Parlamentspräsidenten gewählt.

Am 20. Juni 1976 hatten im Norden der Insel Präsidenten- und Parlamentswahlen stattgefunden. Rauf Denktaş erhielt 41.059 Stimmen, sein Gegenkandidat Ahmet Midhat Berberoğlou von der *Republican Turkish Party* (RTP) gewann 11.869 Stimmen, womit Denktaş schon im ersten Wahlgang mit absoluter Mehrheit der Stimmen zum Präsidenten gewählt war. Von den 40 Sitzen der türkisch-zypriotischen parlamentarischen Versammlung fielen 30 auf Denktaş' NUP (National Union Party), 6 auf die *Communal Liberation Party* (CLP) und jeweils 2 auf die Populist Party (PP) und die RTP. Denktaş legte am 3. Juli den Amtseid ab.

Im Sommer und Herbst 1976 rückte der griechisch-türkische Streit in der Ägäis in den Vordergrund und verdrängte den Zypernkonflikt. Im November einigten sich Athen und Ankara auf Gespräche in Bern, die aber zu keinem Ergebnis führten. Da in den USA der Wahlkampf um das Präsidentenamt tobte, hielt sich Kissinger zurück, denn er wollte keine Konfrontation mit der griechischen Lobby. Am 2. November 1976 schließlich wurde in den USA der Demokrat Jimmy Carter zum neuen Präsidenten gewählt. Damit war klar, dass ab Ende Januar 1977 in Washington eine andere Zypernpolitik gemacht werden würde als bisher. Am 3. November schlug der *Assistant Secretary of State for European Affairs*, Arthur Hartman, vor, noch im November eine Untersuchungskommission in die drei Hauptstädte zu entsenden, um die Lage vor Ort zu erkunden. Im Dezember sollten die drei US-Botschafter nach Washington kommen, um den zukünftigen Präsidenten über die Lage in der Ägäis und in Zypern zu informieren. Danach sollten Konsultationen mit den wichtigsten europäischen Verbündeten stattfinden, und schließlich solle man mit den neuen Fraktionsführern im Kongress reden. Wenn man einen Konsens erreicht habe, sollte man im Januar einen Emissär nach Zypern entsenden, der mit

Makarios und Denktaş reden und ihnen klar machen sollte, welchen Kurs die US-Regierung steuern wolle.

Hartman schlug also eine konzertierte diplomatische Aktion vor, die mit einer gewissen Wahrscheinlichkeit eine Chance auf Erfolg gehabt hätte, wenn sie so realisiert worden wäre, wie er es vorgeschlagen hatte. Aber Kissinger mischte sich ein letztes Mal ein, als er verfügte, dass dieses Papier bis zu den eigentlichen Übergabeverhandlungen im Januar 1977 zurückgehalten werden solle. Dies geschah und so wurde wertvolle Zeit vergeudet, denn die sog. Clifford-Mission begann erst Mitte Februar 1977. Anscheinend gönnte Kissinger seinem Nachfolger nicht einmal die Chance auf einen Erfolg.

Mitte Dezember 1976 äußerte Makarios in einem Interview, dass er bereit sei, unter bestimmten Bedingungen eine föderative Lösung zu akzeptieren. Aber eine solche Föderation müsse die Einheit des Staates sicherstellen. Er werde keine Lösung akzeptieren, die zu einer Teilung Zyperns führe. Grundlegende Voraussetzung für die Akzeptanz einer getrennten türkisch-zypriotischen Administration sei die Freiheit der Bewegung und der Niederlassung und das Recht auf Eigentum. Dieses Statement nahm Denktaş zum Anlass, um am 9. Januar 1977 einen Brief an Makarios zu schreiben, worin er seine Bereitschaft erklärte, mit dem Erzbischof in Anwesenheit de Cuellars zusammenzukommen, um über die anstehenden Probleme zu reden.

Auf Rat von Kliridis akzeptierte Makarios den Vorschlag, denn andernfalls hätte Denktaş ihn bestimmt beschuldigt, die Verhandlungen zu torpedieren, was international üble Folgen gehabt hätte. Am 27. Januar fand in Anwesenheit von de Cuellar das erste Treffen von Makarios mit Denktaş seit Weihnachten 1963 statt.

Makarios machte dann deutlich, dass er mit Denktaş in seiner Funktion als Volksgruppenvertreter spreche und nicht als Präsident des föderierten türkischen Staates. Denktaş konterte, auch er anerkenne Makarios nicht als Präsidenten Zyperns. Beide stimmten überein, dass eine Paketlösung wohl das Beste wäre. Makarios kritisierte, dass Denktaş von Föderation rede, aber Konföderation meine, was Denktaş heftig bestritt. In Bezug auf den territorialen Aspekt redete Denktaş von Gebieten und Makarios von einem Anteil von 20 Prozent. Denktaş forderte 32,8 Prozent, was dem Landbesitz der türkischen Zyprioten entspreche. Makarios deutete an, dass er bis 25 Prozent gehen würde. Denktaş blieb bei seiner Prozentzahl. Die Diskussion wandte sich den Freiheiten zu. Denktaş war bereit, den griechischen Zyprioten Bewegungsfreiheit zuzugestehen, vermied es aber, konkret zu werden. Er akzeptiere auch das Recht auf Niederlassung, aber nicht in dem Maße, dass die Föderation in Frage gestellt werde. Eine begrenzte Zahl von Flüchtlingen könnte in ihre Häuser zurückkehren, aber keinesfalls alle. Aus den Antworten Denktaş' ging klar hervor, dass er zwei lose verbundene Staaten und möglichst viel Trennung wollte.

Makarios und Denktaş kamen überein, dass die interkommunalen Gespräche fortgesetzt werden sollten. Denktaş betonte, dass sie beide ja intervenieren könnten, falls sie stocken sollten. Makarios stimmte zu. De Cuellar schlug ein weiteres Treffen am 13. Februar in Anwesenheit von Waldheim vor, an dem auch die beiden Unterhändler teilnehmen könnten, was Makarios und Denktaş akzeptierten.

Makarios informierte noch am 27. Januar den Nationalen Rat über dieses Ergebnis. Auf zwei weiteren Sitzungen am 2. und 8. Februar zeigte es sich, dass die Hardliner nach wie vor gegen eine Wiederaufnahme der Gespräche waren, falls Denktaş ihre Vorbedingungen nicht erfüllte. Die Diskussion nahm Züge an, die an jene erinnerten, wie sie Kliridis vor seiner Abreise zur letzten Wiener Runde erlebt hatte. Doch Makarios ließ sich dieses Mal davon nicht beeindrucken und entschied, dass die Verhandlungen weitergehen müssten.

Am 12. Februar 1977 kamen Makarios und Denktaş mit Waldheim zusammen. Nach einem vierstündigen Gespräch einigte man sich auf folgende Formel, die als *High Level Agreement* von 1977 in die zypriotische Geschichte einging:

1. *Man strebe nach einer unabhängigen, blockfreien, bi-kommunalen Bundesrepublik.*
2. *Das Territorium, das jede Gemeinschaft verwalte, solle unter dem Gesichtspunkt der ökonomischen Eignung oder Produktivität und des Landbesitzes diskutiert werden.*
3. *Fragen, wie die Prinzipien der Freiheit der Bewegung, Freiheit der Niederlassung, das Recht auf Eigentum und andere spezielle Fragen sollten diskutiert werden, wobei die elementare Grundlage einer bi-kommunalen bundesstaatlichen Ordnung und bestimmte praktische Schwierigkeiten, die für die türkische Gemeinschaft entstehen könnten, berücksichtigt würden.*
4. *Die Macht und die Funktionen der zentralen Bundesregierung sollten so sein, dass sie die Einheit des Landes sicherten, zugleich aber den bikommunalen Charakter des Staates beachteten.*

Mit diesem Abkommen tat Makarios einen vorsichtigen Schritt in Richtung Anerkennung der Realität. Mit dem ersten Satz des Abkommens verabschiedete man sich vom Einheitsstaat, wie ihn die Verfassung von 1959 vorgesehen hatte und akzeptierte eine zukünftige bikommunale Föderation. Der bikommunale Charakter des Staates war nichts Neues, denn diesen hatte auch die alte Verfassung vorgesehen, genauso wie die Unabhängigkeit. Neu war allenfalls die Feststellung, dass die zukünftige Republik blockfrei sein sollte, aber genau genommen war dies nicht mehr als die Festschreibung einer schon lange angewandten Praxis. Das einzig wirklich Neue dieses ersten Satzes war die Festlegung auf eine Föderation.

Im zweiten Satz wurde das Prinzip der Proportionalität bezüglich des Bevölkerungsanteils bei der territorialen Verteilung der Fläche zugunsten von wirtschaftlichen Gesichtspunkten aufgegeben, womit man sich dem seit langem in der Diskussion befindlichen Prinzip der Regionen annäherte. Der Hinweis auf den Landbesitz war ein Zugeständnis an die türkische Seite und bildete gleichzeitig die prozentuale Obergrenze des türkischen Anteils an der Fläche. Es war der Ausgangspunkt der Verhandlungen.

Die Prinzipien von Bewegungs- und Niederlassungsfreiheit sowie das Recht auf Eigentum wurden in Punkt 3 einerseits anerkannt, aber andererseits mögliche Modifizierungen und Einschränkungen in Abhängigkeit vom föderalen System und Zwängen auf der türkisch-zypriotischen Seite zugestanden. Punkt 4 legte fest, dass die Kompetenzen der zukünftigen Zentralregierung so gestaltet werden müssten, dass die Einheit des Landes gewährleistet war. Dies bedeutete, dass die zukünftige Republik föderalen und nicht konföderalen Charakter haben würde. Makarios' Zugeständnisse bedeuteten nicht mehr, als dass er aus Einsicht in die Notwendigkeit Positionen räumte, die nicht länger haltbar waren. Seine Zustimmung zur Errichtung einer Föderation war ein solches Manöver.

Die nach diesem Abkommen errichtete Republik wäre also unabhängig, blockfrei und bikommunal gewesen. Die Bizonalität ist *expressis verbis* nirgendwo erwähnt. Dennoch war und ist fast jeder in Zypern überzeugt, dass das Abkommen eine bikommunale und bizonale Föderation vorsah. Die Erklärung ist recht einfach: Wie Denktaş berichtet, wollte Makarios keine größere Reaktion der Hardliner provozieren und bat daher um Denktaş' Einverständnis, dieses Reizwort im veröffentlichten Text wegzulassen. Denktaş war einverstanden. Es handelte sich also um eine mündliche Absprache, ein Gentlemen's Agreement. Für diese Version spricht auch der Wortlaut des Textes selbst, denn im Text von Absatz 2 ist von dem Territorium (Singular) jeder Volksgruppe die Rede und nicht von Territorien (Plural). Hätten noch Kantone zur Debatte gestanden, hätte man den Plural verwendet. Waldheim soll auf einer Pressekonferenz in Wien am 16. Februar 1977 geäußert haben, dass beide Seiten eine bizonale Föderation meinten, auch wenn im Abkommen von einer bikommunalen Föderation die Rede war. Kliridis bestätigt, dass Makarios bei seinen Gesprächen mit Denktaş die Bizonalität akzeptierte, und zugestand, dass die griechische Seite als erste ihre territorialen Vorschläge zusammen mit einer Karte vorlegen werde, dies aber bei seinem Bericht vor dem Nationalen Rat und dem Ministerrat verschwieg.

Das *High Level Agreement* war ein vernünftiger Schritt zu einer Lösung auf der Basis einer bikommunalen und bizonalen Föderation. Das Einzige, was man an dem Abkommen kritisieren könnte, ist die Tatsache, dass es etwa ein Jahr zu spät kam. Es bildet bis heute die Grundlage aller späteren Lösungsvorschläge.

Am 23. Februar 1977 traf der ehemalige US-Verteidigungsminister Clark Clifford als persönlicher Emissär Präsident Carters in Nikosia ein. Zuvor hatte er Athen und Ankara besucht. Makarios informierte ihn über das Gentlemen's Agreement mit Denktaş. Clifford schlug vor, dass die griechische Seite als erste ihre Vorschläge zu allen Aspekten des Problems, auch territorialen Vorstellungen, begleitet von einer Karte, vorlegen sollte. Makarios akzeptierte dies. Damit war Makarios nach über einem Jahr inhaltlich beim Brüsseler Abkommen angekommen. Die Verhandlungen würden fortgesetzt werden und die griechische Seite würde zuerst ihre Vorschläge präsentieren.

Auf der Sitzung des Nationalen Rates und des Ministerrates am 9. März 1977 setzte Makarios seinen neuen Kurs gegen den heftigen Widerstand der Hardliner durch. Bei der Fortsetzung der Debatte im Nationalen Rat am 17. März 1977 wurden von den Hardlinern dieselben Argumente stereotyp wiederholt. Makarios kümmerte sich nicht um ihre Bedenken und ordnete an, dass die Vorschläge der griechisch-zypriotischen Seite ausgearbeitet und eine Karte gezeichnet werden sollte, die ein Gebiet im Norden der Insel eingrenzte, das etwa 20 Prozent der Fläche hatte. Am 16. März 1977 informierte Makarios Waldheim in einem Brief, dass die griechisch-zypriotische Seite bei der nächsten Sitzung in Wien ihre gesamten Vorschläge inklusive einer Karte vorlegen werde. Waldheim wiederum informierte Makarios, dass auch Denkatş zu substantiellen Verhandlungen bereit sei. Er werde zwar keine Karte vorlegen, sei aber bereit, die griechische zu diskutieren.

Damit war man im März 1977 genau dort wieder angekommen, wo Kliridis fast ein Jahr zuvor aufgegeben hatte. Die Diskussion im Rat hatte gezeigt, dass die Hardliner immer noch die Mehrheit stellten. Ihre Motive reichten von starrsinniger Prinzipienreiterei und Fixierung auf Ängste bis zum Hass auf die Türken, vom Mangel an Zivilcourage bis zu Opportunismus. Der einzige, der nach wie vor klaren Durchblick hatte, war Kliridis, und es war geradezu tragisch, dass er nicht länger der Unterhändler der griechischen Seite war, denn T. Papadopoulos war letztlich auch ein Hardliner und andererseits kein so geschickter Verhandler wie Kliridis. Makarios hatte sich endlich zu einer realistischen Position durchgerungen. Doch die Frage war, ob er bei den bevorstehenden Verhandlungen die Kontrolle behalten würde.

Die sechste Wiener Gesprächsrunde unterschied sich schon dadurch grundsätzlich von allen früheren, dass sie nicht mehr ein Gespräch zwischen den zwei Repräsentanten der beiden Volksgruppen in Anwesenheit des UN-Generalsekretärs war, sondern neben den Verhandlungsführern jeweils zwei Berater daran teilnahmen. Gentlemen's Agreements, wie Denktaş und Kliridis sie gelegentlich geschlossen hatten, waren damit unmöglich. Zwar legte Papadopoulos auf der ersten Sitzung am 31. März eine bizonale Karte vor, aber seine schriftlichen Lösungsvorschläge gingen schon wieder hinter das *High Level Agreement* zurück. Die Sitzungen selbst waren ein unproduktiver Schlagabtausch mit längst bekannten Argumenten. Nach insgesamt elf Sitzungen gab Waldheim entnervt auf und vertagte die Gespräche auf Mitte Mai 1977.

Da Makarios am Sonntag, dem 3. April 1977, einen leichten Herzinfarkt erlitt, verzögerte sich die Bestandsaufnahme durch den Nationalen Rat und den Ministerrat bis Anfang Mai. Am 21. April 1977 legte Carter dem US-Kongress einen Gesetzentwurf vor, der praktisch das Ende des US-Waffenembargos gegen die Türkei bedeutete. Am 2. Mai stellte Waldheim in seinem Bericht über die 6. Wiener Runde bedauernd fest, dass trotz aller Anstrengungen in Wien nicht der Punkt erreicht worden sei, an dem substantielle Verhandlungen den bestehenden Stillstand hätten überwinden können. Man werde aber die Verhandlungen fortsetzen.

Am selben Tag kamen der Nationale Rat und der Ministerrat unter dem Vorsitz von Makarios zusammen. Makarios gab sich pessimistisch bezüglich der Fortsetzung der Gespräche: Die türkische Seite betreibe eine Verzögerungstaktik und sei zu keinerlei Zugeständnissen bereit, dennoch gebe es keine Alternative zu den Gesprächen. Er habe dieses Ergebnis erwartet. Auch als die Verhandlungen in Wien im Mai wieder aufgenommen wurden, bewegte sich nichts.

Am 20. Juni tagten der Nationale Rat und der Ministerrat erneut zusammen. Makarios berichtete über seine Gespräche in Athen und London. Man beschloss, den Kurs der Internationalisierung fortzusetzen: Man werde die Sache Zyperns auf jeden Fall vor die UN-Generalversammlung bringen. Man begrüße andere Initiativen, aber diese könnten die UNO nicht ersetzen. Man befürworte die Einberufung einer internationalen Konferenz, aber eine solche könne erst nach der Debatte in der Generalversammlung stattfinden. Dabei müsse darauf geachtet werden, dass keine Konfusion entstehe. Schon jetzt müsse man mit der dazu notwendigen "Aufklärungskampagne" beginnen. Kyprianou gab den Ton an, als er am 22. Juni die türkische Seite der Intransigenz beschuldigte. Es folgte ein Schlagabtausch über die Presse. Da in Ankara eine Regierungskrise herrschte, musste Denktaş sich in seiner Polemik nicht zurückhalten. Am 29. Juli drohte er mit der einseitigen Unabhängigkeitserklärung. In den letzten Julitagen begann er eine Diskussion über die Freigabe von Varoşa zur Ansiedlung von türkischen Zyprioten. Die Lage auf Zypern verhärtete sich zusehends.

Am Abend des 2. August 1977 fühlte sich Makarios nicht wohl und bat seine Wache, seine Ärzte zu rufen. Wenig später trafen sein Leibarzt (V. Lyssaridis) und zwei Herzspezialisten im erzbischöflichen Palais ein. Gegen 22.45 Uhr setzte Makarios' Herzschlag aus. Die Kardiologen brachten es durch Elektroschock wieder zum Schlagen. Gegen 4.45 Uhr am Morgen des 3. August fiel er ins Koma, aus dem er nicht wieder erwachte. Er wurde 63 Jahre alt.

Nach seinem ersten Herzanfall hatte Makarios seinen Begräbnisort selbst bestimmt: Auf einer bewaldeten Anhöhe oberhalb des Kykko-Klosters. Am Montag dem 8. August fand die offizielle Trauerfreier in der Ag. Ioannis Kathedrale in der Nähe des erzbischöflichen Palais statt. Zehntausende waren nach Nikosia geströmt, um Makarios das letzte Geleit zu geben. Danach wurde der Sarg auf einer Lafette quer durch Nikosia zur Ausfallstraße zum Troodos gefahren. Nach seiner Ankunft im Kykko-Kloster wurde er auf der Höhe *Throni Panagias tou Kykkou* (Thron der Hlg. Jungfrau von Kykko) oberhalb des Klosters beigesetzt. Das Grabmal erinnert an ein antikes Heroon. Eine Ära zypriotischer Geschichte, die Makarios geprägt hatte, war zu Ende.

Am 5. August zeichnete sich ab, dass der amtierende Präsident S. Kyprianou auch der einzige Kandidat für die im September fällige Nachwahl des Interimpräsidenten sein würde, der bis zu der im Februar anstehenden regulären Präsidentenwahl amtieren würde. Prompt meldete sich Denktaş zu Wort: Er sah in Makarios' Tod eine neue Chance, die Spaltung zu überwinden. Er wolle nichts Negatives über den toten Makarios sagen, aber politisch betrachtet, trage er eine große Schuld an der Entstehung des Zypernproblems. Nun komme es darauf an, dass ein neuer

Führer die alten Wunden heile. Kyprianou sei in seinen Augen der falsche Mann. Am folgenden Tag fügte er hinzu, dass jeder Nachfolger von Makarios nur noch als Führer der griechischen Volksgruppe anerkannt werde. Sollte dieser jedoch als Präsident von ganz Zypern proklamiert werden, werde dies zum Ende der interkommunalen Gespräche führen. Damit war klar, dass in Zukunft auf beiden Seiten die Hardliner das Sagen haben würden.

VERHANDLUNGEN UND KEIN ENDE 1977-2009

Die bisherige Darstellung folgte den vier Bänden meiner "Geschichte der Insel Zypern". Der nun folgende Überblick lehnt sich primär an mein 1989 bei Romiosini erschienenes Buch *Frieden in der Ägäis? Zypern - Ägäis - Minderheiten* an, das u. a. die Präsidentschaften von Kyprianou und Vassiliou beschreibt. Die vorliegende Zusammenfassung wurde aber durch inzwischen zugängliche Informationen ergänzt. Die weitere Darstellung wird, je weiter sie sich der Gegenwart nähert, immer skizzenhafter, da selbst für den Zeithistoriker eine gewisse zeitliche Distanz zum klaren Urteilen notwendig ist. Die Analyse konzentriert sich auf die Frage, warum es in den über 30 Jahren seit dem *High Level Agreement* von 1977 nicht gelungen ist, eine Lösung herbeizuführen. Innere Entwicklungen Zyperns werden nur dann erwähnt, wenn sie für diesen Prozess relevant sind.

1978-1987: Die Präsidentschaft Kyprianou

Im April 1978 legten die türkischen Zyprioten endlich ihre Lösungsvorschläge vor, die aber wieder nichts Neues enthielten. Der zukünftige Staat sollte nach wie vor eine Konföderation sein. Die Grenzkorrekturen waren minimal. Die griechisch-zypriotische Seite wies die Vorschläge als unannehmbar zurück. Im Juli zerstritt sich Kyprianou mit T. Papadopoulos und setzte ihn als Unterhändler ab. Im November 1978 forderte die UN-Generalversammlung in Resolution 33/15 den unverzüglichen Abzug aller ausländischen Truppen von der Insel, wobei 110 Staaten dafür stimmten, 48 Staaten, darunter die der EWG, sich der Stimme enthielten und nur 4 Staaten dagegen stimmten. Kyprianou und die Hardliner waren hocherfreut, sahen sie doch mit dieser Resolution ihre Politik des langjährigen Kampfes bestätigt. Denktaş betrachtete die Resolution als nicht bindend, was sie formal auch nicht war.

Im November 1978 legten Washington, Ottawa und London gemeinsam einen zwölf Punkte umfassenden Rahmenplan für eine Lösung des Zypernproblems vor. Die unterbreiteten Vorschläge waren realistisch und hätten durchaus als Ausgangspunkt für Lösungsdiskussionen dienen können. Aber sowohl Ankara als auch Nikosia lehnten sie ab; Ankara, weil sie den türkischen Vorstellungen nicht entsprachen, und Kyprianou, weil nach seiner Ansicht, ein Plan der Westmächte nicht Grundlage für die interkommunalen Gespräche bilden könne, weil er a priori türkeifreundlich sein müsse. Vor allem aber enthalte er kein Recht auf Rückkehr aller Flüchtlinge und beschränke das Recht auf Niederlassung und Eigentum. Kyprianou setzte auf die Internationalisierung, auf den langjährigen Kampf in der UNO. Kliridis hielt den Plan als Grundlage für Verhandlungen für brauchbar.

Die ganze Zeit über bemühte sich Waldheim, die interkommunalen Gespräche wieder in Gang zu bringen. Schließlich gelang es ihm, Kyprianou und Denktaş am 18. und 19. Mai 1979 in Nikosia zusammenzubringen. Zur Verblüffung aller Beobachter, die von diesem Treffen nichts erwartet hatten, einigten sich Kyprianou und Denktaş auf ein 10-Punkte-Abkommen.

(1) Man kam überein, am 15. Juni 1979 die interkommunalen Verhandlungen wieder aufzunehmen. (2) Grundlage der Verhandlungen sollten das High Level Agreement vom Februar 1977 und die Zypern betreffenden UN-Resolutionen sein. (3) Die Menschenrechte und die Grundfreiheiten aller Bürger der Republik sollten respektiert werden. (4) Die Gespräche sollten sich mit allen territorialen und konstitutionellen Aspekten befassen. (5) Die Lösung des Varoşa-Problems solle Priorität genießen. Sobald es gelöst sei, solle die gefundene Lösung sofort angewendet werden. Damit war offensichtlich die Rückkehr der Flüchtlinge dorthin gemeint. (6) Beide Seiten versicherten, alles zu unterlassen, was das Ergebnis der Gespräche gefährden könnte, und Gesten zum Beweis ihres guten Willens zu machen. (7) Zypern solle entmilitarisiert werden. (8) Die Unabhängigkeit, Souveränität, territoriale Integrität und die Blockfreiheit der Republik solle gegen jede Art von Vereinigung ganz oder in Teilen mit irgendeinem anderen Staat und

gegen jede Teilung oder Sezession garantiert werden. (9) Die interkommunalen Gespräche sollten nachdrücklich und ohne Unterbrechung geführt werden. (10) Die Gespräche selbst würden in Nikosia stattfinden.

Das 10-Punkte-Programm ging nur in drei konkret formulierten Punkten über das High Level Agreement hinaus: Das Varoşa-Problem sollte vorrangig gelöst und damit die Rückkehr eines großen Teils der Flüchtlinge ermöglicht werden. Durch die Entmilitarisierung würde die Frage der Sicherheit aus der Welt geschafft werden. Der Anschluss an einen anderen Staat und eine Sezession wurden untersagt. Die übrigen Bestimmungen waren vage formuliert und, um sie zu konkretisieren, bedurfte es intensiver Verhandlungen und viel guten Willens, wie das schon in der Vergangenheit deutlich geworden war. Bestand dieser gute Wille nicht, konnten die Verhandlungen rasch ein Ende finden.

Die Verhandlungen begannen zwar am 15. Juni 1979, aber schon am 22. Juni wurden sie wieder unterbrochen. Beide Seiten beschuldigten die jeweils andere, für das Scheitern verantwortlich zu sein. Die Griechen wollten eine sofortige Lösung des Varoşa-Problems, aber die Türken waren nur bereit, diese im Rahmen einer Gesamtlösung zu akzeptieren. Denktaş beschuldigte die Griechen, vom High Level Agreement von 1977 abzuweichen und die Bi-Zonalität durch eine Bi-Kommunalität zu ersetzen. Kyprianou verdächtigte Denktaş, im Norden einen eigenen Staat ausrufen zu wollen. Damit waren diese Gespräche wieder an einem toten Punkt angelangt und Kyprianou konnte seine Politik der Internationalisierung fortsetzen.

Wie schon seit Jahren fand daher auf Antrag Zyperns im November 1979 die übliche Zyperndebatte der UN-Generalversammlung statt, die in eine Resolution mündete, deren Text dem vorangegangenen stark ähnelte. In der Resolution wurde die unverzügliche Wiederaufnahme der interkommunalen Gespräche gefordert und der UN-Generalsekretär gebeten, dies zu unterstützen und im März über seine Bemühungen zu berichten. Mitte Dezember 1979 verabschiedete der UN-Sicherheitsrat einstimmig eine Resolution, in der die beiden Seiten aufgefordert wurden, erneut auf der Basis des 10-Punkte-Programms Gespräche zu führen. Nach dreimonatigen Bemühungen, die interkommunalen Verhandlungen wieder in Gang zu bringen, schrieb Waldheim in seinem Bericht vom März 1980, dass es drei Hauptgründe für das Scheitern gebe: Die Türken verlangten einen eigenen Staat, der in einer losen Konföderation mit dem griechischen verbunden sein solle. Sie seien der Meinung, dass nur durch territoriale Trennung die Sicherheit ihrer Volksgruppe gewährleistet sei. Nur wenn die Griechen einen Teil ihrer Forderungen fallen ließen, seien sie zu erneuten Verhandlungen bereit. Dies bedeutete nichts anderes, als dass die türkische Seite von nun an einen intransigenten Kurs steuern würde. Am 9. August 1980 begannen die Volksgruppengespräche wieder, diesmal unter der Ägide von Waldheims Sonderbeauftragtem, Hugo Gobbi. Man traf sich zwanzigmal, ohne dass der geringste Fortschritt erzielt wurde.

Inzwischen kam es aufgrund der Finanzpolitik der Regierung in der inoffiziellen Koalition zwischen Kyprianous DIKO und der AKEL zu immer stärker wachsenden Spannungen. Im Mai 1980 griff die AKEL Kyprianous Zypernpolitik an und warf ihm Mangel an Mut vor. Eine Regierungsumbildung im September 1980 sollte die Lage stabilisieren. Im Mai 1981 fanden Parlamentswahlen statt. Da der Parteienstreit nicht beigelegt worden war, gab es keine Wahlbündnisse. Daher schafften vier Parteien den Einzug ins Parlament: AKEL (12 Sitze, 32,79 %), DISY (12 Sitze, 31,89 %), DIKO (8 Sitze, 19,50 %) und EDEK (3 Sitze, 8,17 %). Damit war die AKEL die stärkste Partei Zyperns geworden und Kyprianou konnte sich nur noch auf 8 der 35 Abgeordneten stützen, was angesichts des Präsidialsystems allerdings für seine Amtsführung wenig bedeutete.

Auch im Norden der Insel wurde gewählt und zwar am 28. Juni 1981. Denktaş' NUP verlor 12 Sitze und erreichte nur noch 18 der 40 Mandate. Die Kommunale Befreiungspartei (TKP) von Alpay Durduran kam auf 13 (8) Sitze und die linke Republikanische Türkische Partei (CTP) erhielt nun 5 Sitze (zuvor 3). Denktaş wurde in der am selben Tag stattfindenden Präsidentenwahl zwar wiedergewählt, erhielt aber nur noch 53 % (zuvor 76 %) der Stimmen. Bedenklich war der Einzug einer Partei, die hauptsächlich von eingewanderten Festlandstürken gewählt wurde, wenn auch nur mit einem Abgeordneten.

Mitte August 1981 wurden die interkommunalen Verhandlungen wiederaufgenommen. Anfang August hatte die türkische Seite neue Vorschläge vorgelegt, die weitestgehend die alten waren. Neu waren allerdings die Forderungen nach einer rotierenden Präsidentschaft und nach einer paritätischen Vertretung in allen Organen des Bundes. Die Autonomie der Teilstaaten sollte sich nun auch noch auf die Kontrolle der Flug- und Seehäfen erstrecken. Kyprianou lehnte die Vorschläge ab: Man sei bereit, eine Föderation zu akzeptieren, aber keine Konföderation oder gar zwei Staaten, denn dies würde Teilung bedeuten. Im November 1981 legte Waldheim einen eigenen Plan vor, der eine Föderation mit einer Exekutive aus 4 Griechen und 2 Türken, einer bikameralen Legislative und eine territoriale Aufteilung vorsah. Der Präsident und sein Vize, der der anderen Volksgruppe angehören müsse, sollten von der Gesamtbevölkerung gewählt werden. Die Verhandlungen wurden nicht völlig abgebrochen, aber sie gingen auf einem unteren Niveau weiter, so dass es keine konstruktiven Entwicklungen gab.

Dies war wenig verwunderlich, denn Kyprianou hielt an seinem Internationalisierungskurs fest und Denktaş wartete auf eine günstige Situation, um die Eigenstaatlichkeit durchsetzen zu können. Hinzu kamen politische Veränderungen in den Mutterländern. Seit September 1980 herrschte in der Türkei das Militär. Entscheidungen über Zypern traf von nun an allein der Nationale Sicherheitsrat, in dem die Militärs das Sagen hatten und letztlich bis heute haben. Die Zypernfrage wurde zu einem Teil der nationalen Politik und dem Parteiengezänk entzogen. Von nun an spielten strategische Überlegungen der türkischen Militärs und Sicherheitsfragen eine große Rolle. In Griechenland gewannen im Oktober 1981 Andreas Papandreou und seine PASOK die Parlamentswahlen in Griechenland. Da der neue Premierminister einen sowjetischen Vorschlag zur Einberufung einer internationalen Zypernkonferenz für gut befand, verstärkte sich die Politik der Internationalisierung, an der sich nun auch Athen als "nationales Zentrum" wieder beteiligen wollte.

Im Februar 1983 fanden in Zypern Präsidentschaftswahlen statt. Kyprianou erhielt 56,54 Prozent der Stimmen. Sein Gegenkandidat Kliridis errang knapp 34 Prozent der Wählerstimmen und Lyssaridis kam auf 9,53 Prozent. Ohne die Unterstützung durch die AKEL wäre Kyprianou nicht wiedergewählt worden. Die AKEL-Führung wusste, dass die Aufstellung eines eigenen Kandidaten, der womöglich im ersten Wahlgang die relative Mehrheit erreicht hätte, kontraproduktiv gewesen wäre, denn dies hätte alte antikommunistische Ängste wiederbelebt und die in Jahren erreichte Etablierung auch im Staatsapparat in Frage gestellt. Lyssaridis war von A. Papandreou unterstützt worden, worauf sein relativ hoher Stimmenanteil zurückzuführen ist.

Am 13. Mai 1983 verabschiedete die UN-Generalversammlung eine umfangreiche Resolution, deren Hauptforderung der sofortige Abzug aller Okkupationstruppen aus Zypern war. Denktaş schoss zurück, indem er erklärte, die Resolution sei ein Akt der Aggression gegen die inseltürkische Volksgruppe. Ende des Monats wurde bekannt, dass er vorhatte, durch eine Volksabstimmung das Wort "föderiert" aus dem Staatsnamen streichen zu lassen, so dass sein "Staat" dem griechischen gleichwertig gegenüber stehe. Dann könne man sich entscheiden, ob man sich föderiere oder endgültig trenne. Am 15. Juni 1983 forderte der UN-Sicherheitsrat in einer Resolution die Volksgruppen auf Zypern auf, die interkommunalen Gespräche wieder aufzunehmen. Am 17. Juni stimmte die parlamentarische Versammlung im Norden für die Abhaltung eines Referendums über die Unabhängigkeit. Um Denktaş von übereilten Schritten abzuhalten, schaltete sich der neue UN-Generalsekretär Perez de Cuellar ein und forderte Denktaş auf, seine Separationsabsichten vorläufig einzustellen; die Militärs in Ankara unterstützten das Ansinnen de Cuellars, indem sie den Druck auf Denktaş verstärkten.

Am 8. August 1983 unternahm de Cuellar den Versuch, die Konfliktparteien zu Gesprächen zu veranlassen, indem er ihnen durch seinen Vertreter in Zypern, Hugo Gobbi, ein Memorandum überreichen ließ. Dieses Memorandum enthielt keinen Plan, sondern zwei Lösungsmodelle bezüglich des Aufbaus der Exekutive und der Legislative sowie der flächenmäßigen Aufteilung des Territoriums. Die zypriotischen Führungen wurden aufgefordert, bis zum 15. September bekannt zu geben, ob sie bereit seien, auf dieser Grundlage weiter zu verhandeln. Die Führung der AKEL und die DISY unter Kliridis befürworteten eine Annahme. Lyssaridis und der Nachfolger von Makarios im Amt des Erzbischofs, Chrisostomos I., waren dagegen. Kyprianou konnte sich nicht entscheiden. Außenminister Nikos Rolandis war für die sofortige Annahme und erklärte, als er sich nicht durchsetzen konnte, am 21. September seinen Rücktritt. Sein Nachfolger wurde der bisherige Botschafter in Bonn, Georgios Iakovou.

Am 21. September führte Kyprianou Gespräche mit Premierminister Papandreou und Staatspräsident Karamanlis. Nach einigem Druck auf Kyprianou einigte man sich darauf, de Cuellars Vorschlag vorbehaltlos zu akzeptieren. Am 30. September informierte Kyprianou den UN-Generalsekretär dementsprechend. Kyprianous verzögerte Antwort ermöglichte es Denktaş, sich mit seiner ebenfalls Zeit zu lassen. Schließlich gab er de Cuellar eine ablehnende Antwort. Als Denktaş jedoch bemerkte, dass die Ablehnung äußerst negative Reaktionen hervorrief, schlug er de Cuellar ein Treffen zwischen sich und Kyprianou vor. Sollte Kyprianou dies ablehnen, behalte er sich die Ausrufung eines eigenen Staates vor. Aus taktischen Motiven stimmte Kyprianou gegenüber de Cuellar dem Gipfeltreffen zu, vorausgesetzt, es werde gründlich vorbereitet. Er sei einverstanden, wenn de Cuellar ein solches Treffen einberufe.

In der Zwischenzeit hatte Denktaş jedoch an einer anderen Stelle eine Aktion gestartet, die zeigte, dass er nach wie vor nach einem eigenen Staat strebte. Er beantragte, dass der Europarat Vertreter seines Pseudostaates akzeptiere, was dieser jedoch ablehnte. Daraufhin verlangte Denktaş, die beiden Vertreter der Republik Zypern beim Europarat abzuziehen. Die Forderung war wieder von der Drohung einer einseitigen Unabhängigkeitserklärung begleitet. Dies waren bislang verbale Ausfälle, aber als die Militärs in der Türkei mit der Vorbereitung von Parlamentswahlen am 6. November zur Beendigung der Diktatur beschäftigt waren, glaubte er handeln zu können. Er kündigte an, dass er demnächst zur Tat schreiten werde.

Am 14. November 1983 kehrte Hugo Gobbi nach Zypern zurück. De Cuellar hatte ihn beauftragt, das Gipfeltreffen zwischen Kyprianou und Denktaş vorzubereiten. Am nächsten Tag suchte Gobbi die beiden auf und überreichte ihnen Briefe de Cuellars mit Vorschlägen für das Treffen. Denktaş ließ seine parlamentarische Versammlung zusammentreten und die Errichtung der unabhängigen "Türkischen Republik Nordzypern" beschließen. Er erklärte, dass er zu weiteren Verhandlungen über die Errichtung einer "echten" Föderation bereit sei, aber gleichzeitig tat der "Präsident" des neuen Staates kund, dass an der Zweistaatlichkeit der Insel nicht mehr zu rütteln sei. Damit war die Vereinbarung zwischen Makarios und Denktaş im High Level Agreement über die Einheit des Landes obsolet geworden. Die Regierung in Ankara gab sich überrascht, ob sie es tatsächlich war, entzieht sich der Kenntnis, aber sie anerkannte den neuen Staat unverzüglich.

Der UN-Sicherheitsrat erklärte am 18. November 1983 die Unabhängigkeitserklärung für ungültig und forderte alle Staaten auf, keinen anderen zypriotischen Staat als die Republik Zypern anzuerkennen. Die Staatenwelt hielt sich daran und bis heute hat kein anderer Staat als die Türkei die "TRNZ" anerkannt. Die Gipfelkonferenz der Commonwealth-Staaten, die Europäische Gemeinschaft, der Europarat, das Europäische Parlament u.a.m. verurteilten das Vorgehen von Denktaş. Sogar die beiden Supermächte waren sich in ihrer Verurteilung einig. Aber an der Sezession des Nordteils der Insel änderte dies nichts.

Im Januar 1984 unterbreitete Kyprianou De Cuellar einen Rahmenplan für eine umfassende Lösung des Zypernproblems. Grundlegend sei die völlige Entmilitarisierung Zyperns. Nach Abzug aller türkischen Besatzungstruppen müssten auch alle Truppen, die im Rahmen des Garantievertrages dort stationiert seien, abgezogen und die zypriotische Nationalgarde und die sog. türkisch-zypriotischen Streitkräfte aufgelöst werden. Eine internationale Truppe unter UN-Ägide solle die Sicherung der Insel nach außen und innen übernehmen. Die Unabhängigkeit, territoriale Integrität, Einheit und Bündnisfreiheit Zyperns müsse durch einen internationalen Garantievertrag sichergestellt werden; weder Griechenland noch die Türkei dürften Garantiemacht werden.

Zypern solle ein Bundesstaat werden. Grundlage aller Regelungen sollten die UN-Resolutionen, das *High Level Agreement* von 1977 und der 10-Punkte-Plan von 1979 sein. 25 Prozent des Inselterritoriums sollten unter türkisch-zypriotische Verwaltung kommen. In der Zentralexekutive sollte die türkische Volksgruppe, die allerdings kein Vetorecht haben dürfe, mit 30 Prozent vertreten sein. In der Frage der Legislative bot der Rahmenplan zwei Alternativen, wobei vorausgesetzt wurde, dass Mechanismen zur Konfliktlösung vorgesehen seien. Es folgte ein Katalog der Bundeskompetenzen, aus dem hervorging, dass die föderale Komponente stark ausgebildet sein sollte. Abschließend wurde die Freiheit der Bewegung, der Niederlassung und des Eigentums gefordert.

Obwohl dieser Rahmenplan substantielle Konzessionen enthielt, lehnte Denktaş die territorialen Zugeständnisse als zu gering ab und forderte, dass die Türkei Garantiemacht Zyperns bleiben müsse. Trotzdem setzten de Cuellar und Kyprianou ihre Versuche fort, die Gespräche zwischen den Volksgruppen wieder in Gang zu bringen. Am 16. März 1984 traf sich de Cuellar mit Denktaş und forderte ihn auf, zu Kyprianous Rahmenplan Stellung zu nehmen. Denktaş versprach dies zwar, zögerte aber seine Antwort hinaus und gab stattdessen am 10. April bekannt, dass im August eine Volksabstimmung über die "Verfassung" Nordzyperns stattfinden werde. Beunruhigt über diese Entwicklung sandte de Cuellar im April seinen Sonderbeauftragten Gobbi zu Konsultationen nach Zypern. Denktaş bestritt arrogant de Cuellars Recht, irgendwelche Vorschläge zu unterbreiten. Bevor er sich zu neuen Verhandlungen bereit finde, müsse erst die Republik Zypern aufgelöst werden. Erst wenn dies geschehen sei, sei er zu einem Treffen mit Kyprianou bereit. Zugleich gab er bekannt, dass Ankara am 17. April einen Botschafter nach Nord-Zypern entsenden werde und einen Botschafter Nord-Zyperns erwarte. Von einer Antwort auf Kyprianous Rahmenplan war nicht die Rede.

Derart provoziert, beantragte die zypriotische Regierung die Einberufung des Sicherheitsrates. Auf dessen Sitzung am 11. Mai 1984 wurde die Resolution 550/84 verabschiedet, die Denktaş' Aktionen verurteilte und den Generalsekretär aufforderte, seine Bemühungen um die Lösung des Zypernproblems zu intensivieren. De Cuellar nahm daher wieder Kontakt mit beiden Seiten auf, und nach langwierigen Vorverhandlungen, bei denen Denktaş trickreich versuchte, seine "Regierung" aufzuwerten, trafen sich die Verhandlungsdelegationen im August separat mit de Cuellar in Wien. Der Generalsekretär überreichte beiden Seiten ein Arbeitspapier mit bestimmten Vorschlägen, die später eine Verhandlungsgrundlage bilden könnten, und forderte sie auf, ihm bis zum 10. September ihre Antworten vorzulegen.

Beide Seiten reagierten positiv, und die Gespräche, die nun *proximity talks* hießen, wurden am 10. September in New York aufgenommen. De Cuellar verhandelte separat mit beiden Delegationen. Im Oktober und November 1984 fanden weitere derartige indirekte Verhandlungen statt, die kein Ergebnis brachten. Ein erneutes Treffen im Januar 1985 endete, wieder einmal, ergebnislos, da Denktaş die Gespräche bewusst torpedierte, indem er ultimativ forderte, dass das inzwischen überarbeitete Arbeitspapier de Cuellars nicht diskutiert, sondern unterzeichnet werden solle.

Anfang April unternahm de Cuellar einen neuen Anlauf. Er leitete beiden Seiten ein Dokument zu, das unter der Bezeichnung *"single consolidated draft agreement"* in die Diskussion einging. Darin hatte der Generalsekretär die Hauptpositionen früherer Dokumente zusammengefasst. Kyprianou akzeptierte es als Diskussionsgrundlage. Denktaş antwortete zunächst nicht, sondern brüskierte den Generalsekretär durch Abhaltung eines Referendums über die "Verfassung" seines Staates (5. Mai 1985) und Präsidentenwahlen (9. Juni 1985). Im Juli und August erläuterte Denktaş seinen Standpunkt noch weiter: Beide Volksgruppen müßten völlig gleichberechtigt sein. Die beiden Staaten müssten so getrennt sein wie die BRD und die DDR. Die Garantie durch die Türkei sei unverzichtbar, und um diese zu gewährleisten, müssten türkische Truppen in beträchtlicher Stärke auf Zypern stationiert bleiben.

Trotz der intransigenten Haltung Denktaş' bemühte sich de Cuellar weiter, die Gespräche wieder in Gang zu bekommen. Nach verschiedenen Treffen mit Vertretern der zypriotischen Regierung und mit Denktaş im Sommer und Herbst 1985 wurde beschlossen, die Gespräche auf niederer Ebene mit der türkisch-zypriotischen Seite in London und der zypriotischen Regierung in Genf fortzusetzen. Ziel der Verhandlungen sollte es sein, einen für beide Seiten akzeptablen Text eines Rahmenplanes zu erarbeiten. Parallel zu diesen Verhandlungen bemühten sich Nikosia und Athen recht erfolgreich weiter um internationale Unterstützung. Am 2. September 1985 forderte die in Luanda versammelte Konferenz der Blockfreien Ankara zum Abzug seiner Besatzungstruppen und Denktaş zur Rücknahme der Sezession auf, und am 13. September verurteilte das Europäische Parlament Denktaş' Vorgehen. Im Oktober folgte die Verurteilung durch die Commonwealth-Konferenz.

Am 8. Dezember 1985 fanden in der Republik Zypern wieder Parlamentswahlen statt. Stärkste Kraft wurde Kliridis' DISY mit 33,56 Prozent der Stimmen (19 Sitze), gefolgt von Kyprianous DIKO mit 27,65 Prozent (16 Sitze) und AKEL mit 27,43 Prozent (15 Sitze) sowie EDEK mit 11,87 Prozent (kein Sitz). Der völlige Misserfolg von Lyssaridis' Partei ist auf eine Verschiebung von A. Papandreous Wohlwollen auf Kyprianou zurückzuführen, dessen Partei dadurch ein Einbruch erspart blieb. Dennoch musste Kyprianou gegen ein Parlament regieren, in dem die Opposition die Mehrheit hatte.

Am 10. Dezember wiederholte Kyprianou seinen Vorschlag, Zypern völlig zu entmilitarisieren. Die türkischen Truppen müssten abgezogen und durch eine internationale Friedenstruppe ersetzt werden. Kyprianou wiegelte damit ein Diktum Denktaş' ab, in dem dieser als Vorbedingung für weitere Verhandlungen forderte, dass die griechisch-zypriotische Seite die Anwesenheit türkischer Truppen auf der Insel dulde.

Im Januar 1986 unterbreitete die Sowjetunion einen Plan zur Lösung des Zypernproblems im Rahmen einer internationalen Konferenz, der im Großen und Ganzen den Vorstellungen Nikosias und Athens entsprach, und deshalb dort lebhaft begrüßt wurde. Ankara hingegen wollte von dem sowjetischen Vorschlag nichts wissen, und Denktaş erregte sich, die Einmischung der Supermächte in die inneren Angelegenheiten Zyperns liege nicht im Interesse der Insel.

Inzwischen hatten weitere Verhandlungen zwischen beiden Seiten stattgefunden, die anscheinend wieder eine gewisse Annäherung der Standpunkte brachten. Ende März 1986 unterbreitete de Cuellar daher einen dritten Lösungsplan (*draft framework agreement*). In seiner

Grundsubstanz unterschied er sich nicht wesentlich von seinen Vorgängern, wohl aber in der vorgesehenen Chronologie seiner Durchführung. De Cuellar wollte in einer ersten Phase das Territorial- und Verfassungsproblem lösen. Nach der Lösung dieser Probleme, aber teilweise auch gleichzeitig, sollten die türkischen Truppen abgezogen werden.

Nach intensiven Konsultationen zwischen Athen und Nikosia lehnte die zypriotische Regierung den Lösungsplan ab, da man erneute Interventionen im Falle des Verbleibens der türkischen Streitkräfte befürchtete, zumal der türkische Ministerpräsident Özal erklärte, dass über die Rechte der Türkei als Garantiemacht nicht verhandelt werden könne, und die im Plan enthaltene Regelung der drei Grundfreiheiten unbefriedigend sei. Kyprianou forderte statt dessen die Einberufung einer internationalen Zypernkonferenz oder ein "Gipfeltreffen" mit Denktaş, bei dem über die offenen Fragen verhandelt werden sollte. Ministerpräsident Özal meinte hingegen: Falls die Zypernfrage nicht bald gelöst würde, werde sein Land eine Neueinschätzung der Situation vornehmen. Denktaş, unbeirrt, wollte sich an keiner internationalen Konferenz beteiligen, bevor Nord-Zypern nicht als Staat anerkannt sei.

Ankara hatte sich offensichtlich für eine härtere Gangart entschieden. Özals "Staatsbesuch" in Nord-Zypern Anfang Juli und die vorübergehende Schließung der Grenzen Nord-Zyperns dürfen als Elemente dieser neuen Politik gewertet werden. In dieselbe Richtung ging auch die Verstärkung der Besatzungstruppen auf 35.000 Mann und eine verstärkte Ansiedlung von Festlandstürken. Bis Ende 1986 wurden ca. 40.000 Neusiedler nach Zypern gebracht, so dass der türkische Bevölkerungsanteil auf ca. 38 Prozent anstieg. Diese Politik wurde in den folgenden Jahren weiter betrieben. Diese Immigration und die Abwanderung einer großen Zahl von türkischen Zyprioten führte dazu, dass Letztere heute eine Minderheit in ihrem eigenen Land sind.

Zwar gab es auch in der zweiten Jahreshälfte von 1986 Bemühungen um Fortschritte in der Zypernfrage, aber der nun endgültig ausbrechende Ägäiskonflikt drängte die Zypernfrage in den Hintergrund. Zwar gelang es Nikosia, auch 1987 weiterhin Solidaritätserklärungen zu sammeln, die aber letztlich papierne Erklärungen blieben und zur Lösung des Problems nichts oder nur wenig beitrugen. Der einzige substantielle Fortschritt war die Annäherung an die EG. Mitte Oktober wurde der Vertrag über eine Zollunion unterzeichnet, der im Dezember 1987 in Kraft trat. Kyprianou hatte in seiner Amtszeit so viele Resolutionen erwirkt, dass man alle Wände des Präsidentenpalais damit tapezieren könne, wie ein Insider damals lästerte, aber der Lösung war man keinen Schritt näher gekommen. Bei den Regierenden war die Angst vor Fehlentscheidungen verbreitet. In der griechisch-zypriotischen Bevölkerung machte sich Frustration breit, aber auch die Bereitschaft zum Umdenken. Im Gegensatz dazu wollten Denktaş und seine Anhänger die Aufrechterhaltung des Status quo.

1988-1993: Die Präsidentschaft Vassiliou

Am 14. Februar 1988 fand die erste Runde der zypriotischen Präsidentenwahl statt. Kyprianou erreichte 9,22 Prozent der Stimmen, Kliridis 30,09 Prozent und der parteilose Unternehmer Vassiliou 27,29. Damit schied Kyprianou aus dem Rennen aus. Bei der Stichwahl am 21. Februar unterstützte die AKEL Vassiliou, der mit 51,63 Prozent Kliridis knapp besiegte (48,37 Prozent).

Nach seiner Wahl erklärte Vassiliou, dass er sich um eine Annäherung an die türkischen Zyprioten und um aufrichtige Zusammenarbeit mit ihnen bemühen werde. Ferner erklärte er sich zu einem Treffen mit Denktaş bereit, allerdings ohne Vorbedingungen, das heißt, er wies Denktaş' Forderung nach einem Treffen "zwischen Präsidenten" zurück. Anlässlich seiner Vereidigung am 28. Februar schlug er ein Treffen mit Özal vor. Dann trug er seine Konzeption für die Lösung des Zypernproblems vor: Abzug der türkischen Truppen und Siedler, die Respektierung der Rechte der Bürger auf freie Bewegung, freier Niederlassung und Eigentum. Die Flüchtlinge sollten zurückkehren dürfen. Internationale Garantien sollten jegliche unilaterale

Intervention ausschließen. Gespräche seien nützlich, aber sie sollten nicht um ihrer selbst willen geführt werden. Zur Lösung der internationalen Implikationen sei die Einberufung einer internationalen Konferenz im Rahmen der UN notwendig. Sollte eine Lösung gefunden werden, werde er diese dem Volk in einem Referendum zur Abstimmung vorlegen.

Das Außenministerium in Ankara wies den Wunsch nach einem Gespräch mit Özal zurück. Der richtige Ansprechpartner sei Denktaş. Da sich durch die Treffen von Özal und Papandreou in Davos im Januar und Özals Besuch in Athen im Juni 1988 die Beziehungen zwischen Athen und Ankara stark verbessert hatten und auch die USA und die britische Regierung de Cuellar in seinen Bemühungen um eine Wiederaufnahme der Verhandlungen unterstützten, übte auch Ankara Druck auf Denktaş aus, so dass er sich zu einem erneuten Treffen in Genf am 24. August 1988 bequemte. Bei diesem Treffen wurden neue Verhandlungen ab dem 15. September auf der Basis der Abkommen von 1977 und 1979 ohne weitere Vorbedingungen beschlossen. Obwohl sich Denktaş bei den Gesprächen mit Vassiliou den ganzen Herbst über intransigent zeigte und von der Existenz zweier Völker auf der Insel sprach, legte Vassiliou im Februar 1989 umfassende Vorschläge für die Schaffung einer unabhängigen, territorial einheitlichen (territorially integral), blockfreien föderalen Republik vor.

Auch im Frühjahr 1989 gingen die Gespräche weiter, brachten aber kein Ergebnis. Im Juli legte de Cuellar einen erneuten Vorschlag (set of ideas) vor, der als "food for thought" für eine für September 1989 anvisierte Lösung betrachtet wurde. Die griechische Seite war zwar nicht mit allen darin enthaltenen Ideen einverstanden, war aber bereit, sie als Denkanstöße zu akzeptieren. Denktaş wies sie scharf zurück und bezweifelte das Recht des UN-Generalsekretärs, überhaupt solche Vorschläge zu unterbreiten. Dennoch gingen die Gespräche, wenn auch ergebnislos, weiter.

Im Februar 1990 organisierte de Cuellar ein Treffen zwischen Vassiliou und Denktaş in New York. Rasch wurde klar, dass Denktaş auch diese Runde torpedieren wollte. Er verlangte, dass der Begriff "community" als ein Synonym von "Volk" verstanden werde, wobei jedes der beiden Völker ein Recht auf Selbstbestimmung habe, also auch auf Sezession. Damit verließ Denktaş die Basis der Abkommen von 1977 und 1979, die er selbst unterzeichnet hatte. De Cuellar erklärte die Verhandlungen für beendet und forderte den UN-Sicherheitsrat zur Stellungnahme auf.

In seiner Resolution (649/1990) vom 12. März 1990 forderte der Sicherheitsrat Denktaş auf, die interkommunalen Verhandlungen unter der Ägide des Generalsekretärs fortzusetzen und sich an die UN-Resolutionen und an die Abkommen von 1977 und 1979 zu halten. Am 3. Juli 1990 stellte die Regierung Zyperns den Antrag auf EU-Mitgliedschaft. Ankara und Denktaş reagierten gereizt und Letzterer brach die Verhandlungen ab. Im Oktober 1990 stattete der türkische Premierminister Nordzypern einen offiziellen Besuch ab, was eine Provokation des UN-Generalsekretärs darstellte.

Im Juni 1991 unternahm de Cuellar einen erneuten Versuch, Bewegung in das Zypernproblem zu bringen, indem er versuchte, Verhandlungen über das territoriale Problem und die Rückkehr der Flüchtlinge zu initiieren. Die türkische Seite lehnte dies ab und forderte, dass das Recht auf Sezession anerkannt werde, womit die beiden Abkommen von 1977 und 1979 ungültig geworden wären. Der UN-Sicherheitsrat wies dies zurück und bestand auf der Gültigkeit der beiden Abkommen. Im Dezember 1991 legte de Cuellar den Abschlussbericht über seine Bemühungen um eine Lösung des Zypernproblems vor, in dem er betonte, dass die Aufrechterhaltung des Status quo keine Lösung darstelle.

Der neue UN-Generalsekretär Boutros Boutros Ghali legte im April 1992 eine erweiterte Version des "set of ideas" vor, die als Basis für weitere Verhandlungen dienen sollte. Der Sicherheitsrat stellte sich mit der Resolution 750 (1992) voll hinter Boutros Ghalis Initiative.

Zwar begannen die "proximity talks" im Juni 1992 zwischen Vassiliou und Denktaş in Anwesenheit von Boutros Ghali, aber als es in der zweiten Runde, die am 15. Juli begann, konkret wurde, mauerte Denktaş - und das eine volle Woche lang. Dies führte zu einem Treffen zwischen den fünf ständigen Mitgliedern des Sicherheitsrates und Denktaş am 24. Juli, bei dem sie ihm klar machten, dass sie voll hinter den Vorschlägen von Boutros Ghali stünden. Zwar verhandelte Denktaş danach weiter, aber nur zum Schein, denn er machte Ausflüchte oder wich aus. Am 14. August reichte es Boutros Ghali; er vertagte die Gespräche und berichtete dem Sicherheitsrat. Dieser forderte in seiner Resolution vom 26. August 1992, dass bis Ende des Jahres eine Lösung gefunden werden müsse.

Im Oktober wurden die Verhandlungen wieder aufgenommen. Im November 1992 stellte Boutros Ghali inoffiziell fest, dass Denktaş durch das Aufbringen ständig neuer Forderungen und die Zurücknahme früherer Zusagen eine Einigung vereitelt habe. Da nun in Zypern die Präsidentenwahlen bevorstanden, wurden die Gespräche vertagt.

1993-2003: Die Präsidentschaft Kliridis
Da im ersten Wahlgang Vassiliou nur die relative Mehrheit der Stimmen erreichte, fand am 14. Februar 1993 eine Stichwahl statt, aus der Kliridis mit einer hauchdünnen Mehrheit (50,31%) als Sieger hervorging. Im Mai begannen Kliridis und Denktaş unter der Ägide von Boutros Ghali neue Gespräche in New York über vertrauensbildende Maßnahmen. Da Boutros Ghali erkannt hatte, dass Denktaş bei jedem umfassenden Vorschlag Einwände hatte, unterbreitete er nun einen konkreten Deal: Der Flughafen von Nikosia sollte freigegeben und von beiden Seiten benutzt werden können, dafür sollte die Geisterstadt Varoşa ihren griechischen Eigentümern zurückgegeben werden. Dies war ein Vorschlag nach dem Prinzip von *do ut des*, aber auch hier schaffte es Denktaş, diesen für beide Seiten nützlichen Vorschlag zu torpedieren und auch vertrauensbildende Maßnahmen abzulehnen. Als die Gespräche unterbrochen wurden, um Denktaş die Möglichkeit zu Konsultationen in Nordzypern zu geben, ließ dieser wissen, dass er nicht nach New York zurückkehren werde. Er wolle direkt mit Kliridis verhandeln.

Anfang Januar 1994 fanden in Nordzypern Parlamentswahlen statt, die eine liberalere Regierung an die Macht brachten. Im Februar 1994 begannen neue Verhandlungen, die aber wieder zu nichts führten, weil auf der türkischen Seite weiterhin jeder gute Wille fehlte, wie Boutros Ghali feststellte. Im August erreichte die türkische Intransigenz ihren Höhepunkt: Denktaş veranlasste seine parlamentarische Versammlung, ihre früheren "Resolutionen" eine Föderation betreffend zu widerrufen und auf einem losen Zusammenschluss zweier souveräner Staaten zu bestehen. Auch ein weiterer Versuch, im Oktober 1994 zu einer Vereinbarung zu gelangen, scheiterte an der Forderung von Denktaş nach Anerkennung seines Staates

Auch als sich Anfang 1995 US-Präsident Clinton einmischte und Staatssekretär Richard Holbrooke sich bemühte, substantielle Verhandlungen in Gang zu bekommen, war kein Erfolg zu verzeichnen. Es gab zwar das ganze Jahr hindurch weitere Versuche, die Wiederaufnahme der interkommunalen Verhandlungen zu bewerkstelligen, aber ihnen war so wenig Erfolg beschieden wie ähnlichen Bemühungen 1996. Im Dezember 1996 schlug Kliridis die totale Entmilitarisierung der Insel vor, doch die türkische Seite lehnte auch diesen Vorschlag ab. Auch 1997 bemühte sich der UN-Generalsekretär um die Wiederaufnahme der interkommunalen Gespräche, doch wiederum erfolglos. Zur intransigenten Haltung Denktaş' kam nun auch noch massiver Druck von Ankara, das offen mit einer militärischen Intervention drohte, wenn die Republik, wie geplant, S-300 Luftabwehrraketen aus Russland importiere. Im Februar 1997 kam Kliridis mit dem neuen UN-Generalsekretär Kofi Annan in Davos zusammen und berichtete ihm über die Lage.

Mit kräftiger amerikanischer Unterstützung forderte Kofi Annan am 9. Juni 1997 Kliridis und Denktaş zu direkten Verhandlungen auf. Die erste Gesprächsrunde fand in Troutbeck in der Nähe von New York vom 9. bis zum 13. Juli statt. Der Vertreter des UN-Generalsekretärs überreichte den beiden ein Papier, in das die früheren Lösungsvorschläge beider Seiten eingearbeitet worden waren. Dieses Papier sollte die Diskussionsgrundlage für die im August vorgesehene nächste Gesprächsrunde sein. Kliridis und Denktaş vereinbarten, sich Ende Juli in Nikosia zu treffen, um humanitäre Probleme zu diskutieren, vor allem aber über das der "missing persons". Doch am 6. August unterzeichneten die Türkei und die "TRNZ" ein Abkommen, in dem mit der Annexion Nordzyperns durch die Türkei gedroht wurde, wenn die EU die Aufnahmeverhandlungen mit Zypern fortsetze. Offensichtlich glaubte Ankara, dass die EU einen Konflikt mit der Türkei scheuen und die Aufnahmeprozedur unterbrechen würde.

Dennoch begann am 11. August die nächste Verhandlungsrunde in Glion-sur-Montreux/-Schweiz. Der UN-Vertreter legte einige neue Papiere vor. Kliridis akzeptierte sie trotz einiger Vorbehalte. Denktaş gab sich jedoch obstruktiv: Er lehnte jede Diskussion über das Zypernproblem ab, solange die Beitrittsverhandlungen mit der EU andauerten. Sollte die EU beschließen, die Verhandlungen fortzusetzen, werde er überhaupt nicht mehr verhandeln. Am Ende der Konferenz in Glion stellte Kliridis fest, dass man so weit sei wie zuvor. Die UN gab der türkisch-zypriotischen Seite die Schuld am Scheitern. Die EU ließ sich von den türkischen Drohungen nicht beeindrucken und beschloss im Dezember, dass der Beitrittsprozess im März 1998 beginnen solle. Eine türkische Annexion Nordzyperns fand jedoch nicht statt.

Am 15. Februar 1998 wurde Kliridis bei der Präsidentenwahl in seinem Amt bestätigt. Im März schlug er der EU vor, dass die türkischen Zyprioten an den Beitrittsverhandlungen teilnehmen sollten. Die EU hielt dies für eine gute Idee und stimmte zu. Denktaş lehnte jedoch jede Art von Teilnahme an den Verhandlungen ab. Am 30. März begannen die Beitrittsverhandlungen zwischen der EU und Zypern. Bis Dezember 1999 bewegte sich nun bezüglich interkommunaler Verhandlungen nichts mehr. Am 3. Dezember 1999 begann eine neue Runde der "proximity talks" unter der Ägide der UNO. Diese Verhandlungen gingen mit Unterbrechungen bis November 2002 ergebnislos weiter. Am 11. November 2002 legte Kofi Annan einen ersten Plan für eine umfassende Lösung des Zypernproblems vor. Kliridis kritisierte einige Punkte und schlug Änderungen vor. Kofi Annan ließ diese in den Plan einarbeiten und legte im Dezember 2002 eine zweite revidierte Version vor.

Im Februar 2003 standen Präsidentenwahlen in Zypern an. Kliridis war nun 84 Jahre alt; er hatte seinem Land 44 Jahre gedient. Um seine Gesundheit war es nicht zum Besten bestellt, und er war - wie er in seinen Memoiren schreibt - müde. Er war sich im Klaren, dass er eine dritte Amtszeit schwerlich überstehen würde und beschloss, nicht wieder zu kandidieren. Er informierte seine Partei, die UN und den griechischen Premierminister Kostas Simitis. Alle drei baten ihn, nochmals zu kandidieren und zwar für eine verkürzte Amtszeit (interim period), denn nur so könnten die begonnenen Verhandlungen zu einem positiven Ende gebracht werden. Kliridis wies sie darauf hin, dass es dafür keine verfassungsmäßige Basis gebe. Schließlich einigte man sich darauf, dass er für eine verkürzte Amtszeit von 14-16 Monaten kandidieren sollte. Doch dazu benötigte man die Unterstützung der AKEL; diese lehnte ein solches Vorgehen allerdings ab. Dennoch stellte sich Kliridis zur Wahl, wobei er klar machte, dass er nur für eine verkürzte Amtszeit antrat.

Doch bei der Wahl am 13. Februar 2003 wurde stattdessen der Hardliner Tassos Papadopoulos mit der Unterstützung der DIKO, der EDEK und der AKEL gewählt. Es besteht wenig Zweifel, dass, wenn überhaupt jemand die Verhandlungen zu einem positiven Ende hätte führen können, dies Kliridis gewesen wäre. Er war für seine Kompromissfähigkeit bekannt. Er war zwar ein Konservativer, aber zugleich ein Pragmatiker und für seine Kompromissfähigkeit bekannt. Ideologische Verbohrtheit war ihm fremd. Er hatte das Format, das Zypernproblem einer vernünftigen Lösung zuzuführen. Dies wurde durch die Tatsache unterstützt, dass durch den Regierungswechsel in Ankara zu Erdoğan auch in Nordzypern ein politisches Tauwetter einsetzte und Denktaş sukzessive an Macht verlor. Wäre Kliridis noch einige Monate an der Macht geblieben, wäre mit großer Sicherheit eine Lösung gefunden worden. Mit dem Wechsel zu dem bekannten Hardliner Papadopoulos ging auch diese Chance, das Zypernproblem zu lösen, ungenutzt vorüber.

2004 bis heute
Die weitere Entwicklung kann wegen der geringen zeitlichen Distanz nur noch skizziert werden, was natürlich zu starken Verkürzungen führt. Der Annan-Plan, wie er nun genannt wurde, wurde in der Folgezeit um weitere Elemente angereichert, die ihn nicht nur für die Hardliner auf der griechischen Seite immer weniger akzeptabel erscheinen ließen. Am 24. April 2004 wurde in zwei getrennten Referenden über den Plan abgestimmt. 65 Prozent der türkischen Zyprioten stimmten für die Annahme und 76 Prozent der griechischen Zyprioten dagegen. Hatte von 1979 bis 2004 die türkisch-zypriotische Seite eine Lösung verhindert, so war es nun die griechisch-zypriotische. Bis zum Frühjahr 2008 gab es nur kleine Fortschritte, was vor allem an der intransigenten Haltung von Papadopoulos, aber auch an den zunehmenden Ängsten der griechischen Zyprioten vor den möglichen Konsequenzen der Realisierung des Plans lag. Aber in das Jahr 2004 fiel auch ein positives Ereignis: Zypern wurde EU-Mitglied, wodurch seine staatliche Existenz gesichert war.

Bei der Präsidentenwahl im Februar 2008 bewarb sich zum ersten Mal in der Geschichte Zyperns ein AKEL-Chef um das höchste Staatsamt und gewann. Der neue Präsident Dimitris Christofias und sein inzwischen als Nachfolger Denktaş' gewählter türkisch-zypriotischer Kollege, Mehmet Ali Talat, stammen beide aus der Gewerkschaftsbewegung und "können mit einander." Zum ersten Mal in der Geschichte Zyperns seit 1974 sind damit zwei Politiker an der Macht, die eine Lösung wollen. Könnten sie, unbeeinflusst von außen, verhandeln, hätten sie mit großer Wahrscheinlichkeit schon eine Lösung erreicht. Aber beide müssen Widerstände überwinden. Der Handlungsspielraum von Talat ist sehr eng, denn er muss jede Entscheidung von Ankara genehmigen lassen, und dort ist Zypern zum Zankapfel zwischen der Regierung und dem Militär geworden, bei dem es um die Frage geht, wer in der Türkei letztlich das Sagen haben soll. Zusätzlich muss sich Talat mit einer von den türkisch-zypriotischen Hardlinern kontrollierten Regierung herumschlagen. Auch Christofias muss auf die immer noch vorhandenen griechisch-zypriotischen Hardliner Rücksicht nehmen. Da ferner die EU-Beitrittsperspektive für die Türkei äußerst düster ist, hat die Neigung Ankaras in diesem Zusammenhang Konzessionen zu machen, stark abgenommen.

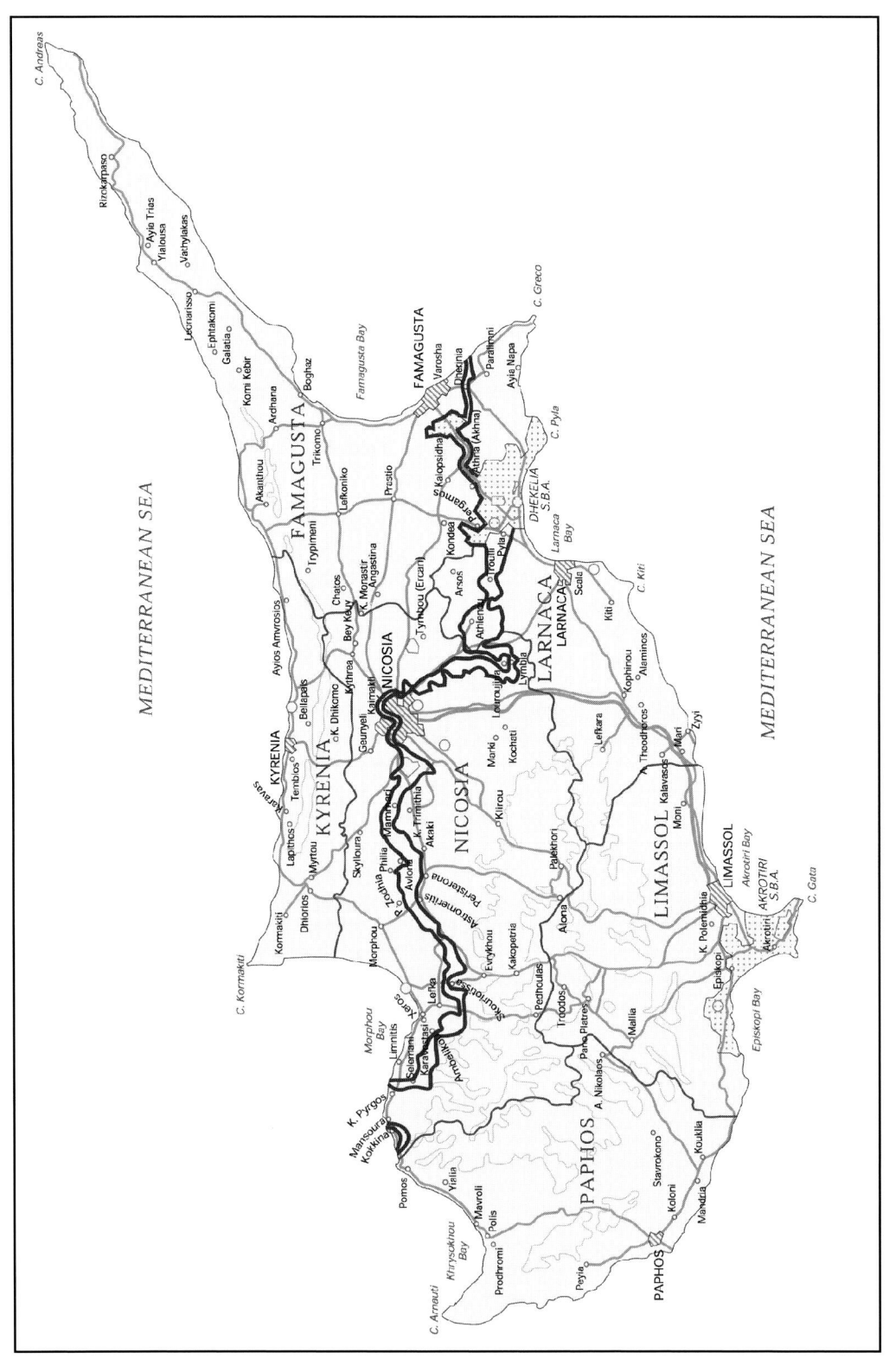

Auswahlbibliographie

Kapitel 1

Adams, Thomas W. *AKEL: The Communist Party of Cyprus* (Stanford: Hoover Institution Press, 1971)
Alastos, Doros *Cyprus in History. A Survey of 5000 Years* (London: Zeno, 1955)
Attalides, Michael *Cyprus. Nationalism and International Politics.* (New York: St. Martin's Press, 1979)
Crouzet, Francois *Le Conflit de Chypre* 2 Vols (Bruxelles: Emile Bruylant, 1973)
Dischler, Ludwig *Die Zypernfrage* (Frankfurt: Alfred Metzner, 1960)
Faustmann, Hubert & Nicos Peristianis (eds.) *Britain in Cyprus. Colonialism and Postcolonialism* (Mannheim; Bibliopolis, 2006)
Georghallides, George S. *A Political and Administrative History of Cyprus 1918 - 1926, with a Survey of the Foundations of British Rule* (Nicosia: Cyprus Research Centre, 1979)
- *Cyprus and the Governorship of Sir Ronald Stors: The Causes of the 1931 Crisis.* (Nicosia: Cyprus Research Centre, 1985)
Hatzivassiliou, Eventhis *The Cyprus Question 1878-1960* (Minneapolis: UP Minnesota, 2002)
Hill, George *A History of Cyprus*, IV, *The Ottoman Province, The British Colony 1571-1948* (Cambridge: CUP, 1952)
Kelling, George Horton *Countdown to Rebellion. British Policy in Cyprus 1939-1955* (New York: Greenwood Press, 1990)
Kyrris, Costas P. *History of Cyprus* (Nicosia: Lampousa, 1996)
Reddaway, John *Burdened with Cyprus. The British Connection* (London: Rustem, Weidenfeld & Nicolson, 1986)
Richter, Heinz A. *Geschichte der Insel Zypern 1878-1949* (Möhnesee: Bibliopolis, 2004)
Tzermias, Pavlos *Geschichte der Republik Zypern* (Tübingen: Francke Verlag, 1991)

Kapitel 2

Barker, Dudley *Grivas. Portrait of a Terrorist* (London: Cresset Press, 1959)
Byford-Jones, W. *Grivas and the Story of EOKA* (London: Robert Hale, 1959)
Crawshaw, Nancy *The Cyprus Revolt. An Account of the Struggle for Union with Greece* (London: Allen & Unwin, 1978)
Crouzet, Francois *Le Conflit de Chypre* 2 Vols (Bruxelles: Emile Bruylant, 1973)
Foley, Charles & W. I, Scobie, *The Struggle for Cyprus* (Stanford: Hoover Institution Press, 1975)
Hatzivassiliou, Evanthis *Britain and the International Status of Cyprus, 1955-59* (Minneapolis: University of Minnesota, 1997)
Holland, Robert *Britain and the Revolt in Cyprus 1954-1959* (Oxford: Clarendon Press, 1998)
Nicolet, Claude *United States Policy Towards Cyprus 1954-1974. Removing the Greek-Turkish Bone of Contention* (Mannheim & Möhnesee: Bibliopolis, 2001)
Purcell, H. D. *Cyprus* (London: Benn, 1969)
Richter, Heinz A. *Friede in der Ägäis? Zypern -Ägäis - Minderheiten* (Köln: Romiosini, 1989)
- *Geschichte der Insel Zypern 1949-1959* (Möhnesee: Bibliopolis, 2006)
Stefanidis, Ioannis D. *Isle of Discord. Nationalism, Imperialism and the Making of the Cyprus Problem* (New York: New York University Press, 1999)
Stephens, Robert *Cyprus. A Place of Arms. Power Politics and Ethnic Conflict in the Eastern Mediterranean* (London: Pall Mall Press, 1966)
Tzermias, Pavlos *Geschichte der Republik Zypern* (Tübingen: Francke Verlag, 1991)

Kapitel 3

Bitsios, Dimitris *Cyprus. The Vulnerable Republic* (Thessaloniki: Institute for Balkan Studies, 1975)
Choisi, Jeanette *Wurzeln und Strukturen des Zypernkonfliktes 1878 bis 1990* (Stuttgart: Franz Steiner, 1993)
Clerides, Glafkos *Cyprus: My Deposition.* Vol. 1 und 2 (Nicosia: Alithia, 1989)
Crawshaw, Nancy *The Cyprus Revolt. An Account of the Struggle for Union with Greece* (London: Allen & Unwin, 1978)
Drousiotis, Makarios *Cyprus 1974: Greek Coup and Turkish Invasion* (Möhnesee: Bibliopolis, 2006)

Foley, Charles *Legacy of Strife. Cyprus from Rebellion to Civil War* (Harmondsworth: Penguin, 1964)
Harbottle, Michael *The Impartial Soldier* (London: Oxford UP, 1970)
James, Alan *Keeping the Peace in the Cyprus Crisis of 1963-64* (London: Palgrave, 2002)
Kadritzke, Niels & Wolf Wagner *Im Fadenkreuz der NATO. Ermittlungen am Beispiel Cypern* (Berlin: Rotbuch Verlag, 1976)
Ker-Lindsay, James *Britain and the Cyprus Crisis 1963-1964* (Möhnesee: Bibliopolis, 2004)
Kyriakides, Stanley *Cyprus. Constitutionalism and Crisis Government* (Philadelphia: University of Pennsylvania Press, 1968)
Markides, Diana Weston *Cyprus 1957-1963 from Colonial Conflict to Constitutional Crisis. The Key Role of the Municipal Issue* (Minneapolis: Minnesota Mediterranean and East European Monographs, 2001)
Nicolet, Claude *United States Policy Towards Cyprus 1954-1974. Removing the Greek-Turkish Bone of Contention* (Mannheim & Möhnesee: Bibliopolis, 2001)
O'Malley, Brendan and Ian Craig, *The Cyprus Conspiracy. America, Espionage and the Turkish Invasion* (London: Tauris, 1999)
Patrick, Richard *Political Geography and the Cyprus Conflict 1963-1971* (Waterloo, 1989)
Polyviou, Polyvios G. *Cyprus. In Search of a Constitution* (Nicosia,1976)
Richter, Heinz A. *Geschichte der Insel Zypern 1959-1965* Band 3 (Mainz: Rutzen, 2007)
Stearns, Monteagle *Entangled Allies. US Policy Toward Greece, Turkey, and Cyprus* (New York: Council on Foreign Relations Press, 1992)
Stegenga, James A. *The United Nations Force in Cyprus* (Ohio State UP, 1968)
Stephens, Robert *Cyprus. A Place of Arms. Power Politics and Ethnic Conflict in the Eastern Mediterranean* (London: Pall Mall Press, 1966)
Tzermias, Pavlos *Geschichte der Republik Zypern* (Tübingen: Francke Verlag, 1991)
Xydis, Stephen G. *Cyprus: The Reluctant Republic* (The Hague: Mouton, 1973)

Kapitel 4
Asmussen, Jan *Cyprus at War. Diplomacy and Conflict during the 1974 Crisis* (London: Tauris, 2008)
Birand, Mehmet Ali *30 Hot Days* (London, Nicosia, Istanbul: Rustem, 1985)
Hitchens, Christopher *Cyprus* (London: Quartet Books, 1984)
Ioannides, Christos P. *In Turkey's Image. The Transformation of Occupied Cyprus Into a Turkish Province* (New York: Caratzas, 1991)
Purcell, H. D. *Cyprus* (London: Benn, 1969)
Richter, Heinz A. *Geschichte der Insel Zypern* Band 4 (Mainz: Rutzen, 2009)
Salih, Halil Ibrahim *Cyprus The Impact of Diverse Nationalism on a State* (University of Alabama Press, 1978)
Sherman, Arnold *Zypern. Die gefolterte Insel. Der Griechisch-Türkische Zypernkonflikt und seine Hintergründe* (Freiburg: Ahriman-Verlag, 1999)
Sonyel, Salahi R. *Cyprus: The Destruction of a Republic: British Documents 1960-65* (London: Eothen Press, 1997)
Stern, Laurence *The Wrong Horse. The Politics of Intervention and the Failure of American Diplomacy* (New York: Times Book, 1977)
Tatli, Suzan *Der Zypernkonflikt* (Pfaffenweiler: Centaurus, 1986)
Tzermias, Pavlos *Geschichte der Republik Zypern* (Tübingen: Francke Verlag, 1991)
Uludag, Sevgül *Cyprus: The Untold Stories* (Mannheim, Möhnesee: Bibliopolis, 2005)
Yennaris, Costas *From the East. Conflict and Partition in Cyprus* (London: Elliott & Thompson, 2003)

Kapitel 5
Pailley, Claire *An International Relations Debacle. The UN Secretary-General's Mission of Good Offices in Cyprus 1999-2004* (Oxford: Hart, 2005)
Varnavas, Andrekos & Hubert Faustmann (eds.), *Reunifying Cyprus. The Annan Plan and Beyond* (London: Tauris, 2009)
Richter, Heinz *Friede in der Ägäis? Zypern - Ägäis - Minderheiten* (Köln: Romiosini, 1989)

Namensindex

A
Acheson, Dean ... 156-158, 162-166, 171, 177
Afxentiou, Grigoris 60, 76, 83, 194
Ali, Ihsan 137, 169, 189
Amery, Julian 111, 123
Amery, Leopold 21, 22
Androutsopoulos, Adamantios .. 207, 211, 221
Annan, Kofi 263-265
Anthimos, Bischof 203
Arabi, Oberst 13, 14
Aristotelous, Kyriakos 75
Armitage, Robert ... 59, 60, 63, 66, 67, 72, 74
Arouzos, A. 122
Atatürk, Kemal 33
Attlee, Clement 39, 40
Averof, Evangelos
 53, 54, 73, 77, 79, 81, 84-86, 88, 89, 99, 101-104, 106, 107, 110, 130
Azinas, Andreas 59

B
Ball, George
 145-149, 154, 156, 157, 163, 164, 166, 168, 170
Battershill, William 38
Battle, Lucius 66, 186
Belcher, Taylor 91, 156, 162, 163, 166, 168
Berberoğlou, Ahmet 189, 249
Birgi, Nuri 95
Bismarck, Otto v. 10, 13, 234
Bitsios, Dimitris 84, 244
Bonanos, Grigoris 211, 212, 218, 219
Boyatt, Thomas 208, 209, 214

C
Callaghan, James . 214, 215, 226-230, 240, 241
Carter, Jimmy 249, 252, 253
Castle, Barbara 91, 101, 102
Çağlayangil, Sabri
 176-179, 182, 186, 189, 243, 244
Çelik, Vedat 245
Chamberlain, Joesph 18
Chamberlain, Neville 38, 93, 228
Charitonos, Adamos 193
Christis, Savvas 122
Christodoulidis, Marios 82
Christofias, Dimitris 265
Christofidis, Ioannis 204, 205, 240, 245
Chruschtschows, Nikita 103
Churchill, Winston ... 19-23, 38-40, 53, 60, 62
Clark, Arthur 131-134
Clifford, Clark 252

Coombe, Brian 69
Creech Jones, Arthur 40, 47
Cuellar, Perez de . 247, 248, 250, 258-260, 262

D
Demirel, Süleyman
 175, 176, 182, 185, 198, 243, 244
Denktasch, Rauf
 42, 95, 97-99, 106, 107, 112, 115-117, 119, 121, 126, 128, 130, 136, 137, 139, 140, 144, 147, 149, 151, 167, 169, 175, 183, 185, 189-192, 196-198, 207, 223, 225-227, 232, 236, 237, 239-253, 255-265
Dimitriadis, Lellos 122
Dimitriou, Andreas 73
Disraeli, Benjamin 10
Dountas, Michalis 245
Drakos, Markos 61
Driberg, Tom 123
Dulles, John F.
 63, 65, 70, 72-74, 78, 79, 84, 88, 89

E
Ecevit, Bülent
 213-216, 218, 220-222, 225, 228-231, 234, 237
Eden, Anthony
 53, 55-57, 59, 62, 64-67, 70-74, 77, 79, 84, 91
Efstathiou, Avgoustis 83
Eisenhower, Dwight 73, 93
Elizabeth II. Königin 113
Eralp, Orhan 174
Erim, Nihat 157, 158, 198
Erkin, Feridun 129, 136, 142, 154, 155, 159, 166
Evdokas, Takis 188, 197, 245

F
Foot, Hugh
 91-94, 98-100, 102, 106, 107, 116, 119, 121-123
Ford, Gerald 227-229
Friederike, Königin 107, 132

G
Gaitskell, Hugh 107
Garoufalias, Petros
 150, 153, 160, 161, 163, 168, 169
Gennadios, Bischof 203, 213, 224
Genscher, Hans Dietrich 244
Georg II, König 51
Georgitsis, Michail 212, 213, 222
Georkatzis, Polykarpos
 60, 61, 66, 78, 117, 122, 127, 137-139, 151, 152, 161, 163, 168, 178, 191-196, 205
Ghali; Boutros Boutros 262, 263

Gizikis, Faidon 207
Gladstone, William 10
Gobbi, Hugo 256, 258, 259
Grivas, Georgios
  7, 50-54, 56, 58-62, 66-71, 73, 75-78, 82-86, 90, 91, 94, 97-101, 105-108, 116-118, 122, 123, 138, 140, 148, 150-153, 160-165, 169, 171, 177-179, 181, 185-188, 192, 200-206, 210
Gromyko, Andrei 156
Güneş, Turan 226-230, 240
Gürkan, Muzafer 137

H

Harding, John
  62, 65-75, 77, 82, 85, 87, 90, 91, 94
Hare, Raymond 155, 159, 166, 168
Hartman, Arthur 249
Heath, Edward 131
Hikmet, Ayan 137, 169
Holmes, Julius 78, 79
Home, Robert Oberst 11
Hood, Samuel 157
Hopkinson, Henry 57, 66, 72
Hopwood, Francis 19
Hordan, Jelal 117

I

Iakovou, Georgios 258
Ieronymos, Erzbischof 203
İnönü, İsmet .. 95, 136, 142, 154-156, 163, 164
Ioannidis, Dimitrios
  138, 193, 195, 200, 205-212, 215, 219, 221, 223
Jackson, Edward 41, 42
Jeger, Lena 123
Jernegan, John 157
Johnson, Lyndon
  149, 150, 155-158, 180, 186, 217

K

Kanellopoulos, Panagiotis 164, 181
Karagiannis, Georgios 150-153, 159-162
Karamanlis, Konstanttinos
  65, 67, 70, 73, 79, 80, 84-86, 88, 89, 95, 101, 102, 104-107, 117, 129, 131, 132, 223, 226, 229, 231, 236-240, 243, 245, 246, 258
Kavazoğlou, Dervis 169
Kennedy, John F. 136
King-Harman, Charles 19
Kissinger, Henry
  202, 206, 208, 209, 213-218, 220-223, 226-231, 234-237, 239, 240, 243, 249, 250

Kliridis, Glafkos
  7, 112, 117, 119, 120, 122, 124, 128, 130-132, 134, 135, 138, 139, 146, 147, 166, 169, 184, 189-192, 195-199, 202, 207, 214, 216, 218, 223-230, 234-250, 252, 255, 260, 261, 263--265
Kliridis, Ioannis 41, 112
Kollias, Konstantinos 182
Kombokis, Konstantinos 213
Kostopoulos, Stavros .. 150, 160, 169, 177, 178
Kranidiotis, Nikos 71, 150, 161, 211
Küçük, Fazil
  92, 93, 95, 97, 99, 106, 110, 115-117, 119-124, 126, 128, 129, 131, 133, 135, 136, 143, 144, 146, 149, 154, 155, 159, 174, 188
Kyprianou, Bischof 48-50
Kyprianou, Spyros
  122, 131, 134, 136, 144, 147, 150, 163-165, 170, 174, 176, 179, 196, 204, 240, 245, 249, 253, 255-261
Kyrou, Alexis 33

L

Labuisse, Henry 162-164, 168, 170
Layard, Austen 12
Lazarou, Andreas 77, 78
Lennox-Boyd, Alan
  57, 59, 60, 62, 63, 65, 66, 71, 72, 74, 80-82, 84-86, 91-93, 102
Leontios, Bischof 40, 41
Lloyd, Selwyn 74, 92-94, 104, 106, 107
Loizidis, Savvas 35, 52
Loizidis, Sokratis 52
Loukas, Grigoris 60, 78
Lyssaridis, Vassos
  62, 107, 122, 138, 142, 192, 197, 206, 213, 245, 253, 257, 258, 260
Lyttleton, Oliver 53

M

Mackenzie, Compton 36
Macmillan, Harold
  62-67, 70, 84, 85, 88, 91, 94-96, 99, 101, 102, 106, 110, 115, 132
Macomber, William 221
Makarios II., Erzbischof 46, 48-50
Makarios II, Erzbischof 41
Makarios III., Erzbischof
  7, 8, 16, 46, 47, 51-57, 59-63, 65-73, 75, 77, 78, 81, 84-87, 89-92, 94-96, 99, 101-108, 110, 111, 116-126, 128-136, 138, 140, 142-152, 155, 157-171, 174-216, 218, 220, 223, 225-227, 229, 230, 232, 236-241, 243-248, 250-253, 258

NAMENSINDEX

Makarios, Bischof v. Kyrenia 41
Markezinis, Spyros 206, 210
Matsis, Kyriakos 100
Mavros, Georgios 226, 227, 229, 230, 236
Menderes, Adnan
    55, 64, 74, 79, 80, 84-86, 89, 93, 95, 97, 103--105, 107, 133
Metaxas, Ioannis 51
Michalokopoulos, Andreas 33, 34
Misaoulis, Kostas 169
Mouskos, Charalambos 69
Mouskos, Christodoulos 50
Mouskos, Michael 50

N
Nikolareïzis, Dimitrios 157, 158
Nixon, Richard 202, 216, 220, 227
Noel-Baker, Francis 70-72, 123
Nutting, Anthony 79

O
Olcay, Osman 198, 199
Onan, Umit 248
Özal, Turgut 261

P
Palamas, Christos 199, 201
Palmer, Herbert 37, 38
Pamir, Mehmet 137
Panagiotakos, Konstantinos 201-203
Panagoulis, Alexandros 191
Papadopoulos, Georgios
    138, 181, 182, 191, 193, 195, 199, 202, 204--207, 210
Papadopoulos, Tassos
    82, 90, 107, 108, 117, 122, 134, 138, 146, 159, 192, 240, 245, 247-249, 252, 255, 264, 265
Papagos, Alexandros ... 53-57, 59, 60, 65, 152
Papaioannou, Ezekias 46
Papandreou, Andreas . 235, 257, 258, 260, 262
Papandreou, Georgios
    73, 135, 136, 148, 150, 152, 156-158, 161-164, 166, 168, 170, 171, 180
Papapostolou, Dimitrios 193-196
Parker, Cosmo 39
Patatakos, Kyriakos 195
Paul, König 150
Peridis, G. 150, 152
Peridis, G. Brigadier 152
Pesmazoglou, Georgios 84
Peurifoy, John 53
Pipinelis, Panagiotis 132, 133, 186, 190
Plastiras, Nikolaos 48, 54

Plaza, Galo 162, 165-167, 170, 175, 177
Popham-Lobb, Reginald 20
Popper, David 202
Poullis, Irodotos 66

R
Radcliffe, Catherine 100
Radcliffe, Lord 74
Radcliffe, Margaret 100
Raftis, Spyros Paramilitär 151
Reddaway, John 71, 94
Robinson, Kenneth 123
Rolandis, Nikos 258
Roosevelt, Franklin 38
Rossidis, Zinon 111, 146

S
Sakellariou, Alexandros 123
Sampson, Nikos
    81-83, 90, 138, 142, 143, 159, 213-215, 222-224, 226, 234
Sandys, Duncan 88, 91, 111, 131, 134, 136, 144
Sauvagnargues, Jean 244
Seferiadis, Georgios 84
Shiels, Drummond 34
Sisco, Joseph 214-218, 220
Snowden, Philip 22, 34
Sofoulis, Themistoklis 52
Sofronios II, Erzbischof 50
Soskice, Frank 132
Soulioti, Stella 122, 134
Spaak, Paul-Henri 88, 89, 101, 102
Spandidakis, Grigorios 182
Stefanopoulos, Stefanos
    63-65, 175, 177, 178, 180
Storrs, Ronald 21-23, 32, 34-36
Stubbs, Reginald 36
Sunay, Cevdet 180
Surridge, Brewster 115

T
Talat, Mehmet Ali 265
Tasca, Henry 202, 208, 209, 221
Tetenes, Spyridonos 211
Theotokis, Spyros 70, 73
Tonge, David 217
Tornaritis, Kriton 134
Toumbas, Ioannis 179, 180
Triantafyllidis, Michalakis 134, 245
Tsaldaris, Konstantinos 48
Tsirimokos, Ilias 177-179
Tuluy, Turan 133
Tuomioja, Sakaris 154, 156-158, 162

Türkeş, Alparslan 176
Tyler, Willian 237, 238
Tzounis, Ioannis 245

U, V, W
U Thant, Sithu
    146, 147, 156, 157, 162, 165, 177, 187-189
Uludağ, Sevgül 232
Ürgüplü, Suat 168
Valvis, Zafirios 123
Vance, Cyrus 186, 187
Vassiliou, Georgios 255, 261-263
Venizelos, Eleftherios 30, 32-36
Venizelos, Sofoklis 49, 52-54, 136, 148
Vlachos, Angelos 73, 77, 81, 83
Vuruşkan, Riza 97
Waldheim, Kurt
    225, 227, 229, 230, 237, 242, 245, 246, 248,
    250, 252, 253, 255-257
Wall, Patrick 123
Wilson, Harold 215, 216, 225
Wittelsbach, Otto v. 25
Wolseley, Garnet 23

X, Y, Z
Youngs, Peter 144
Zachariadis, Nikos 46
Zekia, Mehmet 188
Zervas, Ploutis 39
Zervas, Ploutis 46
Zorlu, Fatin
    64, 81, 89, 92, 93, 96, 102-106, 110, 133

PELEUS

Studien zur Archäologie und Geschichte Griechenlands und Zyperns
hrsg. von Heinz A. Richter und Reinhard Stupperich

Vol. 7 **Özdemir A. Özgür**
Cyprus in my Life: Testimony of a Turkish-Cypriot Diplomat. (2001) 176 S., 29 Abb., 8°, geb., ISBN 3-933925-18-5, € 24,50

Vol. 9 **Claude Nicolet**
United States Policy Towards Cyprus 1954-1974. Removing the Greek-Turkish Bone of Contention. (2001) 500 S. mit Abb., 8°, geb., ISBN 3-933925-20-7, € 42,90

Vol. 14 **John Charalambous, Alicia Chrysostomou, Denis Judd, Heinz A. Richter, Reinhard Stupperich (eds.)**
40 Years on from Independence. Proceedings of a Conference in the University of North London on 16-17 November 2000. (2002) 200 S., 8°, geb., ISBN 3-933925-30-4, € 29,00

Vol. 18 **Michael Attalides**
Cyprus. Nationalism and International Politics **(1979)**. Reprint 2003. 226 S., 8°, geb., ISBN 3-933925-35-5, € 35,00

Vol. 19 **Hubert Faustmann & Nicos Peristianis (eds.)**
Britain and Cyprus. Colonialism and Post-Colonialism 1878–2006. 656 Seiten, über 30 Abbildungen, 8°, hard cover, ISBN 3-933925-36-3, € 49

Vol. 22 **Vassilis K. Fouskas and Heinz A. Richter (eds.)**
Cyprus and Europe. The long way back. (2003) 212 S., 8°, geb., ISBN 3-933925-41-X-3, € 32,50

Vol. 23 **Elena Pogiatzi**
Die Grabreliefs auf Zypern von der archaischen bis zur römischen Zeit. (2003) 322 S. mit 70 Tafeln, 8°, geb., ISBN 3-933925-42-8, € 44.50

Vol. 24 **Nicolas D. Macris (ed.)**
The 1960 Treaties on Cyprus and Selected Subsequent Acts. (2003). 212 S., 3 zweifarbige Faltkarten, 8°, geb., ISBN 3-933925-53-3, € 32,50

Vol. 25 **Hubert Faustmann,**
The Transitional Period: Cyprus 1959-1960. (in Vorbereitung)

Vol. 26 **Peter Loizos**
The Greek Gift: Politics in a Cypriot Village. (reprint of the 1975 edition). (2004). 344 S. 8°, geb., ISBN 3-933925-55-X, € 36.50

Vol. 27 **James Ker-Lindsay**
Britain and the Cyprus Crisis 1963-1964 (2004). 143 S. 8°, hard cover, ISBN 3-933925-58-4, € 24,50

Vol. 31 **Sevgül Uludağ**
Cyprus: The Untold Stories (2005) 120 Pages, 8°, hard cover, ISBN 3-933925-72-X, € 21.50

Vol. 32 **Makarios Drousiotis**
Cyprus 1974: Greek Coup and Turkish Invasion (2006) 274 Pages, 61 illustrations, 8°, hard cover, ISBN 3-933925-76-2, 38 €

Vol. 34 **Sozos-Christos Theodoulou**
Bases militaires en droit international: le cas de Chypre (2006) 146 Pages, 8°, hard cover, ISBN 3-933925-83-5, € 28,00

Vol. 35 **Heinz A. Richter**
Geschichte der Insel Zypern 1950-1959 (2006) 665 Seiten mit über 100 Abbildungen, 32 Phototafeln und einer herausnehmbaren farbigen Faltkarte (41x34 cm), 8°, ISBN 3-933925-79-7, € 49,00

Vol. 37 **Heinz A. Richter**
Geschichte der Insel Zypern 1959-1965 (2007) 644 Seiten mit über 100 Abbildungen sowie und eine herausnehmbare Faltkarte (41x34 cm), 8°, ISBN 3-938646-12-5, € 49,00

Vol. 38 **Tim Potier**
A functional Cyprus settlement: the constitutional dimension (2007) 765 Seiten, 8°, ISBN 3-938646-20-9, € 49,00

Vol. 41 **HeinzRichter**
Geschichte der Insel Zypern 1965-1977 (2009) zusammen 808 Seiten, über 110 Abbildungen, 8 sw Karten, 8°, hard cover, ISBN 978-3-938646-33-5 , € 65

Band 43 **Glafkos Clerides**
Negotiating for Cyprus 1993-2003 (2008) 192 pages, 39 b/w photos, 8°, hard cover, ISBN 978-3-938646-37-3, € 30

Band 48 **Lucie Bonato et Maryse Emery**
Louis Dumesnil de Maricourt. Un consul pour la France (1805-1865) Naples, Messine, Séville, Stettin, Port Maurice, Newcastle, Moscou, Larnaca
(2010) ca. 250 pages, 10 pictures, 8°, hard cover, ISBN 978-3-938646-51-9, € 35.-

Band 49 **Heinz A. Richter**
Kurze Geschichte des modernen Zypern 1878-2009
(2010) ca. 290 Seiten, über 100 Fotos auf 56 Tafeln, 8°, hard cover, ISBN 978-3-938646-53-3, € 35.-

Band 50 **Heinz A. Richter**
A Concise History of Modern Cyprus 1878-2009
(2010) ca. 290 pages, over 100 photos on 56 plates, 8°, hard cover, ISBN 978-3-938646-53-3, € 35.-

Bezugsquelle: Rutzen-Verlag, Am Zellerberg 21, 83 324 Ruhpolding
Fax: 08663 88 33 89; E-Mail: franz-rutzen@t-online.de